HEYNE BIOGRAPHIEN

In der Reihe »Heyne Biographien« sind bereits erschienen:

1 Sieburg, Napoleon
2 Blunt, Ludwig II. König von Bayern
3 Gutman, Richard Wagner
4 Fraser, Maria – Königin der Schotten
5 Corti, Die Rothschilds
6 Lekachman, John Maynard Keynes
7 de Beer, Hannibal
8 Peters, Lou Andreas-Salomé
9 Eyck, Bismarck und das Deutsche Reich
10 Crankshaw, Maria Theresia
11 Sieburg, Robespierre
12 Gooch, Friedrich der Große
13 Oldenbourg, Katharina die Große
14 Heuss, Robert Bosch
15 Maser, Adolf Hitler
16 Castelot, Maria Antoinette
17 Pahlen, Johann Strauß
18 Brown, Der heilige Augustinus
19 de Madariaga, Kolumbus
20 Brion, Die Medici
21 Noyes, Voltaire
22 Jacob, Mozart
23 Shub, Lenin
24 Sieburg, Chateaubriand
25 Benoist-Méchin, Kleopatra
26 Cowles, Wilhelm II.
27 Hug, Schubert
28 Williams, Elisabeth I. von England
29 Guth, Mazarin
30 Clark, Albert Einstein
31 Fay, Ludwig XVI.
32 Maurois, Balzac
33 Auernheimer, Metternich
34 Lewis, Ludwig XIV.
35 Grant, Caesar
36 Wessling, Beethoven
37 Lavater-Sloman, Jeanne d'Arc
38 Wadepuhl, Heinrich Heine
39 Raddatz, Karl Marx
40 Corti, Elisabeth v. Österreich
41 Fox, Alexander der Große
42 Troyat, Tolstoi
43 Horst, Friedrich II. d. Staufer
44 Héritier, Katharina v. Medici
45 Manchester, Krupp
46 O'Connell, Richelieu
47 Jordan, George Sand
48 Payne, Stalin
49 Siegmund-Schultze, Johann Sebastian Bach
50 Charles-Roux, Coco Chanel
51 Ritzel, Lessing
52 Henderson, Prinz Eugen
53 Grant, Nero
54 Madelin, Fouché
55 Pisa, Schopenhauer
56 Drewitz, Bettine von Arnim
57 Wessling, Franz Liszt
58 Parkinson, Blücher
59 Brinitzer, G. C. Lichtenberg
60 Stern, C. G. Jung
61 v. Wiese, Eduard Mörike
62 Hiller, Friedrich Barbarossa
63 Bernard, Talleyrand
64 Bellonci, Lucrezia Borgia
65 Krause, Richard Strauss
66 Nadolny, Louis Ferdinand
67 Gervaso, Casanova
68 Herre, Freiherr vom Stein
69 Alvarenz, Karl V.
70 Gavoty, Chopin
71 Krischke, Ödön von Horvath
72 Wocker, Königin Victoria
73 Prause, Herodes der Große
74 Brook-Sheperd, Edward VII.
75 Wessling, Gustav Mahler
76 Bradford, Nelson
77 Lavater-Sloman, Annette von Droste-Hülshoff
78 Herre, Kaiser Franz Joseph von Österreich

Karl Heinz Wocker

KÖNIGIN VICTORIA

Die Geschichte eines Zeitalters

Wilhelm Heyne Verlag
München

2. Auflage

Genehmigte, ungekürzte Taschenbuchausgabe

Printed in Germany 1981
Zeittafel und Stammtafeln wurden erarbeitet von Dr. Hubert Fritz
Umschlagbild und Bildnachweis: Archiv für Kunst und Geschichte, Berlin
Umschlaggestaltung: Atelier Heinrichs, München
Gesamtherstellung: Presse-Druck Augsburg

ISBN 3-453-55072-2

Inhalt

Vorwort

Die erste umfangreichere Biographie der Königin Victoria erschien schon zu Lebzeiten, aus Anlaß ihres goldenen Jubiläums als Herrscherin, und sie umfaßte mehr als 1500 Seiten. Die Queen lebte dann noch weitere 14 Jahre, und man sollte annehmen, daß die ihrem Tode folgenden Darstellungen an Umfang eher stetig zugenommen hätten. Das aber war nicht der Fall. Selbst als nach und nach neun starke Bände mit Auszügen aus ihren Briefen, Akten und persönlichen Niederschriften veröffentlicht wurden, zusammen fast 6000 Seiten, blieben die Biographien, damit verglichen, Bücher von bescheidenem Umfang.
Das hing wohl damit zusammen, daß die meisten Verfasser, wenn sie sich schon an die Geschichte dieser Königin mit ihrem komplexen Charakter, ihrer umfangreichen Familie, deren dynastischen Verzweigungen durch halb Europa und einer schier unermeßlichen schriftlichen Hinterlassenschaft machten, dann nicht mehr Zeit und genügend Raum fanden, den politischen und sozialen Hintergrund einzubeziehen, neben Victoria also auch die viktorianische Epoche darzustellen. Sie entschädigten sich und ihre Leser dadurch, daß sie Wandlungen am Bilde der Königin vornahmen, entweder die Vorbildfigur der Nationalmatrone entzauberten oder umgekehrt die Behauptung korrigierten, Victoria sei eine völlig bedeutungslose, ja beschränkte und bornierte Person gewesen.
Ursprünglich schwebten mir, um diese Halbheit annähernd sinnvoll vermeiden zu können, tausend Seiten vor. Ein erster Entwurf geriet dann auch ungefähr so breit. Das schlankere Endresultat geht jedoch nicht nur auf die Kalkulation des Verlages zurück, sondern auch auf eigene Überlegungen. In England lebend und arbeitend, lag für mich ein Teil des Reizes der Beschäftigung mit diesem Gegenstand darin, gegenwärtige Erscheinungen zurückzuverfolgen, Ursachen zu studieren, deren Auswirkungen sich dann besser begreifen ließen in einem

Land, das so wenige Brüche kennt und seit Cromwells Zeiten keine Stunde Null erlebt hat. Nicht alle Früchte solcher Nachforschung mußten nun gleich auch dem deutschen Leser mitgeteilt werden um den Preis, daß vor lauter Umfeld die im Zentrum stehende Figur aus den Augen verlorenging.

Freilich: sie war nicht die Hauptperson ihrer Zeit. Victoria ließe sich beschreiben als der rote Faden der viktorianischen Ära, nicht mehr, nicht weniger. In der britischen Marine, die ihn erfand, war der rote Faden kein unbedingt erforderlicher Bestandteil der Schiffstaue, durch die er sich zog. Er verlieh ihnen weder besondere Stärke noch höhere Wetterfestigkeit oder längere Lebensdauer. Er diente nur einem nüchternen Zweck: er schützte vor Diebstahl. Dieser Besitzbürger-Aspekt eines Kriegs-Utensils paßt sehr gut auch auf die Rolle der Monarchin im England des expandierenden Weltreichs. Als Königin eines aufstrebenden, das Eigentum heiligenden Bürgertums erfüllte sie ihre praktische Funktion. Ohne Victoria würde einer Beschreibung des Viktorianismus ein wichtiges Stück Durchgängigkeit fehlen. Ohne die Folie der viktorianischen Zeit ginge einer Biographie der Königin die Wichtigkeit ab. Damit sich beides ergänzt, darf keins das andere erdrücken. Daher zählt dieses Buch »nur« 500 Seiten.

Es müßte eigentlich heißen: »Victoria und ihre Zeit.« Abgesehen davon, daß dieser an sich so plausible Titel tausendfach zu Tode geritten worden ist, spricht aus dem hier gewählten auch der Widerspruch dagegen, daß Biographien derzeit in Deutschland eine unterrepräsentierte Vermittlungsform darstellen. Die Geschichtsschreibung hat sie in die Diener-Etage einer Hilfswissenschaft verwiesen, wenn nicht gar in den Küchengarten der erzählenden Literatur, also in die Nachbarschaft zur blühenden Fiktion. Insofern das eine bewußte Abkehr von den vielen Heldenporträts bedeutet, die so lange und so überreich unsere Geschichts- und Schulbücher füllten, läßt es sich begreifen. Insofern darin ein Protest steckt gegen neuere Erscheinungen wie Präsidialregierung und Kanzlerdemokratie, also eine Sorge, es könne der gerade erst verbannte große Einzelne auf plesbiszitären Umwegen, oder als Medienphänomen in mythendürftiger Zeit getarnt, zurückkehren, läßt sich solche Aversion gegen Biographien ebenfalls, wenn auch diesmal politisch, verstehen. Sobald jedoch damit beabsichtigt wird, jedwede Persönlichkeit – und zwar die von Amts wegen herausgehobene wie die des einfachen Mitbürgers – aus puren Grundsätzen zu streichen und nur noch den Faktor, die Kategorie, das Sozial-Atom gelten zu lassen, bringt solche Versachlichung nichts als eine *Zersachlichung*, die das reichlich gegebene Maß an Inhumanität bedenklich vergrößern hilft, ganz abgesehen davon, daß der Abstand zwischen Geschichtsschreibung und Gesellschaft dadurch noch unüberbrückbarer wird.

Bei der Abfassung des Buches ist mir daher die angelsächsische Historiographie ein großer Beistand und oft genug ein schieres Vergnügen gewesen. Sie hat sich einen Blick für die – keineswegs übertrieben stark angeleuchtete – Position des Individuums bewahrt, ohne deshalb die mehr auf Wirkkräfte gerichtete Forschung zu vernachlässigen. Völker, die sich nie einem Mächtigen in ihrer Mitte ausgeliefert haben, sind eben nicht darauf angewiesen, daß ihre Historiker durch den Trick methodologischen Umbiegens der Vergangenheit die vielen schlechten Gewissen zur Ruhe zu bringen suchen.

Mein Dank gilt dem Königlichen Archiv in Windsor, dessen Leiter, Sir Robin Mackworth-Young, mir wertvolle Hilfe leistete, dann vor allem den freundlichen und mit einem säumigen Entleiher nachsichtigen Mitarbeitern der London Library, ferner der Bibliothek des Goethe-Instituts, London, der British Library, dem Public Record Office und dem Archiv Haus Tasianica. Für unermüdliche Unterstützung fühle ich mich namentlich Frau Ursula Moon verpflichtet sowie all denen, die durch Hinweise, Ermutigungen, Leihgaben und Abschrifthilfe beigetragen haben.

London, August 1978 Karl Heinz Wocker

1
Geburt

Die Eltern – Das Land

Von jeder Monarchie werden Legenden berichtet. Ein Anwalt namens David Warren leitete 1849 Victorias Abstammung von den Herrschern des Herzogtums Neustrien in der Normandie her, kein genealogisches Kunststück, denn von William dem Eroberer führt eine – wenn auch keine sehr gerade – Linie bis zum Haus Windsor des heutigen Tages. Kühner zurück ging ein gewisser Mirza Vanantetzi, als er Victorias Herkunft bei den Königen von Armenien suchte, das war 1866. Neunzehn Jahre später konnte man anhand der Ausarbeitungen eines gewissen Grimaldi eine Geburtsfolge vom biblischen König David bis zu Victoria nachvollziehen. Einer der ersten Biographen der Königin, Robert Wilson, dessen zweibändiges Werk 1887 zum Goldenen Jubiläum ihrer Thronbesteigung erschien, verfolgte eine andere Spur und reihte den Heerführer Odoaker und damit ein Stück spätrömische Geschichte unter die Vorfahrenschaft der Monarchin ein. Zu Odoakers Nachkömmlingen habe Friedrich V. von Böhmen gezählt, der Winterkönig. Dessen Heirat mit einer Stuart-Erbin steht an der Nahtstelle, da die englisch-schottische Monarchie nicht mehr weiterwußte und man die Hannoveraner ins Land holte.

Ob aber nun christlich-normannisch, östlich-orthodox, biblisch-jüdisch oder germanisch-heidnisch – all diesen Herleitungen[1] ist der Versuch gemeinsam, nachträglich mit Glorie auszustatten, was sich zunächst recht zufällig-bescheiden angelassen hatte. Victoria, geboren am 24. Mai 1819, war die einzige Tochter des vierten Sohnes von George III. Die drei älteren Söhne starben nachkommenlos, Victorias Vater wurde acht Monate nach der Geburt des Kindes begraben. Das britische Reich, das sich nach dem gewonnenen Krieg gegen Napoleon anschickte, die Möglichkeiten einer europäischen Vormachtstellung und einer überseeischen Konkurrenzlosigkeit zu nutzen, sah an der Spitze der Gesellschaft Turbulenzen drohen.

Der spätere Blick zurück hat deshalb in das Alltägliche der Geburt einer Prinzessin einige Elemente des Wunderbaren einzubringen gesucht: die Rettung von Krone und Reich durch die Ankunft eines Kindes. Nur Furcht vor Blasphemie hinderte die überschwenglichen unter den zeitgenössischen Biographen daran, Victorias Geburt in die Nähe der bethlehemischen Geschichte zu rücken. Der Vater, der Herzog von Kent, hatte seine schwangere Frau in beschwerlicher Fahrt nach England gebracht und das gerade noch so rechtzeitig, daß die Geburt im Lande des Königs erfolgen konnte. Diese Reise begann am 28. März 1819 in Amorbach im Odenwald, einem idyllischen Ort, Mittelpunkt eines Dreiecks aus Darmstadt, Heidelberg und Würzburg. Amorbach klingt poetisch und scheint in die Schubert-Zeit zu passen, verdankt jedoch seinen Namen dem Heiligen Amor. Balzac, der es als Wallfahrtsort erwähnt, glaubte an die näherliegende Herkunft. Im Schlößchen von Amorbach hatten die Kents der niedrigeren Lebenshaltungskosten wegen Quartier bezogen. Die Herzogin war dort seit ihrer ersten Ehe mit einem der Fürsten von Leiningen zu Haus. Das Kind, das sie erwartete, Enkel oder Enkelin des alten, umnachteten Königs von England, sollte auf jeden Fall in London zur Welt kommen. Das Territorialrecht in Geburtssachen machte (und macht noch heute) alle auf den britischen Inseln Geborenen gleich welcher Elternschaft zu Briten, unbeschadet der Staatsbürgerpapiere, die sie später, zum Zeitpunkt der Volljährigkeit annehmen. Es steckte also keine übertriebene Wichtigtuerei hinter der Heimreise der Kents. Diese folgte ausgefahrenen Pfaden. Über Frankfurt und Koblenz ging es am Rhein entlang bis Köln, wo man am 5. April eintraf. Die Herzogin war im achten Monat; der galt als reisefest im Vergleich zum siebten. In Anbetracht des Holperpflasters hatte der Herzog eine Route erarbeitet, die nach jeweils zwei Tagen Fahrt einen Tag Ruhe vorsah. Die gesamte Strecke unterteilte er in Abschnitte von rund 40 Kilometern; schließlich war er ein gedienter Soldat und bekleidete seit zehn Jahren den Rang eines Feldmarschalls, auch wenn ihm Armeen nicht länger anvertraut wurden und er weder am Feldzug in Spanien noch bei Waterloo teilgenommen hatte. Nun standen freilich die Herbergen an der Rheinstrecke und in Belgien nicht in derart exakten Abständen, schon gar nicht solche, in denen sich ein großer Troß mit der gebotenen Bequemlichkeit unterbringen ließ.

Die Kents reisten zwar bescheiden, aber elf Wagen waren doch zusammengekommen. An der Spitze kutschierte der hoffende Vater die werdende Mutter in einem Phaëton, einem Fahrzeugtyp, dessen tief heruntergezogener Boden das Einsteigen erleichterte und der durch eine relativ menschenwürdige Federung den Umständen am ehesten entgegenkam. Es handelte sich um ein offenes Gefährt, gutes Wetter war also dringend erwünscht, andernfalls hätte die Herzogin in einer mitgeführten Post-Chaise unbequeme Zuflucht nehmen müssen. Aber die Frühlingssonne schien bis Calais, wo das Paar am 18. April anlangte, zusammen mit Prinzessin Feodora – einem der beiden Kinder aus der ersten Ehe der Herzogin –, deren Gouvernante, einer Hebamme, einem Arzt, zwei Köchen sowie Kutschern, Leibdienern und Ersatzpferden, Bettzeug und Bergen von Habseligkeiten. Das Unterfangen entbehrte nicht eines gewissen Mutes. Jeder Achsenbruch hätte Victorias Geburtsort nach Remagen oder Lüttich verlegen können.

Im Hafen von Calais, auf ruhige See wartend, hatte der Herzog Muße, seine Lage zu überdenken. Sie war alles andere als fürstlich. Spannungen belasteten sein Verhältnis zum Prinzregenten, seinem ältesten Bruder, dem späteren König George IV. Seine Schulden lagen bei etwa 200000 Pfund, die ein Freundeskreis abzutragen suchte, der die Finanzen des Herzogs als Trust verwaltete. Antikonservative Stadtväter und Adlige hatten sich da zusammengetan, um einen Königssohn zu unterstützen, der im Gegensatz zu seinen Brüdern liberale Ansichten kundtat. Edward war für die Emanzipation der Katholiken eingetreten, was den anglikanischen Staatskirchenklerus sowie die englischen Landbesitzer in Irland verärgerte. Er befürwortete die Abschaffung der Sklaverei in den Kolonien, was ihn der Kaufmannsklasse suspekt machte. Er kümmerte sich um Erziehungsfragen und stand mit dem Frühsozialisten Robert Owen in regem Gedankenaustausch. Ein ungewöhnlicher Prinz also, der etwas vom Geist der Aufklärung in die Zeit der Gegen-Revolution trug.

Der Herzog zählte jetzt 51 Jahre, und das Interesse für liberale Ideen war erst spät in ihm erwacht. Seine Offizierslaufbahn muß man unrühmlich nennen. Nach der üblichen Ausbildung in der Lüneburger Heide – Hannover wurde in Personalunion mit Großbritannien regiert – besuchte er eine Schliffschule in Genf. Er erhielt Kommandos in Gibraltar und Quebec, und als Sohn eines autoritären Vaters entfaltete er überall, wo er stationiert wurde, ein drakonisches Regiment. Unbarmherzig wurde das Höchstmaß an Prügelstrafe verhängt (999 Hiebe). Mit kaum faßlicher Grausamkeit verlas er Begnadigungen erst, wenn der zum Tode Verurteilte bereits unterm Galgen stand. In

Gesellschaft dagegen war er ungewöhnlich liebenswürdig. Die Kanadier bewunderten seine Belesenheit und Musikalität und fanden es charmant, daß ein englischer Prinz sich eine französische Geliebte hielt, Madame de St. Laurent. Mit ihr lebte er 27 Jahre treu zusammen und verließ sie nur, um eine Pflichtheirat zu vollziehen, weil es den übrigen Söhnen des Königs an Kindern mangelte. Victoria wußte von dieser Verbindung ihres Vaters, aber alle zeitgenössischen Biographien schwiegen natürlich respektvoll darüber[2].
Eine Jekyll & Hyde-Figur also, der Prinz Edward. Abgemildert ist da manches in die Persönlichkeit seiner Tochter eingegangen:
»Es läßt sich schwer vorstellen, daß ein Mann, der im Privatleben so herzlich und rücksichtsvoll sein konnte und den viele Kanadier als ihren Schutzpatron ansahen, durch einen schmutzigen Knopf an der Uniform eines Soldaten oder durch das Schlurfen eines aus dem Takt geratenen Stiefels in einen wütenden, sadistischen Wahnsinnigen verwandelt wurde. Die Erklärung dieses gespaltenen Charakters liegt darin, daß der Herzog von Natur aus freundlich und herzlich war. Nur ein falsch verstandenes Pflichtgefühl ließ ihn diese Tugenden durch eine Fassade formaler Strenge verbergen[3].«
Sein Bruder Frederick [4], der zweitälteste Sohn des Königs und Oberbefehlshaber der Streitkräfte, entließ ihn schließlich nach zahllosen Beschwerden aus dem aktiven Dienst. Mit dem Marschall-Titel abgefunden, aber ohne Beschäftigung, ließ sich Edward mit Madame in Knightsbridge privat und in Kensington Palace offiziell nieder. Er trat vielen gemeinnützigen Gesellschaften bei, und als 1817 die einzige Tochter des Prinzregenten, Charlotte, bei der Geburt des ersten Kindes mit diesem starb, fügte sich Edward der Staatsraison und ging eine legitime Ehe ein mit Marie Louise Victoire von Sachsen-Coburg-Gotha. Deren Bruder war Charlottes Witwer Leopold[5]. Leider bewilligte das Parlament dem Herzog zur Heirat nicht die erhoffte großzügige Erhöhung der Apanage, sondern nur 6000 Pfund pro Jahr mehr als bisher, und selbst das fand Kritik:
»Wir stellen nicht die Frage, ob dieser Zuschuß angemessen sei. Wir fragen ganz einfach, ob es sinnvoll und human ist, daß dieselben Politiker, die die Pensionen armer Offizierswitwen kürzen wollen, weil dafür das Land kein Geld habe, jetzt eine Vermehrung der Einkünfte des Herzogs von Kent um 6000 Pfund vorschlagen[6].«
Am rechtschaffen bürgerlichen Ton, der sich um die Witwen von Obristen sorgte, aber nicht etwa auch nur die bescheidensten Renten

für Hinterbliebene einfacher Soldaten forderte, läßt sich die Stimme der »Times« ausmachen, des Organs der neuen, selbstbewußten, merkantilen Gesellschaftsschicht, kritisch kampfbereit gegen Adel und Klerus, aber gleichgültig oder bestenfalls mildtätig, was die Mehrheit des Volkes anging.

Eine Woche lang warteten die Kents in Calais. Die Königliche Jacht, die der Prinzregent nach langem Widerstreben geschickt hatte, wagte nicht in See zu stechen. Am 24. April schiffte man sich dann ein. Die Herzogin war sofort seekrank. 21 Jahre später kam auf der gleichen Route ihr Neffe Albert völlig gebrochen in Dover an, um Victoria zu heiraten. Die Reiseschilderungen jener Zeit wimmeln nur so von schwerem Wellengang. Langfristige Beobachtungen des Meteorologischen Instituts in Bracknell über die Wetterverhältnisse im Ärmelkanal[7] zeigen jedoch, daß die meisten dieser Schreckensberichte zum Touristenlatein einer Zeit gehörten, da der Weitgereiste sich noch gern bewundern ließ. Zwar beherrschte Britannien die Wellen, aber die meisten Briten hatten Angst vor ihnen. Nach heutiger Gewißheit kann selbst vor Anbruch der Dampf-Ära nur an etwa jedem sechsten Tag eines Durchschnittsjahres das Überqueren des Kanals für ein so stabiles Schiff wie die Königliche Jacht schwierig gewesen sein.

Am 26. April meldeten die Londoner Zeitungen, das herzogliche Paar sei tags zuvor gegen 4 Uhr im Kensington Palace eingetroffen. Die Kents hatten in Canterbury sowie auf dem Landsitz des hilfsbereiten Lord Darnley Station gemacht. Kaum war der Heimatboden erreicht, ließ man sich Zeit. Die Bedeutung der herannahenden Niederkunft erhöhte sich durch die Nachricht, die den Kents noch in Amorbach zugegangen war: die Herzogin von Clarence, Gemahlin des drittältesten Königssohns William, hatte ein Kind geboren, das jedoch nur sieben Stunden lebte, eine Tochter, die namenlos von der Liste derer verschwand, die Victoria die Krone hätten streitig machen können[8]. Zwischen dem Kind der Kents, Sohn oder Tochter, und dem Thron standen weiterhin nur vier Männer, deren jüngster – der eigene Vater – 51 Jahre alt war.

Die Verwaltung von Kensington Palace[9] hatte sich mit der Renovierung der Zimmer für das Paar Zeit gelassen, prinzregentlicher Boykott, als hofamtliches Versehen kaschiert. Erst zwei Tage vor der Geburt wies das vorgesehene Zimmer endlich Teppiche, Tapeten und Mobiliar auf, nicht dagegen zugfreie Fenster. Dies fiel nicht sehr auf in einem Mai, der ungewöhnlich warm war und in die Weltliteratur einging als der Monat, in dem John Keats die »Ode an eine Nachtigall« verfaßte. Die Herzogin war von robuster Natur; sie überlebte ihren 19 Jahre älteren Gatten um vier Jahrzehnte [10]. Die Widrigkeiten der einmonatigen Reise schüttelte sie rasch ab, schlug ihr mitgebrachtes Amorbacher Himmelbett auf und verbesserte ein wenig ihr Englisch. Die Unkenntis dieser Sprache war ein Grund zum Zaudern gewesen, als der englische Prinz ihr nach einer kurzen Besuchsreise im Herbst 1816 seinen Heiratsplan unterbreitete. Für die Übersiedlung nach London sprach, daß ihr Bruder Leopold dort — damals noch — mit der Tochter des Thronfolgers George verheiratet war. Der Tod Charlottes verringerte dann vorübergehend die Lust der Fürstinwitwe an einer Verheiratung nach England. Ihr verwitweter Bruder würde dort kaum länger bleiben (er wurde später von den Belgiern als König adoptiert) [11].

Marie Louise Victoire, die sich in England Victoria nannte, war am 17. August 1786 zur Welt gekommen, dem Tage, an dem Friedrich II. von Preußen starb. Ihre königliche Tochter hat später solche Datenzufälle als regelrechte Kalenderkabbala betrieben. Victoire-Victoria hatte im Hause Sachsen-Coburg-Gotha sechs Geschwister, von denen die Brüder sich in fremde Heeresdienste verdingten, während die Mädchen nach adligen Partien Ausschau halten mußten. Leopold, Ferdinand und Ernst standen in den Napoleonischen Kriegen auf beiden Seiten der Front, bei Russen, Österreichern und Preußen, wobei Ernst zum Franzosenkaiser schon überwechselte, als dessen Siegesstern noch im Zenit stand. Den vier Töchtern widerfuhr unterschiedliches Glück am Altar. Die Jüngste, Victoire, wurde mit 17 Jahren dem Fürsten Emich Karl von Leiningen vermählt. Dessen Territorium, ursprünglich im Rheinpfälzischen um Dürkheim gelegen, geriet nach dem Frieden von Lunéville in die große Flurbereinigung von 1803, die der Reichsdeputationshauptschluß brachte. Emich Karl verstand etwas von Haus- und Staatswirtschaft und gründete in Amorbach ein Sägewerk, das noch heute steht. Elf Jahre später war er tot, und Victoire, mit den Kindern Karl und Feodora, geriet unter den Einfluß eines Höflings, des Hauptmanns von Schindler, der die alleinstehende Regentin mehr in seinem als in ihrem Sinne zu beraten gedachte. Von der englischen Verbindung riet er ab.

Victoire wollte jedoch mit 32 Jahren nicht nur noch in Schwarz gehen. Sie zögerte zwar, aber als Edward drängte, willigte sie ein, und dann wurde die Verbindung mehr als eine Konvention. Im Mai 1818 fand

die deutsche, im Juli die englische Zeremonie statt. Mit Madame St. Laurent verglichen war die Herzogin von etwas einfacherer Gemütsart, hübsch, eher klein – da kam später die Tochter auf die Mutter – und nicht ganz so unselbständig, wie man sie dargestellt hat. In England begegnete man ihr, wie es zu erwarten stand: die wenigen treuen Freunde des Herzogs waren auch ihre Freunde.
Vier Wochen nach der Ankunft der Kents in London erfolgte die Entbindung. Man vertraute sie der Obhut einer Frau an. Keiner Hebamme wohlgemerkt, sondern einem weiblichen Arzt, einer studierten Gynäkologin. Fräulein Dr. Charlotte Siebold, in Göttingen promoviert, sagte dem herzoglichen Paar derart zu, daß sie gebeten wurde, nach England zu kommen. Edward war nicht nur Mitglied und Förderer wohltätiger, sondern auch wissenschaftlicher Vereinigungen. Einige Jahre zuvor hatte sich in London ein Ausschuß gebildet, der die Experimente von Delahyde und Lucette zur Heilung von Geisteskrankheiten unterstützte; der Herzog übernahm das Präsidium. Die Versuche führten nicht weit. Aber da der König seit mehr als zwanzig Jahren hektische Anfälle erlitt, deren Ursache zu diagnostizieren die Medizin damals nicht in der Lage war, mußte das Interesse groß sein an Krankheiten, über deren Erblichkeit man nur Vermutungen besaß[12]. Übrigens förderte der Herzog auch die »Gesellschaft zur Entbindung armer Ehefrauen im eigenen Heim«, eine der zahlreichen Ersatzorganisationen öffentlicher Fürsorge in einer Zeit, da die Aufgabe der Regierungen sich weitgehend darauf beschränkte, das Land zu verteidigen, die innere Ordnung zu wahren und die für beides nötigen Steuern einzutreiben.
Die Herzogin war zwar keine reiche, aber auch keine arme Ehefrau, und die Entbindung kam, als sie am 24. Mai 1819 gegen vier Uhr früh herannahte, nicht im eigenen Heime zustande. Kensington Palace stellte einen geliehenen Aufenthaltsort dar, eine Herberge, in der ein Paar Zuflucht gesucht hatte, weil es sich oder vielmehr das Kind registrieren lassen mußte, ein jegliches in seiner Stadt. Die spätere Legende von der Wunderankunft einer kleinen Prinzessin in einer Zeit diskreditierter Herrschaft fand hier weitere Nahrung. Die Unheiligen Drei Könige, die ihr voraufgingen, George III., George IV. und William IV., Dementius, Sybaritus und Bramarbas, bildeten einen Kontrast zu Victoria, wie er sich stärker kaum denken ließ.
Es hieß da und dort, die Geburt sei schwer gewesen, Fräulein Dr. Siebold habe sich der Sache nicht gewachsen gezeigt, ein einheimischer

Arzt, Dr. Davis, sei zum Retter in der Not geworden. Selbstverständlich gab es im Königshaus keine Geburt, keine Krankheit und keinen Tod, ohne daß mehrere Mediziner anwesend waren; davon machte auch die Nacht in Kensington Palace keine Ausnahme. Man weiß, daß ein dritter Arzt, Dr. Williams, zur Hand war und sogar ein vierter, nämlich des Herzogs eigener Doktor, ein Ex-Marine-Arzt namens Wilson. Was das Können der Siebold anging, so wurde es natürlich als das einer Frau und einer Fremden doppelt beargwöhnt. Aber kaum waren Mutter und Tochter über die ersten Wochen hinweg, machte sich die Ärztin auf nach Coburg, wo der Bruder und die Schwägerin der Herzogin ein Kind erwarteten. Hätte sie bei Victorias Geburt versagt, wäre sie zu Alberts Ankunft nie gerufen worden. Doch hatte sie ja auch dessen älteren Bruder Ernst bereits ins Leben geholt. Dr. Siebold war damals jung und erlebte später die Heirat ihrer Schützlinge. Was ihr Versagen angeht, so gehört es zur antideutschen Legende, die sich um Victorias lange Geschichte reichlich gerankt hat[13].

Eine Prinzengeburt ist keine Privatsache, und so waren es nicht nur dynastische Sorge und ärztlicher Rat, die vor dem Entbindungszimmer der Dinge harrten. Edwards jüngerer Bruder Augustus, der Herzog von Sussex, wartete auf, ebenso der Herzog von Wellington, der den Kents freundlich gesinnt war und ihnen auf ihrer Reise nach Amorbach in Waterloo ein Bankett gegeben hatte. George Canning kam, der spätere Außenminister, und schließlich das Duo der Kirchenfürsten, denen die Königsfamilie als Glaubensverteidiger besonders nahelag: der Erzbischof von Canterbury und der Bischof von London. Der Herzog selbst blieb am Bett seiner Frau, bis das Kind geboren war.

Die Mutter entschied, was man in England als »deutsch« empfand, der Tochter die Brust zu geben. Zwei Tage später meldeten die Zeitungen jedoch ein leichtes Fieber der Herzogin. Bulletins erschienen etwa eine Woche lang, dann waren sie nicht länger vonnöten. Die Briefe des Herzogs an die Schwiegermutter in Coburg klangen allenfalls leicht besorgt, nie wirklich beunruhigt. Von irgendwelchen Schwierigkeiten des Kindes beim Start in sein langes Leben war nie die Rede. Der Herzog führte eine weitere Neuerung ein: Victoria wurde, als erstes Mitglied der königlichen Familie, geimpft. In solchen Einzelheiten hatte der Prinzregent als Vorstand des Königshauses nichts zu sagen. Als es aber an den Namen des Kindes und die Taufe ging, ließ George den Bruder Kälte und Neid sehr deutlich spüren. Von »Georgina« wollte

er nichts wissen, denn sein Name konnte nicht gut dem des anderen Taufpaten, des Zaren Alexander, voraufgehen, sollte ihm aber auch nicht folgen. Die Szene am Taufbecken in Kensington Palace vollzog sich in sorgsam arrangierter Heimlichkeit. Der Prinzregent untersagte jeden Aufwand und bestand auf einer strikt privaten Zeremonie. Nicht einmal alle Familienmitglieder waren anwesend, keine auswärtigen Gäste, und den Zaren vertrat der Herzog von York. Bis zum Beginn der Taufe wußten die Eltern nicht, welche Namen der Familienvorstand nun anordnen werde. Auf die submissest-drängende Frage des Erzbischofs sagte er nur: »Alexandrina«. Edward, der wohl durchschaute, daß damit dem Kind ein fremder, unpopulärer Name gegeben werden sollte, schlug als Zusatz »Elizabeth« vor. Dies wiederum nahm der Prinzregent als eine zu hochgreifende Anspielung auf die Tudor-Königin und lehnte ab. Dann beendete er das gequälte Umherstehen mit dem Befehl, das Kind außer nach dem Zaren noch nach seiner Mutter zu benennen. Dagegen konnte der Vater nichts einwenden, aber wieder spürte er die Absicht: der eine Name war so unenglisch wie der andere. Doch es blieb bei Alexandrina Victoria, woraus während der ganzen Kindheit »Drina« wurde. Erst nach der Thronbesteigung legte die Königin den russischen Teil ihres Namens offiziell ab, nachdem sie schon als älteres Mädchen nur Victoria genannt werden wollte. Die Taufe am 24. Juni 1819 kündete den Unstern an, der in den nächsten achtzehn Jahren über den Beziehungen zwischen Königshof und Herzogsfamilie stand.
Eigentlich hätte der Name Victoria nicht ungewöhnlich sein dürfen in einem Land, dessen Sprache schließlich das Wort für »Sieg« aus der gleichen lateinischen Quelle bezieht. Als die späteren Ausgriffe des britischen Empire auch eine nie dagewesene Verherrlichung der Königin – und Kaiserin von Indien – mit sich brachten, schrieben die frühen Biographen der Queen, ihr Name sei ein Omen gewesen. Dabei war Victoria strenggenommen nicht die erste Herrscherin Britanniens, die diesen Namen führte. In der zweiten Hälfte des 3. Jahrhunderts – so konnte man in der Schilderung des untergehenden Römerreichs durch Edward Gibbon[14] lesen – hatte in Trevirorum (Trier) eine resolute Frau allen denjenigen Provinzen vorgestanden, die sich von Rom loszusagen suchten, wozu auch die Britischen Inseln gehörten. Sie hieß Victoria.
Die Absicherung der Thronfolge wirkte zwar beruhigend auf das Establishment, aber kaum als Tonikum auf die Wirtschaft des Landes.

Mit ihr stand es nicht zum besten. Gleich neben der Nachricht von der Geburt einer Tochter der Herzogin und des Herzogs von Kent meldete die Londoner »Times« einen Kurssturz der Bankaktien von 14 Prozent. Am nächsten Tag gingen die Mitteilung der prinzeßlichen Ernährungsweise und ein Leitartikel über die Konvertibilität des Papiergeldes in Metallwährung eine ähnlich unbeabsichtigte Nachbarschaft ein. Dabei ließe sich über Mutterbrust und Goldstandard als Grundlagen der viktorianischen Gesellschaftsordnung einiges sagen. Die künftige Königin kam in einer ungefestigten Zeit zur Welt. Zwar war der äußere Feind besiegt. Napoleon litt auf St. Helena an den ersten Symptomen des Magenkrebses, dem er wenig später erlag. Im Juli 1819 ging ein Gerücht um, er sei auch seinem zweiten Inselkerker entflohen. Es wurde besorgt kolportiert, denn die alliierte Besatzungsarmee in Frankreich war im voraufgegangenen November aufgelöst worden. Der Friede wollte sich nicht recht ausbreiten, auch nicht im Siegerland Großbritannien. Das erwähnte Papiergeld, das an den Krieg erinnerte, konnte erst durch ein Gesetz, das der junge Tory-Politiker Robert Peel per Ausschußbericht vorbereitet hatte, wieder gegen Gold eingetauscht werden[15]. Weder Staatsfinanzen noch Privatgewinne verkrafteten die Umstellung auf die Friedenswirtschaft, wenn auch aus entgegengesetzten Gründen: der Finanzminister konnte die Kriegsverschuldung nicht abbauen, der Großagrarier die Kriegsgewinne nicht fortsetzen.

So waren die Zeitungen voll von Bankrotterklärungen. Allein im zweiten Quartal des Jahres 1819 beliefen sie sich auf 480, und zu Beginn des Jahres 1820 existierten 1500 Firmen nicht mehr, die es zwölf Monate zuvor noch gegeben hatte. Doch wurde auch neuer Reichtum geschaffen. Der Held von Waterloo erhielt bei der Rückkehr aus dem Besatzungslager umfangreichen Landbesitz und Bargeld in Höhe von 130000 Pfund sowie einen Posten im Kabinett Liverpool. Auch Offiziere und Mannschaften bekamen ein Dankgeld der Nation. Dessen drastische Abstufungen veranlaßte eine Zeitung in Portsmouth zu dem Überschlag, Wellington sei offenbar soviel wert wie 50 Generäle oder 666 Hauptleute oder 2158 Sergeanten. Der einmalige Ehrensold des einfachen Soldaten betrug 21 Pfund und 10 Shilling, ein Sechstausendstel der Abfindung des Herzogs.

Nachhaltiger wußte sich die tonangebende Schicht des Parlaments gegen die Risiken des Friedens abzusichern. Vier Fünftel der Mitglieder des Unterhauses gehörten der landbesitzenden Klasse an oder waren deren Vertrauensleute, und die Getreidegesetze von 1815 ließen die Einfuhr billigen Korns nicht zu. Ehe der Inlandspreis nicht eine Höhe von 80 Schilling pro Quarter erreichte – 3 Pfund und 4 Shilling pro Kilo –, mußten auf Importe Schutzzölle gezahlt werden, die die Differenz wettmachten. Auch Wolleinfuhren wurden durch fiskalische Barrieren abgeschreckt. Handel, Bürgertum und Arbeiterschaft waren gegen diese Zweckallianz aus agrarisch orientiertem Unterhaus und aristokratisch beherrschtem Oberhaus machtlos[16]. Die erste der Parlamentsreformen, die nach und nach die politischen Gewichte den sozialen Erfordernissen anpaßten, kam erst 1832.

Sechs Millionen Pfund fehlten der Staatskasse für die Ausgaben des Jahres 1819. Die Nationalverschuldung lag bei 900 Millionen Pfund. Der Krieg hatte 2 Milliarden gekostet. Sei England, fragte die »Times«, wirklich reicher als im Revolutionsjahr 1789, nur weil die Steuereinnahmen jetzt höher lägen? Dabei war die zur Truppenfinanzierung eingeführte Einkommensteuer 1816 wieder abgeschafft worden. Sie galt als diabolischer Versuch des Staates, in gesetzlich einwandfrei erworbenen Gewinnen herumzuschnüffeln. Das Parlamentsgesetz, das solche »Willkür« beseitigte, legte ausdrücklich die Vernichtung der Steuerakten fest. Vorsichtig, wie Behörden auch in Laisser-faire-Zeiten sind, wurden jedoch Kopien angefertigt. Als die Einkommensteuer 1842 unter Premierminister Peel wieder eingeführt wurde – auch Königin Victoria wollte nicht ausgenommen sein –, fiel es leicht, anhand der alten Unterlagen die Maschinerie wieder in Gang zu setzen. Jetzt aber, 1819, sollte das Etatdefizit zur Hälfte durch Verbrauchssteuern gedeckt werden. Bier, Spirituosen, Tabak, Kaffee, Tee, Pfeffer und Kakao wurden teurer. Mehr als drei Millionen Pfund waren einzutreiben. Das veranlaßte die Presse zu der Frage, warum nach 20 Jahren Krieg die Steuerlast zunächst um 18 Millionen gesenkt worden sei und jetzt, nach vier Jahren Frieden, um 3 Millionen angehoben werden müsse. Sündenböcke wurden gesucht. Man entdeckte sie vor allem in der Armee und am Königshof. Zu viele Offiziere gab es und zu viele Prinzen. 10 Millionen verschlang jedes Jahr das Heer, 6 Millionen die Marine und nicht weniger als 1,2 Millionen allein die Feldzeugmeisterei. Das sei ebenso extravagant, wie die Zuwendungen für die Königssöhne verschwenderisch seien[17].

Obwohl die Abmusterung des Besatzungsheeres auf dem Kontinent den Wehretat verringerte, zahlte Großbritannien einen hohen Preis als stärkste Militärmacht. Die glaubte es zu sein. Frankreich blieb vorerst ausgeschaltet, und was Russen und Preußen im Ernstfall vermochten, war nicht ganz sicher. Dabei kam das größte Kontingent der britischen Streitmacht den Finanzminister noch am billigsten: die 213454 Soldaten, die in Indien standen, wurden »örtlich« versorgt. Darunter befanden sich 30000 Weiße, ein Drittel von ihnen stand im Direktsold der Ost-Indien-Gesellschaft. Das Empire trug, wie der Euphemismus lautete, sich selbst. Wohlstand billig einführen und Probleme energisch exportieren, das war es, was das britische 19. Jahrhundert so scheinbar unwiderstehlich zur Prosperität führte. Verbrecher, Landesverräter und Aufrührer schickte man nach Australien, Arbeitslose und Hungerleidende gingen nach Nordamerika. Ein fast kostenloses stehendes Heer unterhielt man in Indien, Kanada, Gibraltar und der frisch eroberten Kap-Kolonie, während im Heidesand um Hannover die nötigen Offiziere billig trainiert wurden.

Daß dies ein Balanceakt war, der zusammenfallen mußte, sobald ein anderes Staatsverständnis sich ausbreitete, d. h. sobald das Bürgertum die Beachtung seiner eigenen Wünsche durchsetzte, blieb in der Viktorianischen Zeit von den Selbsttäuschungen des Imperialismus vorübergehend verdeckt. Sichtbar war es schon vorher. Nicht nach 1945, sondern bereits nach 1815 begannen Englands innere Probleme, nur tarnten sie sich zunächst als äußerer Aufstieg[18]. Nicht erst die plötzliche Entkolonialisierung im 20. Jahrhundert, sondern das unermüdlich fortgesetzte Kolonialisieren im 19. bezeichnete den Beginn des Endes. Angeblich waren es die beiden späteren Weltkriege, die das Land überforderten. Aber schon die Feldzüge gegen Napoleon machten die Verzettelung der Kräfte eines Weltreichs deutlich, das nur unter erheblicher Verschuldung Krieg in Übersee führen und gleichzeitig die Mutterinsel verteidigen konnte.

»Wären die Staatsfinanzen jetzt«, schrieb die »Times« drei Tage nach Victorias Geburt, »schon so saniert, wie sie in zwei Jahren sein werden, Amerika hätte nicht gewagt, sich Florida zu nehmen, ohne unsere Zustimmung einzuholen, noch hätte Spanien riskiert, es wegzugeben[19].«

Aber die Staatsfinanzen waren eben nicht saniert, sie waren es später nach jeder vergleichbaren Anstrengung ebensowenig. Die Bastion England wurde, wiewohl die Erste Industrielle Revolution dazu die Gelegenheit bot, nie so ausgebaut, wie es das Netz der vielen Vorwerke eigentlich erfordert hätte. Vor Wellingtons Feldzügen war England der Bevölkerungszahl nach zu schwach, um allein auf sich gestellt einen mächtigen Gegner besiegen zu können. Aber auch nach Waterloo blieb es dabei, denn nun vermehrten sich die Briten zwar rasch, aber die Landsleute Blüchers waren ihnen dabei bald voraus. Die vielen »kleinen Kriege«, die zu Victorias Zeit gefochten wurden[20], galten schwächeren Feinden und dienten der Selbsttäuschung. Der Krim-Feldzug war ein Koalitionskrieg, und selbst als solcher legte er die Unzulänglichkeiten britischer Rüstung in Europa bloß. Hinter dem Anspruch, Weltreich zu sein, stand keine ausreichend fundierte, einheimische Kraft, keine sozial einheitliche Motivierung.

Es gab nicht einmal ein Regierungssystem, das in der Lage gewesen wäre, Heimat und Empire sinnvoll zu verwalten. Die Kompetenzgrenzen zwischen König und Kabinett waren ungeklärt. Die Minister wurden nicht besoldet und mußten daher vermögend sein. Die Bürokratie war nach Zahl und Ausbildung absolut unzulänglich. Qualifikationen für den öffentlichen Dienst kannte man nicht. Eine frühe Ausnahme bildete die Ost-Indien-Gesellschaft, die seit 1809 in Haileybury eine Art von Trainings-College unterhielt, auf das alle Anwärter für Verwaltungsposten in Übersee geschickt wurden. Was jedoch gut war für das Empire, war offenbar zu gut für England selbst. Erst Mitte der 50er Jahre führten einzelne Ministerien regelrechte Examina für die höheren Beamtenstellen ein. Zuvor hatten nur einige Ressorts, die Spezialkenntnisse erforderten, den Bewerbern leichte Fragen gestellt und auch das bezeichnenderweise erst nach der Wahlrechtsreform von 1832, dem zögernden Beginn der Egalisierung Englands. Da Königin Victoria zeitlebens auf ihren Rechten der Ämtervergabe beharrte, wurde sie oft genug in den Streit zwischen Qualität und Protektion verwickelt.

Der Regierung, die aus überarbeiteten Ministern bestand, fehlten vor allem Informationen. Was die örtlichen Magistrate anlieferten, war von Interessenwünschen getränkt und von unbefragten Traditionen gefärbt. Das überlange Ausbleiben fälliger Änderungen lag also nicht nur an hartherziger Gleichgültigkeit der Machthaber oder ungeniertem Klassendruck, sondern zum großen Teil an schierer Kenntnislosigkeit selbst derjenigen, die Reformen befürworteten. Immer wieder stößt man in zeitgenössischen Tagebüchern, Reiseberichten und Zeitungsmeldungen auf »Entdeckungen«, die die überraschten Verfasser in den ihnen fremden Sozialschichten des eigenen Landes machten. Vorrecht und Ahnungslosigkeit gingen in der britischen Nachkriegszeit von etwa 1815 bis zum Fall der Getreidezölle rund 30 Jahre später ein unheilvolles Bündnis ein. Dabei wurden denkbare Abhilfen sehr wohl diskutiert. So schlug schon 1813 Lord Grenville das öffentliche Ausschreiben der Bewerbungen für überseeische Pfründen vor, doch man lachte ihn aus. Robert Owen schickte die Kinder seiner Mustersiedlungen bereits bei Victorias Geburt in regelrechte Schulen, aber erst nach 33jähriger Herrschaft unterzeichnete die Königin 1870 das Gesetz über die Einführung der Unterrichtspflicht. Owen war »Sozialist«, Grenville sicher nicht.

Was das Recht anging, so war sein Klassen-Charakter unverkennbar. Das Strafrecht diente fast ausschließlich dem Schutz des Eigentums. William Wilberforce[21] klagte 1819 darüber, daß viele, zum Teil unbedeutende Delikte – 223 insgesamt – noch die Todesstrafe nach sich zögen. Nicht, daß jeder Dieb deswegen gehängt worden wäre. Selbst bei schwereren und nachgewiesenen Verstößen gegen die Gesetze erkannten die Geschworenen oft auf Freispruch, weil sie aus humanitären oder religiösen Gründen das Aufknüpfen verabscheuten, ein Schuldspruch aber kein anderes Urteil als das höchste Strafmaß zuließ. Solche Zöpfe wurden fortgeschleppt. Englands Strafrecht war eines der härtesten in Europa, wenn auch gemildert durch die Spruchpraxis. Aber Rechtsunsicherheit ist der Nährboden der Willkür, und wer vor den falschen Magistrat, vor strafwütige Geschworene geriet, der verlor den Kopf. Der Wilderer Charles Smith zum Beispiel, der ein Jahr nach Victorias Geburt mit einem Kompagnon auf dem englischen Besitz von Lord Palmerston, einem der größten Staatsmänner der späteren Königin, durch den Wildhüter gestellt wurde, feuerte auf diesen einen Schuß ab und verletzte ihn am Schenkel. Palmerston setzte eine Belohnung für das Ergreifen des Täters aus. Mit 33 Pfund betrug sie fast das anderthalbfache Jahreseinkommen seiner Farm-Angestellten, die 9 Schilling pro Woche erhielten. Smith wurde gefangen. Kronzeuge war sein Kompagnon, und die Wildereigesetze aus der Zeit König Charles II., also 150 Jahre alt, gediehen Smith zum Verhängnis. Palmerston unternahm lahme Versuche, statt des Todes am Galgen die Deportation zu erwirken. Robert Peel, inzwischen Innenminister, unterließ es, dem König einen Gnadenakt vorzuschlagen[22]. Smith wurde gehängt. Hätte er statt auf den englischen Gütern des Lords auf dessen irischen Ländereien gewildert, wäre es nicht einmal zu solcher Fürsprache gekommen. Was in England als Kriminalität galt, war in Irland Rebellion, da wurde das Gericht zum Standgericht.

Der Radikalenführer Cobbett errichtete mit Freunden hart an der Grenze von Palmerstons Liegenschaften einen Gedenkstein für Charles Smith. Palmerstons Enkel ließ unmittelbar daneben, aber innerhalb des Familienbesitzes, ein Gegen-Mal errichten, auf dem das Todesurteil gerechtfertigt wurde. Die sozialen Gegensätze versteinerten sich, ehe sie sich entkrampften. Die Unzahl der hängenswürdigen Delikte wurde dann von jenem Manne reduziert, der König George IV. keine Gnade für den Wilderer Smith hatte anraten wollen: Robert Peel. An der Wiege der kommenden Königin standen Reaktion und Reform als unzertrennliche Weggenossen, die einander oft sehr ähnlich sahen.
Die Jahre von 1812 bis 1822 hat ein englischer Autor als das »Zeitalter der Eleganz« bezeichnet[23]. Damit meinte er – ohne ein paar der Nachtseiten zu unterschlagen – Byron und Shelley, die Bauten des Prinzregenten in London und Brighton, das Wohlbefinden einer durch den Krieg heil und arrondiert hindurchgekommenen, »maßgebenden« Schicht. So kann man es sehen. Das Gegenteil, nämlich ein »Zeitalter der Diskrepanz«, wäre ebenso wahr.

2
Kindheit

Die königlichen Onkel – Das Volk

Monarchie handelt von Menschen mehr als von Sachen, erst recht, seit die Könige Verfassungen zu beachten haben. Victorias Zeitgenossen unterschieden Wirkung und Macht der Krone:
»In einer Monarchie vollführt ein einzelner Handlungen, die interessant sind; in einer Republik vollziehen mehrere Handlungen, die uninteressant sind[24].«
Formulierungen wie diese überdauern leider ihre Korrektheit. Das Entstehen einer Kollektiventscheidung – zum Beispiel die Verschwörung gegen Julius Cäsar – ist sicher so faszinierend wie der einsame Entschluß – gleiche Neugier der Zeitgenossen vorausgesetzt. Wenn sich um 1880 die Mitglieder des Kabinetts Gladstone an der Selbstbestimmung für Irland zerstritten, dann mußte das so wichtig wie aufregend sein. Die Versuche der Queen dagegen, diesen Streit zu schüren und die Regierung zu Fall zu bringen, waren für niemanden interessant außer für einen engen Kreis von Eingeweihten. Doch das heißt sechs Jahrzehnte vorgreifen.
Die Prinzessin in Kensington Palace befand sich an fünfter Stelle in der Thronfolge. Doch da standen Verschiebungen bevor. George III., völlig umnachtet, war nun 81 Jahre alt. Das jüngste Bulletin aus Windsor, datiert vom 3. April 1819, besagte:
»Seine Majestät erfreut sich weiterhin guter körperlicher Gesundheit und war während der letzten Zeit ruhig und gefaßt, aber Seiner Majestät Geistesstörung ist unverändert geblieben[25].«
Vor Victoria rangierte natürlich außer den Onkeln George, Frederick und William vor allem ihr eigener Vater. Der Herzog von Kent war überzeugt, er werde alle seine Brüder überleben. Ausschweifungen hatte er nie gekannt, und nach dem Ende seiner Jahre in der Armee behielt er das Frühaufstehen ebenso bei wie mäßige Mahlzeiten und regelmäßigen Ausritt. Seine finanzielle Lage hatte sich allerdings durch die Geburt der Tochter kaum wesentlich gebessert. Was das Parla-

ment ihr, also praktisch den Eltern, bewilligen mochte, würde durch verteuerte Lebenshaltung aufgezehrt werden. Denn an ein neuerliches Exil in Amorbach war nicht zu denken. Das Kind sollte eine Erziehung in England genießen, wenn auch zunächst nicht in der Hauptstadt. Sie eignete sich schlecht dazu, einen Schuldenberg abzutragen. Große Teile seiner Einkünfte führte der Herzog bereits an jenen Trust ab, durch den seine Freunde ihn solvent zu machen suchten. Aber ohne alle Teilnahme an Geselligkeiten war für einen Königssohn das Leben in London unvorstellbar. Er wäre eingeladen worden und hätte einladen müssen.

Im Herbst 1819 machte sich Edward daher mit seinem Adjutanten, Hauptmann Conroy, in den Südwesten, nach Devon auf, um ein passables Landhaus zu suchen. Die Herzogin klagte des öfteren über Rheuma, also würden ihr die Warmwasserbadehäuser der Küstenorte ebenso guttun wie die milde Luft, die dort der Golfstrom mit sich führt. Ein Cottage in Sidmouth wurde angemietet, das besorgte der Freundeskreis, und Mitte Dezember rüstete die Familie zur Abreise aus London. Victorias Halbschwester Feodora kam mit, ferner General Wetherall, ein alter Freund, der den Haushalt des Prinzen organisierte, dann Dr. Wilson und der Adjutant John Conroy. Diese drei Herren bezogen ein Haus in der Nähe. Am Weihnachtstag 1819 richteten sich die Kents im inneren Exil ein, knapp 150 Meter vom Meer entfernt.

Leider hielt das Klima von Devon in diesem Winter nicht, was sich der Herzog von ihm versprochen hatte. Die Januarnächte waren eisig, und bald zog sich die ganze Familie eine Erkältung zu, »Vickelchen«, wie die Mutter das Windelkind in Briefen scherzhaft nannte, nicht ausgenommen. Trotz dieser Vorwarnung stellte Edward die täglichen Spaziergänge mit Hauptmann Conroy nicht ein, sondern stapfte in nassen Stiefeln und völlig durchfroren zur Pferdekoppel oder zum Strand. Sein Schnupfen verschlimmerte sich. Ein bitterkaltes Schlafzimmer mit undichten Fenstern, als Krankenstube denkbar ungeeignet, konnte den Zustand des Herzogs nicht bessern. Fieber trat ein, und Dr. Wilson applizierte die ersten Blutegel. Brustschmerz und Auswurf wiesen darauf hin, daß die bloße Erkältung etwas Gefährlicherem gewichen war. Die Herzogin, die nicht von der Seite des Kranken ging, schrieb nach London, es möge rasch einer der Ärzte des Königs kommen. Edward, der beständig von seinem Kind redete, ließ gleichwohl nicht zu, daß man es in seine Nähe trug.

In der tristen Eskalation der Mittel, mit der die Medizin jener Tage einen geschwächten Körper weiter herabminderte, setzte der Arzt nun Zugpflaster an. Da sie keine Linderung brachten, folgte die Prozedur des Schröpfens, sie zog sich über den ganzen Körper hin und half ebensowenig. Es hätte einer robusteren Physis als der des Herzogs bedurft, um jene Therapie zu überleben, die nun Dr. Maton verordnete, der aus London anreisende Kollege Dr. Wilsons. Er ging davon aus, dem Patienten sei noch nicht genug Blut genommen worden. Zwei Tage lang wurde die Schröpfkur fortgesetzt: Erhitzte Becher, über eine Schnittwunde gestülpt, saugten beim Erkalten Blut in das entstehende Vakuum. Die Schmerzen müßten einen Gesunden krank machen. Mehrere Liter Blut wurden auf diese Weise abgezapft, aber die »bösen Säfte« der Krankheit befanden sich offenbar nicht darin.
Dr. Maton hatte Verständigungsschwierigkeiten mit der stark besorgten Herzogin, deren Englisch immer noch unvollkommen war. Sie schickte einen Boten nach Claremont zu ihrem Bruder, dem Prinzen Leopold. Der brach sofort nach Sidmouth auf, aber der Kampf ging schon dem Ende entgegen. Am Freitag, dem 22. Januar 1820, traf Leopold ein. Sein Begleiter und Freund, Baron Stockmar, ein ausgebildeter Arzt, sah keine Hoffnung mehr. Man verlas dem Herzog das Testament, er unterzeichnete. Am nächsten Morgen um zehn Uhr starb er, mit 52 Jahren. In der nicht sehr barmherzigen Arithmetik der Thronfolge war das knapp neun Monate alte Kind zwei wichtige Schritte weiter gekommen: Mit dem Vater waren auch alle ungeborenen Brüder ausgeschieden. Töchter tragen in England nur dann eine Krone, wenn keine Söhne vorhanden sind. Unter Geschwistern rangiert das Geschlecht vor dem Alter, wenn dadurch eine männliche Erbfolge gesichert werden kann.
Zum zweiten Mal war die Herzogin nun Witwe, nur diesmal unter ärgeren Umständen. Sie befand sich mit einem Kleinkind mittellos in fremdem Land. Wie sich jetzt herausstellte, reichte das vorhandene Bargeld nicht einmal zur Rückreise nach London. Prinz Leopold steuerte die nötige Summe bei. Eine Schwester des Prinzregenten, Sophia, setzte bei diesem durch, daß Kensington Palace weiterhin für die Herzogin und die Tochter zur Verfügung stand. Am 29. Januar 1820 traf die trauernde Gruppe dort wieder ein. Schwarze Fahnen hingen in den Straßen. König George III. war seinem Sohn Edward in den Tod gefolgt, und der Prinzregent bestieg als George IV. den Königsthron. Hatte er schon als halber Herrscher seinen Bruder, den Herzog von

Kent gedemütigt, so stand nicht anzunehmen, er werde im Vollbesitz der Familienmacht die Schwägerinwitwe besser behandeln.
Der Herzog wurde in der Königsgruft von Windsor beigesetzt. Seine Tochter errichtete später dem Andenken des Vaters im Seitenschiff der Georgskapelle des Schlosses ein Marmorgrabmal, auf dem sein lebensgroßes Abbild liegend ruht. Freunde sammelten für eine Statue des Herzogs in Portland Place, London. Der Tote hatte den General und den Hauptmann, die ihm treu gedient hatten, zu Vollstreckern seines Willens eingesetzt, ein bürdenvolles Amt. Edward war zwar auch zuletzt nicht ganz ohne Eigentum gewesen, Wetherall bezifferte dessen Wert auf 89000 Pfund. Nur reichte selbst der Verkauf des Grundbesitzes nicht aus, die Schulden zu begleichen. Die Herzogin schlug also das Erbe aus, und der Freundeskreis um Alderman Wood plagte sich in den kommenden Jahren, so gut es ging, mit den Gläubigern. Noch in Edwards Todesjahr wurde seine Bibliothek versteigert. Der Katalog umfaßte 51 Seiten, und die mehreren tausend Bände brachten 5000 Pfund, wobei für die zahlreichen Werke über Sozialreform, Arbeitslosigkeit, Kriminalität, Sklavenhandel, Katholiken-Emanzipation und Sanitärmaßnahmen wohl das geringste gezahlt wurde, während die Prachtausgaben römischer, französischer und englischer Klassiker leicht Käufer fanden.
Victoria hat ihren Vater in jedem Mann gesucht, der später ihr Vertrauen besaß. Wie, wenn er länger gelebt hätte? König Edward VII., aber nicht als Victorias Sohn, sondern als ihr Vater – ein faszinierender Gedanke. Ihm sei hier nur so weit nachgegangen, wie die Pläne des Toten bereits sichtbar reichten. Im Frühjahr 1820 wollte der Herzog mit der Familie nach Schottland reisen, um endlich die Mustersiedlung Robert Owens zu besuchen[26]. In den bevorstehenden Verfassungskonflikten zwischen Kabinett und Hof hätte das Wirken eines liberalen Mannes, der dicht am Thron stand, wohl von erheblichem Einfluß sein können, wenn auch kaum auf seine Brüder George und William, sondern als Patron der Reform. Allerdings wäre auch Edward erst 1837 – wie dann seine Tochter – zur Herrschaft gelangt, mit 70 Jahren.
Für Victorias Mutter sah die Zukunft im Frühjahr 1820 verzweiflungsvoll aus. Sie beschloß, in England zu bleiben und das Kind dort großzuziehen, keine absolut erforderliche, doch eine ratsame Voraussetzung der Thronfolge. Die Herzogin war jetzt 34 Jahre alt. Eine dritte Heirat mußte nicht völlig ausgeschlossen sein, nur bestanden dafür überall bessere Chancen als dort, wo sie sich jetzt aufhielt. Ihre

Kenntnis des Englischen hatte nicht viele Fortschritte gemacht. Die Geldnot konnte sich angesichts der Feindseligkeit des neuen Königs künftig nur verschlimmern. Aus seiner Privatschatulle würde George IV. keinen Penny hergeben. Ob er sich im Parlament, also zunächst bei der Regierung, für die Schwägerin verwenden würde, wie er das als Oberhaupt der Familie eigentlich mußte, war mehr als zweifelhaft. Selbst die Räume, in denen Mutter, Tochter und ein minimaler Hofstaat derzeit lebten, konnten vom König jeden Tag anderen Zwecken zugeführt werden. Allein der soziale Boykott, den der Herrscher sicher über sie verhängen würde, mußte das Leben in London für die Herzogin von Kent unerträglich machen. Noch viel später hat solch gesellschaftlicher Ostrazismus zu den Waffen des Königshauses gezählt. Victorias Sohn und Thronfolger Edward schnitt in beleidigtem Ehrgefühl die Familie von Lord Randolph Churchill, die daraufhin – mit Kind Winston – einige Jahre nach Irland ausweichen mußte. Dabei hatte Lord Randolph Churchill in den Marlboroughs eine der mächtigsten Familien des Landes auf seiner Seite[27]. Victoria von Kent verfügte zwar über einige Freunde, aber deren im Rang wichtigster, ihr Bruder Leopold, befand sich selbst in einer derart prekären Lage, daß seine Hilfe, offen geäußert, ihr eher schaden mußte. Er hatte seit dem Tod seiner Frau, der Prinzessin Charlotte, von deren Vater, dem neuen König, nichts zu erwarten. Nun meldeten sich auch im Parlament Stimmen der Reue darüber, daß man einem Ausländer und vorherigen Habenichts für den Fall, daß er Charlotte überlebe, 50000 Pfund im Jahr zugesagt hatte. Was eine ferne Altersvorsorge sein sollte, erwies sich nun als die Sinekure eines jungen Mannes: Prinz Leopold war ganze 30 Jahre alt. Ihm für womöglich ein halbes Jahrhundert eine Summe von zusammen zweieinhalb Millionen Pfund zu zahlen, und das für eine nicht mehr vorhandene Familie und ausgebliebenen Nachwuchs, das wollte einem Unterhaus voll hart kalkulierender Agrar-Interessenten nicht in den Sinn. Es mußte auch einer Nation mißfallen, die für Menschenerziehung und Viehzucht gern dasselbe Wort – »breeding« – benutzt. Leopold war der kostspieligste Nichtzüchter des Landes geworden, und eine Schuld daran konnte ihm nicht einmal nachgesagt werden.

Er stellte der Schwester, die um ihre 6000-Pfund-Apanage bangen mußte und Schulden hatte, jährlich 3000 Pfund von seinen Einkünften zur Verfügung. Das hatte zur Folge, daß die Regierung darauf verzichtete, bei der Erneuerung der finanziellen Zusagen an das gesamte

Königshaus, nötig geworden durch den Herrscherwechsel, auch die Zuwendungen an die Herzogin zu erhöhen. Das sei nicht erforderlich, hieß es, denn ihr Bruder habe sich ja bereit erklärt, sogar für die spätere Erziehung der Prinzessin zu sorgen. Das klang wie eine versteckte Bedingung für das Fortzahlen der 50000 Pfund an Prinz Leopold, und die Minister glaubten sehr schlau zu sein. Die Herzogin war verletzt, ihr Bruder jedoch, wegen seiner Ängstlichkeit und Übervorsicht oft verkannt, sah sogleich den politischen Vorteil, der sich für ihn aus dem Geiz der Regierung ergab. Er erklärte dem Premierminister, mit dieser Weigerung, die Erziehung der möglichen Thronfolgerin finanziell sicherzustellen, habe der König eines seiner wichtigsten Vorrechte, das der Prinzenerziehung, an ihn, Leopold, abgetreten.
George, der in seiner Jugend die Opposition zum Vater auf die Spitze getrieben hatte, erlebte jetzt, da er selbst Monarch war, die Bildung eines neuen Gegenhofes. Kensington Palace wurde nach 1820 das (wenn auch sehr viel blutärmere) Abbild von Carlton House dreißig Jahre zuvor. Die heranwachsende Prinzessin hätte es wohl lieber gesehen, wenn die Parallele auch auf ihren Lebensstil ausgedehnt worden wäre.
Die Herzogin von Kent hatte, wenn sie sich für immer in England niederließ, noch etwas anderes zu bedenken. Bisher stand ihr die Regentschaft in Amorbach zu. Ihr ältestes Kind aus erster Ehe, Feodoras Bruder Karl, der den Leiningenschen Titel erben sollte, war noch minderjährig. Regentschaften bedeuten Einfluß und Geld. Doch mochte es mit beidem in Amorbach nicht weit her sein. Zudem hatte der Herzog von Kent allerlei Handwerkerrechnungen aus einem halbvollendeten Schloßumbau hinterlassen, so daß die Witwe keine Illusionen über mögliche deutsche Einkünfte nähren durfte. Fraglich war ferner, ob man ihr als einer Regentin in Deutschland dann auch die Regentschaft für ihre Tochter Victoria übertragen werde. Daran war ihr gelegen, denn der König und seine Brüder Frederick und William konnten ja sterben, ehe die Prinzessin 18 Jahre alt war. Das makabre Wechselspiel von Tod und Thron, Verlust und Gewinn, das jeder Monarchie eigen ist, machte im englischen Fall daraus eine sehr berechtigte Frage. Als nämlich George IV. 1830 starb, war Victoria elf Jahre alt. Sein Bruder Frederick, der zweitälteste Sohn, war schon drei Jahre zuvor gestorben. William IV. herrschte dann nur sieben Jahre. Er überlebte den Tag von Victorias Volljährigkeit um knapp einen Monat. Die Regentschaft, die der Herzogin nach erniedrigenden Aus-

einandersetzungen 1830 zugesprochen wurde, trat also nie in Kraft, aber es war ein knappes Rennen.
In der weitverzweigten Familie des englischen Königshauses hatte die Herzogin nicht viele Freunde. Zwar kondolierten ihr in Kensington Palace ihre Schwäger Frederick und William, aber deren Gleichgültigkeit während der Krankheit Edwards in Sidmouth verzieh sie nie. Doch stand dem Ziel, das sie sich später setzte und das nur mit großem Einfühlungsvermögen zu erreichen gewesen wäre, ihr eigener Mangel an Diplomatie beständig im Wege. Sie wollte nämlich nicht nur die Tochter auf den Thron bringen, sondern auch als Mutter und Beraterin eine dominierende Rolle über den Tag der Krönung hinaus behalten. Das eine gelang ihr, das zweite mißriet völlig.
Der Herzog von Sussex, einer von Edwards jüngeren Brüdern, der Schöngeist der Familie[28], besuchte sie regelmäßig und ließ seine Sympathie jedermann wissen. Auch Williams Gemahlin Adelaide, die Herzogin von Clarence, saß viele Nachmittage mit Victoire und dem Kind zusammen. Nichts tat der Witwe so gut wie ein Austausch in ihrer eigenen Sprache. Aber gerade diese Vertraute trug dazu bei, daß die Herzogin von Kent im Dezember 1820 von neuem stark versucht sein mußte, England zu verlassen. Das Kind, das den Clarences am 10. Dezember geboren wurde, eine Tochter, schien die Aussichten Victorias auf die Krone zunichte zu machen. In diesem Fall hatte nun auch George IV. nichts gegen den Namen Elizabeth einzuwenden. Aus seiner Freude darüber, nicht länger auf das Kentsche Kind angewiesen zu sein, machte er in der ihm eigenen Rücksichtslosigkeit keinen Hehl. Freilich, das Neugeborene lebte wieder nur kurz. Am 4. März 1821 wurde der alte Zustand der Thronfolge wiederhergestellt. Leider waren in der Zwischenzeit die erwähnten höheren Staatszuwendungen für die Herzogin abgelehnt worden.
Diese hatte sich zum Bleiben entschieden, aber unter Symptomen von Mutterliebe, die nichts Gutes verkündeten. Die Herzogin entwickelte eine Neigung, Besucher grundsätzlich mit dem Kind auf dem Schoß zu empfangen; auch stehende Audienzen, »Vickelchen« im Arm, sind überliefert. Die Tochter wurde ihr Ehrenabzeichen, ein Trotzpanier. Der König sah in solchen Gesten die ersten Anzeichen innerhöfischer Opposition. Das Kind selbst spürte schon früh den Wunsch, sich gegen solch übertriebene Gängelei zu wehren. Bereits in Sidmouth hatte die Herzogin an eine deutsche Freundin geschrieben, Victoria beginne ihren eigenen kleinen Willen durchzusetzen. Da war sie sieben Mo-

nate alt und gerade entwöhnt worden. Von den irritierenden Begleiterscheinungen solcher Momente für Mutter wie Kind wußte die Herzogin nichts, das hieß eine Frau des Jahrgangs 1786 wohl auch überfordern.

Aber verkannte kritische Augenblicke verlängerten sich zu 18 Jahren verfehlter Erziehung. Bei der Rückkehr nach Kensington Palace wurde dazu die entscheidende Weiche gestellt. Die Herzogin beschloß, das Pfand ihrer künftigen Macht keine Stunde von der Seite zu lassen, nicht einmal im Schlaf. Victorias Bett wurde ins Zimmer ihrer Mutter gestellt und blieb dort vom Januar 1820 bis zum Juni 1837. Auf allen Reisen wurde es mitgeführt, um nicht mangels örtlicher Vorkehrungen die Gefahr getrennter Zimmer riskieren zu müssen oder die Peinlichkeit einer gemeinsamen Schlafstatt.

In genauem Gegensatz zur Praxis des Hannoveranischen Hofes, der den Nachwuchs so rasch wie möglich an Erzieher abtrat und aus dem Hause schaffte – die Frau Georges III. wäre mit 15 Kinderbetten im eigenen Zimmer auch schlecht beraten gewesen –, kettete die Herzogin von Kent ihre Tochter an sich und sich an sie auf eine im Land fremde Weise. Das erfuhr freilich nur ein kleiner Kreis. Um Kensington Palace legte sich ein Kokon, der die dort Lebenden, die auf den Tod dreier Verwandter hofften, abtrennte von Hof und Land. Kensington Palace lag damals außerhalb von London, jenseits des Hyde Park, der die grüne Peripherie im Westen bildete, in die man hinauszog, um Luft zu holen oder kollektiven Zorn zu entladen. Außerdem wurde die Hauptstadt nun von dramatischeren Ereignissen im Königshaus abgelenkt als dem Zwist zwischen George und der Schwägerin.

Da war die Eheaffäre des Königs[29]. Sie trug wie nichts anderes dazu bei, die Monarchie auf jenen Tiefpunkt des Ansehens zu drücken, von dem aus sie später durch Victoria wieder aufgebaut werden mußte. Begonnen hatte das Zerwürfnis zwischen George und seiner Frau lange vor der Thronbesteigung des Prinzregenten, die eröffnete nur das finale Stadium. Von Karoline glaubte man gerüchteweise zu wissen, sie führe im Exil ein liederliches Leben, dessen ungenierter Exhibitionismus darauf abziele, den Ehemann zu verletzen. Der wartete seinerseits nicht gerade in Treue fest auf ihre Rückkehr. Nun aber erschien sie plötzlich in London und wollte an der Krönung teilnehmen. Das setzte Regierung und Kirchenfürsten in Schrecken, denn George verlangte, man möge ihn von dieser Frau umgehend befreien. Doch

mit Thron und Altar im Krönungseid und der Aufgabe, als Oberhaupt der Staatskirche die Institution der Ehe zu verteidigen, war es für den König nicht leicht, seine Herrschaftszeit mit einer flagranten Verletzung dessen zu beginnen, was er eigentlich schützen sollte. George III. mit seinem untadelig langweiligen Lebenslauf hätte keine Schwierigkeiten gehabt, Lordkanzler und Erzbischof für die Scheidung von einer Frau wie Karoline zu gewinnen. Das lag bei seinem Sohn anders. Er hatte Mätressen auch schon gehabt, als Karoline noch mit ihm zusammenlebte. Er verkörperte Völlerei und Ausschweifung, das ganze Volk wußte es. Das Volk mochte dazu nicht befragt werden, aber es kannte Mittel, seine Meinung kundzutun. Bei den unvermeidlichen Gelegenheiten, zu denen der König die Straßen der Hauptstadt passieren mußte, höhnte die Menge auf eine Weise, die auch den Diplomaten nicht verborgen bleiben konnte.
Als Karoline, verlebt und etwas heruntergekommen, am 5. Juni 1820 in London auftauchte, jubelte man ihr allenthalben zu. Sie war ohne königliche Jacht, vielmehr mit der normalen Postfähre in Dover eingetroffen, nachdem sie ein Angebot abgelehnt hatte, mit dem die Regierung sie im fernen Italien zurückzuhalten suchte: 50000 Pfund pro Jahr gegen Verzicht auf Ansprüche aus der Ehe, keine Scheidung, aber auch keinen Titel. Zu diesem Zeitpunkt aber unterschrieb sie ihre Briefe bereits mit »Karoline, Königin von England«. Und so empfing man sie auch, als sie mit ihren wenigen Förderern in drei nicht eben prächtigen Kaleschen einen kalkuliert langsamen Einzug in die Hauptstadt hielt. Charles Greville, Kabinettssekretär und Verfasser eines umfangreichen Tagebuchs, das wertvolle Information mit zynischer Betrachtung mischte, ritt in die Vorstadt, um Ankunft und Wirkung der Kavalkade zu beobachten.
»Die Straßen waren durch eine riesige Menschenmenge verstopft von der Westminster-Brücke bis Greenwich. Kutschen, Karren und Reiter folgten ihrem Gefährt oder zogen vorauf, und das auf der gesamten Strecke. Überall wurde sie mit der größten Begeisterung empfangen. Die Frauen winkten mit Tüchern, die Männer riefen ihr zu[30].« Greville zählte nicht zu den Freunden des Königs, übertrieb also vielleicht die Herzlichkeit des Empfangs. Doch selbst das eingerechnet, bleibt genug Grund zu der Annahme, daß die Furcht der Minister vor einer schweren Thronkrise äußerst berechtigt war.
Schlimmer: Zwei Tage nach Karolines Ankunft tobte die Menge noch immer in den Straßen. Die Scheiben der Stadtwohnungen des Hoch-

adels zerbrachen, der Wagen des Herzogs von Wellington wurde gesteinigt. Hofbankier Coutts vernahm mit Entsetzen, es rumore in den Kasernen. Der Soldatenpöbel, hieß es, trinke nur noch auf das Wohl der Queen. An Beweisen, wie unpopulär der König war, fehlte es auch in der Presse nicht. Lord Grey, der spätere Premierminister, bemerkte zu Lord Holland, einem der reichsten Whig-Aristokraten, es stehe eine jakobinische Revolution zu befürchten, nur blutiger als die französische. In dem allgemeinen Aufruhr, der sich übrigens nicht auf die Hauptstadt beschränkte, steckte auch viel Kritik an den allgemeinen Lebensverhältnissen und einer untätigen Regierung. Auch bewunderte das Volk den Mut, mit dem sich Karoline ihren Anklägern stellte. Es war bekannt, daß George schon als Prinzregent das Kabinett veranlaßt hatte, eine Schnüffelkommission hinter seiner Frau herzuschicken. Jahrelang war in Italien Beweismaterial gesammelt worden. Schankwirte und Postillons, Seeleute und Kammerjungfern sagten aus, Personen also, denen ein englisches Gericht schon allein ihrer Nationalität und erst recht ihres Sozialstandes wegen nie erlaubt hätte, auch nur eine Baronin oder eine Gräfin zu belasten. Zudem wurde der Kommission Bestechung nachgesagt. Da bekannt war, daß die Minister auch im eigenen Land ein Netz von Spitzeln unterhielten – man sah sie bei den Volksreden der »Radikalen« eifrig mitschreiben –, schmeckte die Ausbeute der »Mailänder Kommission«, wie sie genannt wurde, nach Rechtsbeugung und Heimtücke.
Nun aber wurde trotz dieser ungünstigen Ausgangslage ein Prozeß gegen Karoline angestrengt. Er mußte die Form eines Parlamentsgesetzes annehmen, denn Zivilgerichtsverfahren in Scheidungsfällen waren noch unbekannt. Da zeigten sich sogleich Hindernisse. Was immer Karoline mit ihrem italienischen Liebsten Pergami getrieben haben mochte, es hatte nicht auf englischem Boden stattgefunden. Das im allgemeinen so handliche Werkzeug der Hochverratsvorschriften griff also in diesem Fall nicht recht zu. Vorsichtshalber wurde also das Gesetz, das die Königin des Ehebruchs bezichtigte und den Zweck verfolgte,

»Ihre Majestät Karoline Amelia Elisabeth des Titels, der Vorrechte, Rechte, Privilegien und Ansprüche des Königsgemahls dieses Reiches für verlustig zu erklären und die Ehe zwischen Seiner Majestät und der besagten Königin aufzulösen«,

zunächst im Oberhaus eingebracht. Dort boten der revolutionsfürchtige Hochadel und ein moralbedachter Klerus noch am ehesten die

Gewähr, eine Mehrheit für die »Privatsache« des Königs zu gewinnen. Vermittlungsversuche außerhalb des Parlaments waren zuvor gescheitert. Der schärfste juristische Kopf der Zeit, Henry Brougham, später Lordkanzler, hatte vergeblich als Vertreter der Königin mit Wellington verhandelt, der als Tory für den – freilich ungeliebten – König Partei ergriff. Also mußten die Lords zu Gericht sitzen, »Sachverständige« befragen und schriftliche Aussagen studieren. Ein paar der unglücklichen italienischen »Augenzeugen« für die Fehltritte Karolines brachen im erbarmungslosen Kreuzfeuer Broughams und seiner adligen Mitadvokaten zusammen. Andere, mit deren Reise nach London die Königspartei fest gerechnet hatte, blieben lieber daheim im sicheren Süden. Nicht daß die von Brougham aufgebotenen Gegenzeugen etwa vertrauenswürdiger gewesen wären. Aber selbst das half der Sache der Queen: die ganze Affäre, vor allem der Prozeß, wurde mehr und mehr »disgusting«, eine Geschmacklosigkeit auch nach dem Urteil des Establishments.

Vom 5. Juli bis zum 6. November 1820 zog sich das peinliche Schauspiel hin, nicht selten mit der Angeklagten auf der Besuchergalerie. Karoline von Braunschweig, dem eigenen Scheidungsprozeß zuschauend – das war das historisch verspätete englische Satyrstück zur französischen Tragödie Ludwigs XVI. vor dem Nationalkonvent. Es ist nicht bekannt und eher unwahrscheinlich, daß auch die Herzogin von Kent diesem Spektakel jemals beiwohnte. Gleichwohl war es eines ihrer formenden Erlebnisse in England und wurde im folgenden von großer Wichtigkeit für Victorias Erziehung. Derart, das stand für die Herzogin fest, würde die Monarchie sich unter ihrer Tochter niemals degradieren.

Als der Prozeß dem Ende zuging, ahnte der König bereits das Resultat der Abstimmung. Mit 123 zu 95 kam es zu einer bei den Verhältnissen des Oberhauses blamablen Regierungsmehrheit für die Scheidung. Unter solchen Umständen und angesichts der Stimmung im Lande war an einen Erfolg des Gesetzentwurfs im Unterhaus erst gar nicht zu denken. Die Regierung ließ die Rechtssache »Rex versus Regina« sofort fallen. In den Straßen von London wurde getanzt, in den Parks geböllert, überall hörte man Hochrufe auf Karoline. Einer von Broughams Freunden soll den Vergleich zu Nero gezogen haben, dem ein Sklave der Oktavia auf kaiserliche Schmähungen hin erwiderte, ihre Scheide sei reiner als sein Mund. Vorsichtshalber zitierte der Lord das auf Griechisch.

Doch mit dem Sieg der Königin begann ihr unvermeidlicher Niedergang. Die Treue der Volksgunst war nicht größer als die des königlichen Ehepaars. Kaum ein Widerspruch erhob sich, als die Regierung unter Lord Liverpool wenig später Karoline aller ihrer äußeren Rechte entkleidete mit Ausnahme des Titels. Sie wurde nicht länger namentlich in der Liturgie erwähnt. Sie erhielt auch keinen der königlichen Paläste als Wohnsitz zugewiesen. Ihr weiteres Schicksal hätte beklagenswert sein müssen, zum Glück für sie war es kurz. Am 19. Juli 1821 wurde sie an der Tür der Westminster Hall abgewiesen, als sie der Krönung beiwohnen wollte. Am 8. August war sie tot. Nero hatte Ruhe vor Oktavia.
Nicht auszuschließen war, daß George IV. nun, da die Natur sich als ein besserer Verbündeter erwiesen hatte als sein Parlament, neu würde heiraten wollen. Aus Anlaß der Krönung fanden phantastische Aufzüge statt. Blumenmädchen streuten Rosenblätter in den Saal des Festbanketts, unter dessen 300 Gästen für die Schwägerin Kent kein Platz war. Man mußte annehmen, daß der 59jährige König die Freuden des Daseins auf den Gräbern des gehaßten Vaters, des lästigen Bruders und der abgeschüttelten Frau jetzt erst recht zu genießen gedachte. Gleichwohl wäre George IV. als bloßer Lebemann und Schuldenmacher verkannt. Ohne die Versuchungen, die das lange Warten als Kronprinz mit sich gebracht hatte, wären sein Kunstsinn, sein Witz und auch seine Gutmütigkeit in bessere Kanäle zu lenken gewesen. Der bombastische Bau des Pavillons von Brighton, wo selbst in der Küche die Deckenstützen Bäume imitieren und oben in Palmenblätter münden mußten; die stichelnden Epigramme, die aus hohem Munde nur verletzen konnten; die plötzlichen Huldbezeigungen, die nach voraufgegangener Rücksichtslosigkeit um so willkürlicher ausfielen – das waren Irrwege einer hochbegabten Natur. So wird es den Zeitgenossen nicht viel bedeutet haben, daß der Prinzregent die Romane von Walter Scott oder Jane Austen früher lobte als die literarische Kritik oder daß er den gastierenden Rossini, der Eigenes vorsang, am Klavier begleitete. Aber er hinterließ der Nation auch den Regent-Park, das Britische Museum, hervorgegangen aus der Bibliothek seines Vaters, und die Nationalgalerie, deren Grundstock die 38 alten Meister aus dem Besitz seines Freundes John Julius Angerstein darstellten. Derselbe Fürst, der darauf drang, daß die Züchtigungen in Frauengefängnissen ein Ende nahmen, und der als Kurfürst von Hannover dort die Folter abschaffte, hätte ein aufgeklärter Monarch im

Sinne des 18. Jahrhunderts werden können. Mehr als vierzig Jahre der Opposition gegen den Vater hatten die Anlagen dazu endgültig verschüttet. Der als Freund der Whigs sich profilierende Prinz wurde ein Parteigänger der Tories, als er auf den Thron kam.

Whigs aber waren die meisten derjenigen, die zur Herzogin von Kent hielten und der Prinzessin Victoria die Krone wünschten. Sie war nun zwei Jahre alt, und seit einigen Monaten gehörte dem Haushalt in Kensington Palace eine Gouvernante an, Luise Lehzen, aus Deutschland herübergeholt. Sie bildete mit der Herzogin, deren Bruder Leopold, dessen Berater Stockmar und John Conroy, der vom Adjutanten des Herzogs zum Privatsekretär seiner Witwe avancierte, das Quintett, dessen divergierende Einflüsse Victorias Leben bis zur Thronbesteigung beherrschten. Alle fünf waren zwischen 1784 und 1790 geboren, Kinder der Revolution also, und die mußte einem 1819 zur Welt Gekommenen scheinbar unendlich weit zurückliegen. Für ein temperamentvolles Kind waren fünf Personen eine etwas spärliche Besetzung der menschlichen Bühne, und so wurde aus einem Spiel mit immer mehr Puppen bald ein bewußter Ersatz für fehlenden Kontakt. 132 solcher Figuren aus der Geschichte, aus Scotts Romanen oder besuchten Theaterstücken bastelten Victoria und die Lehzen nach und nach zusammen. Später, mit 14 Jahren, als ihr Leben keinen Mangel mehr an realen Aufregungen bot, hinterließ Victoria diese Kollektion fein säuberlich kostümiert, mit Nummern- und Namensschildern versehen, den Kinderpsychologen der Zukunft. Übrigens waren die Puppen, darunter eine prächtig geschmückte Königin Elizabeth, vergleichsweise klein, erheblich unter der Babygröße der Puppen späterer Zeit; die größten maßen wenig mehr als zwanzig Zentimeter. Anzumerken ist noch die Nachbildung einer lebenden Person: der Ballettmeister des King's Theatre fiel der Prinzessin wegen seiner kraftvollen Schönheit auf und wurde sofort in die Ersatzwelt aufgenommen. Sein Name war Monsieur Albert.

Lieber jedoch als mit Puppen spielte Victoria mit Menschen. William Wilberforce, der Philanthrop und ein Bewunderer des verstorbenen Herzogs, sprach im Juli 1820 in Kensington Palace vor.

»Die Herzogin«, schrieb er, »empfing mich, an ihrer Seite das hübsche, lebhafte Kind mit seinen Spielsachen, zu denen auch ich sofort gehörte. Sie war sehr freundlich, aber da sie sich nicht setzte, hielt ich es nicht für angebracht, länger als eine Viertelstunde zu bleiben[31].« Dabei hatte nicht Wilberforce, sondern die Herzogin um das Ge-

spräch gebeten. Victorias Halbschwester Feodora, zwölf Jahre älter, litt unter der Puppenhaus-Atmosphäre von Kensington-Palace ungleich stärker als das phantasiebegabte Kind. 1843 schrieb sie – inzwischen Fürstin Hohenlohe-Langenburg – an die Königin:
»Wenn ich auf diese Jahre zurückblicke, die die glücklichsten meines Lebens hätten sein müssen, von 14 bis 20, dann muß ich mich selbst bemitleiden... Von allem Umgang abgeschnitten, nicht ein einziger fröhlicher Gedanke in unserer traurigen Lage, das war hart. Meine einzig schöne Zeit war es, wenn ich mit Dir und Lehzen ausgehen oder ausfahren konnte... Mir blieben ja einige Jahre der Gefangenschaft erspart, die Du, arme liebe Schwester, noch ausstehen mußtest, nachdem ich verheiratet war[32].«
Victoria hat später in verantwortungsvoller Kindesliebe versucht, alle Angriffe auf das Regime ihrer Mutter und ihrer Erzieher in Kensington Palace abzuwehren. Daß auch sie selbst ihre Kindheit als trist empfunden hat, dafür liegen außer diesem Brief von Feodora Zeugnisse von ihrer eigenen Hand vor.
Sie selbst hat über sich gesagt, mit fünf Jahren habe sie noch keine Buchstaben entziffern können. Man las ihr vor: Lehzen morgens beim Kämmen der Haare, einer andernfalls nur mit Ungeduld ertragenen Prozedur, und die Herzogin und ihre Hofdame, Baronin Späth, des Abends. Stundenlang überließ man sie sich selbst, aber immer in Anwesenheit der Mutter oder einer Aufsichtsperson. Abwechslung bot der gelegentliche Ausritt auf ihrem Liebling, einem Esel. Er war ein Geschenk von Onkel Friedrich. So nannte sie ihn, mit seinem deutschen Namen, und nicht Frederick, denn wie die Zusammensetzung des Anti-Hofes in Kensington Palace nahelegt, wurde dort im täglichen Umgang von niemandem Englisch gesprochen. Das konnte die Anhänger der offiziellen Hofpartei nicht für die Herzogin einnehmen und mußte der Prinzessin in den Augen der Öffentlichkeit schaden. Lediglich mit Conroy, dem irischen »Mephistopheles«, wie ihr Bruder Leopold ihn hellsichtig nannte, sprach die Herzogin eine andere Sprache als Deutsch, nämlich Französisch.
1827 starb Onkel Frederick, und Victoria wurde, mit acht Jahren, die zweitwichtigste Person in der Thronfolge. Vor ihr lag nur noch William, der Herzog von Clarence, 64 Jahre alt, ohne Nachkommen. Nun begann die regelrechte Erziehung in Wissensdingen; Etikette und dergleichen beherrschte sie längst. Da man eine Kronprinzessin nicht länger simplen Gemeinen namens John oder Luise anvertrauen

konnte, wurden Conroy und die Lehzen auf Fürsprache von Schwägerin Sophie – die sich schon für den Verbleib der Herzoginwitwe in Kensington Palace eingesetzt hatte – vom König zum englischen Sir und zur Hannoveranischen Baronin erhoben. George IV. begann sich nun doch für die aussichtsreiche Nichte ernsthaft zu interessieren. Er sah, was ganz England sah: dies war die künftige Königin. Damit verbesserte sich auch sein Verhältnis zu ihrer Mutter ein wenig. Deren Furcht vor möglichen Eingriffen des Königs in die elterliche Gewalt blieb jedoch so groß, wie sie war. Ein Jahr zuvor erst hatte George die Herzogin Victoria und deren Halbschwester Feodora nach Schloß Windsor eingeladen und überholte das im Park spazierende Trio in seinem Pracht-Phaëton, in dem noch seine Schwester Mary saß, die Frau des Herzogs von Gloucester. Die kleine Prinzessin erblickend, die damals noch immer Drina hieß, rief er: »Pop her in!« Sie wurde zu ihm hereingehoben, und ab ging es vierspännig mit Lakaien hintenauf. Während Victoria vor Vergnügen strahlte, stand im Gesicht der Mutter die Angst geschrieben: sie glaubte Zeugin einer Entführung zu sein[33]. George fand in den Tagen des Aufenthalts der Kents großen Gefallen an der Nichte, die in langem weißem Baumwollkleid mit kessem Strohhut ihren Charme auszuspielen wußte. Früh gealtert und von der Gicht und einem enormen Körperumfang an vielen Lebensfreuden gehindert, blieb der König zwar politisch schwierig wie zuvor, wurde aber nicht zum reinen Misanthropen. Als er die vor Aufregung zappelnde Prinzessin fragte, was die Hofkapelle beim Essen für sie spielen solle, sagte sie, ohne lange nachzudenken: »God save the King!« Er schenkte ihr eine Miniatur, die ihn selbst, von Diamanten umringt, in vorteilhaftem Profil zeigte.

Wie es hieß, fand George noch viel mehr Gefallen an Victorias Halbschwester Feodora. Mit ihren 19 Jahren erinnerte sie ihn an seine eigene Tochter Charlotte, die im ungefähr gleichen Alter geheiratet hatte. Da mögen flüchtige Wünsche eines ans Befehlen gewohnten Mannes im Spiel gewesen sein. Seine intime Vertraute, Lady Conyngham, Frau des Lordkämmerers, von bigotter Betulichkeit und flagrantem Mätressen-Einfluß, sorgte dafür, daß aus dem Wohlwollens-Anflug nichts Ernstes wurde. Doch mußte die aufsehenerregende Prinzessin nun in der Tat rasch verheiratet werden. Es sollten sich nicht die Skandale, Entführungen, Amouren, Bestrafungen, Einkerkerungen und Ausbrüche wiederholen, die der Frühehe Charlottes mit Prinz Leopold vorausgegangen waren. Ernst Christian Karl von Hohenlo-

he-Langenburg war arm, kompensierte das aber durch gutes Aussehen, und die Brautjungfer Victoria, in schmucker weißer Spitze, erlebte einen Vorgeschmack ihrer eigenen Hochzeit. Der König hatte bis zuletzt als Brautführer auftreten wollen – derart ungemindert, aber auch so generös war sein Interesse. Dann aber hinderte die Gicht ihn daran, die Prozedur vor dem Altar durchzustehen. Feodora heiratete, um dem Kerker von Kensington zu entgehen:
»Ich hätte ich weiß nicht wen genommen, um von dort wegzukommen[34].«
Hauptsächlicher Lehrer der allein zurückbleibenden Victoria wurde nun ein Vikar und Cambridge-Absolvent namens George Davys, Verfasser von Traktaten, die eine »Gesellschaft zur Verbreitung Christlicher Kenntnisse« herausgab. Man lehrte sie Katechismus, Geschichte, Sprachen, Musik, Tanz und Zeichnen. Der Unterricht fand auf Englisch statt, das nun – bis zur Heirat mit Albert – ihre erste Sprache wurde. Von großer Konzentration war freilich keine Rede. Dem offenkundig begeisterungsfähigen Kind wußten die Lehrer in ihrer Mischung aus Ehrerbietung und Strenge nicht beizukommen. Wie sollte es auch eine auf die Person bezogene Qualifizierung der Lehrkräfte geben, wenn diese von Leuten ausgesucht wurden, denen jede pädagogische Eignung völlig fehlte. So haben die Herzogin und die Baronin Lehzen ernsthaft geglaubt, erst der elfjährigen Victoria sei an Hand einer genealogischen Tafel aufgegangen, wie nahe sie dem Thron von England stehe. Dabei hatte sie bereits als viel jüngeres Kind ein für allemal ihrer gelegentlichen Gespielin, der Tochter John Conroys, untersagt, sie beim Vornamen zu nennen, und darauf bestanden, mit »Hoheit« angeredet zu werden. Sie war eine Prinzessin, und andere Prinzessinen oder Prinzen gab es nicht in den Familien ihrer Onkel George, Frederick und William. Daß aber in England aus Prinzessinnen Königinnen wurden, wenn keine Prinzen lebten, wußte jedes Kind, das von Elizabeth I. gehört hatte oder von Queen Anne.
Ihrer frühen Ahnung widerspricht nicht, daß sie später ihrem Mann erzählte, die »Entdeckung« von 1830 habe sie todunglücklich gemacht. Das sagte sie in Erinnerung daran, was sich dann zwischen ihrem elften und ihrem 18. Jahr an Spannungen in Kensington Palace zutrug. Die »Entdeckung« bedeutete lediglich das offizielle Ende ihrer Kindheit. Von nun an verschärfte sich der Druck auf die Prinzessin, weil man sie mit ihren Pflichten konfrontieren konnte. Dem deutsch-irischen Quintett der »Erziehungsberechtigten« ist vorge-

worfen worden, es habe Victoria nicht nur unenglisch beeinflußt, sondern sie auch von jedem Kontakt mit Gleichaltrigen ferngehalten. Damit konnte nach Lage der Dinge allenfalls die Kinderschar des Hochadels gemeint sein. Denn das Königshaus selbst bot keine Spielgefährten in Victorias Alter an.

Was aber auf sozial annehmbarer Stufe wegfiel, kam unterhalb derselben erst recht nicht in Frage. Was im Lande vorging, davon drang wenig in die erzwungene Idylle von Kensington. Passanten beobachteten die Prinzessin gelegentlich bei einem wohlbehüteten Picknick im Grünen vor den Toren des Palastes und schlossen daraus, mit der Erziehung der Thronfolgerin stehe alles zum besten, da sie doch offenbar ihre kindliche Natur ausleben könne. Moderne Vorstellungen von der Aufnahmefähigkeit eines acht- oder zehnjährigen Kindes, von seiner Bereitschaft, Unterschiede zu begreifen, Sympathien zu verspüren und Gerechtigkeitssinn zu entwickeln, wird man den Erziehungsberechtigten jener Zeit nicht zutrauen dürfen. Victoria bekam keine Gelegenheit, viel aufzunehmen außerhalb eines phantasielos-vorsichtig ausgewählten Lernpensums. Man behandelte sie als Prinzessin von Irgendwann, die einmal Königin von Irgendwo werden würde. England aber war ein konkretes Gebilde, und während man ihr seine Verfassung anhand der Geschichte des 16. und 17. Jahrhunderts zu erklären suchte, änderte es sich rapide. Ob man ihr je sagte, daß zum Beispiel die Zahl ihrer zukünftigen Untertanen sprunghaft anstieg? Das war die bedeutsamste Veränderung ihrer Jugendzeit in Großbritannien. Sie ist freilich von den Soziologen bisher nicht schlüssig oder gar monokausal erklärt worden[35]. Bis zur Mitte des 18. Jahrhunderts hob sich die Zuwachskurve nur minimal; vor der Französischen Revolution betrug sie etwa 5 Prozent in jedem Jahrzehnt. Dann plötzlich stieg sie an und lag für mehr als hundert Jahre nie unter 10 Prozent pro Dekade. Weiß man das nur deshalb so genau, weil von 1801 an alle zehn Jahre eine Volkszählung – mit ebenfalls zunehmender Exaktheit – stattfand? War die Zunahme eine Ursache oder eine Folge der Industriellen Revolution? Ging die Auswanderung zurück? Heirateten die Leute früher, lebten also die Ehepaare länger im zeugungsfähigen Alter? Lag es an besserer Ernährung, aufkommender Hygiene, abnehmender Kindersterblichkeit, einem höheren Kenntnisstand der Medizin? Nachdem darüber eine ganze Literatur verfaßt worden ist, neigt man heute, eher aus Resignation als wegen des Besitzes stichhaltiger Beweise, zu der Annahme, es müsse sich um eine Kombination vieler,

wo nicht aller Ursachen gehandelt haben. Denn die Bevölkerung nahm auch dort zu, wo der – zunächst teure – ärztliche Fortschritt nicht hinreichte und die rudimentären Gesundheitsvorkehrungen der Gemeinden machtlos waren, in den Massenquartieren von Manchester zum Beispiel, wo es 1832 etwa 20000 Kellerwohnungen gab, oder in Liverpool, wo jeder vierte Einwohner ein ungelernter, meist fürsorgebedürftiger Ire war.
1801 lebten neun Millionen Engländer und Waliser sowie anderthalb Millionen Schotten. 1851 hatten sich diese Zahlen genau verdoppelt, und zum Ende des Jahrhunderts gab es wieder hundert Prozent mehr Engländer und Waliser, 50 Prozent mehr Schotten als fünf Jahrzehnte zuvor[36]. Die politische Demokratisierung Großbritanniens – die soziale fand nie statt – vollzog sich in den Reformen von 1832, 1867 und 1884/85, Schüben der Einsicht in das Unvermeidliche: mehr Menschen, mehr Wahlberechtigte. Quantitäten schlugen in Qualitäten um. Die Statistik gibt aber auch Aufschluß darüber, daß dieser Prozeß nicht automatisch, also unabhängig von den gesellschaftlichen Bedingungen erfolgte. Von 1801 bis 1841 nahm die irische Bevölkerung von fünf auf acht Millionen zu, etwa parallel der Steigerung auf der Hauptinsel. Dann aber kamen die Hungersnöte der Jahre nach 1845, von der Londoner Zentrale aus durchsichtigen Gründen nicht allzu energisch bekämpft, und bei der nächsten Volkszählung, 1851, sah man den Knick: mit sechseinhalb Millionen begann eine rückläufige Tendenz, die im Jahre 1901 Irland durch Tod und Auswanderung auf viereinhalb Millionen Menschen reduziert hatte, eines der großen Probleme der viktorianischen Zeit, sicher ihr beschämendstes und beim Tode der Königin immer noch ungelöst[37].
Victoria, die Prinzessin, hätte, um das dramatische Anwachsen der Bevölkerung zu sehen, die Hauptstadt gar nicht verlassen müssen. Die Londoner vermehrten sich von 1800 bis 1830 um die Hälfte auf eineinhalb Millionen. Ungesunderweise dehnten sich dabei nicht einfach die Wohnviertel über die bisherigen Stadtgrenzen aus, sondern die dichtbesiedelten Gegenden nahmen immer mehr zusätzliche Einwohner auf. Wenn von der Unzulänglichkeit der zentralen Verwaltung des Landes die Rede war, so muß auf die noch viel ungenügendere Administration der Gemeinden hingewiesen werden. Selbst einer modernen Großstadt müßte es die größten Komplikationen bereiten, würde sie sich – wie Liverpool zwischen 1821 und 1831 – um 46 Prozent ihrer Einwohner vermehren. Einfallsreiche Stadtväter verstanden es später,

die Königin bei Besuchen auch durch problematische Viertel zu führen, um den Einfluß der Monarchin mobilisieren zu können. Vor ihrer Thronbesteigung aber wußte Victoria kaum etwas über die Lebensbedingungen der Mehrzahl ihrer Landsleute.
Dabei ereignete sich wenige Monate nach ihrer Geburt ein Vorfall, der für die britische Politik des 19. Jahrhunderts wichtige Folgen hatte. Der Innenminister, der mit dem Todesort des Herzogs von Kent den Namen Sidmouth teilte, verließ sich bei Berichten über die Lage im Lande zu sehr auf Informanten zweifelhafter Natur. Durch den sinkenden Absatz britischer Waren und die Abmusterung der Streitkräfte stieg die Arbeitslosigkeit. Allein im ersten Nachkriegsjahr 1816 wurden zwei Drittel aller Matrosen nach Hause geschickt. Die Getreidezölle drückten die Lebenshaltungskosten nach oben. Die Siegernation England drohte in Friedensgewinnler und Kriegslastenzahler zu zerfallen. Doch nicht einmal eine Bewegung wie die des Majors Cartwright, der sich für eine Parlamentsreform stark machte, verstand die Zeichen der Zeit zu lesen: Sein »Hampden Club« schloß Arbeiter von der Mitgliedschaft aus. Örtliche Branchen der Bewegung freilich unterliefen diese Vorschrift und nahmen jeden auf, der einen Penny pro Woche Beitrag bezahlte.
Eine unnachsichtige Gesetzgebung reizte die Massen. Selbst der wenig sentimentale Manufakturkaufmann der vorviktorianischen Zeit vergoß die obligate Träne, wenn er hörte, daß das Unterhaus der Grundbesitzer eine Reform der Arbeitsbedingungen für Schornsteinfegerjungen abgelehnt hatte.
Der Zustand der am Kriegsgewinnler-Wohlstand nicht Teilnehmenden wurde zur Zeit von Victorias Geburt mit einer Vokabel bezeichnet, die in ihrer Verschwommenheit eine klare Beschönigungsabsicht verfolgte: »distress«. Das konnte vieles bedeuten. Die über den Tod ihres Mannes trauernde Herzogin von Kent war »in distress«. Ausgefallene Kartoffelernten stürzten ganz Irland »in distress«. Arbeitslosigkeit, Hunger, Wohnungselend und Überschwemmungskatastrophen erzeugten die gleiche mit diesem Wort bezeichnete Lage. Die Fügung ins Unvermeidliche stand neben dem Beklagen dessen, wofür es sehr wohl menschliche Verantwortung gab.
Der »distress« machte sich im Jahre 1819 Luft auf eine durchaus legitime, weil politische und nicht umstürzlerische Weise. Es begann in Birmingham, und das Fermentive dieser selbstbewußten Gemeinde lernte Victoria bis in die Tage Joseph Chamberlains kennen. Ein An-

walt der Stadt wurde im Juni auf einem Massentreffen dazu auserlesen, künftig ihr Sprecher zu sein. Sie hatte damals bereits die 100000-Einwohner-Grenze überschritten, doch im Unterhaus gab es keinen Abgeordneten für diese Menschenschar. Innenminister Sidmouth verbot weitere Treffen ähnlicher Art in Leeds und Manchester (zusammen 300000 Bewohner, ebenfalls ohne Abgeordnete). In Manchester wich man auf das erlaubte Mittel aus, unter freiem Himmel eine Petition an den König – d. h. an den Prinzregenten – zu beschließen. Mehr als 50000 Menschen versammelten sich am 16. August 1819 – Victoria war drei Monate alt – außerhalb der Stadt. Die britische Miliz verlor die Nerven und sorgte dafür, daß das St.-Peter-Feld den Beinamen »Peterloo« erhielt, zum traurigen Gedenken daran, daß hier Wellingtons Mitkämpfer der niederen Ränge versuchten, ihren Teil an der Beute des Sieges von Waterloo zu beanspruchen. Elf Menschen wurden getötet, vierhundert verletzt[38].

Der schlecht beratene Prinzregent machte aus einem örtlichen Blutbad einen nationalen Skandal, indem er auf Anraten seines Premierministers den Behörden in Manchester für ihr Durchgreifen eine öffentliche Belobigung aussprach. In dem Bemühen, alle Unklarheiten über das Recht auf Versammlungen und Zusammenschlüsse zu beseitigen, beschloß das Kabinett Liverpool im Herbst 1819 sechs Gesetze, die das als liberal geltende England stärker denn je zuvor (und je danach) in einen Staat der unterdrückten Bürgerrechte verwandelten. Wenn die englischen Liberalen, die dagegen protestierten, freilich über den Kanal blickten, so mußte ihnen klarsein, daß dort der Messermord an einem ihnen unbekannten Dichter namens Kotzebue (Mannheim, am 23. März 1819) weitaus schlimmere Reaktionen ausgelöst hatte als das Massaker von Peterloo. Die »Six Gag Acts«, wie die Unterdrükkungsmaßnahmen der britischen Tory-Regierung genannt wurden, sahen neben der Behinderung von Massenversammlungen vor allem zwei Härten vor: eine Diskriminierung gegen die Großstädte und eine Verteuerung der Presse samt Konfiskation aufrührerischer Literatur. Die gleichgerichteten Karlsbader Beschlüsse gingen sehr viel weiter, knebelten die Universitäten und führten eine scharfe Zeitungszensur ein.

Peterloo war das Ende der Illusion, die agrarisch verfaßten Gesetzgebungskörperschaften könnten noch sehr viel länger an der veränderten Realität des Landes vorbeiregieren. Peterloo steht am Anfang der britischen Demokratie, und Victoria wurde die – leicht unwillige – Königin, unter der sie dann begonnen, wenn auch nicht vollendet wurde. Zunächst ging es um äußerliche Gleichberechtigung. Unter George IV. kleideten sich Forderungen dieser Art ins Gewand der Emanzipation der Katholiken. Damit waren zwar auch zahlreiche Engländer, Waliser und Schotten gemeint, vornehmlich aber die Iren. Ihnen war die Teilhabe an britischen Verfassungsrechten zugesagt worden, als 1800 die Eigenständigkeit des Dubliner Parlaments in der Einheit beider Inseln aufging. Das Versprechen war ein Vierteljahrhundert später noch nicht eingelöst.

Um die Zeit, da Victorias aufregende Phaëton-Fahrt mit dem gichtgeplagten König stattfand, erreichte die Auseinandersetzung ihren Höhepunkt. Der Monarch, der die Gleichberechtigung der Katholiken seines Reiches ablehnte, berief sich dabei auf den Krönungseid, der ihn als protestantischen Herrscher auswies mit dem Auftrag, dieses Bekenntnis gegen Papisten und Heiden notfalls mit dem Schwert zu schützen. Was sich dahinter verbarg, waren politische und soziale Ansprüche. Da der Katholizismus in den Hauptstädten des Kontinents überwog – die preußischen Emporkömmlinge ausgenommen –, konnte London, wann immer es den Außenministern Castlereagh (1812–1822) und Canning (1822–1827) ratsam schien, eine Politik des Eigenweges motivieren. Da Irland bis auf einige Grafschaften in der Nordprovinz Ulster überwiegend katholisch war, ließ sich eine Defacto-Kolonialherrschaft innerhalb des eigenen Reiches als bloßer Konfessionsunterschied tarnen. Katholiken wurden demnach – so als sei George IV. der Zeitgenosse Henrys VIII., was er denn auch in manch anderer Hinsicht sein mochte – an der vollen Ausübung der Staatsbürgerrechte gehindert[39]. Das betraf vor allem den Zugang zu Staatsämtern und Parlamentssitzen; beides war an Eide auf den protestantischen Monarchen gebunden. Schon Pitt der Jüngere hatte vergeblich versucht, George III. zur Gleichberechtigung aller seiner Untertanen zu bewegen. Castlereagh trat 1801 als Irlandminister zurück, als der König die Emanzipation der Katholiken ablehnte. Von den drei Hauptstreitpunkten aus der Zeit von Victorias Geburt, »Cash, Corn und Catholics«, Geldwert, Getreidezölle und Gleichberechtigung, war der erste bereinigt, und der zweite wurde um zwanzig Jahre vertagt. Nun ging es um den dritten.

Wie es die Paradoxa der englischen Politik oft mit sich bringen, wurde das Reformgesetz, das im April 1829 der katholischen Benachteiligung auf dem Papier, wenn auch noch nicht im Bewußtsein ein Ende

bereitete, nicht extra von einer liberalen, sondern von einer konservativen Regierung durchgedrückt, der des Herzogs von Wellington. Die materielle Interessenlage ließ die Unterschiede zwischen Whigs und Tories ohnehin oft verschwinden, lediglich ideelle Differenzen sorgten für den Kontrast zwischen einer mehr bewahrenden und einer eher reformfreudigen Partei. Gegner der Emanzipation der Katholiken waren neben den englischen Landbesitzern in Irland auch George IV. und sein Bruder Ernest, der Herzog von Cumberland, der als Großmeister des protestantischen Oranierordens eine Konfessionshetze betrieb, deren Fernwirkungen bis ins 20. Jahrhundert reichen[40]. Der Sieger von Waterloo zwang dann im April 1829 dem König das Reformgesetz auf, nachdem er sich kurz zuvor mit einem der mehr reaktionären Lords, dem Grafen Winchelsea, wegen der Emanzipation sogar duelliert hatte. Der König, der Wellington mit seinem Vornamen Arthur anredete, ließ sich nicht einmal in der Stunde seiner Niederlage die Gelegenheit zu einem Bonmot entgehen und fragte in komischer Verzweiflung, wer denn eigentlich in England die Macht habe, König George oder König Arthur.
Georges Versuch, seine Minister auszumanövrieren, war der vorletzte seiner Art im Verhältnis Krone-Kabinett-Parlament. Sein Bruder William ließ es ein paar Jahre später zum endgültig letzten Mal darauf ankommen, aus Anlaß der ersten Parlamentsreform seinen Willen gegen die Regierung durchzusetzen. Während aber die Gleichberechtigung der Katholiken auf den Druck der Whigs zustande kam und von den Tories durchgesetzt wurde, waren bei der Parlamentsreform die Whigs auf sich selbst gestellt. Wellington stürzte Ende 1830 über den ersten Versuch eines darauf abzielenden Gesetzes. Die aussichtslose Verteidigung des bestehenden Mißsystems kostete den Helden des Krieges gegen Napoleon das höchste Amt im Staate. Dichtbesiedelte Städte, die den Wohlstand der Nation produzierten, waren von der Vertretung im Unterhaus ausgeschlossen; dagegen »entsandten« mehrere nicht mehr existente Provinzorte einen Abgeordneten, der zumeist in Diensten des nächstgelegenen Landlords stand.
Wellington galt den mehr progressiven Whigs als Säule alles Gestrigen. Aber dieser Mann, der bis weit in Victorias Zeit hinein seine Dienste als Vermittler, Beichtvater, Großinquisitor und Hofkrisenmanager erfolgreich anbot, war mehr als nur ein kriegsverdienter Eisenhauer, den man auf einen für ihn viel zu hohen politischen Posten gestellt hatte. Arthur Wellesley[41], um seinen bürgerlichen Na-

men zu nennen, ist möglicherweise als guter Makler in einer Übergangsphase seines Landes diesem von höherem Dienste gewesen als Wellington, der Feldherr von Waterloo. In tausend diskreten Anlässen wurde er bemüht, und seine Unabhängigkeit als hochdotierte Nationalfigur hat ihm, überblickt man es nüchtern, meist einen vernünftigen Ratschlag eingegeben, ausgenommen in Fällen direkter Verletzung der Interessen seiner Schicht.

Der Kampf gegen die Gleichberechtigung der britischen und irischen Katholiken war die letzte nennenswerte Handlung der Herrschaft Georges IV. Gicht und Korpulenz trieben ihn dem Ende entgegen. Wachsam beobachteten seine Kritiker die Häufung der Symptome für seinen Niedergang. Die Porphyrie, jene Stoffwechselkrankheit, die seinen Vater, George III., getötet hatte, war immer noch nicht diagnostiziert und wurde nun auch, wenngleich irrtümlich, beim Sohn vermutet. Dessen Leiden wären in einer modernen Diätklinik in drei Monaten zu kurieren gewesen. Damals aber konnte man als Mediziner sein Glück außer durch Heilung vor allem durch Nachgiebigkeit gegenüber fürstlichen Wünschen machen. Niemand schrieb »Prinnie«, wie der frühere Prinzregent im Volksmund immer noch hieß, vor, was es zu tun gelte, um das Leben über die 68 Jahre zu verlängern, bis zu denen er es brachte. Wenige bedauerten im Juni 1830 seinen Tod, alles in allem genommen vielleicht zu wenige. Walter Scott, der Dichter, zählte zu den Ausnahmen.

»Der fröhliche Tag wurde überschattet durch die Nachricht vom Tode des Königs«, schrieb er[42].

George hielt noch im Sarge eine Überraschung bereit. Seinem Freunde, dem »König Arthur«, hatte er das Versprechen abgenommen, beerdigt zu werden, so wie man ihn finde. Wellington, der zwei Tage später kam, um den Verschiedenen zum letzten Mal zu grüßen, entdeckte an dessen Hals unter dem Totenhemd an schwarzem Band ein Medaillon. Er hielt sich für befugt, das darin befindliche Bild zu betrachten, und erblickte das Antlitz der Maria Fitzherbert, der noch lebenden früheren Geliebten, die bis zum Tode des Herzogs von Kent dessen Briefvertraute gewesen war und die erst in dem Jahre starb, in dem Victoria den Thron bestieg. Der Herzog war angerührt und schockiert zugleich. Der königliche Feind der Katholiken-Emanzipation mit lautstarker Berufung auf den protestantischen Krönungseid hatte ihn, Wellington, fast aus dem Amt gedrängt, nahm nun aber das Bild einer Katholikin ins Grab, mit der er illegitim verheiratet gewesen

war. Politischer Zynismus und menschliche Anhänglichkeit vereinten sich in der letzten Geste eines zwiespältigen Königs[43].
Den Thron bestieg nun »Sailor-Billy«, William IV., der in der Marine gedient hatte und als Mann von rechtem Schrot und Korn galt, hinter welcher Bezeichnung sich intellektuelle Mängel verbargen[44]. Er war zwei Jahre jünger als sein verstorbener Bruder, also 67. An der immer näher rückenden Krönung seiner Nichte Victoria zur Königin von England bestand nun endgültig kein Zweifel mehr. Da konnte es nicht ausbleiben, daß das Rivalitätsverhältnis dessen, der auf den Tod zuging, zu derjenigen, die das Leben noch vor sich hatte, offen ausbrach. Es ehrte »Sailor-Billy«, daß er den unvermeidlichen Zwist der Ansprüche von Gegenwart und Zukunft nicht vor allem die noch halb kindliche Prinzessin spüren ließ.

3
Erziehung

Das »Kensington-Quintett« – Das Parlament

Ein Vorurteil hat Victoria nie gegen ihre königlichen Onkel gehegt. Sie wollte sie nicht provozieren, sondern beerben, das unterschied sie von ihren Erziehern. Während George IV. für seine Nichte ein ferner, mächtiger, lärmender Mann gewesen war, der in einer fremden Welt lebte, hatte das Verhältnis zu William IV. sehr viel mehr Realität. Mit seiner Thronbesteigung wurde Victoria Kronprinzessin und als solche nunmehr von jedermann behandelt, eher zu ihrem Leidwesen.

In den Jahren der Herrschaft Williams IV. unternahm England den ersten Schritt auf dem Weg zur inneren Reform. Voraussetzung dafür war ein Nachlassen der Furcht vor einer englischen Revolution in der Nachfolge der französischen[45]. Das bloße Entfernen Napoleons vom europäischen Geschehensschauplatz konnte diese Angst nicht beseitigen; viele Maßnahmen sowohl liberaler wie konservativer britischer Regierungen in der ersten Hälfte des 19. Jahrhunderts blieben von Sorgen vor der Ansteckung mit dem Pariser Bazillus diktiert. Dem König fiel der Abschied von dieser Furcht schwer. Er war sicher des festen Willens, auf die Verschwendungslust und flagrante Unmoral seines Bruders George eine Periode populärer und pflichtbewußter Monarchie folgen zu lassen. Was er sich dazu ausdachte, trug ihm teils Beifall, teils Spott ein. Er schaffte das aufwendige Königsbankett ab, jenes Gelage in römisch-renaissancehaftem Stil, das durch seine Gästeliste wie durch hemmungslose Völlerei das Land gleich am Beginn einer Herrschaft in Reiche und Arme, Genehme und Gleichgültige einteilte. Statt dessen unternahm »Sailor-Billy« souveräne Spaziergänge durch die Straßen der Hauptstadt. Der erste Versuch einer solchen Anbiederung brachte nichts als anrempelnde Aufläufe der neugierigen Volksmenge und Alpträume für Polizisten und Minister. Man bedeutete William, um seiner eigenen Sicherheit willen lieber im Palast zu bleiben oder wenigstens eine Kutsche zu benutzen, wofür er nur Unverständnis zeigte. Gleichwohl wurde der Anblick des in Stulpenstiefeln und ohne Orden oder Schärpen umherwandernden Königs den Londonern nur kurz gegönnt. Mit Bedauern gab William dem dringenden Rat des Kabinetts schließlich nach. Eine Gelegenheit der »Öffnung« der britischen Monarchie war dilettantisch vertan worden.

William wußte vom Beginn seiner Herrschaft an, daß Aussichten auf die Thronfolge leiblicher, legitimer Nachkommen nicht mehr bestanden. Königin Adelaide war zwar erst 38 Jahre alt — er selbst 64 —, und die Fruchtbarkeit beider Ehegatten stand fest. Doch selbst die Serie der Fehl- und Totgeburten war seit einiger Zeit abgerissen. Den Clarences schienen keine Kinder gegönnt, und dieser Herzogsname hat auch Victorias Enkel, dem ältesten Sohn des Prinzen von Wales und präsumtiven Erben des Reiches, später kein Glück gebracht. Die Herzogin von Kent warf nun mit dem ihr eigenen Mangel an Takt die Frage der Regentschaft auf. Wer sollte im Staat die letzte Gewalt besitzen, wenn William starb, ehe Victoria das 18. Jahr vollendet hatte? So fragen hieß dem König weniger als sieben Lebensjahre geben. Die bürokratische Penibilität der Thronfolge mußte sogar den Fall in Erwägung ziehen, daß William verschied, während seine Frau schwanger war, was zweifellos ihr allein die Regentschaft zugesprochen hätte. Monarchie, die mystische unter den Staatsformen, hat immer viel vom »was wäre, wenn«. Die folgenden Zwistigkeiten zwischen dem König und der Herzogin von Kent gingen nicht zuletzt darauf zurück, daß Victorias Mutter, ohne den natürlichen Gang der Dinge abwarten zu können, bei näherrückendem Triumph immer weniger bereit war, voraufgegangene Demütigungen großzügig zu vergessen.

Die Herzogin bekam ihr Regentschaftsgesetz, Unter- und Oberhaus sahen keinen anderen Weg. Die Prinzessin war elf Jahre und gesund. Wieviel Lebenszeit man dem König auch gönnen mochte, irgendwann würde Victoria den Thron besteigen, und am Recht der Mutter im Fall der Minderjährigkeit der Tochter gab es keinen Zweifel. Finanzielle Aufbesserungen für die Bewohner von Kensington Palace waren eine der damit verbundenen Folgen. Eine andere zeichnete sich ab innerhalb des »Quintetts«. Gab es schon keine Übereinkunft, kaum einen Waffenstillstand zwischen Kensington und Windsor, so herrschte auch unter den fünf Erziehungspersonen keine Einmütigkeit über die Behandlung der zukünftigen Thronfolgerin. Der unheilvolle Geist in diesem Spiel der widerstrebenden Kräfte ist bereits genannt worden: Sir John Conroy. Ihm hat die englische Geschichtsschreibung fast

einhellig die Schuld nicht nur an der Tristesse der Mädchenjahre Victorias zugeschoben, sondern auch an dem langjährigen Zerwürfnis zwischen Mutter und Tochter.
Conroy war so alt wie die Herzogin. Diese hatte, wie nach ihrer ersten Verwitwung, so auch nach dem Tode Edwards von Kent, wieder männlichen Beistand gesucht, dem sie dann mehr Entscheidungsbefugnis einräumte, als ratsam war. Während sich aber in das Verhältnis des deutschen Hauptmanns Schindler zu seiner Amorbacher Fürstin nichts anderes hineinlesen ließ als Machtsuche, ist das Zusammenwirken der Herzogin und ihres anglo-irischen Privatsekretärs immer wieder auf mögliche Intimitäten untersucht worden, ohne daß freilich schlüssige Beweise zu erbringen wären. Conroy war kein Engländer, das mußte es für ihn schwer machen, am Londoner Hof akzeptiert zu werden. Daß auch Königin Victoria später, im Rückblick, alle Schuld an den Zuständen in Kensington Palace dem Majordomo zuschob, war reumütige Dankesschuld gegenüber der von ihr praktisch jahrelang verstoßenen Mutter. Außerdem hatte es auch etwas von der Bequemlichkeit der feinen Herrschaft, die auf einen Domestiken abwälzt, was ihr selbst unangenehm ist. Denn ohne die willige Zustimmung der Herzogin hätte Conroy nie die Zukunft der Prinzessin in dem Maße mitbestimmen können, wie das dann von deren elften bis zu ihrem achtzehnten Jahr geschah. Des Herzogs Witwe und sein Adjutant waren ein »Paar«; ob das Tisch *und* Bett einschloß, muß offenbleiben.
Am stärksten litt unter der Ungewißheit Victoria selbst. Sie muß irgendwann irgendwelche Zeichen von Vertraulichkeit zwischen den beiden gesehen haben[46], anders wäre die kalte Feindschaft ihrer Äußerungen über Conroy nicht zu erklären. Sie konnte aber mit 12 oder 14 Jahren nicht über den Erfahrungsschatz verfügen, der nötig ist, um bloße Vertraulichkeit von unstattlicher Liaison zu unterscheiden. Sie stimmte jedenfalls später mit ihrem Onkel Leopold und dessen Berater Stockmar darin überein, daß Conroy Macht über ihre Mutter besessen habe. Dabei dachten die beiden Männer vielleicht mehr an die politischen Ambitionen des Sekretärs. Er wollte vom Berater der Mutter zum Privatvertrauten der Tochter und späteren Königin avancieren. Daran ist zunächst nichts Verwerfliches. Conroy hat Victoria in den kritischen Jahren unmittelbar vor ihrer Volljährigkeit und bei zunehmender Schwäche des Königs eine Erklärung aufzudrängen versucht, die solches zum Ziel hatte. Aber eben dies, was am stärksten ge-

gen ihn spricht, entlastet ihn am ehesten von dem Verdacht, er habe diesen Ehrgeiz durch eine Liaison mit der Herzogin zu befördern gesucht. Diese war keine Dame von Welt, und an Raffinesse muß es ihr herzlich gemangelt haben. Aber sie durchschaute als leidgeprüfte Frau einfache Zusammenhänge. Ein Posten für Conroy bei der Königin Victoria gewährte für sie selbst, die Mutter, keine Sicherheit. Die beruhte vielmehr auf Kindesliebe. Sie zu erhalten konnte ein intimes Verhältnis mit Conroy kaum das rechte Mittel sein.
Schließlich war der Sekretär verheiratet und hatte sechs Kinder, darunter die unglückliche Victoire, die den Zorn der Prinzessin auf den Vater zu spüren bekam und von ihr nur als Miß Conroy bezeichnet, nie beim Vornamen genannt wurde. Argwöhnte sie, Conroy habe das Kind nach der Herzogin benannt? Conroys Frau war mental krank – das beflügelte die Phantasie seiner Kritiker. Er sah gut aus und brauchte Geld. Er beherrschte die Sprache, die der Herzogin so schwerfiel. Er kannte sich in Gesetz und Recht des Landes aus, und er sann auf Mittel und Wege, um die Prinzessin im Bewußtsein der Nation als die kommende Königin zu etablieren. Daß er deswegen am Hofe verhaßt war, ist nur zu begreiflich, aber Haß ist eine zweideutige Quelle. Nicht einmal die Tatsache, daß Conroy später die ihm anvertrauten Finanzen der Herzogin ruinierte, statt sie zu verbessern, ja daß er sich persönlich daran bereicherte, beweist eine allzu private Beziehung der beiden.
Hätte nicht die Baronin Lehzen es wissen müssen? Sie wich kaum je von der Seite der Prinzessin. Sie saß abends an deren Bett im Schlafzimmer der Herzogin, bis diese selbst sich zur Ruhe legte, und dann ging sie nur ins Nebengemach. Sie hatte das Vertrauen Georges IV. und ist gelegentlich als dessen Spionin in Kensington Palace bezeichnet worden. Zu den Bösartigkeiten, die man über sie verbreitete, gehörte die Behauptung, sie kaue ständig Kümmelkörner, die sie in einem Beutel mitführe, Essensgewohnheiten als klassisches Vorurteil der Fremdenfeindschaft. Ihre Diskretion war vorbildlich. Sie führte kein Tagebuch, obwohl sie Victoria dazu anhielt, das ihre regelmäßig vorzunehmen. Es gibt von ihr nur ein einziges Porträt; dabei lebte sie bis weit ins Zeitalter der Fotografie und starb erst 1871. Die Prinzessin erweckte – auch noch als Königin – den Eindruck, als sei die Baronin ihr Halt in den Gefährdungen der Jahre vor dem Tod Williams IV. gewesen. Das muß man wohl relativ sehen. Zum abendlichen Ausweinen war die Lehzen gut. Aber das politische Komplott Conroys

gegen die künftige Königin konnte sie nicht verhindern, da hielt sie sich heraus. Dennoch war die Zuneigung Victorias zu ihr echt, trotz zeitweiliger Furcht vor der rigiden Strenge der Baronin. Das Tagebuch, 1832 von der Dreizehnjährigen begonnen, enthält Formulierungen des Dankes, die die Pflichtschuldigkeit weit überschreiten. Bei ihrer Krönung suchte die Königin den Blick der auf die Kirchenempore verwiesenen Lehzen, und beide lächelten sich an zu einem Zeitpunkt, da Victoria einer völlig ungeliebten Gouvernante solche Auszeichnung nicht mehr schuldig gewesen wäre.

In den Jahren, von denen hier die Rede ist – 1830 bis 1837 –, beteiligte sich Prinz Leopold nur aus der Ferne am Schicksal seiner Nichte. Der Coburger war weiterhin ein gesuchter Wahlmonarch geblieben. Die Griechen, deren Freiheitskampf Lord Byron gefeiert hatte[47], baten ihn 1830, ihr König zu werden. Das lehnte Leopold, vom klugen Stockmar beraten, nach einigem Zögern ab in Erkenntnis der prekären Lage jenes Landes als Zankapfel zweier verfeindeter Mächte, Rußlands und der Türkei. Als ihn ein Jahr später gleichermaßen die Belgier baten, willigte er ein, obwohl auch diese Herrschaft keine friedliche zu werden versprach. Die Unabhängigkeit des Landes war zustande gekommen durch einen Aufstand gegen die Einheit mit den Niederlanden. Ihn hatte eine Opernaufführung in Brüssel ausgelöst, Aubers »Stumme von Portici«. Leopold hoffte den allgemeinen Schutz der Großmächte zu gewinnen und war sich des besonderen Wohlwollens der Briten gewiß, das freilich mehr der strategischen Vorfeldlage Belgiens galt als seiner Person, eine Unterscheidung, die der König später einige Male zu seinem Schaden außer acht ließ.

Leopold sicherte sich seinem Naturell gemäß nie nach einer Seite allein ab. Wie die Herzogin von Kent verfolgte er seit langem das Projekt einer Heirat Victorias mit dem gemeinsamen Neffen Albert, also einem deutschen Prinzen. Die Kuppellust aller Fürsten wurde damals durch die revolutionären Bewegungen in Europa bestärkt. Mehr denn je kam es darauf an, diejenigen Verbindungen zu knüpfen, die politisch, geographisch und konfessionell den längsten Bestand versprachen. Leopold selbst verheiratete sich, so gesehen, mustergültig. Die vom protestantischen Holland abgefallenen Belgier konnte er, der deutsche Protestant, nicht stärker rückversichern als durch eine Ehe mit der Tochter des französisch-katholischen Königs Louis Philippe. Dies war das Rezept, die Umwälzungen von 1848 sogar in einem Unruhegebiet wie Belgien heil zu überstehen.

Der Preis, den Leopold für seine geschickte Politik in Brüssel zu zahlen hatte, bestand darin, daß er die Vorgänge im Londoner Kensington Palace etwas aus den Augen verlor. In den letzten drei Jahren vor der Thronbesteigung Victorias hätte es des Einflusses eines so übervorsichtigen Mannes wie Leopold besonders bedurft. George IV. nannte ihn einmal den »Marquis de peu à peu«, und William IV. konnte ihn wegen seiner Betulichkeit nicht ausstehen. Aber der belgische Onkel vermochte nur Gastspiele auf der englischen Szene zu geben. Bezeichnenderweise verfiel Victoria nach der Abreise Leopolds Ende des Jahres 1835 in eine schwere, psychisch bedingte Krankheit. Ein paarmal hat der König der Belgier später versucht, sich des Beistands der Briten auf eine zu selbstverständliche Art zu bedienen, da mußte Victoria ihm auf Weisung des Premierministers Melbourne abschreiben. Leopold war nach anfänglicher Verstimmung klug genug, die Londoner Garantie der belgischen Grenzen durch seltenes Beanspruchen um so sicherer auszubauen. Als Victoria ihre ersten Herrschaftswirren überwunden hatte, trübte nichts mehr die Beziehung zu ihrem Brüsseler Onkel, zu dessen Frau Louise und deren Kindern, von denen eines mit einer Prachtausgabe der eigenen, lang zurückliegenden Puppenstube beschenkt wurde. Das war Charlotte, die später das Unglück ihres Gatten, des Kaisers Maximilian von Mexiko erleben mußte.

Leopold nahm den Baron Stockmar[48] zu sich, der in Sidmouth im Januar 1820 vergeblich das Schicksal des Herzogs von Kent abzuwenden gesucht hatte. Die Hof- und Kabinettspolitik des 19. Jahrhunderts begünstigte solche »grauen Eminenzen«, die den fehlenden Sachverstand der Amateurpolitiker ersetzten und politischen Argwohn gegen ihre Person durch Karriereverzicht zerstreuten. Nie habe er einen selbstloseren Mann erlebt, versicherte Premierminister Palmerston. Stockmar, ein Jahr jünger als die Herzogin von Kent, tauschte den Arztberuf gegen die Laufbahn als Berater ein, die ihn zwischen deutschen Höfen, Brüssel und London pendeln ließ. Es konnte nicht ausbleiben, daß er sich Feinde zuzog, aber seine Bewunderer überwogen. An der Entlarvung der Pläne Conroys hatte er entscheidenden Anteil. Was ihn auszeichnete, war das rasche Durchschauen einer verwickelten Situation wenige Stunden nach seiner Ankunft. Victoria nannte ihn »Stocky« und liebte seinen würdevollen Ernst. Daß es zwischen ihr und dem Tory-Premierminister Peel nur eine, nicht aber eine fatale zweite Konfrontation gab, ist ausschließlich den Vorbereitungen zu danken, die Stockmar und sein Schüler Albert gegen eine solche Wiederholung trafen. Der Baron übte seine politischen Heilpraktiken vor dem Hintergrund einer Melancholie aus, die er lange Zeit geschickt zu verbergen wußte. Der Preis des Machtverzichts war für den Besserwissenden hoch: Schiller hätte ihm eine Rolle in einer historischen Tragödie geben können. Wie die Dinge lagen, nahm er mit dem Dank von Königen vorlieb.

Solange Leopold und Stockmar mit den belgischen Erfordernissen beschäftigt waren, mußte die künftige Thronfolgerin sich gegen das Trio aus Mutter, Majordomo und Gouvernante nahezu allein durchsetzen. Bei der Thronbesteigung Williams IV. war auch eine offizielle englische Aufseherin ernannt worden, die Herzogin von Northumberland, die freilich auf den Gang der Dinge kaum einen nennenswerten Einfluß erhielt. Sie verstärkte aber den Eindruck, die Erziehung der kommenden Königin von England werde nicht ausschließlich deutschen Personen überlassen; das war dem Ansehen der Prinzessin sicher von Nutzen. Victoria behielt zeitlebens das Gefühl, sie sei weder durch die Mutter und die Lehzen noch durch die Northumberland, den Reverend Davys und seine englischen Mitlehrer für die Erfordernisse des Menschenumgangs und der politischen Welt ausgestattet worden. Der Privatsekretär des Prinzen Albert, George Anson, hielt im Januar 1841, also kurz nach der Heirat des Paars, per Aktennotiz eine Äußerung Lord Melbournes dazu fest:

»Der Prinz langweilt sich wegen der Eintönigkeit seiner Schachabende. Er möchte gern literarisch und wissenschaftlich interessante Leute bei Hofe einführen, die Gesellschaft mehr mischen und den Abenden einen nützlichen Charakter verleihen. Der Königin ist aber an solchen Leuten nichts gelegen. Das rührt daher, daß sie glaubt, ihre eigene Erziehung habe sie auf Gespräche dieser Art nicht vorbereitet. Sie will keine Unterhaltungen, an denen sie nicht teilnehmen kann, aber sie ist ihrer Natur nach viel zu offen und ehrlich, als daß sie eine Spur mehr an Kenntnissen vortäuschen würde, als sie wirklich besitzt. Dennoch darf sie, wie man sagt, als gebildet gelten: sie spricht fließend Deutsch und kann es schreiben, versteht Italienisch, spricht geläufig Französisch und schreibt es mit großer Eleganz. Darüber hinaus hat der alte Davys ihr während seiner Zeit als Lehrer etwas Latein beigebracht. Den Rest ihrer Bildung verdankt sie ihrer eigenen Klugheit und Behendigkeit. Das war wohl alles in allem nicht die geeignete Erziehung für jemanden, der die Krone von England zu tragen bestimmt war[49].«

Melbournes Urteil ist das eines Mannes, dem seine soziale Herkunft eine umfassende Ausbildung gesichert hatte. Aus seinem Wohlwollen für die Königin hört man die leichte Geringschätzung des Hofes durch einen Hocharistokraten heraus. Das waren getrennte Welten. Unbeeinflußbare Wechselfälle des dynastischen Geschehens, die Zufälligkeiten von Geburt, Nichtgeburt oder Tod hatten dafür gesorgt, daß die eigentlichen Noblen des Reiches an dessen Spitze nicht mehr vertreten waren, sondern daß man entfernte Verwandte, Ausländer, halbe Bauern hatte auf den Thron rufen müssen, nach den Holländern die Hannoveraner, die einen ungeschlachter als die anderen. Wenn Lord Melbourne einen Abend, statt ihn mit der fasziniert zuhörenden Königin zuzubringen, unter seinesgleichen verlebte, etwa bei Lord und Lady Holland, dann konnte Victoria in Eifersucht vergehen. Die Königin, so sagte sie sich in einer naiven Vorstellung von Gesellschaft als Pyramide, müsse eigentlich in jeder Hinsicht an der Spitze stehen. Was Bildung und Besitz anging, empfand sie ihr Defizit zeitlebens schmerzlich.

Sie war als durchschnittliche höhere Tochter erzogen worden. Sie konnte parlieren, tanzen, singen und zeichnen. Das mochte für eine Frau wie ihre Mutter ausreichen, einen Mann zu gewinnen, auch einen zweiten. Für die Königin von England war es zuwenig. Dabei schien der Fehler nicht so sehr in der mangelnden Breite des angebotenen Stoffes gelegen zu haben als in der Oberflächlichkeit seiner Behandlung. Selbst dort, wo ein offenkundiges Interesse der Prinzessin erkennbar war, wurden ihr nur homöopathische Dosen verabreicht. Thomas Moore, der irische Dichter, schrieb in seinem Tagebuch über einen Musikabend in Kensington Palace, Ihre Königliche Hoheit sei offenkundig musikliebend

»und hätte gern noch viel länger gesungen, wenn nicht frühzeitige Vorbereitungen zum Schlafengehen dazwischengekommen wären[50]«.

Mit elf Jahren wurde Victoria einer Prüfung unterzogen. Die Herzogin, die dem Hof von Windsor keinerlei Mitsprache beim Lernpensum ihrer Tochter zugestehen wollte, brauchte mehr eine zwischenzeitliche Billigung ihres Verfahrens als ein Testat der Ergebnisse. Nicht ohne Geschick suchte sie – oder wählte Conroy – Prüfer aus, die sich diesem Ansinnen weder entziehen noch vom Hof deswegen kritisiert werden konnten. Politiker oder Männer des Geisteslebens schieden aus. Die Bischöfe von London und Lincoln aber bescheinigten der Herzogin, wie zufrieden sie seien:

»Im ganzen gesehen ist es unsere Meinung, daß die Prinzessin für die nächste Zeit nach demselben Plan und unter derselben Oberaufsicht weiterlernen sollte wie bisher[51].«
Der Erzbischof von Canterbury wiederholte das Examen und zeigte sich ebenfalls angetan. Dieser Schachzug zu Beginn der Herrschaft Williams IV. entzog allen Versuchen des Königs den Boden, Einfluß auf die nun als Thronfolgerin feststehende Prinzessin zu nehmen. Mit Ratschlägen dieser Art verdiente sich Conroy das Vertrauen der Herzogin. Daß Eifersüchteleien und Rivalitäten zwischen Kensington Palace und Schloß Windsor weder der Sache der Monarchie noch der Person der künftigen Monarchin dienen konnten, lag freilich klar zutage.
Später, mit 21, in Gesellschaft des Premierministers und einiger Hofdamen, erklärte Victoria selbst einmal, wie schrecklich ihr alles Lernen gewesen sei; man habe ihr vieles, aber nichts davon gründlich beigebracht. Aus ihren Briefen ist bekannt, was sie zum Beispiel an Geschichtswerken las. König Leopold, der sich von Brüssel aus vor allem um diesen Teil ihrer Erziehung sorgte, schätzte Blickwinkel und Kenntnisstand sowohl seiner Schwester wie auch der Baronin richtig ein. Diese beiden hießen das Lehrmaterial gut oder verwarfen es, mit Ausnahme der geistlichen Instruktion, deren Texte vorgegeben waren. Leopold suchte daher seiner Nichte zusätzliche Vorschläge zu machen. »Trocken geschrieben, aber voller Unterweisung« lautete das Urteil der 15jährigen über eines jener Werke, die man ihr über die weiter zurückliegende englische Geschichte in die Hand gab. Vom 16. und 17. Jahrhundert wurde vorsichtshalber ein Sprung zu den englischen Heldentaten während der Napoleonischen Kriege getan. Jede Chronik des Hauses Hannover suchte man ihr – vor allem in deren jüngsten Abschnitten – vorzuenthalten.
Unter diesen beschönigenden Umständen empfahl ihr Leopold, wenigstens einige der politisch-historischen Meisterwerke zu lesen, die Memoiren Sullys zum Beispiel[52]. Der zutiefst pessimistisch veranlagte König der Belgier sah die unruhige Gegenwart als zweite Reformationszeit, mit kontroversen sozialen Kräften anstelle der Konfessionsfronten. Leopold gab der Monarchie in solchen Zeiten zwar noch eine Rolle, aber wenig Chancen für die Zukunft. Er schickte Victoria einen Auszug aus einer Vita der Königin Anne, die den Hannoveranern unmittelbar vorangegangen war. Victoria schrieb zurück:
»Ich bin Dir sehr dankbar, lieber Onkel, für das Exzerpt über Queen

Anne, muß Dich aber doch bitten, da Du es geschickt hast, um mir zu zeigen, wie eine Königin *nicht* sein sollte, mir nun auch zu schreiben, wie eine Königin denn sein sollte.[53].«
Leopold antwortete, darüber unterhalte er sich mit ihr lieber mündlich, das heißt vertraulich. Im Abfangen und Kopieren von Briefpost waren damals die meisten Regierungen so skrupellos wie in den Kriegstagen zuvor.
Ungeachtet ihrer etwas desolaten Ausbildung galt die Prinzessin als »sharp«. Das Wort schillert von »schlau« bis »schneidend«; wahrscheinlich ist, was die Umgangssprache »hell« nennt, die beste Übersetzung. Da ihr Tagebuch gelesen, jeder Brief zensiert wurde und das bis zu ihrem 18. Jahr, gibt es erst aus den Tagen nach der Thronbesteigung unverstellte Zeugnisse ihres Verstandes und ihrer Meinungen. Auch dann kommen als verläßlich nur die Briefe in Frage, denn mit ihrem Tagebuch, das sie 1832 begann und bis zum Tode fortführte, hat es leider – was seinen Wert als Quelle angeht – keine gute Bewandtnis. Es wurde von ihrer jüngsten Tochter Beatrice nach 1901 kopiert und dabei gekürzt, worauf das Original ins Feuer wanderte.* Die Benutzung des Tagebuchs muß also mit Vorsicht geschehen. Der Gedanke, Victoria zu solchen regelmäßigen Niederschriften zu veranlassen, scheint der Baronin Lehzen gekommen zu sein. Die Mutter schenkte der Tochter den ersten Band, und getreulich trug die Prinzessin jeden Abend – später, als der Tagesablauf bei Hofe das nicht möglich machte, am kommenden Morgen – in ihre Kladden ein, was sich zugetragen hatte und was sie darüber dachte. Bis 1837 hielten sich die Meinungen überwiegend im Positiven. Aber nicht selten ließ die Wortwahl bereits darauf schließen, wie »sharp« es im Tagebuch zugehen werde, sobald erst einmal die wachsame Lehzen keinen Blick mehr darauf werfen konnte.
1832 begann für Victoria auch die Reihe jener in Aufwand und Besuchszielen genau kalkulierten Rundreisen, deren Zweck vielfältig war. Nicht nur wurde Ihre Königliche Hoheit, wie sie seit dem Regentschaftsgesetz offiziell hieß, einer großen Zahl von Adligen und Stadtvätern in den Provinzen vorgeführt, gleichsam eine nach unterwegs verlegte Hofhaltung, zu der in London die Möglichkeit fehlte. Es sollte auch durch Besuche bei denjenigen politischen Kreisen, die der Herzogin als der Witwe Edwards von Kent nahestanden – über-

* siehe Bibliographie, Nr. 34/35

wiegend Whigs –, demonstriert werden, daß die »Kensington-Partei« nicht ohne Anhang im Lande war. Der König, der es mit den Tories hielt und im Kampf um die Parlamentsreform von 1832 sich ganz auf deren Seite stellte, wurde durch diese Tourneen der Schwägerin und der Nichte sowohl persönlich gekränkt wie politisch beleidigt. Das zählte zu den Zielen dieser Unternehmungen.
Sie wurden außer vom König noch von jemand anderem mißbilligt: von Victoria selbst. Ihr Tagebuch beginnt mit der ersten Reise dieser Art, und da steht neben dem Interesse an einem neuen Stück Welt, das sich auftat, deutlich zu lesen, wie das Programm die Hauptperson anwiderte. Die Prinzessin tat, was Kinder – und nicht nur sie – unter Druck tun: sie wurde krank. Daß sie später, als erwachsene Frau, die nie irgendwelche organischen Leiden hatte, über Unwohlsein und Müdigkeit immer dann klagte, wenn Politik oder Familie ihr Kummer machten, wundert nicht; das war als Mittel der Selbsttröstung wie des Protestes früh eingeübt worden. Wie anders ließ sich eine anbefohlene Reise hinausschieben, unterbrechen oder abkürzen? Die oft wochenlangen Fahrten in der Kutsche brachten einen unliebsamen physischen Kontakt mit den Conroys, Vater und Tochter, enger als das je in Kensington Palace nötig war. Das immer wiederholte Abspulen eingeübter Artigkeiten vor wildfremden Menschen wäre auch einem kühleren Temperament lästig geworden. Victoria entwickelte alle Symptome des frustrierten Wunderkindes. Denn in ihrem Fall lag das Wunder nicht in einer bereits vorhandenen Fertigkeit, einer Kunstausübung, die sich vorweisen ließ, sondern in einem vagen Versprechen, das es irgendwann einmal einzuhalten galt – wie, das konnte sie sich nicht recht vorstellen.
Am 24. Mai 1833 schrieb sie in ihre Kladde:
»Heute ist mein Geburtstag. Ich bin jetzt vierzehn Jahre! Wie schrecklich alt!![54]«
Zwei Jahre später hieß es, am gleichen Tag:
»Heute ist mein 16. Geburtstag! Wie furchtbar alt sich das anhört; aber ich spüre, daß die beiden kommenden Jahre, bis ich 18 bin, fast die wichtigsten von allen sein werden[55].«
Sie hatte gelernt, wie man etwas zwischen die Zeilen schreibt oder durch Weglassen andeutet, denn sie setzte nicht hinzu, was sie eigentlich meinte, daß nämlich dann endlich die Selbständigkeit erreicht sein werde. Statt dessen versprach sie sich und der mitlesenden Gouvernante, eine besonders gute Schülerin zu sein.

Ende September 1835 besuchte nach längerer Zeit König Leopold mit seiner neuen Gattin die Kents. Man traf sich an der Küste, in Ramsgate, und es kam zu allerlei Herzlichkeiten mit »dear, dear Uncle«, aber auch zu einigen Unterredungen ernsthafter Natur, die Zukunft der Prinzessin angehend. Ob bei den Gesprächen zwischen Leopold und Victoria die übliche dritte Person anwesend war, die der Thronfolgerin nie von der Seite wich – die Mutter, die Lehzen oder die Northumberland –, ist nicht festzustellen. Auf den eigenen Bruder glaubte die Herzogin das gewohnte Abschirmverfahren vielleicht nicht ausdehnen zu müssen, um so weniger, als Leopold offenbar nicht sah oder nicht sehen wollte, daß seine Nichte dringend eines Beistandes gegen die Bedrängungen durch Conroy und die Mutter bedurfte. Zwar hatte der Privatsekretär sich das letzte Mittel zu seinem Zweck noch aufgehoben: ein Papier, das er Victoria zur Unterschrift vorlegte und in dem sie sich verpflichtete, bei der Thronbesteigung ihren derzeitigen engeren Haushalt zu lassen, wie er war, d. h. Conroy beizubehalten. Die Pläne dazu waren längst geschmiedet, und Vorfühler ließen die Prinzessin ahnen, was ihr noch bevorstand, ehe sie 18 wurde.
Ein Jahr zuvor hatte Leopold seinen Vertrauten Stockmar nach London geschickt, um sich über die Verhältnisse zwischen Kensington Palace und dem Hof sowie über die Lage im Haushalt der Herzogin unterrichten zu lassen. In einem Brief-Memorandum an die Herzogin[56] warnte Stockmar davor, daß Conroy den Versuch machen könne, sich der künftigen Königin aufzudrängen. Der scharfe Blick des »Staatsmanns ohne Staat« legte die Charakterfehler des ehrgeizigen Höflings bloß und äußerte Zweifel, ob eine solche vorgreifende Ernennung überhaupt möglich sei. Was würden die »verantwortlichen Berater« der Königin dazu sagen? Stockmar brachte durch diese Formel der Herzogin etwas zu Bewußtsein, was ihrer mangelhaften Erfahrung mit konstitutioneller Monarchie offenkundig entgangen zu sein schien. Das letzte Wort über die Besetzung eines solchen durchaus politischen Postens unmittelbar neben der Monarchin hatte nicht einmal diese allein, sondern ihr oberster, verantwortlicher Staatsdiener , der Premierminister des Tages. Stockmar führte ein weiteres an. Jeder oktroyierte Privatsekretär müsse in einen schweren Konflikt mit dem künftigen Gatten der Königin geraten. Neben diesem und dem Premierminister sei für einen Dritten, der wirklichen Einfluß auszuüben gedenke, kein Platz, schon gar nicht für einen »eitlen, ehrgeizigen, reizbaren und heißblütigen« Mann wie Conroy. Die Herzogin

wird diese Charakterisierung nicht gern gelesen haben. Das Übel, faßte Stockmar zusammen, liege an den »internen Umständen in Kensington Palace« und am schlechten Verhältnis von Prinzessin und Privatsekretär. Meinte er mit ersterem etwa das zu gute Verhältnis von Mutter und Berater? Trotz solcher Warnung fuhr das aufs Ganze gehende Paar in seinen Plänen fort.
König Leopold kann also nicht völlig ahnungslos nach Ramsgate gekommen sein. Aber er war entweder nicht bereit, sich für Victoria energisch einzusetzen, weil er als auswärtiger Monarch die Einmischung scheute und ungern der Hofpartei um William IV. gegen die eigene Schwester recht gab, oder er bagatellisierte die Gefahr im Gespräch mit der Nichte, in der Hoffnung, die bis zur Volljährigkeit fehlenden anderthalb Jahre würden rasch vorübergehen. Jedenfalls fühlte sich Victoria im Stich gelassen, und zwei Tage vor der Abreise von Onkel und Tante wurde sie krank. Sie hatte schon einige Monate zuvor versucht, eine neuerliche Rundreise durch Rückzug ins Bett zu verhindern. Der Mahnbrief, den ihr die Mutter damals schrieb, eigentlich eine Überflüssigkeit zwischen Menschen, die Tag und Nacht beisammen sind, enthält Hinweise auf die Druckmittel, die gegen die 16jährige angewandt wurden. Wie, wenn es sich herumspreche, daß die künftige Monarchin sich einer solchen Tour nicht gewachsen fühle? Was solle das Land denken?
Das alles war Teil einer systematischen Einschüchterung. Schon am Festtag der Konfirmation im Juli 1835 hatte es in einem ähnlichen Schreiben – wer immer es formuliert hatte, Herzogin oder Sekretär – ominös geheißen, Victoria bleibe der Leitung durch ihre Mutter anvertraut, »bis Du das Alter von 18 oder 21 erreicht hast«. Vor Victorias entsetztem Blick dehnten sich plötzlich die noch zu überwindenden zwei Jahre auf fünf aus. Auch hier, wie im Fall der Verbriefung des Sekretärsamtes, hätte jeder mit Recht und Verfassung des Landes Vertraute die Prinzessin aufklären können, daß das alles am Ende null und nichtig sein werde. Als psychologischer Druck nahm es aber eine eigene Realität an.
Von ihrem Onkel nicht genügend unterstützt, obwohl er ihr »wertvollen Rat« gab, wie sie notierte; von Conroy kujoniert und von der Mutter bedroht; gegen den König abgeschirmt; von der Regierung des Landes aus Unkenntnis nicht in Schutz genommen – wer blieb ihr da? Der Versuch ihrer Quälgeister – nur mit größtem Sträuben bezog sie da ihre Mutter ein –, nun auch die Baronin Lehzen auszuschalten,

zeigt, wer ihr als letzter, einziger Verbündeter half. Auch das wurde ihr wieder in einem Brief angekündigt. Diese einseitige Korrespondenz hat etwas von Aktenvermerken, in denen Vorgesetzte ihren Untergebenen alles schriftlich mitteilen, damit deren später behauptete Unkenntnis nicht straffrei ausgehe. Die »Vertraulichkeiten« zwischen Victoria und der Baronin, schrieb die Mutter, müßten eingestellt werden, dazu sei sie – die Prinzessin – nun zu erwachsen[57]. Die Herzogin hatte als neuen Umgang ihrer Tochter bereits jemanden ausersehen: ihre eigene Hofdame, Lady Flora Hastings, eine unkluge Wahl, denn immer, wenn es Unstimmigkeiten zwischen Conroy und der Prinzessin gab, stand Lady Flora auf der Seite des Sekretärs. Stockmar, der von dem Plan hörte, riet daher dringend ab. Victoria selbst wurde nicht gefragt – so erwachsen war sie nun auch wieder nicht. An eine regelrechte Entlassung der Lehzen wagten jedoch Conroy und die Herzogin nicht zu denken; schließlich war die Baronin seinerzeit vom König (George IV.) mit ihrem Titel ausgezeichnet worden.
Mit Fieber und Schüttelfrost, Rückenschmerzen und Schwindelanfällen verabschiedete sich Victoria von König Leopold, auf dessen Rat sie so große Hoffnung gesetzt hatte. Conroy und die Mutter spielten die Symptome zunächst herunter. Auch der Hofarzt Dr. Clark sah anfangs nur Zeichen von Übererregtheit. Erst als Puls und Temperatur nach einigen Tagen zu klettern begannen, wurde die Herzogin nervös. Clark mußte zum zweitenmal kommen und sah nun ebenfalls die Gefahr. Um was handelte es sich? Einen Typhus-Anfall? Mandelentzündung? Nach den Begleiterscheinungen war beides möglich. Fünf Wochen lag Victoria in Ramsgate; Clark und die Lehzen wichen nicht von ihrer Seite. Den Arzt verfolgte das Gespenst einer möglichen Erbkrankheit im Königshaus. Die Baronin berichtete nach Brüssel, wie es um die Prinzessin stand.
Diese sah, kaum daß die akute Gefahr beseitigt war, welche Chance sich bot, durch eine lange Rekonvaleszenz wertvolle Zeit zu gewinnen. Allerlei Nachwirkungen der Krankheit erlaubten solchen Aufschub. Victoria hatte stark abgenommen; das mochte sie doppelt begrüßen, denn sie kam sich schon damals zu korpulent vor. Also bedurfte es der Geduld, bis sie wieder zu Kräften kam. Ihr Haar war ausgefallen, nicht so stark, wie sie es selbst vor dem Spiegel fand, aber doch sichtbar. Es gelang ihr, die Abreise aus Ramsgate bis Mitte Januar 1836 hinzuziehen, da waren die Wochen bis zum 17. Geburtstag schon zu zählen. Conroy konnte das Spiel nicht durchkreuzen, seit

Dr. Clark über die Prinzessin bestimmte, aber er durchschaute es. Noch in Ramsgate unternahm er daher den entscheidenden Versuch, die Unterschrift der Thronfolgerin für seine Pläne zu gewinnen. Victoria hat später mit Melbourne, der die von Conroy erstrebte Position dann tatsächlich einnahm, den Vorfall diskutiert. Trotz ihrer Krankheit habe sie widerstanden. »Welch ein Glück!« sagte der Premierminister.

Auf Anraten des Arztes bezog die Herzogin mit ihrer Tochter nach der Rückkehr in den Kensington Palace dort etwas »luftigere Räume«, um die Genesung der Prinzessin zu stabilisieren. Das brachte Abwechslung und neuen Zeitgewinn, führte aber wenig später, im Herbst 1836 – nun war Victoria 17 –, zu einer häßlichen Szene mit dem König. Der hatte Herzogin und Tochter nach Windsor bestellt; sie sollten dort am 13. August den Geburtstag der Königin und acht Tage später seinen eigenen mitfeiern. Der Wunsch konnte nicht gut abgeschlagen werden, aber die Herzogin, der so viele Tage am Hof zu gefährlich schienen, teilte mit, sie gedenke ihren eigenen Geburtstag am 17. auf Schloß Claremont zu begehen und werde am 20. in Windsor sein. William empfing seine Nichte mit unverhohlener Freude, machte aber ihrer Mutter sofort und in Gegenwart von Zuhörern den heftigsten Vorwurf darüber, daß sie in Kensington Palace Räume requiriert habe, andere als diejenigen, die ihr zustünden. Er sei nicht gefragt worden und verbitte sich solche Respektlosigkeit.

Schlimmer kam es beim Geburtstagsbankett. Dreihundert Ohrenzeugen vernahmen eine Tischansprache des Königs, in der er seinem Herzen Luft machte; Greville, der Kabinettssekretär, hat sie überliefert. Selbst wenn man seinem genüßlichen Vergnügen an deftigen Szenen diesen oder jenen starken Ausdruck zugute hält, trug der Abend alle Anzeichen des Skandals. Die Herzogin saß neben dem König, Victoria ihm gegenüber. Nach dem Toast auf den Monarchen erhob sich William und sagte:

»Ich hoffe zu Gott, daß mir mein Leben noch weitere neun Monate erhalten bleibt, denn danach findet, wenn ich sterbe, keine Regentschaft mehr statt. Ich hätte dann die Genugtuung, die Königsherrschaft der persönlichen Ausübung dieser jungen Dame überlassen zu können, der präsumtiven Erbin der Krone, und nicht den Händen einer Person, die sich jetzt in meiner Nähe befindet, die von üblen Beratern umgeben und selbst ungeeignet ist, mit Würde das Amt auszuüben, in das sie dann versetzt wäre[58].«

Er sei von dieser Person gröblichst beleidigt worden, fuhr William fort; man halte die »junge Dame« vom Hofe fern, man respektiere ihn nicht. Königin Adelaide saß versteinert, Victoria begann zu weinen, die Herzogin wollte davonstürzen. Greville, der die Beleidigungen des Monarchen durch seine Schwägerin keineswegs beschönigte, hielt gleichwohl dessen Verhalten einem Gast, zudem einer Frau gegenüber überhaupt für unverzeihlich.
Victoria brauchte in keine neue Krankheit zu fliehen, denn es hatte sich bereits wieder der Besuch aus Brüssel angesagt. Wie der König zählte sie nun die Monate und wußte, daß sie es schaffen würde. Onkel Leopold wurde umhalst, Tante Louise bedankt für die französichen Creationen, die sie der etwas aschenbrödelhaft gekleideten Prinzessin von England während der Krankheit geschickt hatte. »Il mio secondo padre« nannte Victoria den Onkel, Ausdruck zugleich für ihre ewige Vatersuche und ihre neue große Leidenschaft: die italienische Oper. Doch verlief der Besuch nicht sehr harmonisch, was Leopold und Conroy anging. Der Majordomo machte aus seinen Intentionen kaum mehr viel Hehl, obwohl oder gerade weil ihm die Zeit davonlief.
Den Winter 1836/37 verbrachte man auf Schloß Claremont südlich von London. Dort war die Prinzessin noch abgeschlossener. Im Frühjahr unternahm der König einen letzten Versuch, Einfluß auf die Zukunft Victorias zu nehmen. Sechs Tage vor ihrem 18. Geburtstag und offenbar in Kenntnis der Bestrebungen, sie noch weitere drei Jahre in einer scheinlegalen Abhängigkeit von ihrer Mutter zu halten, bot er ihr eine Apanage von 10000 Pfund zu eigener, freier Verwendung an, ferner das Recht, sich einen separaten Haushalt zusammenzustellen mit einem unabhängigen Verwalter ihrer Finanzen. Das Angebot wurde Victoria direkt unterbreitet, sie las den Brief und gab ihn dann an ihre Mutter. Die antwortete ablehnend. In den Streit zwischen König und »Kensington-Partei« hatte sich inzwischen der Premierminister Melbourne eingeschaltet. Er zögerte aber noch, Druck auf die Herzogin auszuüben. Er war der Meinung, Victoria höre an ihrem 18. Geburtstag tatsächlich nur in einem Punkte auf, eine Minderjährige zu sein: sie könne Königin werden, ohne einer Regentschaft zu bedürfen. Am 24. Mai 1837 erlosch die Regentschaft. Die Prinzessin, abgesehen davon, daß sie sich wieder »alt« vorkam, ging auf den Ball, den der König zu ihrem Geburtstag veranstaltete, und er hieß sie auf dem Sessel Platz nehmen, der eigentlich für ihn reserviert war. Es ging ihm

nicht gut, er entschuldigte seine Abwesenheit. Als Geschenk hatte er ihr einen exquisiten Flügel geschickt; später spielte Albert oft darauf. Wieder bemerkte sie, daß sie eine Schwäche für den König hatte, dessen naive Geradheit ihr wesensverwandt war. Daß er politische Fehler begangen haben mußte, war ihr nur vage bekannt. Melbourne, der den Kampf um die Parlamentsreform aus nächster Nähe miterlebt hatte – er war Innenminister im Kabinett Grey, also der direkt betroffene Ressortchef –, erzählte Victoria später an langen Abenden, die sie zusammen verbrachten, was es damit auf sich gehabt habe. Der Zwist hatte das Land stärker erschüttert, als das Resultat es rechtfertigte [59]. Was den extremen Gegnern einer solchen Änderung wie Revolution erschien, war nur ein erster Schritt auf dem langen Wege gründlicher Reform. Das dazu nötige Gesetz hatte zu den Wahlversprechen der Whigs gehört, die 1830 die Tory-Regierung unter Wellington ablösten. Da das zeitlich mit dem Tode Georges IV. zusammenfiel, hoffte das neue Kabinett, der neue König werde keine Schwierigkeiten machen. Bald stellte sich heraus, daß sein Widerstand heftiger war als der der Tory-Opposition, wenn er sich auch – der Verfassung entsprechend – parlamentarisch ausdrückte: durch Unterstützung des Oberhauses, das allein berechtigt war, dem Unterhaus ein Gesetz zu entwinden.
Warum wollten die Whigs durch eine Wahlkreisreform die Städte begünstigen, wenn doch ihre führenden Männer eher noch mehr Grund und Boden besaßen als die der Tories? Ein Whig wie Lord Althorp, der populärste und innerparteilich einflußreichste Mann – »die Schildkröte, auf deren Buckel die Welt ruht«, sagte Melbourne –, hielt jeden Tag für verloren, den er in London statt in seinen Wäldern zubringen mußte. Aber mit dem Bodenadel war die Geldaristokratie verbunden, und während die kleine und mittlere Wirtschaft mehr zu den Tories tendierte, sammelten sich bei den Whigs die großen »manufacturers«, die Leute, die von sich sagten, in ihren Betrieben werde der neue Reichtum der Nation produziert. Der Hauptunterschied zwischen Tories und Whigs war der: Die einen wollten das Alte so lange bewahren, bis das Neue unvermeidlich wurde, die anderen ergriffen das Neue, um es zu einer Stütze des Alten zu machen. Natürlich gab es an beiden Rändern abweichende Meinungen, Tories, die um keinen Preis reformieren, und Whigs, die um jeden Preis fortschreiten wollten. In einem traditionsgesättigten Land wie England mußte es auf die Dauer die Partei der Whigs sein, die dabei größeren

Schaden nahm. Es war leichter, ihre Radikalen zu verketzern, als die Reaktionäre der Tories zu denunzieren.Die Königin hat im Laufe der fünfziger und sechziger Jahre eben diese Wende vollzogen: von der Grundsatzliberalen zur Grundbesitz-Konservativen, die sich vor dem progressiven Fügel der Whigs zu fürchten begann, während sie sich weiterhin als Altliberale betrachtete.
Premierminister Grey fürchtete enttäuschte Hoffnungen mehr als entrüstete Opposition. Gleichzeitig machte seine Regierung klar, daß nicht etwa »Demokratie« beabsichtigt war. Darunter verstanden ihre Gegner die Herrschaft der Straße, lärmende Unvernunft, belästigte Gentlemen, zerschlagene Scheiben, Brandstiftung, das Unterste zuoberst, kurz, die Französische Revolution. Also sollte der Grundbesitz unangetastet bleiben. Nur die nicht länger vertretbaren Ungereimtheiten seiner parlamentarischen Repräsentation galt es zu beseitigen. Es ging um politische, nicht um soziale Reform. In der künstlichen Trennung dieser beiden Faktoren lag der Keim zu den Unruhen der Chartistenzeit und des Kampfes um die Getreidezölle in den vierziger Jahren.
Vier Politiker entwarfen in Klausur im Winter 1830/31 Vorschläge für eine Wahlkreisreform. Diese blieben ein gut gehütetes Geheimnis. Als Lord John Russell, der spätere Premierminister, am 1. März 1831 im Unterhaus die Liste der Änderungen zu verlesen begann, ahnte keiner der Abgeordneten, was folgen werde. Man wußte, daß in England Wahlkreise existierten, in denen es keine Wähler mehr gab. Jeder kannte den Preis, den man zahlen mußte, um einen Wahlkreis von dem zu kaufen, der ihn »besaß«, d.h. der die ökonomische oder soziale Gewalt über die wenigen Abstimmungsberechtigten innehatte. Manche Orte, darunter kleine, entsandten sogar mehr als einen Abgeordneten, einige Großstädte waren dagegen überhaupt nicht im Unterhaus vertreten. Für all das gab es »gewachsene« Gründe. Lange Zeit hatten weite Strecken des Landes darauf verzichtet, einen Abgeordneten nach London zu schicken. Nachzügler bedurften der »Eintrittsgenehmigung« in den »Club«, der inzwischen aus seiner Mitgliederzahl ein Gewohnheitsrecht zu machen suchte.
Außerdem war nicht die Kopfzahl wichtig, sondern das Areal. Wenn auf einem Stück Land in Devon 1000 Menschen lebten und auf einem gleich großen Stück namens Birmingham 10000 oder 100000, so spielte das für die Repräsentation dieser beiden »gleich großen Teile« Englands bis dahin keine Rolle. Vor nicht allzu langer Zeit hatten ja

auch auf dem Birminghamer Landstück nur 1000 Menschen gelebt. Menschen waren also eine variable Größe, nur der Boden blieb sich gleich. Erst die demokratische Denkweise änderte diese »Verfassung«, in der sich das Land befand. Ferner galt es als »unenglisch«, als »unpatriotisch«, und das bis ins letzte Drittel des Jahrhunderts, seine Stimme »heimlich« abzugeben, ein des Nachdenkens werter Berührungspunkt zwischen extremem Individualismus alter und konsequentem Kollektivismus neuester Zeit.

Was Russell dem Parlament vortrug, lief weder auf allgemeine und gleiche noch auf geheime Stimmabgabe hinaus, und direkte Wahlen gab es ja bereits. Doch als er die lange Reihe der abzuschaffenden Wahlkreise herunterlas, unterbrach ihn das erstickte Lachen einiger Abgeordneter, die nicht recht zu hören glaubten. Er endete bei 168 und verlas dann, welchen Orten oder Gebieten die derart freigewordenen Mandate zugewiesen werden sollten. Der Vorschlag reduzierte außerdem die Eigentumsqualifikationen – Besitz, Pacht, Miete –, an die das Stimmrecht gebunden war. 500000 zusätzliche Wähler, so schätzte Russell, werde es dadurch künftig geben. Die meisten Tories sahen in all dem nichts als den blanken Umsturz. Selbst die »radicals« am »linken« Flügel der Whig-Partei reagierten verblüfft, auch wenn andere ihrer Forderungen – Wahlurnen und beschränkte Parlamentsdauer – nicht berücksichtigt worden waren. Der Grundbesitz sah in dem Gesetzentwurf eine Form entschädigungsloser Enteignung, und politisch traf das ja auch zu.

Was die Regierung überraschte, war die knappe Mehrheit im Unterhaus, als dort am 22. März 1831 die zweite Lesung anstand. Sie betrug trotz der Papiermajorität der Whigs nur eine einzige Stimme. Wo das Eigentum aufhörte, begann die Ungemütlichkeit. Der König glaubte mit dem bestehenden Wahlsystem auch die Krone zu verteidigen. Der Mann, der Friedrich den Großen gesprochen und Joseph II. angehört hatte, paßte nicht in das Jahrhundert der Machtergreifung des Bürgertums.

Rechtschaffen, wie er war, wollte er jedoch der gewählten Regierung die Gefolgschaft nicht versagen. Als Grey Neuwahlen verlangte, löste William das widerborstige Parlament auf. Die Whigs gewannnen die Wahl, und nun blockierte, wie zu erwarten, das Oberhaus die – neu eingebrachte – Vorlage. Seine überwiegend den Tories nahestehenden Mitglieder lehnten mit einer Mehrheit von 41 Stimmen die Reform ab. Jetzt griff die Regierung auf das äußerste Mittel zurück und verlangte

vom König die Ernennung neuer Adliger mit Whig-Sympathien, um die eingebaute Unbalance des Oberhauses zu korrigieren. William dachte, es gehe um rund zwei Dutzend Ernennungen, und stimmte zu. Die bloße Drohung genügte scheinbar; das Oberhaus ließ das Gesetz in zweiter Lesung passieren, setzte aber dann im Ausschußstadium Änderungswünsche durch. Nun machte Grey ernst und verlangte vom König die Ernennung von 50 Whigs zu Mitgliedern der zweiten Kammer. William weigerte sich, ein verfassungsrechtlich umstrittener Akt. Denn bei der Durchsetzung eines vom Unterhaus bereits verabschiedeten Entwurfs mußte der Monarch den Rat seines Kabinetts berücksichtigen, nicht die Wünsche der Adelskammer. Das galt vor allem in einem Fall wie diesem: Die Whigs hatten die Wahlen ausdrücklich im Kampf um das Gesetz geführt und gewonnen. Für Victoria machte es später stets einen Unterschied, ob eine umstrittene Gesetzesvorlage bereits unmißverständlich Thema einer Wahl gewesen war oder aber von der Regierung erst im Lauf der Legislaturperiode und sozusagen »neu« eingeführt wurde.
Die Whig-Regierung trat nun aus Protest zurück, aber Wellington konnte kein Tory-Kabinett bilden, obwohl er – unter anderem auch, »um den König herauszuhauen« – dazu bereit war. Der neue Mann seiner Partei, Sir Robert Peel, sah schärfer als der alte Haudegen: Die Tories konnten die Reform nicht ganz fallenlassen, noch weniger aber eine Vorlage der anderen Seite nunmehr sich selbst zu eigen machen und gegen eine stärkere Parlamentsopposition durchbringen. Der König mußte seinen Fehler einsehen, Grey zurückholen und der Whig-»Invasion« des Oberhauses zustimmen. Diesmal reichte die Drohung aus, um alle Tricks der Adelskammer abzuwenden. Am 4. Juni 1832, nach mehr als einjährigem Kampf, akzeptierte das Oberhaus in dritter Lesung die Reform. Es hatte im Lande die heftigsten Demonstrationen zugunsten des Gesetzes gegeben, Drohungen mit dem Abheben aller Bankkonten durch die Mittelschicht, trauerumrandete Ausgaben der Zeitungen, Ausschreitungen in Bristol und Nottingham, einen brennenden Bischofspalast und gestürmte Gefängnisse. Der König aber war der große Verlierer, deshalb gebührt dem Vorgang in der Geschichte seiner Nachfolgerin ein so wichtiger Platz. Er hatte sich zu sehr auf einer der beiden Seiten engagiert und unklugerweise auch noch im Lager derjenigen Partei, die offenkundig weder die Sympathien der unrepräsentierten Masse noch die der selektiven Wahlberechtigten besaß. Dennoch hatte er geglaubt, mit Hilfe

der ihm genehmeren Opposition eine unbequeme Regierung fallenlassen zu können. William IV. versuchte, in einem Wort, George III. zu sein, während ihm doch der bloße Anlaß des Streits, die Parlamentsreform, hätte sagen müssen, daß die Tage der Monarchenwillkür gezählt waren.

Von diesem Popularitätsverlust hat er sich nur mühsam, wenn überhaupt erholt. Die erste Chance, die ihm das auf Versöhnung hinarbeitende Kabinett bot, nämlich die persönliche Unterzeichnung des Gesetzes, vertat er. 1834, als Melbourne, der neue Whig-Premier, ohne den erblicherweise ins Oberhaus übergewechselten Althorp nicht recht weiterwußte und dem König seine Demission anbot, was wohl als Bitte um Neubeauftragung gemeint war, ergriff William die scheinbar günstige Gelegenheit, sich von den Whigs zu befreien. Er entließ das Kabinett. Die Opposition war darauf völlig unvorbereitet. Peel hielt sich im Ausland auf, reitende Boten folgten dem präsumtiven Premierminister durch Frankreich und Italien von Hotel zu Hotel und erreichten ihn schließlich in Rom[60]. Derweil mußte Wellington auf drei Wochen der Universal-Staathalter sein, zuständig für ein halbes Dutzend Ressorts. Wieder hatte der König blind gehandelt, wieder sah man in ihm den Schuldigen. Nach sechs Monaten gab Peel auf, und William IV. mußte von neuem Melbourne akzeptieren.

Im Mai 1837 kam dann der fünfte der Hannoveranischen Könige ans Ende seiner Tage. Audienzen gab er nur noch im Sessel sitzend. Anfang Juni drangen die ersten Hiobs-Bulletins über den Palast hinaus, medizinisch verklausuliert, aber unmißverständlich für jeden, der an die Todesjahre 1820 und 1830 zurückdachte. Am 15. Juni wies der Sekretär des Königs die Regierung auf den Ernst der Lage hin, tags darauf erörterten die Erzbischöfe von Canterbury und York mit dem Bischof von London die einschlägigen Gebete für die Genesung des Monarchen. Dieser klammerte sich, in Schloß Windsor liegend, an seinen letzten Wunsch: Er wollte noch einmal den Tag von Waterloo erleben, den 18. Juni. Aber er hinterging den Sieger jenes Tages nicht – wie es George IV. getan hatte – mit einem Medaillon seiner einstigen Geliebten am Halse. »Der König stirbt wie ein alter Löwe«, schrieb einer der neuen Abgeordneten des Unterhauses, Benjamin Disreali[61]. Kurz nach zwei Uhr am Morgen des 20. Juni 1837 kam das Ende.

Wie es die Sitte vorschrieb, machten sich ungeachtet der Nachtzeit der Erzbischof von Canterbury und Lordkämmerer Conyngham – ein Sohn der späten Liebe Georges IV. – von Windsor nach London auf den Weg. Sie trafen vor Kensington Palace etwa gegen fünf Uhr früh ein. Zunächst war niemand da, ihnen aufzutun, dann wollte keiner befugt sein, sie einzulassen. Schließlich holte man die Herzogin. Sie suchte das so offenbar Unvermeidliche mit der schwachen Ausrede abzuwenden, Prinzessin Victoria sei nicht zu sprechen, sie liege im Schlaf. Lord Conyngham korrigierte das: man wolle nicht zur Prinzessin, sondern zur Königin. Das Wort brach den Bann.

»Ich wurde um sechs Uhr geweckt, von Mamma, die mir sagte, der Erzbischof und Lord Conyngham seien da und wünschten mich zu sehen. Ich stand auf und ging in mein Empfangszimmer (nur im Morgenmantel), und zwar *allein*, und trat zu ihnen. Lord Conyngham (der Lord Chamberlain) teilte mir dann mit, daß mein armer Onkel, der König, nicht länger lebe, daß er um 12 Minuten nach zwei an diesem Morgen verschieden und daß ich demzufolge *Königin* sei. Lord Conyngham kniete nieder und küßte meine Hand...[62]«

Sie hatte es geschafft. Wir dürfen annehmen, daß ihre Tochter Beatrice beim späteren Durchforsten der Aufzeichnungen ihrer Mutter zumindest diese Passage unverändert ließ. Zu uns spricht die unverstellte Stimme der neuen Queen, und während sie sonst mit gesperrt geschriebenen oder unterstrichenen Worten in ihren Notizen und Briefen wenig geizte, sparte sie sich in diesem Fall das Hervorheben für die beiden entscheidenden Worte auf. Zum erstenmal war sie *allein*, das tat die Vergangenheit ab; die Zukunft gehörte ihr, der *Königin*.

4
Thronfolgerin

Die Monarchie – Die Regierung

Nun mußte ein neuer, ein hoher Ton angeschlagen werden.
»Da es der Vorsehung gefallen hat, mich an diesen Platz zu stellen, werde ich mein Äußerstes tun, um meine Pflicht gegenüber meinem Lande zu erfüllen[63].« Die Eintragung Victorias in ihr »Tagebuch« benutzte eine Wendung, die einstudiert worden war in den Jahren und Monaten des Wartens auf diesen langersehnten Tag. Den Namen Gottes erwähnte die Königin auch später nur selten, und »Vorsehung« war ein so klangvolles Wort. Im übrigen ist der Bericht der jungen Königin über den 20. Juni 1837 frei von jeder Überheblichkeit, und da es ihr Tag war, kann auch niemand ihn besser schildern als sie selbst.
»Während des Frühstücks kam der gute, treue Stockmar und sprach mit mir. Schrieb einen Brief an den lieben Onkel Leopold und ein paar Zeilen an die liebe, gute Feodora. Erhielt einen Brief von Lord Melbourne, worin er mitteilte, er werde mir kurz vor neun seine Aufwartung machen. Um neun kam Lord Melbourne, den ich in meinem Zimmer empfing, natürlich *ganz allein*, wie ich alle meine Minister empfangen werde. Er küßte mir die Hand, und ich machte ihn damit vertraut, daß es seit langem meine Absicht gewesen sei, ihn und die übrigen Mitglieder der Regierung im Amt zu behalten, das in keinen besseren Händen sein könne. Er küßte mir noch einmal die Hand. Dann las er mir die Erklärung vor, die ich im Staatsrat vortragen müsse und die er selbst geschrieben hatte, eine sehr gute Rede. Ich unterhielt mich noch eine Weile mit ihm, ehe er mich verließ. Er war in voller Hoftracht erschienen. Ich mag ihn sehr und habe Vertrauen zu ihm. Er ist sehr offen, ehrlich, klug und gut. Dann schrieb ich einen Brief an die Königin.« (Die Witwe Williams IV.) »Um elf Uhr kam Lord Melbourne noch einmal und besprach verschiedene Dinge. Um halb zwölf ging ich nach unten und hielt den Staatsrat im Roten Salon. Natürlich ging ich ganz allein und saß die ganze Zeit über. Meine beiden Onkel,

die Herzöge von Cumberland und Sussex, sowie Lord Melbourne führten mich ein. Ich füge die Erklärung an sowie die verschiedenen Formalitäten, die Vereidigung der Staatsräte, von denen eine große Zahl gekommen war . . . Nervös war ich überhaupt nicht und hörte mit großer Genugtuung, daß man zufrieden war mit dem, was ich und wie ich es gemacht hatte. Dann empfing ich in Audienz Lord Melbourne, Lord John Russell, Lord Albemarle (Oberstallmeister) und den Erzbischof von Canterbury, alle in meinem Raum und allein. Sprach mit Stockmar. Sprach mit Clark, den ich zu meinem Leibarzt ernannte. Empfing Mary. Schrieb an Onkel Ernst.« (Sachsen-Coburg-Gotha, nicht Cumberland.) »Empfing Ernst Hohenlohe, der mir einen sehr freundlichen und feinfühligen Brief der armen Königin brachte. Ich nehme sehr Anteil an ihr, und ich weiß genau, daß der arme alte König persönlich immer sehr lieb zu mir war, und ich wäre undankbar, wenn ich daran nicht dächte und seinen Tod nicht betrauerte. Die arme Königin ist so wunderbar gefaßt, wie ich höre. Schrieb mein Tagebuch. Aß oben zu Abend, allein. Ging nach unten. Sprach mit Stockmar. Um 20 vor neun kam Lord Melbourne und blieb fast bis zehn. Ich hatte eine wichtige und sehr angenehme Unterhaltung mit ihm. Jedesmal, wenn ich ihn sehe, habe ich mehr Zutrauen zu ihm. Ich finde ihn auch in seinen Manieren sehr angenehm. Sprach mit Stockmar. Ging nach unten und sagte Mamma gute Nacht. Meine liebe Lehzen wird *immer* bei mir bleiben als meine Freundin, aber keinen Posten bekleiden, und ich glaube, darin tut sie recht[64].«

Eine erstaunliche Person. Naivität und Zielstrebigkeit lagen eng beieinander. Wer geglaubt haben mochte, in England herrsche nach einem Verrückten, einem Lüstling und einem Hanswurst nunmehr eine belanglose Minderjährige, der wurde rasch belehrt. Am Ende dieses Tages hatte sich die Szene bereits erheblich verändert. Melbourne und Stockmar waren die neuen Sterne; professionelle Politik ersetzte das Ränkeschmieden. Die Regierung nicht zu verändern, hatte sie »seit langem beabsichtigt«; ein Routinier wie Melbourne mußte entzückt sein über soviel Nonchalance der ersten Stunde. Da war auch schon der scharfe Blick für Manieren, das offene Ohr für Lob und Komplimente. Das »Tagebuch« wurde nun zur Dokumentation und zum Nachschlagewerk ausgebaut. Wieder stellt sich das Bedauern darüber ein, daß diese Aufzeichnungen, weil verstümmelt überliefert, nie in einer Gesamtausgabe verfügbar sein werden. Leicht, aber dauerhaft verstimmte Instrumente finden nur einen Liebhabermarkt.

Änderungen also vollzogen sich. Sie begannen bei Victorias Namen. Als die neue Königin am nächsten Tag aus einem Fenster des St.-James-Palastes – dem bis dahin offiziellen Stadtsitz der Krone – in feierlicher Proklamation dem Volk verkündet wurde, bezeichnete man sie als »Alexandrina Victoria«. Das war eine Panne und auch wieder keine. Die mit der Zeremonie befaßten Hofpersonen hielten sich an den korrekten Taufnamen; familiäre Benennungen durften sie nicht kümmern. Vermutlich bekam die Königin den Text vorher nicht zu Gesicht, er war nicht ihre Angelegenheit, und sie vertraute der Routine. Aber es stand in ihrer Macht, sich selbst fortan nur Victoria zu nennen, und die Anspielung auf den Zaren verschwand für immer aus ihrem Namen. Das alexandrinische Zeitalter fand in England nicht statt. Das ersparte es ihr, bei Ausbruch des Krimkrieges nach dem Bruder ihres Feindes benannt zu sein. »Victoria« also blieb es fortan, nichts weiter; der Rest waren Zusätze: R für Regina bis 1876, dann R.I. für Regina Imperatrix, Königin und Kaiserin (von Indien).

Eine zweite Änderung betraf ihren Wohnsitz. Es fügte sich, daß der langwierige Umbau von Buckingham House zu einem herrscherwürdigen Palast just in diesen Tagen des Jahres 1837 zu Ende ging. Am 13. Juli, drei Wochen nach ihrer Thronbesteigung, zogen Victoria und ihr Hofstaat aus Kensington Palace aus. Gebaut vom Herzog von Buckingham in der Zeit der Königin Anne, war das »Haus« lange Zeit ein Wohnsitz vor den Toren der Stadt gewesen. Der Architekt John Nash, der die Pläne für Regent Park und Regent Street schuf, verwandelte es in einen Palast, ohne ihm die Atmosphäre eines englischen Landsitzes zu nehmen[65]. Bauten im grandiosen Stil der Franzosen lagen den Engländern nicht. George IV. erhielt für die Veränderung des »Hauses« vom Parlament, das seine Bauwut bis zuletzt mit bewundernswerter Ausdauer ertrug, 250000 Pfund bewilligt. Sechs Jahre später, als sein Bruder William und mit ihm die Sparsamkeit herrschten, stellte sich heraus, daß George und Nash bereits 640000 Pfund ausgegeben hatten. Nash wurde aus dem Projekt entlassen um den Preis, daß sein Nachfolger Edward Blore in begreiflichem, aber kostspieligem Künstlerstolz neue Pläne entwarf. Heraus kam

»der einzige Königspalast in einer großen Hauptstadt, der seine eigenen Wiesen und einen See besitzt und nicht auf einen städtischen Platz hinausschaut, sondern auf einen Park[66]«.

Der Anblick des Schlosses blieb unverstellt, bis sich vor ihm das heutige Verkehrs-Rondell um das Denkmal von 1911 breitmachte, dessen

Sockel Victoria mit Verkörperungen der Wohltätigkeit, der Wahrheit und der Gerechtigkeit teilt, während sechs Außengruppen den Zeitsinn mit Fortschritt, Frieden, Industrie, Landwirtschaft, Malerei, Architektur und Schiffbau repräsentieren. Victorias Lieblingskunst, die Musik, fehlt.

Die Königin hat später den Buckingham-Palast gemieden, so gut sie konnte, und als Familienwohnhaus ist er denn auch äußerst ungeeignet. Aber die junge Victoria war begeistert. Hier gab es endlich Weitläufigkeit, Korridore, Seitenflügel, eine Zimmerflucht nach der anderen – keine zugewiesenen Quartiere wie in Kensington, nicht die überwältigende Düsternis der traditionellen Förmlichkeit von Windsor. Alles war neu und prachtvoll: die tageslichtdurchflutete, 46 Meter lange Gemäldegalerie; der eigens für Victoria gebaute Thron, in eine Nische des rot ausgeschlagenen Thronsaales gestellt; der Blaue Empfangsraum für die Ballabende; das Musikzimmer, in dem später Albert und Mendelssohn zusammen spielten. Vor allem aber hatte Buckingham Palace dem »armen alten Geburtshaus«, wie Victoria in einem Brief an König Leopold den Palast von Kensington nannte, eines voraus: keine Erinnerungen.

Die suchte die Königin nun abzuschütteln. Name und Wohnsitz bildeten dabei nur Äußerlichkeiten. Wichtiger war, daß das »Quintett« umbesetzt, vielmehr auf ein »Trio« reduziert wurde. Das erste, schwerste Opfer war »Mamma«. Sie taucht in der Tagebucheintragung jenes ersten Tages der Königin nach dem frühen Wecken nur noch einmal auf: beim Schlafengehen, und da bedeutete es Trennung für diese Nacht und alle folgenden. Victoria wollte in allem »allein« mit sich und der neuen Aufgabe sein.Zu separaten Räumen und getrenntem Tageslauf kam hinzu, daß die Tochter nun ein Leben voller Aufregungen vor sich sah, die Mutter dagegen mit dem freudlosen Hintergrund vorliebnehmen mußte. Die Arbeitszeit der 18jährigen Monarchin war streng eingeteilt. Die Herzogin hatte nun um Audienzen zu bitten, auch wenn das nicht bei diesem Namen genannt würde. Sie mußte den Eindruck gewinnen, ihre Tochter behandele die Königinwitwe Adelaide zuvorkommender als die eigene Mutter. An jedem direkten Einfluß – gutem wie schlechtem – auf die Tochter war sie nun gehindert. Aber sie hatte bereits, ohne es zu wissen oder zu wollen, eine Person in die weitere Umgebung der Königin eingeführt, um die es zur ersten, schweren Krise in Victorias Herrschaft kam[67]. Die Hofdame Flora Hastings, wiewohl als Parteigängerin Conroys be-

kannt, wurde der Herzogin belassen und nicht ausgewechselt im Revirement der Zuständigkeiten.
Sir John Conroy selbst dagegen mußte gehen, und er wußte es. Stockmar, der am 25. Mai 1837, am Tage nach Victorias Volljährigkeit, aus Brüssel kommend, in London angelangt war, hatte nun mehr Zeit für die Nichte seines Königs. Dessen belgische Affären hatten sich beruhigt, die Revolutionsdrohung war vorerst gebannt, die französische Hochzeit vollzogen und der holländische Wiedervereinigungstraum scheinbar ausgeträumt. Stockmar kam zwar auch, um Victorias geplante Ehe mit dem Coburger Vetter Albert zu fördern. Zunächst aber ging er an die Aufgabe, den Premierminister über Conroys bisherige Rolle und mögliche künftige Absichten aufzuklären. Natürlich war Melbourne nicht so ahnungslos, wie er sich Stockmar gegenüber gab. Aber er hatte bis jetzt mit seinem König Mühe genug gehabt und sich um die Thronfolgerin kaum gekümmert. Jetzt beschloß der 58jährige, die offenbar nur sehr oberflächliche Ausbildung Victorias zur Herrscherin zu vervollständigen, und zwar selbst. Daß sie einen Tutor brauchte, darin stimmte er mit Stockmar und auch, wenn man will, mit Conroy überein. Nur wollte der gewählte Erste Minister diese Aufgaben weder einem irischen Adjutanten überlassen noch der »grauen Eminenz« aus Coburg, wie unterschiedlich er die beiden Männer auch beurteilte.
Die rechte Hand des englischen Monarchen war zu einem Verfassungsproblem geworden[68], seit im 18. Jahrhundert die königliche Willkür in offene Parteinahme übergegangen war. Im Verein mit der Ämterpatronage entwickelte George III. daraus ein System der Beeinflussung von Kabinett und Parlament durch eine sogenannte Hofpartei. Thomas Paine, Verfasser der »Menschenrechte«, der neben politischen auch soziale Forderungen stellte – er verlangte vom Parlament Lohnerhöhungen für seine Kollegen Steuerbeamten –, schrieb im Jahr der Unabhängigkeit der nordamerikanischen Kolonien:
»Obwohl wir klug genug waren, die absolute Monarchie hinter sicherer Tür einzuschließen, waren wir gleichzeitig so unklug, der Krone den Schlüssel zu dieser Tür zu überlassen[69].«
Melbourne, der die whigfeindliche Politik Georges III. nicht geschätzt hatte, kam gleichwohl in den Gesprächen mit Victoria immer wieder auf diesen König als einen bedeutenden Monarchen zurück; dessen Söhne zählten für ihn freilich nicht.
Im Palast mußte es also jemanden geben, der als Puffer zur Politik zu

wirken in der Lage war, der Herrscher und Regierung davor bewahrte, jedes Detail selbst miteinander ausmachen zu müssen und beständig im Streit zu liegen. George III. hatte solche Mittelsmänner aus Mißtrauen abgelehnt, George IV. bediente sich verschiedener Berater, William IV. fand in Sir Herbert Taylor den ersten eigentlichen königlichen Privatsekretär. Das war noch kein klarumrissenes Tätigkeitsfeld, es reichte vom Briefboten bis zum Geheimrat. Melbourne entschied, unter den besonderen Umständen von Victorias Unerfahrenheit werde ein väterlicher Freund in Personalunion mit dem Premierminister die beste Lösung sein. Von Conroys Vorstellungen wich das weit ab. Er sah sich nun aller Beziehungen zu Victoria beraubt, wenngleich diese ihn nicht daran hindern konnte, weiterhin der Vertraute ihrer Mutter zu sein. Dieses Amt, das nun ebenfalls prekär geworden war, gedachte Conroy nur um den Preis einer Abfindung zu lassen. Er vertraute Stockmar seine Bedingungen an, der sie an Lord Melbourne weiterreichte: ein Adelspatent, einen hohen Orden, Sitz im Staatsrat und 3000 Pfund pro Jahr. Es kam selten vor, daß dem gleichmütigen Melbourne etwas die Sprache verschlug, aber diese Forderung mit deutlich erpresserischem Anflug brachte es fertig.

Leider konnte Melbourne eigenen Ärger noch weniger leiden als anderer Leute Unverschämtheit, und so lenkte er, um Conroy loszuwerden, ein, was das Geld anging. Es mußte aus dem Pensionsfond der Königin gezahlt werden, denn vor das Unterhaus wagte der Premier damit nicht zu gehen. Conroy erhielt ferner die Zusage, sobald in seinem heimatlichen Irland eine Adelsstelle frei werde, könne er sie erhalten. Darum wurde der »Mephisto« dann später gefoppt wie der Teufel im Märchen. Als die Vakanz kam, war Melbourne nicht mehr Regierungschef, und sein Nachfolger Sir Robert Peel fühlte sich an eine zurückliegende Absprache nicht gebunden. Conroy, der in seinem Ehrgeiz geglaubt hatte, die Verfassung modeln zu können, wurde mit einem Bruch der Verfassungsgepflogenheiten ausgetrickst, ein Verfahren, das der Premierminister sicher nicht ohne Absprache mit der Königin einschlug. Sie wäre ja durch die Person ihrer Mutter betroffen gewesen, hätte Conroy seinen Anspruch vor die Gerichte getragen, das heißt in letzter Instanz vor das Oberhaus.

Zunächst aber und unter dem Eindruck der Konzessionen, die man ihm machte, blieb er wie bisher Berater der Herzogin. Diese wollte ihn mit zur Proklamation der Königin nehmen, was auf glatte Ablehnung stieß. Die Mutter schrieb einen larmoyanten Brief:

»Sieh zu, daß nicht Lord Melbourne König wird[70]!«
In der Folgezeit drang sie mehrfach darauf, daß Conroy und seine Familie bei Hofe empfangen wurden, aber die Königin blieb hart. Hätte, so ist gefragt worden, ihre Mutter sich in dieser Weise für Conroy verwandt, wenn er ihr Geliebter gewesen wäre? Oder lag in solchen Trotzgesten der Versuch des Unschuldsbeweises? Schlüsse dieser Art sind unergiebig. Daß die Herzogin auch jetzt zu ihrem Sekretär hielt und der Tochter vorrechnete, was er alles um ihrer beiden und um des Vaters willen aufgegeben habe – Armeekarriere, höhere Einnahmen –, kann als Hörigkeit wie als lauteres Gewissen gleich plausibel ausgelegt werden. Victoria freilich blieb bis zuletzt überzeugt, daß es ihre Mutter zu schützen galt. Wovor eigentlich? Gab es Witwenschaftsbruch, so wie es Ehebruch gab? Die späteren Anmerkungen der Königin zu Büchern, die Conroys Herrschaft über ihre Mutter sexuell auslegten, verrieten mehr Zorn darüber, daß dergleichen publik werden konnte, als über die Behauptung selbst.
Conroy kreuzte noch einmal, in der Hastings-Affäre, Victorias Weg, und die Königin mußte bereuen, daß sie und Melbourne nicht gleich im Sommer 1837 die Akte endgültig geschlossen hatten. Aber das wäre wohl nur zu erreichen gewesen, wenn die Königin ihrer Mutter einen separaten Wohnsitz angewiesen hätte. Eine Gelegenheit dazu ergab sich erst drei Jahre später. Nach Victorias Heirat mit Albert zog die Herzogin in Clarence House ein, nahe dem St.-James-Palast; William IV. hatte dort seine Prinzenzeit als Herzog von Clarence verbracht. Zum Glück unternahmen Melbourne und die Königin wenigstens *einen* Versuch, die Herzogin aus der Abhängigkeit von Conroy zu befreien. Ihre Apanage wurde auf 30000 Pfund erhöht, was freilich Schulden in Höhe von 55000 Pfund nicht sofort abtragen konnte.
Ohne Hofposition, aber in nahezu ungeschmälerter Vertrauensstellung blieb Luise Lehzen an der Seite der Königin. Ihre Gemächer lagen beieinander. Die Baronin erledigte die nichtpolitischen Briefschaften, wachte über die Abrechnungen und führte den Terminkalender, lauter wichtige Aufgaben. Einiges davon hatte sie auch schon für die Prinzessin besorgt. Es ist unwahrscheinlich, daß das »Tagebuch« jetzt vor ihr verschlossen wurde, aber Einsicht bedeutete nun nicht mehr Aufsicht. Ehe Albert das Vertrauen der Königin gewann, besaßen es Melbourne, Stockmar und die Lehzen. Diese war jetzt 53, also 35 Jahre älter als Victoria, und sie wurde aus der Privatschatulle entlohnt.

Das Revirement der königlichen Gunst überlebte auch Leopold, der Onkel in Brüssel. Zwar gab es ein Jahr später eine Verstimmung, als Victoria, darin vielleicht besorgter, als es Melbournes Rat zur Vorsicht erforderlich machte, ihn deutlich darauf hinwies, daß es einen eigentlich politischen Briefwechsel zwischen den beiden Monarchen nicht geben dürfe. Leopold mußte sich damit abfinden, daß alles, was er Victoria schrieb, von ihr sofort an den Premier oder den Außenminister weitergereicht wurde. Er fügte sich; zweifellos verfuhr er bei sich daheim mit Victorias Briefen ebenso. Sein gutes Verhältnis zum Thron von England war für ihn ein politisches Kapital. Zum Glück gab es keinen Widerspruch zwischen seinem Bemühen, Belgiens Neutralität zu sichern – gegen Holland, Preußen, Frankreich oder Koalitionen aus diesen Staaten –, und dem englischen Interesse, Frieden auf dem Kontinent zu halten, vor allem in den Ländern gegenüber der eigenen Küste. Weiter ging die Garantie freilich nicht. Melbourne, der Unruhe und Ehrgeiz des Hauses Sachsen-Coburg-Gotha kannte, wollte London nicht in künftige Auseinandersetzungen verwickelt sehen, in denen Leopold, ohne selbst angegriffen zu sein, als Koalitionspartner der Preußen oder der Franzosen vielleicht britischen Beistand beanspruchen könnte. Die Briefe von Onkel und Nichte waren Außenminister Palmerston als Informationsquelle willkommen; politischer Schriftwechsel von diplomatischer Verbindlichkeit durften sie nur in Ausnahmefällen auf Wunsch der Regierungen sein.

Leopold schickte also gute Ratschläge, Fürstenspiegel-Weisheiten, die nicht berücksichtigten, wie rasch Victoria über die irritierte Prinzessin hinauswuchs, die er zuletzt in den Fängen der »Kensington-Partei« erlebt hatte. Klugerweise kam er nicht sofort bei der Thronbesteigung herüber nach England, obwohl er das zunächst beabsichtigt hatte. Drei Tage vor Williams IV. Tod schrieb er an die Nichte:

»Ich habe Vor- und Nachteil einer sofortigen Reise erwogen. Das Ergebnis dieser Prüfung ist, daß ich es für besser erachte, erst später zu kommen... Die Leute könnten denken, ich käme, um Dich in Abhängigkeit zu halten, wo mir doch das Gegenteil lieb ist; außerdem wären sie vielleicht eifersüchtig, daß ich versuchen könnte, das Land für meine Zwecke zu beherrschen[71].«

Im gleichen Brief aber gab er politische Ratschläge, die in der Tat auf eine solche Einmischung hinausliefen. Er empfahl ihr den Schutz der Königinnen von Spanien und Portugal und hielt sie zu einer streng protestantischen Politik an sowie zur »Wahrung des Einflusses kon-

servativer Grundsätze«. Das ging über praktische Hinweise wie kluges Schweigen in Gegenwart hoffremder Zuhörer oder regelmäßige Audienzstunden erheblich hinaus. Die Iberische Halbinsel war ein Unruheherd, bei dessen Behandlung es für die britische Politik nicht einfach darum gehen konnte, zwei Dynastien zu bewahren. Strenger Protestantismus hieß für die meisten Briten soviel wie Taubheit für irische Klagen, war also nicht nur eine Frage des Krönungseides. Und wenn auch das Wort »konservativ« hier nicht im Sinn einer Unterstützung der Tories gemeint war, so kam doch auch ihm inmitten einer Reformbewegung leicht eine politische Bedeutung zu, die nach Parteinahme klingen konnte. Nicht daß Victoria das gescheut hätte; nur hielt sie sich für eine glühende Anhängerin der anderen Seite, der Whigs. Es muß hinzugefügt werden, daß Leopolds eigene »konservative Grundsätze« einem Mann wie Metternich eher umstürzlerisch klangen. Der Österreicher konnte den König der Belgier nie leiden, wenn er auch, wie sich in seinen Briefen nach Brüssel zeigte, dessen steigenden Wert im europäischen Herrschersystem nicht übersah.
Außer einem kleinen Kreis von Personen wußte damals noch niemand in Europa, welche Pläne Leopold, Stockmar und die Herzogin für die kommende Heirat Victorias verfolgten. Der König der Belgier verbarg denn auch die Verärgerung über kühle Repliken auf seine politischen Schreiben nach London, weil jeder Zwist eine Verbindung zwischen der Nichte und dem Neffen gefährden mußte. Im Anschluß an Leopolds Besuch im Herbst 1837 war eine Art von Abmachung getroffen worden, wonach Prinz Albert sich in der Obhut Stockmars auf die nicht leichte Rolle am englischen Hofe vorbereiten solle. Victoria, unter dem Eindruck ihrer Krönung und im vollen Genuß der neugewonnenen Unabhängigkeit, begrüßte diesen Aufschub. Sie begann zu schwanken, was eine frühe Heirat anging. Albert war nett, er war sympathisch, ja man konnte ihn – so lautete ihr Eindruck von 1837 – sicher liebgewinnen. Aber auf den Ballvergnügen in Buckingham Palace sah sie nun, daß sich Konkurrenten denken ließen. Im Mai 1838 beschrieb sie König Leopold eine ganze Reihe von sehr männlichen Fürsten, die sie tags zuvor beim Geburtstagsball »bis morgens um vier« kennengelernt hatte, Österreicher und Mailänder, den Prinzen Odescalchi, den berühmten Walzertänzer Graf Zichy –
»ich habe den glücklichsten Geburtstag seit vielen Jahren verlebt[72]!«
Just in diesem Zeitpunkt mußte König Leopold – das erwartete man in Brüssel von ihm – die Nichte um ein gutes Wort bei ihrer Regierung

für die belgische Sache bitten, denn die Grenzstreitigkeiten mit Holland drohten neu aufzuflammen.
»Alles, was ich erhoffe«, schrieb er, »ist, daß Du gelegentlich Deinen Ministern, und vor allem dem guten Lord Melbourne, erklärst, daß Du – soweit es mit den Interessen Deines eigenen Reiches zu vereinbaren ist – nicht wünschst, daß Deine Regierung führend an Handlungen teilnimmt, die in kürzester Zeit den Untergang sowohl dieses Landes« – gemeint ist Belgien – »als auch den Deines Onkels und seiner Familie bewirken müßten[73].«
Das hieß den Bogen überspannen. Die europäischen Mächte, die Holland lange genug nahegelegt hatten, die Grenzregelung anzunehmen, was dann auch im März 1838 geschah, machten keine Miene, nun Belgien zu unterstützen, dem das plötzlich nicht mehr paßte. In London hatte Leopolds Schritt »daher die gegenteilige Wirkung, da das englische Kabinett förmlich eine Prestigefrage daraus machte, dem unkonstitutionellen Einfluß auf die eifersüchtig umwachte junge Königin entgegenzutreten[74]«. Victoria bekam von Palmerston eine Antwort aufgesetzt, die Leopold nicht gern las. Ihre persönlichen Gefühle seien unverändert, hieß es darin, aber so müsse auch der Grenzvertrag bleiben. Der König lenkte ein, es war seine schwerste Niederlage. Offenkundig fehlte ihm Stockmar, der sich um Albert kümmerte. Aber die Wolken zogen vorüber, und später konnte Victoria nicht begreifen, wieso ihr ein von fremden Leuten unterzeichneter Grenzvertrag jemals hatte so wichtig sein können, daß dabei fast das Glück ihres Lebens, die Ehe mit Albert, gefährdet worden wäre.
Leopold also überlebte, wenn auch mühsam, die Verwandlung der verängstigten Prinzessin in die selbstbewußte Queen. Auch Christian Friedrich Freiherr von Stockmar blieb in Gunst. Doppel-Ratgeber in Brüssel und London zu sein war die Krönung seiner Laufbahn. Er stammte aus einer sächsischen Kaufmannsfamilie, studierte als Freund des Dichters Friedrich Rückert in Würzburg, Erlangen und Jena Medizin und leitete im Kriege ein Lazarett in Coburg.
1816 ging er mit Prinz Leopold als dessen Leibarzt und Berater nach England und wechselte in die Politik über. Zwar verschwanden die Heilutensilien nie ganz aus seinem Gepäck, aber es füllte sich nun mit Verfassungsdokumenten. An der Gründung Belgiens und der Inthronisierung seines Herrn, des Prinzen, hatte Stockmar erheblichen Anteil. Während der Anfangswirren geriet er einmal in holländische Gefangenschaft und wurde von den Franzosen befreit. Deren großer Di-

plomat in London, Talleyrand, den man nicht leicht beeindruckte, zählte zu Stockmars Bewunderern.
Daß sich ein so vielbegehrter Mann mit einem noch nicht ganz 19jährigen Jüngling auf eine Bildungs- und Formungsreise nach Italien begab, deutet an, wie unfertig Albert seinen Förderern erschienen sein muß. An der Reise der beiden Männer in den Süden nahm zum Zweck des Sprachunterrichts ein junger Engländer namens Seymour teil. Es ging über Florenz und Rom bis Neapel. Alberts zweijährige Abwesenheit von London erwies sich als Wohltat. Er und Victoria waren bei ihrer ersten Begegnung zu verschieden gewesen. Die Königin interessierte sich für Menschen, wohingegen der Prinz als sehr scheu galt. Sie liebte die große Politik, was Albert damals noch langweilte, und zwar so sehr, daß Stockmar große Mühe hatte, ihm die Lektüre wenigstens einer wichtigen Zeitung – der Augsburger – ans Herz zu legen.
Ein weiter Weg also von Albert dem Unfertigen bis zu Albert dem Vollkommenen. Vorerst war er ein bloßer Schemen, verglichen mit Melbourne, der in Victorias Aufzeichnungen und Briefen nun so häufig vorkam, daß sie ihn der Eile halber nur »Lord M.« nannte – sofern das nicht unterschwelliges Verbergungsbedürfnis heimlicher Liebe war. Melbourne öffnete ihr eine andere Welt. Victoria begriff, daß sie in der Abgeschiedenheit von Kensington nur eine vage Vorstellung von England, seiner sozialen, moralischen, materiellen und geistigen Vielfalt gehabt hatte. Dem Adel zum Beispiel in seiner sorglosesten Ausprägung, den reichen Whig-Familien, war sie nur ein paarmal flüchtig begegnet, wenn auf den von Mamma und Conroy verordneten Besichtigungstourneen bei einem der großen Landbesitzer Station gemacht wurde. Aber nicht dort, wo ihr Reichtum herkam, mußte man die Whigs kennenlernen, sondern dort, wo sie ihn ausgaben. Vom Treiben in den feudalen Stadtsitzen aber war Victoria ferngehalten worden. Dabei handelte es sich um eine Lebensform, die eigentlich dem vorigen Jahrhundert zugehörte und im benachbarten Frankreich ja auch mit ihm untergegangen war. Es fesselte die junge Königin, daß zu ihren Untertanen über Nacht auch diese Gesellschaftsschicht zählte, für die sie selbst freilich ein unbekannter Emporkömmling sein mußte.
Viele der Mitglieder des Staatsrates, die am Vormittag des 20. Juni 1837 im Roten Salon zusammengekommen waren, hatten Victoria noch nie gesehen. Sie ihrerseits kannte die meisten dem Namen nach, aber auch nicht alle von Angesicht. Das machte nichts, denn Lord M.

kannte jeden. Über diesen und jenen wußte er Geschichten, erzählte freilich anfangs nur, was schicklich war. Bald jedoch gehörte es zu den Kompensationen des strapaziösen Hoflebens, daß er sich ihrer Ausbildung wegen auferlegte, dieses lebhafte weibliche Wesen, das jedes seiner Worte verschlang und getreulich aufschrieb, auch mit Klatsch und Kolportage zu versorgen, was nur Vorstufe zur Vertraulichkeit, ja verbaler Intimität war. Dergleichen wurde erst recht notiert. Melbourne tat auch Nützlicheres. Er regelte Victorias Finanzen, wobei er an die Gutwilligkeit des Parlaments vorsichtshalber keine zu großen Anforderungen stellte. Im Dezember 1837 wurde für die Dauer ihrer Herrschaft eine jährliche Summe – die sogenannte »Civil List« – von 385000 Pfund festgelegt. Davon sollten 60000 Pfund ihre persönlichen Ausgaben bestreiten. Sie begann sofort, die immer noch unbeglichenen Schulden ihres Vaters zu zahlen. Da müssen manche Enkel endlich kassiert haben, was schon ihre Großväter dem Herzog von Kent geliehen hatten. Dafür legte sie 50000 Pfund beiseite. Anfangs wäre ihr deshalb nicht viel geblieben, hätten nicht die Liegenschaften, die mit den – fiktiven – Herzogtümern von Lancaster und Cornwall verbunden waren, die Einbuße mehr als wettgemacht. Noch vor kurzem hatte sie der Lehzen karge Taschengelder abgerechnet, nun war sie plötzlich wohlhabend. Anfangs schien ihr Geld nicht viel zu bedeuten. Das änderte sich rasch, als sie eine Familie gründete und Albert die Buchführung übernahm.

Vieles, was sie sich sehnlich wünschte, konnte man ohnehin nicht kaufen, Körpergröße zum Beispiel. Auf die 20 zugehend, mußte sie jede Hoffnung aufgeben, die anderthalb Meter, die sie maß, je zu überschreiten. Zeit ihres Lebens blieb das eine Pein. Alexandrine von Mecklenburg-Schwerin, Tochter Friedrich Wilhelms III. von Preußen, schickte 1858 einen Brief an die Herzogin von Orléans, die Schwiegertochter des gestürzten französischen Königs Louis Philippe. Diese sandte einen Auszug an die Queen weiter, weil darin etwas über deren älteste, in Berlin verheiratete Tochter Vicky stand. Was immer die Stelle sonst an Lob enthielt,

»eines kann ich nicht verstehen« (schrieb Victoria darauf an die Tochter). »Sie sagt: ›Sie ist sehr klein‹, was ziemlich unfreundlich ist, wenn man bedenkt, daß Du ein gutes Stück größer bist als ich und ich ja auch kein Zwerg bin[75].«

Die Statur hatte sie von der Mutter, sicher nicht vom Vater, der ja im 2 Meter 10 langen Sarg begraben worden war. Viel kam darauf an, was die Schneiderin konnte, bei der sie arbeiten ließ. Der Überschwang, mit dem die in Ramsgate ans Bett gefesselte Prinzessin sich für die Kleider französischen Schnitts bedankte, die ihre Tante aus Brüssel schickte, war Dankbarkeit einer verstandenen Seele. Liest man, was »Fraser's Magazine« über das Auftreten Victorias auf einem Hofball schrieb (»Alles an ihrer Kleidung ist im Vereinigten Königreich hergestellt worden«)[76], so muß man fürchten, daß schon damals die Förderung einheimischer Manufaktur auf der Insel weit getrieben wurde und der Chauvinist vor dem Connoisseur rangierte. Nicht immer kleidete sie sich vorteilhaft. An gewissen Zeitmoden konnte sie zwar nicht vorbeigehen. Aber bei ihrer Körpergröße die Schulterfreiheit mit nahezu horizontalem Ausschnitt zu kombinieren war ebenso verfehlt wie das Übermaß der Unterröcke, das jenen triangulären Eindruck hervorrief, der ihre Person noch kleiner erscheinen ließ. Nicht erst die Matrone in Schwarz zog der Säulenform die Kegelgestalt vor, sondern auch schon die junge und noch nicht zu korpulente Frau, die Weiß liebte oder die Bonbonfarben des Biedermeier. Ihre Zeit wußte noch nichts über Diäten mit Ausnahme der sicheren Regel, daß weniger Nahrung zum Abnehmen führt. Die junge Victoria aß und trank nicht viel, aber gern, und sie schlang, was nie gut ist. Später hat die Königin, die ihr Bier liebte, auch einen Schuß schottischen Whiskys im Tee nicht verschmäht[77].

Sie war organisch gesund, ihr Leben lang. Bei keinem der neun Kinder gab es eine Komplikation, die letzten kamen mit Hilfe des neuen Wunderverfahrens namens Narkose schmerzfrei zur Welt. Man darf davon ausgehen, daß ihre frühen Krankheiten, z. B. der schwere Anfall in Ramsgate, psychosomatischer Natur waren. Unwohlsein, Kopfschmerz und Erschöpfungszustände, die sich gern vor – statt nach – großen Aufregungen einstellten, setzte sie auch zum Selbstschutz ein, wenn sie sie nicht gar durch ihren Schutzwunsch auslöste, sei es auch, daß dann der gefürchtete Anlaß der Aufregung ausblieb. Die parteipolitische Einfärbung solcher Fälle, in denen sie sich öffentlichen Aufgaben durch »Krankheit« entzog, ist kaum zu übersehen. Das »Wohlergehen« der Königin wurde von ihr zu einem Verfassungsfaktor ausgebaut, mit dessen Hilfe das politisch nicht länger angebrachte Wohl- oder Übelwollen kaschiert werden konnte. Wie für ein Schulkind, so gab es auch für die Königin (bei Parlamentseröffnungen und Empfängen) nur einen unwiderlegbaren Grund für entschuldigtes Fehlen: die physische Unfähigkeit. Sie wußte, wie Leib-

ärzte etwa Magenschmerzen untersuchten, nämlich »über den Kleidern«. Der skandalöse Tod der Hofdame Flora Hastings im Juli 1839 bewies, daß die Herren nicht einmal eine Schwangerschaft von einem Lebertumor unterscheiden konnten, obwohl in diesem Fall sogar »unter den Kleidern« nachgeschaut worden war.
Daß die Königin unter Hitze, langem Stillstehen und Klaustrophobie litt, wird man nicht zu den Krankheiten rechnen. Ihre spätere Kleiderfülle verstärkte das Ächzen unter hohen Temperaturen beträchtlich. In warmen Sommern wie 1881, 1885 und 1887 klagte sie über jeden Tag, den sie in der Hauptstadt verbringen mußte. Im letztgenannten Jahr wurde ihr an einem der Festtage zum Goldenen Thronjubiläum vor Hitze so übel, »daß ich einer Ohnmacht nahe war«[78]. Als einen der beiden Gründe, warum sie sich als Kaiserin von Indien und trotz ihres großen Interesses an jenem Lande nie dorthin aufgemacht habe, gab sie die tropischen Temperaturen an; die lange Schiffsreise war der andere. Als eine zum Jubelfest angereiste Maharani ihr in Schloß Windsor aufwartete, war es weniger moralische Mißbilligung als praktischer Neid, wenn sie mit scharfem Auge im »Tagebuch« notierte: »No petticoats[79].«
Bevor ihre Hände alt wurden und die ringüberladenen Finger wie die einer neureichen Unternehmersfrau aussahen, konnte sie stolz auf sie sein. Über den Gesamteindruck, den sie physisch machte, läßt sich den schmeichelnden Porträts der ersten 40 Jahre wenig entnehmen. Über die war sie hinweg, als die Fotografie kam, eine von ihr sehr geschätzte Erfindung; sie klebte nach und nach 110 Alben mit Bildern voll. Ihre Ansehnlichkeit als Frau lag im Detail. Wer sanft fallende Schultern liebte, einen vollen Busen, Mittelscheitel, große, ausdrucksvolle Augen in rundem Gesicht, der mußte in ihr eine attraktive Person erblicken. Es ist dies die Beschreibung der Flora des Titian; als deren Verkörperung hätte Victoria einen ihrer Maskenbälle besuchen können[80]. Zu ihren eigenen Abbildern hatte sie freilich ein gespaltenes Verhältnis. In ihrer Jugend fand sie das Modellsitzen aufregend, auch später noch gab sie besonders bevorzugten Personen wie den Premierministern Disraeli oder Salisbury speziell angefertigte Porträts von sich in Medaillonform zum Geschenk. Andererseits ließ sie sich – namentlich im Witwendasein – ungern beobachten, und die umständlichen Vorbereitungen, die mit früher Fotografie verbunden waren, machten sie ungeduldig[81]. Sie mußte dabei lange den Mund geschlossen halten, was sie normalerweise nicht tat, und das endete oft in

Verkniffenheit. Über Frauen mit stets leicht geöffneten Lippen ging das Urteil von Männern schon damals stark auseinander.
Im scharfen Beobachten und genauen Beschreiben der Physis anderer Menschen konnte sie sich nicht genug tun. Am liebsten verglich sie mehrere miteinander, so etwa die paarweise anreisenden Vettern aus Coburg:
»Albert ist so groß wie Ernst, aber breiter und außerordentlich gutaussehend. Sein Haar hat ungefähr die Farbe meiner Haare. Seine Augen sind groß und blau, er hat eine wunderschöne Nase, einen sehr süßen Mund und gute Zähne[82].« Oder: »Sosehr ich Ferdinand und den guten Augustus liebe, Ernst und Albert liebe ich mehr«[83] (folgen Charaktervergleiche).
Dennoch wurde die unsinnlichste der Künste, die Musik, Victorias eigentliche Leidenschaft. Dies war das einzige Feld, auf dem sie es mit den Damen und Herren des Hofes aufnehmen konnte. Sie ließ ihre Stimme, die jedermann lobte, ausbilden und errang bescheidene Erfolge in einer Umgebung, in der die meisten Damen entweder singen oder Klavier spielen konnten. Außerdem war es besser, einen Abend in der Oper zu verbringen, als mit Mamma und der Baronin in Kensington Palace zu sitzen.
Die Londoner Musikbühne war seit den Tagen der Königin Anne fest in italienischer Hand. Die »Times« berichtete im Mai 1832:
»Das Experiment der Aufführung einer der Opern von Beethoven vor englischem Publikum wurde gestern abend im King's Theatre versucht und fiel, ganz entgegen unseren Erwartungen, äußerst erfolgreich aus[84].«
Daß der Kritiker mehrere Opern dieses Komponisten zu kennen glaubte, läßt den Verdacht zu, daß er bis dahin auch »Fidelio« kaum gekannt hat. Die Italiener gaben allerdings auch Mozart und Meyerbeer, Gounod und Auber, und so reichte Victorias Repertoire über ihre Lieblinge Rossini, Donizetti und Bellini bald hinaus. In den Berichten an König Leopold über den Londoner Spielplan versuchte sie sich in Musikkritik:
»Der ›Prophet‹ ist ganz ausgezeichnet und würde Dir sicher sehr gefallen. Die Musik der Krönungsszene ist nach meiner Meinung schöner als alles in ›Robert‹ oder den ›Hugenotten‹; sie ist hochdramatisch und spricht sehr an. Mario singt und agiert darin mit absoluter Perfektion. Sein Raoul in den ›Hugenotten‹ ist ebenfalls ganz herrlich. Er wird mit jeder Saison besser, und ich halte ihn für den besten Tenor, den ich je hörte...[85]«

Die Vorliebe für Meyerbeer wird nicht verwundern. Solange sie als Prinzessin weltfremd und unverheiratet gewesen war, sagten ihr Belcanto und sentimentaler Melos der Donizetti-Opern am meisten zu. Die Königin fand dann mehr Gefallen an den Staatsaktionen und dem pomphaften Pathos der Opern des Berliner Generalmusikdirektors. Krönungsszene, Verteidigung des Protestantismus – das bezog sie auch auf sich selbst. Der Pseudorealismus Meyerbeers, gedacht für das selbstbewußte, aber noch nicht voll zur Macht gelangte Bürgertum, entsprach ihrer Bewußtseinslage als einer Herrscherin mit ungeklärtem politischem Einfluß. Das Musiktheater der glanzvollen Ausstattung hatte die Seelenopern und die Singspiele abgelöst. Doch hielt die Königin auch der »Norma«, den »Puritanern« oder dem »Barbier von Sevilla« lange die Treue. Das Meisterwerk von Rossini hatte sie zum erstenmal als 14jährige gesehen und notiert:

»It was in three acts and I was very much amused[86].«

Ihre Opernbesuche lösten gelegentlich entzückte Steigerungen dieser Formel des Vergnügens aus. Mit 15 sah sie Donizettis »Anna Bolena«, nicht gerade eine Geschichte königlicher Sonnenseite, aber die Prinzessin schrieb:

»I was very much amused indeed![87]«

Und eine Woche später, nach Rossinis »Othello«, mußten die Satzzeichen herhalten, um die höchste Stufe ihres Vergnügens auszudrücken:

»I was very much amused indeed!!![88]«

Da Victoria mit der Negativfassung dieses Ausspruchs in den britischen Zitatenschatz eingegangen ist, sei darauf hingewiesen, daß sich die positive Version in ihren Niederschriften sehr viel häufiger findet. 1976 hat ein englischer Autor nachgewiesen, wie oft und gern die Königin »amused« gewesen sei[89].

Die Gesangsstunden mit Luigi Lablache, die sich über mehrere Jahre erstreckten, waren kein systematischer Unterricht. Sie dauerten jeweils eine starke Stunde, in die aber, wie eine Tagebucheintragung der 17jährigen zeigt, derart viele Arien und Duette gepackt wurden, daß es sich wohl um ein bloßes Durchsingen der Lieblingsstellen der Prinzessin mit Korrekturen des französischen Sängers gehandelt hat. Victoria bezeichnet ihn zudem als »sehr nachsichtig«. Konzerte dagegen fand sie nicht so attraktiv wie Opern, weil die Leute »sich nicht unterhalten können und dürfen«. Ihr Geschmack war jedoch leicht zu beeinflussen. Nachdem sie Lord Melbourne im August 1837 versichert hatte, sie könne Händel nicht leiden – das ging zurück auf eine »Messias«-Aufführung zwei Jahre zuvor, die sie »ermüdend« gefunden hatte –, muß es an Alberts Besuch im Oktober gelegen haben, daß sie schon kurz darauf, zu Weihnachten, noch nie so etwas Schönes gehört haben wollte wie den Knabengesang in einer Händel-Hymne. Übrigens beschränkte sich ein Abend in der Londoner Oper damals nicht auf musikalische Genüsse. Es folgte stets noch ein Theaterstück, meist eine Posse, manchmal Ärgeres. Im Februar 1839 gab es die Oper »Farinelli« des Engländers Barnet, woran anschließend Mr. von Amburgh, wie der Theaterzettel versprach, »eine Serie außerordentlicher Darbietungen mit seinen gesamten dressierten Tieren« zum besten gab. Ihre helle, klare, deutlich artikulierende Stimme wurde übrigens ein wichtiger Teil des beruflichen Rüstzeugs der Königin. Nahezu jede ihrer öffentlichen Funktionen erforderte eine Ansprache, eine Erwiderung, eine Proklamation. Die Parlamentseröffnung, alljährlich wiederkehrend, war darunter die wichtigste, und wie eine Bühnenkünstlerin hütete sie sich beim Herannahen des Termins vor Affektionen von Hals und Kehle:

»Ich hatte«, schrieb sie dem Onkel in Brüssel im Januar 1844, »eine lästige, aber nicht sehr starke Erkältung und war sehr beunruhigt, sie könne den Wohlklang meiner Stimme bei der Ansprache nächsten Donnerstag verderben, aber es sieht jetzt damit besser aus[90].«

Nächst der Musik liebte sie Malerei und zeichnete recht ansprechend; es gibt von ihrem Stift Konterfeis ihres Mannes und der ganzen Kinderschar. Manchmal waren Albert und sie die gemeinsamen Verfasser solcher Skizzen. In Schottland machte sie später von dieser Fertigkeit noch mehr Gebrauch, und als 1868 zur Überraschung der Öffentlichkeit Aufzeichnungen erschienen, die die Königin auf Reisen vorwiegend im Norden der Insel gemacht hatte[91], steuerte sie auch einige der anspruchslosen Zeichnungen bei, mit denen sie zahlreiche Blocks füllte. Sie versuchte sich sogar in Öl.

Gelesen hat sie dagegen nie sehr viel. Wenn das tägliche Pensum der Regierungspapiere und Auslandsdepeschen, die sie durchzugehen hatte, bewältigt war, blieb auch kaum Zeit dazu. Ein Theaterbesuch ließ sich mit Repräsentationspflichten verbinden, eine Buchlektüre nicht. König Leopold und Lord Melbourne luden ihr ein Pensum an historischen und politischen Werken auf, das sie brav absolvierte. Für eine 20jährige Braut ließen sich freilich amüsantere Bücher denken als Hallams »Verfassungsgeschichte Englands«, die sie im Winter 1839 durcharbeitete. Sie verfügte über viel Phantasie, andernfalls hätte sie

kaum den Dramen Racines und Corneilles etwas abgewinnen können, die sie als Mädchen mit der Baronin vornahm. Einige Meisterwerke ihrer Zeit verpaßte sie ganz einfach. Charlotte Brontës »Jane Eyre« (1847) las sie erst 33 Jahre nach dem Erscheinen. Wenn sie nicht – laut »Tagebuch« – im März 1870 Charles Dickens zum erstenmal empfangen hätte, wäre er ihr nie begegnet, denn im Juni desselben Jahres starb er. Er mußte bei ihr anderthalb Stunden stehen, eine Szene mit einer Pointe, da sich beide im Gespräch einig waren, die Klassengegensätze im Lande würden hoffentlich bald ein Ende nehmen.
Von seinen Werken hatte sie nur wenige gelesen, »Oliver Twist« allerdings bereits in der serialisierten Erstfassung. Mit einem Sinn für Walter Scott groß geworden, waren ihr die realistischeren Autoren so fern wie der Zynismus Byrons oder die bittere Kritik Shelleys. Dagegen entzückten sie Lewis Carrolls Phantasmagorien für frühreife Kinder. Mit ihrem späteren Hofdichter Tennyson konversierte und korrespondierte sie häufig[92]; er hatte sich an der Verherrlichung des toten Prinzgemahls wortreich beteiligt und konnte Goethe deutsch zitieren. Sie mochte auch Kipling, solange er sich nicht kritisch äußerte, und ihr schottischer Adjunctus John Brown führte sie in die Welt von Robert Burns ein. Das alles reichte nicht zu einer Kenntnis der »Weltliteratur«, so wie Melbourne oder Disraeli sie besaßen. Victoria war zu ehrlich, um sich mit etwas zu schmücken, das ihr nicht zukam. Gleichzeitig litt sie jedoch unter den Versäumnissen ihrer Ausbildung, jedenfalls so lange, wie nicht Albert da war, der »alles« wußte und es für sie mit wußte. Ihre Schulbildung hatte sie angeblich befähigt, Vergil und Horaz zu lesen, aber das läßt man besser dahingestellt.
Ihr Lieblingshistoriker, so behauptete Carlyle in ehrenvoller Neidlosigkeit, sei Macaulay gewesen. Dessen Geschichte Englands seit der Thronbesteigung James' II. sah diesen König und dessen Nachfolger William III. – weiter reichte das Werk nicht – aus dem politischen Blickwinkel der Whigs und war daher der Königin vertraut. Sie kannte Thomas Macaulay als Kriegsminister im Kabinett Melbourne. Als ihm 1857 ein Adelstitel angetragen wurde, glaubte Victoria, er werde ablehnen. Aber er nahm an. Den Autor des Werkes über die Französische Revolution, Thomas Carlyle, traf sie zum erstenmal im März 1869, da war er bereits 74. Selbst dann handelte es sich nicht um einen Empfang, sondern eine Begegnung beim Dekan von Westminster, der zu den wenigen Menschen zählte, die von der verwitweten Königin noch privat besucht wurden. Auch der Dichter Robert Browning, seit

drei Jahrzehnten berühmt, wurde ihr bei dieser Gelegenheit vorgestellt.
»Das Gespräch mit ihnen war anfangs eine ziemlich schüchterne Angelegenheit«, notierte sie, »so wie sie alle da standen. Aber später, als Tee gereicht wurde und sie sich zu mir setzten, waren sie alle recht annehmbar und redeten sehr unterhaltend.« Sie fügte hinzu: »Mr. Carlyle, der Geschichtsschreiber, ein seltsam aussehender, exzentrischer alter Schotte, der mit schleppender, melancholischer Stimme und breitem schottischem Akzent über Schottland dozierte und darüber, daß alles vollkommen degeneriert sei[93].«
Ob sie je erfuhr, was Carlyle von ihr gesagt hatte, als er sie 31 Jahre zuvor auf dem Weg zur Krönung durch London ziehen sah?
»Arme kleine Königin. Sie ist in einem Alter, da man einem Mädchen kaum zutraut, sich allein einen Hut kaufen zu können, und soll nun eine Aufgabe bewältigen, vor der ein Erzengel zurückschrecken würde[94].«
War sie auf ihre Aufgabe vorbereitet? Bernard Shaw, der nie von ihr empfangen wurde, las 1921 in ihrem Jugendtagebuch, das neun Jahre zuvor veröffentlicht worden war[95], jene Schilderung ihres ersten Tages in der neuen Würde. Das regte ihn zu folgender Auslegung an: »Victoria war sehr vorsichtig erzogen worden. Als sie 18 war, kam man zu ihr und sagte ihr, daß sie nun Königin von England sei. Sie fragte, ob sie jetzt wirklich tun dürfe, was sie wolle, und als das von ihrer sehr vorsichtigen Mutter zögernd bejaht wurde, überlegte Victoria, welche wunderbare und bisher unbekannte Freude sie sich mit ihrer neuen Macht bereiten könne. Und es fiel ihr nichts Herrlicheres ein als eine Stunde völliger Abgeschlossenheit.« (Hier benutzt Shaws Wortwitz den englischen Ausdruck für Einzelhaft, »solitary confinement«.) »Sie war nie allein gewesen, immer beobachtet von Leuten, die dafür sorgen mußten, daß sie sich ordentlich benahm, und die sie ermahnten und bestraften, wenn sie etwas tat, was mißbilligt wurde. Mit einem Wort: sie war wie eine gefährliche Kriminelle behandelt worden, der man weder Handlungsfreiheit noch moralische Verantwortlichkeit zutrauen durfte[96].«
Was war das für eine Aufgabe, deren Adepten wie Häftlinge gehalten wurden? Die Rolle der Monarchie im politischen und gesellschaftlichen System Großbritanniens ist oft gedeutet worden[97], obwohl – oder gerade weil – sie selten wirklich fixierbar war. Selbst schriftlich niedergelegte Verfassungen unterliegen dem steten Wechsel, um wie-

viel mehr solche, die nur aus den Ungreifbarkeiten sogenannter »gewachsener Traditionen« bestehen wie die englische. 150 Jahre vor der Krönung Victorias, als anstelle James' II. Wilhelm von Oranien ins Land geholt wurde, um die nicht länger erwünschte Linie der Stuarts zu ersetzen, gab man ihm eine Reihe von Verhaltensregeln mit, die ausnahmsweise auch schriftlich existierten. Sie zielten darauf ab, das Gottesgnadentum der Krone zu beenden. Von nun an erklärten die Parlamentarier, wer König sein solle. James' neugeborener Sohn wurde vom Thronerbe ausgeschlossen, eine wichtige Warnung, daß es eine automatische Erbfolge ohne das Wohlverhalten des königlichen Erzeugers nicht mehr geben werde. Nur mit Zustimmung des Parlaments durfte der König das Land verlassen. Er konnte keine Gesetze aufheben. Weder als Monarch noch als dessen Ehepartner kamen fortan Katholiken in Frage. Der König durfte auch kein Geld eintreiben und im Frieden kein stehendes Heer unterhalten.
Es wäre jedoch falsch, alle Könige und Königinnen von William III. an als strikt konstitutionelle Monarchen zu bezeichnen. Auch nach der »Revolution« von 1688, die in Wirklichkeit eine unblutige Stunde Null war, hing es in sehr hohem Maße von der Persönlichkeit des Trägers der Krone ab, wie stark sich deren Einfluß im Staate auswirkte. George III. setzte sich darüber hinweg, daß der König jedes vom Parlament beschlossene Gesetz zu unterschreiben habe, indem er versuchte, durch eine eigene Königs-Partei die Minister und die Gesetze in seinem Sinne zu beeinflussen. Zum konstitutionellen Monarchen sollte dessen Neutralität im parlamentarischen Kampf gehören. Aber »bis zur Herrschaft der Königin Victoria hatte die britische Monarchie diese unabhängige Stellung nicht erlangt. Die politischen Einstellungen aller Monarchen von Anne bis zu George IV. waren wohlbekannt. William IV. stand bis zu seiner Thronbesteigung keiner Partei nahe, sondern führte das Leben eines wohlhabenden Bürgers. Dennoch galt er allgemein als Anhänger der Whigs. Auch von Königin Victoria nahm man an, sie sei Parteigängerin. Ihre Thronbesteigung verlängerte das Leben der Whig-Regierung[98].«
Briefe, Memoranden und »Tagebücher« der Königin während ihrer langen Herrschaft wimmeln von politischen Fragen, versuchten Einflußnahmen und erfolgreicher Intervention, in personellen häufiger als in sachlichen Fragen. Die mehr formalistische Ansicht, mit dem Reformgesetz von 1832 sei eine Entwicklung eingetreten, die der Krone keine Macht mehr erlaubte, ist ebensowenig überzeugend wie

die umgekehrte These, ohne das Vertrauen der Monarchin habe auch nach 1832 keine Regierung ihre Möglichkeiten voll ausschöpfen können. Alles hängt davon ab, was man unter »Einfluß« versteht.
Was Victoria 1837 kannte, waren bestenfalls Präzedenzfälle. Die Frage an König Leopold, ob er ihr auch sagen könne, was sie tun müsse, nicht nur, was sie nicht tun dürfe, verriet eine gewisse Ungeduld mit dem Einüben ins Gewesene, das nach ihrer Meinung in Zukunft kaum helfen könne. Sie wollte ja Königin sein und nicht Advokat. Was half es ihr, daß sie viel über Elizabeth I. wußte, wenn kein Leicester und kein Drake, keine spanische Flotte und keine Armada von Heiratswilligen jemals ähnliche Situationen unter ähnlichen Bedingungen schaffen würden? Präzedenzfälle waren Fesseln, und sie wollte doch herrschen – zumindest in den Grenzen der guten Ratschläge des ausgezeichneten Lord M. Ihrem Instinkt nach war Victoria alles andere als eine konstitutionelle Monarchin. Sie kannte ihre unmittelbaren Repräsentationspflichten, wußte Rudimentäres über die anstehenden Sachfragen und sah die Politik durch die Brille der Whigs, mit denen König Leopold und Baron Stockmar übereinstimmten und zu denen – so hatte man ihr gesagt – auch ihr Vater zu rechnen gewesen war. Zusammenhänge, die entweder nicht zu komplex waren oder ihr verständlich gemacht wurden, erfaßte sie sehr rasch. Sie brachte ein scharfes Gedächtnis mit und die Absicht, hart zu arbeiten. Daß die Monarchie einer Verbesserung des Ansehens bedurfte, war ihr klar. Über ihre Ausgangsposition als Königin sagt es nicht viel, über sie als Mensch aber einiges, daß sie nicht für Elizabeth I. schwärmte, sondern für Jeanne d'Arc.
Wenn von der Einwirkung der Krone die Rede ist, so bezieht sich das nicht nur auf Kabinettswechsel und die Ernennung von Ministern. Victoria wurde zugleich nicht nur ein wichtiger Arbeitgeber, sondern sie besaß durch die Verleihung von zivilen und militärischen Orden, Patenten in der Armee, Adelswürden, Kirchenämtern und Stadtrechten, bezahlten und unbezahlten Posten in Kolonien und Dominien sowie durch Begnadigung oder Nichtbegnadigung Verurteilter einen beträchtlichen Einfluß auf Ansehen und Laufbahn zahlreicher Personen. Auch da gab es konkurrierende Wünsche, ja unumgängliche »Ratschläge« ihrer Minister, für die diese Personen zu den Anhängern, Geldgebern oder Gegner rechneten, aber das löste sich meist auf dem Kompromißwege. Hof und Premierminister drückten erst einmal ihre jeweils wichtigsten Kandidaten durch, über den Rest wurde

gefeilscht. Ämterpatronage blieb denn auch eine Lieblingsbeschäftigung der Königin. Im Alter verhinderte sie, daß wichtige Kirchen- und Universitätsämter an progressive Bewerber gingen; auch das wird man bei der Beurteilung ihres Einflusses nicht gering veranschlagen. In Fragen der überseeischen Gebiete sowie der Armee mußte auf sie ebenfalls eine gewisse Rücksicht genommen werden in einer Zeit, die dem Parlament noch keine Kontrolle über die Streitkräfte zugestand (Palmerston hatte 1821 einen solchen Versuch des Unterhauses abgewehrt) und in der die Verwaltung der Kolonien teilweise noch privatwirtschaftlich organisiert war (Ost-Indien-Gesellschaft).

Der liberale Verfassungsrechtler Walter Bagehot, dessen Standardwerk mit dem zweiten Reformgesetz von 1867 zusammenfiel, sah eigentlich nur drei Rechte der Monarchie:

»das Recht konsultiert zu werden, das Recht zu ermutigen und das Recht zu warnen[99]«.

Er fügte hinzu:

»Ein König mit Verstand und Klugheit verlangt nicht mehr.«

Da in jeder Frage der Monarch nur entweder warnen oder ermutigen kann, schrumpft die wohl der mystischen Dreizahl wegen gewählte Formulierung Bagehots auf zwei Rechte zusammen. Funktionen aber sah auch er mehrere: Interesse für die Staatsdinge wecken, die Kirche stützen, Spitze der Gesellschaft sein, die Moral mit einem Vorbild versehen und – darauf kam es ihm vor allem an – Kontinuität wahren, indem der Thron den ständigen Wechsel der realen Macht in Parlament und Regierung sozusagen den Augen des Volkes entzog. Denn, so fand Bagehot, und darin stimmte ihm seine Königin sicher zu,

»die Masse der Engländer ist nicht reif für eine gewählte Regierung; wenn sie jedoch wüßte, wie nahe sie dem schon gekommen ist, wäre sie wohl überrascht und würde davor erzittern[100]«.

Für die Alltagsarbeit eines Kabinetts dagegen hielt Bagehot, den die Königin nie persönlich kennenlernte, einen Monarchen für entbehrlich.

William IV., der als Prinz das letzte Mitglied der königlichen Familie gewesen war, das einen Kabinettsposten bekleidete (1828 als Oberbefehlshaber der Flotte), wurde 1834 auch der letzte englische König, der einen Premierminister entließ. Nach den folgenden Neuwahlen schränkte Melbourne das Mitspracherecht des Monarchen in einer wichtigen Weise ein: Personen, die nicht »aus Rechtsgründen« als Staatsdiener ungeeignet seien, müsse der König als Minister fortan ak-

zeptieren. Das bekam auch Victoria mit auf den Weg. Sie hielt sich daran, auch wenn sie später ständig an diesem und jenem Namensvorschlag Kritik übte. Politiker zum Beispiel, die als Gegner der Monarchie bekannt waren, hielt sie nicht für ministrabel, eine interessante Auslegung dessen, was in einer Monarchie als ein »Rechtsgrund« gelten konnte. Die zehn Premierminister, die während ihrer Herrschaft kamen und gingen[101] – einige davon mehrfach –, haben es sehr unterschiedlich mit der Frage gehalten, ob sie ihrerseits das Vertrauen der Monarchin suchen sollten und welchen Preis sie notfalls zu zahlen bereit waren, um es zu erlangen.
Palmerston und Gladstone zeigten sich selten zu Konzessionen bereit. Doch sosehr sie sich auch privat Luft machten über die lästige Pflicht, die Königin zu beschwichtigen, so weitgehend korrekt waren die offiziellen Kontakte. Niemand hat ihr je gesagt – was nur billig gewesen wäre –, sie müsse sich eben in London oder Windsor aufhalten und nicht im schottischen Hochland, wenn sie genauere oder schnellere Kenntnis haben wolle von jedem Ministerbeschluß, ehe er verkündet, jeder diplomatischen Depesche, bevor sie abgeschickt wurde. Nicht einmal Gladstone, zehn Jahre älter als sie, hat ihr auf die dauernden, manchmal recht beleidigend formulierten Aufforderungen, keine »kontroversen« Wahlreden zu halten, die verfassungsrechtlich mögliche Abfuhr erteilt. Denn das war der Königin gegenüber nicht denkbar. Die Monarchie besaß zwar keine reale Macht mehr, aber ihr Ansehen blieb ein Faktor, den die Politiker einkalkulieren mußten[102]. Auch der wachsende Einfluß der Wählerschaft im englischen 19. Jahrhundert hat nie zu einer wirklichen republikanischen Bewegung geführt. Als Ersatz für die Abschaffung der Monarchie diente die Freiheit der ungenierten Kritik an ihr. Victoria bekam das Auf und Ab der eigenen Popularität zu spüren. Die Menge vor dem Buckingham-Palast urteilte mit der Rücksichtslosigkeit erfahrener Theaterbesucher, ob Stück und Besetzung zusagten oder nicht. Schon nach zwei Jahren wurde die junge Königin, die doch so enthusiastisch auf dem Thron begrüßt worden war, beim Besuch des Rennens von Ascot ausgezischt. Sie hat in den 64 Jahren ihrer Herrschaft manchen bösen Leitartikel lesen müssen. In solcher Ungeniertheit des Umgangs mit Adel und Monarch waren die Briten zutiefst Republikaner. Sie hätten aber, nur um sich auch so nennen zu können, nie den Aufwand einer Revolution getrieben. Nach anfänglicher Unsicherheit lernte es Victoria später, ihre Landsleute darin zu bestärken.

5
Krönung

Melbourne – Der Adel

Ihr erster großer Empfang fand im Juli 1837 statt. Nicht weniger als dreitausend Personen küßten ihr die Hand. Zu neuen, prachtvollen Roben konnte sie einen der beiden höchsten Orden des Landes tragen, Bath oder Hosenband, und welchen es zu wählen galt, die Schärpe in Karmin oder die in Blau, das war, wenn es nicht der Anlaß vorschrieb, ganz ihr *allein* überlassen. Hofpersonen oder Politiker konnte sie beglücken, indem sie sie beim Ausritt mitzukommen bat, als Dritte oder Vierte; zweiter war stets Lord M. Das Londoner Volk hielt mit Huldigungen nicht zurück, wo immer die Monarchin auftauchte. Das ließ sich genußvoll steigern, indem man z. B. die Loge der Oper leicht verspätet, aber ohne zu stören, betrat; das kunstliebende Publikum bedankte sich durch um so lebhaftere Hochrufe für soviel Rücksichtnahme. War es nicht ungetrübte Freude, beim ersten großen Hofball, den sie im renovierten Buckingham-Palast gab, den Meister des europäischen Tanzvergnügens, Johann Strauß (Vater), aufspielen zu lassen? An zehn, zwölf Quadrillen nahm sie in einer solchen Nacht teil. Bei den Walzern, leider, mußte sie pausieren, denn man faßte eine unverheiratete Königin nicht um die Taille. Ihr »Tagebuch« ist sicher zuverlässig bei der Angabe der Morgenstunden, zu denen sie nach solchen Festen zu Bett ging: drei, halb vier, vier – das konnte sie ganz *allein* entscheiden.

Sie kehrte zu ihrer früheren Angewohnheit zurück und notierte nicht nur die Stunden all der aufregenden Ereignisse, sondern die Minuten: »Um zehn nach zwei kam Lord Palmerston und blieb bis sechs Minuten vor drei[103].«

Entweder rekonstruierte sie das anhand unmittelbar danach niedergeschriebener Notizen, oder ihr Gedächtnis war nicht nur gut, sondern außergewöhnlich. Sie beeindruckte selbst abgebrühte Kenner des Hofparketts wie die Fürstin Lieven, eine geborene Benckendorff und Frau des langjährigen russischen Botschafters in London, bekannt für

offenherzige Briefe und freigebige Gunst; Metternich gehörte zu den wenigen, die beides empfingen. Ihr erschien Victoria wenige Wochen nach der Thronbesteigung so:
»Ich habe die Königin zweimal gesehen, einmal allein, einmal in Abendgesellschaft mit dem Premierminister. Sie hat eine Sicherheit und sie beeindruckt durch eine Autorität und Würde, die zusammen mit ihrem kindlichen Gesicht, ihrer kleinen Gestalt und ihrem fröhlichen Lachen sicher den ungewöhnlichsten Eindruck hervorrufen, den man sich vorstellen kann. Im Gespräch ist sie außerordentlich zurückhaltend[104].«
Die Fürstin konnte kaum wissen, daß König Leopold seine Nichte gerade erst zwei Wochen zuvor auf die Intrigenkünste dieser Frau hingewiesen hatte[105].
Wer nicht an solche nützlichen Instruktionen dachte, mußte die junge Königin unaussprechlich langweilig finden. Sicher ist sie auch vor dem Kabinettssekretär Greville gewarnt worden. Als später dessen Tagebuch erschien (1874–87), wurde Victoria für ihre Behutsamkeit belohnt; sie brauchte sich nicht vorzuwerfen, dem respektlosen Chronisten noch mehr geboten zu haben, als er ohnehin sah und hörte (Wellington war sein Hauptlieferant). Charles Greville ironisierte die Standardunterhaltung der Queen mit Personen, zu denen sie keine Beziehung hatte, durch Selbsterlebtes:
»Sind Sie heute ausgeritten, Mister Greville?« – »Nein, Madam.« – »Wir hatten schönes Wetter.« – »Ja, Madam, sehr schönes Wetter.« – »Es war nur ein bißchen kalt.« – »Ja, kalt war es allerdings, Madam.« – »Ihre Schwester, Lady Francis Egerton, reitet auch, nicht wahr?« – »Ja, sie reitet manchmal, Madam.« Pause. Greville: »Sind Eure Majestät heute geritten?« – »O ja«, (lebhaft) »sehr lange sogar.« – »Haben Eure Majestät ein gutes Pferd?« – »Oh, ein sehr gutes Pferd[106].«
Ganz anders und mehrmals am Tage unterhielt sich Victoria mit Lord Melbourne. Dessen Charakterisierung im »Tagebuch« ließ bald keine Steigerung des Lobes mehr zu. Er war »sehr ehrlich, offen und klug«, hatte »ein gutes Herz«, »ein edles Herz«, »ein sehr edles, offenes, ehrliches und gutes Herz«[107]. Sie betonte nicht nur, daß er alles wußte, jeden kannte, die besten Ratschläge gab und außerdem noch witzig und unterhaltend war, sondern daß er aufrichtig und ehrlich mit ihr sprach. Das konnte sie zwar gar nicht beurteilen, aber bei ihr wirkte eben lange die Vorstellung nach, es hätte ja auch Sir John Conroy sein können, mit dem die Staatsgeschäfte zu besprechen gewesen wären.

Es gab nichts, worüber man mit Lord M. nicht reden konnte. In nahezu sechzig Jahren hatte er alles entweder selbst erlebt oder bei anderen so beobachtet, daß es zu einem Bonmot, einer Anekdote geworden, wenn nicht gar zu Weisheit geronnen war. Daß die Herzogin von Kent sie vor Melbourne warnte, machte ihn nur werter, denn ihre Mutter, davon war die Königin überzeugt, verstand wenig von Land und Leuten. Lord M. aber war für Victoria drei Jahre lang, von der Thronbesteigung bis zur Heirat, das Medium, durch das sie alles sah. Sie bemerkte nicht, daß er eine sterbende Ausformung des Landes verkörperte. Vielleicht förderte aber gerade dieser Kontrast von alt und jung, Aristokratensproß und Bürgerkönigin, sorglosem Ancien Regime und einer auf Klassenkämpfe, Massendemokratie und Sozialdarwinismus zusteuernden Generation den Reiz, den die beiden aufeinander ausübten. Wie stark oder schwach auch immer Victoria das realisierte, Melbourne spürte es. Eigentlich waren seine politische Laufbahn wie sein Lebenswille im Niedergang, aber diese junge Frau, ihm gleichzeitig überlegen und ergeben, verlieh ihm noch für ein paar Jahre Energie, verlängerte seine Bahn wie die seiner Regierung.
Melbourne[108] war als William Lamb geboren worden, zweiter Sohn eines reichen Mannes, der unter George III. sein – irisches – Adelspatent bekam. Der Großvater bereits hatte bei seinem Tode mindestens eine Million Pfund hinterlassen. Das Vermögen stak, wie bei allen Whig-Familien, im Boden. Vage schwebte über dem Enkel die Frage, ob der Mann seiner Mutter wirklich sein Vater gewesen war. Zu Sir Edwin Henry Landseer, der die Familie der Königin häufig porträtierte, sagte Lord Melbourne einmal, als beide ein Bild des angeblichen Erzeugers Lord Egremont betrachteten und der Maler wegen der Ähnlichkeit stutzte:
»Ach, Sie haben die Geschichte gehört? Sie ist nichts als eine verdammte Lüge.« Dann fügte er hinzu: »Allerdings – wer zum Teufel weiß schon, wen er zum Vater hat[109]?«
Die Lambs seiner Generation waren ein Clan, noch nicht lange genug im Geld, um schon dekadent zu sein, wenn auch von Tuberkulose dezimiert, und Williams Vater trank sich zu Tode. Der ältere Bruder starb, William wurde Haupterbe. Er war in Eton gewesen, dann in Cambridge, und er geriet unter den Einfluß des großen Whig-Führers Charles James Fox, mit dem der Thronfolger, der Prinzregent, damals noch Freundschaft hielt. Lamb, der 1828 den Titel seines Vaters übernahm, verrannte sich in eine Heirat mit Caroline Ponsonby[110], der

exzentrischen Tochter des Grafen Bessborough, was nur als Versuch der Selbstvernichtung eines heimlich lebensuntüchtigen Menschen zu erklären ist. Ihre Hektik überschritt die Grenze zur schweren Hysterie, und von ihren Eskapaden war die spektakuläre Affäre mit Lord Byron nur die berühmteste. Niemand begriff, daß ein so gutaussehender Mann wie Lamb dieses gescheite, aber tief zerrüttete Wesen zwanzig quälende Jahre lang ertragen konnte, nicht zum Nutzen seiner Karriere übrigens, denn Abwesenheiten der beiden auf dem Kontinent oder in Irland waren als Einschübe nötig zwischen den Skandalen, die sie in London in Szene setzte. Kein gutgebauter Kutscher und kein gefüllter Geschirrschrank waren vor ihren Aufflammungen sicher, doch wenn ihre Mutter vermittelnd erschien, saß das Ehepaar schon wieder harmlos am Frühstückstisch, und »Caro« reichte William die Marmelade.
Neben Fehlgeburten kam ein Sohn zur Welt, August. Nach ein paar Jahren blieb er in seiner Entwicklung zurück, und Lord Melbourne behielt nach dem Verdämmern seiner Frau das imbezile Zeugnis der gescheiterten Verbindung in seinem Hause. Der unglückliche Nachfahr starb im November 1836. Ein Jahr später begann Melbourne die Erziehung Victorias zur Königin. Was war sie für ihn – abgesehen von der willigen Elevin? Greville glaubte die Antwort, zumindest, was die andere Seite anging, genau zu wissen. Die Gefühle der Königin, notierte er nach vielem Dabeisein an langen Abenden, seien »sexueller Natur, wenn sie das auch nicht realisiert«[111]. Über Melbourne schrieb Greville, er sei »ein Mann mit der Fähigkeit zu lieben, aber ohne irgend etwas, das er noch lieben könnte«[112]. Melbournes Verlangen nach weiblicher Gesellschaft war höchst komplexer Natur. Er suchte nicht ausschließlich das andere Geschlecht, sondern sehr oft das insgeheim verwandte. Feminines schillerte bis ins Masochistische; eine neue Biographie hat auf die erstaunliche Tatsache hingewiesen, daß er mit den beiden Frauen, derentwegen er als angeblicher oder tatsächlicher Ehebrecher vor Gericht zitiert wurde, verdächtig viel über Rohrstock und Peitsche korrespondierte[113]. Elizabeth Branden und Caroline Norton waren Geschöpfe, mit denen sich dergleichen auch spielerisch-witzig erörtern ließ. Doch selbst in Victorias »Tagebuch« taucht das Thema zweimal auf. Melbourne versicherte ihr gelegentlich, er sei in Eton zu wenig geprügelt worden, was wohl nur sehr wenige Absolventen dieser Eliteschmiede je von sich behauptet haben. Und er war der Meinung, wenn Frauen geschlagen würden, bereite

ihnen das nicht nur Kummer, denn sie erregten dann ja – zu ihrem Vorteil – großes Mitleid[114]. Die Königin war keineswegs schokkiert, obwohl sie vielleicht fand, sie müsse es eigentlich sein. Aber an allen Untiefen wußte der erfahrene Staatsmann das Schiffchen der abendlichen Unterhaltung – Victoria auf einem Sofa, der Premier ihr gegenüber im Lehnstuhl – leger vorbeizusteuern. Er sei sicher ein sehr braves Kind gewesen, fragte ihn Victoria, weil sie wußte, daß nun eine Unartigkeit kommen mußte. Im Gegenteil, versicherte er ihr, sei er sehr leidenschaftlich gewesen – und er sei es noch immer. Wenn er eine offenkundige Zweideutigkeit einflocht – »Forcing flowers is questionable« –, so notierte sie diesen Ausspruch, der das künstliche Züchten von Blumen ablehnte, aber Defloration mit meinte, als einen seiner »komischen« Einfälle[115].

Natürlich war er für sie auch ein faszinierender Mann und nicht nur der Regierungschef, der sie in die Kunst des Herrschens einweihte. Am liebsten sah sie ihn in der Hofrobe, und wenn er bei Krönung oder Parlamentseröffnung mit dem Staatsschwert in ihrer Nähe stand, verlieh ihr das ein Gefühl der Sicherheit.

Aber sie überraschte ihn auch einmal, als er auf einem hölzernen Pferd ohne Kopf und Schwanz Modell für ein Reiterbild saß, und war sehr »amused«. Er seinerseits haßte formelle Kleidung:

»Ich weiß nicht, in was für einem Aufzug ich käme, wenn ich nur dürfte[116].« Er schmeichelte ihr, seit er bemerkt hatte, daß ihre glühende Verlegenheit nach Lobesworten mehr Freude als Unbehagen andeutete. Er fand ihren Namen schön und pries ihre Handschrift. »Ich fragte Lord Melbourne, wie ihm mein Kleid gefalle. Er sagte, er finde es sehr hübsch, es stehe mir gut.« – »Lord Melbourne betrachtete meine Ärmel, die sehr lang waren, und sagte mit großer Bewunderung: ›Erstaunliche Ärmel!‹« – »Ich sprach mit ihm über verschiedenes, zum Beispiel über meine engen Ärmel, die er sehr bewunderte.« – »Ich fragte ihn, wie er meine neue Frisur finde, die in Zöpfen über die Ohren gelegt ist. Ich weiß, daß er im allgemeinen das Haar nur liebt, wenn es in der Stirn in zwei Wellen getrennt liegt. Er sah mich an, machte eine seiner komischen Mienen und sagte: ›Das ist hübsch. Wie eigenartig. Mal etwas ganz anderes‹«. Vor allem aber ließ er sie ihre Mängel vergessen: »Ich klagte darüber, daß ich so klein sei, worauf Lord M. lächelte und erklärte, das sei doch kein Unglück[117].«

Sie schmeichelte auch ihm. Den Namen William habe sie nie leiden können, sagte sie, jetzt sei das anders. An seine grauen Haare z. B.

hatte er sich nur sehr schwer gewöhnt, eine Zeitlang wurden sie ihm jede Woche ausgezupft. Die Königin aber fand sie sehr schön. Und wenn er in ihrer Gegenwart weinte, was er gern und oft tat, kamen auch ihr die Tränen, obwohl sie dazu nicht neigte. Sie bemitleidete seinen desolaten Hausstand, dessen vier Bedienstete offenbar taten, was ihnen beliebte. Sie stritt sich mit ihm nur milde und um Nichtigkeiten. Sie liebte nicht Tee, sondern Kaffee; Lord M. hielt es umgekehrt. »Krähen«, sagte Lord M., »sind mein Liebstes«[118], und wunderte sich, daß Victoria sein Vergnügen an den Lauten dieser melancholischen Tiere nicht teilte. Sie schwärmte für die Herrenmode der offenen Kragen, Lord M. aber fand Männerhälse nicht sonderlich herzeigenswert. Als Kind der verfeinerten Kunst einer versinkenden Zeit suchte er ihr »Oliver Twist« als schlechte Lektüre auszureden: »Es handelt nur von Arbeitshäusern, Sargmachern und Taschendieben. Ich kann diesen niederen, verderblichen Stil nicht ausstehen... Ich mag dergleichen nicht im realen Leben, also will ich es auch nicht geschrieben lesen... Schiller und Goethe wären über dergleichen schockiert gewesen[119].«
Die Baronin Lehzen, seitab sitzend, wagte zu widersprechen. Da kenne sie, sagte Lord M., die Literatur ihres eigenen Landes schlecht. Goethe habe gesagt, man solle nichts Anwiderndes betrachten, und Tote habe er nie sehen wollen.
Victoria belegte den Premierminister völlig mit Beschlag. Wenn er nach einer langen Nacht im Parlament – als Träger des Familientitels saß er im Oberhaus, da war es nicht ganz so schlimm mit den ausgedehnten Sitzungen – am nächsten Abend bei ihr ein Dinner und lange Konversation durchhalten mußte und dann plötzlich einnickte, so genierte sie das zwar. Wenn sie ihn aber deswegen in ihrem »Tagebuch« je getadelt hat, so sind diese Passagen entfernt worden. Er redete vor sich hin, ja er schnarchte; dann wurde er mit hilfreich diskretem Räuspern seiner nachsichtigen Tischnachbarin wieder zu sich gebracht. Die Königin zeigte sogar deutliche Spuren von Eifersucht. Melbournes Affäre mit Caroline Norton war noch frisch in jedermanns Erinnerung, und Victoria interessierte sich für alles im Vorleben von Lord M. Eine ihrer Hofdamen, Lady Lyttelton, erzählte ihr einiges, wenn auch, behüte, nicht alles, was man über die Ehe mit Caroline Ponsonby wußte. Zu dieser Zeit (1838) lief der Briefwechsel zwischen Melbourne und Caroline Norton allmählich aus. Ob er noch fortdauerte, wußte die Königin nicht. Aber sie bestand bezeichnenderweise

darauf, Lady Seymour, Carolines Schwester, sehr viel schöner als diese zu finden. Wenn Victoria durch einen Nachmittagsausritt, der sich verspätete, das Eintreffen von Lord M. im Palast verpaßte, war sie untröstlich, saß eine Stunde zerstreut herum, schrieb ihm und machte sich Vorwürfe: »Es ist alles meine Schuld[120].« Dabei hatte sie ihn zuletzt am Vormittag gesehen. Als er einmal zwei Tage von London abwesend war, brach regelrechte Trauer aus, und ihn gar durch einen Regierungswechsel eines Tages ganz aus ihrer Nähe verlieren zu müssen war eine schreckliche Vorstellung. Als es dann 1841 dazu kam, erleichterte ihr Alberts Gegenwart den Schock.

Denn dies war die Kehrseite der Verbindung mit Melbourne: Victoria interessierte sich nicht nur für seine Person, sondern sie identifizierte sich auch mit seiner Politik.

»Stand um zehn Uhr auf und hörte von Lord John (Russell), daß wir bei der Abstimmung eine Mehrheit von 19 bekamen, was mehr als erwartet war. Wie dankbar bin ich dafür![121]«

Bei Wahlen schrieb sie an König Leopold, sie seien eher günstig ausgefallen, »wenn auch nicht so, wie wir es gewünscht hätten[122]«. Im März 1839 notierte sie voller Schrecken: »Wir sind mit 5 Stimmen geschlagen worden[123].« Das war ein blinder Alarm; die Regierung entging der Niederlage mit knapper Mehrheit. Es handelte sich um eine Debatte über Jamaika, wo die Macht der zuckeranbauenden Sklavenbesitzer durch eine Direktherrschaft aus London ersetzt werden sollte. Dagegen opponierten außer den Tories auch die Progressiven, die eine Gelegenheit suchten, Unmut über andere Aspekte der Regierungspolitik zu bekunden, und dafür ausgerechnet die Verteidigung von Menschenschindern wählten. Die Whig-Partei war eben nach neun Jahren der Macht amtsmüde und zerstritten, auch wenn Melbourne das Kabinett noch zusammenhielt. Dessen Sitzung nach der mühsam abgewehrten Attacke fand symbolischerweise an einem Krankenlager statt, dem Lord Lansdownes, des gichtgeplagten Staatsratspräsidenten. Wenn die Königin, wie das mehrfach benutzte »wir« zeigt, sich mit den Whigs mehr als erlaubt liierte, so unterstützte sie damit eine Politik, die nicht mehr von langer Lebensdauer sein konnte. Ein vorsichtiger Monarch hätte sich zurückgehalten mit Angeboten, wie sie die Königin ihrem Premierminister in dieser kritischen Lage machte:

»Ich sagte Lord M., es tue mir leid, daß ich so gar nicht behilflich sein könne, denn so komme ich mir vor, von gar keinem Nutzen. ›O nein‹,

sagte er, ›ganz im Gegenteil.‹ Ich sagte dann, ich hoffte, er werde sich, wenn das von Nutzen sein könnte, auf mich berufen, wann immer er es für richtig halte. ›Vielen Dank, Madam, das werde ich tun‹, sagte er, ›ich werde davon den Gebrauch machen, den ich für gut und richtig halte[124].‹«
Ein gefährlicher Blankoscheck. Wenn die Unterredung wirklich so verlief, wie sie im »Tagebuch« steht, erkennt man sowohl die Versuchung für Melbourne, die Queen ins Spiel zu bringen, als auch deren Illusion, ihr Einfluß könne wünschenswert und von Nutzen für ein Kabinett sein. Sie stand damals, Anfang 1839, nicht nur ganz im Banne Melbournes, sondern auch noch stark unter dem Eindruck der Krönung, die ihr Sendungsbewußtsein angeflammt hatte. Sie war vor einem halben Jahr, am 28. Juni 1838, gefeiert worden. In der Nacht zuvor schlief sie schlecht, und selbst als der große Tag glücklich bestanden war, verlangte ihr Körper seinen Preis für das Übermaß an Aufregung: sie bekam einen Ausschlag an Händen und Hals, den Lord M. mit dem Rat begutachtete: »Nicht daran kratzen!« Erste Böllerschüsse im Hyde Park will sie um vier Uhr gehört haben. Ob die Truppen schon so früh feuern durften, sei dahingestellt. Aber sie mögen es getan haben. Wahrscheinlich hatten sie überhaupt nicht geschlafen und waren sicher, daß Übereifer und Dienstvergehen an diesem Tage straffrei ausgehen würden. Die Schätzungen darüber, wie viele Menschen sich dann am Morgen in den Londoner Straßen aufreihten, schwankten zwischen 400000 und den »Millionen«, die die Königin während der Fahrt zur Westminster-Abtei zu sehen glaubte. Bei der Rückfahrt, den Eindruck hatte sie[125], »waren es möglicherweise noch mehr« (als Millionen?). Viele der Schaulustigen, die von auswärts gekommen waren, kampierten während der Nacht in den Straßen.
Die Abtei hatte man in einem Umkreis, wie ihn heutige Sicherheitsplanungen auch nicht weiter ziehen würden, von Barrieren umgeben, hinter denen die Menge durch Polizei und Soldaten bequem gehalten werden konnte. Ein kompliziertes System der Annäherung der geladenen Gäste aus verschiedenen Richtungen enthüllt sich bei näherem Zusehen als ein Drei-Klassen-Krönungs-Recht[126]. Die bequeme Anfahrt von Westen her war für den Adel und das diplomatische Korps reserviert. Durch den Südeingang, an der Dichter-Ecke der Abtei vorbei, wurden die Mitglieder des Unterhauses eingelassen. Die Musiker schließlich kamen von hinten durch den Klosterhof. Verschiedenfarbige Eintrittskarten machten auch innerhalb der großen

Gruppen noch Unterschiede. Männer und Frauen saßen getrennt, was auch für Ehepaare galt. Weiter gab es abgestufte Garderobevorschriften: im Kirchenschiff war voller Hofdreß oder Uniform mit Orden erforderlich, auf der Galerie genügte Abendanzug. Die weiblichen Gäste hatten strikte Anweisung, weder Federn noch Schleppen zu tragen. Jede Trauerkleidung war untersagt; in der karmesinrot ausgeschlagenen Abtei sollte nichts daran erinnern, daß jede Neukrönung schließlich ohne vorausgegangenen Tod schwer möglich ist.
Der Herzog von Norfolk, als Earl Marshal für die Hofzeremonien verantwortlich, hatte die Präzedenzfälle der Krönungen Georges IV. und Williams IV. vor Augen. Die Anweisungen waren detailliert und unmißverständlich, beste britische Generalstabsarbeit; sie fielen dann freilich in wichtigen Teilen der Ausführung durch Amateure zum Opfer. Um fünf Uhr morgens begann der Dienstantritt der Offiziere und Mannschaften. Um acht Uhr versammelten sich die Mitglieder des Unterhauses, wenn auch nicht in ihrem gewohnten Sitzungssaal, der war 1834 abgebrannt, und der Grundstein zum neuen Parlamentsgebäude wurde erst 1840 gelegt. Für die 613 Abgeordneten war in der Abtei eine besondere Tribüne errichtet worden. Wo sonst hätten sie sitzen sollen? Beim Adel drunten im Schiff war kein Platz. Auf die Galerie jedoch wollte man jene Männer, die für den Krönungstag 200000 Pfund bewilligen mußten, auch nicht verweisen. Daher der Holzaufbau, von dessen solider Konstruktion sie sich überzeugt hatten. Sir Benjamin Stephenson von der königlichen Bauabteilung garantierte dem Krönungssonderausschuß des Parlaments, das Podest sei sicher. Die heikle Entscheidung, wer unter soviel Gleichen die besten Plätze in den vorderen Reihen bekommen solle, wurde weder dem Earl Marshal noch dem Speaker überlassen. Zettel mit Namen der verschiedenen Grafschaften lagen verdeckt in einem Glas, ein Beamter des Unterhauses zog sie einzeln heraus, und in der ausgerufenen Reihenfolge setzten sich die Vertreter der jeweiligen Landesgegend in Bewegung, »zu zweit, ohne Gedränge«. Das gleiche Verfahren war schon 1831 bei der Krönung von Victorias Onkel William benutzt worden; das Unterhaus nahm also nicht zum erstenmal an einem solchen Würdeakt teil[127]. Sitzordnung und Losverfahren zeigten jedoch in ihrer Umständlichkeit, daß Parlament und Krone noch nicht zu gelassener Gemeinsamkeit der Tradition zusammengefunden hatten.
Der Earl Marshal bestand darauf, daß auch der letzte Platz in der Abtei

eingenommen sein mußte, ehe sich der feierliche Zug mit der Königin in der Staatskarosse aus dem Palast in Bewegung setzte. Man hatte nicht den direkten Weg gewählt, sondern eine Route, die aus der Anfahrt zur Kirche eine öffentliche Prozession machte. Das Volk sollte seinen neuen Souverän zu sehen bekommen. Der Geist der Parlamentsreform von 1832 wehte in dieser Anordnung. Statt ein teures Krönungsbankett für bare dreihundert Mitglieder des Establishment zu geben, wie es zuletzt George IV. getan hatte, wurde die Sitte des Umzugs durch die Straßen der Hauptstadt wieder aufgenommen, die bis zu George III. befolgt worden war. Nur William IV., der Sparsame, hatte weder Umzug noch Bankett erlaubt. Victorias Fahrt ging vom Palast zunächst durch den Constitution Hill in Richtung Hyde Park Corner. Der feierliche Zug war derart lang, daß die vorausreitenden Trompeter bereits in Piccadilly eintrafen, als die Staatskutsche erst aus dem häuslichen Torbogen hervorkam. Nach Musik und ersten Truppenkontingenten folgten die Karossen ausländischer Minister in der Reihenfolge der Akkreditierung ihrer Länder, vorweg Mexiko, Portugal und Schweden, dann Sachsen, für Hannover ein Baron Münchhausen, aus Bayern und Preußen die Barone Cetto und Bülow. Für Victorias Prachtgefährt hatte man einige der berühmten »cream ponies« aus Hannover kommen lassen, weiße Pferde; alles andere sehe doch nur, sagte Lord M., »wie Ratten und Mäuse« aus[128]. Betreßte außen auf und neben der Karosse, drinnen mit der Königin die Herzogin von Sutherland und der Graf von Albemarle, die beiden Altvorderen ihres Haushalts. Am Schluß Militärvolk in großer Zahl.
Ein prächtiger Junitag, und Loyalty gab den rechten Reim auf Royalty. Was die »royalties« anging, so kostete allein dieser Zug 26000 Pfund. Auch in der Abtei war nicht gespart worden. Die Eintretenden wurden überwältigt vom Gold der Verzierungen und dem Rot der Stoffe. Da die Geladenen hier drinnen vor den notorischen Londoner Dieben gut abgeschirmt waren, glitzerte es von Juwelen. Der Adel zeigte sich in seltener Vollkommenheit, 140 Kronenträger mehr wurden gezählt als bei der vorigen Krönung, wie Melbourne den Einladungslisten befriedigt entnahm. Nun verwandelte sich das halb aristokratische, halb demokratische Spektakel des Freilichtumzugs in ein Staatskirchenritual. Der Rückgriff aus dem 19. aufs 11. Jahrhundert manifestierte sich durch die Krone Edwards des Bekenners.
Die gesammelten Regalia einer alten Monarchie verteilten sich auf die hohen Würdenträger. Premierminister Melbourne trug das Staats-

schwert, und schwer genug kam es ihn an. Die Robe der Königin bestand aus rotem Samt mit Hermelinpelz und Goldbesatz; sie trug einen Goldreif. Aus harten Positionskämpfen ihrer Mütter waren acht höhere Töchter des Landes hervorgegangen, die nun die Schleppe hielten, lauter in Weiß gehüllte Unschuldsengel. Der Qualifikation für die begehrte Aufgabe zufolge mußten sie über 14 Jahre alt, aber unverheiratet sein. Von der Lammfrommheit himmlischer Jungfrauen waren die Erwählten freilich weit entfernt. Victoria und Melbourne versicherten später einander, wie sehr das unreife Gekicher dieser Adelsgören den Gottesdienst gestört habe[129].
Freilich: fünf Stunden sind lang. Die Königin hatte zwischen drei Sesseln hin und her zu wechseln; dieses Zeremoniell fand im Stehen, jenes im Knien statt, ein drittes im Sitzen. Wohin sie ging, das Staatsschwert ging vor ihr her. Das hatte etwas vom Dauphin und der Jungfrau von Orleans in der Kathedrale von Reims, nur mit vertauschten Rollen: Victoria hätte das Schwert tragen und ein erheblich jüngerer Melbourne gekrönt werden müssen. Zunächst rief der Erzbischof von Canterbury die Königin in alle vier Himmelsrichtungen aus: »Ihr Herren« – Damen hatten ungeachtet des Geschlechts der Hauptperson keinen Wert in diesem Ritual – »ich biete Euch dar: Königin Victoria, die unangefochtene Königin dieses Reiches, und frage Euch alle, die Ihr an diesem Tag hergekommen seid, um Ehre zu bezeigen: Wollt Ihr dieses tun?«
Worauf die Gemeinde aus der angesprochenen Richtung laut und wiederholt rief: »God save Queen Victoria!« Nach dem vierten Mal dröhnten Trompeten und Pauken drauflos. Geräusche dieser Art, die sich von einer Bellini-Arie stark unterschieden, konnte Victoria kaum unter freiem Himmel, geschweige denn im geschlossenen Raum ertragen. Das hat sich auf ihre Ururenkelin Elizabeth vererbt. Für die nun folgende Gottes-Dienstleistung entrichtete die Monarchin die Gebühr bar im voraus: Der Hofschatzmeister präsentierte der Kirche einen Goldbarren im Gewicht von einem englischen Pfund, also 453 Gramm. Das Gold stammte aus öffentlichen Mitteln; privat fügte die Königin eine goldene Altardecke bei.
Das Irdische abgetan, wandte man sich dem Geistlichen zu. Auf die Litanei und das Sanctus vom Hofkirchenkomponisten Sir George Smart folgte die Predigt des Bischofs von London über einen der Psalmen Davids (21): »Herr, der König freut sich in deiner Kraft, und wie sehr fröhlich ist er über deine Hilfe. Du gibst ihm seines Herzens

Wunsch und weigerst nicht, was sein Mund bittet. Denn du überschüttest ihn mit gutem Segen; du setzest eine goldene Krone auf sein Haupt.« Der Psalm ist möglicherweise bei der Krönung biblischer Könige gesungen worden und gibt die Aspirationen eines Staatskirchentums gut wieder. Daß die Zeitgenossen darin nicht eine Routineformel für das Erflehen von Gottes Wohlgefallen überm Haupt des Monarchen sahen, sondern daß sich mit dem guten Segen ganz konkrete politische Hoffnungen verbanden, zeigt etwa die Predigt, die ein Reverend Wellford aus Bray in Berkshire zum Krönungstage in seiner Gemeinde hielt. Da er damit großen Anklang fand, ließ er sie drukken[130]. Auch er griff für den Anlaß auf Psalm 21 zurück:
»Wenn sich unser Empire im Osten ausdehnt; wenn wir als ehrenvolles Werkzeug in Gottes Hand ein großes und volkreiches Gebiet von einheimischer Tyrannei befreien; wenn wir dieses Gebiet, Hindustan, den Britischen Dominien hinzufügen; wenn wir das Christentum in jenem heidnischen Land verankern durch ein ausgedehntes und vielversprechendes System missionarischer Tätigkeit unter den Bewohnern – sind wir dann nicht, in der Eroberung Indiens, mit all der nationalen Ehre, den Handelsvorteilen, den vermehrten Einnahmen, den religiösen Folgen, die damit verbunden sind, ›von Gott überschüttet mit gutem Segen‹? Wenn wir verschont geblieben sind von Aufruhr, geheimer Verschwörung und Rebellion, von Seuchen, Pest und Hungersnot, waren wir dann nicht ›von Gott überschüttet mit gutem Segen‹?«
Solche Worte zum Volke umrissen die Rolle der Monarchie, ihre Funktion als Verkörperung realer Ansprüche deutlicher als die Verfassungsgeschichten, die man Victoria zu lesen gegeben hatte. Ungefähr so wie der Reverend aus Berkshire sagte es der Bischof von London auch, nur mit ein bißchen anderen, staatskirchenmännischeren, die gewaltsamen Annexionen nicht so ungeniert genau bezeichnenden Worten. Auf seine Predigt folgte der Eid, das geistliche Pendant zur politischen Erklärung, die Victoria schon am 20. November 1837 in Gegenwart beider Häuser des Parlaments unterzeichnet hatte. Stehend vor der sitzenden Königin, stellte der Erzbischof seine Fragen:
»Wollen Sie nach Kräften sorgen, daß in all Ihren Entscheidungen Recht und Gesetz in Gnade walten?«
»Das will ich.«
»Wollen Sie Ihr Äußerstes tun, um die Gesetze Gottes zu wahren, das wahre Bekenntnis der Bibel und die Protestantische, Reformierte Re-

ligion, so wie sie im Gesetz festgelegt ist? Und wollen Sie unverletzlich bewahren und erhalten die Einrichtung der Vereinigten Kirche von England und Irland, deren Lehre, Gottesdienst, Kirchenordnung und innere Verfassung, so wie sie festgelegt sind durch Gesetz in England und Irland sowie den dazu gehörigen Gebieten? Und wollen Sie den Bischöfen und Priestern von England und Irland und den ihnen anvertrauten Kirchen alle Rechte und Vorrechte erhalten, die nach dem Gesetz jedem von ihnen zukommen werden?«

»Alles das gelobe ich.«

Viel gefordert, viel versprochen. Die Staatskirche offenbarte sich in der Eidesformel als Interessenverband, jedoch vor der falschen Adresse, denn ein konstitutioneller Monarch konnte solche »Rechte und Vorrechte« gar nicht länger garantieren, dafür waren längst Kabinett und Parlament zuständig. Zu diesem generellen Bedenken kamen aktuelle hinzu. In der Church of England war es damals gar nicht abgemacht, wie Kirchenordnung, innere Verfassung, ja Gottesdienst denn eigentlich beschaffen sein sollten. Victoria erlebte bei jeder künftigen Postenbesetzung harte Fraktionskämpfe. Auch genügte allein der Blick auf Irland, um das Dubiose eines solchen Krönungseides zu sehen. Die dortige Staatskirche war mit einer geringen Minderheit der Bevölkerung verbunden, erhielt aber die zwangsweise fälligen Abgaben auch von der katholischen Mehrheit. Von allen Ämtern im öffentlichen Dienst der eigenen Insel waren die Katholiken jedoch ausgeschlossen, da sie die nötigen Eide auf die protestantische Krone nicht ablegen konnten. Mit ihrem anti-irischen Gelöbnis ergriff also die neue Königin Partei in der explosivsten politischen Frage der kommenden Jahrzehnte. Zwar waren alle ihre Untertanen in ihren Schutz gestellt, aber manche stellten sich dort besser als andere.

Weil dieser Eid für die Kirche von so großer Wichtigkeit war, glaubte sie nicht dem königlichen Jawort allein. Von Henry II. (Ermordung des Erzbischofs Beckett) über Mary I. (Scheiterhaufen für Erzbischof Cranmer) bis zu den Stuarts hatte es so viel Königswillkür an Gottesmännern gegeben, daß die Besiegelung des Bundes gar nicht nachdrücklich genug vor sich gehen konnte. Auf das Gelöbnis folgte also die Bekräftigung. Victoria – Melbourne und das Schwert immer voran – ging zum Altar, kniete nieder und legte die Rechte auf die Bibel, die ihr der Erzbischof hinhielt. Man denke nur, auf der Hand hätte sich bereits in diesem Augenblick der Ausschlag gezeigt, der erst in der folgenden Nacht erschien. Selbst eine in Gold aufzuwiegende

Zeremonie wäre von der Furcht vorm bösen Omen kaum freizuhalten gewesen. Wunden auf der Eideshand waren das Zeichen für Lügen im Herzen. Das blieb allen erspart. Victoria küßte die Bibel und unterzeichnete, wieder aufgestanden, eine Kopie des Krönungseides mit einem silbernen Schreibzeug, das ihr Lord Conyngham reichte, der Sohn jener Dame, die mit George IV. das Sofa geteilt hatte, worin die Kirche offenbar keinen Anlaß zur Verfluchung bis ins nächste Glied sah. Wie überhaupt auffällt, daß unter all den Eiden und Versprechungen dieser Stunden das Moralisch-Sittliche hinter den mehr praktisch-politischen Aussagen bescheiden zurücktrat.
Für die Salbung waren nun Platz- und Robenwechsel nötig, und Orgelbrausen (»Komm, heiliger Geist«) füllte die Zwischenzeit. Auch Händels Krönungshymnus »Zadok, der Priester« paßte noch in die Pause. Er war genau 111 Jahre zuvor an der gleichen Stelle erklungen, als der Gönner des Komponisten, George II., gekrönt wurde. Vier solcher Hymnen schrieb Händel für jenen Tag im Oktober 1727; zwei davon erschollen auch nun wieder. »Zadok, der Priester, und Nathan, der Prophet, salbten Salomo zum König. Und alles Volk jubelte und rief: Gott schütze den König. Lang lebe der König. Möge der König ewig leben. Amen. Halleluja.« Auch ohne es zu kennen, hört man das förmlich in Händels Art. Die nach ruhiger Einleitung plötzlich siebenstimmig mit Trompeten und Pauken ausbrechende Hymne – hier sang man natürlich »God save the Queen« – gehört zu den Vorzugsstücken der reichen englischen Chortradition. Zur Salbung hielten vier Ritter des Hosenbandordens einen goldenen Baldachin über sie, und eine Ampulle wurde auf ihr Haupt entleert von Zadok/Canterbury und Nathan/London.
Etwa von diesem Stadium an erwies es sich, daß Erzbischof Howley, nunmehr 72 Jahre alt, in welcher Zeit er im Oberhaus die Emanzipation der Katholiken, die Parlamentsreform und die Besserstellung der Juden bekämpft hatte, den Anforderungen des Tages nicht ganz gewachsen war. Es begann mit der Überreichung von Schwert, Apfel und Ring. Da in der Hitze der unzähligen Kerzen die Prachtwaffe schon für einen erwachsenen Mann eine starke Belastung darstellte, wollte man der zierlichen Königin das Tragen des Metallungetüms nicht zumuten. Zu diesem Zwecke wurde, so als handele es sich um ein altes bedeutsames Ritual, das echte Schwert gegen ein leichteres ausgetauscht, das dann vielfach hin und her gereicht werden mußte, woran mindestens fünf Personen beteiligt waren, die Königin nicht

gerechnet. Weil es aber zuvor unmöglich gewesen war, diese Männer, lauter Prominente, zu einer gemeinsamen Probe in die Westminsterabtei zu bestellen, konnte nun Verwirrung nicht ausbleiben. Lord Melbourne wußte zwar genau, daß und wie er eine Ablösesumme von 100 Schilling auf den Altar zu legen hatte, damit er das Ersatzschwert während des Restes der Zeremonie vor Victoria hertragen durfte. Aber Erzbischof, Bischof, Lordkämmerer und der prosaische Beamte, der Geld und Gold bei sich führte, wußten gar nichts.
Victoria bekam den Mantel des Empire umgelegt, empfing kniend den Reichsapfel, reichte ihn an den Dekan weiter, der deponierte ihn auf dem Altar. Nun kam der Rubinring. Er war entgegen den ausdrücklichen Anweisungen des Earl Marshal nicht für den vierten, sondern den fünften Finger der rechten Hand geschmiedet worden. Der Erzbischof, der das nicht wußte oder vergessen hatte, versuchte nun jedoch, das Geschmeide mit Gewalt aufs falsche Glied zu pressen. Die Königin sah stumm leidend zu, wie es ihm schließlich gelang. Später mußte sie den Finger eine Stunde lang baden, um sich vom Ring wieder trennen zu können.
Was sich in der Abtei dann mit dem Herbeiholen, Überreichen, Tragen, Stützen, Weiterreichen und Loswerden der beiden Schwerter abspielte, spottet jeder Beschreibung, doch waren Zeugen genug vorhanden. Nach solcher sekundären Symbolik kam nun endlich jener Augenblick, der dem Ganzen den Namen gab. Angeführt vom Erzbischof schritt die Priesterschaft kollektiv auf die Königin zu, die im St.-Edwards-Thronsessel Platz genommen hatte,
»und die Krone wurde mir aufgesetzt – ich muß sagen, ein ganz wunderschöner, eindrucksvoller Augenblick; alle Adligen setzten im selben Moment auch ihre eigenen Kronen auf. Mein ausgezeichneter Lord Melbourne, der während der ganzen Zeremonie immer dicht bei mir stand, wurde an diesem Punkt völlig überwältigt und war stark bewegt; er gab mir einen so freundlichen, ich möchte fast sagen: väterlichen Blick«[131].
Die Anwesenden fanden an dieser Stelle, als sich die Edwards-Krone auf Victorias Haupt senkte, noch eine zweite Anweisung in ihrem gedruckten Programm: »Hochrufe!« Die gingen über in Trompetenstöße, das »Te Deum« von Boyce, die zweite der Händel-Hymnen (über Psalm 21), gefolgt von der Ehrenbezeigung des Hochadels, der an seiner neuen Monarchin vorüberdefilieren mußte, die nun im eigentlichen Thronsessel Platz nahm. Viel hätte übrigens nicht gefehlt, und

die Herrscherin wäre in allen Sitzgelegenheiten dieses Tages ein eher komischer als majestätischer Anblick gewesen. Bei den Vorbereitungen nämlich waren die Tischler davon ausgegangen, daß Victoria ein sehr kleines Mädchen sei, und hatten die Beine der Sessel derart verkürzt, daß die Sitze dem Boden sehr nahe kamen. Wenigstens dies wurde bei einer Vorbesichtigung noch rechtzeitig abgewendet durch jemanden, der über das richtige Augenmaß für ihre Person verfügte. Wie verwirrt auch die Würdenträger sich im Ablauf der Handlung gezeigt haben mochten, zum Glück bewahrte in aller Konfusion wenigstens einer die Ruhe: die Königin selbst. Als im Zug der nach vorn kommenden Adelsmänner, die die Krone berühren, die Hand küssen und den Lehenseid murmeln mußten,
»der arme alte Lord Rolle kam, der 82 und furchtbar krank ist, und beim Betreten der Stufen stolperte, stürzte und hinunterrollte, war er gottlob nicht verletzt; als er es zum zweitenmal versuchte, stand ich auf und ging bis ans Ende der Stufen, damit er nicht ein zweitesmal falle[132]«.
Wohlverdientes Eigenlob und Rührung rundum. Dann kam Lord Melbourne an die Reihe; er und Grey und Wellington erhielten beim Vortreten Beifall. (Wie gesagt: dies war in erster Linie ein politisches Ereignis.) »Als er niederkniete und meine Hand küßte, drückte er sie ganz stark, und ich ergriff die seine von ganzem Herzen, worauf er die Augen hob, die mit Tränen gefüllt waren.«
Die Abgeordneten kamen nicht und küßten niemanden. Victoria hat das Unterhaus nie betreten und niemals sonderlich gemocht. Wären an diesem Tage auch die Mitglieder der Ersten Kammer, denen des Oberhauses gleich, vor den Thron getreten, die Feier hätte um zwei Stunden verlängert werden müssen. Nun fehlte nur noch das Austeilen der Sakramente, erst an die Königin, die dabei ganz *allein* kniete, dann an die Gemeinde. Händels Halleluja-Chor aus dem »Messias«, komponiert für die Wohlfahrt der Armen von Dublin, nicht zur Selbstdarstellung der Reichen von London, füllte die letze Pause zwischen Kommunion (in der Form der Anglikanischen Kirche) und Schlußsegen. Die Königin fügte der Vorauszahlung eine nachträgliche Dankgabe hinzu, die in goldener Börse durch viele Hände wanderte, aber ihre Bestimmung, den Erzbischof, sicher erreichte. Der stiftete dann neue Verwirrung in der St.-Edwards-Kapelle, wohin sich die wichtigsten Darsteller zu kurzer Verschnaufpause zurückgezogen hatten. Er »kam herein und sollte mir den Reichsapfel geben, aber ich hatte ihn längst[133]«.

Victorias scharfem Blick entging nicht die profane Herrichtung dieses Seitenraums. Der den Zuschauern entzogene Altar war dort nämlich, »wie Lord Melbourne sagte, einer Kapelle sehr unangemessen mit Sandwiches und Weinflaschen bedeckt[134]«.
Kurz nach sechs Uhr langte die Königin wieder im Buckingham-Palast an, »überhaupt nicht müde«. Es folgte ein langes Dinner, bei dem Victoria von allen Seiten mit vollem Recht gelobt wurde. Melbourne sagte, sie habe alles so schön gemacht, jedes Detail so geschmackvoll: »Das kann man niemandem beibringen, das muß in einem Menschen drin liegen[135].«
Es gab ein Feuerwerk, dem man um halb zwölf auf dem Balkon zusah, »Mammas Balkon«, wie es beiläufig hieß.
Victorias Krönung sollte also, wie die Prozession zeigte, anders als die Feierlichkeiten von 1821 und 1831 ein Ereignis für die ganze Nation sein. Aber Mittelpunkt der Zeremonie blieb, im Bestand alter Macht erst unwesentlich angetastet, die Aristokratie. Sie kürte die Monarchin, die Kirche salbte sie, alle anderen sahen nur zu. Daß es sechs Jahre zuvor eine Reform gegeben hattte, in der die Verfügung der Landbesitzer über Parlamentsmandate gebrochen werden sollte zugunsten der neuen, aufstrebenden Bürgerschichten der Industriegebiete, das fand in dieser Krönung noch keinen Niederschlag. Das England von 1838 war der unverändert nahe Nachbar des vorigen Jahrhunderts, trotz Maschinen, Dampf und verdoppelter Wählerschar. Die Landwirtschaft war der Kopfzahl nach immer noch der größte Produktionszweig; bis 1871 stieg die Zahl der dort Beschäftigten weiter an, dann erst sank sie. Als Victoria gekrönt wurde, arbeiteten etwa 35 Prozent aller Männer auf dem Lande. Und immer noch war es, wie hundert Jahre zuvor, die Aristokratie, die den Boden besaß. Das änderte sich nur langsam; 1871 gehörte ein Viertel Englands einem Kreis von 1200 Personen, und in die Hälfte des Bodens teilten sich 7400 Familien, eine exklusive Schicht, die nur jeden dreitausendsten Engländer umfaßte. 1838 zählte Victoria noch nicht dazu; 1871 dagegen, nach den Ankäufen von Osborne und Balmoral, war auch sie eine Grundbesitzerin größeren Stils geworden. Freilich rechnete der private Grund der königlichen Familie nie in die oberste Rubrik. 1883 gab es 28 Mitglieder des Hochadels, von denen jedes über 100000 Acres Land besaß, das sind etwa 400 Quadratkilometer.
»England blieb bis 1914, oder genauer gesagt bis 1922, nicht nur ein aristokratisches Land, sondern ein Land des Adelsgrundbesitzes[136].«

Der Adel übte einen doppelten Einfluß aus[137]. Er saß im Oberhaus, wo es bei Victorias Thronbesteigung 421 abstimmungsberechtigte Pairs gab, und er schickte Leute ins Unterhaus, die in den Wahlkreisen gewählt wurden, deren Grund und Boden ihm gehörte. Bis zur Reform von 1832 wurden über 400 Unterhaus-Mitglieder – sie hießen ja nicht Abgeordnete oder Deputierte, das waren sie auch nicht – von einem Kreis von 177 vermögenden Personen bestimmt und mit Hilfe von Geld oder Abhängigkeit auch gewählt. Von diesen 177 gehörten 87 dem Hochadel an und machten unter sich die Besetzung von nicht weniger als 213 Mandaten aus. Die acht einflußreichsten Adligen – Devonshire, Newcastle, Norfolk, Rutland, Hertford, Darlington, Fitzwilliam und Lonsdale – »besaßen« zusammen 50 Sitze im Unterhaus. Vom Reichtum dieser Schicht hatte die Königin zunächst so wenig Ahnung wie von der Armut der Arbeiter in Stadt und Land. Nach und nach kam sie mit einigen Vertretern der obersten Klasse in Berührung. Über Lord Hertford pflegte sich Lord Melbourne zu mokieren, daher wußte sie etwas über ihn, als sie später, in dem Roman »Coningsby« ihres Lieblings-Premiers Disraeli, diesen Mann als Lord Monmouth wiederfand; auch in Thackerays »Jahrmarkt der Eitelkeit« taucht er als Marquis von Steyne auf. Im Dezember 1842 besuchten Victoria und Albert den (6.) Herzog von Devonshire auf seinem Landsitz Chatsworth in Cheshire und waren von dem Reichtum, den sie sahen, tief beeindruckt[138].

In der Theorie konnte die Königin in den Pairs-Stand erheben, wen sie wollte. 1719 hatte der Adel einen Versuch unternommen, sich gleichsam als geschlossene Gesellschaft zu etablieren, als ein Klub also, der über alle Neuzugänge selbst befinden wollte, doch das scheiterte. Seither war die Adelswürde von Außenstehenden mehr und mehr begehrt worden, weil sie zum materiellen Besitz das Sozialprestige und den politischen Einfluß hinzufügte, die wiederum einnahmesteigernd wirken konnten. Mit der wachsenden Macht der Kabinette verpflichtete und vermehrte der Premierminister, wenn er Barone, Grafen und Viscounts durch die Krone ernennen lassen konnte, auch die eigenen Anhänger und baute so seine Stellung und die seiner Partei aus.

Innerhalb der Aristokratie war Begünstigung nicht nur kein Schimpfwort, sondern selbstverständlicher Ausdruck von Gruppenegoismus und, solange das noch möglich war, eine Form des Durchsetzens von Klassenherrschaft. Vieles ergab sich von allein, zum Beispiel durch Heirat. 1839 ehelichte Lord Palmerston Lady Cowper, hinter welchem Namen sich Melbournes Schwester Emily Lamb verbarg; Premierminister und Außenminister waren nun verschwägert. Melbourne selbst war stets völlig skrupellos gewesen im Mitziehen der Familie. Einer seiner Brüder wurde bei ihm Staatssekretär, als er selbst das Innenministerium leitete. Ein zweiter Bruder ging als Botschafter unter anderem nach Wien. Sein Neffe William Cowper wurde sein Sekretär und war gleichzeitig Kammerherr der Königin.

Das Eindringen von Außenseitern in die Hocharistokratie blieb trotz der neuen Reichtümer, die sich in Industrie, Handel und Finanzwesen bildeten, recht schwierig. Auch zu Victorias Zeit war es immer noch leichter, als verdienter Minister oder General vom Viscount zum Grafen befördert zu werden – Melbourne lehnte es aus Geldgründen ab, denn der Aufwand war kostspielig –, als mit Hinweis auf sein Bankkonto über die erste Stufe, den Baron, hinaus zu gelangen. Vom Gesamtanstieg des Adelsstandes zwischen 1830 und 1900 machten die Barone den Hauptanteil aus: Ihre Zahl wuchs von 160 auf 321, während es nur drei neue Herzöge und 20 neue Grafen gab. Nach traditioneller Auffassung zählten nur diese drei Stufen zum eigentlichen englischen Adel. Der Viscount (zwischen Baron und Graf) und der Marquis (zwischen Graf und Herzog) galten als französische Zutaten.

Die Begünstigung des »Verdienstadels« durch die Königin führte dazu, daß sie auch der Erhebung bestimmter Personen, denen die Liegenschaften und Geldbeträge für einen Erbadel fehlten, in eine nur lebenslange Adelswürde beipflichtete. 1851 sollte ein Richter, der im Prozeß gegen Königin Karoline einer der Anwälte der Verteidigung gewesen war, als erster diese nicht-erbliche Stufe des Adels einnehmen. Victoria hielt das für »höchst wünschenswert« und schrieb dem Premierminister, Lord John Russell:

»Die Reaktion der Öffentlichkeit auf eine solche Neuerung hängt ganz wesentlich davon ab, ob der erste Fall seine Meriten hat. Dr. Lushington erscheint der Königin in dieser Hinsicht so einwandfrei verdienstvoll, daß sie zustimmen muß, mit ihm das Experiment zu beginnen[139].«

Der Richter lehnte jedoch die Würde ab, und das Novum wurde vertagt. 1870 kam das Thema von neuem auf; aber erst sechs Jahre später zog der erste nichterbliche Pair ins Oberhaus ein. Ausländer waren dort so wenig zugelassen wie im Unterhaus. Aber der wachsende Druck der neuen Oberschicht in Dominien und Kolonien machte sich auch im Wettlauf um britisches Sozialprestige geltend.

Das geschah zunächst eher in umgekehrter Form: Der einheimische Adel heiratete in auswärtiges Geld ein. Die Verbindung von Lord Randolph Churchill mit der amerikanischen Erbin Jennie Jerome erregte 1874 großes Aufsehen, war aber durchaus nicht der erste Fall. Ein Jahr vor Victorias Thronbesteigung gelang es einem Trio amerikanischer Mädchen, den Caton-Schwestern, sich drei Mitglieder des englischen Adels zu erobern: den Marquis von Carmarthen, den Marquis von Wellesley und Lord Stafford. Der Generalgouverneur von Kanada, der Marquis von Lansdowne, empfahl Königin Victoria 1887 zwei verdienstvolle Männer, deren Eintrittspreis ins Oberhaus bei dieser Gelegenheit bekannt wurde:
»Lord Landsdowne erhielt letzte Woche von Sir Donald Smith und Sir George Stephen eine Einzahlungsbescheinigung über eine Million Dollar, ausgestellt auf seinen Namen als Treuhänder des Royal Victoria-Krankenhauses in Montreal. Sir Donald hat ferner 100000 Dollar für ein Institut zur Weiterbildung von Frauen gestiftet und wird diese Summe wahrscheinlich auf eine halbe Million Dollar erhöhen. Er befindet sich derzeit in England, und Lord Lansdowne ist sicher, daß es ihn sehr ehren würde, fände Eure Majestät die Möglichkeit, ihn wissen zu lassen, daß Eure Majestät von seinen großzügigen Spenden in Kenntnis gesetzt ist. Er ist das Muster eines alten Schotten, rauh aber herzlich, und begann seine Laufbahn bei der Hudson-Bay-Gesellschaft unter den härtesten Bedingungen im Nordwesten Kanadas[140].«
In ihrem Jubeljahr – ein halbes Jahrhundert Königin – konnte Victoria einem solchen braven Schotten, der in seinem Charakter offenbar sehr an ihren langjährigen Leibdiener John Brown erinnerte, Huldbekundung in Form von Adelswürde nicht verweigern; sie machte ihn zum Lord Mountstephen, der Mitwohltäter wurde Lord Strathcona.
Im Balanceakt der Dreiheit von König, Oberhaus und Unterhaus glaubte die Adelskammer ihrer ökonomischen Bedeutung wegen auch noch bei Beginn von Victorias Herrschaft der mächtigste Partner zu sein. Das House of Lords schrieb sich die Aufgabe zu, den Monarchen an Willkür und das Unterhaus an Umstürzen zu hindern. In der nützlichen Verwechslung von materieller Unabhängigkeit mit politischer Neutralität, wie sie großem Reichtum oft eigen ist, sah sich das Oberhaus insofern bestätigt, als es den Whig-Regierungen eine Tory-Opposition entgegenstellte. Solange von seiten des Monarchen allerlei Selbstherrlichkeit drohte, also noch unter George III. und George

IV., waren viele Mitglieder des Unterhauses durchaus zufrieden, daß die Barone, Grafen und Herzöge manchmal zu Verbündeten gegen die Krone gewonnen werden konnten. Sobald jedoch mit der Emanzipation der Katholiken (1829) die Serie jener Reformen begann, die das mächtiger werdende Kabinett gegen eine Koalition aus schwächer werdendem König und defensivem Oberhaus durchzudrücken suchte, begann damit auch ein Kampf der Adelskammer um ihre Position im Staat. Selbst britische Geschichtswerke, die nicht aus einer klassenkämpferischen Einstellung urteilen, haben über die Lords nichts Gutes zu sagen:
»Die Rolle des Oberhauses im 19. Jahrhundert ist beklagenswert... Von der Befreiung kleiner Kinder von den Quälereien der Schornsteinfeger bis zur Gleichstellung der Millionen von Katholiken, von der Abneigung gegen die Fabrikgesetze bis zur Verteidigung des Monopols einiger weniger Theater – immer erwies sich das Oberhaus als ein Hindernis auf dem Wege zu Reformen, die in sich vernünftig waren und vom ganzen Land gefordert wurden. Dabei waren die geistlichen Lords kaum weniger engstirnig als die weltlichen[141].«
Am Beispiel des Oberhauses läßt sich der allmähliche Wandel der politischen Gesinnung der Königin sehr gut beobachten. Als anfänglich glühende Parteigängerin der Whigs haßte sie das House of Lords, wenn es der Regierung Melbourne Schwierigkeiten machte. In den verschiedenen Attacken des Unterhauses gegen die Widerstände der Lords kam es nicht selten zu Vorschlägen, der Adelskammer durch eine Überschwemmung mit liberalen Pairs das konservative Übergewicht zu nehmen; eine Minderheit forderte sogar die Abschaffung. Durch den Tod Alberts ihrer Stütze beraubt und durch das Aufkommen Disraelis in dessen politisches Fahrwasser geraten, entwickelte sich Victoria mehr und mehr zu einer Konservativen. Sie lehnte alle Veränderungen der Machtstruktur ab, ließ aber Raum für Ideale wie Gewissensfreiheit, Gleichheit der Rassen, Aufstiegsmöglichkeiten, mehr Tierschutz und Hygiene, Freihandel sowie eine – wenn auch meist auf Wohltätigkeit begrenzte – Verbesserung der Lage der Armen. Insofern es auf diesen Gebieten Widerstände von seiten des Adels gab, wurde dieser von Victoria weiterhin als halsstarrig und unbelehrbar bezeichnet. Aber die Frage nach der politischen Daseinsberechtigung nichtgewählter Gesetzgeber stellte sich für die Königin nicht einmal nach der Einführung des geheimen und fast schon allgemeinen Wahlrechts in den 80er Jahren.

In einem Ideal freilich trafen sich Königin, Tories und die Mehrheit der Whigs: Der Bereich staatlicher Tätigkeit konnte nicht eng genug gehalten werden. In solchem Widerwillen gegen zuviel Administration steckte noch nicht der moderne, atavistische Überdruß an Paragraphenfülle und Zuständigkeitsdschungel auf einem Vielmilliarden-Planeten. Das Nichtregieren war vielmehr ebenso eine Form der Beeinflussung der Dinge wie das Regieren auch[142]. Ein System allgemeiner Schulbildung zum Beispiel konnte es ohne staatliche Initiative nicht geben, und Bildung aller oder Erziehung weniger, so glaubte die Oberschicht, bedeutete soviel wie Revolution oder Ruhe. Auch der Bereich der Wirtschaft blieb mit Ausnahme von Zöllen und rudimentären Fabrikgesetzen nahezu völlig sich selbst überlassen. Lord Melbourne verfügte als Innenminister im Kabinett Grey über einen Beamtenstab von 15 Personen; hinzu kamen zwei von ihm ernannte politische Mitarbeiter. Diese 18 Männer waren in den Jahren von 1830 bis 1834, also während der nationalen Erregung über das erste der Wahlreformgesetze, verantwortlich für Ruhe und Ordnung, Polizei-Einsatz und Gefängniswesen, aber auch andere Probleme, für die es entweder kein eigenes Ressort gab oder die ganz einfach neu auftauchten, zum Beispiel die immer zahlreicheren Gewerkschaften. Die Überarbeitung der Beamten war bekannt. Mangel an ausreichender Vorbereitung auf den Staatsdienst verschärfte das Übel[143]. Melbourne selbst konnte, wenn er eine auftauchende Sachfrage erst einmal lange und kühl durchdacht hatte, hart daran arbeiten, wenn auch nicht ausdauernd. Er war durchdrungen von

»einem ständigen Wunsch, als brillanter Amateur zu gelten und nicht als ernsthafter Profi[144]«.

Das britische Weltreich zu Beginn der Herrschaft Victorias wurde also von ein paar reichen Amateuren mit wenigen und schlecht bezahlten Gehilfen regiert. Erst allmählich mischten sich die ersten Vertreter einer späteren, mehr dezidierten Amtsauffassung darunter, die begütert sein konnten wie Peel oder mäßig wohlhabend wie Gladstone. Es gab Übergangserscheinungen, die den Eindruck erweckten, sie seien ihrer Adelsposition und ihrer großen Güter wegen eher noch Nebenberufspolitiker alten Stils, die aber in Wirklichkeit bereits erstklassige Kenner ihrer Materie waren wie Palmerston oder zumindest unermüdliche Minister wie Russell. Unverzeihliche Personalmängel gab es nicht nur in Melbournes Innenministerium. Castlereagh, dessen Name in Europa allenthalben bekannt war, verwaltete die Außenpoli-

tik des Reiches mit 28 Beamten. In der britischen Armee waren, wie Victoria noch 1882 hören mußte, Kenntnisse eher hinderlich:
»Eine der berechtigten Beschwerden in der Truppe ist es seit langem, daß Artillerie- und Pionier-Offiziere von Ernennungen zu Kommandierenden Offizieren und Stabsoffizieren ausgeschlossen sind. Mit anderen Worten: Gerade die vom militärischen wie vom wissenschaftlichen Standpunkt bestausgebildeten unserer Offiziere werden am Aufstieg in höhere Posten unserer Armee gehindert[145].«
Das britische Unterhaus hielt es erst 1826 für nötig, eine Bibliothek anzulegen, in der man nachschlagen konnte, was das Haus früher beschlossen hatte oder was seine Mitglieder durften und nicht durften. Die Leiter von Bergbau-Unternehmen mußten erst von 1872 an nachweisen, daß ihnen die Technik dieses gefährlichen Erwerbszweiges vertraut war. Fremdsprachenkenntnisse unter Diplomaten waren, sobald es über das Französische hinausging, Glücksache. Die Whig-Aristokratie hielt sich viel auf eine umfassende Ausbildung in der antiken Traditon zugute. Premierminister Derby reagierte immer etwas verärgert, wenn der überemsige Disraeli, sein Finanzminister, ihn auf seinem Landsitz in Knowsley besuchte und bei der Lektüre und Neuübersetzung Homers störte. Melbourne zog sich im Alter nicht aufs Geldmachen zurück, sondern holte den Cicero neu hervor. Aber das waren Freizeitwerte, nicht Amtsqualifikationen: In der Odyssee stand nichts über die nötigen Flottenstärken im Mittelmeer oder das moderne Seerecht der Dardanellen. Disraeli lehnte 1852 das Angebot, Finanzminister zu werden, zunächst mit dem Hinweis ab, er wisse nichts über den Staatshaushalt. Derby beruhigte ihn:
»Sie verstehen davon nicht weniger als Canning auch. Man wird Ihnen die Zahlen geben[146].«
Kein Wunder, daß Disraelis erstes Budget von einem Fachmann wie Gladstone derart vernichtend kritisiert wurde, daß das Kabinett des Hellas-Experten Derby nach zehn Monaten zurücktreten mußte. Aber auch Gladstone selbst war elf Jahre zuvor Handelsminister geworden, ohne eine Ahnung von der Materie zu haben. Lord John Russell merkte erst sehr viel später, daß sein Internatstutor Dr. Cartwright der Erfinder des mechanischen Webstuhls gewesen war: Den reichen Adelssohn hatten solche ungeistigen Nebenbeschäftigungen seines Schulmeisters nicht interessiert.
War also Victoria, die Amateurkönigin ohne rechte Vorbildung für ihre Aufgabe, nicht wie geschaffen für solche Zeiten? Auch sie konnte

gelegentlich und kurzfristig hart arbeiten, tat es auch während des ersten Herrschaftsjahres, zeigte aber bereits Ende 1838 Zeichen von Müdigkeit, was das Übermaß der zu bewältigenden Papiere, der durchzustehenden Audienzen und der immer neu auf sie hereinbrechenden Probleme der inneren und äußeren Politik anging. Auf komplexe Zusammenhänge reagierte sie irritiert. Manches konnte auch Melbourne nicht genügend vereinfachen, und hinter seinen beruhigenden Worten, alles werde sich schon zum Besten wenden, spürte sie die Rücksichtnahme auf ihre eigene Unzulänglichkeit. Auch an ihrem Hof war sie von adligen Amateuren umgeben. Über die Pagets, die Familie von Lord Uxbridge, die sowohl bei Victoria wie auch bei Lord Melbourne beschäftigt waren, notierte die Königin einen Ausspruch, den vermutlich Lord M. getan hatte:

»Das Paget-System besteht darin, nie etwas zu lernen und sich dann strikt daran zu halten[147].«

Die Königin erörterte mit ihrem engeren Hofpersonal nie Staatsaffären. Das bezog sich natürlich nur auf Kabinettsentscheidungen oder außenpolitische Verwicklungen. Über Land und Leute dagegen redete sie sehr wohl auch mit den gehobeneren und gebildeteren ihrer Hofdamen. Unter ihnen hatte sie solche, deren Verhältnis zu ihr an Freundschaft grenzte. Die Herzogin von Sutherland[148] zum Beispiel, als Oberkämmerin dem weiblichen Hofstaat vorgesetzt, war von ihr wegen exquisiter Schönheit und eines »leidenschaftlichen sozialen Bewußtseins« in diesen Rang erhoben worden. Mit ihr konnte man Lord Melbournes katastrophale Ehe diskret erörtern, wenn auch die Eifersucht der Queen darauf achtete, daß die Herzogin selbst nie zu dicht bei Lord M. saß; die Tischarrangements machten das leider manchmal unvermeidlich. Was das »soziale Gewissen« anging, so hatte sich die Herzogin zum Beispiel der Abschaffung des Sklavenhandels in Übersee gewidmet. Harriet Leveson-Gower, um ihren Familiennamen zu nennen, hielt in London ein extravagant gastfreies Haus, in dem sie später Garibaldi mit Lord Derby bekannt machte, polnische und italienische politische Flüchtlinge bewirtete und mit Shaftesbury Reformen diskutierte. Greville freilich, der eigenwillig beobachtende Kabinettssekretär, bezweifelte, ob Victoria die Herzogin wirklich leiden konnte. Zum Neid auf physische Vorzüge kam der auf das unermeßliche Vermögen der Sutherlands hinzu: Victoria hegte jene teils romantische, teils handfest materialistische Vorstellung, der Höchste im Lande müsse auch der Reichste sein. Beim ersten Betreten des Landsitzes der Sutherlands sagte sie:

»Ich komme aus meinem Haus in Ihren Palast[149].«
1853 erschien in der »New York Herald Tribune« der Artikel von Karl Marx über »Sutherland und Sklaverei[150]«. Darin wies der Verfasser auf die jahrzehntelangen »Flurbereinigungen« hin, die auf den Liegenschaften der Familie in Schottland stattgefunden hatten. Man verstand unter diesem stark beschönigenden Begriff das Verpflanzen von Kleinpächtern an andere Orte, weil das Land zur extensiven Bewirtschaftung, etwa in Form von Massenschafzucht benötigt wurde[151]. Den Gesetzen moderner Produktionsmethoden entsprachen diese Vertreibungen ganz sicher. Als materielle Basis für die menschenfreundlichen Bemühungen der Herzogin um Unrecht in Übersee fand Marx sie empörend. Die Königin las sicher keines der vielen in England sofort nachgedruckten Exemplare des Artikels. Dabei war das Phänomen sozusagen gleichaltrig mit ihr. Die meisten dieser Zwangsbereinigungen waren in die Zeit zwischen 1806 und 1820 gefallen. Allein am Pfingsttag des Jahres 1819, sechs Tage nach ihrer Geburt, wurden 3331 Personen auf den Sutherland-Latifundien entwurzelt und verpflanzt. Dies freilich geschah noch zur Zeit von Harriets Schwiegervater. Ihr Mann jedoch, taub, aber in Geschäften tüchtig, setzte die Zwangsenteignungen fort, soweit das noch nötig war. Im Todesjahr von Karl Marx lagen die Grundstücke der Sutherlands mit insgesamt 1,3 Millionen Acres (5200 Quadratkilometer, anderthalbmal so groß wie das Ruhrgebiet) an der Spitze der Liste des britischen Bodenbesitzes[152]. Wer politischen Einfluß ausschließlich an ökonomischer Macht maß, für den mußte die Königin viele Stufen unterhalb der Adelsfamilien ihres Landes rangieren.
Im Register des »Kapitals« von Marx wird man Victorias Namen vergeblich suchen. Sie ihrerseits hat auch ihn, der nach neuen Behauptungen angeblich eine Zeitlang ihr eingebürgerter Landsmann gewesen sein soll[153], niemals als Individuum zur Kenntnis genommen, höchstens als einen jener vielen Ausländer, die Zuflucht im nichtrevolutionären England suchten. Deren Ausweisung als staatsgefährdende Elemente ist in Victorias Zeit immer wieder gefordert worden, nach 1848 vor allem und nach 1871. Das wurde ebensooft abgelehnt mit dem scharfsichtigen Argument, gerade die Furcht vor der Vertreibung mache diese Personen zu Feinden des Umsturzes in England, und das teile sich auch den einheimischen Radikalen mit, in deren Reihen sie als Kämpfer auswärtiger Revolutionen Ansehen genössen. Solange also Marx im Lande war, konnten die Sutherlands beruhigt schlafen. Wahrscheinlich hat er sie auch deswegen so gehaßt.

6
Erste Krisen

Peel – Der Hof

Recht bald schon, im Dezember 1837, wurde der Königin klar, daß das Herrschen nicht ein einziges Freudenfest sein konnte. Sie mußte sich mit einemmal von Lord Melbourne trennen, auf volle zwölf Tage, über Weihnachten. Sie selbst ging nach Windsor, er blieb in London. Es gab keinerlei Krisen, die Sonderberatungen des Kabinetts und folgende Rapports bei der Monarchin nötig machten. Auch wußten die Gentleman-Politiker jener Tage noch sehr viel leichter im Sinne ihrer Bequemlichkeit zu entscheiden, wann etwas Unvorhergesehenes wichtig genug war, die Feiertagsruhe zu unterbrechen. Nun bestand durchaus die Möglichkeit, daß Victoria ihren Mentor in nichtdienstlicher Eigenschaft zu Geselligkeiten aufs Schloß gebeten hätte. Sie nahm ihn ja damit nicht seiner Familie weg, denn er hatte keine. Doch solche Einladungen unterblieben. Daraus läßt sich nur schließen, daß Lord Melbourne nach einem halben Jahr devotester Tutorenpflicht jetzt einmal davon auszuruhen gedachte. Es galt vernachlässigte Verbindungen in der Hauptstadt zu pflegen. Der Whig-Premier mußte sich um seine Anhängerschaft Sorge machen. Die war im Unterhaus bei den Wahlen vom August um 34 auf 349 Mandate gesunken, während die Tories von 275 auf 309 angezogen hatten[154]. Bei der noch völlig losen Assoziation der damaligen Parteien und dem Fehlen jeder Fraktionsdisziplin konnte eine Mehrheit von 40 Stimmen im Nu verschwinden, wenn Lord Melbourne auch kaum ahnen mochte, daß ausgerechnet ein Streit über die Zuckerpflanzer auf Jamaika diese Wende bringen werde.
Victoria sah seine Abwesenheit nicht so politisch. Sie wußte genau, wo er sich abends aufhielt. Als er am 4. Januar – und zwar »um halb fünf«, wie sie notierte – wieder bei ihr auftauchte, »nach einer so langen Trennung, der längsten, seit ich Königin bin«, wurde die Lordschaft sofort katechisiert. Melbourne räumte ein, »ein- oder zweimal bei Lord Holland gegessen zu haben[155]«. Der (3.) Baron Holland,

ein überzeugter Whig wie seine ganze Familie, deren berühmtestes Mitglied Charles James Fox gewesen war, besaß nach weiten Reisen einen ausgedehnten Freundes- und Bekanntenkreis, der selbst Männer wie Napoleon eingeschlossen hatte. Er war sechs Jahre älter als Melbourne, diente unter ihm als Minister für das Herzogtum Lancaster und kam in dieser Eigenschaft mit dem Hof in ständige Berührung, denn die Einkünfte aus jenem fiktiven Titel, dem jedoch sehr reale Grundstücke zugeordnet waren, flossen ja neben der Staatszuwendung in die Kasse der Königin. Lord Holland übersetzte gern aus dem Spanischen und Italienischen, kannte so ungeläufige Höfe wie den preußischen gut und hinterließ die damals viel gelesenen »Memoiren der Whig-Partei« sowie aufschlußreiche Tagebücher.

Nicht auf ihn jedoch, sondern auf Lady Holland richtete sich Victorias leicht eifersüchtiger Argwohn. Elizabeth Vassall war ihrem ersten Mann davongelaufen, um den vier Jahre jüngeren Lord Holland zu heiraten. Solche Vergangenheit wurde in manchen Kreisen nie vergeben; Holland House, eine Attraktion für viele Männer und Söhne, wäre von deren Frauen oder Müttern nicht betreten worden. Dort galt die Gastfreundschaft als unbegrenzt; in den Weiten des Hauses fand sich auch Nachtbleibe für alle, die sich von Lady Hollands exzentrischer Freimütigkeit bis in den Morgen fasziniert zeigten. Die Dame des Hauses war in London berüchtigt dafür, daß sie ihre Gäste beständig aufscheuchte, in andere Räume schleppte und dort unter neue Gruppen mengte, von denen sie die Hälfte der Anwesenden in wieder andere Gesellschaft mitnahm. Diese Unsitte war damals noch weitgehend unbekannt und nichts als ein raffinierter Trick, mit dem Lady Holland den Ruf ihrer Parties verbreitete. Mindestens hundert Menschen konnten sagen, sie hätten gestern abend in Holland House den Premierminister und die Botschafter Rußlands und Österreichs getroffen, nicht nur über, sondern mit Lord Byron geredet oder John Nash ihren Neubau erklärt. Jetzt, Anfang 1838, war Lady Holland bereits Ende 60, also ein halbes Jahrhundert älter als Victoria, deswegen aber nicht das, was man eine abgeklärte Dame nennen mochte. Unerwartet konnte ein Gast zur Favoritenrolle aufrücken und durfte mit ihr aus einem der Salons ins Boudoir überwechseln, wo er einer Exklusiv-Unterredung gewürdigt wurde, während ihr Page, vor ihr kniend, mit den Armen bis an die Ellbogen unter ihren Röcken verschwand. Uneingeweihte Zeugen dieser Befremdlichkeit wurden anschließend von Freunden des Hauses dahingehend belehrt, diese Son-

deraudienzen seien nur der Vorwand der Hausherrin, sich außer Sicht der Gesellschaft ihre Krampfadern massieren zu lassen.
Victorias Mutmaßungen, Lady Holland betreffend (»Was hat sie nur, was ich nicht habe?«), sind also leicht zu beantworten. Die Baronin war jeden Tag, was die Königin keine Stunde ihres Lebens zu sein vermochte: frei von der Furcht vor dem, was wohl die Leute denken mochten. Selbstquälerisch vertrieb sich Victoria die Trennung von Melbourne mit dem Versuch, mehr über seine verstorbene Frau Caroline in Erfahrung zu bringen. Die Herzogin von Sutherland, die kaum blind gewesen sein kann für die strahlenden Blicke der Monarchin auf den Premierminister, gab eine wohldosierte Erzählung der Tragödie: »Sie war der seltsamste Mensch, der je gelebt hatte, halb verrückt, und ganz, als sie starb. Keine Schönheit, aber sehr gescheit, und sie konnte sehr fröhlich sein. Sie quälte den ausgezeichneten Lord Melbourne auf alle nur mögliche Weise, wo es doch ihr Stolz hätte sein müssen, ihn glücklich zu machen. Er war der aufmerksamste Ehemann und ertrug alles bewundernswert. Jeder andere Mann hätte sich von einer solchen Frau getrennt. Heute hat er einen Horror vor allen Frauen, die irgendwie exzentrisch oder extravagant sind. Daran kann man ablesen, was er alles durchgemacht haben muß. Die Herzogin hat die merkwürdigsten Geschichten über sie erzählt[156].«
Das schrieb sie auf, obwohl sie es besser wußte, denn vor Lady Holland hatte Lord M. keineswegs einen Horror. Man verfolgt die Verwirrung der Gefühle nicht ohne Mitleid. Wäre Victoria als Tochter irgendeines unwichtigen Lords dem Premierminister auf einer Gartenparty vorgestellt worden, er hätte wohl nur aus Höflichkeit Notiz von ihr genommen. Doch nun, da er sie als Königin verehrte, mußte sie sich quälen mit Gedanken an seine 12 Jahre ältere Gastgeberin und seine vor 12 Jahren gestorbene Frau. Eine neue Unruhe kam über sie und wurde von der Aufregung des Krönungstages nur zeitweilig verscheucht. Es war das Unbehagen beim Gedanken an die eigene Heirat. Irgendwann mußte sie kommen. Aber würde sie nicht die neugewonnene Lebensform sogleich wieder zunichte machen? Sollte die Ehe ein Fehlschlag werden, dann wäre alles verloren, Lord M., die Freude am Herrschen und die Möglichkeit, *allein* zu sein.
Nahm sie nun zu, weil sie beunruhigt war, oder irritierte sie die Aussicht auf Ehe, weil sie sich nicht mehr jung und schön vorkam? Die Taille rundete sich, und die Haare, deren Blondheit Lord M. so gelobt hatte, dunkelten nach. Die Gewichtszunahme mußte mit Melbourne

besprochen werden (so schmerzlich es auch war), denn mit ihm durfte nichts unerörtert bleiben. Er wußte so gut wie sie, woran es lag: am guten Appetit der Hannoveraner, was eine freundliche Umschreibung dafür war, daß die Königin im Sommer ihr frisches Bier liebte und im Winter dem stark gesüßten Glühwein reichlich zusprach, daß sie ihre Speisen stets kräftig würzte und dann um so mehr trinken mußte. In den letzten, widrigen Jahren vor der Thronbesteigung hatte sie sich das reichliche Essen aus Kummer angewöhnt, auch wenn die Baronin Lehzen davor warnte. Nicht einmal das Aussehen ihrer ähnlich gebauten Mutter konnte sie über gute Vorsätze hinausbringen. Im Dezember 1838 wurde sie gewogen und notierte voller Entsetzen 8 Stones und 13 Unzen. Bei einer Körpergröße von knapp anderthalb Metern war sie also mit 51,2 Kilo nicht gerade allen Proportionen entlaufen. Doch Melbournes Versicherung, eine Frau habe am besten eine volle Figur mit schöner Büste, fruchtete nichts und schien nur einer jener Trostsprüche zu sein, die er wider besseres Wissen gab, wenn auch in guter Absicht.

Ein Jahrzehnt später schrieb Victoria an König Leopold über die Jahre zwischen der Thronbesteigung und der Heirat mit Albert:

»Es wird Dich betrüben zu hören, daß unser guter, lieber, alter Freund Melbourne im Sterben liegt. Es besteht keine Hoffnung... Unvergeßlich, wie gut und freundlich und liebenswürdig er war. So viele Erinnerungen steigen auf, obwohl ich diese Zeit weiß Gott nicht noch einmal erleben möchte[157].«

Die beiden Krisen, die ihr das Leben um die Zeit ihres 20. Geburtstages verleideten, sind mit der Flora-Hastings-Affäre und dem Streit um die Zusammensetzung ihres Hofstaates nur stichwortartig beschrieben. Beides hatte tiefere Gründe. Es zeigte sich, daß die Königin von Melbourne zwar zu ihrem Entzücken, nicht aber immer auch zum Wohle des Staates in dessen Funktionen und Geheimnisse eingeweiht worden war.

Lady Flora Hastings war eine schlanke, gutaussehende Person. Als Hofdame der Herzogin von Kent – so war sie bei der Krönung dabei – hatte sie sich stets auf Conroys Seite geschlagen, und so mußte jeder ihrer Vorzüge in den Augen der Königin zum Nachteil werden. Conroy stand weiterhin im Dienst der Herzogin, und was die Mutter unternahm, um ihren Sekretär aufzuwerten, durchkreuzte die Tochter nach Kräften. Briefe wurden darüber geschrieben und aus einem Teil des Palastes in den anderen getragen, denn Auge in Auge ließ sich der

Streit nicht ausfechten. Conroy offiziell zu empfangen lehnte Victoria glatt ab:
»Ich dachte, Du würdest nicht erwarten, daß ich Sir John Conroy einlade, nach seinem Benehmen in den letzten Jahren, und erst recht nach der unverantwortlichen Art, in der er sich mir gegenüber aufführte, kurz bevor ich den Thron bestieg... Ich glaubte, Du wärest vollkommen zufrieden mit dem, was ich für Sir John Conroy getan habe, als ich ihm 3000 Pfund pro Jahr als Pension zuwies, was nur Minister bekommen, und ihn in den Baronetsrang erhob... Ich war sicher, mehr würdest Du nicht erwarten...[158]«
Das war im Herbst 1837 gewesen. Im folgenden Jahr ließen sich die Finanzen der Herzogin so schlecht an, daß es in der Presse Angriffe auf Conroy gab. Ganz ungeniert fiel die Frage, woher er das Geld habe, ein Grundstück in Wales kaufen zu können. Da die Königin wußte, daß die Schulden ihrer Mutter nur noch durch die Großzügigkeit des Bankhauses Coutts[159] in Grenzen gehalten wurden, glaubte sie solchen Anwürfen gegen Conroy Wort für Wort. Flora Hastings galt ihr als seine »Spionin«. Einer Versöhnung mit der Mutter, die Victoria aus Gründen der Hofoptik gern in die Wege geleitet hätte, stand Conroy im Wege. Die Verstrickungen von Kensington Palace waren also noch nicht vorüber, wie die Königin mit wachsendem Unbehagen erkennen mußte.
Es ist verständlich, daß sie versuchte, das Netz an seiner vermeintlich schwächsten Stelle zu zerreißen. Die Gelegenheit bot sich im Februar 1839, als Lady Flora auf Victoria und die Baronin den Eindruck zu machen begann, sie erwarte ein Kind. Hofarzt Clark »kann den Verdacht nicht leugnen«, notierte die Königin im »Tagebuch«[160]. Melbourne wurde verständigt. Sie witterte den Skandal, den sie haben wollte, und in blinder Genugtuung wußte sie auch sogleich, in welcher Richtung sie die Schuld zu suchen hatte:
»Der schlimme Grund zu all dem liegt bei dem Monster, dem leibhaftigen Dämon, dessen Namen ich nicht zu nennen wage[161].«
Zwei ihrer zuverlässigen Ratgeber fehlten ihr in dieser Zeit: Stockmar befand sich mit Albert in Italien, und die belgische Krise hielt bis etwa zum April 1839 an, so daß während dieser Zeit auch der Briefwechsel mit König Leopold sich auf familiäre Freundlichkeiten beschränkte. Victorias Ratgeber in der Hastingsaffäre, die ihren Anfang im Februar und ihr Ende Anfang Juli nahm, war Lord Melbourne. Doch seine Welterfahrung versagte, als es die Gefährlichkeit dieser »Weibersache« abzuschätzen galt.

Das Gerede gegen Lady Flora und John Conroy beruhte darauf, daß beide einige Wochen zuvor mit der Tag- und Nachtkutsche von Schottland nach London gereist waren. Dr. Clark schien den Verdacht zu bestätigen, als er im Februar Lady Flora, die wegen ihrer »Schwellungen« seit einiger Zeit in Behandlung bei ihm stand, aufforderte, sich unbekleidet untersuchen zu lassen. Das begründete er nicht medizinisch, sondern mit dem Hinweis auf Gerüchte am Hofe – so jedenfalls stellte es Lady Flora später dar. Sie wies das Ansuchen Dr. Clarks zunächst zurück, womit sie sich so unvernünftig verhielt wie der Arzt. Eine andere Hofdame, Lady Portman, ließ durch ihren Mann die Herzogin von Kent wissen, entweder stimme das Gerücht, dann habe Lady Flora zu gehen, oder es stimme nicht, dann müsse es sofort aus der Welt geschafft werden.
Am 17. Februar kam es zur gewünschten Untersuchung. Sie wurde vorgenommen von Sir James Clark und seinem Namensvetter Sir Charles Clark, den Lady Flora benannt hatte. Beide Ärzte stellten eine Unterleibserweiterung fest. Was deren Ursache jedoch immer sein mochte: Lady Flora befand sich im Zustand der Jungfräulichkeit, der wurde ihr testiert. Das hielt Sir James Clark nicht davon ab, dem Premierminister gegenüber das alte Doktorenlatein von den berühmten Ausnahmefällen der Empfängnis einer Virgo intacta aufzutischen, womit nicht etwa nur die Gottesmutter gemeint war. Ende Februar begriff Victoria gleichwohl, was sie Lady Flora und sich selbst nun schuldig war, und sie empfing die Hofdame. Auch mit ihrer Mutter wurde die Sache besprochen und scheinbar bereinigt. Anfang März mochten die Königin und ihr Premierminister, der zumindest laut Victorias Tagebuch von Lady Floras Schwangerschaft immer noch überzeugt schien, die Hoffnung hegen, die Affäre, in der beide keine gute Figur gemacht hatten, sei vorüber und begraben.
Doch die Familie Hastings war nicht bereit, zu vergeben und zu vergessen. Von Lady Flora erfuhren einige Mitglieder des Clans die Hintergründe, die Art ihrer Behandlung und die kühle Verhaltensweise der Monarchin während der Laufzeit des Gerüchts. Mitte April veröffentlichte Lady Floras Mutter die Briefe, die sie an Lord Melbourne gerichtet und worin sie vergeblich um Genugtuung für ihre Tochter ersucht hatte. Sie erschienen in der »Times«, und Melbourne schnitt dabei gar nicht gut ab. Er war zu dieser Zeit auch im Parlament angeschlagen, und am 7. Mai 1839 sank die Mehrheit der Whig-Regierung auf fünf Stimmen, aus dem vorerwähnten Grund eines Streites dar-

über, ob man den sklavenhalterischen Zuckerpflanzern im fernen Jamaika aus London die Zähne zeigen solle oder nicht. Direktherrschaft und ein Aussetzen der Verfassung von Jamaika war der Vorschlag der Whigs, die in Eigentumssachen immer dann progressiv waren, wenn sich die Folgen weit außerhalb der Grenzen ihrer eigenen Liegenschaften abspielten. Daß 35 Whig-Abgeordnete die Regierung im Stich ließen, galt damals noch als ein Signal zum Rücktritt, obwohl nicht einmal eine Abstimmungsniederlage stattgefunden hatte. Aber die Whigs waren amtsmüde. Sie hatten seit 1830 nicht nur das Wahlreformgesetz durchgebracht, sondern eine ganze Reihe weiterer Änderungen auf bisher als unbetretbar geltendem Terrain, darunter eine wichtige Kommunalreform. Sie glaubten keine weitere Wahl mehr gewinnen zu können. Daß die vermehrte Wählerschaft nicht den Whigs folgte, die das Reformgesetz geschaffen, sondern den Tories, die es heftig bekämpft hatten, rechnete Melbournes Partei verständlicherweise zu den Ungerechtigkeiten des politischen Lebens.

Victoria fiel aus allen Wolken. Sie sah nicht ein, wie man im Besitz der Parlamentsmehrheit, sei sie auch noch so gering, je an Rücktritt denken könne.

»Ich erwachte um halb neun und hörte von Lord Surrey, daß wir nur eine Mehrheit von fünf gehabt hätten. Das traf mich bis ins Herz und erfüllte mich mit schrecklicher Angst... Ich schrieb an Lord Melbourne, daß ich dringend auf Nachricht von ihm warte. Meine Kurierpost war gerade weggegangen, als ein Brief von Lord Melbourne eintraf, worin er schilderte, was geschehen war, daß er von Lord John noch nichts gehört habe, aber fürchte, es bleibe keine andere Wahl – kann ich es zu Papier bringen! – als zurückzutreten, und er beschloß seinen Brief auf diese herrliche Weise: ›Lord Melbourne ist gewiß, daß Eure Majestät ihn nicht für zu anmaßend halten, wenn er seiner Furcht Ausdruck verleiht, diese Entscheidung werde für Eure Majestät sowohl schmerzlich wie ungelegen sein. Aber Eure Majestät werden der Krise in jener Festigkeit begegnen, die zu Eurem Charakter zählen, und mit der Redlichkeit und Ernsthaftigkeit, die Eure Majestät durch alle Schwierigkeiten hindurchführen werden. Es wird auch für Lord Melbourne sehr schmerzlich sein, den Dienst einer Herrin zu verlassen, die ihm eine so beständige Freundlichkeit und unbegrenztes Vertrauen entgegengebracht hat. Aber welche Aufgabe er nun auch übernimmt, er wird stets die tiefste Besorgnis für Eurer Majestät Wohlergehen und Zufriedenheit hegen und das Äußerste tun, das in seiner Macht liegt, um beides zu befördern[162].«

Melbourne war als Oberhausmitglied bei der Abstimmung nicht dabeigewesen und mußte also erst den Bericht seines Unterhausführers Lord John Russell abwarten. Selbst die Gefahr eines Regierungssturzes konnte offensichtlich die Amateurpolitiker nicht dazu bewegen, einmal früh am Morgen Kontakt miteinander aufzunehmen. Melbourne war dann mittags bei der Königin; bis zu diesem Zeitpunkt hatte noch keine Kabinettssitzung stattgefunden. Erst um 15 Uhr konnte Lord John der Monarchin mitteilen, das gesamte Kabinett sei für Rücktritt, was sie in Tränen versetzte. Victoria und Melbourne konnten vor Bewegung kaum sprechen:
»Sie werden mich nicht verlassen? Ich hielt seine Hand für einen Augenblick, denn ich konnte sie nicht freigeben. Er blickte mich so gütig, mitfühlend und anteilnehmend an, und sein ›O nein!‹ mit bewegter Stimme kam vor lauter Tränen kaum heraus[163].«
Melbourne und die Königin sahen sich am Nachmittag noch einmal. Der Premierminister lehnte es aber trotz Victorias Aufforderung ab, abends im Palast zum Dinner dabeizusein, das könne Mißdeutungen mit sich bringen. Statt dessen, so ließ er wissen, werde er bei Lady Holland speisen, was dem schmerzlichen Vorgefühl der Trennung noch einen besonderen Stich beigab. Melbourne hatte am Nachmittag ein Memorandum gebracht, worin er der Königin erklärte, was nun zu tun sei. Obwohl die Beinahe-Niederlage der Whigs ja durch eine rein negative Kombination von Linken und Rechten, »Radikalen« und Tories zustande gekommen war, kam nur Peels Partei allein für eine Regierungsbildung in Frage. Eine Mehrheit im Parlament besaß sie freilich auch nicht. Melbournes Rat lautete, sofort den Herzog von Wellington mit der Kabinettsneubildung zu beauftragen. Sollte er ablehnen, müsse die Königin Sir Robert Peel zu sich bitten. Das war formal inkorrekt. Abgesehen davon, daß Wellington durch seine Taubheit stark behindert und im übrigen bereits – als Napoleons Jahrgangsgenosse – 70 Jahre alt war, so hatte er auch die Führungsrolle des fast zwanzig Jahre jüngeren Peel längst anerkannt. Dieser war bereits einmal, im kurzlebigen Tory-Kabinett vom Winter 1834/35, Premierminister gewesen; Wellington hatte schon damals nur noch Peels Statthalter sein wollen. Hinter diese Entwicklung zurückgehen war schlechter Rat und mußte Peel düpieren.
Wenig hilfreich waren auch einige der Nebenbemerkungen des Memorandums. Melbourne riet der Königin, den Tories zwar unbefangen entgegenzutreten, ihnen aber auch zu versichern, am Vertrauen

der Krone in das Whig-Kabinett habe es nicht gefehlt »und sie scheide von ihm unter Zögern«. Er riet ihr ferner, einer Regierung Peel ohne Wellington nur unwillig zuzustimmen. Alle künftigen Maßnahmen der Regierung solle sie zuvor zu erfahren trachten. Das sei besonders deshalb so wichtig, weil bei dem bisher engen Vertrauensverhältnis zwischen Monarch und Premierminister solche Formalitäten nicht immer beachtet worden, weil nicht nötig gewesen seien[164]. Ein bemerkenswertes Eingeständnis: Lord M. hatte die Königin vor allem in den Umgang mit Lord M. eingeweiht, damit aber nicht auch in die Zusammenarbeit mit dem jeweiligen Regierungschef. Er hatte es sich so bequem wie möglich gemacht, ihr nur mitgeteilt, was er für angebracht hielt, und mußte fürchten, daß dies nun ans Licht kommen werde. Statt jedoch Victoria anzuraten, mit dem künftigen Premierminister ein neues, unbelastetes Verhältnis einzugehen, suchte er sie dahin zu drängen, die bisherige legere Regelung zu verteidigen. Die Königin selbst notierte:
»Der Schluß des Schriftstückes lautete: ›Eure Majestät sollten die Hoffnung ausdrücken, daß niemand in Eurer Majestät Hofstaat ausgewechselt werde, mit Ausnahme derjenigen, die sich politisch betätigen.‹ Lord Melbourne sagte: ›Ich glaube, das können Sie von ihnen verlangen.‹ Dem stimmte ich zu, und wir zählten diejenigen auf, die davon betroffen wären[165].«
Der Premierminister wußte, daß eine sehr große Chance bestand, das Scheitern der neuen Tory-Regierung schon sehr bald zu erleben. Dann würde Peel versuchen, den Anti-Whig-Trend der letzten Wahlen durch eine neue Parlamentsauflösung noch einmal zu nutzen. Je später das eintrat, um so besser für die Whigs. Die vielberedete Amtsmüdigkeit der Melbourne-Regierung war also taktischer Natur: Bis zu den nächsten Wahlen sollten die Tories gezwungen werden, eine möglichst glücklose Phase parlamentarischer Arbeit durchzustehen. Dabei konnte die Königin, an den Oppositionsführer Melbourne gebunden, von großer Hilfe sein.
Der Premierminister versuchte also die in solcher Lage unerfahrene, knapp 20jährige Königin gerade so fest als Parteigängerin zu halten, wie es nach seiner Verfassungsdeutung möglich war. Am nächsten Tag, dem 8. Mai, gab er die dafür nötige Parole aus:
»Es ist unter allen Umständen erforderlich, nicht irgendwelcher unfairer Machenschaften verdächtigt zu werden[166].«
Erforderlich für wen? Die Königin? Auf sie konnte rechtlich gar kein

Verdacht fallen, denn alles, was sie politisch tat, gehörte in die Verantwortung ihres Ersten Ministers. Solange Melbourne nicht durch einen Nachfolger ersetzt war, mußte er demnach decken, was die Königin in ihren Verhandlungen mit Wellington oder Peel tat oder unterließ. Da Peel über den Versuch der Regierungsbildung nicht hinausgelangte, fällt die volle Verantwortung der nun folgenden Ereignisse Melbourne zu. Victoria freilich glaubte, sie könne ihrerseits zur Abwendung der »Regierungskrise« etwas beitragen, und Melbourne forderte sie dazu, wenn auch in allgemeinen Worten, geradezu auf:
»Sie müssen versuchen, so gefaßt wie nur möglich zu sein und mit Festigkeit und Entschlossenheit zu handeln.«
Und er setzte hinzu: »Ich glaube, von Lady Flora werden Sie jetzt nicht mehr viel hören, das war alles nur zu Parteizwecken aufgebauscht worden[167].«
Eine fatale Verknüpfung der Geschehnisse. Zwar waren die Hastings überzeugte Tories und ließen im weiteren Verlauf der Affäre nichts unversucht, die Whig-Regierung mit den Vorgängen am Hof zu belasten. Aber die Unterstellung, Lady Flora habe sich eine vermeintliche Schwangerschaft ausgedacht, um damit Politik zu machen, war unterhalb der Würde des Premiers. Außerdem hatte nicht die Hofdame, sondern die Königin »das alles« aufgebauscht. Nun suchte Melbourne den Eindruck zu erwecken, Lady Flora und ihre Familie würden die »Attacken« einstellen, da ja das Ziel, ihn und die Minister zu stürzen, erreicht sei. Gleichzeitig lag in Melbournes ermunternden Worten eine Aufforderung an die Königin, den Regierungswechsel zu erschweren. Sie ließ er sozusagen, während seine Truppen sich absetzten, als Bollwerk des Widerstandes hinter den feindlichen Linien zurück. Victoria akzeptierte diese Rolle, ja sie war begeistert. Diesmal würde *sie* das Schwert tragen. Endlich ließ sich das Verhältnis der Jungfrau zum Dauphin richtig darstellen. 60 Jahre später freilich sagte die Königin ihrem Privatsekretär, auf die Krise dieser Maitage von 1839 zurückblickend: »Ich war sehr jung damals und würde wohl anders handeln, wenn sich das alles noch einmal ereignen sollte[168].«
Der Herzog von Wellington, den die Königin als ersten empfing, kam mit bösen Vorahnungen. Er wußte, was Victoria nach zwei Jahren vertrauten Umgangs mit Lord M. an den beiden Tory-Führern vermissen werde, und ironisierte einem Freund gegenüber die Ansprüche der Königin:
»Ich bin kein guter Plauderer, und Peel hat keine Manieren[169].«

Das Gespräch zwischen Victoria und dem Herzog fand am 8. Mai mittags statt und dauerte zwanzig Minuten, die erste selbständig geführte politische Unterredung ihrer Herrschaft. Denn was Lord Melbourne ihr auch an Ratschlägen mitgegeben hatte: sie war *allein*. Über den Inhalt des Gesprächs gibt es drei Niederschriften. Victoria teilte sich sofort anschließend dem amtierenden Premier und ihrem »Tagebuch« mit[170]. Wellington erzählte den Hergang seinem Freund Greville, aber erst nach Ende der Krise und wohl leicht von deren Verlauf beeinflußt, wenn auch nicht sehr, denn die wesentlichen Teile stimmen mit Victorias Fassungen überein[171].

Größte Vorsicht sprach sofort aus der ersten Antwort Wellingtons. Auf die Frage der Königin, ob er wisse, warum sie ihn zu sich gebeten habe, sagte er – laut Victorias Bericht an Melbourne –, er habe keine Ahnung. Die hatte er natürlich doch, denn als die Königin fortfuhr, sie scheide nur äußerst ungern von der bisherigen Regierung, merkte Wellington höflich an, niemand habe mit größerem Bedauern von deren Rücktritt vernommen als er. Dann kam man zur Sache, und die Königin bat ihn, ein neues Kabinett zu bilden. Wellington entschuldigte sich – so zu Greville – mit Alter und Taubheit, ferner aber auch – so Victoria zu Melbourne – mit seinem mangelnden Einfluß im Unterhaus, dem er als Lord nicht angehöre und das ihm nicht einmal zustimme, wenn er nur behaupte, Schwarz sei Schwarz. Sie müsse also Peel beauftragen.

Victoria rückte nun mit ihren beiden Forderungen heraus: Es dürfe keine Veränderung des Hofstaats geben, und Wellington müsse – als Vertrauensperson – im Kabinett mitwirken. Laut Greville antwortete der Herzog auf die Frage der Königin, was sie gegen Ernennungen im Hofstaat tun könne, die ihr nicht willkommen seien:

»Kämpfen Sie im einzelnen, soviel Sie wollen, aber stellen Sie keine grundsätzlichen Bedingungen, und Sie werden sehen, daß in jeder Hinsicht der Versuch unternommen wird, alle Ihre Wünsche zu berücksichtigen[172].«

In Victorias Bericht an Melbourne, der über zwei Seiten füllt, nimmt dieses erste Auftauchen der heiklen Frage nur den geringen Raum von fünf Zeilen ein:

»Die Königin erwähnte dann das Problem des Hofstaats und derjenigen Mitglieder, die nicht im Parlament sitzen. Der Herzog gab darauf keine entschiedene Antwort, sondern riet der Königin, nicht Bedingungen solcher Art an den Anfang zu stellen, sondern auf Vorschläge zu warten[173].«

Laut Wellington/Greville war Victoria damit einverstanden, was nachträgliche Rechtfertigung aus Tory-Sicht sein kann. Die Königin erwähnt in ihrem Brief an Melbourne nichts davon. Viel ausführlicher äußerte sie sich zur Person des Herzogs selbst:
»Die Königin sagte, sie habe mehr Vertrauen zu ihm als zu irgend jemand sonst in seiner Partei[174].«
Laut Wellingtons eigener Erzählung sagte sie ihm:
»Sie müssen mir versprechen, Außenminister zu werden[175].«
Der Herzog, den seine Zwitterrolle als General in der Welt der Politiker dazu geführt hatte, durch peinlich gewahrte Korrektheit alle Angriffe auf seine Person vorwegzunehmen, ließ sich auf keinerlei Zusagen ein; alles das müsse Peel entscheiden. Nach beiderseitigen Lobesworten für Lord Melbourne war die Audienz beendet.
Die Königin bat nun Sir Robert Peel zu sich. Er erschien kurz nach 14 Uhr, »bestürzt und verlegen«, wie sie Melbourne händereibend mitteilte. Der Mann, den Victoria später so überaus schätzte und der sicher ihr lebenslanger Vorzugspolitiker gewesen wäre, hätte er nur so schmeicheln können wie Disraeli, war vermutlich überhaupt nicht bestürzt, verlegen dagegen wohl sehr. Da der Fall des Whig-Kabinetts durch einen Antrag Peels im Unterhaus zustande gekommen war, konnte er nicht so aus den Wolken gefallen vor Victoria stehen, wie ihr das gern erschienen wäre. Peel hatte auf den Regierungswechsel hingearbeitet. Er saß seit 30 Jahren im Parlament und während der Hälfte dieser Zeit auch auf der Regierungsbank. Die Nachfolge in der Führung der Partei war ihm sicher, der Fairneß Wellingtons durfte er gewiß sein. Zur Bestürzung war also kein Grund gegeben. Wohl aber befand sich der 51jährige Peel in keiner sehr einfachen Lage. Die Partei-Neigungen der Königin waren ihm bekannt, und leider nicht ihm allein. Lord Melbourne berichtete einmal, daß sogar die Schüler in Eton, nach Victoria befragt, behaupteten:
»Sie hält uns für eine Brutstätte der Tories[176]!«
Peel hatte sich auch nicht erst von Wellington sagen lassen müssen, daß die Königin nur ungern Abschied von den Whigs nahm. Was darüber hinaus noch nötig war, um ein aufgeschlossenes Gespräch zu verhindern, hatte der Herzog in der Anspielung auf Peels Manieren angedeutet, wobei er seinerseits im Fehlen von Hofetikette und Schöntuerei sicher einen Vorteil sah. Der Tory-Führer tat sich in einer Gesellschaft schwer, in die er nicht geboren worden war. Die steife Staatskleidung, die er angelegt hatte, und eine geringe Verspätung machten es ihm auch nicht leichter.

»Im Palast wartete auf ihn eine kleine mürrische Frau von zwanzig Jahren in einem Zustand aus unterdrücktem Ärger, Elend und Nervosität. Mit strengem Gesicht, scharfer Nase und fliehendem Kinn war es eine unverkennbare Enkelin Georges III., die Peel gegenübertrat, als er hereingeführt wurde[177].«

Wieder nimmt die Zusammensetzung des Hofstaats nur wenig Raum im Bericht der Königin an Melbourne ein. Peel, der einem Kabinettsposten für Wellington zustimmte und die Aversion der Königin gegen Neuwahlen zur Kenntnis nahm, aber keine Festlegung wünschte, hatte damit bereits zwei Forderungen akzeptiert, hinter denen von seiten Victorias deutliche Partei-Interessen zugunsten der Whigs lagen, und einem scharfen Verstand wie dem ihres Gesprächspartners entging dergleichen nicht. Dann bat er um einen Vertrauensbeweis der Königin für die neue Administration und erwähnte die Hofdamen, soweit sie mit Whig-Politikern verheiratet seien. Sie wiederholte, was sie Wellington gesagt hatte. Peel legte sich nicht fest, versicherte aber, nichts werde geschehen, ohne sie zu konsultieren. Man trennte sich, der Politiker nicht unzufrieden, die Königin eigentlich auch nicht, denn ihr Bericht an Melbourne endet zwar mit abfälligen Bemerkungen über Peels »Manieren«, seine Kälte, die sie mit Lord Melbournes Wärme verglich, nicht aber voll Furcht vor gravierenden sachlichen Differenzen. Beim Zusammentreffen der Tory-Führer am Abend des 8. Mai argwöhnte denn auch niemand, die Hoffrauen könnten das Hindernis auf dem Wege zu Peels Amtsübernahme werden.

Zwar mußte es auffallen, daß die Königin das Thema sowohl im ersten wie auch im zweiten Gespräch aufgebracht hatte. Die Tories kamen jedoch gar nicht auf den Gedanken, daß sich eine Korrektur des stark von Whigs durchsetzten Hofstaats ernsthaft disputieren lassen werde. »Als Ergebnis der sorglosen Parteigängerschaft Melbournes war eine ungewöhnlich große Zahl von Frauen des Hofstaates mit den ausgeschiedenen Whig-Ministern eng verwandt. Darunter befanden sich die Frau von Lord Normanby, zwei Schwestern von Lord Morpeth, eine Schwägerin von Lord John Russell, eine Schwester von Lord Howick und eine Tochter von Spring Rice. Hinzu kamen mehrere Frauen und Verwandte von Whig-Mitgliedern des Oberhauses. Außerdem hatte sich unter der Ägide des dominierenden Paget-Clans ein recht laxer Ton am Hofe ausgebreitet. Lord Conyngham, der Lordkämmerer, und Lord Uxbridge hatten beide ihre Mätressen im Palast untergebracht... Peel dachte, daß diejenigen Hofdamen, die unmit-

telbar mit den Whigs verwandt waren, den Abschied nehmen würden und sollten[178].«
Um so erstaunter war er, als in der nächsten Audienz, am 9. Mai, nach anfänglicher Übereinstimmung, was einige der Herren des Hofstaats anlangte, das bloße Erwähnen der Damen die Königin veranlaßte, jede Konzession zu verweigern. Der Unterredung mit Peel war am Morgen ein Briefwechsel zwischen Victoria und Lord Melbourne voraufgegangen. Der Premierminister hatte noch einmal die Königin beschworen, Peel nicht zu mißtrauen; dessen Reserve im Umgang mit anderen Menschen sei kein Zeichen von Falschheit. Es bestehe keinerlei Feindschaft zwischen ihm, Melbourne, und dem Tory-Chef. Dann folgte ein Hinweis auf die Praxis der Ämterpatronage:
»Lord Melbourne zweifelt nicht daran, daß sie (die Oppositionsführer; d. Verf.) den Wünschen Eurer Majestät sofort nachgekommen wären, handelten sie nur für sich selbst. Aber Eure Majestät müssen daran denken, daß sie die Wünsche anderer zu befriedigen haben... Lord Melbourne rät Eurer Majestät, diese Frage des Hofstaats dringend als Eure Angelegenheit und die Eurer Wünsche zu verfolgen. Wenn aber Sir Robert nicht in der Lage ist, das zuzugestehen, geht es nicht an, ihn abzuweisen und ein Scheitern der Verhandlungen damit zu begründen[179].«
Man sieht die schwierige Lage der Königin. Sie sollte entschlossen ihre Wünsche verfolgen, aber daran nicht die Verhandlungen scheitern lassen. Das war ein Rat für einen erfahrenen Botschafter, einen versierten Geschäftsmann, einen geriebenen Politiker. Die junge Queen konnte damit nichts anfangen, denn sie sah nicht den Punkt, an dem ihre Forderung, hinter dem Verlangen Peels zurückzustehen, Standfestigkeit in Nachgeben umzuschlagen hatte. Sie sah diesen Punkt nicht, weil sie ihn nicht kannte. Also beschloß sie, so lange wie möglich standfest zu sein. Damit geriet sie in einen Kulissenkampf, vor dem Melbourne sie hätte bewahren müssen. Den Ratschlag: »Bleiben Sie unnachgiebig, was immer Peel sagt!« wagte er ihr nicht zu geben. Das Eingeständnis aber, daß sie gar keine Möglichkeit habe, sich gegen den neuen Regierungschef zu stellen, mochte er ihr nicht offen machen. Im Grunde überließ er sie sich selbst: Sie war »allein«. Die Unterredung vom 9. Mai ist später von beiden Teilnehmern verschieden wiedergegeben worden. Es ging im Grunde um ein einziges Wort. Wollte Victoria »alle« ihre Damen behalten, wie Peel es nach einigen Tagen im Unterhaus darstellte, oder hatte umgekehrt der Tory-Führer »alle« Damen auswechseln wollen, wie Victoria behauptete?

Peel versuchte es zunächst mit dem Hinweis, einige der Hoffrauen seien ja doch direkt mit den Whig-Ministern verwandt. Die Königin bestritt, mit ihren Damen je über Politik zu sprechen. Das mochte durchaus zutreffen, aber die öffentliche Meinung war davon nicht zu überzeugen, und auch das war für den künftigen Regierungschef ein Stück Politik. Peel versicherte, es gehe ihm nicht um die unteren Chargen des Hofstaates, sondern nur um die Hauptposten. Gerade die aber wollte Victoria nicht ausgewechselt wissen. Die Vorstellung, von lauter Tory-Damen wie Flora Hastings umgeben zu sein, machte sie schaudern. Außerdem zweifelte sie an Peels gutem Willen: Dessen ganze Partei war ihr suspekt. Früheren Königinnen, sagte sie, sei es niemals zugemutet worden, beim Machtwechsel in Downing Street ihre wichtigen Damen gegen solche der neuen Partei-Couleur austauschen zu müssen. Peel wies darauf hin, es mache einen Unterschied, ob es sich um eine selbst herrschende Königin wie sie oder um die Frau eines Königs handele wie Queen Adelaide. Nichts fruchtete. Peel zog sich zurück, nun wirklich bestürzt, und Victoria griff triumphierend zur Feder:

»Die Königin schreibt nur eine Zeile, um Lord Melbourne darauf vorzubereiten, was schon in wenigen Stunden der Fall sein kann. Sir Robert Peel hat sich sehr schlecht benommen und darauf bestanden, daß ich meine Damen preisgebe, worauf ich erwiderte, dazu werde ich niemals meine Zustimmung geben, und nie sah ich jemanden so erschrocken. Er sagte, er müsse sich mit dem Herzog von Wellington beraten und mit ihm gemeinsam zurückkehren; bis dahin müßten alle Verhandlungen unterbrochen sein. Er fragte, ob ich bereit sei, eine Entscheidung abzuwarten, und ich bejahte. Er war sehr verwirrt – das alles ist so gemein... Ich war ruhig, aber entschlossen, und ich glaube, Sie wären mit meiner Haltung und großen Festigkeit zufrieden gewesen. Die Königin von England wird solcher Hinterlist nicht nachgeben. Halten Sie sich bereit, Sie könnten bald gerufen werden[180].«

Hinterlist (»trickery«) war ein hartes Wort. Das empfand sie wohl auch selbst, denn am Nachmittag schickte sie – nachdem Wellington und Peel inzwischen ihre Ministerliste eingereicht, aber in der Hofdamenfrage wieder abschlägigen Bescheid bekommen hatten – an Melbourne einen Brief, in dem es hieß, er dürfe sie nicht für unüberlegt halten, aber sie sehe in dem allen einen Versuch der Tories, herauszufinden, ob und wie weit man sie in der Hand habe:

»Wenn Sir Robert Peel sich nur aus diesem Grunde weigert, ein Kabinett zu bilden, und das hielte die Königin für absurd, dann hat sie die Genugtuung, nichts als ihre eigenen Rechte verteidigt zu haben... Die Königin behält alle ihre Damen, und ihr Premierminister macht eine traurige Figur, wenn er deswegen aufgibt... Die Königin behält auch ihre Oberkämmerin, denn da er sagte, es sollten nur die ausgewechselt werden, die im Parlament sind, möchte ich gern wissen, ob man nun auch den Damen Sitze im Parlament geben will[181].«

Spätestens bei der Lektüre dieses Briefes muß Melbourne gemerkt haben, daß seine Schülerin im blinden Eifer, ihrem Mentor zu gefallen, das erste Examen nicht bestanden hatte. Denn daß sie »alle« Damen behalten könne, davon war nie die Rede gewesen. Jetzt gab es nur die Flucht nach vorn. Das Kabinett mußte sich hinter die Königin stellen. Am Abend des 9. Mai erfuhr dann Melbourne in einer dreistündigen Unterredung von Victoria den genauen Hergang des Gesprächs mit Peel und daß sie in der Tat erklärt habe, »alle« Damen behalten zu wollen, wichtige wie unwichtige, »politische« und »unpolitische«. Der Kreis der Hofdamen sei ihre Sache, wiederholte sie, nicht die der Minister. Am Ende des Gesprächs und nach den vielen besorgten Fragen Melbournes beschlichen nun auch Victoria erste Zweifel, ob sie es richtig gemacht hatte:

»Ich sagte Lord Melbourne, daß ich fürchtete, die Regierung in Verlegenheit gebracht zu haben, und daß ich ganz allein gehandelt hätte. Lord Melbourne sah es ein und sagte, ich hätte nicht anders handeln können. ›Ich muß das Kabinett einberufen‹, sagte er dann um halb zehn. ›Dies kann ernsthafte Folgen haben[182].‹«

Die Whig-Minister saßen bis zwei Uhr morgens beisammen und akzeptierten – notgedrungen – die Verantwortung für das Verhalten der Königin, so wie es ihnen durch Melbourne dargelegt wurde. Es herrschte keineswegs Einmütigkeit. Das Kabinett sah die Konsequenzen. Nach zwei Jahren Herrschaft schien die neue Monarchin in die gleiche gefährliche Starrköpfigkeit zu verfallen wie ihre beiden Onkel und ihr Großvater. So sehr die Whig-Politiker Peel die momentane Abfuhr gönnten, es war der Präzedenzfall, der sie bedenklich stimmte. Melbourne berichtete der Königin später über die Differenzen im Kabinett. Aber das war ihr dann nicht mehr wichtig. Sie hatte gesiegt: Noch in der Nacht hielt sie einen Brief Melbournes in der Hand, der ihr die Unterstützung »ihrer« Minister zusicherte. Nun konnte sie den Tories endgültig absagen:

»Die Königin hat den Vorschlag erwogen, den ihr Sir Robert Peel ge-

stern für das Auswechseln ihrer Hofdamen gemacht hat, und sie kann keinem Verfahren zustimmen, das nach ihrer Ansicht der Gewohnheit widerspricht und ihre Gefühle verletzt[183].«
Diese kurze, alle weiteren Verhandlungen beendende Note wurde um neun Uhr an Peel abgeschickt. Seine Antwort legte den Auftrag zur Regierungsbildung in die Hand der Königin zurück, bürdete ihr aber in aller Klarheit die Verantwortung für das Scheitern des Machtwechsels auf. Es war eine vollendete Aktennotiz des Gesprächs vom Vortage. Peel habe über die Neuregelung der »hauptsächlichsten« Posten des weiblichen Hofstaats gesprochen,
»worauf Eure Majestät zu bemerken geruhten, sich alle diese Ernennungen vorbehalten zu wollen und daß es Eurer Majestät Wunsch war, daß alle in ihren Stellungen bleiben sollten, ohne einen Wechsel[184]«.
Am Mittag des 10. Mai bekam Lord Melbourne im Buckingham-Palast dieses Schreiben Peels zu sehen.
»Ich gab ihm Sir Robert Peels Antwort, und er las sie. An der Stelle, wo Sir Robert sagt ›einige Änderungen‹, erschrak er, aber ich sagte: ›Einige oder alle, das ist das gleiche.‹ Worauf Lord Melbourne sagte: ›Das muß ich dem Kabinett zeigen[185].‹«
Der Premierminister bemerkte nun, daß die Königin ihm nicht die volle Wahrheit über ihre Gespräche mit Peel gesagt, daß sie also ihn wie diesen ausmanövriert hatte. Ohne Zögern schenkte er Peels Darstellung mehr Glauben als der Victorias. Das Kabinett hatte sich zum Verteidiger des nicht zu Vertretenden aufgeworfen. Konsequenterweise traten gerade diejenigen Minister für das Auswechseln einiger Hofdamen ein, deren Frauen von Peel gemeint waren; sie sahen das Unhaltbare der Lage. Man würde sie ständig beschuldigen, einträglicher Posten wegen auf die Königin eingewirkt zu haben, sie solle Peel abweisen. Aber nun war es zu spät, Peel hatte den Auftrag zurückgegeben. Nicht einmal der Herzog von Wellington mit seiner berühmten Vermittlungskunst war von Nutzen gewesen.
Gerade darüber konnten die Zeitgenossen sich nicht genug wundern. Noch Lytton Strachey, dessen Biographie der Königin im Jahre 1921 zum erstenmal von der schonenden Betulichkeit früherer Darstellungen abwich, faßte Victorias unverhohlenen Triumph in die Worte:
»Der verehrenswürdige Sieger über Napoleon war am unbeugsamen Gleichmut eines knapp zwanzigjährigen Mädchens gescheitert[186].«
Die Bezeichnung der Krise als »Bedchamber Plot« ist irreführend und

nur ein albernes Wortspiel, das auf dem Einfügen des Buchstabens L beruht. Von Verschwörung war keine Rede. Victoria hätte von Peel gezwungen werden können, aber dazu fehlte ihm die Parlamentsmehrheit. Melbourne übernahm mit seinem Kabinett, wenn auch ungern, die Verantwortung. Sicher ist am Rande intrigiert worden. Woher wußte eine den Whigs nahestehende Abendzeitung, der »Globe«, schon am Mittag des 9. Mai, daß die Königin die Tories durch ihre Haltung in der Frage der Hofdamen stark verärgert habe? Die Parlamentsdebatten, die unvermeidlicherweise folgten, betonten den Konsensus beider Parteien mehr als den Konfliktstoff, der in der Affäre lag. Peel verteidigte zwar sein Verhalten, unterließ es aber selbstverständlich, dasjenige der Königin bloßzustellen, was er durch schärfere Angriffe auf ihre Ratgeber leicht bewirkt haben würde. Die Minister selbst suchten ebenfalls soviel Unklarheit wie möglich zu verbreiten. Der Eindruck bei den Abgeordneten war der eines allgemeinen Mißverständnisses, über das man besser nicht viele Worte verlor.

Victoria hatte die drei prominentesten Politiker ihrer Zeit an der Nase herumgeführt. Doch deren verfassungskonformes Verhalten sorgte dafür, daß daraus eine Schwächung der Monarchie wurde, ein negativer Präzedenzfall. Fürs erste freilich hatte die Königin den lieben, den guten, den ausgezeichneten Lord M. wieder. Sie gab am 10. Mai den geplanten großen Ball und amüsierte sich bis drei Uhr morgens. Als dann aber doch einige Kritik einsetzte – ein paar mürrische Gesichter hatte sie schon auf dem Ball gesehen – und die Zeitungen in Pro und Kontra zerfielen, mehr dem letzteren zuneigend, wurde sie krank. Selbst die nach ihrer Meinung korrekte Darstellung der Vorgänge im »Observer« wurde ihr verleidet durch den Gedanken, es könne sich um eine offiziös inspirierte Meldung handeln. König Leopold bekam einen eher larmoyanten Brief, in dem sie sich außerstande erklärte, zu beschreiben, was sie alles durchgemacht habe. Zur Sache sagte sie: »Du kannst Dir leicht vorstellen, daß ich diesen Angriff auf meine Macht, vorgetragen von Leuten, die doch behaupten, die Prärogative des Monarchen zu verteidigen, energisch abgewiesen habe. Ich handelte ganz allein, aber ich wurde und ich werde unterstützt von meinem Volk, das sehr begeistert darüber ist und mir am Sonntag beim Kirchenbesuch zujubelte. Meine Regierung hat mir tapfer zur Seite gestanden und die Arbeit wieder aufgenommen, gestärkt durch die Stimmung im Volk[187].«

Ohne die Erfahrung langer Amtsjahre sprach sie von »meiner Macht«,

die sie nicht hatte, und »meinem Volk«, über das sie nichts wußte. In der überzogenen Rechtfertigung und dem Pathos der Wortwahl schwingt wohl schon die Einsicht in den begangenen Fehler mit. Wiederholungen blieben ihr in den nächsten Jahrzehnten erspart; erst im Alter kehrte sie intentionell zu den Kapricen des Jahres 1839 zurück. Dank der Zweck-Koalition der Gefoppten (Peel, Wellington, Melbourne) blieben die möglichen Folgen der Affäre aus. Es war nicht so wichtig, daß die Ablösung der Whigs durch die Tories nun um zwei Jahre hinausgeschoben, Melbournes langer Abschied noch einmal verlängert wurde. Gravierender war, daß sieben Jahre nach dem Reformgesetz, das die Stellung des Unterhauses und damit auch die der Minister stärkte, die Monarchin den Versuch unternahm, diese Entwicklung zu durchkreuzen. An ihrem Egoismus, an ihrer persönlichen Bequemlichkeit, die sie politisch verbrämte, sollte der Mechanismus der Machtablösung scheitern, ohne den das parlamentarische Spiel der Kräfte nicht ablaufen kann. Die Hofdamenkrise enthielt also Elemente eines möglichen Verfassungskonflikts. Wäre Peel wirklich der »Trickster« gewesen, für den Victoria ihn hielt, er hätte ihr die Lust an Hofbällen leicht verderben können.
Melbourne und Victoria waren nun wie ein Ehepaar, dem nichts Neues mehr vorkommen kann. Seit einiger Zeit gingen denn auch Gerüchte um, die beiden wollten heiraten. Die Skandal-Blätter sprachen von »Mrs. Melbourne«, so wie sie die Königin dreißig Jahre später als »Mrs. Brown« bezeichneten. Eine starke Abhängigkeit der beiden voneinander war ja auch kaum zu leugnen. Um so unzufriedener mußte die Königin sein, wenn sie ihre Zukunft bedachte. Sie hatte sich Melbourne noch einmal bewahrt, aber würde das ein zweites Mal möglich sein? Sehr bald schon konnte der gefürchtete Peel ihr täglicher Partner werden. Welchen Ausweg bot eine Eheschließung? War sie wirklich auf ihren Vetter Albert, den netten, aber etwas unbeholfenen Prinzen aus Coburg, schon unwiderruflich festgelegt? Warum sollte sie, die Königin, an Abmachungen sich gebunden fühlen, die ihre Mutter und ihr Onkel vor vielen Jahren getroffen hatten? Der Onkel war etwas in die Distanz gerückt, von Albert selbst hörte sie wenig, die Beziehungen zu Mamma verschlechterten sich gerade in diesem Sommer des Jahres 1839 von neuem. Denn nun stieg, wie ein Gespenst, weil fast zum Gerippe abgemagert, Lady Flora Hastings aus der Versenkung empor, in der Victoria und Melbourne sie längst verschwunden glaubten. So wie der Kabinettssekretär Greville überzeugt

war, die unbewußt sexuelle Abhängigkeit von Melbourne habe die Königin dazu veranlaßt, sich über die Verfassung hinwegzusetzen und Peel von sich fernzuhalten, so sicher war Lord Holland, daß die Flora-Hastings-Affäre der Königin im Ansehen des Landes mehr schade als die Krise um den Hofstaat.

Anfang Juni ließ Sir John Conroy plötzlich wissen, er lege seine Dienste bei der Herzogin von Kent nieder und gedenke ins Ausland zu gehen, zumindest für eine längere Weile, nach Italien zunächst und dann nach Bad Ems. Er war 52 und konnte auf keine Verbesserung seiner Position mehr ernsthaft hoffen. Seit einiger Zeit setzte ihm nicht nur Melbourne zu, das Verhältnis zwischen der Königin und ihrer Mutter durch einen Abschied zu entschärfen. Auch Baron Stockmar hatte jeden seiner kurzen Aufenthalte in England benutzt, um Conroy zum Rückzug zu bewegen. Nun nahm sich der Herzog von Wellington der Sache an. Wie hilflos er sich auch im Umgang mit der Königin erwiesen haben mochte – wenn es um einen bloßen Höfling und kleinen Hauptmann ging, bewegte sich der Ex-Premier und Oberbefehlshaber mit einer ganz anderen Sicherheit. Wellington war als Mediator und Krisenmakler gefürchtet, seine lakonischen Bemerkungen hoben die sorgsamste Verteidigung mühelos aus dem Sattel. Er wich im Gegensatz zu Melbourne keiner Entscheidung aus. Er ging also auch zur Herzogin selbst. Als sie Conroy entschuldigen wollte, sagte er brüsk: »Ich will keine Erklärungen; es genügt, daß die Königin nicht einverstanden ist[188].«

Das genügte überhaupt nicht. Wenn schon die Tochter die Verfassung halb auf den Kopf stellte, um ihre Hofdamen zu behalten, d. h. um den verehrten Melbourne weiter an ihrer Seite sehen zu können, dann stand wohl der Mutter zu, einen Privatsekretär ihrer Wahl zu verteidigen. Dem Traditionsverstande nach war zwar Victoria seit dem Tage ihrer Thronbesteigung Haupt der Familie und konnte deren Mitgliedern bestimmte Vorschriften machen, was das Heiraten, das Bekleiden von Staatsämtern oder die Annahme ausländischer Ehrungen anging. George III. hatte dieses Recht in rigoroser Weise nicht nur auf seine Kinder, sondern auch auf seine Geschwister ausgedehnt. Ob es aber auch rückwärts, also in die Elterngeneration, reichte, war schwer zu sagen. Von einer christlichen Königin durfte man schließlich auch die Ehrung des Vierten Gebotes erwarten.

Conroys Abgang beseitigte also einen Streitpunkt zwischen Mutter und Tochter, bereinigte aber nicht die Atmosphäre des Hofes. Denn in den Auseinandersetzungen um Lady Flora seit Februar des Jahres hatte sich die Herzogin offen auf deren Seite gestellt. Melbournes wegwerfende Bemerkung, der ganze Fall sei nichts als eine parteipolitische Ranküne gewesen, schien sich nun nachträglich zu bewahrheiten, als der Clan der Geschmähten sich zum Angriff auf die »Verantwortlichen« formierte. Inzwischen hatte sich Victoria durch ihre Auslegung der Zuständigkeiten für Hofdamen des Schutzes begeben, den ihr die Verfassung bot. Wenn sie und nicht das Kabinett die personelle Zusammensetzung ihrer Umgebung bestimmte, dann traf Melbourne keine Schuld an dem, was nun im Buckingham-Palast vorging. Konnte die Königin ferner darauf bestehen, wer Sekretär ihrer Mutter sein durfte und wer nicht, so trug sie auch die Verantwortung für Lady Flora.

Im Juni spürte der Premierminister, daß die Hastings-Affäre keineswegs zu Ende war, und er begann sich wieder für den Gesundheitszustand der Hofdame zu interessieren. Die Königin betäubte sich durch Äußerlichkeiten. Sie hatte sich Locken machen lassen (die Wangenküsse des Großfürsten von Rußland, der kurz zuvor mit ihr in Windsor getanzt hatte, waren ein starker Eindruck geblieben). Aber nicht nur deshalb stellte sie Melbourne die Frage, ob er nicht auch finde, sie sei so verändert, so schweigsam. Wenige Tage zuvor hatten zwei Damen des Adels die Monarchin auf dem Rennplatz von Ascot öffentlich ausgezischt. Zwar handelte es sich bei Herzogin von Montrose und Lady Sarah Ingestre »natürlich« um Tories, und Lord Melbourne versuchte sich zu opfern, indem er behauptete, man habe ihn gemeint und nicht sie. »Das ist dasselbe«[189], erwiderte Victoria mit der gleichen impulsiven Unlogik, mit der sie kurz zuvor erklärt hatte, »einige« Hofdamen zu verlieren sei soviel, wie »alle« hergeben zu müssen. Als das Gespräch nach Tagen noch einmal auf den Zwischenfall kam, fand die Königin, man müßte die beiden auspeitschen lassen, ein Vorschlag, der Lord Melbourne zugesagt haben mag[190].

Ende Juni hieß es plötzlich, der Zustand Lady Floras errege Besorgnis. Die Herzogin verlangte, der nächste Hofball müsse abgesagt werden. Ihre Tochter dachte zunächst nicht daran. Erst bedrohlich klingende ärztliche Bulletins änderten ihren Sinn, doch zum Besuch der Oper fühlte sich die Königin noch berechtigt. »Es wäre sehr schlimm, wenn diese Frau stürbe«, sagte Lord M. einen Tag später in bedrückter Stimmung. Man legte Victoria nahe, Lady Flora umgehend zu besuchen, solange dazu noch Zeit sei. Dieser Rat des Arztes wurde befolgt, wenn auch ungern, denn Lord Melbourne war gerade bei ihr.

»Ich sagte, ich werde in einer Minute zurück sein, und er sagte: ›Nehmen Sie sich Zeit!‹... Ich ging allein hinein und fand die arme Lady Flora auf einer Couch hingestreckt, so dünn, wie man überhaupt nur sein kann, wenn man noch lebt. In ihren Augen war ein durchdringender Blick, wie der eines Menschen, der stirbt. Ihre Stimme war wie gewöhnlich, und in ihrem Händedruck war noch Kraft. Sie war sehr freundlich, sagte, sie fühle sich gut und sei dankbar für alles, was ich für sie getan habe, und sie freue sich, daß ich so gut aussehe. Ich sagte zu ihr, ich hoffte sie wiederzusehen, sobald es ihr besser gehe, worauf sie meine Hand ergriff, als ob sie sagen wollte: ›Ich werde Sie nie wiedersehen.‹ Ich ging daraufhin sofort wieder nach oben und kehrte zu Lord M. zurück. Er sagte: ›Sie waren aber nur sehr kurze Zeit bei ihr[191].‹«

Seit die Mutter der Hofdame ihren Briefwechsel mit dem Premierminister an die toryfreundliche Presse gegeben hatte, war Lord Melbourne öffentlich mit den Vorgängen im Palast in Verbindung gebracht worden. Nur die Geburt eines Kindes von Lady Flora hätte ihn rehabilitieren können, aber daß damit nicht zu rechnen war, hatte sich nun trotz der Inkompetenz der Ärzte herumgesprochen. Man hat versucht, alle Verantwortung an der unmenschlichen Art, wie Lady Flora traktiert wurde, auf die Baronin Lehzen als die Urheberin des Gerüchtes von Conroys Vaterschaft zu schieben. Aber die Leichtfertigkeit, mit der Melbourne darüber dachte, und die Herzlosigkeit, die Victoria selbst noch am Sterbebett der Hofdame zeigte, können schlecht geleugnet werden. Am 5. Juli starb Lady Flora Hastings. Die Obduktion ergab ein langwieriges Leberleiden; was der Hofklatsch für Schwangerschaft gehalten hatte, war eine bösartige Geschwulst. Strenggenommen war also Lady Flora nicht ins Grab gehetzt worden, wie es nun in hoffeindlichen Kreisen hieß. Victoria hatte »nur« einer Todkranken das letzte halbe Lebensjahr schwergemacht, und der Premierminister war der Königin – wieder einmal – »nur« ein schlechter Ratgeber gewesen. Hastings-Affäre und Hofdamenkrise sind zwei der drei großen Fragezeichen, die hinter dem Wert der politischen Erziehung der Königin durch Melbourne stehen.

Das dritte betrifft den Fehler aller Pädagogen, die sich in ihren Schülern fortsetzen wollen. Seine politischen Ideale sollten die ihren sein; was ihn nicht berührte, darüber sprach er nicht mit ihr. Über das England von 1839 außerhalb von Hof und Parlament unterhielten sich die beiden ganz selten. Sie hörte von ihm mehr über die Zeiten, in denen er gelebt hatte, als über die Gegenwart, in der sie lebte. Selbst wenn man den Verdacht abweist, er habe sie mit Vorbedacht gar nicht in die Politik einführen, sondern vielmehr davon fernhalten wollen, um ungestört regieren zu können, so hat er sie in jedem Fall so schlecht gerüstet, daß sie am Ende nicht viel erfahrener war als zuvor. 1837 mochte sie nur naiv gewesen sein – nun war sie auch hartherzig. Es wurde ihr öffentlich bescheinigt:

»Niemand will von der Königin hören, ihre Popularität ist gleich Null, jede Loyalität dahin«[194],

schrieb Greville bereits, als Lady Floras letzte Tage nahten. Jetzt aber war sie tot, und die Reaktion reichte bis zur offenen Empörung. Lord Hastings, ein Bruder der Verstorbenen, forderte Melbourne zum Duell heraus. Natürlich lehnte der Premierminister ab. Was war ferner mit der Beisetzung zu tun? Nach der üblichen Sitte nahm zwar die Königin an keiner Trauerfeier für einen Untertanen teil, da sie andernfalls aus Kirche und Friedhof nie mehr herausgekommen wäre. Diese Beerdigung aber konnte sie nicht ignorieren. Es wurde beschlossen, einen Wagen mit Kranz zu schicken. Polizeibegleitung war aufgeboten, aber die erwarteten Steinwürfe auf das königliche Gefährt blieben dann doch aus. Die Kabinettsmitglieder hörten für einige Wochen Buh-Rufe, sobald sie sich zeigten. In den Midlands, wo der Tory-Mittelstand die Parteigängerschaft der Königin an der Seite der Whigs mit Befremden sah, kam es vor, daß bei Banketten der Toast auf die Monarchin zwar laut ausgerufen, aber dünn beantwortet wurde. Noch im September suchte der Vater der Toten eine neue Pressekampagne zu lancieren. Erst danach nahm das Interesse ab oder ging unter in den ersten Nachrichten über Victorias bevorstehende Hochzeit.

7
Heirat

Prinz Albert – Deutsche, Katholiken, Juden

Der Abgeordnete William Gladstone heiratete am 25. Juli 1839 Miß Catherine Glynne, sie war drei Jahre jünger als er. Sein Fraktionskollege Benjamin Disraeli verband sich am 28. August mit der verwitweten Mary Anne Lewis, sie war zwölf Jahre älter als er. Und noch ehe das Jahr herum war, am 16. Dezember, heiratete auch Lord Palmerston endlich, mit 55, und zwar Emily Lamb, verwitwete Cowper; sie war drei Jahre jünger als er. Der Außenminister wurde somit in bester Whig-Tradition der Schwager des Premierministers. Da Melbournes Vater verfügt hatte, daß der Nachlaß des Sohnes an die Schwester gehen solle, trat 1848 der sonderbare Fall ein, daß ein britischer Premierminister durch seine Frau Erbe eines anderen Premierministers wurde. Die Königin kannte nur einen dieser heiratenden Herren näher, nämlich Lord Palmerston. Sie hatte allenfalls von den Romanen Disraelis gehört. Noch Jahre später nannte sie deren Verfasser in einem Brief an Peel »diesen verabscheuenswürdigen M. D'Israeli«, dessen das Unterhaus sich »schämen« solle[193]. Das war lange, bevor sie dem Premierminister Disraeli für seine entzückenden Valentinsbriefchen dankte und ihm selbstgepflückte Sträuße schickte. Von der Staatskirchenschrift des zeitweiligen Unterstaatssekretärs im Kriegs- und Kolonialministerium, Gladstone, hatte sie sicher nichts gehört. Ihm hätte sie später, als auch er Regierungschef wurde, am liebsten Dornen statt Rosen gesandt.

Jedermann also heiratete, nur die Königin nicht. Im Sommer 1839 war sie sogar weiter davon entfernt als ein, zwei Jahre zuvor. Vieles sprach in ihren Augen dagegen, ganz gleich, ob sie nun dem Wunsch von Mutter und Onkel nachkam und Albert nahm oder ob sie sich, was ohne weiteres möglich war, darüber hinwegsetzte und eigene Umschau hielt. Letzteres hatte den Vorzug des Aufschubs, und danach war ihr zumute. Hastings-Affäre und Hofdamenkrise hatten ihr gezeigt, auf welch unsicherem Boden sie stand. Auf eine Trennung von

Lord Melbourne war sie noch nicht vorbereitet. Wenn alles schlecht lief, konnten der gefürchtete Regierungswechsel und eine nur halb gewollte Heirat zusammenfallen, das würde sie mit Sicherheit überfordern. Man wird auch die Nachwirkungen jener 18 Jahre langen, ganztägigen physischen Gegenwart der Mutter veranschlagen müssen. Victoria war zwar gerade dabei, ihr lebenslanges, stark entwickeltes Anlehnungsbedürfnis erst einmal in der väterlichen Verfremdung des Umgangs mit Lord M. zu entdecken. Aber der Reiz, *allein* sein zu können, war immer noch groß. Wenn sie auch wußte, daß der Gemahl der Königin von England nicht mitbestimmender Monarch, sondern im wesentlichen ein Privatmann sein werde, so mußte er doch, wie einfühlend er auch sein mochte, dem Alleinsein schon wieder ein Ende machen.

Ferner bekamen Frauen Kinder, und sie fand Babys abscheulich, wobei sie deren Austragen mit meinte. Wie würde eine kleine, auch ohne Schwangerschaft schon zu Rundungen neigende Person wie sie sich erst ausnehmen, wenn eine Serie von Geburten hinzukam? Mußte nicht das gesellige Leben zu Ende sein? Wie mochte es ihre Großmutter mit ihren 15 Kindern gehalten haben? Und säße nicht ohne den Tod ihres eigenen Vaters jetzt auch Mamma mit sechs oder acht Söhnen oder Töchtern da, die beiden der ersten Ehe nicht gerechnet? Lady Conroy hatte an ihren fünf Kindern keinen Trost dafür, daß ihr Mann nur für eine hohe Dame am Hofe lebte, und es war kein Wunder, daß sie schwermütig wurde. Dann lag über Victoria immer auch der Schatten ihrer Kusine Charlotte, deren früher Tod gleich im ersten Kindbett. Nein, eine Ehe mußte wohl bedacht werden.

Die Heirat der Königin kam dann für die meisten, nämlich alle Uneingeweihten, ziemlich plötzlich. Sie teilten die Meinung Grevilles, Victoria habe

»in bezug auf ihre Heirat alles selbst geregelt, ohne Melbourne in der Sache zu befragen, ja ohne ihm auch nur eine Mitteilung zu machen. Die Gerüchte liefen überall um, nur er hatte keine Ahnung. Schließlich sprach er sie darauf an... Er wolle sie nicht nach ihren Absichten fragen, aber er müsse ihr sagen, wenn sie welche habe, dann sei es erforderlich, daß ihre Minister davon erführen. Sie erwiderte, sie habe ihm nichts zu sagen, und zwei Wochen später unterrichtete sie ihn, die ganze Sache sei nun abgemacht. Ein erstaunliches Zeugnis ihrer Eigenständigkeit... Wenn sie jetzt schon ihre Abhängigkeit von Melbourne verloren hatte und ihre eigenen Flügel regt, was wird sie erst machen, wenn sie älter ist und es mit Ministern zu tun hat, an denen ihr nichts liegt oder die sie nicht mag[194]?«

Der Kabinettssekretär war ein guter Beobachter. Ihm war zum Beispiel nicht entgangen, daß am Tage zuvor, als die Königin dem Staatsrat ihren Heiratsentschluß mitteilte, an ihrem Armband ein Miniaturbild des Prinzen zu sehen gewesen war. Was freilich die mangelnde Kommunikation mit dem Premierminister anging, da irrte Greville. Victoria hatte mit Melbourne darüber, wie das »Tagebuch« zeigt, bereits seit Juni gesprochen, als mitten in der Schlußphase der Hastings-Affäre, kurz nach dem Zischen der beiden Damen in Ascot, König Leopold den Besuch der Vettern Ernst und Albert ankündigte. »›Wollen Sie, daß sie kommen?‹ Ich bejahte das, und er hatte keine Einwände[195].«

Die »Tagebuch«-Eintragungen der folgenden Wochen sind voll von königlichem Kopfschütteln über ungleiche Paare. Daß auf einem Hofball der 72jährige Lord Westminster mit der jungen Frau des Herzogs von Somerset tanzte, darüber konnte sie sich gar nicht beruhigen. Ärger war, daß sie nun vernahm, der russische Großfürst mit dem starken Mazurka-Schritt und den zärtlichen Wangenküssen, der ihr soeben erst als ihr »bon frère« geschrieben hatte, was sie, nach Abstimmung mit Melbourne, als seine »bonne sœur« beantwortete, habe sein Herz an die Prinzessin Maria von Darmstadt verschenkt, »die 15 ist«. Als es hieß, der Hof in Petersburg sei dagegen, sagte Lord M., man werde ihn wohl schon bald verheiraten, »aber ich glaube nicht, daß er das will«[196].

Am 12. Juli, in der Misere nach dem Tode von Lady Flora, faßte sie sich ein Herz und sagte Melbourne, was sie von Albert hielt:

»Sprach darüber, daß vielleicht zu viele meiner Verwandten in diesem Jahr schon gekommen seien, was Lord M. nicht fand, jedenfalls habe es darüber noch keine Bemerkungen gegeben. Sprach darüber, daß meine Vettern Ernst und Albert kommen – und daß ich keine große Lust habe, Albert zu sehen, denn die ganze Sache sei peinlich, und ich möchte mich nicht entscheiden müssen. Es gebe keine Verlobung zwischen uns, sagte ich, aber der junge Mann wisse, daß die Möglichkeit einer Verbindung bestehe. Ich sagte, es sei nicht richtig, ihn hinzuhalten, aber auch nicht, eine Entscheidung zu treffen, ehe die beiden kämen[197].«

Fünf Tage später wurde die Heiratswilligkeit der Königin kaum gefördert durch eine lange Unterhaltung mit dem lieben Lord M. – der

sich offensichtlich an die geheimen Wünsche seines Schützlings erst heranzutasten suchte – über die Ehen Henrys VIII. Von da war es nicht weit bis zu Elizabeth, die unverheiratet geblieben war, aber in sonst keiner Hinsicht die Wertschätzung Victorias genoß. Lord Melbourne hatte dagegen nichts für Maria Stuart übrig, der wiederum die Königin viel Mitleid zukommen ließ. War aus den beiden Krisen des Sommers eine leichte Streitlust zwischen den beiden geblieben? Der Premierminister, was ihn ehrt, zog jeden Zeugen an, der etwas Gutes über Peel zu sagen wußte, Lord Palmerston zum Beispiel, der gesagt haben solle, Victoria werde Peel mehr schätzen, wenn sie ihn nur besser kennenlerne. War es dieser Widerspruchsgeist, der die Königin schließlich dazu brachte, auch Albert besser kennenlernen zu wollen, je mehr Melbourne sie in ihrem scheinbaren Entschluß bestärkte, das Gegenteil zu tun? Wenn Lord M. über Peel redete, was sie ärgerte, so kam sie auf seine Besuche bei Lady Holland zurück. Stockmar habe gesagt, der Premierminister erzähle dieser Dame viel zuviel.
»Das mag sein, sagte er, und ich sagte, das sei nicht gut. ›Aber ich glaube gar nicht, daß ich das tue! Holland erzählt ihr sowieso alles, was im Kabinett vorgeht‹, was wir beide nicht richtig fanden[198].«
Hänseleien mit anschließender Übereinstimmung. Wie lange waren sie nun schon »Lord & Lady Melbourne«? Zwei Jahre. Jeder wußte alles über den anderen. Jetzt geschah es auch, daß sie ihn als Porträtmodell auf dem komischen Holzpferd auslachte. Als er wieder eine seiner Weisheiten zum besten gab – »Kein Mann soll heiraten, ehe er dreißig ist« –, sagte sie sofort, er selbst habe es aber mit 26 getan.
»›Ja‹, sagte er, ›ich war zu jung, um zu heiraten; ein Mann sollte nicht heiraten, ehe er das Leben eines Ehemannes führen kann; ich habe mich dessen immer geschämt.‹ Ich sagte, ein Mann könne schon vor 30 heiraten, aber ein Mann *brauche* nicht zu heiraten. ›Nein‹, sagte er, ›aber man heiratet ja nicht mit dem Verstand, sondern weil man sich verliebt[199].‹«
So umkreisten sie Tag für Tag, Woche für Woche in Beispielen und Grundsätzen den Gedanken an das unvermeidlich Herannahende. Ablenkungen verkürzten den August. Der französische König wollte auf einen Sprung nach Brighton kommen. Der Zar von Rußland schickte eine exquisite Malachit-Vase als Dank für die Bewirtung seines Sohnes. Der französische König wurde ausgeladen, statt dessen kam der König der Belgier, als Vorbote des Coburger Besuchs. Stockmar schlug vor, die Prinzen sollten inkognito reisen, um Speku-

lationen in London und auf dem Kontinent so lange wie möglich hinauszuzögern. Doch bereits in den Niederlanden erkannte man die beiden. Letzte Unstimmigkeiten gab es wegen des jetzt nicht mehr zu verschiebenden Datums. Die Anreise war auf den 30. September angesetzt worden. An diesem Tage aber wollte die Königin alle Kabinettsmitglieder in Windsor empfangen. Sie fürchtete, ein solches zeitliches Zusammentreffen könne als Arrangement für das Verkünden einer Heirat mißdeutet werden, was sie dann bestätigen oder dementieren müsse. Also empfahl sie den 3. Oktober. Das aber schlug wegen der Überfahrt fehl, die auf den 6. verschoben wurde, worüber sie wiederum leicht verärgert war. Wenn schon weniges so ging, wie sie es wollte, so sollte doch wenigstens nicht alles nicht so gehen, wie sie es nicht wollte. Doch was wollte sie?

Am 10. Oktober warf ein nie entdeckter Irgendwer zwei Steine durch die Fenster ihres Ankleidezimmers in Windsor. Nach dem Essen ging sie mit Melbourne spazieren. Bei der Rückkehr

»kam einer meiner Pagen gerannt mit einem Brief von Onkel Leopold, wonach meine Vettern jeden Augenblick eintreffen könnten... Ich sagte zu Lord M., sie würden womöglich noch heute kommen, aber das glaubte er nicht. Um halb acht ging ich zur Treppe und empfing meine beiden lieben Vettern, Ernst und Albert, den ich gewachsen fand, verändert und schöner. Mit großer Bewegung betrachtete ich Albert – er ist *wundervoll*[200].«

Albert war gereifter, und wenn er auch auf seiner italienischen Reise nicht die Weltläufigkeit eines Weimarer Hofrats erlangt hatte, so war doch viel von der Scheu des Coburger Prinzen inzwischen abgefallen. Im nachhinein versicherten viele, die Heirat der beiden habe schon bei ihrer Geburt festgestanden. Im 19. Jahrhundert wurden mehr Throne gestürzt als Dynastien gestiftet, und es war mehr von Revolutionen, Attentaten oder Kartätschenprinzen zu hören als von höfischen Romanzen. So mußte natürlich eine der unbezweifelbaren Idyllen mehr als erlaubt stilisiert werden. Aber selbst wenn man diese Versuche eines Victoria-Albert-Mythos abtut, bleibt eine handfeste Geschichte übrig, die nicht die falsche Süße des Märchens von den beiden Königskindern zu bemühen braucht.

Albert[201] war das zweite und letzte Kind einer Ehe, die bald nach seiner Geburt zusammenbrach. Wenn von den verschiedenen Versuchen gesprochen wurde, Victoria mit altehrwürdigen Fürstenhäusern des Abend- wie des Morgenlandes in Verbindung zu bringen, so beschränken sich die Legenden über den Stammbaum ihres Vetter-Mannes auf die prosaische Frage, ob er ein legitimes Kind seiner Eltern war oder nicht. Herzog Ernst von Sachsen-Coburg-Saalfeld hatte zunächst die sechzehn Jahre jüngere Luise von Sachsen-Gotha-Altenburg geheiratet, die er überlebte, und dann, nach der Scheidung, die fünfzehn Jahre jüngere Prinzessin Maria von Württemberg, die ihn überlebte. In den Verzweigungen der Wettiner, die sich in eine albertinische und eine ernestinische Linie teilten (um letztere geht es hier), kannten sich nicht einmal so stammbaumfeste Leute wie Lord Melborune aus, der darüber den Baron Stockmar zu Rate zog.

Ernst und Luise hatten zwei Söhne, eben die von Victoria jetzt begrüßten Vettern. Ernst (der Vater) war, um die Verwandtschaft zu klären, ein Bruder des Königs der Belgier und der Herzogin von Kent. Er hatte bei der Eheschließung hauptsächlich daran gedacht, zu Coburg auch Gotha, als Erbteil seiner Frau Luise, hinzuzufügen, und so geschah es 1826, als Albert sieben Jahre alt war und die Eltern sich gütlich trennten. Der Vater setzte seine Besichtigungen der Landestöchter fort, die Mutter heiratete einen Leutnant von Hanstein, späteren Grafen Pölzig, und starb an Unterleibskrebs während eines Parisbesuchs im Jahre 1831. Es liegen rührende Schilderungen des Coburger Volkswillens vor, der lange eine Wiederversöhnung des Herzogspaares verlangte. Die Scheidung zog sich zwei Jahre hin. Aber »der Herzog hatte erreicht, was er wollte; Gotha war im Coburger Netz eingefangen[202]«.

Doch auch das neuentstandene Coburg-Gotha war nicht so groß, als daß sich Gerüchte über den weiteren Lebenswandel des Herzogs hätten verbergen lassen. Auf die beiden Söhne wirkte sich das unterschiedlich aus. Prinz Ernst[203] sah keinen Anlaß zu Kritik an seinem Vater. Albert aber schlug als Kind, wenn Fremde den Raum betraten, die Hände vors Gesicht, eine sprechende Geste weniger der Scheu als der Scham: Dem Gast sollte der Anblick eines Unwürdigen vorenthalten werden.

Wie es der Protestantismus mit sich bringt, öffnen sich einem solchen Jungen die selbstkasteienden Wege harter Arbeit und Pflichterfüllung, auf denen die verlorene Achtung des Herrn wiederzugewinnen sein mag. Das war auch als Disziplinierung eines nicht allzu starken Körpers scheinbar gut geeignet. Noch der vierjährige Prinz mußte von seinem Lehrer Florschütz auf dem Arm die Treppe hinauf und ins Bett getragen werden. Bereits an dem Jungen beobachtete man die physi-

sche Reaktion auf die Tagesanspannung, die dann an dem Manne und gerade bei Hofe auffiel: er konnte mitten in der abendlichen Unterhaltung vom Schlaf überwältigt werden. Bei den Besuchen der Prinzen schrieb Victoria, die nichts dergleichen kannte, aber auch selten vor neun Uhr aufstand, diese Spontanmüdigkeit den Reisestrapazen zu. Stockmar gibt folgende Schilderung des Knaben:
»Der Prinz sieht seiner seligen Mutter frappant ähnlich und ist ihr auch, bei mancher Verschiedenheit, in vieler Hinsicht körperlich und geistig nachgeschaffen. Er hat die gleiche Beweglichkeit und Geschicklichkeit des Geistes, den gleichen Verstand, das nämliche Bedürfnis und auch Talent, anderen gegenüber stets gutmütig und liebenswürdig zu erscheinen, die gleiche Neigung zur Espièglerie, zur Behandlung von Dingen und Menschen in einer drolligen und daher oft belustigenden Weise, die gleiche Art, sich nicht lange bei einem Gegenstande aufzuhalten[204].«
Das war natürlich ein bißchen deutsch-goethesch stilisiert; jeder, der auf sich hielt, hatte damals vom Mütterchen die Frohnatur, die Lust zu fabulieren. Stockmar sagt nichts über die Versuche des 14jährigen Albert, sich ein rigoroses Tagespensum aufzubürden, von Montag bis Samstag je neun Stunden vollgepackt mit Religion, Geschichte, Philosophie, Geographie, Latein und Mathematik. Am Hof sorgten sich manche – Stockmar erfuhr es in Brüssel – über die allzu liberalen Ansichten des Erziehers Florschütz. Ein Herr von Wangenheim
»hielt es für seine Pflicht als ›treuer Gothaner‹, dem Ministerium in Coburg offiziell zu berichten, daß sein ›Verdacht, daß die Prinzen liberale Grundsätze eingesogen, begründet sei‹[205]«.
Liberalismus oder nicht war an einem deutschen Hof von 1830 keine bloße Frage der Gesinnung. Für den jungen Prinzen eines kleinen Fürstentums mit hohem Heiratswert hing davon auch die Karriere ab. Prinzenerziehung war eine Frage der Investition, ja der Spekulation. Die Kurse wurden in Petersburg, Wien, Berlin, Paris und London genau beobachtet. Eine so sichere Anlage wie Onkel Leopold, vielseitig verwendbar, war selten: liberal zwar, aber doch mit dem Nachweis russischen Militärdienstes; klug und umsichtig, aber immer bereit, der eigenen Sache wegen die Anhänglichkeit an Überzeugungen nicht zu übertreiben. Dieser Prinzenschlag war gefragt: In London, Athen und Brüssel hatte man ihm die Herrschaft oder Mitherrschaft angetragen.
»Bei den Coburgern gab es immer einen gewissen Zwiespalt zwischen den idealistischen Zielen ihrer politischen Sendung und ihrem Streben nach purer Macht und Reichtum[206].«

Albert konnte nach Anlage und Erfahrung gar nichts anderes als die idealistische der beiden Möglichkeiten verfolgen. Die Coburger Verantwortlichen wandten sich, was das Studium des Prinzen anging, an den Berliner Rechtslehrer Friedrich Carl von Savigny, der trotz seiner engen und zum Teil verwandtschaftlichen Beziehungen zu führenden Romantikern nichts von rechtsphilosophischer Spekulation hielt und als Mentor des späteren Königs Friedrich Wilhelm IV. ausgewiesen war. Savigny empfahl Bonn, wo Ernst und Albert ihr Jurastudium zu der Zeit begannen, als Victoria den Thron bestieg. Dort kam Albert zum erstenmal mit einigen der politischen Fragen seiner Zeit in Berührung. Der Streit des Kölner Erzbischofs Droste-Vischering mit der preußischen Zentrale über die Rechtmäßigkeit gemischtkonfessioneller Ehen[207] wurde in ganz Europa verfolgt; da Victoria die »Times« las, war sie im Bilde über das, was auch Albert erregte. Dabei zogen ihn eigentlich Musik, Architektur und Gartenbau sehr viel mehr an: »Sein Urteil« – so Stockmar 1838 – »ist über manche Dinge reifer als seine Jahre. Er zeigt indes bis heute wenigstens für alle politischen Vorgänge auch nicht das geringste Interesse. Selbst die bedeutendsten Ereignisse dieser Art vermögen ihm nicht einmal während ihres unentschiedenen Verlaufes die Durchlesung eines Zeitungsblattes abzunötigen. Alle auswärtigen Zeitungen perhorresziert er ohnehin, und indem er sagt, daß die Augsburger Allgemeine Zeitung das einzige lesenswerte und nötige Blatt sei, liest er nicht einmal diese[208].«
Was den Konflikt von Erzbischof und Regierung angeht, so lag ein guter liberaler Geist da zwischen zwei Feuern. Sowohl die regionale Eigenständigkeit gegenüber einer mächtigen Zentrale als auch die Freiheit der Eheschließung waren ja Werte, die man nicht einfach als unberechtigt abtun konnte, und was nun illiberaler war, das konfessionelle Dogma oder der Militärstaat, das machte vielen Deutschen großes Kopfzerbrechen. Alberts Parteinahme gegen den Erzbischof war vielleicht unvermeidlich, wenn auch nicht recht »liberal«. Für seine Übersiedlung nach England war es das einzig richtige, denn dort hatte die Emanzipation der Katholiken den oftmals hysterischen Kampagnen gegen den Papismus keineswegs ein Ende gemacht.
Wann hat Albert zum erstenmal erkannt, daß seine Ehe mit der Kusine allgemein als abgesprochen galt? Vermutlich war nie von anderem die Rede. Auch das muß die Ernsthaftigkeit seines Wesens mitgeschaffen haben. So wie Victoria sich vor dem Schicksal der Charlotte fürchtete,

sah Albert die Risiken einer solchen Ehe an der unerquicklichen Lage Leopolds nach dem Tode seiner jungen englischen Frau. Daß seine Tante Victoire, die Mutter der Königin, auf der Insel nicht glücklich geworden war, wußte jedermann. Ihre Briefe nach Coburg waren gefaßt, doch nie begeistert. Im Gegensatz zu ihr würde Albert zwar mit einer sehr guten Kenntnis der englischen Sprache anreisen, aber darüber hinaus blieb Fremdes genug. Hofintrigen mußten in London, verglichen mit Coburg, unendlich zahlreicher sein, und über die gnadenlos lärmende öffentliche Meinung des Landes war Albert durch lange Gespräche mit Stockmar und Leopold längst ins Bild gesetzt. Die Besuche in Brüssel dienten der Vorbereitung auf den schweren Anfang. Mit 17 Jahren reiste Albert zum erstenmal nach England, das übrigens sein Vater, Herzog Ernst, 1831 besucht hatte.

Den Obstruktionsversuchen Williams IV. zum Trotz, der Victoria mit dem Prinzen von Orange verheiraten wollte, kamen die Vettern mit ihrem Vater am 18. Mai 1836 in London an. Die Herren wurden von der Prinzessin sofort auf ihre physischen Vorzüge hin examiniert: »Mein Onkel war vor 5 Jahren hier und sieht sehr gut aus. Ernst ist so groß wie Ferdinand und Augustus« – zwei Vettern der jüngeren Coburger Linie – »hat dunkles Haar, schöne dunkle Augen und Augenbrauen, aber die Nase und der Mund sind nicht gut. Er hat einen sehr freundlichen, ehrlichen und intelligenten Ausdruck in seinem Benehmen und eine sehr gute Figur. Albert ist fast so groß wie Ernst, aber kräftiger und sehr gut aussehend. Sein Haar ist von ungefähr der gleichen Farbe wie meines. Seine Augen sind groß und blau, und er hat eine wunderschöne Nase und einen sehr süßen Mund mit herrlichen Zähnen . . .[209].«

Das Abschreiten des Heiratsmarktes nach Kriterien der Pferdebeschau war eine Unsitte der Zeit, aber bei den Hannoveranern begreiflicherweise besonders stark entwickelt. Auch Victoria fiel also der Unterschied der beiden Brüder auf. Sah man sie sogar mit dem Vater zusammen, so schien Albert das Kind anderer Eltern zu sein. Die böswilligen unter seinen vielen englischen Gegnern haben denn auch die mitteldeutschen Gerüchte, Herzog Ernst sei gar nicht sein Vater, mit besonderer Begier aufgegriffen[210]. Daß Herzogin Louise später zahlreiche Liebhaber hatte, sollte gleichwohl kein Beweis für eheliche Untreue gleich vom Start weg sein. Das Paar heiratete 1817; ein Jahr später kam Ernst, zwei Jahre später Albert zur Welt. Die Trennung erfolgte erst 1824. Allerdings wurde Louise im Juli 1820 von einer

Hofdame beim Herzog denunziert, weil sie angeblich dem Hofkämmerer Graf Solms schöne Augen mache, und es gab eine Szene, zu der der Herzog sicher papierenes, kaum aber moralisches Recht besaß, denn er hatte sich nach der Sicherung der Erbfolge und der Verschmelzung der beiden Herzogtümer längst seinen eigenen Vergnügungen überlassen. Die Gerüchteschmiede gaben sich übrigens nicht damit zufrieden, der Herzogin einen Ehebruch anzulasten, sondern sie wollten auch wissen, daß es sich beim Grafen Solms um einen Juden gehandelt habe. Die Verbindung von Anti-Teutonismus und Anti-Semitismus behielt für einige blasierte Kreise des britischen Bürgertums bis lange nach Alberts Tod ihre Attraktion[211]. Die fast freundschaftliche Beziehung Victorias zu Disraeli, also der »deutschen« Königin zum jüdischen Premierminister, brachte eine Neuauflage der Aversionen gegen Albert und seine Mutter. Wie solche Sünden des Gedankens fortzeugend Böses gebären, zeigte sich noch 1921 in einem in Deutschland erschienenen Pamphlet, das die Solms-Legende als erwiesen unterstellt und deshalb vom jüdischen Blut spricht, das seither in der englischen Königsfamilie rolle. Es fehlte für die Kritiker der Heirat Victorias mit Albert also nur, daß er auch katholisch war, und diese Behauptung ließ denn auch nicht auf sich warten.

Zunächst aber trübte nichts die Tage des Jahres 1836. Die beiden sangen zusammen. Mit Albert konnte man Englisch sprechen; das Deutsch der Prinzessin war inzwischen nicht mehr fehlerfrei und auch vom Interesse für die Sprache der Oper und die der Diplomatie und Courtoisie verdrängt worden. Mit Albert konnte man herrlich tanzen, wiewohl er, nun ja, von keiner großen nächtlichen Ausdauer auf Hofbällen war. Albert selbst schrieb aus London an seine Stiefmutter:

»Ich würde Dir schon früher geantwortet haben, wenn ich nicht mehrere Tage, an einem Gallenfieber laborierend, krank gewesen wäre. Das hiesige Klima, die verschiedene Küche und die späten Stunden wollen mir gar nicht zusagen; ich bin jetzt wieder ganz auf den Beinen. Mein erster Ausgang war ein außerordentlich langes und ermüdendes, jedoch sehr interessantes Lever beim Könige. Des Abends am selbigen Tage speisten wir bei Hofe, und des Nachts war ein sehr schönes Konzert, bei welchem wir bis zwei Uhr zu stehen hatten. Sonnabend, am folgenden Tage, wurde der Geburtstag des Königs gefeiert. Wir fuhren mittags zu einem Drawingroom im St.-James-Palast, wo an 3800 Menschen beim Könige, der Königin und den übrigen hohen Herrschaften vorbeidefilierten, um ihre Glückwünsche darzubringen. Des

Abends war wiederum große Tafel und dann Konzert bis um ein Uhr. Daß ich bei diesen nächtlichen Freuden manchen harten Kampf mit dem Schlafe zu bestehen habe, kannst Du Dir wohl denken. Vorgestern, am Montag, gab die Tante hier einen außerordentlich glänzenden Ball... wir blieben bis vier Uhr... Die liebe Tante ist sehr gütig gegen uns... auch die Kusine ist außerordentlich freundlich mit uns. Wir wohnen hier zwar etwas beschränkt, aber doch sehr angenehm[212].«

Der König hatte sich also bequemt, die Coburger wenigstens zu empfangen, aber ihr Quartier in Kensington Palace konnte ja nur eng sein. Am 10. Juni umarmte Victoria Vettern und Onkel zum Abschied. Sie sah Albert nicht wieder bis zu jenem »wundervollen« Eindruck im Oktober 1839. Beide waren inzwischen erwachsener geworden, Albert durch den Einfluß Stockmars, Victoria unter dem ihrer ersten politischen Krisen. Was immer an Vorbehalten noch bei ihr und dem verantwortlichen Minister vorhanden gewesen war: die Heirat mit Albert schien die beste Lösung, ein Weg, der aus vielen Fatalitäten herausführen konnte.

Nicht nur aus denen der Königin. Auch Albert erwartete von diesem Besuch eine Entscheidung. Sein Selbstgefühl war inzwischen so weit entwickelt, daß er nicht länger in jedermanns Augen – denen er nicht mehr auswich – als der »angeblich« oder »sicherlich«, aber »nicht gewißlich« versprochene Bräutigam der englischen Königin gelten wollte. Er war über das selbstbetäubende Treiben seiner Kusine so genau unterrichtet wie diese – durch Stockmar – über die Fortschritte des Vetters im Erlernen von Weltläufigkeit. Er sah die Schweiz, hörte die Musik Italiens, wurde von Fürsten und vom Papst empfangen und hielt sich in Städten auf, die Victoria auch später nie zu sehen bekam. Das kompensierte etwas dafür, daß er als ein zwar überdurchschnittlich begabter, aber mittelloser junger Mann sich nun anschickte – sich erdreistete, wie manche Engländer es ausdrückten –, die bestmögliche Partie der Welt zu machen.

Abgerissen genug erreichten die Vettern Windsor. Die Überfahrt war wieder einmal angeblich stürmisch gewesen, und Albert wünschte sich nichts als ein Bett. Das Gepäck befand sich wer weiß wo. Alberts Zuneigung zu seinem künftigen Land blieb lebenslang qualifiziert durch dessen liebenswürdig-selbstschädigende Schlampigkeit, das zutiefst sitzende Amateurwesen und die insgeheim absichtsvolle Unfähigkeit, menschliches Zusammenleben anders zu organisieren als

durch »Traditionen«, zu denen man die jeweilige Unordnung von gestern ernannt hat – wenn nicht das Verbum »organisieren« schon ein viel zu starker Ausdruck wäre. Das »muddling through« und Durchwursteln, die als Pragmatismus getarnte, aber im Grunde mittelmeerische Arbeitsmoral, die alles »first thing in the morning« zu erledigen verspricht, Pendant zum »mañana«, lief Alberts »Das verschiebe nicht auf morgen« sehr zuwider. Gerade weil er physisch nicht allzu leistungsfähig war, brauchte er den Vorwurf, einer jener teutonischen Roboter zu sein, kaum zu scheuen. Das Mitleid der Kusine war ihm denn auch gewiß, als sich nun die Festivitäten des Jahres 1836 mit verdoppeltem Eifer wiederholten.
Am ersten Dinner konnten die Vettern also mangels Garderobe nicht teilnehmen. Melbourne, den es weiter im Auge zu behalten gilt, denn seine Zeit war noch nicht abgelaufen, sah sich zu dem bereits erwähnten Ausspruch veranlaßt, er käme auch lieber anders gekleidet, als es die Etikette vorschreibe.
»Ich fragte Lord M., ob auch er glaube, daß Albert mir gleiche, was alle sagen (und was für mich ein großes Kompliment ist). ›O ja, das tut er‹, sagte Lord M., ›es hat mich sofort frappiert[213].‹«
Am 11. Oktober gab die Königin im »Tagebuch« eine weitere genaue Beschreibung von Augen, Nase, Mund und Schnurrbart des Vetters. Leider mußte sie ihn des Abends mit anderen Damen des Hofes Walzer tanzen sehen, aber von den fünf Quadrillen gehörten zwei ihm und ihr. Zwischendurch lobte sie Lord M., weil er nicht einnickte – war sie am Ende dazu verurteilt, ihr Leben mit lauter früh einschlafenden, wenn auch ansonsten lieben, guten und teuren Männern zu verbringen? Am 12. Oktober ritt man aus, der Vetter rechts, der Premierminister links, Lord M. ganz Fürsorge, da er ein besonders zahmes Pferd gewählt hatte, damit es nicht, wie sein Hauptroß das häufig tat, gegen das Tier der Königin scheute. Vetter Ernst war bereits diskret von der Szene verschwunden. Am Sonntag, dem 13. Oktober, ging man zur Kirche, und anschließend kam die Stunde der Wahrheit zwischen Victoria und Melbourne. Er machte es ihr leicht durch das Zitieren eines »Klatschbriefs«, den ihm Lady Holland geschrieben hatte und den er ihr gar nicht zu geben wagte. Die Hauptstadt hielt ihre Augen und Ohren offen. Die Manieren geboten es gleichwohl, erst noch ein wenig über Politik zu reden, Spanien bot sich an. Dann aber
»sprach ich darüber, daß meine Vettern nach Frogmore gefahren seien; daß die Dauer ihres Aufenthaltes in meinem Belieben liege; und ich

sagte, seit ich sie gesehen hätte« – überbrückende Wohltat des Plurals – »habe sich in meiner Ansicht (was Heiraten angehe) doch einiges geändert, und ich müsse mich nun entscheiden, was nicht leicht sei[214].«

Entscheiden nicht etwa zwischen Ernst und Albert, und Lord M., der nun zu seiner Rolle als Hans Sachs gefunden hatte und den Kuppler zwischen dieser Eva und ihrem Ritter zu machen entschlossen war, führte den buschklopfenden Plural behutsam auf den Singular zurück: »Sie sollten sich vielleicht eine Woche Zeit nehmen; er ist ganz gewiß ein sehr netter junger Mann, sehr gut aussehend[215].«

Und nun konnte sie sich ausschütten, zustimmend, die Adjektive steigernd; Leib, Herz und Seele wurden erörtert, denn auch einen guten Protestanten hatte man ja an der Hand, wobei Melbourne vor der Übertreibung der Intoleranz warnte, was Victoria zerstreuen zu können glaubte. Abends trieb man Brettspiele, koste mit Eos, dem Hund, und sah Reproduktionen italienischer Bilder mappenweise an.

»Ein ganz entzückender Abend[216].«

Heiratsgespräche am 14. Oktober, denn da hatte Lord Melbournes Schwester ihm mitgeteilt, sie gedenke Lord Palmerston zu nehmen, und warum er – Lord M. – denn nicht auch wieder heirate. Verschiedene Kandidatinnen wurden erwähnt, nur der Name der Frau, die ihn »wahrscheinlich glücklich gemacht hätte«, Emily Eden – 1835 mit ihrem Bruder nach Indien gegangen –, fiel nicht. Die leichte Herbststimmung dieser Gespräche gab den Kontrast zu Victorias nun herangereiftem Entschluß. Am 15. Oktober sah sie ihre Vettern

»heil von der Jagd heimkommen und den Hügel sehr geschwind heraufreiten. Um halb eins ließ ich Albert zu mir bitten. Er kam in das Kabinett, wo ich ihn allein empfing, und nach einigen Minuten sagte ich, ich glaubte, er wisse wohl, warum ich ihn hergebeten habe – und daß ich so glücklich wäre, wenn er dem zustimmte, was ich mir wünschte (daß er mich heirate). Wir umarmten uns, und er war so lieb und freundlich. Ich sagte, ich sei seiner ganz unwürdig – er sagte, er würde sehr glücklich sein, ›das Leben mit dir zuzubringen‹« – was sie deutsch notierte –, »und er war so reizend und schien so glücklich, daß ich glaubte, es sei der glücklichste Augenblick meines Lebens[217].«

Ernst wurde geholt und gratulierte; man beschloß, außer dem Onkel in Brüssel niemandem etwas zu sagen. Die Hochzeit wurde auf Anfang Februar festgelegt.

Sie hatte getan, was die Etikette vorschrieb: Der Coburg-Prinz konnte nicht gut die englische Königin fragen, sie mußte es ihrerseits tun. Das fügte sich ins Bild, das sie von der eigenen Stellung besaß. Unwürdigkeitsversicherungen erhöhten den Reiz der Herablassung, und nach kurzer Zeit waren sie von ihrer Seite durchaus ernst gemeint. Das rührende Zeremoniell dauerte samt Hinzuziehen des gratulierenden Vetters nicht einmal eine Stunde, denn schon um fünf Minuten vor halb zwei erschien – zweifellos bestellt – Lord Melbourne und wurde in alles eingeweiht, was er schon wußte, nicht ohne daß erst über das Wetter (!) gesprochen worden wäre und lästigen Hofkram.

»Dann begann ich damit, zu berichten, daß ich die Sache mit Albert gut geregelt hätte. ›Oh, haben Sie‹, sagte Lord M.[218].«

Mehrere Kabinettsmitglieder, so stellte sich nun heraus, ahnten oder wußten bereits alles und wünschten Glück, was Lord Melbourne, Tränen in den treuen Augen, weitergab.

Von diesem ersten Tage an war das Verhältnis Victorias zu Albert das der liebenden Unterwerfung. Von späteren Problemen wird später zu reden sein, aber im Anfang und eigentlich fast durchgehend war sie die erlöste, dankbare und hingebungsvolle Frau, und das so vollkommen, daß eine skeptische Zeitgenossen- und Nachkommenschaft sich dieses Phänomen nicht erklären konnte, ohne zu Abwegigkeiten wie etwa Masochismus oder Nymphomanie zu greifen. Das sei hier als unerforschbarer Grenzbereich aus Semantik und Sexualpsychologie beiseite gelassen. Zum Selbstbewußtsein und Durchsetzungsvermögen der Königin würden solche Bezeichnungen, selbst wenn sie im landläufigen Sinne zutreffend gewesen wären, in keinem Widerspruch stehen.

»Was für herrliche, angenehme Tage. Er sah mir über die Schulter zu, als ich der Herzogin von Northumberland und der Herzogin von Sutherland schrieb, und er strich ein paar Fehler aus, die ich gemacht hatte. Ich sagte, ich sei ihm so dankbar und wolle alles tun, um ihn glücklich zu machen. Ich gab ihm einen Ring, eingraviert mit dem mir ewig teuren Datum des 15. Ich gab ihm auch das kleine Siegel, das ich zu tragen pflegte. Ich fragte ihn, ob er mir eine Haarlocke überlassen wolle[219].«

Wo war sie geblieben, die kalte Königin aus dem Sterbezimmer der Flora Hastings? Die verfassungsbrechende Monarchin der Verhandlungen mit Peel und Wellington? Manchmal hat man beim Lesen englischer Biographien den Eindruck, die Verfasser wollten es ihr nicht verzeihen, mit 20 Jahren die Karriere einer zweiten Elizabeth preisgegeben und dafür »nur« die einer Bürgerkönigin und Familienmatrone eingeschlagen zu haben. Gewiß hätten falsche Zungenschläge, äußere Unsterne die neuerliche Begegnung zwischen Victoria und Albert ruinieren können, und zu einem dritten Besuch wäre es dann wohl nicht mehr gekommen. Einige Züge der späteren Witwe lassen für eine nie verheiratete Victoria nichts Gutes ahnen. Aber in ihrem langen Leben gab es eben mehr Durchgängigkeit, als es die Unterwerfungsgesten gegenüber dem strahlend herangerittenen Georgs-Retter vorderhand vermuten lassen. Denn als im November die Vettern abreisten, begannen drei Leidensmonate. Es galt unterschiedliche Vorstellungen über Alberts Position, Wappen, persönlichen Hofstaat, Staatsapanage und Titel abzuklären. Sofort zeigte sich wieder, daß die Königin ein Mensch der physischen Gegenwart war. Sie glaubte nur, was sie sah und in Händen hielt. Albert hätte ihr, wäre er in London und Windsor geblieben, vieles abringen können, was sie dem Abwesenden jetzt verweigerte. Zu kurz war das Beisammensein gewesen; nun drängte die Staatsvernunft.

Mitte November informierte Victoria die Verwandtschaft. Noch lebten drei ihrer Onkel väterlicherseits und vier Tanten[220]. Die Witwe König Williams IV. wurde verständigt. Ein Strom von Briefen nach Coburg, in einer Mixtur von Deutsch und Englisch geschrieben, hielt den Geliebten auf dem laufenden. Sein Adels- wie sein Militärrang werde noch vor seiner Ankunft geregelt, versicherte Victoria ihm am 21. November. Gleich darauf war von einem englischen Adelstitel schon keine Rede mehr. Schlimmer: Albert mußte eine konfessionelle Unbedenklichkeitsbescheinigung beibringen. Dieser Wunsch der Braut wurde diplomatisch verkleidet als Bitte um eine Geschichte des Hauses Sachsen-Coburg. Denn Nörgler waren schon auf dem Plan und erinnerten daran, nicht nur die albertinische Linie der Wettiner, auch die ernestinische habe Abweichungen zum Katholizismus gezeigt, Onkel Ferdinand zum Beispiel,

»und ein paar dumme Leute hier versuchen zu behaupten, Du seist auch ein Katholik«[221].

Dann mußten Nachfolgefragen geklärt werden. Sollte Alberts Bruder Ernst kinderlos sterben, wer würde dann Sachsen-Coburg-Gotha übernehmen? Alberts und Victorias zweitgeborener Sohn. Das war keine graue Theorie: Genauso kam es, wenn auch erst 54 Jahre später, als Prinz Alfred den Titel erbte. Victoria war nun wieder ganz die geschäftige Monarchin. In bezug auf den zweiten Sohn schrieb sie nicht:

»...sofern wir einen haben«, sondern: »...sofern Du einen hast«. Andererseits fielen ihr ganz neue Distanzierungen ein. Diese Nachfolge könne später noch geregelt werden,
»die Engländer wollen das jetzt nicht geregelt sehen«[222]. Die Engländer? Nicht: wir Engländer? Sie schien ein wenig verwirrt, sowohl was kommende Familienverhältnisse wie gegenwärtige Nationalitäten anging. Albert schrieb wegen des Adelstitels pragmatisch zurück:
»Ich glaube darum, man tut am besten, die Sache ganz auf sich beruhen zu lassen. Komme ich nach England, so wird das Leben zeigen, was notwendig ist, und es bedarf dann nur eines Federstriches von Dir, um mich zum Pair zu machen und mir einen englischen Namen zu geben...[223]«
König Leopold hakte nach und fand, Alberts Ausländertum solle so bald wie möglich verschwinden. Victoria schrieb zurück, das ganze Kabinett sei mit ihr einer Meinung, besser nichts zu unternehmen:
»Die Engländer sind sehr mißtrauisch, daß Albert irgendeine politische Macht ausüben oder sich in die Staatsangelegenheiten einmischen könnte – was er, wie ich von ihm weiß, nie tun wird[224].«
Ende November war – wieder an Albert – die Rede von »den Engländern«, die so mißtrauisch seien, und den Tories, die ihn für einen Papisten hielten. Dann muckte der Vetter auf, daß sein gesamter Hofstaat von »den Engländern« ausgesucht werde und niemand auf seine Wünsche Rücksicht nehme. Nun schwenkte die Königin um und war plötzlich wieder sehr englisch ihrerseits. Albert wollte nicht den bisherigen Privatsekretär des Premierministers künftig in gleicher Funktion an seiner Seite haben, das schmeckte ihm nach Beaufsichtigung durch das Kabinett. Victoria versuchte ihm klarzumachen, daß zwar *ihr* Hofstaat politisch relevant sei und seiner nicht, daß es jedoch gleichwohl unangenehm wäre, würden seine Höflinge im Parlament gegen ihre Regierung stimmen. Recht schnippisch wies sie auch die Einwürfe König Leopolds ab; er glaube sich in alles einmischen zu können, aber das sei wohl nicht nötig.
Pausenlos flogen dem Bräutigam Mitteilungen zu, wer wieder für ihn ausgesucht worden war, zum Beispiel der gut Deutsch sprechende Lord Grosvenor oder Leibarzt Clark:
»Du brauchst ihn nicht zu konsultieren, wenn Du nicht willst, es ist nur ein Ehrentitel, würde ihn aber sehr glücklich machen[225].«
Aus der veröffentlichten Heiratserklärung wurde durch ein Versehen der Passus weggelassen, es handele sich bei Albert um einen »prote-

stantischen Prinzen«. Sofort sog der Argwohn, England falle durch diese Heirat in die Stuartzeit zurück, neue Nahrung. Um die Jahreswende gab es eine weitere Verstimmung, weil Albert auf den Gedanken einer Hochzeitsreise verfiel:

»Es ist in England ja die Sitte, daß Neuvermählte sich auf vier oder sechs Wochen von der Stadt und der Gesellschaft zurückziehen, und man scheint sehr auf diesen Anstand zu sehen; da wäre es doch vielleicht gut und delikat, von dieser Sitte nicht ganz abzuweichen und wenigstens vierzehn oder acht Tage sich den Augen des Publikums zu entziehen[226].«

Diplomatisch, wie er zu sein beabsichtigte, ließ Albert die Spanne ziemlich offen. Doch selbst das Minimalangebot war für Victoria zuviel.

»Du hast, lieber Albert, die Lage noch nicht ganz begriffen. Du vergißt, mein Geliebtester, daß ich der Souverän bin und die Geschäfte durch nichts unterbrochen werden und nicht warten können. Das Parlament tagt, irgend etwas kann ständig geschehen, das meine Gegenwart erfordert, und es ist für mich ganz unmöglich, von London fern zu sein. Deshalb sind zwei oder drei Tage schon eine lange Abwesenheit[227].«

Da sprach die Geschäftsfrau, die nicht um einer Sentimentalität willen den Laden schließt. Im gleichen Brief wurde ihm gesagt, auf ein Wappen habe er an sich kein Recht, aber sie, die Königin, werde sehen, was sich machen lasse. Kein Zweifel: Es war höchste Zeit, daß er kam und sein Charme ihr die Sorgenfalten wegwischte, die sich der Heirat wegen zu bilden begannen.

Im Parlament gab es eine häßliche Szene, als die Tories Rache für Victorias Behandlung ihrer Führer Peel und Wellington nahmen und die vorgeschlagene jährliche Staatszuwendung an Prinz Albert von 50000 Pfund – Melbournes Vorschlag – auf 30000 Pfund kürzten. Die Regierung, die darin natürlich keinen Entzug des politischen Vertrauens sah, wurde mit 104 Stimmen geschlagen; wie beim Jamaika-Streit hatten sich die Radikalen unter den Whigs mit den Tories zusammengetan. »Schande, Schande«, schrieb König Leopold. Er ließ zwar inzwischen von den ihm immer noch zustehenden 50000 Pfund Witwerrente einen Teil als Unterhaltungskosten für Schloß Claremont nach England zurückfließen. Aber sein überreich bemessenes Lebenssalär war einer der Gründe, weshalb sich das Parlament nun bei einheiratenden Auslandsprinzen etwas zurückhaltender erwies.

Am 1. Februar zeigte Leopold der Nichte die Ankunft Alberts in Brüssel an. Dieser sei etwas irritiert durch die Vorgänge im Unterhaus. Zwar sei ihm das Geld gleichgültig, doch die Respektlosigkeit ärgere ihn. Victoria bekümmerten derweilen Presseberichte, wonach Lord Melbourne unmittelbar nach ihrer Heirat zurücktreten werde. Auch erörterte sie mit ihm

»Alberts Gleichgültigkeit gegenüber Frauen. Lord M. sagte: ›Ein bißchen gefährlich, scheint mir; gut und schön, wenn es dabei bleibt, aber das tut es nicht immer[228].‹«

Sie schalt ihn. Sie war unglücklich wegen der 30000 Pfund, und sie kannte die deutschen Gerüchte, wonach Albert in England gedemütigt werde. Daß der Mann der Königin so viel schlechter gestellt sei als die Frau eines Königs, fand sie ungerecht, Melbourne fand das auch. Das Wiedererlernen des Deutschen fiel ihr schwer, die unangenehmen Partien der Briefe an Albert wurden alle in Englisch abgefaßt. Noch Anfang Februar gab es Ärger wegen der Vorrangigkeit: Albert sollte als Gemahl der Königin gleichwohl hinter den königlichen Prinzen des Landes rangieren. Die Frage tauchte dann im Heiratsgesetz nicht auf und wurde dem Allheilmittel britischer Krisen überlassen: der Vertagung auf später. Albert aber, der Gute, schrieb aus Brüssel, nur drei Honigmondtage in Windsor zu bleiben sei,

»da Du sagst, daß es sich mit dem Anstand verträgt, recht angenehm, da ich so in der Stadt viel zu tun haben werde, bis ich alles ausgepackt und mich etwas eingerichtet habe... Morgen früh werden wir nach Calais abreisen, dann erwartet uns ein trauriger Moment auf der See, der, fürchte ich, mit großen Opfern verbunden sein wird. Das Publikum, das vielleicht in Dover an der Küste sich versammelt haben mag, wird ein angenehmes Bild von mir bekommen[229]!«

Tausende waren da, wie er tags darauf aus Dover an Victoria schrieb. Bis Canterbury kam ihm Stockmar entgegen. Am 8. Februar 1840 traf Albert zum drittenmal in London ein, die Königin erwartete ihn an der vertrauten Treppe. Abends, nach dem Dinner, machte Melbourne, seiner bisherigen geselligen Funktionen nun enthoben, den Hofnarren. »Mein letzter unverheirateter Abend«, notierte Victoria am 9., »ein komisches Gefühl.« Albert schien ihr »aufgeregt« zu sein. »Das ist ganz normal«, sagte Lord M., »und wundert mich gar nicht[230].«

»Liebster», schrieb sie ihm am anderen Morgen zur Begrüßung, »wie geht es Dir? Hast Du gut geschlafen? Ich habe sehr gut geschlafen und

Jugendbildnis der Königin Victoria (Gemälde von Winterhalter).

Königin Victoria auf ihrem Pferd im Park.

Linke Seite:
Albert, Prinz von Sachsen-Coburg-Gotha,
Prinzgemahl der Königin Victoria von England
(Gemälde von Winterhalter).

Königin Victoria und Prinzgemahl Albert (Foto von Mayall, um 1860).

fühle mich heute ganz wohl. Was für ein Wetter! Ich hoffe nur, daß der Regen aufhört. Laß mich wissen, wann Du, mein geliebtester Bräutigam, fertig bist. Ewig Deine Victoria R.[231]«

Albert saß einige Räume entfernt und schrieb an seine Großmutter nach Coburg:

»In weniger als drei Stunden stehe ich mit meiner lieben Braut am Altar. Ich muß in diesem heiligen Augenblick noch einmal Dich um Deinen Segen bitten, den zu erhalten ich gewiß bin und der mein Schutz und meine Freude sein soll. Ich muß schließen. Gott helfe mir[232]!«

Er sah diese Tage ein wenig wie einen Opfergang an. Um halb eins am Montag, den 10. Februar brach die Königin zur Kapelle von St. James auf, keine lange Fahrt. Albert wartete bereits. Melbourne trug wieder das Schwert, es gab Trompeten und Orgelschall wie bei der Krönung, nur war alles intimer. Die Herzogin von Kent, die bei jener Feier in der Westminster-Abtei keine Rolle gespielt hatte, stand nun mit am Altar. Albert sprach alle Worte klar und deutlich nach. Im Thronraum, als man sich ins Register eintrug, machte dann niemand aus der Familie der Braut dem Ehemann den Vorrang streitig. Das Hochzeitsmahl krönte ein Kuchen, der 300 Pfund wog und eine segnende Britannia über dem Paar zeigte, das in römische Gewänder gekleidet war, mit Hunden und Tauben zu Füßen. Angeblich echte Stücke dieses Backwerkes wurden noch im 20. Jahrhundert als begehrte Viktoriana versteigert, gut erhalten, wenn auch völlig geschmacklos. Am Nachmittag fuhr man nach Windsor hinaus. Greville, der übrigens drei Tage später herausfand, daß die Königin in bezug auf Albert

»das Recht hat, ihm Vorrang zu geben, wo sie will, außer im Parlament und im Staatsrat[233]«,

rügte scharf, daß die Hochzeit wiederum eine parteiinterne Veranstaltung der Whigs gewesen sei. Unter 300 geladenen Gästen in der Kapelle, so hätten sich einige ihrer Höflinge gerühmt, habe es nur fünf Tories gegeben. Wellington war da, nicht aber Peel. In Greville fand Albert auch einen Verbündeten, was die Hochzeitsreise anging. Es sei schockierend, schrieb der Sekretär, wie wenig sich die Königin an die englischen Sitten halte. Am Montag verheiratet, habe sie schon am Mittwoch einen riesigen Ball veranstaltet.

»Es fiel auch sehr auf, daß sie und Prinz Albert am Dienstag morgen schon so früh auf waren und spazierengingen, was mit ihren früheren Aufstehgewohnheiten gar nicht übereinstimmte. Eine merkwürdig kurze Hochzeitsnacht. Ich sagte zu Lady Palmerston, daß wir auf diese Weise wohl keinen Thronfolger bekommen würden[234].«

Später, beim Tode Alberts, hat Victoria geklagt, nun habe sie niemanden mehr, der ihr vom Aufstehen bis zum Zubettgehen sage, was zu tun sei. Es scheint, daß Albert es ihr gleich vom ersten Tag an gesagt hat, 21 Jahre lang. Sein Einfluß im privaten Bereich wurde rasch spürbar, auch wenn da weiterhin die Baronin Lehzen mitsprach. Ein ander Ding war die Einrede in öffentlichen Angelegenheiten. Hier hing viel davon ab, in welchem Maße die Königin von ihrem Grundsatz abweichen würde, Fragen der Politik nur mit ihren ministeriellen Beratern zu diskutieren. Wenn Lord Holland kein Recht hatte, seiner Frau Kabinettsgeheimnisse anzuvertrauen, durfte die Königin mit ihrem Mann anders verfahren? Niemand konnte sie daran hindern, Albert von allen Staatsgeschäften auf immer zu isolieren, so wie es Königin Anne 130 Jahre zuvor mit ihrem Prinzgemahl Georg von Dänemark gehalten hatte[235].
Das wäre um so leichter gewesen, als ja Alberts Position absichtlich in der Schwebe geblieben war. Die Tochter des Besitzers hatte einen Mann ins Geschäft genommen, aber über Teilhaberschaft, Kassengewalt, Buchhalterrechte und Erbteilung war nicht gesprochen worden. Entgegen seinem sonst eher methodischen Vorgehen ließ sich Albert in die englische Heirat unter Verzicht auf wichtige Absicherungen fast hineintreiben. Weder war eine Regentschaft für unmündige Kinder im Todesfall der Mutter geregelt worden, noch konnte Albert irgendeine Tätigkeit außer der Mitrepräsentation zwei Schritte hinter der Königin erwarten. Den Titel Prinzgemahl erhielt er erst 18 Jahre später. Doch wurde gerade diese Unbestimmtheit der Ausgangslage sein bestes Startkapital. Er konnte sich die Bereiche seines Wirkens aussuchen, ohne auf irgendeine Pflicht festgelegt zu sein. Er war erst 20 Jahre alt, aber älter war die Königin auch nicht. Ihre intellektuellen Mängel verlangten nach einem verständnisvollen Partner, ihr scharf auffahrendes Temperament brauchte einen Reibstein, ihre völlig verfahrene politische Parteinahme mußte behutsam auf den Hauptweg konstitutioneller Neutralität zurückgelenkt werden. Das erste und das zweite hatte Lord Melbourne auf seine leichtfertige Weise mit Witz und Tränen versucht, zum dritten war er nicht in der Lage. Gerade das aber, die Befähigung Victorias, mit Politikern beider großen Parteien einvernehmlich zu herrschen, wurde Alberts erste und vielleicht größte Leistung.
Das Paar, das von großen Scharen zu Pferd und in Kutschen hinaus bis Windsor begleitet worden war – »ich und Albert allein«, wie es jetzt

hieß –, verbrachte dort drei Tage in neu hergerichteten Räumen. Beim Ball am dritten Tag, den Greville so un-englisch fand, schlich sich Albert um Mitternacht nach oben, wo ihn die unbekümmert forttanzende Victoria später auf einer Couch im Schlafzimmer eingenickt fand. Am Freitag kehrten sie nach London in den Buckingham-Palast zurück. Für eine Konventionsehe war die Hochzeitsreise vielleicht ausgiebig, für eine Liebesheirat dagegen entschieden zu kurz gewesen. Der Prinz erlebte nun, daß er die Frau, nicht aber die Königin geehelicht hatte. Wenn sie Depeschen und Staatspapiere las, saß sie in einem Raum, den er zwar durchaus betreten durfte, was aber Betretenheit schuf. Ihre Minister empfing sie nach wie vor »allein«. Schlimmer: Wenn diese Geschäfte abgetan waren, wollte sie sich mit Albert lieber über anderes unterhalten als über Politik. Auch er kannte angenehmere Gesprächsthemen, aber es war das Gefühl, ausgeschlossen zu sein, was ihn gegen die Arbeitsteilung protestieren ließ.

»In meinem häuslichen Leben bin ich sehr glücklich und zufrieden; aber die Schwierigkeit, meinen Platz mit voller Würde auszufüllen, liegt darin, daß ich nur der Mann, aber nicht der Herr im Hause bin[236].«

Dieser Brief an Prinz Wilhelm zu Löwenstein-Wertheim-Freudenberg stammt aus dem Mai 1840. Zu dieser Zeit wurde Alberts Frustration bereits von Victoria mit Lord Melbourne erörtert. Zum Glück war ein Sündenbock zur Hand: die Baronin Lehzen. Sie hatte bereits vieles von ihrem alten Einfluß verloren. Sie schlief längst nicht mehr Tür an Tür mit der Königin, man hatte ein diskretes Ankleidezimmer dazwischengelegt. Aber sie überwachte noch immer die Ausgaben der Königin, sofern es nicht um Staatsgelder ging. Der offizielle Schatzmeister, Sir Henry Wheatley,

»zahlte keine Rechnung, ehe sie nicht von der Baronin abgezeichnet worden war. Das hatte der Baronin Lehzen beträchtlichen Einfluß verschafft, abgesehen davon, daß sie jederzeit Zugang zur Königin besaß[237].«

Der Einfluß hielt sich länger, als Albert, unterstützt von Lord Melbourne, zunächst hoffen mochte. Erst nach weiteren zwei Jahren mußte die Frau, die niemand am Hof hatte leiden können und die auch von der Königin halb gefürchtet, halb geliebt wurde, in ihre deutsche Heimat zurückgehen. Sie stand im Wege. Die Thronbesteigung hatte Victoria von Conroy und ihrer Mutter befreit, Albert erlöste sie von der Lehzen und einer zu engen Bindung an die Whigs.

8
Attentate

Chartisten – Die ausgebliebene Revolution

Im März war ihr »übel«. Das deutet bei einer organisch gesunden Frischvermählten meist auf Symptome von Schwangerschaft. Doch ging es hier sicher auch um das psychische Unwohlsein, von dem Victoria vor herannahenden Widrigkeiten oft befallen wurde. Die Periode war ausgeblieben, und es macht sie der bloße Gedanke daran krank, daß mit der ersehnten Ehe sofort auch deren verwünschte Bürde einhergehen werde, daß die gefürchtete Kette vieler Entbindungen schon so früh ihren Anfang nahm. Die Königin stand jetzt in dem Alter, in dem Charlotte, ihre Kusine, nach kurzer Ehe im ersten Kindbett gestorben war. Aber es half nichts: Vier Wochen später setzten die Ärzte das mutmaßliche Datum der Geburt auf Anfang Dezember fest.

Kaum sprach es sich herum, daß die Thronfolge gesichert sei, da wurde sie schon wieder gefährdet. Am Abend des 10. Juni 1840 unternahmen Victoria und Albert einen Ausflug im offenen Wagen. Beide liebten die Luft der Londoner Parks. Das Paar benutzte für diese Erholungsfahrten, die meist anderthalb Stunden dauerten, einen Wagen, den die »Times« anderntags als »German drotschky« bezeichnete: einen niedrigen Damen-Phaëton, der bequemes Ein- und Aussteigen unter Wahren des Dekorums erlaubte. Vierspännig und begleitet nur von den beiden diensttuenden königlichen Stallmeistern, Oberst Buckley und Sir Edward Bowater, verließen sie den Buckingham-Palast und bogen nach links in den Constitution Hill ein in Richtung Hyde Park Corner. Die gewohnte Menge stand und jubelte. Von dem, was dann geschah, existiert kein getreues Bild. Die Fotografie lag noch in den Anfängen. Zwar hatte Daguerre ein Jahr zuvor in Paris seine Kastenkamera vorgeführt, aber erst ein Jahr später gelang es Talbot, mehrere Abzüge von einem Negativ herzustellen, unerläßlich für die kommende Ära des Pressefotos. Das erste Attentat auf Königin Victoria hätte noch kein Zeitungsreporter festhalten können. Das siebte und letzte, 42 Jahre später, wäre als Bilddokument überlieferbar gewesen, hätte sich eine Kamera in der Nähe befunden. Wie es bei Attentaten zu sein pflegt, sind sie vorüber, ehe die Anwesenden begreifen, was geschieht. Der Phaëton

»war ein kurzes Stück den Constitution Hill entlang gefahren und hatte die Menge vor dem Palast größtenteils hinter sich gelassen. Plötzlich hob ein junger Mann, der aus dem Green Park gekommen war und mit dem Rücken zum Parkgitter stand, eine Pistole und feuerte sie auf Ihre Majestät oder Prinz Albert ab. Der Prinz hörte den Schuß und wandte sich zur Seite, riß dann aber sofort Ihre Majestät, die sich erheben wollte, auf den Sitz zurück. Der Mann zog eine zweite Pistole und schoß wieder auf den Wagen. Der Knall der Schüsse war sehr laut. Einige weibliche Passanten begannen zu schreien. Mehrere Männer stürzten auf den Täter zu. Er wurde ergriffen, zuerst von jemandem, der wie ein Arbeiter aussah, dann von einem der Begleiter der Königin. Der Wagen hielt nicht an, sondern fuhr weiter in Richtung Hyde Park Corner[238].«

Braver Prinz, braver Arbeiter. Da Victoria links im Wagen saß und Edward Oxford, der Schütze, von rechts feuerte, befand sich Albert in der größeren Gefahr. Er berichtete seinem Bruder Ernst nach Coburg, er habe sich um Victoria vor allem ihres derzeitigen Zustandes wegen gesorgt, aber sie habe nur gelacht. Albert erwähnte auch, der jugendliche Täter sei von der herbeilaufenden Menge fast gelyncht worden. Keiner der sieben Anschläge, die sie erlebte, hat Victoria je in Todesangst versetzt. Alle sieben aber haben der Krone Wellen von Sympathie eingetragen. Zuweilen hatte sie das bitter nötig.

Der Festgenommene war 18 Jahre alt, Bierkellner, von gutem Leumund, aber stellungslos. Fest stand nur, daß er zweimal danebengeschossen hatte. Sonst blieb vieles im dunkeln. Tagelang inspizierte das Publikum die Einschlagstellen der Kugeln an der gegenüberliegenden Palastmauer. Der Herzog von Wellington, die Militär-Autorität der Nation, beteiligte sich mit ballistisch versiertem Blick an den Mutmaßungen darüber, wohin die abgeprallten Geschosse wohl geflogen sein mochten. Sie wurden trotz emsiger Suche nicht gefunden. Das war der Polizei peinlich, denn erst vorweisbare Kugeln machten aus einem bloßen Pulverknall einen Schuß und damit ein Attentat. Handelte es sich vielleicht gar nicht um Einschlagstellen? Waren die Pistolen am Ende ungeladen gewesen? Die Rechtsprechung jener Jahre – sofern sie den Namen in unserem Sinne verdient, denn unparteiisch war sie nur

unter gesellschaftlich Gleichrangigen – machte da waffentechnisch bedingte Unterschiede.
Die Polizei glaubte Zeugen dafür präsentieren zu können, daß die Pistolen geladen gewesen seien. Ein Mann namens Samuel Parks behauptete während des Prozesses, die erste Kugel sei dicht an seinem Gesicht vorübergezischt. Mr. Parks stand auf der Palastseite, und die vermeintlichen Einschlagstellen befanden sich in Mannshöhe der Mauer. Das schien plausibel. Die Verteidigung machte sich jedoch die Aussage von Mr. Parks sofort zunutze. Oxford hatte auf der gegenüberliegenden Seite am Parkrand etwas erhöht gestanden. Um die im Wagen Sitzenden zu treffen mußte er leicht nach unten zielen. Die Geschosse konnten also nicht auf der gegenüberliegenden Seite wieder in Mannshöhe umherfliegen. Entweder stimmte, was Parks behauptete, dann hatte Oxford absichtlich viel zu hoch geschossen. Oder Oxford zielte genau, dann traf die Aussage von Mr. Parks nicht zu. Keine Absicht oder keine Kugel, das nun lief auf das gleiche hinaus: kein Attentat.
Oxford war zunächst aufs Revier gebracht und dann sofort dem Staatsrat vorgeführt worden. Die Herren, darunter der Innenminister, der Lordkanzler als oberste Rechtsinstanz der Regierung sowie der Generalstaatsanwalt einigten sich nach mehrstündiger Vernehmung, der Attentäter sei unzurechnungsfähig. Das nahm das spätere Gerichtsurteil vorweg. Die Meinung der Politiker drang nach draußen. Mindestens ein Abgeordneter erhielt sofort Kenntnis davon. Doch auch die Presseberichte klangen inspiriert: ein »Wahnsinniger« sei am Werke gewesen. Was eigentlich erst die Geschworenen abzumachen hatten, galt als zuvor erwiesen. Der Prozeß begann am 9. Juli. Die Anklage legte der Verteidigung nahe, den Nachweis zu erbringen, es handele sich um einen Geistesgestörten. Die Verteidigung hielt denn auch eine Aussage von Oxfords Mutter bereit, schon ihr Mann, inzwischen verstorben, habe unter »Anfällen« gelitten. Solche absurden Konglomerate aus Vererbungstheorie und Hörensagen wurden als Argument zugelassen.
Von der Erblichkeit der Geistesstörungen war die Zeit fest überzeugt. Man beobachtete alle Nachfahren Georges III. auf Anzeichen einer Wiederholung seiner Krankheit. Die Temperamentsausbrüche der Königin gerieten nicht selten in den Verdacht, Vorboten des Irrsinns zu sein. Nicht einmal Prinz Albert war ganz frei von dieser Sorge[239], und schon bei der Hofstaatkrise von 1839 hatte Stockmar –

freilich aus der Ferne urteilend – den Eindruck, nun sei die Königin verrückt geworden[240]. Sie selbst glaubte nach Alberts Tod gelegentlich, sie verliere den Verstand[241]. Nichts von alledem braucht näher erörtert zu werden. Ihre geistigen Fähigkeiten hatten ihre Grenzen, waren aber nie, auch zuletzt nicht, derangiert oder auch nur getrübt. Edward Oxford aber hatte wahnsinnig zu sein, ob er es war oder nicht. Daß er aus seiner Zelle an Innenminister Normanby schrieb und um ein Buch mit dem Titel »Jack, der Riesenkiller« bat, bestätigte scheinbar die These. Er bat zwar auch um »1001 Nacht«, was eher auf eine recht gesunde Phantasie deutet, aber natürlich damals nicht zur normalen Jugendlektüre zählte. Doch hätte Oxford wohl um Shakespeare oder die Bibel bitten können: Er war unzurechnungsfähig, denn er mußte es sein.

Am Ende der zweitägigen Verhandlungen freilich warteten die Geschworenen mit einer Überraschung auf:

»Wir finden den Angeklagten Edward Oxford schuldig, zwei Pistolen abgefeuert zu haben. Ob diese mit Kugeln geladen waren, ist nach unserer Ansicht nicht hinreichend erwiesen worden. Zum Zeitpunkt der Tat war er nicht zurechnungsfähig[242].«

Brave Geschworene: keine Kugeln, kein Mordversuch. Weggelassen ist auch, auf wen denn eigentlich gefeuert wurde und ob überhaupt auf irgend jemand. Am Ende eines Attentatsprozesses mußte dies ein Freispruch sein. Lordrichter Denman gab das Wort an den Generalstaatsanwalt. Der beantragte »lebenslänglich« unter Berufung auf ein Gesetz aus dem Jahre 1800. Es war erlassen worden nach James Hadfields Pistolenschuß auf George III. im Londoner Drury-Lane-Theater[243]. Danach war ein des Königsmordes oder des Versuchs Beschuldigter, der wegen Unzurechnungsfähigkeit freigesprochen wurde, sofort auf Lebenszeit einzusperren. Die genaue Formulierung lautete: »during His (or Her) Majesty's pleasure«, solange es der Majestät beliebt. »Auf unbestimmte Zeit« wäre vielleicht eine korrektere Übertragung ins Juristische; natürlich konnte Lebenszeit daraus werden. Der Verteidiger, Mr. Taylor, protestierte. Es sei ja doch gerade nicht bewiesen worden, daß ein Mordversuch stattgefunden habe. Mit Pistolen ohne Kugeln könne man niemanden töten, also auch nicht die Absicht hegen, es auf diese Weise zu tun. Sir John Campbell, der Generalstaatsanwalt, habe nicht das Recht, ein Parlamentsgesetz zu drehen, »wie es dem Staat beliebe«. Lordrichter Denman schickte daraufhin die Geschworenen ein zweites Mal in Klausur und trug ihnen

auf, nur darüber zu befinden, ob die Pistolen »geladen« gewesen seien oder nicht, ganz gleich, »womit«. Es dauerte eine Stunde, ehe die neue Rechtsauslegung im Interesse der Staatssicherheit zustande kam. Der zweite Spruch lautete nur noch:
»Schuldig, aber zum Zeitpunkt der Tat nicht zurechnungsfähig.«
Lord Denman konnte demnach als Urteil des Gerichts verkünden:
»Nicht schuldig wegen Unzurechnungsfähigkeit[244].«
Sir John Campbell forderte nun im Namen der Königin »strenge Haft, nach dem Belieben Ihrer Majestät«. Lord Denman: »Das versteht sich von selbst.« Edward Oxford kam nach »Bedlam«, wie die Londoner sagten, in das Irrenasyl südlich der Themse. Vom riesigen Komplex dieses Bethlehem-Hospitals steht heute nur noch ein einziges Gebäude, es beherbergt das Empire-Kriegsmuseum. In »Bedlam« war schon der Wüstling aus Hogarths berühmter zeitkritischer Bildfolge dahingedämmert. Als Oxford eingeliefert wurde, lebte oder vegetierte dort noch eben jener Hadfield, der sein Attentat 40 Jahre zuvor begangen hatte. Oxford blieb 27 Jahre, dann wurde er »freigelassen«, nämlich deportiert.
Victoria und Albert aber setzten ihre gewohnten Ausflüge fort. Zwei Jahre später kam es, fast an der gleichen Stelle, zum zweiten Anschlag. Er war eigentlich schon der dritte, denn tags zuvor, an einem Sonntag, hatte der Prinz bei der Heimfahrt des Paares aus der Kirche einen Mann in der Menge beobachtet, der ganz offensichtlich eine Pistole hoch hielt, aber nicht zum Feuern ansetzte, sich vielmehr abwandte und verschwand. Man beriet. Im Einvernehmen mit dem Premierminister – das war nun, im Mai 1842, nicht mehr der gute Melbourne, sondern der endlich akzeptierte Peel – faßte man den Entschluß, die Ausfahr-Routine nicht zu ändern. Victoria und Albert wurden nach dem Bekanntwerden der Umstände kritisiert, den Mann zu einem neuen Versuch geradezu herausgefordert zu haben. Allerdings mischten sich in der Nähe des Palastes zahlreiche Polizisten in Zivil unter die Menge, und die berittenen Begleiter hielten sich eng am Wagen. Die Fahrt ging durch die Parks nach Norden bis Hampstead, und nichts geschah. Erst auf der letzten Etappe des Heimwegs,
»als wir in Constitution Hill waren, hörten wir den Knall einer Pistole, nicht sehr laut. Wären wir nicht vorbereitet gewesen, wir hätten es kaum bemerkt[245].«
So beschrieb Victoria in einem Brief an König Leopold den Vorfall.
»Wir sahen, wie der Mann von einem Polizisten ergriffen wurde...,

und waren beide froh, daß unsere Ausfahrt zu seiner Festnahme geführt hatte... Er wurde im Innenministerium verhört, heißt John Francis, ist Zimmermann und Sohn eines Theatermaschinisten in Covent Garden und soll gut aussehen... Diesmal wird alles geheim bleiben, das ist auch gut so, und ich glaube, die Sache wird richtig behandelt... Ich hatte überhaupt keine Angst...«

John Francis, 20 Jahre alt, wurde vom Tory-Staatsrat für zurechnungsfähig befunden. Die Königin wußte es schon am nächsten Tag. Die Geheimhaltung, die sie im »Tagebuch« erwähnte, bezog sich nicht auf die Tatsache des Anschlags, der schließlich in aller Öffentlichkeit passiert war und groß in den Zeitungen stand. Sie betraf vielmehr die »richtige Behandlung«, das heißt den Meinungsumschwung des Staatsrats. Der hatte beschlossen, ein Exempel zu statuieren. Das bloße Beiseiteschaffen von angeblich Wahnsinnigen reichte dafür nicht aus. Francis mußte also zurechnungsfähig sein. Diesmal dauerte der Prozeß nur einen Tag. Der Angeklagte beteuerte immer wieder, er habe nicht töten wollen. Die Geschworenen, denen wieder auffiel, daß die Polizei außerstande war, eine abgefeuerte Kugel vorweisen zu können, fanden Francis nicht schuldig,

»eine Pistole, mit Pulver und Kugel geladen, abgeschossen zu haben«.

Sie fanden ihn aber schuldig,

»eine Pistole, mit Pulver und einer zerstörerischen Substanz geladen, abgefeuert zu haben«.

Francis wurde zum Tode verurteilt, genauer gesagt in der ritualisierten Sprache, deren sich Lordrichter Tindal bediente, dazu,

»auf einem Karren zum Schauplatz der Hinrichtung gefahren und dort am Halse aufgehängt zu werden, bis Sie tot sind, wonach Ihr Kopf vom Rumpfe getrennt und ihr Körper in vier Stücke geteilt und mit ihm so verfahren werden wird, wie es der Majestät beliebt. Möge Gott der Allmächtige Ihrer Seele gnädig sein[246].«

Francis, so berichtete die »Times«, hörte dem Spruch mit heftiger Erregung zu und fiel in Ohnmacht, als man ihn hinausführen wollte. Der Königin blieb es zwar erspart, ihr Belieben in der Sache zu formulieren. Von einer Verfügung über einzelne Rumpfteile ihrer Untertanen konnte keine Rede sein; das bezog sich im Fall einer Hinrichtung auf die Art des Begräbnisses. Ein Königsmörder wäre nie in geweihter Erde beigesetzt worden. Da sich an ein solches Todesurteil nun der komplizierte Prozeß anschloß, ob es vollstreckt werden sollte oder nicht und wenn nein, was ersatzweise zu verhängen sei, war die Königin gleichwohl in die Maschinerie dieses Abschreckungsrechts verwickelt. Schon am zweiten Tag nach ihrer Thronbesteigung hatte sie Militärgerichts-Urteile unterzeichnen müssen, ohne die Fälle genau zu kennen. Obwohl Peel die Zahl der Delikte, auf denen die Todesstrafe stand, drastisch reduziert hatte, blieben viel zu viele übrig. 1836 war ein rundes halbes Tausend an Todesurteilen ausgesprochen worden, 34 davon wurden am Galgen vollstreckt. Im folgenden Jahr nahm man weitere Delikte aus der Liste derer heraus, die die Höchststrafe erforderten oder zuließen. Aber

»Hinrichtungen blieben bis 1868 öffentlich und hatten große Ansammlungen von oftmals betrunkenen Menschen zur Folge, die nicht immer nur aus den unteren Gesellschaftsschichten stammten«[247].

Die Strafvollzugsbehörden verstanden es freilich auf ihre Schinderweise, die neuerliche »Laxheit« der Reformpolitiker zu unterlaufen. Die Leitung des Gefängnisses von Newgate, wohin man den ohnmächtigen Francis gebracht hatte, durfte nun entscheiden, wann innerhalb von drei Wochen sie den Hinrichtungstermin ansetzen wollte. Erst sobald das geschah und das Innenministerium davon in Kenntnis gesetzt war, konnte dieses – kraft erteilter Blankovollmacht der Königin – den Gnadenakt verkünden. Wenn es den Bütteln beliebte, dauerte die Todesangst der Verurteilten also mehr als zwei Wochen. Nicht selten wurde dabei Sadismus mit Menschenliebe bemäntelt. Setze man nämlich, so hieß es, gleich nach der Einlieferung den Termin an, dann könne das Innenministerium aus Rücksicht auf eine noch nicht wieder beruhigte Öffentlichkeit keine Milde walten lassen. Francis mußte 14 Tage um sein Leben bangen. Dann wurde er nach Australien deportiert mit der Auflage, ihn

»im härtesten Straflager der Kolonie zu Schwerarbeit anzuhalten[248]«.

Das, so glaubte man, schrecke mehr ab als »Bedlam«. Es waren auch nicht eben die seetüchtigsten Schiffe, in denen Sträflinge transportiert wurden.

Gegen harte Urteile hatte die Königin im allgemeinen nichts einzuwenden. Die Todesstrafe jedoch lehnten sie und Albert aus Grundsätzen ab. Was sie daran störte, waren vor allem die Begleitumstände. Bei manchen halböffentlichen Exekutionen gab es »geladene Gäste«, die als Zeugen nötig waren und stärkende Getränke gereicht bekamen. Prinz Albert konnte freilich das Resultat seiner Bemühungen, diesen Schandvollzug abzuschaffen, selbst nicht mehr erleben. Nach dem

Todesurteil gegen Francis schrieb Lord Melbourne, der trotz seiner Zurückgezogenheit ständig mit der Königin korrespondierte, so als sei er noch ihr Premierminister, sie dürfe sich jetzt nicht von Emotionen leiten lassen:
»Lord Melbourne weiß sehr wohl, daß Eure Majestät sofort die Notwendigkeit erkennen, hier nicht dem Gefühl nachzugeben, sondern die Sache ganz in der Hand Eurer Berater zu lassen[249].«
Das Leben der Monarchin sei »das teuerste im Lande« und bedürfe deshalb des besonderen Schutzes. Gegen die Abschreckungstheorie seines Nachfolgers Peel hatte der Quasi-Tory Melbourne nichts einzuwenden.
Schutz freilich, das bewies dieses Urteil in aller wünschenswerten Deutlichkeit, war damit nicht zu verbriefen. Zwei Tage nach der Deportation von John Francis fand, am 3. Juli 1842, das nächste Attentat statt, wiederum mit einer Pistole von zweifelhafter Ladung verübt, diesmal in der Mall auf der Fahrt zum Trafalgar Square. Ein kleiner, leicht verwachsener Junge namens John William Bean feuerte mit einer Mischung aus Pulver und Tabak, wurde festgenommen und zu anderthalb Jahren Gefängnis verurteilt, wozu Victoria anmerkte, der Junge sei »bestimmt nicht harmlos[250]«.
Die Regierung Peel fand nun, das Hochverratsgesetz von 1800 sei nicht länger eine befriedigende Waffe gegen solche Attentate, die in Mode zu kommen drohten. Oxford, Francis und Bean hatten zwar keinen Umsturz ausgelöst, und doch änderten sie die bestehenden Verhältnisse, indem sie eine Verschärfung des Strafrechts bewirkten. Es geht also nicht an, diese Anschläge zu bagatellisieren, weil sie im Vergleich zu Attentaten in Frankreich, Preußen oder Rußland dilettantisch ausgeführt wurden. Welche politische Bedeutung den Anschlägen auf Victoria zukam, zeigt sich gerade in dem Versuch, ihnen jedes politische Motiv abzusprechen. Attentate sollten fortan rein kriminelle Delikte sein, ganz gleich, ob die Angeklagten zurechnungsfähig waren oder nicht. Im Geschwindschritt zog Peel, darin von Melbourne und der Opposition unterstützt, ein Gesetz zum Schutz des Souveräns durch beide Häuser des Parlaments. Schon am 17. Juli dankte die Königin Melbourne für die »rasche Arbeit«. Statt »treason« (Hochverrat) hieß es nun »misdemeanour« (Vergehen). An die Stelle der Todesurteile mit quasi-automatischer Begnadigung des »Gesinnungstäters« – zu »Bedlam« oder Abtransport – trat nun lange Haftstrafe des »Kriminellen« samt Auspeitschung; Lord Melbourne mag

den Gesetzentwurf mit Behagen gelesen haben. Das sollte stärker abschrecken und den Tätern die unterstellte Wichtigtuerei vergällen. Es sollte vor allem politisch inspirierte Nachahmer warnen, die man ernsthaft fürchtete. Die Gerichte brauchten auch nicht länger auf Unzurechnungsfähigkeit hinzuarbeiten, nur damit man der Königin, deren Gefühle bekannt waren, das Unterzeichnen von Todesurteilen ersparen könne, die zu ihrem Schutz gefällt wurden. Das umständliche Belieben der Monarchin wandelte sich zum simplen Durchgreifen der Staatsorgane.

Das neue Gesetz kam in Anwendung bei den nächsten Attentaten. William Hamilton, ein Ire, wählte am 19. Mai 1849 für seinen Schuß – aus ungeladener Pistole – wieder den Constitution Hill. Im Wagen befanden sich diesmal außer der Königin drei ihrer Kinder und eine Hofdame. Die dreijährige Helene faßte, was zu sagen war, nach der Rückkehr in den sicheren Palast zusammen:

»Mann hat geschossen, wollte die liebe Mama erschießen, muß bestraft werden[251].«

Hamilton behauptete, er habe die Königin nur »erschrecken« wollen. Drei Monate vor ihrer geplanten Irland-Reise gelang ihm das sicher. Wegen »misdemeanour« wurde er zu sieben Jahren Deportation verurteilt. Gut ein Jahr später wechselten beim fünften Anschlag die Waffe, der Schauplatz und wohl auch das Motiv. Die Königin verließ gerade Cambridge House, den Wohnsitz ihres kranken Onkels Adolph, des Herzogs von Cambridge. Wieder sahen drei ihrer Kinder zu, wieder war Prinz Albert nicht dabei. Als die Menge an der schmalen Ausfahrt nach Piccadilly der Königin zujubelte und die Fahrt sich deswegen verlangsamte, trat ein Mann an den offenen Wagen und schlug Victoria mit dem Metallknauf seines Spazierstocks heftig auf den Kopf. An Stirn und Augenbraue verletzt, verlor sie einen Augenblick lang die Besinnung. Es war das einzige der sieben Attentate, bei dem sie zu körperlichem Schaden kam. Die Hofdame griff, als sie selbst sich vom Schreck erholt hatte, zur Riechflasche, die Königin kam zu sich und befahl resolut die Weiterfahrt. Statt für den Rest des Tages das Haus zu hüten, ging sie abends in die Oper. Sie betrat die Loge, als die Aufführung von Meyerbeers »Prophet« gerade bei der berühmten Schlittschuhszene angelangt war. Das Publikum lohnte die Unerschütterlichkeit seiner Herrscherin mit Ovationen. Die Sänger, vorweg ihr geliebter Mario, intonierten aus dem Stegreif »God save the Queen«.

Der Täter, Robert Pate, bereitete den Behörden Probleme, denn er paßte nicht ins gewohnte Schema. Es handelte sich um einen gedienten Mann, der es bei den 10. Husaren bis zum Leutnant gebracht hatte. Ein Motiv gab er nicht preis. Er bekam wie Hamilton sieben Jahre Haft unter dem neuen Gesetz von 1842. Möglicherweise hatte seine Protestgeste die Königin nur als Ersatz-Zielscheibe gewählt; worüber er ernsthaft Klage hätte führen können, wurde nie bekannt, aber natürlich auch nicht untersucht. Der König der Belgier erhielt einen Bericht seiner Nichte, worin jedoch die anschließend genossenen Opernfreuden breiteren Raum einnahmen als der erlittene Schmerz.
Die beiden letzten Anschläge auf die Königin fanden wesentlich später statt. Am 28. Februar 1872 drängte sich ein Mann an den Landauer, gerade als Victoria, längst Witwe und nur noch selten in London zu sehen, von Constitution Hill kommend in den Buckingham-Palast einbiegen wollte. Er bedrohte sie mit einer Pistole, aber ihr Leibschotte warf ihn zu Boden:
»Nur dem guten Brown und seiner wunderbaren Geistesgegenwart verdanke ich mein Leben, denn er allein sah den Mann und folgte ihm um den Wagen herum. Als ich dann in der Halle stand, kam General Hardinge und zeigte mir das seltsame Schriftstück, das der junge Mann mir zur Unterschrift hatte aufzwingen wollen. Es hatte etwas mit den im Gefängnis sitzenden Feniern zu tun... Die liebe Alix... war so entsetzt und sagte, sie sei froh, an der Fahrt nicht teilgenommen zu haben. Königin sein sei doch kein Vergnügen. Darin stimmte ich ihr von Herzen zu[252].«
Nimmt man einen Sprengstoffanschlag auf das Dubliner Denkmal ihres geliebten Albert aus – eine Tat, die sie den Iren lange nicht vergaß –, so hatte die Königin nun wieder zehn Jahre Ruhe. Fast schien ihr das auch nicht recht, denn als die »Hinrichtungsliste« einer in Amerika basierenden irischen Fenier-Gruppe zwar den Namen ihres ältesten Sohnes, des Prinzen von Wales enthielt, aber nicht ihren eigenen, fragte sie bei Premierminister Gladstone in aller Unschuld an, warum denn sie wohl ausgenommen sei[253]. Sie brauchte nicht lange darauf zu warten, bis wieder auf sie geschossen wurde, scharf geschossen diesmal, wenn auch daneben. Am 2. März 1882 saß die Königin in ihrem blau ausgeschlagenen Staatszug außerhalb des Bahnhofs von Windsor vor der Abfahrt, als John Brown die Abteiltür aufriß und in seiner gewohnt ungenierten Art sagte:
»Der Mensch hat auf Euer Majestät Waggon geschossen[254]!«

Victoria hatte das Geräusch zwar gehört, aber der Lokomotive zugeschrieben. Ein Rudel Eton Boys verfolgte den Attentäter mit gezogenen Regenschirmen, was die Königin stark belustigte. Etwas ernster nahm sie den Fall, als ihr Brown am nächsten Tag den Revolver zeigte. Der schottische Alleskönner verfügte offenbar über Mittel, Beweisstücke aus den Polizei-Unterlagen noch vor Prozeßbeginn vorübergehend zu entleihen. Es handelte sich um eine Schnellfeuerpistole, sechsschüssig. Fünf Kammern waren noch gefüllt. Roderick MacLean, der siebte und letzte Attentäter, wurde – da schließt sich der Kreis – wie die ersten beiden für unzurechnungsfähig erklärt und endete im Asyl. Gladstone steuerte im Unterhaus die beruhigende Erklärung bei, in anderen Ländern seien Attentate das Werk politischer Umstürzler, in England dagegen handele es sich stets um Geistesgestörte[255].
War es so einfach? Oxford, Francis, Bean, Hamilton, Pate, O'Connor und McLean – einige von ihnen waren sicher verworren, vielleicht auch verrückt, aber alle? Daß man ihre Motive nicht kannte oder kennen wollte, mußte nicht bedeuten, daß sie keine hatten. Auch war ja das britische 19. Jahrhundert keineswegs frei von politischen Morden. Gladstone wußte nur zu genau, daß einer seiner Vorfahren im Amt, der Premierminister Spencer Perceval, 1812 von einem Mann namens Bellingham in der Lobby des Unterhauses aus nächster Nähe erschossen worden war[256]. Bellinghams Prozeß verlief in brutaler Kürze. Nach Motiven wurde nicht gefragt, das Recht des Angeklagten bestand vor allem darin, rasch vor seinen jenseitigen Richter gebracht zu werden. Und war das etwa der einzige Fall geblieben? Sir Robert Peel – das hatten Gladstone erlebt und die Königin auch – konnte 1843 dem Tode nur entgehen, weil der Attentäter, Daniel McNaghten, ihn mit seinem Sekretär Drummond verwechselte oder vielmehr umgekehrt. Drummond starb für seinen Premierminister. Ferner waren drei Wochen vor dem Versuch des Iren O'Connor, der Königin einen Gnadenerweis abzuzwingen, in Dublin der Irlandminister Lord Frederick Cavendish und einer seiner Mitarbeiter, Staatssekretär Thomas Burke, am hellichten Tag im Phoenix Park erstochen worden[257]. Damit Gladstones Ausspruch stimmte, mußten die Iren dann wohl als Ausländer gelten.
Schlimmeres hatte sich ereignet. Im Februar 1820 sollte das gesamte Kabinett Liverpool bei einem Essen im Hause von Lord Harrowby Mördern zum Opfer fallen, eine Wiederholung des Guy-Fawkes-

Anschlags, jedoch nicht gegen das Parlament gerichtet, sondern gegen die Exekutive. Diese »Cato Street-Verschwörung«[258] war, wie es die – vollstreckten – Todesurteile gegen die rechtzeitig verratenen Täter zeigten, als politischer Akt sehr wohl ernst genommen worden. 1820, das war ein Jahr nach »Peterloo«; da wirkten die sechs »Gag-Gesetze«, da lebte man in Angst vor dem Umsturz, und niemand redete von Geisteskrankheiten, dazu war das schlechte Gewissen der Kornzöllner und Kriegsgewinnler viel zu gut entwickelt. Auf Lord Palmerston hatte 1818 ein Mann namens Davies geschossen, wobei der Minister verletzt worden war. Davies, ein ehemaliger Offizier wie Robert Pate, endete in »Bedlam«. Auch auf Wellington fand ein Attentat statt, allerdings im besetzten Frankreich, das schien für Gladstones These zu sprechen. Dieser selbst, um den Tragödien das Satyrspiel hinzuzufügen, wurde trotz seiner zahlreichen Feinde nur ein einziges Mal angefallen, und das erst in hohem Alter und auch nur durch eine junge Kuh, die ihn zu Boden riß und erst von ihm abließ, als sich der Staatsmann totstellte. Anderntags wurde sie zum Tode durch Erschießen verurteilt. Höhnische Zeitgenossen sandten anoyme Kränze, bestimmt für die vierbeinige Heldin, die sich
»im Kampf gegen die Irlandpolitik des Premierminister geopfert[259]« habe.

Der Königin brauchte man ebenfalls nicht mit der Zwecklüge von der mentalen Zerrüttung all ihrer Attentäter zu kommen: Das glaubte sie nicht siebenmal. Auf zwei ihrer Söhne wurde geschossen, zwar beide Male im Ausland, aber nur einmal von einem Fremden. Prinz Alfred, der Herzog von Edinburgh, wurde am 12. März 1868 in Clontarf Beach, Sydney, von einem Iren namens Henry James O'Farrell in den Rücken getroffen. Bertie, der Prinz von Wales, wäre im Jahre 1900 in Brüssel beinahe das Opfer des Studenten Sipido geworden, eines Belgiers, der einem Anarchistenzirkel angehörte und auf den im Zug sitzenden Prinzen einen Schuß aus einer Schnellfeuerpistole abgab (die zeigte man ihm später). Sarajewo war überall in jenen Jahren. England hatte also, was die Ermordung hochgestellter Personen anging, keine Veranlassung, nur nach draußen zu blicken, auf Lincoln oder Garfield in den USA, die Zaren Paul I. und Alexander II. in Rußland, auf Lord Mayo, den Vizekönig von Indien – gestorben sechs Tage nach Lord Cavendish und kurz vor O'Connors Versuch –, auf den Schah von Persien, die Kaiserin von Österreich, den Patriarchen von Konstantinopel, den Präsidenten des Kirchenstaates und den von Frankreich, lauter Opfer unter den Zeitgenossen Victorias. Auch fehlgeschlagene Bubenstücke gab es nicht nur im Ausland (Louis Philippe, Napoleon III., Bismarck und Wilhelm I.), sondern ebenso auf der Insel: George III. war dreimal, George IV. einmal bedroht gewesen. Der nach außen zur Schau gestellte Gleichmut der Londoner Minister diente einem politischen Zweck. An die grundsätzliche Immunität des britischen »body politic«, des Staatswesens, gegen die »französische Krankheit«, die Revolution, glaubte niemand, die Königin am wenigsten.

Sie konnte die Koinzidenz von Attentatsversuchen und aktuellen Krisen kaum übersehen. Der Schuß des Iren Hamilton im Jahre 1849 erfolgte nicht nur unmittelbar vor ihrer Reise auf die unruhige Nachbarinsel; dort hatte vielmehr seit einigen Jahren die verheerendste Hungersnot geherrscht, die seit dem Dreißigjährigen Krieg über ein europäisches Land hereingebrochen war[260]. Der echte oder eingebildete Fenier O'Connor wollte ihre Unterschrift erzwingen zu einem Zeitpunkt zunehmenden Kampfes für irische Unabhängigkeit oder zumindest Selbstverwaltung. Ein Zusammenhang lag nahe zwischen dem McLean-Attentat und den allgemeinen Unruhen von 1882, als nicht nur in Irland neuer Terror umging, sondern auch französische Kommunisten nach London flohen und ein Johann Most dortselbst wegen der Propagierung des Königsmordes zu sechs Monaten Gefängnis verurteilt wurde. Ein Jahr später kam es zu einer erschreckenden Serie von Anschlägen der Iren in der britischen Hauptstadt (in Whitehall und auf die »Times«) sowie in Glasgow und in Birmingham; benutzt wurden Bomben amerikanischer Herkunft, Vorboten der Terrorakte des 20. Jahrhunderts in denselben Städten zum immer noch gleichen Zweck. Victoria war überzeugt, daß sie und ihre Familie sich unter die ersten Ziele eines jeden ernsthaften Umsturzversuches rechnen mußten[261]. Zwar hatte sie die Thronfolge gesichert. 1872, als nach langer Pause das sechste Attentat geschah, lebten bereits mehrere Kinder ihres ältesten Sohnes. Sie sah in der Serie der Anschläge mehr als nur das Werk von kleinen Narren und Größenwahnsinnigen.

Sie stand mit dieser Meinung nicht allein. Lord Melbourne hatte ihr schon nach dem ersten Attentat gesagt, das sei ganz »la Jeune France«. Der britische Premierminister von 1840 hatte die französische Studentenbewegung nicht vergessen. Innenminister Normanby fügte hinzu, nach seiner Meinung sei Edward Oxford »nicht im geringsten verrückt«. Nach dem Francis-Attentat erklärte Melbourne, dergleichen werde

»ausgelöst durch die Gedankenverwirrung unserer Zeit, durch überspannte und grundlose, aber dem Volk emsig eingeflößte Hoffnungen darauf, daß Veränderungen und Chaos nur Vorteile bringen«[262].

Derselbe Politiker, der jede Krise so lange wie möglich zu bagatellisieren pflegte, wußte sehr genau, was hier über die sicher wirren Intentionen von Individuen wie Oxford oder Francis hinaus auf reale Gefahren deutete. Es fällt auf, daß die ersten fünf Attentate in der Zeit zwischen 1840 und 1850 lagen. Das war nicht nur auf dem Kontinent eine Zeit der Veränderungen. In Großbritannien drängten die Chartisten[263] und die sich rasch ausbreitenden Vorformen der Gewerkschaften auf Sozialreformen hin. Die Getreidezölle[264] fielen, der Zehnstundentag wurde durchgesetzt. In Irland veränderten Kartoffelmißernten und Massensterben das Verhältnis zu England: aus Stolz und Zorn wurden nun Haß und Todfeindschaft. Das Kommunistische Manifest erschien; es mochte zwar mehr der Geschichte der kontinentaleuropäischen Linken zugehören, dennoch erblickte es in London das Licht der Welt, und Friedrich Engels modellierte seine Bestandsaufnahme der arbeitenden Klasse[265] nach den Zuständen in Manchester. Vor diesem Hintergrund läßt sich eine Serie von Attentaten gegen einen Herrscher nicht als lauter zufällige Verrücktheiten abtun. Die Behauptung von Einzelgängertum und Unzurechnungsfähigkeit war ihrerseits ein Stück Politik, war defensive Bewahrung des Bestehenden.

In Edward Oxfords Wohnung nämlich fand die Polizei am Tage nach dem Anschlag eine Reihe von Papieren. Da gab es eine Liste von 26 Namen, Deckbezeichnungen wie »Hannibal« und »Augustus«. Ferner fand sich das Statut einer Gesellschaft namens »Young England«. Nach Artikel 1 hatte jedes Mitglied eine Waffe zu besitzen. Der Präsident führte den Namen »Gowry«, der Sekretär – der nach Artikel 4 allein die Identitäten aller Mitglieder kannte – hieß schlicht A. Smith. Auf den bei Oxford gefundenen Pistolen war das Monogramm E. R. angebracht worden. Wenn also Oxford, wie im Prozeß gesagt wurde, »der Erfinder und das alleinige Mitglied dieser imaginären Verschwörerbande«

war, so mußte es stutzig machen, daß er sich nicht, in der Manier ähnlicher Größenwahnsinniger, als Initiator der Gruppe eines der beiden wichtigen Ämter selbst zulegte.

Dann waren da die Briefe von »A. Smith« an den Attentäter. Sie lagen zum Teil zurück, der älteste stammte vom 16. Mai 1839, der letzte war am 3. April 1840 abgeschickt worden. Hatte Oxford diese Schreiben an sich selbst gerichtet, oder wer steckte dahinter? Darauf gab der irische Abgeordnete Daniel O'Connell, noch ehe der Prozeß begann, in der Presse eine Antwort. Er war der bestgehaßte unter den katholischen Radikalen Irlands, und er muß sich den Wortlaut des Briefes von »A. Smith« an Edward Oxford vom 3. April sogar schon verschafft haben, ehe Polizei-Inspektor Samuel Hughes, der die Haussuchung geleitet hatte, ihn dann später im Prozeß verlas:
»Sie werden aufgefordert, heute abend an einer äußerst dringenden Sitzung teilzunehmen. Sie ist nötig infolge einer wichtigen Mitteilung, die wir aus Hannover erhalten haben. A. Smith, Sekretär[266].«

Das Stichwort war kaum zu übersehen. Als O'Connell Ende Juni im »Standard« seinen Artikel über die Oxford-Affäre schrieb, hakte er dort ein. Hannover? Dort regierte König Ernst, der Herzog von Cumberland[267], nächstjüngerer Bruder von Victorias Vater. Er war Anwärter auf den Thron von England, sollte der jungen Königin etwas zustoßen, ehe das Kind geboren wurde, das sie erwartete. Edward Oxford mochte sich die Geheimgesellschaft, die Satzungen und den Sekretär ausgedacht haben, aber ein weltfremder Narr war er kaum. Hatte man nicht früher schon gemunkelt, Cumberland habe Victoria nach dem Leben getrachtet? Hatte er oder hatte er nicht seinem Kammerdiener die Gurgel durchgeschnitten? Mit Sicherheit führte er in Hannover ein illiberales Regiment, hatte in Göttingen sieben berühmte Professoren entlassen und die Verfassung des Landes suspendiert. In England wollte man ihn nie wiedersehen. O'Connell wußte also, was er tat, wenn er die Aufmerksamkeit seiner Leser auf das Wort »Hannover« lenkte.
König Ernst August von Hannover war als Protektor jenes Geheimbundes bekannt, der sich auf den Oranier Wilhelm III. berief und schon damals nicht zimperlich im Durchsetzen protestantischer Vorherrschaftsansprüche in Irland war. Doch wußte der irische Abgeordnete genau, daß ein bloßes Erwähnen der Stadt Hannover in einem obskuren Brief noch keine Mordabsichten Cumberlands beweisen konnte, und so fragte er weiter. Woher hatte der arbeitslose Oxford das Geld, mit dem er sich zwei silberbeschlagene Pistolen zum Preise von zwei Guineen kaufen und Monogramme darauf einprägen lassen

konnte? Der Laden, in dem er sie erstanden hatte, war ermittelt worden. Wer zahlte ihm, da er das selbst kaum konnte, jenen Unterricht, den er daraufhin mehrere Wochen lang in einer Schießhalle am Londoner Leicester Square genommen hatte? Oxford ging neuerdings gut gekleidet – aus welchen Einnahmen? Wer war sein Umgang?
Wir hätten heute weitere Fragen. 1840 gab es zwar noch keine entwickelte Technik der Prüfung von Fingerabdrücken, die kam erst später im Jahrhundert. Aber Handschriftenvergleiche waren geläufig. Wurden sie auf die gefundenen Briefe angewandt, um festzustellen, ob jener »A. Smith« niemand anders war als Oxford selbst? Warum wurde versucht, den Angeklagten einer ordentlichen Rechtsvertretung zu berauben? Als Oxfords Mutter aus Birmingham kommend in London eintraf und den bekannten Strafverteidiger Humphries gewinnen wollte, stellte sich heraus, daß inzwischen einer der Londoner Stadtväter, Alderman Harmer, den Angeklagten im Gefängnis besucht und überredet hatte, sich selbst zu verteidigen.
Der Generalstaatsanwalt forderte die Geschworenen ausdrücklich auf, sich nicht um O'Connells Behauptungen zu kümmern, also nicht nach Geheimgesellschaften und politischen Motiven zu fragen, sondern ausschließlich danach, ob die Zeugenaussagen glaubwürdig seien, die Zeitangaben stimmten und die Waffe geladen gewesen sei. Das war prozeßrechtlich korrekt, diente aber der Verschleierung von Tatmotiven. Gleichzeitig nahm es dem Angeklagten die Chance, eine mögliche Anstiftung nachweisen zu können. Denn hinter unberechenbaren Antworten auf inopportune Fragen konnte das Gespenst einer Verschwörung lauern. Im anti-revolutionären Management waren sich Gesetzgeber, Ankläger und Verteidigung einig, nur die Geschworenen brauchten ein wenig Überredung. Der Verteidiger durfte das Leben seines Mandanten retten, das Gericht aber mußte Frieden und Sicherheit der Nation wahren. Der gemeinsame Nenner hieß: 27 Jahre Irrenasyl.
Geschichte enthüllt sich im Detail; das mag eine so ausführliche Darstellung des ersten der sieben Attentate auf Victoria entschuldigen. Sie ließe sich in den anderen Fällen ebenso rechtfertigen, muß aber bis auf Hinweise unterbleiben. Francis und Bean schossen im Mai und Juli 1842. Der August jenes Jahres war angefüllt mit Lohnstreiks in Lancashire und Gegenmaßnahmen der Regierung. Bürgerkriegsähnliche Berichte ihrer Minister erreichten täglich die Königin. In Melbournes besorgten Briefen hieß es, er sei weitaus entsetzter, als man das als Po-

litiker nach außen zeigen dürfe. Am 17. August schrieb er, die Rebellion sei
»wo nicht schon da, dann dicht bevorstehend[268]«.
Als die Welle der 48er Revolutionen abebbte, gratulierten sich Englands Politiker, daß die Gefahr wie erhofft an der Insel vorübergegangen war. Doch während sie anhielt, herrschte keineswegs Zuversicht. Am 8. April 1848 floh Victoria mit ihren Kindern auf die Insel Wight[269], weil nach Polizei-Informationen zwei Tage später eine Massenansammlung von Chartisten auf die Hauptstadt marschieren werde, man sprach von einer halben Million Menschen. Doch es regnete, und nur etwa 23000 kamen. Noch südlich der Themse wurde dem Anführer Feargus O'Connor der Schneid abgekauft. Die Polizei überredete ihn, die zahlreich mitgebrachten Petitionen in einer Mietkutsche nach Westminster zu bringen. Er stimmte zu, und die Menge verlief sich. Nach dem Ereignis ließ sich leicht über einen solchen Ablauf lächeln. Auch König Charles I. hatte erst einmal auf der Insel Wight Zuflucht gesucht, ehe er schließlich doch noch aufs Schaffot mußte.
Die Attentate bewirkten nicht nur eine Korrektur des Strafrechts. Nach Oxfords Schüssen wurde die Regentschaft festgesetzt für den Fall, daß die Königin sterben, aber das älteste ihrer Kinder noch unmündig sein sollte. Die Regierung mochte O'Connells Verschwörungsgespinst noch so sehr abtun: Auch sie wollte den Herzog von Cumberland nicht nach England zurückkehren sehen, weder als König noch als Regenten. Nicht nur den geschickten Kulissengesprächen Stockmars mit der Opposition war es also zu danken, daß das Parlament so rasch seinen Widerstand gegen eine Regentschaft des deutschen Prinzen fallenließ, sondern auch der Furcht vor einem neuen, ernsthafteren Attentat. Gewalt, gleich welcher Natur, ist eben nie unpolitisch, auch wenn sie ihr unmittelbares Ziel verfehlt. Die Furcht vor Bruch und Umsturz geht als Komponente durch die englische Geschichte, vor und nach Victoria. Die Attentate auf die Königin haben jene Furcht bestätigt und damit die Kontinuität bestärkt. Ein unpopulärer Monarch, etwa der Herzog von Cumberland, wäre vielleicht wirklich in Constitution Hill erschossen worden, und einen passenderen Namen für den Schauplatz hätte es kaum gegeben. Indem Victoria die Monarchie bewahren half, verfestigte sie Denk- und Lebensweise, Gesellschaftsform und politische Struktur ihres Landes. Die allerdings waren nicht nur durch sechs Pistolenschüsse und einen Stockschlag gefährdet.

Den Leutnant mit dem Silberknauf hatte die Königin, wie sie später sagte, schon mehrere Male im Park beobachtet; er war ihr wegen seines bleichen Gesichtsausdrucks aufgefallen. Der scharfe Blick, den Victoria besaß, machte eine solche Behauptung plausibel. Was aber sah sie sonst, wenn sie durch die Menge ihrer Untertanen fuhr? Was wußte sie über deren Leben? Es war für sie schwer, sich eine unabhängige Meinung zu bilden. Sie war erzogen worden in der Vorstellung der Gesellschaft als einer Pyramide und der Überzeugung, daß es damit seine – auch gottgewollte, jedenfalls traditionell bewährte – Ordnung habe. Jeden Versuch, sie gründlich zu ändern, hatte die Revolution in Frankreich und anderswo diskreditiert. Man setzte dem Umsturz die These von der Möglichkeit konfliktlosen Zusammenlebens der Klassen entgegen: Reichtum verpflichte zu Wohltätigkeit, Armut berechtige nicht zur Rebellion.
Das versagte in den Drangjahren nach 1815, als alle Schichten an einer kürzer werdenden Decke zu zerren begannen. Da sich die Mächtigeren dabei des Parlaments bedienten, mit dessen Hilfe sie ihre Interessen durchsetzen konnten, zog der gemäßigte Teil der Unzufriedenen daraus die Konsequenz, die Zusammensetzung des Parlaments zu ändern. Wahlrechtsreform statt Klassenkampf wurde zur englischen Antwort auf die veränderte soziale Lage nach der ersten industriellen Revolution. Beides war nicht immer säuberlich voneinander zu trennen. Aber selbst ein marxistischer Historiker, der das England von 1815 bis 1848 beschriebe, würde ja die recht häufigen Fälle von Maschinenstürmerei, angezündeten Landsitzen und verbrannten Heuernten[270] als falsche Konsequenz einer richtig erkannten Lage bezeichnen. Bei künstlich hochgehaltenen Getreidepreisen, die einer Minderheit auf Kosten der Mehrheit zugute kamen, dann auch noch Lohnsenkungen durchsetzen zu wollen, hieß den Bogen überspannen. Ländliche wie städtische Unruhen waren fast während des ganzen Zeitraumes im Gange; nur Jahre sehr guter Ernten brachten Atempausen.
Was wußte die Königin über die Ursachen und Folgen dieser Zustände? Gleich ihre erste Reise in die Provinz, 1832, hatte ihr einen Eindruck davon gegeben, daß es außerhalb von Kensington Palace Gegenden gab, in denen es sich nicht angenehm lebte:
»Wir sind gerade durch eine Stadt mit vielen Kohlengruben gekommen, und man sieht in der Entfernung Feuer in vielen Fabriken brennen. Die Männer, Frauen und Kinder, das Land und die Häuser sind

alle schwarz. Dieses seltsame, ungewöhnliche Bild kann ich überhaupt nicht beschreiben. Die Gegend sieht rundum sehr trostlos aus; überall Kohle, und das Gras ist verbrannt und schmutzig. Gerade sehe ich ein ganz seltsames Gebäude, aus dem helle Flammen schlagen. Weiterhin schwarzes Land, Feuer in den Fabriken, Kohle in Überfluß, überall rauchende und brennende Kohleberge, dazwischen elende Hütten und kleine zerlumpte Kinder...[271]«
Notizen der Dreizehnjährigen, in der Postkutsche niedergeschrieben. Diese Reisen vermittelten der künftigen Königin wenigstens Momentaufnahmen der Verhältnisse ihres Landes; man mußte häufig anhalten, die Pferde wechseln, die Beine vertreten, und Städte und Dörfer kannten noch keine Umgehungsstraßen.
Später wurde Victoria aus zwei Gründen daran gehindert, solche Jugendeindrücke zu vertiefen. Ihre vielen Schwangerschaften reduzierten die Reisen, und der Ausbau des Eisenbahnnetzes verkürzte die Eindrücke von dem, was am Wege lag. Als sie 1851 mit Prinz Albert Edinburgh besuchte, war das nur noch eine Fahrt von zwölf Stunden, eine ebenso lange Nacht-Unterbrechung abgerechnet. Diese fand in einem Hotel in Doncaster statt; normalerweise übernachtete die Königin unterwegs auf den Landsitzen befreundeter Mitglieder des Adels. So kam es, daß sie auf der Rückfahrt von Schottland, als sie zum erstenmal Liverpool und Manchester besuchte, in ihrem Tagebuch folgende geographische Angaben machte:
»Liverpool liegt drei Meilen von Croxteth entfernt... Manchester soll sieben Meilen von Worsley entfernt sein, aber nach meiner Meinung sind es weniger...[272]«
Ihre Orientierungspunkte für zwei der größten Städte ihres Reiches waren also die Landsitze des Grafen von Sefton in Croxteth und von Lord Ellesmere in Worsley Park. Berücksichtigt man jedoch die ökonomischen Gewichte von Stadt und Land, so lag in Victorias Bezugssystem kein Anachronismus. Das zeigte eine Fahrt auf dem Bridgwater-Kanal:
»Das Schiff glitt auf sehr geräuschlose, fast traumartige Weise dahin, zu Hochrufen der Menge, die auf beiden Seiten des Kanals stand, und unter Brücken durch, die wunderschön geschmückt waren und zu den Dörfern gehören, die mit den Kohlengruben verbunden sind, die Lord Ellesmere besitzt[273].«
Man ahnt, wie das Manchester von 1851, ein graues, unbegreifliches Konglomerat von 303000 Menschen, als bloßes Anhängsel eines gro-

ßen, aber übersichtlichen, »gewachsenen« Land- und Bodenschatzbesitzes erscheinen konnte. In Liverpool und Manchester sah die Königin endlose Reihen riesiger Warenhäuser, deren ökonomischen Mechanismus sie nicht verstand, verwirrend viele Schiffe und die kommunalen Bauten des neuen Bürgertums. Deren architektonischen Wert konnte wenigstens Prinz Albert einschätzen. Solche kurzen Aufenthalte erweiterten Victorias Kenntnisse nur geringfügig. Zudem fiel auf sie der größere Teil der Repräsentation, während Albert sich davon unabhängig machen und Erkundigungen einziehen konnte wie bei einer Schiffsreise in den Südwesten der Insel im Jahre 1846: »Gleich nach dem Frühstück ging Albert an Land, um einige Bergwerke zu besichtigen. Die Stadtväter von Penryn kamen an Bord und wollten den ›Herzog von Cornwall‹ sehen. Ich ging also mit Bertie an Deck, und Lord Palmerston sagte ihnen, das sei der ›Herzog von Cornwall‹, und der alte Bürgermeister von Penryn sagte, er hoffe ihn zur Freude seiner Eltern und seines Landes aufwachsen zu sehen[274].«

Ein Beispiel ihrer Arbeitsteilung. Beim engen Zusammenwirken der beiden war es an sich gleichgültig, wer von ihnen die nötigen Kenntnisse besaß, um Vorgänge in Politik und Wirtschaft, Kultur und Technik begreifen zu können. Das traf vor allem auf die Zeit zu, als Prinz Albert auch die täglichen Zusammenkünfte von Ministern und Königin mitanzuhören, den Schriftwechsel mitzulesen begann. Albert studierte auch die zahlreichen Berichte der Untersuchungskommissionen, die das Parlament seit einer Weile einzusetzen pflegte, wenn eine Reformmaßnahme gefordert wurde. »Wir leben im Zeitalter der Reports«, schrieb die »Times« schon 1819. Diese Berichte, die sich mit dem Armenrecht, der Einführung eines Schulwesens oder Bestechungen bei Wahlen befaßten, wurden zu klassischen Bestandsaufnahmen der Sozialgeschichte. Nur gerieten sie meist sehr umfangreich, und es findet sich kein Hinweis, daß die Königin ein solches Dokument jemals ausführlich studiert hätte. Albert aber arbeitete sich durch den größten Teil dieser Papiere hindurch; deren Empfehlungen finden sich in manchen seiner politischen Memoranda wieder, mit Zustimmung oder Ablehnung. Der Prinzgemahl trat mit alldem in die Fußstapfen des Herzogs von Kent; Victorias Vatersuche hatte auch in dieser Hinsicht ihr Ziel erreicht.

Die wichtigeren der Reports wurden natürlich in der Presse in Auszügen wiedergegeben und lagen auch den Parlamentsdebatten zugrunde.

über deren Verlauf wurde die Königin täglich in summarischer Weise vom Premierminister oder dem Führer der Regierungspartei im Unterhaus ins Bild gesetzt. Diese Mitteilungen beanspruchten jedoch nicht, eine Information über alles Vorgefallene zu sein. Sie gaben nur die Einschätzung des Gesamtablaufs einer Debatte durch die Regierung wieder und enthielten selten Fakten und Details der beiderseitigen Argumentation. Parlamentsreden, die sie interessierten, las die Königin in der Zeitung nach; das seitenweise Abdrucken der Reden beider Häuser zählte schon damals zu den Vorzügen der englischen Presse. Ein geschickter Regierungschef konnte sich die Mühsal eines ausführlichen Berichts am Ende einer Nachtsitzung dadurch sparen, daß er, wie Disraeli es gern tat, mehr lakonisch und im Stil eines Feuilletons schilderte, was geschehen war, womit der Wunsch der Monarchin geweckt werden mochte, selbst mehr darüber zu lesen. Nach und nach sammelte die Königin nicht nur eine umfangreiche Personalkenntnis an, sondern wurde auch mit einigen Sachfragen vertraut, wenn auch selten gründlich. Ohne ihr gutes Gedächtnis wären ihre oft dezidierten Urteile noch stärker in der Gefahr gewesen, unfundiert zu sein. Dabei genügt das Jahr ihrer Thronbesteigung, 1837, als Hinweis darauf, wie wichtig es gewesen wäre, die Monarchin genauer mit der Lage im Land vertraut zu machen.

1834 war das Neue Armenrecht verkündet worden. Es ging von dem Grundsatz aus, daß der Untätige nicht durch Kompensationen von seiten der Gemeinschaft bessergestellt sein solle als ein Angehöriger der untersten Schicht der Beschäftigten. Diese Abstufung suchte das Gesetz zu erzwingen, dadurch, daß Unterstützung nur noch denjenigen Bedürftigen (Armen, Arbeitslosen) gegeben wurde, die bereit waren, in einem Arbeitshaus zu leben. Diese Zwangsheime[275], als die sie vor allem wegen der getrennten Quartiere für Eheleute empfunden wurden, bildeten sofort die Zielscheibe heftiger Kritik. In der Arbeiterschaft sah man die Aufeinanderfolge von Reformgesetz und Neuem Armenrecht ähnlich wie die von Krieg und Kornzöllen zwei Jahrzehnte zuvor: Beide Male hatten die unteren Schichten die scheinbar gemeinsame nationale Sache mit durchgekämpft, waren dann aber eher bestraft als belohnt worden. Die 1836 einsetzende wirtschaftliche Depression trieb zahlreiche Arbeiter in die »workhouses«, für deren Führung jedoch nicht die Gemeinden, sondern staatliche Inspektoren zuständig waren. Der Zorn der Betroffenen richtete sich damit nicht länger gegen eine vertraute örtliche Behörde, der man noch am ehesten

Abhilfe zutraute, sondern gegen die ferne, anonyme Zentralregierung in London. Von deren kläglichem Informationsstand und mangelndem Personal war schon die Rede. Insofern die steuerzahlenden Landbesitzer glaubten, das Abwälzen der Sozialfürsorge von der Gemeinde auf den Staat verringere ihre eigene Bürde, sahen sie sich getäuscht. Sie gaben nur Einfluß weg; die nötigen Steuern holte sich die Regierung sehr bald wieder.

1838 nahmen die Versuche der wenigen vorhandenen Arbeiterorganisationen, Mitsprache im Parlament zu gewinnen, zwei neue Formen an. Die »Volks-Charta«[276] verlangte in sechs Punkten all das, was die Reform von 1832 nicht gebracht hatte: Wahlrecht für alle Männer über 21, Wahlkreisgleichheit, geheime Abstimmung, jährliche Neuwahl des Parlaments, keine beschränkenden Qualifikationen für Kandidaten und Diäten für Abgeordnete. Mit anderen Worten: Die Arbeiterschaft wollte ins Unterhaus, nicht auf die Barrikaden. Ihren Gegnern schien das einerlei. Die gemäßigten »Chartisten« setzten aber auch durch, daß diese Forderung nicht mit Gewalt, sondern zunächst mit dem legalen Mittel der Petition vorangetrieben werden solle. Nur wenn das Parlament eine solche Unterschriftensammlung ignoriere, werde man die Arbeit niederlegen.

Unter der ersten Petition standen 1,2 Millionen Namen. Sie wurde am 6. Mai 1839 überreicht. Am Tage darauf trat die Regierung Melbourne zurück (wenn auch nicht aus diesem Grunde). Es folgte die Hofstaatkrise; Krone, Politik und Öffentlichkeit vergaßen die Chartisten für zwei Monate. Dann lehnte das Parlament mit 235 gegen 46 Stimmen eine Erörterung der Charta ab. Die Mehrzahl der Whigs wie der Tories war sich einig, mit dem Reformgesetz von 1832 sei genug getan worden. Das Abschaffen der Eigentumsbindung von aktivem und passivem Wahlrecht wäre dem damaligen Parlament nie in den Sinn gekommen. Die »Konvention«, eine Art von Gegenparlament mit lauter Arbeiterdelegierten, plante für den August einen Generalstreik, aus dem jedoch nichts wurde. Der zur Wahrung des Arbeitsfriedens und der bestehenden Verhältnisse ernannte General Napier, ein Kriegshaudegen mit Adlernase, vielen Blessuren und einem Bart bis auf die Brust führte den eingeladenen und auch erschienenen Chartistenführern die Feuerkraft seiner Artillerie vor und erklärte ihnen ganz freundlich, unter welchen Umständen er sie leider zusammenschießen lassen müsse. Im November 1839 – Victoria war mit Heiratsvorbereitungen beschäftigt – kam es dennoch in Wales zu

schweren Zusammenstößen, wobei 24 Chartisten im Feuer fielen.
Die zweite große Petition trieb im Mai 1842 rund 3,3 Millionen Unterschriften auf und wurde mit einer noch größeren Mehrheit im Parlament abgewiesen. Danach ging die Chartistenbewegung zurück, flammte aber 1848 noch einmal kurz auf. Von ihren beiden wichtigsten Köpfen, Thomas Attwood und William Lovett, hat letzterer die zweite Parlementsreform von 1867 noch erlebt; auch sie verwirklichte jedoch noch keine der sechs Forderungen. Die Petitionen waren an das Unterhaus gerichtet, nicht an die Krone. In der Bill of Rights von 1689 sah Punkt 5 ausdrücklich ein solches Petitionsrecht vor, und jedermann, der davon Gebrauch machte, sollte straffrei ausgehen. Von frühen Mißbräuchen abgesehen, blieb es auch so. Das Recht der Versammlungsfreiheit dagegen war umstritten, und seit den Vorfällen auf dem St.-Peter-Feld bei Manchester 1819 herrschte Vorsicht. Wohl auch aus diesem Grunde wurde das Petitionsrecht bald derart vielfältig genutzt, daß schon um 1830 jährlich etwa 6000 Bittschriften eingingen. Disraeli klagte 1848, daß es inzwischen über 18000 pro Jahr seien. Victoria wird froh gewesen sein, daß nicht, wie in früheren Jahrhunderten, der Monarch die Anlaufstelle solcher Fluten war. Ihr Pflichtgefühl, das sie alles lesen ließ, was dienstlich auf ihren Tisch kam, hätte sie dann doch wohl im Stich gelassen.
Mit dem Chartismus kam die Königin, von ihrer kurzen Flucht im Jahre 1848 abgesehen, kaum in Berührung oder nur auf sehr indirekte Weise. Im Dezember 1839 erhob sie den Bürgermeister von Newgate, der beim walisischen Aufstand die Truppen zum Feuern angehalten hatte, in den Ritterstand, eine peinliche Parallele zu jener Grußbotschaft, die zwanzig Jahre zuvor der Prinzregent und die Regierung gleich nach dem Peterloo-Massaker an die Behörden von Manchester gesandt hatten. Bürgermeister Philipps durfte sogar ausnahmsweise nach der Ernennung zum Essen in Windsor bleiben. Er
»benahm sich, als habe er sein ganzes Leben am Hofe zugebracht[277]«
und gab der Königin die Gelegenheit, etwas über ihre irregeleiteten Untertanen zu erfahren, wenn auch aus dem Mund eines Widersachers.
Die Einstellung des Prinzen Albert zu den Chartisten war dagegen die eines aufgeklärten Gegners. Zunächst einmal bewunderte er ihr Nachrichtensystem. Alles, was nach professioneller Arbeit aussah, fand sein Lob:

»Die Organisation dieser Leute ist unglaublich. Sie haben Geheimsignale und verständigen sich von Stadt zu Stadt durch Brieftauben[278].«

Als im April 1848 die Familie London verließ, um der Massendemonstration der Chartisten aus dem Wege zu gehen, schickte Albert seinen Adjutanten in die Straßen, um zu erkunden, ob die Flucht der Königin etwa ihrem Ansehen schade. Dann setzte er einen Brief an den Premierminister Russell auf, worin er die Gründe der Unruhe beim Namen nannte:

»Mein lieber Lord John,
heute muß die Stärke der Chartisten und aller übelwollenden Leute sich an der des Gesetzes, der Regierung und der Vernunft im Lande messen... Ich habe mich etwas näher mit der Arbeitslage in London befaßt und muß zu meinem großen Bedauern feststellen, daß die Zahl der Arbeitslosen aller Berufe sehr hoch ist und daß sie noch gesteigert wird durch Entlassungen bei Regierungsarbeiten, die durch den Sparwunsch des Unterhauses zustande gekommen sind. Hunderte von Arbeitern sind im Parlamentsgebäude entlassen worden; in Buckingham Palace arbeiten weniger, als wirklich benötigt werden; der Ausbau des Battersea-Parks ist eingestellt worden usw. Dies kann jedoch kaum der rechte Zeitpunkt sein, da die Steuerzahler auf Kosten der Arbeiterklasse zu sparen beginnen! Wenn ich auch nicht möchte, daß unsere Regierung dem Beispiel von Louis Blanc und seinem staatlichen Arbeitsprogramm folgt, so muß nach meiner Ansicht die Regierung alles tun, was sie kann, um den arbeitenden Klassen aus der gegenwärtigen Notlage zu helfen... Stets Ihr Albert[279].«

Nicht am Widerstand ihrer Gegner scheiterte die Chartistenbewegung, sondern an einer Konkurrenz, mit der sie sich nicht zu verbünden verstand. Ursprünglich hatten Lovett, Attwood und Francis Place Statuten entworfen, nach denen nur ein Mitglied der Arbeiterklasse Chartist sein durfte. Dann aber ließen sie Handwerker und Bürger wenigstens als Ehrenmitglieder zu. Das sollte die Bewegung davor bewahren, von mittelständischen Führern zu Kompromissen angehalten zu werden. Diese Reinheit der Art wurde teuer bezahlt mit dem Fehlen jenes Elements aus Rednern, Anwälten, Redakteuren und Publizisten, ohne das eine Linke nie hat bestehen können. Dafür war dieses Ferment der Veränderung um so zahlreicher vertreten in der

Anti-Corn-Law-League, der Liga zur Abschaffung der Kornzölle. Sie war es, die mit ihrer historischen Stunde, dem Aufstieg von Handel und Industrie, zusammenfiel und darum von Erfolg gekrönt wurde. Die Königin des Bürgertums hatte denn auch viel Verständnis für Freihandel, wenig für Sozialreform und keines für Leute, vor denen sie mit ihren Kindern fliehen zu müssen glaubte.

9
Familie

Vicky – Das Bürgertum

64 Jahre, um zum Ende vorauszugreifen, herrschte sie, und doch hatte sie immer den Eindruck, sie komme nicht recht dahin, es unbeschwert zu tun. Zuerst war sie zu unvorbereitet gewesen, abhängig von Melbourne und blind gegen die Tories. Dann verleideten ihr Krisen die Arbeit. Später nahm Albert alles in die Hand, und die Kinder kamen. Dann war sie mit Kindern und Arbeit allein, ohne Albert. Am Ende gab es den ewigen Ärger mit Gladstone, die Politik wurde immer unerfreulicher, das Weltreich größer, und verläßliche Patrioten fanden sich auch im Kabinett seltener von Jahr zu Jahr. Die ursprüngliche Begeisterungsfähigkeit der Königin wurde immer mehr von einer nagenden Unlust, später gar von leichter Misanthropie gelähmt. Es läßt sich nicht einmal uneingeschränkt behaupten, sie sei wenigstens in den 21 Jahren ihrer Ehe restlos glücklich gewesen.

Sie selbst freilich half mit, den Zeitgenossen ein anderes Bild zu vermitteln. Als sie im Oktober 1844 die neue Londoner Aktienbörse eröffnete, wurde sie von der Presse, die solche Huld des Monarchen für den geschäftlichen Mittelpunkt des Reiches zu schätzen wußte, als das Muster englischen Familienlebens gefeiert. Zu diesem Zeitpunkt hatten Albert und sie bereits vier Kinder. Die Fahrt durch die City übertraf nach dem Eindruck Victorias sogar noch den Tag der Krönung: waren es damals »Millionen« gewesen, die die Straßen säumten, so diesmal »Myriaden«. Dem Onkel in Brüssel wurde dringend empfohlen, außer dem Bericht in der »Times« – »die hast Du ja« – noch den des »Chronicle« zu lesen (das war Lord Palmerstons Sprachrohr). »Da steht, kein Souverän sei je beliebter gewesen als ich (ich bin so frei, das zu erwähnen), und unser glückliches Familienleben gebe ein so gutes Beispiel[280].«

Was die Beliebtheit anging, so war allerdings die Oberschicht anderer Meinung. Die Tage der glänzenden Hofhaltung des Prinzregenten waren nun endgültig vorüber. Ein Abend mit Victoria und Albert galt für jeden lebenslustigen Aristokraten als Einübung in Geduld und Langeweile. Bestimmte Gesprächsthemen wurden besser vermieden. Der Prinz liebte das ungeselligste aller Spiele: Schach.

Der junge Gladstone, jeder Frivolität abgeneigt, schilderte eine Einladung nach Windsor Castle in einem Brief an seine Frau mit Worten, die es keinen jungen Adligen des Landes hätten bedauern lassen, nicht dabeigewesen zu sein:

»Nach dem Essen erkundigte sich die Königin nach Dir und ganz besonders auch nach Lady Glynne (Frau Gladstones Mutter, d. Verf.). Ich sagte ihr alles, was dazu zu sagen war. Das half der Königin bei der Unterhaltung, denn so konnte wenigstens ich reden. Bei den Gesprächspausen war sie in sichtlicher Verlegenheit. Dann setzten wir uns an die Kartentische und spielten ›Commerce‹. Zum Glück bekam ich gute Blätter und brauchte also nicht zu zahlen, denn ich hatte mein Geld auch gar nicht mitgenommen. Am Ende gewann ich zwei Shilling und zwei Pence, acht Pence davon vom Prinzen. Ich werde das 2-Pence-Stück behalten, wenn ich es noch unterscheiden kann und es nicht heute abend wieder verliere. Ich hatte eine sehr interessante Unterhaltung mit dem Prinzen über das internationale Copyright-Abkommen mit Preußen...[281]«

Die Beobachtungen des späteren Premierministers bestätigen, was sich bald herumsprach: Prinz Albert war zwar mit der moralischen Simplizität der »Vergnügen« zufrieden – sein Sohn Bertie hätte später über Spielgewinne von zwei Schilling laut gelacht –, aber selbst dieser harmlose Zeitvertreib war für ihn im Grunde eine Vergeudung wertvoller Stunden. Ein Gespräch mit dem Handelsminister über eine sowohl ökonomisch wie kulturell wichtige Sache wie das Urheberschutzrecht war ihm tausendmal lieber, als nur »Commerce« zu spielen, eine harmlose Poker-Variante jener Tage. Er hätte an diesen Abenden statt des gewohnten Gemenges aus Hofbeamten, Politikern und Diplomaten viel lieber Wissenschaftler, Musiker, Schriftsteller und Erfinder um sich versammelt. Ihnen, das wußte er, würde das Land später mehr schulden als all den Schranzen, die in Windsor herumsaßen, weil ihre adligen Väter sie mit einem Posten versorgt hatten.

Theodor Fontane, Korrespondent in London, beobachtete das Paar im Theater, wo »Egmont« gegeben wurde, mit Devrient in der Hauptrolle:

»Die Königin und Prinz Albert zugegen... Das Publikum meist deutsch; Empfang und Aufnahme überaus günstig[282].«

Konzerte gab es zahlreich, sie folgten abwechselnd seinem oder ihrem Geschmack, waren also deutsch-romantisch, mit Lied und Kammermusik, oder italienisch und auf die Oper ausgerichtet. Wenigstens in solch formeller Umgebung konnte der Prinz sein Fürstenideal des mäzenatenhaft-kennerischen Umgangs mit den Geistesgrößen der Zeit leidlich verwirklichen. Mendelssohn war häufiger Gast, seine 3., die Schottische Sinfonie, ist Victoria gewidmet. Beide Männer liebten die Orgel und spielten sie auch, ihr Musikverständnis war das der klassizistisch orientierten Romantik, was in den 40er Jahren des 19. Jahrhunderts kein Widerspruch zu sein brauchte. Mendelssohn war, abgesehen davon, daß er seine Opern nicht veröffentlichte, auch Victorias Lieblingskomponist.

Auch Albert komponierte, vorwiegend kleinformatige Werke; die Bescheidung ehrt den Meister-Amateur. Seine Lieder gehören stilistisch der Schubert-Nachfolge an, die Texte stammen von seinem Bruder Ernst, von Goethe, Rückert und Eichendorff. Nur eine Kantate »Anrufung der Harmonie« ist für den größeren Apparat von Chor und Solisten geschrieben. Besondere Mühe gab sich Albert mit der Auswahl der Programme für eine Serie von Konzerten der Philharmonischen Gesellschaft zwischen 1843 und 1860. Werke von Mendelssohn, Weber und Beethoven überwogen. Das Konzert am 11. Juni 1855 dirigierte »Herr Richard Wagner«. In der Pause bat Victoria den Komponisten zu sich. Er schrieb am nächsten Tag an seine Frau Minna, die Königin sei nicht so dick, wie man sage, wohl aber »klein und nicht sehr hübsch«. Ihre Nase habe eine bedauerliche Neigung zur Röte[283].

Königin und Prinz luden später bis zu 300 Personen zu den Konzerten ein, die im Buckingham-Palast gegeben wurden. Und doch sind es nicht zwei musische Menschen, die man auf den ersten Fotografien erblickt, die damals auch am Hof in Mode kamen. Eine Aufnahme von 1854 läßt eher an eines jener leidgeprüft-hartgesottenen Unternehmerehepaare aus den späten Romanen von Balzac denken[284]. Albert hält ein Schriftstück in der Hand und blickt Victoria an, die dagegen abwesend an ihm vorbeischaut. Berge von Bürden scheinen auf beiden zu lasten. Damals hatten sie bereits acht Kinder. Der Gesamteindruck ist der eines leeren Lebens. In die Liste der nach berühmten Personen benannten Gegenstände gingen beide mit Äußerlichkeiten ein: »Prinz Albert« ist in Amerika die Bezeichnung für einen Gehrock, »Victoria« hieß lange Zeit eine niedrige, vierrädrige Kutsche für

zwei Personen, nicht ganz unähnlich der »German drotschky« des ersten Attentats, »Victoria regina« heißt noch heute eine Gattung von Seegewächsen, im Gebiet des Amazonas zu finden.
Die Kinder kamen in unablässiger Folge. Zwischen der Heirat und der ersten Geburt liegen neun Monate und elf Tage, zwischen dem ersten Mädchen, genannt Victoria (21. 11. 1840), und dem ersten Jungen, »Bertie«, dem späteren König Edward VII., elf Monate und achtzehn Tage. Die oberste Königspflicht – Sorge für die Fortexistenz der Monarchie – wurde getreulich erfüllt. Der zweifelnde Schwatz des Kabinettssekretärs Greville mit Lady Palmerston war unangebracht gewesen. Am 9. November 1841 hatte das Land einen männlichen Thronfolger. Die erste Tochter, Victoria Adelaide Maria Luise, kam zwei Wochen vor den ärztlichen Berechnungen zur Welt, und nichts war hergerichtet. Victoria erwachte in der Nacht und fühlte sich nicht gut. Sie weckte ihren Mann, der es für richtig fand, den Leibarzt zu konsultieren, der sofort zum Gynäkologen schickte. Es dauerte dann bis 14 Uhr des folgenden Tages, ehe man ihr sagte:
»Oh, Madam, es ist eine Prinzessin!«
»Macht nichts, das nächste wird ein Prinz[285]!«
Solche Wortwechsel an königlichen Wochenbetten sind nahezu immer apokryph. Im englischen Erbfolgerecht braucht es dergleichen nicht, denn wie Victoria selbst bewies, hing die Fortsetzung der Dynastie nicht an den Unwägbarkeiten der Genenkombination. Im übrigen hatte eine formidable Person das Licht der Welt erblickt: die spätere Kaiserin Deutschlands für 100 Tage, Mutter Wilhelms II., sehr viel hübscher, wenn auch wenig größer als die Königin, von ebenfalls höchst ungeduldigem Temperament, aber intellektuell einen klaren Schritt über ihre Mutter hinaus. »Vicky«[286] wurde später die jahrzehntelange Vertraute der verwitweten Victoria: was diese keinem anderen Menschen gestanden hätte, ist in mehreren tausend Briefen der ältesten Tochter im fernen Berlin unterbreitet worden. Auch darin unterschied die Königin sich in nichts von ihren gutbürgerlichen Untertaninnen ähnlicher Umstände: »die Älteste« nahm man auf die Seite und beriet mit ihr, die Jüngeren dagegen blieben »Kinder«, selbst wenn sie schon 30 oder 40 waren.
Victoria beging den Tag ihrer ersten Mutterschaft, indem sie durch Stockmar an Melbourne den Wunsch richtete, Prinz Albert künftig in die Bittgebete der Staatskirche aufzunehmen. Als gute Geschäftsfrau ließ sich die Königin ihre Dienstleistungen von der Nation umgehend

honorieren. Das erste Attentat brachte die Regentschaft für Albert, das erste Kind festigte die Stellung seines Vaters im Establishment. Königin und Prinz konnten den Niedergang des politischen Einflusses der Krone nicht verhindern, aber dem Einfluß der Politiker auf den Eigenbereich der Krone haben sie erfolgreich widerstanden. Mit ihren Angehörigen, ihren Angestellten und ihren Aktien darf die Monarchie noch heute tun, wie ihr beliebt, auch wenn das gegen ganze Reihen von Gesetzen verstößt, unter denen die eigene Unterschrift oder die eines gekrönten Vorfahren steht. Aus Brüssel schickte König Leopold seine Gratulation zur Geburt der Tochter. Ein Souverän ohne direkte Erben sei bedauernswert, dozierte er, und er sah voraus,

»daß Du eine entzückte und entzückende Maman au milieu d'une belle et nombreuse famille sein wirst[287]«.

Die Antwort der 21jährigen Königin machte mit den Sentimentalitäten eines nichten- und neffenversessenen Onkels kurzen Prozeß:

»Ich glaube, liebster Onkel, Du solltest mich nicht ernsthaft als Mutter einer zahlreichen Kinderschar wünschen, denn Du siehst wohl wie ich, was für eine Unannehmlichkeit eine große Familie für uns alle wäre, vor allem auch für das Land, ganz abgesehen von der Mühe und Last, die es mir selbst brächte. Männer denken nie oder selten daran, was für ein hartes Los es für eine Frau bedeutet, dergleichen sehr oft durchzumachen. Aber Gottes Wille geschehe, und wenn Er befindet, daß wir eine große Zahl von Kindern haben sollen, dann müssen wir eben versuchen, sie als nützliche und vorbildliche Mitglieder der Gesellschaft aufzuziehen[288].«

Das ist die ganze Victoria in drei lapidaren Sätzen, unverfälscht, wie die Briefe sind, im Gegensatz zum gereinigten »Tagebuch«. Vor ihrem entsetzten Blick standen die 15 Kinder Georges III., die endlosen Schwangerschaften der Königin Charlotte, aber auch die Kosten, die solcher Nachwuchs den Finanzen des Landes aufbürdete. Selbst jetzt, als sie diesen Brief nach Brüssel schrieb, im Januar 1841, lebten noch fünf Onkel und Tanten, fürstliche Staatsrentner der vorigen Generation, und zwei angeheiratete Partner, nicht gerechnet deren ebenfalls öffentlich versorgter Nachwuchs, der für die Thronfolge längst nicht mehr in Frage kam. Hinzuzuzählen waren die Bastarde Williams IV. aus der langen Liaison mit Dorothea Jordan. Im März 1842 erschoß sich der älteste von ihnen, der Graf von Munster, George August Friedrich FitzClarence, im Alter von 50 Jahren. Die Königin hatte mit einer bewundernswerten Selbstverständlichkeit ihn und seine Geschwister nicht nur akzeptiert, sondern auch ihre Zuschüsse gebilligt. Nun aber hielt es sogar der überduldsame Lord Melbourne – als Oppositionsführer und selbsternannter Geheimberater – für angebracht, weitergehende Großzügigkeiten zu entmutigen. Er empfahl Victoria, nicht etwa auch noch die Söhne der unehelichen Söhne des vorigen Monarchen auf Kosten der Steuerzahler zu ernähren:

»Lord Melbourne hat Eurer Majestät seinerzeit, beim Tode des Königs, angeraten, die Pensionen fortzusetzen, deshalb ist es jetzt wohl nicht unangebracht, wenn nach seiner entschiedenen Ansicht die Zahlungen nicht fortgesetzt werden sollten... Die erstbeste Gelegenheit sollte genutzt werden, um anzudeuten, daß Eure Majestät nicht die Absicht hat, den Staat mit der Unterhaltung all dieser Familien zu belasten[289].«

Ein guter Rat, der billigerweise befolgt wurde, der aber auch die Königin davor warnte, eine weitere Familie von 15 Kindern (mit womöglich 150 Enkeln) zu gründen. Die Stimmung im Lande stand nicht danach, mehr als das Nötige für die Königsfamilie auszugeben. 1843, als Victoria dennoch um 3000 jährliche Pfunde für ihre Kusine Augusta, die Tochter des Herzogs von Cambridge einkam, fragte »Punch«, die satirische Geißel der Nation, wie sich das damit vertrage, daß für die gesamte Armenerziehung im Lande pro Jahr nur 10000 Pfund ausgegeben würden. Ob die Königin »Punch« las, ist nicht bekannt. Die Zeichen der Zeit aber las sie – zumindest, was Geld anging.

Ihr Ideal war eine Familie von überschaubarem Umfang. Wenn man sie also auf Fotos als das Haupt einer sorgfältig drapierten Großfamilie sieht, so trügt der Schein des Stolzes. Wann immer ihre Kinder Gesamtzusammenkünfte mit Enkeln und später Urenkeln planten, war ihre erste Reaktion, abzulehnen oder wenigstens hinauszuschieben.

»Die große Familienfeier in Osborne bedrückt mich mehr, als ich sagen kann[290]«,

schrieb sie der ältesten Tochter, die ihrerseits froh war, Berlin für eine Weile mit der Heimat vertauschen zu können. Victoria und Vicky hatten ständig Meinungsverschiedenheiten über die Zweckmäßigkeit einer großen Kinderschar:

»Glaube mir, Kinder sind eine schreckliche Belastung, und die Sorgen, die sie machen, überwiegen die Freude, die sie bereiten. Deswegen verstehe ich nicht Deine Begeisterung darüber, daß Du immer noch mehr bekommst... Sei gewiß, daß eine große Familie ein Unglück ist[291].«

Das ist zugestandenermaßen das Urteil der Witwe, niedergeschrieben mehr als acht Jahre nach Alberts Tod. Daß eine Mutter von neun Kindern ihre Tochter vor dem fünften warnt, entbehrt der Überzeugung. Auch waren zu dieser Zeit sieben ihrer Kinder 21 Jahre und älter. Victoria hatte also die ärgsten Mutternöte überstanden und konnte vielleicht über Undankbarkeit klagen, nicht aber über Erziehungsmühen. Doch war die Litanei für Vicky nicht neu. Schon vor der Geburt ihres ersten Kindes schrieb ihr die Mutter:

»Was Du über den Stolz schreibst, einer unsterblichen Seele das Leben zu geben, ist schön und gut, aber dazu fällt mir nichts ein. Ich denke mehr daran, daß wir doch in solchen Augenblicken wie eine Kuh oder eine Hündin sind; daß unsere arme Natur so ganz tierisch und banal erscheint. Wenn Du aber, Liebes, vernünftig und einsichtig und nicht exaltiert bist und Deine Tage nicht mit Ammen und Kindermädchen zubringst, was der Ruin vieler gescheiter und kluger junger Frauen ist und ihren mütterlichen Aufgaben gar nicht hilft, dann kann ein Kind etwas Erfreuliches sein. Vor allem aber, Liebes, verliere nicht die Unbefangenheit eines jungen Mädchens gegenüber Deiner Umwelt, was nicht Prüderie heißen soll. Wenn Du auch verheiratet bist, werde nicht sofort eine Matrone, mit der man über alles reden kann und die auch selbst alles erörtert[292].«

Die Erzmutter der »viktorianischen« Zeit in der Rolle des Protestes gegen die Sklaverei der Ehefrau. Der ungewohnten Spur wird man nachgehen müssen. Immer eingedenk dessen, daß diese Ausbrüche von einer Frau stammen, die sich um das normale Leben der vom tätigen Manne behüteten Mutter betrogen fühlte, bleibt es dennoch erstaunlich, was sie der Leidensgefährtin der nächsten Generation mitteilte (die es gar nicht so sah, sondern dem lieben Fritz nicht genug Kinder gebären konnte). Victoria hätte, statt Vicky zur Welt bringen, lieber eine Weile mit deren Vater kinderlos gelebt. Schwangerschaften seien

»eine solche Verletzung aller eigenen Gefühle der Schicklichkeit (die Gott weiß schon durch die Heirat selbst einen Schock erfahren)[293]«.

Wünschenswerte Deutlichkeit. Die der Nachwelt geläufige Anbetung Alberts wird ins nüchterne Licht des Frauenschicksals gerückt, und das war beklagenswert. Trug das Weib, Shakespeare zufolge, den Namen der Schwachheit, so lautete der des Mannes wohl Selbstsucht:

»Die Verachtung unseres armen, erniedrigten Geschlechts – denn zu was sonst sind wir arme Kreaturen geschaffen als zur Lust und zum

Vergnügen des Mannes und zu endlosen Leiden und Plagen? – steckt in der Natur aller schlauen Männer. Nicht einmal Papa ist davon ausgenommen, obwohl er es nie zugeben würde. Er lacht und höhnt über unsere unvermeidlichen Unpäßlichkeiten, wenn er auch den Mangel an Zuneigung, Aufmerksamkeit und Schutz für Frauen haßt und behauptet, Männer, die alle häuslichen Angelegenheiten und die Erziehung ihrer Kinder den Frauen überließen, vergäßen ihre oberste Pflicht[294].«

Zeugnisse, von denen man versteht, daß sie erst hundert Jahre später ans Licht des Tages drangen. Die Tochter schloß daraus, Kinder seien ihrer Mutter ein Greuel gewesen, zumal das zuletzt mitgeteilte Zitat nicht aus den Tagen der Witwenschaft stammte, sondern zwei Jahre vor Alberts Tod datiert ist. Die intime Vertraulichkeit zwischen Mutter und Tochter rührt ja daher, daß Victorias letzte Entbindung und Vickys erste nur 21 Monate auseinanderlagen. Die Ankunft von Kindern und Enkeln ging auf eine für Victorias Lebenslust erschreckende Weise nahtlos ineinander über, und das Mitleid mit dem Kind, das schon wieder Mutter wurde, setzte das Selbstmitleid fort. Es sei angemerkt, daß die beiden letzten Kinder der Königin von der neu erfundenen Wohltat der Narkose begleitet ins Leben gekommen waren. Frischgeborene erinnerten Victoria – namentlich in Augenblicken der Reinigung in Badeschüsseln – an Frösche. Die Berliner Tochter ließ denn auch einmal nebensätzlich fallen, sie wisse ja, daß ihre Mutter alle Babys hasse. Das trug ihr ein postwendendes Monitum ein:

»Du weißt ganz genau, daß ich Babies nicht hasse (ganz im Gegenteil, wenn sie hübsch sind), aber ich hasse ihre unangebrachte Vergötterung und die ekelhaften Umstände ihrer animalischen Existenz, die ich nicht sehen will[295].«

Sie hatte auch ein Arsenal an Klagen über heranwachsende Kinder zur Hand. Kinder waren undankbar,

»sie geben ihren Eltern nie zurück, was diese für sie tun, sie können und wollen es nicht[296]«,

aber das hielt sie für unvermeidlich und weit verbreitet. Aus Ratschlägen an die Tochter wie:

»Ich dachte, Ihr beide wüßtet, wie dringend wichtig die Ärzte eine zweijährige Ruhepause vor der nächsten Schwangerschaft erachten[297]«

kann man Schlüsse auf eine durchaus vorhandene, wenn auch in ihren Methoden vage Geburtenkontrolle des Königshauses ziehen. Enthaltsamkeit galt als das sicherste Mittel, mit der Alternative männlicher »Vorsicht«; die Kenntnis des kalendergebundenen Befruchtungsoptimums war noch rudimentär[298].

Die Sentimentalitäten der Zeit gegenüber dem Kind hat die Königin also nicht geteilt. Was die Kehrseite anging, nämlich Züchtigung, so diskutierte sie das Für und Wider einmal mit ihrer eigenen Mutter, die ansonsten keine Rolle in ihren pädagogischen Erwägungen spielte. Von ihrer Halbschwester Feodora mußte Victoria sich sagen lassen, daß Kindergebete kaum dadurch erfolgversprechender ausfielen, daß sie kniend vor dem Bett – statt darin liegend – absolviert wurden. Was die Enkelkinder anging, so durfte man sie, wenn sie sich schon nicht verhindern ließen, auf keinen Fall verwöhnen. Nach Ansicht der Leiterin des Königlichen Unternehmens hatten sie zwar Anspruch auf die Liebe ihrer Großmutter, nicht aber auch auf ihren Reichtum. Die Tochter Alice, die um Geschenke für ihre Kinder einkam, erhielt folgenden Bescheid:

»Perlen von annähernd ordentlicher Größe kosten fast 30 bis 40 Pfund pro Stück, und zwei für jedes Kind pro Jahr wären mehr, als ich jedem Enkelkind geben könnte. Ich habe nicht einmal Luise und Beatrice dauernd Perlen schenken können, oder nur jedesmal eine, und ich möchte all meinen Enkeln etwas geben und es gerecht aufteilen ... und es wird immer mehr und mehr erwartet[299].« Das schrieb sie mit 47 und als Witwe, erfüllt auch von der materiellen Sorge für ihre Kinder. Waren neun zuviel? Schon 20 Jahre zuvor, als erst fünf von ihnen lebten, »meldeten« die Satiriker des »Punch«, daß das Wachsfigurenkabinett der Madame Tussaud

»über den Erwerb von sechs Häusern neben der Ausstellungsfläche in Baker Street verhandelt. Die Erweiterung der Räume ist erforderlich geworden, so heißt es, um der wachsenden Bedeutung der Gruppe der Königlichen Familie gerecht werden zu können[300].«

»Punch« hatte auch an der phantasielosen Kleidung der königlichen Kinder etwas auszusetzen; sie liefen entweder schottisch oder als Matrosen herum. »Punch« machte deshalb den Vorschlag, sie der Abwechslung halber als Maschinenbauer auszustaffieren, mit Halstuch, Kappe und breiten Hosen – kein unpassender Rat an die Königin des bürgerlichen Fortschritts.

Victoria bemerkte einmal ihrer ältesten Tochter gegenüber, in jeder Kritik an der Krone sei ein Korn Neid verborgen. Bezog sich das auch auf materiellen Besitz? Als Prinzessin war sie vergleichsweise unbegütert gewesen. Ihre Mutter hatte Schulden, wie viele, das stellte sich erst später heraus. Dank den Buchführungskünsten der Baronin Lehzen verstand es Victoria, mit wenigem hauszuhalten. Das Parlament bewilligte ihr bei der Thronbesteigung eine jährliche Summe von 385000 Pfund. 1840 kamen die 30000 für Albert hinzu. Selbst wenn man Victorias Abzahlung der beträchtlichen Schulden ihres Vaters in Rechnung stellt, konnte das Paar gut auskommen. Sein Lebensstil war, wie das Kartenspiel um Pfennigbeträge zeigt, nicht mehr der des Prinzregenten George. Zudem begann Albert in den Palästen ein rigoroses Sparregiment zu führen. Er entdeckte abenteuerliche Verschwendungen, die zur täglichen Routine gehörten. In Buckingham Palace war es üblich, jeden Nachmittag frische Kerzen in Dutzenden von Räumen aufzustecken, deren spätabendliche Benutzung möglich war; dann sollten die Gäste nicht erst nach Licht rufen müssen. So weit, so gut. Daß aber diese Kerzen, auch die gar nicht angezündeten, am nächsten Morgen entfernt und dann am Nachmittag durch neue ersetzt wurden, und das an 365 Tagen des Jahres, selbst bei Abwesenheit des Königshofes, erbitterte den Coburger Prinzen, und er änderte die Praxis. Das trug ihm den Vorwurf der Knauserigkeit ein, denn die unbenutzten Kerzen gehörten von altersher zu den Nebeneinnahmen einiger Palastangestellter, die das wächserne Deputat in der Stadt zu Geld machten – vermutlich bei den Kerzenlieferanten des Hofes.

Victorias 385000 Pfund blieben eine unveränderte Jahreszahlung bis zu ihrem Tode. Aber sie hätte nicht die Königin eines Volkes von Geldkennern und Gewinnkünstlern sein müssen, wären nicht bei scheinbar gleichbleibender Grundkonstante doch einige variable Größen möglich gewesen. Als Sir Robert Peel 1842 die verhaßte Einkommensteuer wieder einführte, die bis dahin nur in Kriegszeiten geduldet und bei Friedensausbruch prompt wieder abgeschafft worden war, erklärte sich die Königin, von einem ebenso idealistischen Prinzen Albert nicht daran gehindert, sofort bereit, diese neue Abgabe auch ihrerseits zu entrichten. Lord Melbourne warnte sie, von den Oppositionsbänken aus, vor den möglichen Folgen: Ein solcher Schritt sei ohne Präzedenz und überhaupt unnötig:

»Das wird sicher sehr populär sein, was in der gegenwärtigen Lage des Landes und dem Zustand der öffentlichen Meinung kein Nachteil ist. Gleichzeitig heißt es aber ein Verfassungsprinzip preisgeben, das bisher den Monarchen von jeder direkten Besteuerung ausgenommen hat, und es gibt erhebliche Zweifel, ob nicht, vom Standpunkt der

Verfassung gesehen, sogar schon die Ankündigung Ihrer Absicht im Parlament anfechtbar war... Damit ist auch ein großes finanzielles Opfer verbunden, das, wie Eure Majestät sagen, zusammen mit dem Verlust anderer Einnahmen« – Melbourne erwähnt hier die Profite des Herzogtums Cornwall, die später bei der Volljährigkeit des Thronfolgers an ihn fallen mußten – »eine große Veränderung in Eurer Majestät Einkommensverhältnissen bedeuten wird[301].«

Wann die Königin das Zahlen von Einkommensteuer aufgegeben hat, sicher lange nach Melbournes gutgemeintem Rat, ist nicht mehr ausfindig zu machen. 1842 zahlte sie jedenfalls, 1901 aber nicht mehr, und keiner ihrer Nachkommen hat je versucht, dem staatsbürgerlichen Enthusiasmus der 23jährigen Victoria nachzueifern.

Das unbefangene Verhältnis zum Besitz, das Victoria als junge Königin an den Tag gelegt hatte, kam ihr in den Jahren der Familienerweiterung und der Expansion von Bürgertum und Weltreich abhanden. Die Arrondierung des eigenen Vermögens tarnte sich als Sparsamkeit: mit der moralischen Wiederaufwertung der Monarchie sollte eine neue finanzielle Respektabilität einhergehen. Hatte Victoria zum Beispiel bisher Juwelen meist nach ästhetischen Gesichtspunkten betrachtet, so entdeckte sie jetzt deren Eigentumsaspekt: es gab solche, die man besaß, und solche, die anderen gehörten. In ihren Aufzeichnungen mehren sich seit den 40er Jahren Beschreibungen mit Angabe des Schmucks, den die betreffenden Personen trugen. Vor allem bei der Begegnung mit orientalischen Würdenträgern konnte sie das Auge nicht von den Steinen wenden, die es an ihnen zu sehen gab. Die schon erwähnte Maharani, die mit ihren luftigen Beinkleidern die Hitze so gut vertrug, fiel ihr noch durch etwas anderes auf:

»Sie hatte herrliche Juwelen an[302].«

Die Formulierung (»She had splendid jewels on«) schillert zwischen Neid und Verachtung, ganz abgesehen davon, daß es sich nicht um einen idealen Lehrbuchsatz der englischen Sprache handelt.

Faszinierter war sie noch, wenn Männer, und dazu junge und gutaussehende, die Juwelen trugen, womöglich auf brauner Haut, was bestimmte Steine viel besser zur Geltung brachte als ihr eigener bleicher Teint. Zwar besaß sie – oder vielmehr hielt sie für die Krone in Treuhand – den Koh-i-Noor, den »Berg des Lichtes«, einen der prächtigsten Diamanten aller Zeiten, wenn auch längst nicht so groß wie der Cullinan-Diamant, mit 3025 Karat, den ihr Sohn 1907 vom Staate Transvaal geschenkt bekam. Aber sie trug ihn nicht sehr gern. Erstens schien ihr die Geschichte seines Erwerbs durch englische Beamten in Indien doch Spuren von Raub oder zumindest Nötigung aufzuweisen[303]. Zweitens kannte sie den Fluch, der – analog zum Ring des Nibelungen – den jeweiligen Träger des Geschmeides mit Schlimmem bedrohte.

Victoria war abergläubisch, wenn auch nur in jener milden Form, die dem Christglauben keine Gewissensbisse bereitet. Das beschränkte sich aufs Beachten wiederkehrender, positiv oder negativ beladener Daten; ferner gab es bestimmte Warnbereiche, die man besser mied. Ihrer ältesten Tochter erklärte sie einmal, im Monat Mai könne man unmöglich heiraten,

»der bringt Unglück. In Schottland würde niemand im Mai zum Altar gehen, und Du weißt ja, Onkel Leopold und Charlotte heirateten im Mai, auch die Großmutter sowie mein armer Vater, ferner der Herzog von Orléans und Helene und Pedro und Stephanie. Ich würde nie eines unserer Kinder im Mai heiraten lassen, ich habe da so ein Gefühl[304].«

Gegen den Mai als Heiratsmonat sprach bei ihr wohl auch, daß die armen jungen Frauen, durch das »Vergnügen der Männer« zur Schwangerschaft verurteilt, die Hauptübelkeitsphase dann in den Sommermonaten durchleiden mußten. Die Kombination von großer Hitze und guter Hoffnung war für Victoria unerträglich; sechs ihrer Kinder, darunter die letzten fünf, kamen daher im Frühjahr zur Welt, dafür wußte sie zu sorgen, Gott weiß wie. Ihre eigentliche Kalender-Kabbala jedoch betrieb die Königin später nicht mit Heirats-, sondern mit Todesdaten.

Schon kurz nach der Hochzeit hatte Albert begonnen, sich nach einem geeigneten Landsitz umzuschauen. Die Familie wollte den Sommerurlaub nicht in irgendeinem Privatanwesen verbringen oder einem der Krone gehörenden Schloß, auf dessen Nutzung auch noch andere Familienmitglieder ein Recht hatten. Albert wandte sich an einen Mann, der Diskretion besaß, das Vertrauen zu schätzen wußte und den es dringend verlangte, der Königin Beweise der Ergebenheit zu liefern, damit alter Streit begraben werde: Sir Robert Peel. Der Premierminister hatte von zwei geeigneten Grundstücken auf der Insel Wight gehört und gab Anweisung, unter der Hand nachforschen zu lassen.

»Es ist nötig, solche Erkundigungen auf höchst vertraulichem Wege einzuziehen, da jede Vermutung darüber, warum sie stattfinden, den geforderten Preis wahrscheinlich stark erhöhen würde[305].«

Der Premierminister war um so williger bereit, der königlichen Familie zu helfen, als von irgendwelchen öffentlichen Geldern beim Kauf von Grund und Boden keine Rede sein konnte. Albert hatte Peel zu verstehen gegeben, die Königin wolle das Eigentum aus ihrer Schatulle bezahlen; die Tage des Prinzregenten, der auf Kosten der Steuerzahler exotische Pavillons errichten ließ, waren vorüber. Andernfalls wäre eine Vermittlung Peels wohl auch undenkbar gewesen. Wie immer, wenn sich der Hof Geheimhaltung erträumte, wurde sie um so sicherer vereitelt. Es gab einen häßlichen Streit mit der Besitzerin des ausersehenen Objekts, Osborne House, um Preis und Inventar. Schließlich wurden die 1000 Acres (400 Hektar) für 26 000 Pfund erstanden. Das waren sechseinhalb Prozent ihres Jahresgehaltes, was einen Schluß zuläßt auf den Realwert der 385 000 Pfund, die das Parlament bewilligt hatte. Wären sie 64 Jahre lang auf der Basis des Erwerbs von Osborne in Grundbesitz angelegt worden, Königin Victoria hätte ihren Erben eine Fläche von der Größe der Grafschaft Kent hinterlassen.
Zum Umbau des Hauses war ein Mehrfaches der 26 000 Pfund vonnöten. Aber die Nähe der See gefiel dem Paar, und die Strecke von Southampton nach London ließ sich mit Hilfe der Bahn rasch überwinden, sollte plötzliche Anwesenheit in der Hauptstadt erforderlich sein. 1845 verbrachten sie den ersten Sommer in Osborne. Victoria legte den Grundstein zum neuen Hause, das von Albert selbst entworfen wurde und natürlich die neue Bautechnik einbezog: Eisenträger anstelle der guten alten Holzbalken. Das fertige Gebäude mit Türmchen am Hause und Springbrunnen mit Garten ließ offenbar den gewohnten Fertigungsstandard der Zeit weit hinter sich, denn beim Einzug im September 1846 hob eine Hofdame der Königin lobend hervor, weder erkälte man sich hier im Durchzug, noch rieche es überall nach frischer Farbe.
Die Kinder bekamen ein echtes Schweizerhäuschen, in zerlegtem Zustand importiert, als ihren Miniaturlandsitz in den Park gestellt. Osborne bedeutete für die Königin den ersten intimeren Kontakt mit der Natur. Er war weder im Garten des Buckingham-Palastes möglich noch in Windsor. Hier dagegen konnte das Paar die Anlagen, Wege, Beete und Rasenflächen sogar selbst planen. Die Königin hat später die Blumen der Braut-Bouquets aller ihrer Töchter und Schwiegertöchter in Osborne »nachgezogen«. Im Sommer 1847 badete sie zum erstenmal im Meer. Das wurde durch die Abgeschiedenheit des Familienstrandes möglich, und vor den Blicken vorbeifahrender Segler und

Fischer bewahrte sie eine rollbare Kabine, die sich auf Schienen bis ins Wasser schieben ließ. Darin stieg sie dann über Stufen hinunter in die Fluten, worauf die Vorhänge beiseite geschlagen wurden:
»Eine sehr nette Badefrau half mir dabei. Ich fand es ganz herrlich, bis ich den Kopf unter Wasser tat, da glaubte ich ersticken zu müssen[306].«
Natürlich konnte sie nicht schwimmen, aber das konnten die meisten Frauen ihrer Herkunft damals nicht. Die praktische Kabine ist noch heute an Ort und Stelle zu besichtigen.
Eines war neu am Hofe: sparsame Hannoveraner. Von einigen Mehrforderungen abgesehen, die das Parlament später zu hören bekam, als die Prinzen und Prinzessinnen und deren Kinder ausstaffiert werden sollten und die Königin diesen Teil ihrer Privatausgaben dann doch dem Finanzminister aufzubürden suchte, ist nie der Vorwurf der persönlichen Verschwendung gegen sie erhoben worden. Wohl rechnete man der abgeschieden lebenden Witwe schließlich vor, sie könne nicht auf der einen Seite Geld anhäufen, indem sie auf ihre Repräsentationspflicht verzichte, andererseits aber Zuwendungen für ihre Enkel beantragen. Dieser Logik hat sie sich starr widersetzt. Sie begriff nicht, daß die bürgerlichen Parlamentarier – und nur sie zählten, nicht die Radikalen – sie kaum kritisierten, weil sie, wie Oliver Twist, nach vorn kam und »mehr wollte«. Vielmehr rechneten diese Landsleute ihr im Grunde vor, daß sie zu *wenig* ausgab. Die Monarchin war zu unsichtbar, ihre bestätigende Gegenwart fehlte, das Staatsschiff fuhr ohne Flagge. Die jährlich an Victoria gezahlte Summe drohte eine Fehlinvestition zu werden, die nicht erbrachte, wozu sie eigentlich gedacht war. Victoria, die Witwe, übertrieb die Bescheidenheit zur Unansehnlichkeit – das nun war einem Zeitalter demonstrativen Konsums des Selbsterarbeiteten auch wieder nicht recht. Wozu hielt man sich eine Kaiserin von Indien, wenn diese am liebsten Gutsherrin in Schottland war?
Verschwendungslust also zählte nicht zu den Vorwürfen gegen ihre und Alberts Lebensweise in den »gutbürgerlichen« Jahren nach 1840. Allenfalls eine Geschmacklosigkeit wurde da und dort gerügt. Mr. Punch, das bucklicht Männlein der satirischen Zeitschrift, selbsternannter und lachend akzeptierter Wachhund der Nation, rieb sich an der königlichen Billardtafel in Windsor. Man hatte sie aus dem Holz der geborgenen »Royal George« gezimmert, dem britischen Kriegsschiff, das im August 1782 mit 800 Mann und 100 Kanonen unterge-

gangen war – einer der schwersten Verluste der Marine des Landes. Mr. Punch machte submissest Vorschläge für weitere Zweckentfremdungen glorreicher Relikte. Aus den Fahnen von Waterloo könne man für die Kinder der Königin Spielzeugkleider schneidern. Der Marschallstab des Franzosenbesiegers Marlborough ergebe vielleicht einen neuen Satz Schachfiguren für Prinz Albert. Und was neue Billardstöcke angehe, ließen sie sich vielleicht durch Abholzen des Fahnenmastes von Nelsons Flaggschiff »Victory« beschaffen?
In allmählichen Graden änderte sich Victorias Einstellung zu Eigentum und Besitz. Fand sich noch in ihrem Jugend-Tagebuch die Schilderung einer Fuchsjagd mit all den widerlichen Gliederbrechungen des toten Tieres durch die Jäger nebst anschließender Zerfleischung durch die Meute, niedergeschrieben mit sichtlicher Empörung, wenn auch ohne Kritik an den adligen Gastgebern, so erwartete Victoria nun, fünfzehn Jahre später, von König Leopold regelmäßig die Zusendung von Prachtstücken aus dessen Beutestrecke:
»Viel Vergnügen mit Deinen *vierundzwanzig* Füchsen. Wenn ein schwarzer darunter ist, hätte ich gern einen, denn das Fell, das Du mir voriges Jahr geschickt hast, war kein richtiger schwarzer[307].«
Derselbe Brief schwärmt von den Kamelien, die in Osborne blühten, ein Jahr nach dem Erscheinen des Romans von Dumas, der Geruch und Anrüchigkeit, Blüte und Verwelken der großbürgerlichen Zeit bei diesem Blumennamen nannte.
Victoria und Albert befanden sich damals bereits auf der Suche nach einem zweiten Landsitz, weiter von London entfernt als Osborne, ferner auch von den Staatsgeschäften. Das freilich war wohl mehr für die Königin als für den Prinzen ein Grund, das neue Domizil so weit im Norden gelegen wie Balmoral zu wählen. Albert, der die Simplizität der Schotten weniger bedingungslos vergötterte, als Victoria es tat, hielt die Entfernung von der Grafschaft Aberdeen bis zu den Tagungsstätten der vielen Gesellschaften, Vereine und Ausschüsse, denen er nun angehörte, für sehr weit. Er hatte sich nicht in London einen Kreis verständiger, sachorientierter, progressiver Männer und Frauen aus Kultur, Technik und Wissenschaft herangezogen, um ihn nun gegen die Naturburschengemütlichkeit der Highlanders einzutauschen. Ferien mußten sein, das Klima in Schottland bekam seinen Nerven (und denen seines lieben Frauchens), aber ein Kult durfte daraus nicht werden. Nach Alberts Tod wurde es das für Victoria – nicht die einzige Verbiegung übrigens, die die Witwe in naivem Egoismus vornahm,

indem sie auf strengem Befolgen der vorgeblichen Wünsche des großen Verblichenen bestand.
Ende der vierziger Jahre sprach es sich in Schottland herum, daß die »englische« Königin – alle Nicht-Stuarts waren »Ausländer« – ein immer stärkeres Faible für den Norden der Insel entwickelte. Die Ferienaufenthalte häuften sich, wurden zur Regelmäßigkeit. Die Königin schrieb im März 1849 an den Staatsratspräsidenten Lord Lansdowne (der ihr ein Buch über die Wohltaten religiöser Erziehung im Kampf gegen jugendliches Verbrechertum geschickt hatte):
»Die Königin benutzt diese Gelegenheit, von neuem ihren Wunsch zu äußern, daß künftig im schottischen Hochland das Gälische neben dem Englischen gelehrt werden möge. Es ist ein großer Fehler, daß die Leute dauernd eine Sprache *reden,* die sie zumindest nicht lesen und im allgemeinen auch nicht schreiben können. Da die Königin, was ihre loyalen und guten Hochländer angeht, sehr parteiisch ist, interessiert sie sich sehr dafür, weil dies mehr als alles andere geeignet ist, deren natürliches Wesen zu bewahren, was sie in dieser Zeit für ein großes Verdienst hält. Ebenso glaubt die Königin, daß in Wales das Walisische neben dem Englischen gelehrt werden sollte[308].«
Der Umgangssprache zuwider eine versinkende Schriftsprache künstlich fördern ist pädagogisch aberwitzig und kulturell reaktionär, wiewohl es nie aus der Mode kommt. Denn was war das »natürliche Wesen« des Hochlandes? Dort fanden zwar keine Chartistenmärsche statt, und Maschinen wurden seltener zerschlagen, aber doch nur, weil es weniger zu zerschlagen gab. Das Rückgrat der »Highlanders« war gebrochen worden 1746 in der Schlacht von Culloden bei Inverness. Dort sind die Massengräber, grün überwachsene sanfte Hügel, noch heute zu sehen. Der Schlächter war ein Herzog von Cumberland gewesen, Sohn Georges II., also ein Großonkel des Königs von Hannover, der nach Victorias Leben getrachtet haben soll. Die Königin mußte daher populär sein im Norden, vor allem seit sie zu erkennen gab, daß sie eben jene Züge des Schottischen, die ihren monarchischen Vorfahren suspekt gewesen waren – das Rauh-Herzliche, ja Wilde –, für Tugenden der Ursprünglichkeit hielt. Unter solchen Menschen, die keines Fehls fähig schienen, mußte man Hütten bauen – sofern das für Schloß Balmoral der rechte Ausdruck war. Die Tochter eines Zeitalters, das in steter Furcht vor Wiederholungen der Französischen Revolution lebte, und einer Gesellschaftsschicht, die den mühsam gesicherten Wohlstand nicht durch einen neuen Bastillensturm verlieren

wollte, traf für sich und ihre Familie die Entscheidung, zu Rousseau zurückzukehren. Einfache Herzen wußten nichts von geheimer Abstimmung und sozialer Gewalt.
Der Kauf von Balmoral[309] war eine Abdankung. Nicht dort, wo das Leben der Nation pulsierte, wollte die Königin sein, sondern procul negotiis – so weit reichte ihr Latein wohl noch. Die wachsende Familie bestärkte Victoria in dem leise nagenden Zweifel, ob ihr das Geschäft nicht über den Kopf wachsen könne. Dem Außenminister Lord Palmerston mußten zwar ständig Ermahnungen geschickt werden, der Königin Einsicht in alle wichtigen Depeschen an die Botschafter des Reiches zu gewähren; der überarbeitete Staatsmann entschuldigte die ständigen Versäumnisse in dieser Pflicht mit den Pressionen des Amtes und der Eile wartender Kuriere. Das Geheimnis der Beziehungen zwischen Victoria und Palmerston lag jedoch unter anderem darin, daß der 35 Jahre ältere Politiker nicht nur die intellektuelle Aufnahmefähigkeit seiner Monarchin richtig einschätzte (das meint, was es sagt, und darf nicht abwertend gedeutet werden), daß er nicht nur die neu sich entwickelnden Übergewichte eines auf Parlamentsmehrheit und Wählerzustimmung fest gegründeten Ministeriums gegenüber der Krone kühl einkalkulierte; sondern daß er auch Victorias geheimen Wunsch zu erraten glaubte, nicht ständig von tausend Problemen überfallen, jeden Tag zu einem Dutzend schriftlichen oder mündlichen Stellungnahmen aufgefordert zu werden. Palmerstons Analyse war völlig zutreffend. Er irrte sich nur, was die Konsequenzen anging, die er und sie daraus zogen. Der Minister wollte, daß die Königin alles den professionellen Politikern überlasse. Victoria dagegen legte die Verantwortung lieber in die Hände Alberts, der alles verstand und der souverän zu handeln wußte. In jeder Hinsicht, mit Ausnahme des Titels und der verfassungsrechtlichen Stellung, war Prinz Albert etwa von der Mitte der vierziger Jahre an König von England[310]. Das waren freilich zwei wichtige Ausnahmen. Aber die Politik eines pragmatischen Landes ließ Raum für das Ungewöhnliche, sofern es nicht zu Disproportion und Anmaßung führte. Die aber kamen nicht ins Spiel. Denn seit Peel waren es die Politiker selbst, die das Urteil des Prinzen zu schätzen begannen, Palmerston nicht ausgenommen. Die Königin hatte in der Wahl ihres Lebensgefährten ungewöhnliches Glück gehabt, bedenkt man, daß es sich ja um eine Kinderverheiratung im Stil jenes Jahrhunderts gehandelt hatte, aus dem ihre Mutter, ihr Onkel und Baron Stockmar stammten.

Nicht schiere Verliebtheit also war es, was die Königin nach einjähriger Ehe bewog, in einer rührend empfundenen Aufwallung ihren Schreibtisch neben den des Prinzen zu stellen (oder seinen neben ihren), sondern der wache Blick für die Beifälligkeit, mit der die Anpassung Alberts an seine Rolle überall aufgenommen wurde. Der Prinz hatte keineswegs nur das Ansehen und den Ruhm erstrebt, Gemahl der mächtigsten Thronerbin Europas zu sein; noch wollte der eingeheiratete Schwiegersohn einfach das Geld des Geschäfts durchbringen. Vielmehr gelang ihm die Einübung in Pflichten, die ihm niemand abverlangte, und das in einem Amt, das es nicht gab. Sobald das allen Einsichtigen klarwurde, räumte man ihm ein, was Conroy verweigert worden war: das Privatsekretariat der Königin. Der schwache, seekranke, abendschläfrige Prinz aus dem fernen Duodezfürstentum, das kein Geld, keine Macht, keine Kolonien, keine Flotte, kein Garnichts besaß, war in drei, vier Jahren zu einem Faktor der britischen Politik geworden. Was man dem Bräutigam nicht zugestanden hatte, nämlich Titel, Position und Rechte, das verwandelte der Ehemann in lauter Vorteile. Er konnte keine Erwartungen enttäuschen und war niemandem außer seine Frau Rechenschaft schuldig. Zum zweitenmal hatte die professionelle Coburger Kamarilla der englischen Indolenz einen Streich gespielt. So wie Leopold und Stockmar sich der Erziehung und Verheiratung Victorias annahmen, weil George IV. durch Mittelverweigerung seinen Einfluß preisgab, so hatten auch diejenigen Politiker in London geirrt, die den Prinzen auszuschalten glaubten, indem sie ihn auf familiäre Funktionen zu beschränken trachteten. Als offizieller Prinzgemahl mit Herzogstitel wäre es leichter gewesen, ihn an Konventionen und Konsens zu binden. So aber, als bloßer Ehemann, war er »frei«, auch wenn er die Vorzüge seiner Ausgangsposition nicht sofort begriff und unter seiner Untätigkeit anfangs sehr litt.
Im Kabinettssaal wußte man bald, wie nützlich der Prinz sein konnte, wenn es einen heiklen Tatbestand mit dem Temperament der Königin zu vereinbaren galt. Fasziniert sahen Whigs und Tories zu, wie Albert im Jahre 1841 beim schwierigen Übergang von Melbourne zu Peel mithalf, eine Wiederholung der Hofstaatkrise von 1839 von vornherein auszuschalten. Ein 22jähriger, scheinbar unerfahrener Ausländer ersparte dem Lande einen Verfassungskonflikt zwischen Monarch und neuem Ministerium[311]. Daß er Ratgeber besaß, außer Stockmar seinen Privatsekretär Anson, schmälert das Verdienst des Prinzen um so weniger, als es ja nie die Regel im Hause Hannover gewesen war, daß junge Fürsten auf erfahrene Beamte hörten.

Anson warnte das junge Paar gleich im ersten Jahr nach der Heirat davor, vom Staat Sonderzahlungen zu erbitten, zum Beispiel 70000 Pfund für neue Stallungen. Victoria, noch ganz die Anhängerin der Whigs, wollte von den neu ins Amt gekommenen Tories eigentlich auch keinen Penny nehmen. Was ihre kurz darauf einsetzende, von der Zeit als dramatisch empfundene Wende zu Peel (und damit zu seiner Partei) bewirkte, war weniger dessen korrekte Contenance, seine der Krone ergebene Politik, als vielmehr deren zunehmend konservative Ausrichtung. Dazu muß gesagt werden, daß ja schon Lord Melbourne ein Whig gewesen war, der ökonomisch und sozialpolitisch besser zu den Tories als zu der Partei der »Progressiven« gepaßt hatte. Edith Sitwell, eine von Victorias vielen weiblichen Biographen, nannte ihn nur den Helden von Tolpuddle[312], schmähendes Diminutiv des Helden von Waterloo (oder anderer wirklicher Todesgefahren), weil er 1834 ein paar arme Lohnteufel im gleichnamigen Dorset-Ort wegen angeblicher Umsturzversuche zu lebenslanger Deportation verdammt hatte[313], nicht willens, als Innenminister die drastischen Magistratsurteile zu mäßigen. Es ließe sich leicht argumentieren, daß Lord M. die Königin zu einer Tory-Wölfin im Schafspelz der Whigs erzogen habe. Nur war es Teil dieser Erziehung, daß für Victoria später die »radikalen« Whigs die Wölfe und die Tories (vor allem, seit sie sich Konservative nannten) die staatserhaltend-braven Böcke wurden.

Der Elberfelder Kaufmann Friedrich Engels, der bei der begüterten Verwandtschaft in Manchester das Leben von hoch und niedrig studierte, hoch in Form des selbstbewußten Bürgertums der Stadt, niedrig in Gestalt seiner irischen Lebensgefährtin Mary, steuerte in seinem Buch über die »Lage der arbeitenden Klassen in England« einen Grund bei, warum die Monarchin die Hauptstadt mied:

»In London stehen jeden Morgen fünfzigtausend Menschen auf, ohne zu wissen, wo sie für die nächste Nacht ihr Haupt hinlegen sollen. Die glücklichsten dieser Zahl, denen es gelingt, am Abend einen oder ein paar Pence zu erübrigen, gehen in ein sogenanntes Logierhaus... Kranke und Gesunde, Alte und Junge, Männer und Weiber, Trunkene und Nüchterne, wie es gerade kommt, alles bunt durcheinander... Und diejenigen, die kein solches Nachtlager bezahlen können? Nun, die schlafen, wo sie Platz finden, in Passagen, Arkaden, in irgendeinem Winkel, wo die Polizei und die Eigentümer sie ungestört schlafen lassen; einzelne kommen wohl unter in den Zufluchtshäu-

sern, die hier und dort von der Privatwohltätigkeit errichtet wurden – andere schlafen in den Parks auf den Bänken, dicht unter den Fenstern der Königin Victoria[314].«
Dies ist die einzige Stelle, die die Königin erwähnt. Engels wollte nicht wegen Majestätsbeleidung des Landes verwiesen werden.
Unter den Fenstern von Balmoral aber schliefen keine Obdachlosen. Im September 1848 hatten Victoria und Albert den Landsitz gemietet, auf vier Jahre. Bei ihrer ersten Ankunft stand die Gegend kopf; die Dörfer waren geschmückt zu Ehren der kleinen Person mit Strohhut und fröhlichem Gesicht. Der Hofstaat reiste mit, wenn auch in komprimierter Form. Das sogenannte einfache Leben, das die Familie hier künftig führte, sah sehr nach gekünstelter Schäferidylle aus, mehr Watteau als Rousseau. Der urban-bürgerliche Teil der Politiker hatte für solchen Eskapismus, der außerdem die Zusammenarbeit mit dem Souverän ganz erheblich erschweren mußte, wenig Verständnis. Englands Minister ächzten fortan unter den Balmoral-Reisen; sie tun es bis auf den heutigen Tag.
Doch fand das Paar für seinen Entschluß auch Sympathie, die wohl auf ähnlich gelagerte Sehnsüchte zurückging. Greville, der im September 1849 überstürzt nach Balmoral aufbrechen mußte, weil ein Staatsrat stattfand, der öffentliche Gebete gegen die Cholera verordnen sollte, war über die seltsamen Riten der Königin unter den Eingeborenen der nördlichen Bergwelt schon durch Erzählungen vorbereitet worden. »Sowenig ich Höfe leiden kann und alles, was dazugehört, bin ich doch froh, die Reise gemacht und die Königin und den Prinzen in ihrer Hochlandzuflucht gesehen zu haben. Sie nehmen sich dort sehr zu ihrem Vorteil aus. Der Ort ist sehr hübsch, das Haus sehr klein. Sie leben ohne Aufwand, nicht nur als Privatleute, sondern als sehr einfache Privatleute, kleines Haus, kleine Räume, kleine Gesellschaft. Nirgendwo Soldaten, und die gesamte Garde des Souveräns und der königlichen Familie besteht aus einem einzigen Polizisten, der auf dem Gelände umherwandert... Sie verbringen die Tage äußerst einfach und ungezwungen. Er geht morgens auf die Jagd, kommt zum Essen nach Hause, und dann gehen oder fahren sie spazieren. Sie rennt den ganzen Tag raus und rein, geht allein los, besucht die Bauernhäuser, setzt sich und schwatzt mit den alten Weibern. Ich hatte zuvor noch nie die Gesellschaft des Prinzen genossen oder mich länger mit ihm unterhalten. Donnerstagmorgen saßen John Russell und ich nach dem Frühstück zusammen, und er kam herein, setzte sich zu uns, und wir

unterhielten uns eine Dreiviertelstunde. Ich war von ihm tief beeindruckt. Ich sah sofort (was ich auch schon gehört hatte), daß er sehr intelligent und hochkultiviert ist, sich Gedanken macht, und zwar über Sachen, die es wert sind, darüber nachzudenken[315].«
Die Lebensfreude der Königin kann nicht verwundern. 1849 war ein schwangerschaftsfreies Jahr. Hier in Balmoral hatte sie den Prinzen ganz für sich. Zwar mußte beständig ein Mitglied des Kabinetts anwesend sein, um Sach- und Personalentscheidungen mit der Monarchin abstimmen zu können. In der Auswahl dieser Personen spielten jedoch Victorias Sympathien und Antipathien eine Rolle. Dem Außenminister Palmerston zum Beispiel wurde ein solcher Bereitschaftsdienst nicht erst angetragen. Seine Ansichten über die Revolutionsbewegungen auf dem Kontinent liefen denen des königlichen Paares zuwider. Ob da und dort eine Krone fiel, weil liberale Verfassungen ins Leben traten, das scherte den alten Staatsmann wenig[316]. Victoria und Albert jedoch litten darunter, weil die britische Monarchie in den Geruch eines Doppelspiels geriet. Im Ausland hielt man die Kondolenzbezeigungen der Königin gegenüber gestürzten »Schwestern« und »Brüdern« für Heuchelei, denn die offizielle britische Außenpolitik schien den Umsturz von Monarchien zu begünstigen, solange es nicht um die eigene ging.
Tanzte vielleicht auch die englische Königin auf schwankendem Boden, während sie, scheinbar ungefährdet, im Ballzimmerchen von Balmoral den 4/4-Takt des schottischen Reel zu meistern suchte? Zwar war die Chartistenbewegung tot, und den unruhigen Bürgern war endlich die Aufhebung der Korngesetze zugestanden worden. Aber Irland hatte ein paar verheerende Kartoffelernten hinter sich, eine Katastrophe, die bei vielen britischen Verfechtern von Ruhe und Ordnung einen Zwiespalt der Gefühle auslöste. Eigentlich galt es zu helfen, wenn auf der Nachbarinsel Not und Massensterben herrschten. Aber nach all den fast jährlichen Ausnahmegesetzen, die eine Londoner Regierung nach der anderen über Irland verhängt hatte, konnte der Gedanke nicht ausbleiben, daß nun die Natur dem Büttel zu Hilfe kam und Todesurteile fällte in einem Ausmaß, dem kein Minister und erst recht nicht die Königin je zugestimmt hätte. Viele derjenigen, die vom Sterben verschont blieben, verließen das »Vereinigte Königreich«. 1849, als es in Balmoral so fröhlich zuging, zählten die Behörden 229498 Auswanderer, überwiegend, aber nicht nur Iren. Binnen acht Jahren gingen 2,5 Millionen; drei Viertel davon suchten ihre neue

Bleibe in den späteren USA[317]. Die Industrien, die sie aufbauen halfen, standen fortan in Chicago und Pittsburgh, nicht in Yorkshire und Wales. Was sie der britischen Armenfürsorge von 1850 ersparten, bürdeten sie der britischen Zahlungsbilanz von 1950 auf. Nur Inhumanität und Kurzsichtigkeit konnten also an eine Bereinigung des irischen Problems durch Tod und Auswanderung glauben.
Vielfältig nahm die kleinere an der größeren Insel Rache. Peel, der die Korngesetze 1846 abschaffte und auf dem Höhepunkt seiner Karriere schien, erhielt unmittelbar darauf den nachträglichen Lohn für die frühere Tätigkeit als kompromißloser Irlandminister. Er stürzte nun als Regierungschef über einen erhöhten Zuschuß für das katholische Priesterkolleg Maynooth in Dublin. Es unterstützten ihn weder die Whigs, die seine späte Bekehrung zur Katholiken-Emanzipation verhöhnten, noch viele der eigenen Parteifreunde. Der Mann, der in den relativ prosperierenden 50er Jahren der große Bürger-Premier hätte werden können, scheiterte an einem Hindernis, das er selbst zwei Jahrzehnte zuvor hatte aufbauen helfen. Peel war nicht der letzte britische Politiker, dem die irische Frage zum Verhängnis wurde.
Die Königin, die mit Stockmars und Alberts Nachhilfe gerade erst die staatsmännischen Qualitäten des Tory-Führers zu würdigen und die antirevolutionären Vorzüge seiner Partei zu entdecken begonnen hatte, mußte nun wieder mit den Whigs zusammenarbeiten. Aber das bedeutete keine Rückkehr zu Lord Melbourne: der war selbst für ein weniger aufreibendes Regierungsamt als das des Premierministers zu krank, und er starb zwei Jahre später, 1848, inmitten einer Welle von Revolutionen, die er wie nichts anderes gefürchtet hatte. An der Spitze der Whigs standen nun der aufgeregt-unstete Russell und der selbstherrliche Palmerston. Die Tories zerfielen. Eine große Gruppe hielt Peel die Treue und setzte mit der Russell-Regierung durch, daß die andere Gruppe, die der Schutzzöllner, nicht wieder dem Freihandel in den Rücken fallen konnte, wozu auch einige Landadlige unter den Whigs ihre Hand zu leihen bereit waren. Ehe das britische Zweiparteiensystem die kommende soziale Frontstellung zwischen Bürgertum und Arbeiterschaft zu reflektieren begann, gab es nun eine Zeit der Chiasmen. Teile der Tories stimmen mit den Whig-Radikalen für verbesserte Fabrikgesetze, von denen die jeweils anderen Teile der über Kreuz kombinierten Parteien nichts wissen wollten. Klare Mehrheiten im Parlament fehlten oft. Das konnte nicht verwundern, denn während das Wahlgesetz und der neue Produktionsreichtum des Lan-

des eigentlich auf eine bürgerliche Dominanz in der Volksvertretung hindeuteten, stammten die führenden Persönlichkeiten auf beiden Seiten nach wie vor aus den Adelsfamilien. Daß der Premierminister seinen Sitz im Unterhaus und nicht im House of Lords haben solle, setzte sich zu Victorias Zeit als Zweckmäßigkeitserwägung mehr denn als demokratische Unabdinglichkeit durch. Doch blieben die Ausnahmen noch lange möglich[318]. Der letzte britische Regierungschef, der im Oberhaus saß, war Lord Salisbury: er amtierte bei Victorias Tod.

England mochte also vor Revolution bewahrt sein, Irland aber war ganz gewiß nicht »safe«. Sucht man in Victorias Anschauungen ein durchgängiges Kriterium der Beurteilung von Politik – ein Credo kam ohnehin nie zustande –, so wäre es dieses Adjektiv. Die Königin benutzte es sehr oft, auch zur Kennzeichnung von Menschen, die sie für moralisch oder politisch zuverlässig hielt. Im staatlichen Leben war »safe«, was vor unbegründeter Veränderung des Bestehenden bewahrte, und für Gewaltanwendung gab es eigentlich – außer im Verteidigungsfall – keinen Grund. In diesem Sinne waren von ihren Premierministern Melbourne und Peel, Aberdeen, Disraeli und Salisbury »safe«, im Gegensatz zu Palmerston und Gladstone, während sie bei Russell, Derby und Rosebery nicht genau wußte, woran sie war.

Vor allem aber war Albert »safe«. Allenfalls plante er gern zu vieles zur selben Zeit. Balmoral sollte nicht länger gemietet, sondern gekauft werden. Die Erziehung des Prinzen von Wales, der jetzt mit seinen acht Jahren viele Wünsche offenließ, benötigte ein ordentliches Lernschema. Die Nation aber brauchte nach all den Turbulenzen von Chartismus und Kornzöllen, Mißernten und Geldängsten ein einigendes Symbol, ein Ereignis, eine Veranstaltung, über dessen oder deren Wichtigkeit es keine Dispute zwischen Parteien und Klassen geben konnte. Das war so schwer zu erreichen, daß nur an das schier Unmögliche, das Nie-da-Gewesene gedacht werden durfte. Die Energie des Prinzen schaffte es, zwei der drei großen Pläne zu verwirklichen. Balmoral wurde gekauft und umgebaut. Die unerwartete Erbschaft, die ein Junggeselle namens John Camden Nield, den die Königin zuvor nicht einmal dem Namen nach gekannt hatte, seiner Monarchin hinterließ – eine viertel Million Pfund –, ermöglichte diese Arrondierung des Privatbesitzes. Die Erziehung des Prinzen verwandelte sich durch Alberts und Stockmars ehrgeiziges Bildungspensum aus einem unsystematischen Fehlschlag in einen systematischen. Was aber das

Symbol nationaler Einigung anging, die kühn projizierte Weltausstellung, so wurde sie zwar am Ende ein weithin sichtbarer Triumph für das Land und den Prinzen, ließ sich zunächst aber alles andere als erfolgreich an und hat Albert und der mit ihm leidenden Königin Widerstand und bitteren Hohn eingetragen.

Die kollektive Darstellung von Erworbenem und Erreichtem war nicht dasselbe wie das private Herzeigen des verdienten Wohlstandes. Und die Freude darüber, mit den eigenen Kindern – sechs waren es inzwischen, vier Mädchen, zwei Jungen – in Balmoral und Osborne herumtoben zu können, damit es ihnen besser ergehe als jener eingesperrten Prinzessin in Kensington Palace zwanzig Jahre zuvor, diese Freude machte noch keine gute Kindererziehung aus. Was aber die Anlagen, die hervortretenden Möglichkeiten der Schützlinge anging, so war es leider nur zu offenkundig, daß die Natur dem Paar einen Streich gespielt hatte. Das erste Kind bekam alles mit, was den guten Thronfolger gemacht hätte: Intelligenz, Lernfreude, Vitalität. Sein Manko war, ein Mädchen zu sein. Daß das gerade einer Königin auffiel, schien paradox und wäre weiter von keinem Belang gewesen, hätte es nicht weitere Kinder gegeben, darunter Söhne. Vicky litt also im Grunde nur an dem Nachteil, daß es Bertie gab. Alle anderen Nachteile besaß Bertie selbst. Er war unlustig, indolent, widerspenstig, und in ihrer Furcht, ihn zum »Hannoveraner« heranwachsen zu sehen, zweifelten die Eltern nicht daran, daß bald auch Mädchengeschichten und Spieltischbesuche das Bild eines neuen Prinzregenten abrunden würden. Dank eigener unpädagogischer Nachhilfe wurden sie denn auch nicht enttäuscht. Vicky also, mit der Figur der Mutter und dem Verstand des Vaters, würde dem Land verlorengehen, irgendwohin verheiratet werden; die Königin und ihre preußische Freundin Augusta wußten auch schon, an wen. Aus Bertie aber war, trotz seines Namens, kein zweiter Albert zu machen.

10
Weltausstellung

Russell, Derby, Aberdeen – Die Wirtschaft

Albert der Fürsorgliche wollte die Welt ausstellen – was kannte er von ihr? 1843 hatten Victoria und er ein paar Tage in der Normandie zugebracht, in Eu, zwischen Abbeville und Dieppe, als Gast des französischen Königs Louis Philippe. Das war nur ein Septemberausflug gewesen an Bord der neuen königlichen Jacht »Victoria und Albert«. Leopold hatte von Brüssel aus lange versucht, seine englische Nichte und seinen Pariser Schwiegervater zusammenzubringen. Aber das halbprivate Treffen zweier Monarchen mit kleinem Anhang war keine Staatsangelegenheit, wenn auch als Versuch einer Normalisierung der Verhältnisse zwischen den Ländern nicht unwichtig.

Das Studium des Staatshandwerks und die Pflichten der Familiengründung ließen Victoria und Albert anfangs wenig Zeit für weite Reisen. Außer den jährlichen Ferien nahm das Paar regelmäßig Einladungen auf einige Landsitze des Hochadels an. Die Herzöge von Wellington, Devonshire, Rutland und Buckingham sowie der Marquis von Exeter wurden beehrt, voll Staunen über deren Lebensstil, aber die Welt war das auch nicht. Einzig die Reise durchs Rheinland und nach Thüringen bis Coburg im Herbst 1845 verdiente den Namen. Da nun gab es für Albert nicht viel Neues zu sehen, während sich die Königin sehr begierig zeigte, das Land ihrer Mutter und ihres Mannes kennenzulernen. Ursprünglich war die irische Insel das Reiseziel des Jahres gewesen. Sie mußte warten; erst 1849, als es wieder mehr Kartoffeln und weniger »distress« gab, besuchte Victoria Irland zum erstenmal. Der Wunsch Louis Philippes, dem informellen Besuch möge nun eine regelrechte Staatsvisite folgen, wurde abgebogen mit dem Bescheid, auf der Rückfahrt aus Deutschland lasse sich ein zweiter Abstecher nach Eu leicht arrangieren.

Es war die erste längere Trennung von den Kindern:

»Ein sehr schmerzlicher Augenblick, wegzufahren, während die vier kleinen armen Dinger an der Tür standen. Gott segne sie und behüte sie! Er wird es tun[319]!«

Das Paar kam am 10. August 1845 abends in Antwerpen an, wieder war der Kanal angeblich unangenehm. In Belgien lernte die Königin etwas kennen, was es daheim nicht gab: staatliche Schienenwege. Im Jahr zuvor war in dem neuen Eisenbahngesetz ihres Handelsministers Gladstone vom Parlament der Passus gestrichen worden, der eine Übernahme der künftigen Linien durch den Staat wenigstens nach 25 Jahren vorsah. Geblieben war eine Auflage an die wild drauflosbauenden Gesellschaften, auch für weniger bemittelte Passagiere je Werktag je Strecke mindestens einen Zug mit Fahrkarten zum Preise von einem Penny pro Meile einzusetzen. Der Korrespondent der »Illustrated London News«, der über die Reise der Königin berichtete, verglich die beiden Systeme und fand das belgische nicht nur komfortabler, sondern auch billiger: hier kostete die Meile in der 1. Klasse einen Penny. Aber das war vielleicht eine Frage der hohen Kaufkraft der englischen Währung auf dem Kontinent.
In Aachen erschien Friedrich Wilhelm IV. zum Empfang, obwohl die Reise zu einem nichtpreußischen Zielort führte. Für Albert zumindest und in starkem Maße deshalb auch für Victoria galt sie aber Deutschland, nicht Sachsen-Coburg-Gotha, keinem der Teile, sondern dem Ganzen. Der Dom des Kaisers wurde besichtigt, es ging weiter nach Köln. Victoria autorisierte später den Biographen ihres Mannnes, Theodore Martin, zu folgender Schilderung:
»In Köln war der Empfang höchst enthusiastisch. Die Stadt mußte in Wagen durchfahren werden. Die engen Gassen, mit Flaggen geschmückt, waren gedrängt voll von Menschen, und einen Teil des Weges hatten die Behörden mit Eau de Cologne besprengen lassen – ob zur Verhüllung des sprichwörtlichen Geruches der Stadt oder zu Ehren der großen städtischen Fabrikation, mag unentschieden bleiben[320].«
Man übernachtete auf Schloß Brühl, und ein Zapfenstreich, bei dem fünfhundert preußische Militärmusiker antraten, fand den Beifall der Königin:
»Der Platz war mit Fackeln und Lampen von farbigem Glase erleuchtet, was einen prächtigen Anblick gewährte. Der Abend war wunderschön, und das Ganze das Schönste in dieser Art, was ich je erlebt habe. Sie spielten ›God save the Queen‹, und zwar besser, als ich es je zuvor hörte. Das fand auch Lord Aberdeen[321].«
Alberts Studierstube in Bonn wurde besucht, man traf seine Professoren. Einen der Bonner Gelehrten, A. W. Hofmann, einen Chemiker,

holte der Prinz bei dieser Gelegenheit nach England, wo seine Forschungsarbeit weitreichende Folgen hatte. Rheinischer Frohsinn war gefragt, als es einen Ärger bei der Enthüllung des neuen Beethoven-Denkmals zu überspielen galt: die Verkleidung fiel, doch die preußischen und britischen Hoheiten erblickten die Kehrseite des Komponisten, sinnvoller Ausdruck des Umstandes, daß Beethoven der Stadt Bonn mit 22 Jahren den Rücken gekehrt und sie nie wiedergesehen hatte. Victoria mußte das Mineralienkabinett in Poppelsdorf besichtigen. Genau betrachtete sie auch die Studenten, »viele, schöne junge Männer mit langen Haaren und der Pfeife im Mund«, »verwegen aussehend« und »die meisten mit Säbelhieben im Gesichte. Es interessierte mich außerordentlich«. Bei einem Beethoven-Konzert gab es, wenngleich »gut exekutiert«, so doch

»nur sehr wenig von Beethoven selbst, nur ein zu einer Kantate von Liszt verwendeter Teil einer Symphonie und die Ouvertüre zu ›Egmont‹ unter Spohrs Leitung[322]«.

Liszt selbst und die Sängerin Jenny Lind erschienen anderntags auf Schloß Brühl bei einem von Meyerbeer dirigierten Festkonzert zu Ehren die Königin. Auf dem großen Bankett vom 12. August brachte Friedrich Wilhelm einen Toast auf die Gäste aus, indem er das Wort »Victoria« an den Tag von Waterloo knüpfte. Als auf Alberts Wohl getrunken wurde, verbeugte sich die Königin dem Redner gegenüber tiefer als zuvor beim Lob auf sie selbst. Es war ebensosehr seine wie ihre Reise. Anschließend fuhr man nach Köln und bewunderte vom Schiff aus die Illuminationen, die Böller und das Feuerwerk. »Der majestätische Dom schien in Feuer zu stehen[323].« Leider stand er auch, mitsamt den Gästen, im Regen.

Und er stand natürlich unvollendet da. Die patriotische Sammelaktion für die fertigstellenden Arbeiten war jedoch bereits im Gange, und Victoria spendete 500 Pfund. Nach einer Besichtigung des Bauwerks am 13. August und lobenden Worten für die Rede des Erzbischofs Geisel – sie hörte nicht jeden Tag einen katholischen Kleriker dieses Ranges – kam es vor der Domtür zur Begegnung mit Vertretern der Gesellschaften, die sich den Weiterbau des Hauses zum Ziel gesetzt hatten. Vor dem verdutzten Paar

»hielt der Präsident dieser Dombauvereine an sie in echtem Kölner Dialekt eine Ansprache und überreichte ihnen die Medaillen der verschiedenen Vereine[324]«.

Doch schien über der Visite in Köln ein Unstern zu schweben. Noch mehr als hundert Jahre später zitierte die Lokalpresse aus den »Lebenserinnerungen« eines Landgerichtskammerpräsidenten Karl Schorn, wonach Victoria beim Besuch im Dom

»teilnahmslos umhergeschaut, wenig gesprochen und aller Würde ermangelt[325]«

habe. Die Spende von 500 Pfund sei von der Bevölkerung mit »förmlicher Aufregung« als zu wenig empfunden worden. In Brühl habe sie sich nach zehn Minuten ins Bett gelegt,

»statt dem für sie bereiteten großen Souper und dem arrangierten Zapfenstreich beizuwohnen«. Was sie gezeigt habe, sei die

»stolze Kälte und Gleichgültigkeit nach der bekannten Art ihrer Landsleute[326]«.

Hinzu kam das Gerücht, die Königin führe eine Kuh mit, da sie sich nur heimischen Molkereiprodukten anvertraue. Einem Kölner Festbankett zu ihren Ehren sei sie ferngeblieben.

Wie immer, so steckt in chauvinistisch getönten Berichten zwar nicht Wahrheit, so doch Plausibilität, die mit ihr verwechselt wird. Die erwähnte Kuh hat auf der ganzen Deutschlandreise sonst niemand bemerkt. Sie mit nach Stolzenfels auf das Schloß des Preußenkönigs zu nehmen war so unmöglich, wie es ausgeschlossen war, sie in Coburg zu verbergen, wo nichts verborgen blieb. Wohl aber hatte Albert der Umsichtige begonnen, in Windsor wie in Osborne je eine kleine Landwirtschaft aufzubauen, und Butter- wie Eierlieferungen von dort nach Balmoral sind überliefert. Das aber war Ökonomie und nicht Furcht vor den Viehseuchen. Der Kammerpräsident legte den Fall des Zapfenstreiches falsch dar, denn das »große Souper« fand nicht am ersten, sondern erst am zweiten Tage statt. Von einer Teilnahme der Queen am Kölner Stadt-Diner war nie die Rede gewesen. Man weiß, wie gut sie daran tat, ihm fernzubleiben. Liszt löste einen Skandal aus, weil er in einem Trinkspruch auf alle versammelten Völker vergaß, die Franzosen zu erwähnen. Inmitten der folgenden Tumultszenen soll die Tänzerin Lola Montez sich auf dem Tisch stehend prostituiert haben.

Vermutlich kamen zu allgemeinen antienglischen Vorurteilen – steif und unhöflich – spezielle hinzu. Victoria hatte es als Haupt der Anglikanischen Staatskirche, der Unterdrückerin der Katholiken in Irland, nicht leicht, beim Kölner Establishment populär zu sein. Ferner galt sie als Anhängerin des Liberalismus, und auch da mochte der Kammerpräsident Einwände hegen. Allerdings war auch der Korrespon-

dent der »Illustrated London News« froh, als man in Koblenz anlangte, das doch erheblich sauberer sei als Köln. Die Herrschaften fuhren zu Schiff und schrieben den neu einsetzenden Regen allen Ernstes dem heftigen Schießen der Kanonen der Feste Ehrenbreitstein zu, wodurch die Wolken förmlich geplatzt seien. Auf Burg Stolzenfels bewirtete der preußische König die Gäste anderthalb Tage. Von Metternich, den sie zum erstenmal erlebte, hinterließ Victoria die Beschreibung:
»viel älter, als ich erwartet hatte, sehr selbstbewußt in seinen Äußerungen und sehr langsam redend, aber sehr liebenswürdig[327]«.
Prinz Albert unterhielt sich ausführlich mit Alexander von Humboldt, den er seit Jahren bewunderte. Die Erregung darüber, auf der Burg des Königs mit dem großen deutschen Geistesfürsten sprechen zu können, riß den noch nicht ganz 26jährigen Prinzen offenbar zu einigen Bemerkungen über Politik hin, die Humboldt, ein volles halbes Jahrhundert älter, dem jungen Mann als unverantwortlich ankreidete: So dürfe ein Glückspilz nicht reden. Anderthalb Jahre später schrieb Humboldt an Varnhagen von Ense:
»Ich bin nur streng mit den Mächtigen, und dieser Mann ist mir in Stolzenfels sehr unheimlich geworden. ›Ich weiß‹, so sagte er zu mir, ›Sie nehmen viel Anteil an dem Unglück der russischen Polen. Leider verdienen die Polen sowenig unsere Teilnahme als die Irländer‹[328].«
Das mußte Albert ein Jahr vor seinem Tode lesen, als der Briefwechsel erschien. Er hielt es nicht für ausgeschlossen, etwas Ähnliches gesagt zu haben. Aber in der Formulierung konnte der entscheidende Unterschied liegen, denn Victorias und Alberts Verhältnis zu Irland war ja zwiespältig: die Menschen hatten ihre Teilnahme, nicht aber die politischen Führer und die Geheimbünde. Albert schrieb über die Humboldt-Briefe an Vicky in Berlin:
»Unhöflich glaube ich nie gegen ihn gewesen zu sein, und daß die Polen und Iren zusammen über Bord geworfen zu werden verdienten, habe ich *bestimmt nie gesagt*, obgleich es schon möglich ist, daß wir eine Konversation über die Charaktere, Ähnlichkeiten und Mängel beider Nationen gehabt haben[329].«
Eine der königlichen Jachten, die »Fairy«, brachte das Paar nun bis Mainz, wo der preußische Kronprinz wartete und seine Truppen zusammen mit den österreichischen, die in der Stadt lagen, paradieren ließ. Hier gab es ein Wiedersehen mit Charlotte Siebold, der Ärztin, die beider Geburt überwacht hatte und nun in Darmstadt praktizierte. Prinz Karl von Hessen stellte seinen achtjährigen Sohn Ludwig vor,

»einen sehr hübschen, angenehmen und intelligenten Knaben[330]«, der bei dieser Gelegenheit auf die Vormerkliste der künftigen Schwiegersöhne gesetzt wurde. Er heiratete 1862 die zweitälteste Tochter Alice; ihre Tochter gleichen Namens starb als Zarin zusammen mit Nikolaus II. in der russischen Revolution, während eine andere Tochter namens Victoria einen Battenberg nahm und Großmutter des Herzogs von Edinburgh wurde.
In Frankfurt, wo nur Zeit blieb, auf der Zeil die Pferde zu wechseln, und wo es ausnahmsweise keine langen Reden der Stadtväter mit Blumenbergen und weißgekleideten Mädchen gab, verließ die Reisegesellschaft die Route in Richtung Schweiz/Italien und schlug die Straße nach Wien ein. Vor Aschaffenburg begann, wie die blauweißen Grenzpfähle zeigten, das Bayerische. Ein hoher Beamter des Münchner Ministeriums für das Postwesen harrte beim nächsten Pferdewechsel; Tourismus war ein Teil seiner Obliegenheiten. Victoria trank nur einen Schluck Wasser. Nicht so ihre Begleitung:
»Der Zug bestand aus sechs Reise- und einem Fourage-Wagen, und sobald die letzten von ihnen am Rathaus angekommen waren, verhalfen sich mehrere Mitglieder der Entourage zu einem Glase vom rechtens berühmten bayerischen Bier, welches, wie viele unserer Leser wissen werden, an unser Indisches Helles erinnert[331].«
In Würzburg traf man auf Prinz Luitpold und bewunderte das Schloß. Die bayerische Post war mit dem Gepäck säumig, aber man reiste am nächsten Tag über Bamberg weiter und traf am Nachmittag des 19. August in Coburg ein. Vielleicht hatte die Inkonvenienz wegen der Koffer die Königin verstimmt, jedenfalls trug der Albert-Biograph später bei der Schilderung der Fahrt durch Franken folgendes ein:
»Überall war die Ernte in vollem Gange und verlieh der Landschaft Leben und Interesse, welcher Genuß nur durch das für englische Augen stets peinliche Schauspiel der den Frauen aufgebürdeten Arbeitslast nicht wenig getrübt worden zu sein schien[332].«
Frauen? Arbeitslast? 1879, als das erschien, mochte es damit in England leidlich aussehen. Aber jetzt eben erst, 1842, hatte die Kommission zur Untersuchung von Frauen- und Kinderarbeit im englischen Bergbau ihren Bericht vorgelegt, der wie üblich an die Königin gerichtet war, aber dem Parlament zuging. Danach begannen in mehreren Grubengebieten die Mädchen so früh mit der Untertage-Arbeit wie die Jungen: mit vier Jahren. Mit sechs begannen sie Kohlenwagen zu schieben, und

»in den Gegenden, in denen auch Frauen unter Tage beschäftigt sind, üben beide Geschlechter zusammen die gleiche Tätigkeit aus und haben die gleiche Zahl von Arbeitsstunden ... Die Mädchen und Jungen, die jungen Männer und jungen Frauen, und auch verheiratete Frauen und Schwangere, arbeiten meist fast nackt, und die Männer in vielen Gruben völlig nackt ... In Ostschottland ist ein größerer Anteil von Kindern und Halbwüchsigen in den Bergwerken beschäftigt als anderswo, und viele von ihnen sind Mädchen ... Die regulären Arbeitsstunden für Kinder und Halbwüchsige betragen selten weniger als elf Stunden, häufiger sind es zwölf, mancherorts dreizehn und in einem Gebiet vierzehn und mehr[333].«

Freilich – den »englischen Augen« war dies peinliche Schauspiel ja durch die natürlichen Gegebenheiten der Untertage-Arbeit entzogen. Das Weltbild eines Monarchen setzt sich, wenn er nicht achtgibt, leicht aus einem Ablauf von Gala-Inszenierungen zusammen, und in jedem Empfangskomitee sitzt ein Potemkin. Pflicht der konstitutionellen Monarchin mußte es sein, sich die Fakten hinter den Fassaden zu beschaffen. Hier verließen sich Victoria und Albert auf sehr unterschiedliche Quellen der Information: Sie bevorzugte das ausgedehnte Tentakelsystem von Hof und Familie, er las lieber oder interviewte. Eins wäre ohne das andere vielleicht unvollständig gewesen, wobei Alberts Methode mehr Gewähr bot, krasse Kenntnislücken zu vermeiden und den Versuch der Politiker zu unterlaufen, der Krone alles als ungefährlich, normal oder durch Präzedenzfälle gedeckt darzustellen.

In Coburg war nun die Familie reichlich versammelt, vom neuen Herzog, Alberts Bruder Ernst, über die Großmutter, Vettern und Kusinen bis zu König Leopold und der Herzogin von Kent (die neuerdings ohne Conroy reiste). Victoria und Albert wohnten in Schloß Rosenau:

»Wie glücklich, wie heiter waren wir beim Erwachen, uns hier in der lieben Rosenau zu wissen, der Geburtsstätte meines lieben Albert, dem Orte, den er mehr als jeden anderen liebt[334].«

Der Coburger Theaterchor sang Morgenchoräle, und für eine volle Woche, bis zu Alberts Geburtstag am 26. August, reihten sich Freudentage aneinander. Das Herzogtum bot sein Bestes, ein großes Kinder-Defilee, einen Ball im Festzelt bis nachts um 3. Das Lutherzimmer der Feste wurde gezeigt, mittags gab es Bratwürste, abends die »Braut von Messina«. Das Theater übertraf sich. Das Paar sah Gutzkows

Lustspiel »Zopf und Schwert«, gerade ein Jahr alt und gegen den preußischen Militarismus gerichtet, freilich mit leicht antienglischen Zügen, denn Victorias Vorfahren hintertrieben darin eine Liebesheirat der Schwester Friedrichs des Großen. Coburg versöhnte die Gäste (wenn das nötig war) mit einer Aufführung von Meyerbeers »Hugenotten«. So viele inbrünstige Versionen von »God save the Queen« hat Victoria nie wieder innerhalb eines Monats gehört wie auf dieser Reise. Die Predigten dagegen waren nicht immer so gut; die Königin unterschied sehr scharf zwischen wohlgemeinter Erbauung und leerer Rede[335]. Hier in Coburg war sie natürlich die »große christliche Königin« und Nachfahrin der sächsischen Herzöge, die zuerst auf Luther gebaut hatten. In Ermangelung eines Fotoapparates hielt Victoria ihre Eindrücke zeichnend fest. Sie machte

»Skizzen nach einem niedlichen Hausmädchen, das hier ist, in ihrem Kostüm, und nach drei kleinen Bauernmädchen. Es sind ganz arme Kinder und doch so nett und rein (in ihrem Sonntagsanzuge) gekleidet, und das kommt daher, daß sie Bauern sind und nicht mehr sein wollen. O wenn sich unser Volk doch auch in Bauerntracht kleiden und nicht dünne, verblichene Seide, Hüte und Schals tragen wollte[336]!«

Sie hatte also ihre »Balmorality«, wie man den neuen Lebensstil der Königin nannte, nicht daheim gelassen, und das Paar bestärkte sich gegenseitig darin, manche Wälder in Deutschland sähen fast so aus wie manche in Schottland. Auf solche Weise suchten sie den verwirrenden Dualismus ihrer nationalen Neigungen aufzuheben. Albert vor allem behalf sich damit; er entdeckte später umgekehrt bei Wanderungen im schottischen Hochland den Thüringer Wald seiner Kindheit wieder. Der Geburtstag brachte neue Ständchen, viele Geschenke und ein Abendkonzert mit Musik der Liebenden aus der »Zauberflöte«. Am 27. August begann die Rückreise, durch lauter Triumphbögen, an neuen Mädchenscharen vorbei und begleitet von Kränzen frommer Wünsche. In Themar gab es einen Gottesmann,

»der mich in einer so sonderbaren Weise ›die herrliche Briten-Königin‹ nannte, daß wir große Mühe hatten, ernsthaft zu bleiben[337]«.

Hymnischeres stand ihnen in Gotha bevor. Dort trafen sie nach dem herrlichen Reinhardtsbrunn, an dem sich Victoria nicht sattsehen konnte, am 28. August ein. Lokalpoet Philip Heinrich Welcker steuerte eine Eindeutschung von »Rule Britannia« bei:

»Da diese stolze Hymne der Engländer manchem unter uns in der

Muttersprache unzugänglich ist, sucht der Verfasser dieselbe hier möglichst getreu wiederzugeben.

Als Albion auf des Himmels Wort
dem Meer entstieg, des Lichtes froh,
da ward dies Vorrecht ihm hinfort,
und schützend sagen Engel so:

Roll, Britannia, Britannia, roll die Flut!
Freiheit sei dein ew'ges Gut[338]!«

In Gotha wurde das provisorische Grab von Alberts Vater besucht, und aus Bückeburg kam die Baronin Lehzen für drei wehmütige Tage zu Besuch. Die Max- und die Kaspar-Seite des deutschen Schützenwesens taten sich hier veranstaltungsweise hervor: im Festzelt die einen, fröhlich, lärmend, ein opernreifer Jägerchor, die anderen draußen im Walde bei vorbereitetem Abknallen von Reh und Hirsch, die auf einer Lichtung in unausweichlichem Gehege zur angeblichen Erbauung der Gäste zusammengetrieben wurden. Die Presse in England brachte das und fragte, wer wohl der Königin ein solches Gemetzel zugemutet habe, eine rhetorische Frage, denn die Antwort lag fest: Albert. Der Prinz hatte zwar das Programm nicht entworfen, aber in Kenntnis der Landessitte hätte er das Zuschauen bei dieser Hatz unterbinden, Kopfweh der Königin vortäuschen müssen. Zu inselweiter Entrüstung bestand freilich kein Anlaß. Denn es war eine janusköpfige Nationalmoral, die der 13jährigen Prinzessin im eigenen Lande das Zerreißen eines Fuchses durch ein Rudel Hunde als Sport vorgeführt hatte, der 26jährigen Königin aber das Zusammenschießen von Wild als deutsche Barbarei ankreidete[339]. Victoria, die schon die Fuchshatz eisig kommentiert hatte, schrieb nun in ihren Reisenotitzen:
»Was die Jagd selbst anlangt, so fand keiner dieser Herren Gefallen an solcher Schlachterei[340].«
Noch 1972 räumte eine englische Victoria-Biographie diesem Vorfall mehr als die Hälfte der ganzen Schilderung der Deutschlandreise ein; die restlichen Zeilen befassen sich mit dem Ärger über eine Sitzordnung zuungunsten Alberts, die die preußischen Hofbeamten beim Stolzenfels-Bankett arrangiert hatten. Aus den bedauerlichen 55 Tieren der Schießerei von Gotha waren inzwischen »mehrere hundert« geworden. Die Reise sei »keineswegs ein reiner Erfolg« gewesen[341].

Dies heißt die Akzente zumindest anders setzen, als es die Königin und Albert selbst taten. Sicher war zuviel hineingepackt, das eigene Stehvermögen überschätzt worden. Auf dem Rückweg über die Wartburg, Fulda, Frankfurt – wo Ludwig I. von Bayern sie begrüßte – und den Rhein hinauf durch Belgien nach Antwerpen wollte ihnen das Wiedersehen mit den Kindern fast zu lange dauern, und es war ja ein zweiter Abstecher nach Eu, zum König der Franzosen, versprochen worden. Der ließ die Opéra comique aus Paris kommen, aber man wollte heim. Zwar hatte das Paar in Deutz gute Nachrichten vom Stand aller Dinge in England erhalten, doch ein Monat war genug. Am Nachmittag des 11. September, nach ausnahmsweise glatter Überfahrt landete die »Victoria und Albert« wieder an der Privatpier von Osborne, von wo die beiden

»direkt nach dem Hause fuhren; denn da standen, so blühend wie Rosen; die vier Kinder, sehr vergnügt, uns wiederzusehen[342]«.

Weit waren sie herumgekommen, für Victorias Verhältnisse, die auch später nicht viel reiste. Aber »die Welt« war es wieder nicht gewesen. Wann Prinz Albert zuerst den Gedanken faßte, sie ihrerseits zu einer großen Ausstellung nach London zu holen, ist nicht genau festzulegen. Es gilt als sicher, daß er einen Vorschlag, den andere gemacht hatten, ohne an eine Verwirklichung zu glauben, seinerseits aufgriff und dadurch die »Great Exhibition« von 1851 zuwege brachte.

Biograph Theodore Martin legt die ersten Gespräche, die der Prinz mit Politikern, darunter Handelsminister Labouchere und Sir Robert Peel, über die Ausstellung führte, in den Juli 1849, doch sei der Plan schon lange überdacht gewesen. Auch an seinen Bruder Ernst schrieb Albert bereits damals darüber. Man hätte meinen können, die verworrene Situation in Deutschland – der Preußenprinz sorgte gerade in Baden für Schweigen – und die bevorstehende Reise mit der Königin nach Irland hätten für solche Projekte wenig Raum gelassen. Doch auch der preußische Botschafter Bunsen erfuhr schon um diese Zeit in Osborne direkt von den Plänen. Für Albert mochten ursprünglich die kommerziellen und technischen Aspekte einer solchen Ausstellung im Vordergrund gestanden haben. Als sich jedoch der Staub des Revolutionsjahres 1848 legte, kam der Wunsch hinzu, auch der politisch-sozialen Rekonstruktion Europas ein Zeichen zu setzen, ein Völkerband zu wirken, das vielleicht zu einem Bund werden könnte. Ein praktisch-moralischer Appell dieser Art, das war dem Prinzen klar, dürfte nicht von einer staatlichen Instanz ausgehen. Bei den unklaren Mehr-

heitsverhältnissen im Parlament konnte das Projekt jederzeit durch einen politischen Wechsel im Anschluß an Neuwahlen gefährdet werden. Andererseits waren Minister und Parteien einzuweihen, Eifersucht der Abgeordneten und Budgetrecht des Unterhauses zu berücksichtigen.
Unter diesen Umständen war es nicht ratsam, daß der Prinz sich sofort an die Spitze des Unternehmens setzte. Die Ausstellung durfte nicht als Entwurf eines »Ausländers« denunzierbar sein, als ein Plan, die englischen Errungenschaften in Technik und Industrie perspektivisch zu verkleinern, indem sie zum bloßen Teil einer weltweiten Erfolgsschau wurden. Albert arbeitete eng mit Henry Cole zusammen, einem Beamten, der seine Fähigkeiten schon auf mehreren Gebieten gezeigt hatte, die den Prinzen interessierten. Cole war Mitarbeiter Rowlands bei der Einführung der Briefmarke und Mitgründer des Public Record Office, der großen Aktensammelstelle, gewesen. Er wurde sogar während des Urlaubs der königlichen Familie nach Balmoral beordert; das war in jenem Herbst, in dem Greville die Geistesgaben des Prinzen entdeckte. Cole und Albert kannten sich von der »Gesellschaft der Künste« her, die den Prinzen zum Präsidenten gewählt hatte. Stockmar gegenüber nannte der Prinz das Projekt jetzt »eine Universal-Industrie-Ausstellung«. Mit Cole war er sich einig, sie solle ausländische Produkte mit einschließen; ihre Vorbereitung werde am besten von einer königlichen Kommission übernommen. An eine Empire-Ausstellung hat Albert bezeichnenderweise nie gedacht; die imperialistische Phase der britischen Weltgeltung blieb ihm erspart.
Zuerst aber war die Irlandreise zu absolvieren, die mehrfach verschobene; sie wäre in den voraufgegangenen Jahren der Hungersnot zwar zweckdienlicher, aber kaum ratsam gewesen. Auch jetzt, im August 1849, lagen die letzten Unruhen erst zwölf Monate zurück. Doch es wurde Zeit, die vielen Besuche in Schottland wirkten nachgerade wie eine absichtliche Vernachlässigung der übrigen Provinzen. Also wurde vor den Balmoral-Urlaub eine Woche in Irland eingelegt, mit Aufenthalten in Cork, Killarney, Dublin und Belfast. Die Bevölkerung winkte freudig; sie identifizierte Victoria und Albert nicht mit der Irlandpolitik der verschiedenen britischen Regierungen[343]. Die Königin begeisterte sich an der natürlichen Schönheit der Frauen, die ihr in den Straßen begegneten, und das anglo-irische Establishment der Hauptstadt Dublin sonnte sich in Selbstbestätigung. Es gab keine Zwischenfälle. Über diese Reise besitzen wir authentische Passagen

aus Victorias Niederschriften. Sie hielt ihre erste Irland-Fahrt – es folgten drei weitere – für so wichtig, daß die Notizen darüber Eingang in eines der beiden Reisetagebücher fanden, die sie 1868 und 1884 zum Erstaunen ihrer Untertanen veröffentlichte[344].
Um die Probleme der Grünen Insel machte sie jedoch einen Bogen. Sie sah in Dublin Studenten des Maynooth-College, aber die Schule selbst, über deren Staatszuwendungen der Premierminister Peel gestürzt war, besuchte sie vorsichtshalber nicht. Die Schutzherrin der Anglikanischen Kirche konnte zwar den katholischen Dom zu Köln am Rhein besichtigen, nicht aber ein katholisches Priesterseminar im eigenen Lande. Albert faßte den Plan der Errichtung einer »freien Universität Irland«[345]; das überstieg dann jedoch selbst *seine* unermüdlichen Bemühungen. Victoria notierte, Belfast sei eine schöne Stadt, nur die hübschen irischen Frauen finde man dort nicht. Die 13000 Mitglieder der irischen Konstabler, sagte man ihr, seien zwar nahezu alle katholisch, fraternisierten aber nicht mit Rebellen.
Daß der Prinz nun binnen anderthalb Jahren die Ausstellung durchsetzte, gibt ein Zeichen seiner großen Zähigkeit. Natürlich erhielt er Unterstützung. Alles, was vom Auslandshandel lebte, zollte seinen Plänen Beifall. Aber bis zum März 1850 hielt er damit zurück, sich öffentlich als Protagonist der Ausstellung zu bekennen. Erst seine Rede auf einem Bankett im Mansion House in der Londoner City machte der Nation klar, daß die kommende Ausstellung vor allem sein Projekt war. Man hatte Minister, Diplomaten und zahlreiche Kommunalpolitiker geladen. Die Geschäftswelt, die Künste, die Technik sollten durch diese Ausstellung, die nun für das kommende Jahr geplant wurde, dem großen Ziel näherkommen,
»auf das alle Geschichte weist – der Verwirklichung der Einheit der Menschheit[346]«.
Davor setzten jedoch die kleinen Götter des Parlaments und der öffentlichen Meinung den Schweiß des Prinzen, und Victoria sorgte sich wegen seiner schlaflosen Nächte. Daß seine zunehmende Arbeitslast ihr weniger und weniger von seiner Gesellschaft ließ, kam in einem Briefseufzer an König Leopold zum Vorschein. Nachdem sie Alberts Mansion-House-Rede gelobt hatte, fuhr sie fort:
»Man ist über seine Leistungen und seine Energie ganz überrascht; seine große Selbstverleugnung und sein steter Wunsch, für andere zu arbeiten, sind auffallende Züge in seinem Charakter. Aber so ist das Leben am glücklichsten. Anstreben, was unerreichbar ist, und dem

nachlaufen, was einem als das Angenehmste erscheint, muß in Enttäuschung enden[347].«

Die letzten Zeilen bezogen sich auf jenes ideale Ehedasein, das ihr immer unerreichbarer schien: das Jahr als Idylle, aufgeteilt in etwas London, wenig Windsor, viel Osborne und vor allem Balmoral.

Der Widerstand gegen die Ausstellung organisierte sich vierfach. Da waren zunächst die grundsätzlichen Gegner aller Neuerungen. Es gab andere, die vor den immensen Kosten einer so kurzfristigen Investition zurückschreckten. Ernster mußte man diejenigen nehmen, die ein Trojanisches Pferd fürchteten, eine große Werbeaktion ausländischer Produkte, veranstaltet im eigenen Lande. Schließlich fanden nach den letzten Jahren politischer Unsicherheit auch die Warnungen jener Gehör, die in der Ausstellung einen Anziehungspunkt für alle Umstürzler Europas sahen. Diese würden mit dem versammelt anreisenden Mob der nord- und mittelenglischen Städte die Londoner Polizei vor eine unlösbare Aufgabe stellen. Alles dies waren Argumente, denen man begegnen konnte, und der Prinz und die Kommission taten es mit Erfolg.

Fast waffenlos dagegen standen sie da, als die Kritik sich plötzlich in ein Detail verbiß, mit dessen Bedeutung niemand gerechnet hatte. Im Februar 1850 richtete der Abgeordnete Baillie an den Premierminister im Unterhaus die Frage, ob es stimme, daß im Hyde Park Bäume abgehauen werden müßten, um für das Ausstellungsgelände Platz zu machen. In böser Vorahnung sagte Premierminister Russell: »Nur kleine Bäume, keine großen Bäume.« Aber das Stichwort war gegeben. Die Emotionen, die sich in der anrollenden Protestlawine äußerten, wären glaubwürdiger gewesen, hätten nicht die Hauptwortführer – zum Beispiel im Parlament – dem anti-industriellen, agrarischen Flügel der Tory-Partei angehört, der eine Gelegenheit sah, die verlorene Kampagne gegen den Freihandel neu beleben zu können. Peel war denn auch ein Befürworter des Projekts; er hatte im März beim City-Bankett zusammen mit dem Prinzen das Wort ergriffen. Aber Peel zog sich Anfang Juli in London bei einem Sturz vom Pferd schwere innere Verletzungen zu und starb nach wenigen Tagen.

Albert muß in nächtlichen Träumen die Bäume des Hyde Park auf sich zukommen gesehen haben wie Macbeth den Wald von Birnam. Colonel Sibthorp, eine jener bunten, mehr durch Exzentrik als Bedeutung auffallenden Figuren, wie sie in der Herrenclub-Atmosphäre des Unterhauses gedeihen, fragte den Justizminister nach der Rechtmäßigkeit des Abholzens der Bäume. Da der Hyde Park als Royal Park die Königliche Familie direkt betraf – auf dem Bewahren dieser Rechte hat Victoria immer bestanden –, geriet der Prinz gleich auf mehrfache Weise ins Kreuzfeuer. Die »Times« riet ihm im Sommer 1850, die Sache noch einmal zu überdenken, ehe er

»unseren schönen Park, den einzigen Platz nahezu, wo die Londoner noch etwas frische Luft schöpfen können, in ein Mittelding aus Wolverhampton und Greenwich-Kirmes[348]«

verwandele. Das griff ein Leser auf und fragte Seine Königliche Hoheit, ob er nicht diese Kirmes einmal drei Tage lang im Garten von Buckingham Palace stattfinden lassen und dann nachempfinden wolle, was die Ausstellung den Bewohnern von Südwest-London aufhalse: ein Jahr Aufbau, dann das Jahr der Öffnung, schließlich ein Jahr Abbau. Eine heuchlerische Klage, denn in der Nähe des Ausstellungsplatzes, der vor den Toren Londons lag, wohnten damals überwiegend Personen, die über mehr als eine Bleibe verfügten.

Die Kommission arbeitete seit Januar 1850, und Albert widmete sich natürlich außer der organisatorischen Vorbereitung auch der künstlerischen. Sieben Jahre zuvor hatte der Prinz den großen glasüberdachten Wintergarten des Herzogs von Devonshire in Chatsworth ebenso bewundert wie die geräuschlose Geschwindigkeit, mit der der Oberaufseher der herzoglichen Gärten, Joseph Paxton, in wenigen Nachtstunden die enormen Aufbauten eines abendlichen Feuerwerks zu entfernen verstand, so daß der Park am Morgen grün und unschuldig vor dem Blick der Gäste lag. Solch einen Glasdom brauchte die Ausstellung, 60 Meter im Durchmesser sollte er sein, und bauen mußte ihn Paxton. Schaudernd überschlug die »Times«, so groß sei nicht einmal die Kuppel der Paulskathedrale. Am Ende wurde daraus, den Annalen der Baukunst zufolge, die größte bis dahin überhaupt errichtete Konstruktion der Welt, jene von Babylon beiseite gelassen. Paxtons Glasdach, mit Langschiff und Querschiff eine seltsame Kombination von sakraler Ur-Idee und profanem Zweckbau, wurde von »Punch« sofort als »Kristallpalast« bezeichnet, und der Name haftete. Die Königin erhob Paxton, dessen Aufstieg vom Bauernsohn und Adelsgärtner zum bestaunten Architekten dieser Ruhmeshalle sie mit Sympathie verfolgte, 1851 in den Ritterstand.

70000 Quadratmeter Ausstellungsgrundfläche, dazu Emporen, die weitere 20000 Quadratmeter umfaßten – diesen Superlativ, der bescheidenerweise »Great Exhibition« und nicht Weltausstellung genannt wurde, eröffnete Victoria am 1. Mai 1851. Ihre Datengläubigkeit sagte ihr, daß es ein Freudentag werden müsse. Ein Jahr zuvor war ihr siebtes Kind geboren worden, Arthur, also nach dem Herzog von Wellington benannt, denn auch dessen Geburtstag war es. Nicht daß die Königin, allem Aberglauben zum Trotz mit dem Koh-i-Noor angetan, an diesem Tag die teure Halle zum ersten Male betreten hätte. Da die Kontroverse um die Ausstellung bis zuletzt anhielt, kam sie schon Monate vorher und besichtigte in demonstrativem Wohlwollen jede Phase der Vorbereitungen. Jetzt ging es weniger um Widerstand im eigenen Lande als um Boykott von außen. Der Zar von Rußland – das war noch Nikolaus I. und nicht sein Sohn, der London und die junge Königin so beeindruckt hatte – verbot die Ausreise seiner Untertanen, die zur Ausstellung fahren wollten.

Auch in Berlin sorgte man sich um die Sicherheit des Kronprinzen und seiner Familie, und unter händereibendem Beifall Victorias, die »eine große Sensation« witterte, schrieb Albert an Friedrich Wilhelm IV. einen Brief, der ihn von ungewöhnlich sarkastischer Seite, in der Sache aber sehr kühl zeigt:

»Allergnädigster König! Soeben erhalte ich Ihre gnädigen Zeilen vom 8. d. M. und beeile mich, sogleich dieselben zu beantworten, indem der Zeitpunkt, zu welchem der Prinz und die Prinzessin von Preußen hier ankommen sollten, schon sehr nahe liegt.

Die Elemente, aus welchen nach Eurer Majestät und Ihres Ministeriums Vorstellungen ungeheure eventuelle Gefahren für die königliche Familie erwachsen könnten, scheinen mir zweierlei Art zu sein: solche, welche ausschließlich dem Kontinente angehören, und solche, die hier in England zu suchen sein würden. In betreff der ersteren kann ich mich nicht unterfangen, ein Urteil fällen zu wollen, indem ich weder mit den Nachrichten, die Eurer Majestät zugekommen sein mögen, noch mit den Absichten derer vertraut bin, die diese Nachrichten zu Eurer Majestät Ohren gebracht haben. Was England betrifft, so kann ich Eurer Majestät nur versichern, daß wir hier weder einen Aufstand noch Mordversuche befürchten, daß sich allerdings sehr viele politische Flüchtlinge aller Länder hier aufhalten und vielleicht auch konspirieren, daß sie sich indessen friedlich aufführen, in großer Armut leben und wohl aus eigener Anschauung und Erfahrung die Überzeugung gewonnen haben werden, daß das englische Volk mit ihren Gefühlen nichts gemein hat und London vielleicht das schlechteste Terrain in Europa für ihre Pläne ist...

Das Gerücht, daß der Hof sich zu dem Entschlusse gezwungen gesehen habe, während der Ausstellung London zu verlassen, gehört zu den vielen Erfindungen, welche zu verbreiten die Feinde unseres kunst- und menschenfreundlichen Unternehmens sowie allen Fortschritts in der Zivilisation ausgesprengt haben, um das Publikum zu erschrecken...

Mathematiker haben berechnet, daß der erste starke Wind den ›Crystal Palace‹ umblasen müsse; Ingenieure, daß die Galerien brechen und die Besuchenden erschlagen müssen; Nationalökonomen, daß eine Teuerung in London durch den großen Menschenandrang hervorgebracht werden würde; Ärzte, daß durch den Kontakt der vielen Menschenrassen der ›schwarze Tod‹ des Mittelalters wie nach den Kreuzzügen erzeugt werden müsse; Moralisten, daß alle Laster der zivilisierten und unzivilisierten Welt England eingeimpft würden; Theologen, daß dieser zweite Turm von Babel auch die Rache des beleidigten Gottes nach sich ziehen werde.

Gegen all diese Gefahren vermag ich keine Garantie zu geben, und ich bin auch nicht imstande, Eurer Majestät gegenüber die Verantwortung für das vielleicht bedrohte Leben Ihrer hohen Anverwandten zu übernehmen. Ich kann versprechen, daß diesen derselbe Schutz für ihre Personen geleistet werden würde, welchen Victoria und ich genießen, die ja auch auf der Mordliste stehen sollen. Doch könnten wir uns nie dazu entschließen, dem geringsten Bedenken Eurer Majestät gegenüber zu der Reise des Prinzen hierher zu raten. Und so schmerzlich es für uns sein würde, die große Freude dieses Besuches gerade jetzt entbehren zu müssen, so würden wir doch vollkommen den Gründen zärtlicher Vorsorge Ihrerseits Gerechtigkeit widerfahren lassen, falls Sie sich dahin entschließen sollten, die Reise des Prinzen jetzt nicht zu gestatten, und uns mit der Hoffnung trösten, ein andermal für diesen Verlust entschädigt zu werden. Daß das plötzliche Absagen dieser Reise und dessen Begründung im Publikum das größte Aufsehen erregen würde, ist allerdings sehr wahrscheinlich[349].«

Man sieht ihn in seinem Schlafrock, den Entwurf verlesend, vor Victoria auf und nieder gehen. Der Hohn auf die illiberalen Preußen, die sich fürchteten, in London von der Hand der eigenen vertriebenen Landsleute ereilt zu werden, wird kalt genossen. Der britische Hof wußte genau, wer die Einflüsterer waren, die in Berlin vor der Reise warnten. König Ernst August von Hannover, Victorias Onkel Cumberland, hatte an Friedrich Wilhelm geschrieben (1. April 1851, eine

Woche vor dessen Brief an Albert), ihm sei aus London versichert worden, die Regierung plane die Evakuierung der königlichen Familie. Der »vorzügliche« Staatsmann Lord Lyndhurst habe ihm soeben erst einen kompletten Überblick über die revolutionären Umtriebe der Ausländer in London gegeben. Er, Ernst August, bewundere »Wilhelms Lust, sich mit seinem Sohne dorthin zu begeben[350]«. Der »große Urheber dieser Dummheit, Prinz Albert«, wie der König von Hannover ihn nannte, hatte dann die Genugtuung, daß die Berliner ohne ein weiteres Wort des Einwandes die Ausstellung besuchten. Der Sohn des Kronprinzen wurde von neuem auf seine Eignung für die Liste künftiger Schwiegersöhne geprüft und weiter gut befunden. Im letzten Augenblick fiel dem nervösen Russell noch ein, die Salutsalven der Kanonen im Hyde Park könnten am Morgen der Eröffnung den Glaspalast durch Druckwellen zerstören; sollten sie ihr Pulver nicht besser im fernen St.-James-Park verschießen? Gegen die Scharen von Spatzen, die seit Wochen in der Kuppel nisteten und das Festhabit der Ehrengäste zu ruinieren drohten, empfahl Wellington den Einsatz von Falken. Was freilich zu tun sei, sollten die Gebete von Colonel Sibthorp um »Blitz und Hagelschlag« wider Erwarten erhört werden, wußte auch der umsichtige Albert nicht zu sagen. Henry Cole schrieb später, niemand außer dem Prinzen hätte die Widrigkeiten des Projekts durchgestanden, inmitten einer Regierungskrise und bei ständigem Ärger des Hofes mit Lord Palmerston, wovon zu reden sein wird. Aber am 1. Mai 1851 war es soweit. Die Menge drängte. Beinahe hätte Albert den Fehler begangen, den öffentlichen Eintritt auf 13 Uhr anzusetzen. Zu diesem Zeitpunkt sollten Königin und Ehrengäste den Kristallpalast bereits verlassen haben, um nicht vom Volke erdrückt zu werden. Russell warnte ihn. Auf die feine Gesellschaft komme es zwar sicher nicht an, aber die Fabrikanten und die Mittelschicht dürfte man doch nicht enttäuschen[351]. Sie wurden also gleich in der Frühe zugelassen, und die Königin sah sich mit schätzungsweise 34000 Landsleuten unter einem Dach:
»Der Park bot einen herrlichen Anblick, die herbeiströmenden Massen, die Wagen und Soldaten, ganz wie bei der Krönung, und ich so aufgeregt wie damals. Schönes Wetter, und überall Betriebsamkeit... Um halb 12 setzte sich die Prozession in neun Staatskarossen in Bewegung... Green Park und Hyde Park waren eine einzige Menge gedrängt stehender Menschen, in bester Laune und großer Begeisterung. So habe ich den Hyde Park noch nie gesehen, voller Volk, soweit das

Auge reichte. Erst regnete es ein wenig, als wir losfuhren, aber als wir am Kristallpalast ankamen, schien die Sonne und glitzerte auf dem riesigen Bauwerk, über dem die Flaggen aller Nationen wehten. Wir fuhren die Rotten Row entlang und verließen die Wagen am Seiteneingang. Der Blick durch die eisernen Tore des Querschiffs, die wedelnden Palmen und Blumen, die Myriaden der Leute auf den Galerien und in den Sitzen, zusammen mit den Trompetenstößen, die unseren Eintritt begrüßten, bildeten einen Eindruck, den ich nie vergessen werde... Albert geleitete mich hinein, mit Vicky an der Hand, während Bertie meine hielt. Als wir uns in der Mitte den Stufen näherten und dem Sessel (auf den ich mich aber nicht setzte), war der Anblick der herrlichen Glasfontäne magisch und beeindruckend. Die gewaltigen Hoch-Rufe, die Freude auf allen Gesichtern, das enorme Gebäude, mit all seinen Dekorationen und Ausstellungsstücken, der Klang der Orgel (zusammen mit 200 Instrumenten und 600 Stimmen, die fast untergingen), mein geliebter Mann, der Schöpfer dieses Friedens-Festivals, das Industrie und Künste aller Nationen der Erde vereint – das alles war so bewegend, ein Tag, der nie vergehen wird. Gott schütze meinen liebsten Albert und mein geliebtes Land, das sich heute so groß erwiesen hat[352].«

König Leopold erfuhr zwei Tage später, daß seine Nichte diesen 1. Mai zum »größten Tage in unserer Geschichte« ernannt habe. Albert selbst sagte nur: »Sehr zufriedenstellend!« Seine Einübung im englischen Understatement schritt zusehends voran. Der Herzog von Wellington war einer der ersten, die auch den finanziellen Erfolg witterten. Am 18. Juni meldete Albert dem preußischen Kronprinzen Durchschnittsbesucherzahlen von mehr als 60000 pro Tag; auch seien die russischen Schätze nun doch eingetroffen. Victoria besuchte die Ausstellung nahezu täglich in wechselnder Kinderbegleitung. Am besten gefielen ihr die herrlichen indischen Perlen. Im Herbst, in Osborne, bescherte die Ausstellung ihren Schöpfer mit einem Geschenk nach seinem Herzen: Er konnte Pläne machen, was mit dem Gewinn zu tun sei, den die Millionenschar der Besucher eingebracht hatte. Er schätzte ihn, ehe die Schlußabrechnung vorlag, auf 150000–200000 Pfund. Cole bezifferte ihn dann, nach Abzug sämtlicher Ausgaben, auf 215305 Pfund. Die privaten Geldgeber, die allfällige Verluste zu decken bereit gewesen waren – Staatsgelder hatte das Parlament abgelehnt –, brauchten nicht in Erscheinung zu treten.

Albert beschloß, südlich des Hyde Park Gelände zu kaufen. Der Kristallpalast, der Mitte Oktober seine Pforten schloß, wurde abgetragen und in Südostlondon neu aufgebaut, wo er nach 1918 als Demobilisierungszentrum einem quasi-friedlichen Zweck diente und 1936 abbrannte. Auf den 35 Hektar Land in Südkensington, die die Ausstellungskommission in zweijährigen komplizierten Verhandlungen ihren meist bäuerlichen Besitzern abkaufte und zu einem Gelände zusammenfaßte, eine der weitestsichtigen Bodentransaktionen des Jahrhunderts, steht heute unter anderem die Albert Hall, deren Promenadenkonzerte jährlich Hunderttausende von Musikfreunden an den Namen des Prinzgemahls erinnern. Er hat die Vollendung der Halle nicht erlebt. Victoria errichtetete gegenüber im Park ein überladenes Gedenkmonument, an dessen Geschmack man die Echtheit ihrer Gefühle nicht messen wird.

Die »Great Exhibition« von 1851[353] hatte 14000 Firmen als Aussteller angezogen, hinzu kamen 3000 Einzelpersonen und Institute. Ihren Wert für Handel und Wandel abzuschätzen ist kaum möglich. Eine Weltausstellung ist keine Verkaufsmesse. Daß sich die produzierende Klasse nun nicht nur in der Gesetzgebung des Landes, sondern auch in der Ästimierung durch eine weltweite Öffentlichkeit bestätigt fühlen konnte, wird ihr Selbstbewußtsein gestärkt haben. In Birmingham und Manchester wurde das Königshaus jetzt nicht nur wegen seiner einfachen Lebensgewohnheiten populär, sondern auch durch sein Verständnis für Fortschritt, Technik, Wissenschaft und Kultur. Daß die »riesigen neuen Riten der Selbstbeweihräucherung«[354], wie man die in Mode kommenden Ausstellungen genannt hat, in London und zu Beginn der 50er Jahre ihren Anfang nahmen, wird man als eine glückliche Übereinstimmung zwischen individueller Planung und Zeitgeist nehmen müssen. Es gibt verschiedene Untersuchungen darüber, wann und warum der »viktorianische Boom« einsetzte[355]; die Daten schwanken zwischen 1848 und 1853. In jedem Fall folgte auf ein zweites Quartal des Jahrhunderts, das ökonomisch, politisch und sozial heftig fluktuierte, nun ein wesentlich ruhigeres drittes Quartal, dem dann, um 1873 beginnend, wieder mehr depressive Zeiten folgten[356]. Alberts Ausstellung war die beleuchtete und im Geschmack der Zeit dekorierte Eingangspforte der nächsten zweieinhalb Jahrzehnte. Deren Wohlhabenheit ist neuerdings bestritten worden, aber daß investiert wurde und ein gewisses Wachstum zu verzeichnen war, leugnen auch die Gegner der allzu handlichen Quartals-Zyklen nicht[357]. Der Welthandel hatte sich zwischen 1800 und 1840 nur

knapp verdoppelt. Von 1850 bis 1870 stieg er dagegen um 270 Prozent. Und war es Zufall, daß im Jahr der Londoner Ausstellung – der ersten, denn 1862 folgte eine größere – die weltweite Nachrichtenagentur Reuters gegründet wurde? Genauer gesagt verlegte Paul Julius Reuter sie in diesem Jahr von Aachen, wo sie seit zwei Jahren bestand, nach London, wo sie berühmt wurde.
Die Königin verkehrte neuerdings, wenn sie in Osborne oder Balmoral lebte, mit ihrem Premierminister auf telegrafischem Wege. Der Prinz, der solche Umwälzungen auf dem Gebiet der Kommunikation um so begieriger zu nutzen suchte, als sich darin die erträumte Annäherung der Nationen ausdrückte – die er sich nur friedlich denken konnte –, teilte mit Victoria die naive Freude an solchem Fortschritt. Beide haßten längere Aufenthalte in London, mußten also dankbar sein, wenn ihnen die Technik längere Abwesenheit erlaubte, ohne daß der Königin vorgeworfen werden konnte, sie sei nicht zu erreichen. Victoria hatte kurz vor der Heirat mit Albert in großer Spannung das Einführen der Penny Postage[358] verfolgt, also die Rationalisierung des Postverkehrs durch das Benutzen von Briefmarken. Am Vorabend des 10. Januar 1840 bat sie sich von Lord Melbourne noch einen von ihm persönlich an sie adressierten Brief aus, portofrei, wie es dem Premierminister zustand, mit dem Datum des letzten Tages der »Frankier«-Zeit. Melbourne fand es leicht unpassend, für seine Korrespondenz mit der Monarchin anstelle des üblichen Hofkuriers die Post zu bemühen,

»aber ich bat ihn, dann wenigstens einen Brief an eine meiner Hofdamen zu richten, was er versprach[359]«,

und er erkundigte sich tags darauf, ob die Sendung – eine Sammler-Rarität – angekommen sei.
Victoria als erste Philatelistin, das fügt sich ins Bild der Bürgerkönigin. Die kleinen Konterfeis der jungfräulichen Queen trugen sehr rasch eine Vorstellung davon, wie die Herrscherin des Reiches aussah, in dessen entfernteste Winkel. Auf den Postsachen des Empire blieb Victoria immer 20 Jahre alt; nur die Kanadier waren 1897, beim Diamantenen Jubiläum, so unchevaleresk, auf einem ihrer Wertzeichen die junge und die alte Königin nebeneinander abzubilden. England-Spezialsammler kennen auch den Entwurf einer Marke mit dem Porträt von Prinz Albert; sie wurde dann aber nicht herausgegeben[360]. Das Paar erschien jedoch 1851, im Jahr der Ausstellung, gemeinsam auf einer kanadischen Briefmarke, und die Neufundländer wiederhol-

ten das vier Jahre nach Alberts Tod. Die wertvolle Sammlung des heutigen Königshofes kam erst unter George V. zusammen, der sich nach dem Abendessen gern zu seinen Marken zurückzog:

»Es war seine fast bewußt bürgerliche Gegenwehr gegen die plutokratischen Vergnügungen seines Vaters, Edwards VII., denn er war stolz darauf, die Monarchie den Taschen der Reichen entrissen zu haben[361].«

Der 1865 geborene König habe als Prinz – so sein Biograph Harold Nicolson – von seinem 27. bis zu seinem 45. Lebensjahr nichts anderes getan als Wild jagen und Marken sammeln.

Zur Zeit der Weltausstellung galt England als führende Wirtschaftsnation der Erde. Der Verzicht auf den Schutz seiner Produkte durch Importzölle galt als Zeichen unbegrenzten Vertrauens in die eigene Stärke. Es wurde jetzt

»ein Industrie- und Handelsstaat, der überwiegend an billigen Lebensmitteln und billigen Rohstoffen interessiert war[362]«.

Doch der Vorteil, der in technischer Kenntnis, großer Exportindustrie und dem Besitz der größten Schiffstonnage lag,

»hielt nicht länger als zwei Jahrzehnte an... Der Fehler der eifrigsten Verfechter des Freihandels lag in der Annahme, eine Politik, die während einer Generation zum Vorteil Englands gewesen sei, werde notwendigerweise auf alle Zeiten gleichermaßen angebracht sein[363].«

Freihandel und Weltausstellung entsprangen ein und demselben Optimismus. Die Völker würden, so hofften der Prinz und seinesgleichen, künftig nur noch friedlich miteinander wetteifern, und in diesem Rennen lag England vorn. Aber die Maxime, Krieg könne sich verhindern lassen, erwies sich schon nach wenigen Jahren als falsch, als England und Frankreich sich zum bewaffneten Konflikt gegen Rußland entschlossen. Und insofern die Illusion vom friedlichen Wettbewerb noch mehr britisches Kapital nach Übersee abwandern ließ, machte es die Wirtschaft des Landes anfällig gegen jede Friedensstörung, die sich einstellte. Wo also Prinz Albert seine unermüdliche Energie, seinen zunehmenden Sachverstand einsetzte, erwies er dem Lande große Dienste. Sobald er sich von seinen romantisch-idealistischen Zielen bestimmen ließ – denen die Königin zustimmte, weil Albert nicht irren konnte –, gab es keine Übereinstimmung mehr mit den politischen Kräften seiner Tage. Vielleicht war es ein Fehler, daß der Prinz, der sich in so bewundernswert kurzer Zeit auf so vielen Gebieten des innerenglischen Lebens den Namen eines Kenners erworben

hatte, überhaupt den Bereich der Außenpolitik in seine vielseitigen Interessen einbezog. Hier mußte er, selbst »Ausländer«, immer verletzlich bleiben, und hier hatte England in Palmerston einen Mann, der Rat weder brauchte noch schätzte. Daß sich das königliche Paar auf eine Konfrontation mit ihm einließ, bezeugt den persönlichen Mut Victorias und Alberts. Vom Prinzen mit Argumenten versorgt, erwirkte die Königin Palmerstons Abberufung als Außenminister im Dezember 1851. Es war ein Weihnachtsgeschenk, dessen sie sich nicht lange freuen konnte. Ein Jahr später war »Pilgerstein«, wie das Paar ihn in komisch deutscher Übersetzung zu nennen pflegte, wieder da, als Innenminister. Und als er die Russells, Derbys und Aberdeens überstanden hatte, wurde er, gichtkrank und 71, dann noch für zehn Jahre Premierminister und überlebte den Prinzen.
Sein Triumph ist die Königin hart angekommen, wenngleich sie sich mit dem Regierungschef Palmerston besser verstand als mit dem Außenminister[364]. Daß er seinen drei Vorgängern im höchsten politischen Amt überlegen war und daß er seine Karriere der Popularität im Lande, nicht dem Wohlwollen des Hofes verdankte, war bekannt. Vom Beginn des Kabinetts Russell (Juni 1846) bildete Lord Palmerston eine Macht im Staate, die niemand ungestraft in Frage stellte. Die Königin und Prinz Albert nahmen also einen Kampf auf, an den sich keiner der Politiker wagte. Lord John Russell[365] litt unter seinem Außenminister, aber er ertrug ihn. Der hektische, hohlwangige Premierminister, Hocharistokrat, jüngerer Bruder des Herzogs von Bedford, war nach Melbournes Abgang der natürliche Erbe der Führung der Whigs gewesen, und wie diese alle konnte er nie die schwere Entscheidung treffen, ob Herkunft, Sozialstand und Geld seine Politik bestimmten oder Neigung und Ideal. Für die Wahlrechtsreform von 1832 hatte niemand härter gekämpft als Russell. Kaum aber war sie unter Dach und Fach, stemmte er sich den weiterreichenden Forderungen der enttäuschten »Radicals« der eigenen Partei entgegen und erklärte, die Reform sei endgültig. »Finality-Jack« wurde sein Spitzname, den er jedoch nicht ewig tragen mochte, und am Ende seiner politischen Karriere begünstigte er weitere Reformen. Er erlebte sie auch, aber es waren Disraeli und die Konservativen, die sie durchsetzten.
Victoria wurde durch die Unstetigkeit Russells oft irritiert, doch hielt sie ihn im Grundsätzlichen für »safe«. Er war ein ungewöhnlicher Mann: Zweimal nahm er ein Kabinettsamt unter nachfolgenden Pre-

mierministern an, was nach ihm nur Balfour im Ersten Weltkrieg und Sir Alec Douglas-Home nach dem Zweiten getan haben. Verunsichert durch die komplexen Fraktionsverhältnisse im Parlament, versagte Russell vor den Erfordernissen der irischen Hungerjahre. Vielleicht blendete ihn auch sein fanatischer Protestantismus:

»Man kann nur schwer dem Verdacht widerstehen, daß Malthussche Befürchtungen sowohl die Regierung wie das Kabinett von 1847–1852 dazu führten, die Gelegenheit zu begrüßen, den Bevölkerungsüberschuß in Irland loszuwerden und den Rest zu anglisieren[366].«

Russell und Derby waren mit 54 und 53 Jahren vergleichsweise jung, als sie Premierminister wurden. Der Altersunterschied zwischen ihnen und der Königin war nicht so groß wie der zwischen ihr und Aberdeen oder Palmerston, die beide 45 Jahre älter waren als sie. Doch auch Russell war ein Kind des 18. Jahrhunderts. Darauf deutet die Anspielung auf die Übervölkerungsfurcht von Thomas Robert Malthus, dessen warnender Essay 1798 erschienen war. In Russell focht der Disrespekt vor Königsthronen, den ein Mann hegen durfte, der im Monat des Sturzes der französischen Monarchie geboren worden war, einen ständigen Kampf mit dem treuen Diener der Königin, die er für menschlich sympathischer hielt als ihre beiden Vorgänger auf dem Thron. Russells Enkel Bertrand, der Philosoph, zitierte gern eine Familienanekdote, die den inneren Zwiespalt zwischen dem radikalen und dem staatstragenden Premierminister gut charakterisiert:

»Königin Victoria: ›Ist es wahr, Lord John, daß Sie der Meinung sind, unter bestimmten Umständen dürfe ein Untertan rechtens gegen seinen Souverän rebellieren?‹

Lord John Russell: ›Da ich zu einem Souverän des Hauses Hannover spreche, bin ich geneigt, mit Ja zu antworten[367].‹«

Später schenkte die Königin ihm Pembroke Lodge im Richmond Park, dem schönsten Grünflecken am Rand Londons; dort wuchs Bertrand Russell auf, geboren 29 Jahre vor dem Tod Victorias, gestorben 1970, 18 Jahre nach der Thronbesteigung Elizabeths II. Immer wieder verblüfft die Nähe der viktorianischen zur heutigen Zeit.

»Punch«, das Schmähblatt, karikierte Victoria gern als Lehrerin oder Mutter, die ihre faulen Zöglinge Russell, Derby und Aberdeen zur Rechenschaft ziehen mußte. Die Dreißig-, Fünfunddreißigjährige erscheint da mit allen Merkmalen der Nationalmatrone und liest den Berufspolitikern die Leviten. Daran ist richtig, daß mit der wirtschaftlichen Macht des Landes in diesen Jahren eine innere politische Schwäche einherging. Vier Monate nach dem Ende der Großen Ausstellung war Russells Whig-Regierung nicht länger lebensfähig, aber das konservative Kabinett Derby hielt sich nicht einmal ein volles Jahr, dann wurde Zuflucht zu einer Koalition genommen, in Friedenszeiten immer der britischen Weisheit gern gemiedener, letzter Schluß. Niemand haßte Regierungskrisen mehr als die Königin, und Alberts hektische Versuche, Kontinuität in die Staatsgeschäfte zu bringen, fanden ihre volle Unterstützung. Derby[368], der als Lord Stanley unter Peel gedient und zuvor, wie dieser, Irlandminister gewesen war, hatte sich im Jahre von Victorias Thronbesteigung aus einem Whig in einen Tory verwandelt, die entgegengesetzte Linie, die Palmerston und Gladstone einschlugen. Derby war eines jener indolenten Kleinkaliber, die das Machtkarussell der britischen Politik von Zeit zu Zeit an die Spitze hebt, wo sie dann erstaunlich geringen Schaden anrichten. Daß eine Null dann sogar dreimal zur Eins wurde, hob die mathematischen Gesetze nicht aus den Angeln: Zusammengenommen betrugen die drei Amtszeiten Derbys in Downing Street nicht mehr als drei Jahre, sieben Monate und zwölf Tage. Der Iren-Führer O'Connell nannte Derby einen Skorpion. Doch an der Hexenjagd gegen die Peel-Anhänger in der Tory-Partei beteiligte er sich nicht. Die Lektüre der antiken Klassiker war ihm wichtiger als das Lesen der Akten und Depeschen. Die Wählerschaft honorierte ein solches Minimum an Engagement mit einem Maximum an Gleichgültigkeit: Als unter Derby 1852 Neuwahlen stattfanden, erhöhte sich der Anteil der Konservativen von 327 Mandaten auf 331. Man konnte zu ihm einfach keine Meinung haben.

So wie Russell nur ein Übergangsführer der Whigs vor der Machtübernahme Palmerstons war, so sah jeder Tory, daß nicht Stanley alias Derby, sondern Disraeli der kommende Mann sein werde. Beide Parteien wehrten sich gegen solche Unvermeidlichkeiten durch den Koalitionspremier Aberdeen, der für zwei Jahre und einen Monat (Dezember 1852 bis Januar 1855) den zweifelhaften Ruhm erlangte, das Land in den Krimkrieg manövriert zu haben. Dessen desolate Führung brachte Palmerston an die Spitze. Derby hatte der Königin erklärt, Palmerston sei zu alt, zu blind und zu taub, und sie war ganz seiner Meinung. Nichts hätte Victoria lieber vermieden als eine gemeinsame Wegstrecke mit dem verhaßten »Pilgerstein«.

»Die Königin forderte Derby auf, die Regierung zu bilden, Disraeli war bereit, die Unterhausführung an Palmerston abzutreten. Palmerston wollte nicht Minister unter Derby sein, und Derby wollte nicht ohne Palmerston amtieren. Die Königin wandte sich daraufhin an Russell, aber Russell fand keinen Anhang. Deshalb wurde Palmerston Premierminister, zur Enttäuschung und zur Verärgerung Disraelis: ›Er ist ein richtiger Schwindler, völlig am Ende, bestenfalls Sprudel und kein Champagner, und längst ein geschminkter alter Hanswurst[369].‹«

Das Land, klagte Disraeli, halte Palmerston für energisch, aber es werde wohl bald eines Besseren belehrt. Da irrte er. Die Tatkraft Palmerstons hielt noch ein volles Jahrzehnt lang an. In Krieg, Tod und Trauer schien es der Königin kaum vergehen zu wollen.

11
Krimkrieg

Palmerston – Die Außenpolitik

Im Mai 1851 wurde Victoria 32 Jahre alt, drei Wochen nach Beginn der Weltausstellung. Ihr Klagelied von der rasch verrinnenden Lebenszeit erhielt nun einen neuen Refrain: bald würde sie Großmutter werden. Schon im vorausgegangenen November hatte sie an König Leopold geschrieben:

»Gestern wurde Vicky zehn. Ich glaube zu träumen. Wenn sie uns erhalten bleibt, kann sie in acht Jahren verheiratet sein[370]!«

Das war dann sogar noch um ein Jahr zu hoch gegriffen. Zu ihrem Gefühl der Vergänglichkeit trugen nun die Sterbenden der vorherigen Generation mehr bei als die Neugeborenen der nächsten. Von den Geschwistern ihres Vaters lebte nun nur noch Tante Mary. Nach den Herzögen von Sussex und Cambridge starb nun auch Cumberland, der König von Hannover, der die Revolution von 1848 um drei Jahre überdauert hatte. Die Königinwitwe Adelaide, Königin Louise von Belgien und Exkönig Louis Philippe von Frankreich waren drei weitere Opfer dieser Jahre. Mit Melbourne (1848), Peel (1850) und Liverpool (1851) starben die drei Politiker, denen die Königin am meisten vertraut hatte. Wer sollte diese Männer in der nächsten Generation ersetzen? Noch blieb der Herzog von Wellington, der, obzwar taub und senil, täglich ausritt, sich seines agrarischen Besitzes erfreute, jeden Gruß eines Passanten erwiderte und keine Bitte des Hofes um Rat abschlug. Aber im September 1852 starb auch er; Victoria stand weinend auf dem Balkon von Buckingham Palace, als die Lafette vorüberzog, die Albert entworfen hatte. Der Prinz wurde ebenfalls von einem schweren Verlust getroffen, als im Oktober 1849 sein Privatsekretär George Anson plötzlich zusammenbrach und starb, ein Mann, an den er sich wie an einen Freund gewöhnt und der ihm in den schwierigen Anfangsjahren als unentbehrlicher Berater gedient hatte. Sein Nachfolger wurde Oberst Grey, der 45jährige Sohn des Reform-Premierministers, dessen Sekretär er gewesen war. Auch Grey gab die aktive

(Whig-)Politik auf und wurde nach Alberts Tod Sekretär der Königin bis zu seinem Tod im Jahre 1870.

Albert hatte inzwischen einen der einflußreichsten Posten im Staate ausgeschlagen, als Wellington ihn zu seinem Nachfolger als Oberbefehlshaber der Streitkräfte machen wollte. Der Prinz und die Königin fühlten sich sehr geehrt, aber Alberts Arbeitsprogramm ließ ihm zu den Pflichten eines solchen Amtes keine Zeit. Zwar berief er sich nur sehr selten darauf, überlastet zu sein; daher muß bei dieser Absage ein anderer Gedanke die wesentliche Rolle gespielt haben. Der Gemahl der Königin würde bei jedem Kriegsfall, in den eine der deutschen Mächte verwickelt wäre, in die prekärste Lage geraten.

Zur offiziellen Arbeit kamen die Pflichten des Familienvaters hinzu. Im April 1853 erhöhte sich die Kinderzahl auf acht: der neue Sohn, Leopold, machte Sorgen. Allen Überzeugungen der Königin zum Trotz schlug die schottische Hebamme nicht gut an. Das Kind, bei dessen Geburt Victoria die Segnungen der Anästhesie kennenlernte, stellt sich als Bluter heraus. Es ist viel darüber gerätselt worden, wer die Krankheit in die Familie gebracht hat[371]. Über Prinz Albert oder Victorias Mutter scheint der Weg nicht gelaufen zu sein, da im Hause Sachsen-Coburg keinerlei Fälle von Hämophilie überliefert sind. Wenn der Herzog von Kent der Träger war, so fällt auf, daß keines seiner zahlreichen Geschwister an der Krankheit litt. Königin Victoria jedoch übertrug das heimtückische Leiden mit Sicherheit an mehrere ihrer Kinder. Außer Prinz Leopold waren jedoch nur Töchter betroffen – Vicky, Alice und Beatrice –, die die Anlage an männliche Erben weitergaben; »ihre Ehen verbreiteten die Krankheit in den Königshäusern Europas«[372]. Leopold zeigte als Kind zunächst kaum Symptome eines Bluters. Später nahmen sie zu; er starb kurz vor seinem 31. Geburtstag und war das zweite der beiden Kinder, die den Tod ihrer Mutter nicht erlebten. Seine zehn Jahre ältere Schwester Alice wurde nur 35 Jahre alt. Das Durchschnittsalter der übrigen Kinder der Königin lag bei 75, Luise und Arthur starben mit 91 Jahren. Es war aber eine ganz andere Krankheit, um die sich Albert sorgte, und das nicht bei den Kindern, sondern bei der Königin. Seit George III. und seinem ältesten Sohn nannte man sie »madness«, Verrücktheit, ein Sammelname für vieles, was man nicht recht begriff. In den ersten zehn Jahren der Ehe hatten die Gereiztheiten, unter denen Victoria litt, sich in Grenzen gehalten. Nun nahmen sie zu. Das freiwillig angenommene und demonstrativ vorgelebte Bürgerideal der Eltern, die sich vor allem anderen um ihre Kinder kümmern, schlug nun auf die Mutter zurück und auf sie doppelt, denn der Prinz steckte in Staatsangelegenheiten, er führte das Geschäft, einer mußte es ja führen, wenn der andere nicht konnte. Victoria sah den immer neuen Schwangerschaften nicht nur aus Furcht vor der eigentlichen Entbindung mit Nervosität entgegen. Je geläufiger ihr dieser Ablauf der »Umstände« wurde, um so mehr haßte sie ihn.

Aber es war nicht der Rückfall ins Animalische allein, was sie irritierte. Eine der stärksten emotionalen Krisen ihrer Ehe befiel sie nach der Geburt des Prinzen Leopold. Albert griff zu seinem vielleicht nicht sehr bewährten, aber ihm einzig denkbaren Mittel: er setzte ein Memorandum auf. Wie ein Lehrer ermahnte er das unartige Kind, das in eine Hysterie verfallen war. Ob es sie nach solcher Bestrafung verlangte oder ob sie lieber der wütenden Szene die stürmische Versöhnung folgen sah, sei dahingestellt. Den leicht pedantischen Analysen, die Albert gewöhnlich nach Ablauf von 24 Stunden niederschrieb – da lag also eine schmollend verbrachte gemeinsame Nacht dazwischen, denn sie schliefen nie getrennt –, verdanken wir die Kenntnis der Krisenzeiten einer als vorbildlich geläufigen Ehe. Die Anlässe erfahren wir ebenfalls, Trivialitäten zumeist, wie der Zank, der losbrach, als Victoria unachtsam und mehrfach die falschen Seiten eines Notizheftes aufschlug, mit dem beide die Vollständigkeit einer Sammlung von Drucken festhalten wollten. Versuchte Albert zu argumentieren, so wurde Victoria um so erregter. Ging er aus dem Raum, eilte sie hinter ihm her, denn sie wollte nicht mit ihren cholerischen Ausbrüchen allein gelassen werden.

Alberts Memoranden, die sich von 1853 bis zu seinem Tode hinziehen, beginnen meist mit der Anrede »Liebes Kind!«, und sie enden alle versöhnlich, wenn auch zwischen Anfang und Ende viel Verzweiflung Raum findet. Er sorgte sich um den Zustand seiner Frau, sah ihre Not, wußte kein Mittel außer seinen logisch aufgebauten Schriftsätzen und war womöglich von seiner Temperamentslage her außerstande, den psychischen Mechanismus zu begreifen, der da wiederholt und in offenbar ähnlichen Phasen vor ihm ablief. Albert war nicht kalt, aber ohne Überschwang. Victoria kannte Vernunft, doch die war nicht ihr stärkster Antrieb. Alberts Memoranden, die nicht wütend zerrissen, sondern sorgsam aufbewahrt wurden, deuten über die Anlässe hinaus auch auf die Ursachen. Da ist denn unverkennbar, wie sehr sich die Königin überforderte, wenn sie neben ihrer Amtspflicht – allein im

Revolutionsjahr 1848 waren 28000 Depeschen vom Auswärtigen Amt an den Hof weitergeleitet worden – die Kindererziehung fest in der Hand behalten wollte. Die Wurzel des Übels liege darin, schrieb der Prinz an Victoria im Oktober 1856, anzunehmen,

»daß es die Aufgabe einer Mutter sei, die Kinder ständig zu korrigieren, auszuschelten, hin und her zu scheuchen und alles anzuordnen, was sie tun sollen... Man kann nicht zu jemandem nett sein, den man gerade ausgeschimpft hat[373].«

Eben dieses konnte Victoria durchaus, aber weder Mann noch Kinder waren bereit, außer Seufzern der Geduld auch Verständnis für eine solche Gemütslage aufzubringen. Es war unausweichlich, daß gerade dasjenige Kind, das in seiner Entwicklung weit genug vorangeschritten war, um einen der Mutter ähnlichen Charakter zu offenbaren – die Prinzessin Victoria –, auch ständigen Anstoß bot: für zwei Choleriker war auf dem engen Raum dieser gutbürgerlichen Familie und ihres selbstauferlegten steten Beisammenseins kein Platz. Vicky – so geht aus einem anderen Memorandum hervor – durfte schließlich ihre Mahlzeiten allein einnehmen, und als sie glücklich nach Berlin verheiratet war, flocht Albert in einen der innerehelichen Aktenvermerke ein, sie, die Königin, sei doch froh, die Tochter los zu sein. Wie man sieht, eine ganz »normale« Familie.

Aber nicht deren vergebliche Bewältigung allein war es, was die Königin nun wieder reizbarer machte. Auch um die Politik machte sie sich Sorgen, und das um so mehr, als sie ihres eigenen Standpunkts nicht mehr ganz sicher war. 1846, beim Sturz Peels, hatte sie feststellen müssen, daß sie nun die Wiederkehr der gleichen Whigs fürchtete, deren Abgang ihr fünf Jahre zuvor wie eine Katastrophe erschienen war. So wie sie damals mit Melbourne korrespondiert hatte, als sei er noch immer ihr Erster Minister, so klammerte sie sich jetzt an Peel. Der aber, eingedenk des verfassungswidrigen Spiels, das sein Vorgänger als Oppositionsführer mit der Königin getrieben hatte, zog sich zurück. Schlimmer: seine Wiederkehr war fraglich, da seine Partei auseinanderbrach. Wenig half es, daß die Königin und Prinz Albert natürlich den »Peelisten« ihr Vertrauen schenkten und nicht dem rechten Flügel der Tories, der am liebsten den Freihandel abgeschafft, in Irland noch härter durchgegriffen und alle Flüchtlinge vom Kontinent auf die nächsten Paketboote nach Calais verbannt hätte. Diese Tories würden Peel nie wieder als Führer anerkennen, er aber konnte ohne sie keine »konservative« Regierung bilden. Über diesem Dilemma starb Peel; seine Karriere war ohnehin schon beendet.

Die »Peelisten« also waren zu schwach, die übrigen Tories zu borniert, und die Whigs mußten als unsicher gelten, weil nie feststand, wie weit sie in Einzelfragen den »Radikalen«, den irischen Abgeordneten oder beiden entgegenkamen. Lord John Russell, der stets erklärt hatte, für ihn sei die Wahlrechtsreform von 1832 ein Abschluß, kein Anfang, begann diese harte Linie nun aufzugeben. Da er keine Möglichkeit sah, ein neues Reformgesetz durch ein unverändert ablehnendes Oberhaus zu bringen, versuchte er zunächst die Einführung von Lord-Titeln auf Lebenszeit. Jener Dr. Lushington, der dabei zum Pionier werden sollte, wies die Ehre jedoch zurück. Vergeblich suchte Russell das Kabinett in den Jahren 1848/50 auf eine Erweiterung der Wählerschaft festzulegen. Die Revolution ebbte ab – wozu jetzt Konzessionen machen? Lord John, der letzte der großen »Gewissens-Whigs«, argumentierte umgekehrt: gerade vor dem nächsten Sturm müsse man sich gegen ihn wappnen. In dieser konservativen Formulierung waren Russells Pläne auch für Victoria annehmbar, wenngleich sie wenig Enthusiasmus zeigte. Es gab einen Unterschied der Interessen zwischen Königin und Premier. Die Grundbesitzerin von der Insel Wight spürte den atmosphärischen Druck der heraufziehenden Massendemokratie nicht so sehr wie Russell, zu dessen Familieneinkünften Mieten aus ganzen Straßenzügen im proletarischen Londoner Norden gehörten. Als Prinz Albert dort 1848 auf Einladung Lord Ashleys, des späteren (7.) Grafen Shaftesbury[374], die Armenquartiere besichtigen wollte, riet Ashleys Parteifreund Russell ab und schickte dem Prinzen ein antiroyalistisches Pamphlet, das soeben aus Chartistenkreisen erschienen war. Schlecht kannte er ihn. Das gerade, antwortete Albert, bewege ihn hinzugehen, damit die Leute sähen, daß die Monarchie nicht nur von ihnen lebe, sondern sich auch um sie kümmere.

Drei Jahre später versuchte Russell, ehe die Lebensdauer des Parlaments zu Ende ging, die Wahlrechtsreform als Parforce-Tour durchzuziehen. Anfang 1851 legte er erst einmal sich selbst und damit die Regierung öffentlich fest. Dann mußten Kabinettsausschüsse die Gesetzentwürfe für England/Wales, Schottland und Irland ausarbeiten. Im Dezember 1851 lag alles fertig vor. Da stürzte das Kabinett, äußerlich über eine Militärvorlage, in Wirklichkeit aber über eine »negative Koalition«, an deren Zustandekommen Russell niemals gedacht haben mag. Sie bestand aus drei Personen: der Königin, Prinz Albert und Außenminister Palmerston. Die beiden ersteren hatten von Russell die

Entlassung Palmerstons verlangt und nach langer Fehde erreicht. Dieser mag gespürt haben, daß er nur von außerhalb das schwache Kabinett so erschüttern könne, wie es zum Sturz Russells und zu seiner, Palmerstons, Berufung an die Spitze nötig wäre. So gesehen war es sein Ziel, das Verhältnis zum Hof wie zur Regierung derart unleidlich zu gestalten, daß Russell und seine Kollegen, die ohne Palmerston nur ein Rumpf waren, um die Entlassung nicht herumkamen. Durch »eine Serie von Unbotmäßigkeiten und Racheakten, die keiner von Lord Johns Kollegen billigte und die keiner bedauerte«[375] und die sich von 1848 bis 1851 hinzogen, schaffte Palmerston den Eklat. Am zweiten Weihnachtstag 1851 hieß der britische Außenminister plötzlich Granville, und die Schloßherren in Windsor hätten am liebsten Böller gezündet.

Denn an der Außenpolitik ihres Landes hatte der Königin seit fünf Jahren weder der Kurs noch das Benehmen des Steuermanns gefallen. Wie konnte eine britische Monarchin ungerührt zusehen, wenn der Mann an der Spitze des Foreign Office den Sturz ausländischer Kronen nicht nur nicht verhindern, sondern eher befördern half? War ein solcher Politiker »safe«? Mußte man nicht in der Verachtung, mit der er alle Wünsche des Hofes zu erfüllen versprach und dann sofort wieder ignorierte, ein schlimmes Vorzeichen für das Verhalten Palmerstons in jenen drohenden Tagen sehen, da auch in London ein Bastillensturm losbrechen würde? Auf Peel war Verlaß gewesen in diesem Punkt, und Wellington wäre vor der Garde gegen die Menge geritten. Das galt nicht für Russell und Palmerston, »die gräßlichen alten Kerle«, wie Victoria sie gern nannte. Die Jahrgänge spielten dabei keine Rolle, Peel war älter als Russell, Wellington älter als Palmerston. Aber die Whigs gehörten nun einmal in die zynisch-selbstsichere Adelswelt des 18. Jahrhunderts, Peel war ein Bürger des 19. Jahrhunderts, und Wellington paßte als Soldat überall gleich gut und gleich schlecht in die Politik.

Die Welt des Ancien Régime, die mit Melbourne versunken zu sein schien und nicht länger beklagt wurde, seit Albert und Peel gekommen waren, trat nun in Palmerston von neuem auf, und zwar in verschärften Konturen. War Lord M. im Alter weich geworden, so Palmerston hart. Jener handelte leichtfertig, dieser unbedenklich. Der eine wollte Amateur sein, der andere war ein professioneller Politiker. Beide waren vermögend, aber Melbourne konnte nicht wirtschaften, während Schwager Palmerstons Bücher stimmten. Beide waren Salonlöwen und Weiberhelden, aber der eine rannte früh in eine katastrophale Ehe, der andere überlegte sich die Heirat, bis er 55 war, und nahm dann eine jahrelange Geliebte, in der er sich nicht irren konnte. Beide Männer wurden nicht zuletzt auch deshalb Premierminister, weil sie zwischen Whigs und Tories schillerten, also tragbar blieben auch für Teile der gegnerischen Fraktion. Aber Melbourne kam an die Spitze, weil kein anderer da war, Palmerston, weil er alle überragte. Die Liegenschaften der Familie Temple, aus der Palmerston stammte, befanden sich größtenteils in der Nähe von Sligo in Westirland sowie in Nordengland. Mit 18 erbte Henry[376] den Viscount-Titel und Jahreseinkünfte, die ihn zeitlebens unabhängig machten. Auf dem sozialrevolutionären Flügel der Whig-Partei konnte man ihn also nicht erwarten. Außerdem war sein Vormund Lord Malmesbury einer der großen Diplomaten seiner Zeit. Von den drei Jahren der Aberdeen-Koalition abgesehen, in denen Palmerston Innenminister war, verbrachte er seine gesamte übrige Ministerkarriere im Außenamt, wozu Anfänge in der Admiralität und im Kriegsministerium paßten. Bei seiner Demission 1851 war die britische Außenpolitik in 16 der letzten 21 Jahre von ihm bestimmt worden. Die Berufung des Königs der Belgier war ebenso sein Werk wie die Vermittlung in zahlreichen Krisen, von Griechenland bis Portugal, Schleswig-Holstein bis Italien.

Palmerston hatte nur zwei Prinzipien und nur zwei Vorzüge. Die beste Mitte zwischen absolutistischer Willkür und radikalem Umsturz war für ihn ein Verfassungsstaat – mit Monarchie, wenn möglich. Die sicherste Garantie des einzelnen gegen die beiden genannten Übel war das Eigentum. In diesem Weltbild gab es keinen Riß zwischen öffentlicher und privater Rechtsvorstellung, Außen- und Innenpolitik. Palmerston verabscheute den Metternich-Staat, stimmte aber im Unterhaus für die sechs Unterdrückungsgesetze von 1819, die als britische Variante der Karlsbader Beschlüsse galten. Den Sklavenhandel in Übersee bekämpfte er scharf, das Sklavenhalten dagegen sah er verständnisvoller. Daß der Stärkere mehr Macht hat als der Schwächere, brauchte er nicht zum Prinzip zu erheben, das verstand sich von selbst, zählte zu den Naturgesetzen und fand natürlich Anwendung auch auf die Völker. Palmerston sah es nicht als unerlaubt an, Englands Trümpfe voll auszuspielen. Chauvinismus galt ihm als Vorwurf derjenigen, die ihn sich nicht leisten konnten. Dabei war sein Horizont eigentlich klassisch-europäisch (und damit dem 18. Jahrhundert zugehörend) und endete auf der Krim. Bis Kabul und Kalkutta reichte

zwar die Pflicht, aber nicht das Interesse. Im übrigen war das Kolonial- und nicht Außenpolitik. Daß zum Beispiel Amerika zu letzterem statt zum ersteren gehörte, daran mußte sich Palmerstons Generation erst mühsam gewöhnen.
Palmerstons Vorzüge waren, daß er hart arbeiten und lange warten konnte. Mit 25 Jahren bot man ihm den Posten des Finanzministers an, er lehnte ab. Zweimal trat er als Minister zurück, zweimal wurde er entlassen. Fünf Niederlagen in Wahlen mußte er einstecken. Die Churchill-Parallele ist nicht zu übersehen: beide wechselten zweimal die Partei. Das empfiehlt offenbar in den Augen eines pragmatischen Volkes, während es anderswo diskreditieren würde. Arbeiten und Abwarten zählten nicht zu den Normaltugenden der Politiker jener Zeit; der Gentleman, der sich abmühte und dann nicht einmal die Früchte pflückte, die sich einstellten, stieß auf Unverständnis. Palmerston hätte schon 1846 versuchen können, Premierminister zu werden; da war er 62 und von der Gicht geplagt, und es schien höchste Zeit zu sein. Aber noch war Russell unerprobt, und die politischen Probleme jener Jahre lagen außerhalb von Palmerstons Expertise. Irischer Aufruhr zum Beispiel war ein Terrain, das voller Fallen sein mußte für einen Großgrundbesitzer der Grafschaft Sligo. Wozu den Londoner Mob niedermachen lassen, der doch die John-Bull-Attitüde der Palmerstonschen Außenpolitik so sehr bejubelte. Also wartete er, nicht ohne die Nation periodisch daran zu erinnern, daß es ihn noch gab.
Sein Arbeitspensum war um so eindrucksvoller, als er ja ein ausgedehntes gesellschaftliches Leben führte. Dies war es, was ihn zuerst mit Victoria zusammengebracht hatte, Victoria der Prinzessin. Im März 1837 schrieb sie an König Leopold, wer alles auf einem Dinner in Kensington Palace gewesen sei, auch
»Lord Palmerston, mit dem ich eine sehr nette und vergnügte Unterhaltung hatte; Du weißt ja, wie angenehm er ist[377].«
Der so Gelobte war jedoch von der Aussicht, seine Gesprächspartnerin schon bald als Monarchin zu sehen, keineswegs entzückt; er hoffte, William IV. möge seine Krankheit überstehen, denn
»was hätten wir davon, wenn ein völlig unerfahrenes Mädchen von 18, das gerade aus strengster Zucht kommt, ein Empire beherrscht. Für sie und für uns wäre es gut, wenn ihrer Thronbesteigung erst noch ein wenig Umschau in der Welt vorausginge.«
Palmerston hat sich dann an der Ausbildung der jungen Königin betei-

ligt, so gut er konnte. Das beschränkte sich nicht auf die Ratschläge, die er ihr gab, wenn sie gegen ihre Brüsseler Tante Schach spielte und verlor. Drei Tage nach dem Antritt ihres Amtes schickte der Außenminister die erste in einer langen Reihe von Instruktionen über die Behandlung fremder Würdenträger, das Unterzeichnen wichtiger Dokumente oder das Annehmen oder Ablehnen von Orden und Ehrungen auswärtiger Staaten und so fort, wichtige Details, was den Alltag der Königin anging, und solche, die im Pensum des Premierministers und seiner gelehrigen Schülerin nicht enthalten waren. Victoria erfuhr, welche Post in welchen Ländern abgefangen und gelesen wurde, und der Außenminister versorgte sie mit Karten, Atlanten und einem Exemplar des Gotha-Almanachs, in dem sie die Verwandtschaftsverhältnisse der Fürstenhäuser studieren konnte. Sie ließ sich auch gern mündliche Erläuterungen geben; dies waren ja ihre Jahre des Flirtens, und Palmerstons Liebenswürdigkeit wirkte um so aufregender, als man wußte, wie weit er sie treiben konnte.

»Wenn Lord Palmerston sich heute abend für kurze Zeit zwischen neun und zehn, ohne daß es Umstände bereitet, vom Unterhaus freimachen und hierher kommen könnte, wäre die Königin sehr glücklich, denn sie möchte ihn gern wegen einiger Dinge befragen, die sich leichter im Gespräch als schriftlich klären lassen... Lord Palmerston sollte, wenn er es einrichten kann, kommen, wie er ist, ohne die Mühe, sich umzuziehen[379].«

Der Briefwechsel der Königin mit Palmerston umfaßt etwa 5700 Schreiben und ist nie vollständig veröffentlicht worden[380]. Er enthält, anfangs in leicht faßlicher Form, später im Stil der Auseinandersetzung, die Grundzüge der britischen Außenpolitik jener Jahre: Warum Persien eine Pufferzone gegen den Süddrang der Russen sein müsse, welches Interesse London am Verhältnis Belgien-Holland habe oder welche Kräfte im Frankreich Louis Philippes wirkten, die es zu begünstigen oder zu entmutigen gelte. Das Verhältnis der Königin zu Palmerston ist viel zu einseitig an den heftigen Streitigkeiten gemessen worden, die sich in den Jahren von 1846 bis 1851 abspielten – also in der zweiten Periode seiner Tätigkeit im Auswärtigen Amt. Aber erstens ging es dabei mehr um die Form; der Palast sah sich von bevorstehenden außenpolitischen Schritten nicht unterrichtet, eine Behandlung, die die Königin oft genug mit Palmerstons Kollegen im Kabinett zu teilen hatte. Zweitens fällt auf, daß dies die Jahre des zunehmenden Einflusses von Prinz Albert waren. Seine Ideen von europäischer Politik kollidierten viel schärfer mit denen Palmerstons als die Victorias. Für sie trug alles, was der Minister tat, wenigstens einen ungeniert probritischen Anstrich, was sie nach Alberts Tod wieder mehr zu schätzen wußte als vorher. Drittens bleibt die Frage, ob es nicht Palmerstons angebliche Unmoral mehr als seine Politik war, die bei dem Paar Anstoß erregte.

Damit ist nicht allein jener Vorfall auf Schloß Windsor gemeint, der sich 1839 abspielte – aber er doch auch und sehr nachhaltig. Was genau vor sich ging, weiß natürlich niemand, weil nur zwei Personen beteiligt waren, und keine von beiden hat es schriftlich dargestellt. Was hülfe auch jeder Bericht, wenn es wirklich um einen Versuch der Vergewaltigung ging, bei welcher Gelegenheit die Wahrheit bekanntlich schwer zu ermitteln ist, zumal es beim Versuch blieb. Die Hauptversion lautet, Palmerston habe sich, als Gast auf dem Schloß übernachtend, im Zimmer geirrt und eine Frau vorgefunden, Mrs. Brand, eine Hofdame der Königin. Erste Nebenversion: Es war insofern kein Irrtum, als in diesem Zimmer sonst eine Hofdame nächtigte, die den Lord nicht abzuweisen pflegte. Zweite Nebenversion: Alles war ein echter Irrtum, denn unlängst waren wieder einmal alle Gästezimmer geändert worden; von einer stetigen Liebschaft des Ministers sei keine Rede gewesen.

Was nun geschah, faßte Grevilles Tagebuch lakonisch zusammen: »Seine zärtliche Zudringlichkeit traf auf unbeugsamen Widerstand[381].«

Als jedoch elf Jahre später Prinz Albert die Begebenheit gegen Palmerston auszuspielen suchte, las sie sich in einem Brief an Premierminister Russell bereits so:

»Während er Gast der Königin unter dem Dach von Windsor Castle war, verübte er einen brutalen Überfall auf eine ihrer Hofdamen, schlich sich bei Nacht heimlich in ihr Zimmer, verriegelte hinter sich die Tür und hätte seinen teuflischen Plan mit Gewalt vollzogen, wäre das Opfer nicht durch übermenschliche Kräfte und durch die Hilfe, die es durch Schreie herbeirief, gerettet worden[382].«

Man sieht den Unterschied der Darstellungen: Im ersten Fall der Weltmann, der ein mißlungenes galantes Abenteuer knapp berichtet, im zweiten der prüde »Viktorianer«, der sich in der genüßlichen Wahl der ausschmückenden Adjektive entlarvt. Dort eine Stelle wie aus Wielands Novellen, hier die belehrende Abschreckung der »Gartenlaube«. Doch tut man Albert unrecht, wenn man in diesen Formulie-

rungen nichts als verdrängte Sexualität erblickt. Was er in diesem Brief an Russell trieb, war Politik und nicht Moral. Er wußte, daß die Publizierung des Vorfalls dem verhaßten Außenminister in jeder Hinsicht schaden mußte, denn Gegenwehr und Dementis waren nicht möglich. 1839, das war das Jahr gewesen, in dem Palmerston geheiratet hatte. Ob er Mrs. Brands Tugend vor oder nach der Hochzeit mit Melbournes Schwester berannte, ist nicht zu ermitteln. Aber Alberts (und Victorias) Argument, ein solcher Mann dürfe nicht der Erste Minister der Königin werden – die ja schließlich aufs christliche Dasein, auf Ehe, und Kirche und Moralschutz ihren Eid abgelegt hatte –, dies konnte seine Wirkung, so glaubten die beiden, bei Politikern und beim Klerus nicht verfehlen.
Der vermeintlich tödliche Hieb gegen Palmerston war von Albert sorgsam vorbereitet worden. Wann die Königin von den Nachtwandeleien des Außenministers erfuhr, ist umstritten. Aber schon 1841 legte George Anson, Alberts Privatsekretär, den Vorfall in einem Memorandum nieder; man darf daraus schließen, daß er es war, der dem Prinzen die Geschichte erzählte oder der sie ihm nach einem Hinweis von anderer Seite bestätigte. Anson war zuvor Melbournes Sekretär gewesen, und diesem blieben Begebenheiten, und gar pikante, aus dem Leben der feinen Klasse, seiner Klasse, nie verborgen. Russell nun, zu Alberts großer Genugtuung, wirkte gehörig schokkiert. Die Enthüllung über den Konkurrenten kam ihm nicht ungelegen, und das wußten Albert und Victoria:
»Lord John sagte, das sei sehr schlimm und mache es absolut erforderlich, dafür zu sorgen, daß die Königin davor geschützt werde, jemals Lord P. als Premierminister aufgedrängt zu bekommen. Er werde das Geheimnis, dessen volle Tragweite er fühle, für sich behalten; unglückseligerweise kenne er eine andere Dame der Gesellschaft, mit der er – Palmerston – das gleiche versucht habe[383]!«
In allen Schilderungen des Vorfalls fällt auf, daß Prinz Albert nicht nur den Namen der Dame vorsorglich verschwieg, sondern auch offenließ, wie lange jene Nacht in Windsor zurücklag. Interessanterweise machte er auch nicht den Versuch zu behaupten, sie habe nach Palmerstons Heirat gelegen. Nur hinter der vorgehaltenen Hand des »Geheimnisses« also ließ sich die »Unmoral« des Ministers gegen ihn benutzen. Victoria und Albert intrigierten gegen den ersten Staatsmann ihrer Tage mit den letzten Mitteln, deren sie sich hätten bedienen dürfen. Es war die Flora-Hastings-Kampagne in Neuauflage. Doch der

Gegner war diesmal kein abhängiges Hoffräulein, der Verdacht lag nicht auf einem kleinen irischen Intriganten wie Conroy. Allerdings hatte Palmerston in den unmittelbar voraufgegangenen Jahren eine Außenpolitik getrieben, die nicht nur Victoria und Albert irritieren mußte. Als der Prinz gegen den Viscount zum Schlage ausholte, umfaßte dessen Sündenkonto auch nach Meinung seiner politischen Freunde einiges, das nicht vergessen und vergeben werden durfte.
Griechenland, Italien, Ungarn und Frankreich waren – bis auf das letztgenannte Land – eigentlich nicht die Territorien, über deren Behandlung ein britischer Außenminister stürzen konnte. Es waren allerdings Emotionen im Spiel. In Griechenland hatte Byron, das Dichteridol einer ganzen Generation, sein Leben gelassen, damit dort nicht, ebenso wie in Italien, ein Land der klassischen Tradition Europas unter die Fuchtel der Diktatur geriet. Das bedeutete den Whigs mehr als den Tories. Auch der ungarische Freiheitskampf warf für London Probleme auf. Wog die Ordnungskoalition mit der Donaumonarchie schwerer als die Sympathie mit einem Volk, das in Budapest und nicht in Wien regiert werden wollte? Der Sturz Louis Philippes gar lag vor der Tür; konnte, durfte man einem Mann wie Louis Napoleon trauen? Vier Krisen und vier Etappen im Kampf Victorias und Alberts gegen den irritierenden Außenminister.
In allen vier Fällen wurde der Konflikt, wie man es in England liebt, personifiziert. Aber jedesmal war Macht auf eine Weise im Spiel, die das britische Publikum faszinierte, während der idealistisch gesonnene Prinz und die ihm darin naiv folgende Königin sich schaudernd abwandten. Es begann mit der simplen Frage, was ein britischer Staatsbürger zu tun habe, der sich in einem anderen Lande ungerecht behandelt glaubte. David Pacifico war in Gibraltar als Sohn eines Spaniers geboren, dann in Portugal naturalisiert worden und nun Lissabonner Konsul in Athen. Das schien ihn nicht besonders geeignet zu machen für eine Demonstration Palmerstonschen Schutzes britischer Untertanen. Aber das Territorialrecht, das bei Victorias Geburt dem Herzog von Kent so wichtig gewesen war, galt auch für den kleinen David, der etwa sechs Jahre alt sein mußte, als Victorias Vater sein Offizierskommando auf dem Felsen von Gibraltar aufnahm. Die Londoner Vertretung in Athen hatte Pacifico einen britischen Paß ausgestellt, und er hatte 1847 einen Anspruch gegen die griechische Regierung anzumelden – Schadenersatz wegen antijüdischer Ausschreitungen gegen sein Haus. Man verbrannte damals in Athen zu Ostern all-

jährlich Judaspuppen, ein Ritual, das in jenem Jahr wegen der Anwesenheit des Kreditgebers der Regierung, Rothschild, unterbleiben mußte, weshalb der christliche Mob sich zu einem Ersatzakt entschloß, eben dieser Brandstiftung, an der sich zu allem Überfluß der Sohn des griechischen Kriegsministers beteiligte. 5000 Pfund verlangte Don Pacifico. Er machte die Griechen aber auch dafür verantwortlich, daß ihm nun Unterlagen verbrannt waren, aus denen Ansprüche gegen Portugal in Höhe von 27000 Pfund hervorgingen – ein kleiner Verfolgter, der an diesem Unrecht den großen Schnitt machen wollte.
Zum Kopfschütteln Europas erhob Palmerston ausgerechnet dies zum Beispielfall des Schutzes britischer Bürger. Eine Flotte erschien vor Athen. Trotz russischer und französischer Proteste begann eine Blokkade. Am Ende erhielt Pacifico 6400 Pfund von Griechenland und bare 150 aus Lissabon. Das Parlamentsnachspiel in London jedoch verwandelte der Außenminister in einen seiner rhetorischen Triumphe. Am 25. Juni 1850 sprach er von 21.45 bis 2.20 Uhr, von der Abend- bis zur Morgendämmerung, wie die Legende es rasch nannte. »Civis Romanus sum« habe der Römer gesagt, und das sei sein Schutz in aller Welt gewesen. Den habe die britische Regierung auch ihren Bürgern zu gewähren. Ein bisheriger und zwei künftige Premierminister redeten dagegen, Peel, Disraeli, Gladstone. Doch selbst Radikale und Chartisten hielten zu Palmerston; die Mehrheit betrug 46 Stimmen.
Klarer lag die Sache mit dem Ungarn Kossuth. Der war ein Revolutionär, und als er England besuchte, führte die Frage, ob Palmerston ihn empfangen solle, zum nächsten Streitfall zwischen dem Minister, dem Hof und Teilen des Kabinetts. Die Abreise Kossuths aus der Türkei, wo er Zuflucht gefunden hatte, war ein Politikum ersten Ranges. Der britische Außenminister drängte Istanbul, die ungarischen und polnischen Flüchtlinge der Revolutionsjahre ziehen zu lassen, Russen und Österreicher suchten es zu verhindern. Die Vereinigten Staaten boten an, ihre Marine zu schicken, um den Freiheitskämpfern die Ausreise nach Nordamerika zu ermöglichen. Dieser frühe Vorreiter späterer Eingriffe der überseeischen Macht in Europa wurde damals weitgehend ignoriert. Kossuth wollte Palmerston danken – unter diesem Vorwand sollte die Begegnung stattfinden. Sie stieß in Wien auf schärfste Proteste und löste natürlich auch das Mißtrauen der Königin aus.

Victoria war zwar gerade zu dieser Zeit von der politischen Weisheit der kontinentalen Regierungen nicht überzeugt. In einem Brief an König Leopold fand sie, es möchte den Fürsten dieser Tage wohl besser ergehen, wenn sie sich nicht so sehr – das galt Wien, Petersburg und Berlin – der Reaktion in die Arme würfen, Unterdrückung übten und Bücher verböten »wie in den Tagen von Metternich«[384]. Aber Kossuth war ein Umstürzler. Russell, des Kämpfens müde, empfahl der Monarchin, sie selbst solle doch Palmerston verbieten, den Freiheitshelden zu empfangen, er sehe sich dazu nicht in der Lage. Voraufgegangen war ein hitziger Briefwechsel. Der Minister erklärte: »Alles hat seine Grenzen. Ich lege keinen Wert darauf, mir vorschreiben zu lassen, wen ich in meinem Hause empfange... Ich handele nach meinem Gutdünken... Sie werden selbstverständlich nach dem Ihren handeln, was die Zusammensetzung Ihres Kabinetts angeht[385].«
Der Außenminister wußte, wie das Volk über die Wiener Politik dachte. Was die Presse schrieb, hatte er in kluger Einschätzung ihres wachsenden Einflusses ihr nie völlig überlassen. Zwei Tageszeitungen (»Morning Chronicle« und »Courier«), das Abendblatt »Globe« und die Wochenzeitung »Observer« waren lange Zeit seine Parteigänger, wofür sie sowohl Regierungsgelder wie auch Informationen bekamen. Doch auch mit der Tory-Presse pflegte Palmerston Kontakte; der Chefredakteur der »Morning Post« war sein Freund und unterstützte ihn in der Kossuth-Affäre. Hatte Palmerston in der Sache Pacifico einen Halbsieg errungen und sein Prestige verbessert, so mußte er sich diesmal einem Kabinettsbeschluß beugen und lud Kossuth nicht in sein Haus. Victoria und Albert jubelten, aber zu früh. Zwei Tage später empfing der Minister eine Delegation von »Radicals«, die ihm zu seiner Polen- und Ungarnpolitik gratulierten. Palmerston dankte ihnen, auch wenn er, wie er hinzufügte, ihre Sprache gegenüber dem Zaren von Rußland und dem Kaiser von Österreich nicht billigen könne. Beide Seiten verstanden sich und schieden befriedigt. Hof und Kabinett waren empört.
Als der österreichische General Haynau, für blindes Wüten in Italien bekannt, England besuchte und angepöbelt wurde, erklärte Palmerston die Visite für unklug, statt sein Land beim Gast zu entschuldigen. Doch nicht bei diesem dritten, erst beim vierten Gang zum Brunnen brach dann der Krug, und nicht zufällig ging es dabei um kein ost- oder südeuropäisches Land, sondern um den Nachbarn Frankreich.

Der Staatsstreich Louis Napoleons am Jahrestag der Krönung seines Onkels und der Schlacht von Austerlitz – 2. Dezember – kam für den bestens informierten britischen Außenminister nicht völlig unerwartet. Schon am nächsten Tage unterhielt er sich mit dem französischen Botschafter in London, dem Grafen Walewski, der passenderweise noch näher mit dem Korsen verwandt war: Er entstammte dessen Verbindung mit Maria Walewska. Palmerston ließ wissen, er gratuliere Louis Napoleon zum Staatsstreich. Dem britischen Botschafter in Paris gegenüber äußerte er sich abfällig über die nun preisgegebene französische Verfassung. Das Kabinett bestand jedoch auf Neutralität, und Botschafter Normanby wurde entsprechend angewiesen. Doch vernahm dieser bald die andere Version, die Walewski nach Paris berichtete, und er beschwerte sich bei Palmerston. Lady Normanby unterrichtete derweil ihren Schwager, einen Beamten in Alberts Hofstaat, über das Doppelspiel des Außenministers. Wieder war eine Note nach Paris abgegangen, ehe die Königin Kenntnis davon erhalten hatte. Nun endlich, und in einem günstigen Augenblick, fand Russell den Mut, Palmerston zu entlassen. Dieser hatte die englische Furcht vor einem Wiederaufleben der französischen Gefahr falsch eingeschätzt, und auch die »Radicals«, sonst seine unentwegten Parteigänger, sahen in Louis Napoleon einen neuen Tyrannen.

Die Königin mußte für Palmerstons Sturz einen Preis zahlen. Russell trug im Unterhaus zur Begründung vor, der Außenminister habe wiederholt die berechtigten Wünsche des Hofes mißachtet. Er zitierte ein Memorandum vom Vorjahr, in dem die Beschwerden Victorias gegen Palmerston aufgeführt waren. Palmerston erkannte darin Alberts Hand und soll für einen Augenblick erwogen haben, mit Hilfe von lancierten Presseberichten dem Prinzen die Schuld an seiner, des Ministers, Entlassung zuzuschreiben. Die »Times«, seit fast zwanzig Jahren zu den Kritikern seiner Politik gehörend, setzte sich in den Besitz eines Pamphlets, das bereits in Palmerstons Auftrag gegen Albert verfaßt, aber auf Anraten von Freunden zurückgezogen worden war. Nichts davon erschien jedoch in der Öffentlichkeit. Nach einem letzten Affront, bei dem Victoria anderthalb Stunden warten mußte, bis der Minister zur Schlußaudienz erschien – später entschuldigte er sich –, glaubten Königin und Prinz, am 26. Dezember 1851, das Ende ihres Ärgers mit Lord »Pilgerstein« sei gekommen. Doch der Kreuzweg hatte noch viele Stationen, in Jahren gemessen deren 14; die letzten davon mußte die Königin allein abschreiten.

Man muß die vier genannten Streitpunkte näher ins Auge fassen, um das Mißverständnis zu sehen, das zwischen Victoria und Palmerston vorherrschte. Louis Napoleon wurde binnen weniger Jahre der von ihr und Albert angeschwärmte Weltmann, der sie den Bürgerkönig Louis Philippe völlig vergessen ließ, auch wenn sich später, als der neue Franzosenkaiser auf Beifall von außen weniger angewiesen schien, wieder etwas Ernüchterung einstellte. Der Krimkrieg besiegelte Victorias Mißtrauen gegen Rußland, die deutsch-dänischen Kämpfe bestärkten ihre Frontstellung gegen Österreich. Selbst Palmerstons Kühle gegenüber Preußen, das einst so liberale, dann immer mehr der Reaktion verschriebene »Führungsland« auf dem Weg zur deutschen Einheit, lernte Victoria später teilen. Die unbewiesene Affäre in Schloß Windsor und eine übertriebene Penibilität in Formfragen des diplomatischen Verkehrs waren also die Gründe, warum die Königin und ihr mächtigster Minister lange Zeit Energien unnütz gegeneinander verschwendeten. Zeitweise kam Alberts eifersüchtiges Überschätzen der Rolle des Königshauses in der Außenpolitik hinzu. Victoria war großgeworden mit dem außenpolitischen Konzept, das sich durch Castlereagh und Canning verfestigt hatte: Großbritanniens Vorherrschaft zur See, nach 1815 vom Ausland unwidersprochen akzeptiert, sollte mit einer Balance der Kräfte auf dem europäischen Kontinent einhergehen. Dies waren zwei ungleiche Faktoren. Seeherrschaft ließ sich beweisen, notfalls durch Messen der Kräfte. Was aber war »Balance«? Wer bestimmte (und wie), wann sie von wem gestört wurde? Konnte und durfte man einem Störenfried, wenn man ihn zu erkennen glaubte, präventiv begegnen? Darauf gaben die britischen Außenminister im Laufe der Zeit verschiedene Antworten. Dem Charakter der Heiligen Allianz aus souveränen Häuptern entsprechend, hielt Castlereagh viel von persönlichen Konferenzen, auf denen alle Streitfragen behoben werden konnten. Aber kein Londoner Monarch hatte sich dieser Allianz angeschlossen. Die britische Sonderrolle, formal mit der Position des Prinzregenten erklärt, der, da er kein König war, nicht teilnehmen konnte, schien also schon durch die ersten Nachkriegsbündnisse durch[386].

Inwieweit aus dem Bewahren des kontinentalen Gleichgewichts nun ein Einmischungsrecht hervorging oder nicht, darüber hat man in Großbritannien während des ganzen folgenden Jahrhunderts gestritten. Sehr bald wurde offenkundig, daß es ohne eine solche Einmischung wichtige Veränderungen in Europa geben mußte, an denen

London nicht teilhatte. Von drei der vier wichtigsten Entwicklungen auf dem Kontinent blieb England ausgeschlossen. Das Herausdrängen Österreichs aus Deutschland, der Aufstieg Preußens zur Vormacht der deutschen Einheit und das Ausschalten des wieder erstarkten Frankreich im Kriege von 1870/71 kamen zustande, ohne daß von einem britischen Einfluß viel zu spüren war[387]. Lediglich am Warnkrieg gegen Rußlands Vorrücken in Europa beteiligte sich die Armee Ihrer Majestät.

Zwischen einer strikten Gleichbehandlung aller Nationen und einem Gefühl britischer Überlegenheit hat die Königin anfangs stark geschwankt. Ihr ausgeprägter Sinn für Fairneß ließ eigentlich keinen Raum für Auserwähltheitsideen. Später, als das Empire wuchs, senkte sich die Waage mehr auf die andere Seite, und sie teilte die Weltherrschaftsvorstellungen ihres Volkes. Im Revolutionsjahr von 1848, als selbst England nicht frei von Unruhen war, ließ sich Victoria auch durch die Furcht vor einem Ende aller Monarchien nicht in der Überzeugung erschüttern, daß zweierlei Maß nicht rechtens sei:

»Es ist wirklich unmoralisch von uns, die Österreicher zwingen zu wollen, ihre vertraglichen Besitzungen aufzugeben, während sich Irland in unserem Griff windet und jeden Augenblick bereit ist, die Bindungen abzuschütteln. Was sollen wir sagen, wenn Kanada, Malta und andere von uns loswollen? Das schmerzt mich schrecklich. In allen Handlungen, privaten wie öffentlichen, sollte *dies* das Prinzip sein: ›Was du nicht willst, daß dir geschieht, das tu auch einem andern nicht!‹[388]«

Es war die Gerechtigkeit der Geschäftsfrau, die den Laden nebenan nicht demoliert sehen will (obwohl das Konkurrenzvorteil bedeuten könnte), weil sie ihren eigenen nicht in Flammen aufgehen sehen möchte. Nicht um Ungarn ging es, sondern um Irland. Gerade deshalb hat sie wohl Palmerston für unbegreiflich zynisch gehalten: wenn er Freiheitsbewegungen auf dem Kontinent unterstützte, spielte er nicht mit dem Feuer auf der Nachbarinsel, woher sein eigener Wohlstand kam? Die unerschütterliche Selbstsicherheit dieses Mannes aus alter Besitzfamilie war der neu zu Eigentum und Unabhängigkeit gelangten Frau vollkommen rätselhaft. War er vielleicht im Grunde eine Spielernatur, wenn er, obwohl ringsum alles loderte, noch Öl in den Brand goß?

Gegen das Unberechenbare der Palmerstonschen Außenpolitik versuchten deshalb der Prinz und die Königin ein klares Konzept zu set-

zen, kaum daß der Minister entlassen war. Zwei Tage nach Weihnachten ging ein langes Schreiben an den Premier Lord John Russell, das einen Neuanfang forderte:
»Da sich die Zeiten geändert haben, sieht die Königin keinen Grund, warum wir uns länger darauf beschränken sollten, abstrakte Grundsätze zu vertreten wie ›Nichteinmischung in die inneren Angelegenheiten anderer Länder‹, ›moralische Unterstützung liberaler Verfassungen‹, ›Schutz britischer Untertanen‹ usw. usw. Die bewegenden Kräfte, die durch die Französische Revolution von 1848 in Gang gesetzt wurden, und die daraus resultierenden Ereignisse sind nicht länger verborgen. Sie haben klare und faßliche Formen in nahezu allen betroffenen Ländern angenommen (in Frankreich, in Italien, in Deutschland usw.), und auf der Grundlage der bestehenden Zustände und der gewonnenen Erfahrungen möchte die Königin hoffen, daß unsere Außenpolitik nun genauer definiert und daß erwogen werde, wie die allgemeinen Grundsätze auf unsere besonderen Beziehungen mit jedem kontinentalen Staat praktisch angewandt sein sollen. Die Königin wünscht deshalb, daß ein regelrechtes Programm, das diese verschiedenen Beziehungen einschließt, ihr vorgelegt werde...[389]«
Lord John winkte ab. Britischer Pragmatismus hatte kein Verständnis für eine Katalogisierung der Außenbeziehungen, wie sie Albert, der nach Logik dürstende Landsmann Hegels, seiner königlichen Frau einredete. Längst waren die Kabinettsmitglieder darauf eingespielt, schon nach wenigen Sätzen eines Schreibens aus dem Palast zu erkennen, ob Victoria oder Albert der Verfasser war. Es sei sehr schwer, antwortete Russell, Vorsätze zu fassen, von denen man häufig abweichen müsse:
»Die goldene Regel, man solle einem andern nur tun, was man auch selbst von ihm erwarte, ist hier angebrachter als jedes System politischer Wissenschaft. Englands Ehre besteht nicht darin, jeden englischen Offizier oder englischen Staatsbürger in Schutz zu nehmen, ob er recht hat oder nicht, sondern darin, achtzugeben, daß England nicht die Regeln der Gerechtigkeit verletzt und daß sie nicht ihm gegenüber verletzt werden[390].«
Damit distanzierte sich Russell sowohl von Palmerstons Kanonenbooten wie von Alberts Schemata.
Man kann darüber rätseln, wie in einem System definierter Beziehungen zu den europäischen Staaten der Passus ausgesehen hätte, der sich mit Rußland befaßte. Victorias Ansicht über dieses Land war immer

eindeutig negativ: ein mächtiger, aber despotischer Staat, der die Leibeigenschaft duldete und die Polen unterdrückte. Über solche allgemeinen Vorstellungen konnten auch direkte Kontakte nicht hinausführen. Nach dem Besuch, den Großfürst Alexander der Prinzessin Victoria abgestattet hatte, war 1844 Zar Nikolaus in London gewesen, »herzlich empfangen, aber nicht von Herzen«, wie sie an König Leopold schrieb. Dem Gast fiel es jedoch nicht schwer, die Königin glauben zu machen, von all den Willkürakten, über die man rede, wisse er nichts.

»Er wird in völliger Unkenntnis gehalten... Vieles erreicht gar nicht sein Ohr, und, wie Du richtig sagst, wie sollte es auch[391].«

Dem Adressaten des Briefes riet sie jedoch immerhin an, wenn er die in Belgien lebenden polnischen Flüchtlinge abschiebe, könne sich eine Beziehung zwischen Petersburg und Brüssel anbahnen; der Onkel hatte die Nichte offenbar um Vermittlung gebeten. Wenn es darum ging, sich mächtige Freunde zu verschaffen, waren alle Willkürakte vergessen; schließlich handelte es sich beim Zaren um

»den größten aller irdischen Potentaten«[392].

Es überraschte Victoria nicht, daß der erste ernsthafte Krieg ihrer Herrschaftszeit (der dann in Europa der einzige blieb, an dem sich ihr Land beteiligte) gegen Rußland geführt wurde. Nur daß es nicht Palmerston war, der ihn erklärte, hätte sie nie vorauszusagen gewagt. Lange hatte sie gefürchtet, sein Kollisionskurs müsse einen blutigen Zusammenstoß bringen; nun kam er zur Regierungszeit von Männern, die ihr immer als unkämpferisch erschienen waren. Bulwer hatte von Palmerston gesagt:

»Im allgemeinen redet er, wenn er über Diplomatie spricht, auch von Kriegsschiffen[393]«

und nach Stockmars Ansicht war er überhaupt »seit einiger Zeit verrückt[394]«. Königin und Prinz glaubten, sie würden ihn nie wiedersehen.

»Seine Zeit im Foreign Office ist für immer vorüber, und der ›Veteran unter den Staatsmännern‹, wie ihn die Zeitungen zu unserer großen Belustigung und sicher zu seinem unendlichen Ärger nennen, muß auf seinen Lorbeeren ruhen[395].«

Auch als er Ende 1852 als Innenminister ins Kabinett Aberdeen eintrat, nachdem er seine Macht beim Sturz Russells unzweideutig demonstriert hatte, dachte das Paar nichts Böses, denn bei der Vereidigung des neuen Staatsrats erschien er gealtert und gichtgeplagt an zwei

Stöcken. Die Tage schienen vorüber, da er auf einer Rückfahrt von Schloß Osborne das Ruder des Bootes, das im Seegang schlingerte, selbst ergriffen hatte, damit der Steuermann sich mit in die Riemen legen konnte; der preußische Gesandte von Bunsen, der ihn begleitete, war der Bewunderung voll gewesen[396].

Als Innenminister war Palmerston, wie die Königin es zu nennen pflegte, »safe«. Einer Ausdehnung des Wahlrechts, wie sie Lord Russell nun auch in der Aberdeen-Koalition weiterverfolgte, setzte er sich energisch entgegen und drohte im Herbst 1853 mit seinem Ausscheiden. Persönliche Ranküne gegen Russell war immer noch im Spiel; hauptsächlich aber ging es um die Verteidigung des Bestehenden: »Durch eine solche Maßnahme würden wir die Zahl der bestechlichen Wähler vermehren sowie Intelligenz und Eigentum durch Unkenntnis und Armut verdrängen[397].«

Der Brief enthält auch einen Hinweis darauf, wie unentbehrlich Palmerston seine Mitwirkung im Kabinett aus Gründen der außenpolitischen Balance erachtete; es gebe in der Koalition einige, die »die Interessen und die Ehre« des Landes nicht so hochhielten wie er. Ohne Zweifel betrachtete er seine Zeit im Innenamt als Übergangsperiode. Den Krieg an Rußland[398] aber erklärte der Außenminister Clarendon, eher unwillig, was auch für Premierminister Aberdeen galt. Sogar die »Kriegspartei«, darunter Lord Palmerston, hatte es nicht leicht, zwingende Gründe für die Beteiligung des Landes zu finden, weshalb zu Emotionen reichlich Zuflucht genommen wurde. Der Krimkrieg war ein Vielzweckunternehmen, bei dem sich mehrere Regierungen Vorteile zu verschaffen suchten, offenbar in der Annahme, das lasse sich ohne Blutvergießen größeren Stiles erreichen. An ein militärisches Eingreifen Englands und Frankreichs »fern hinten in der Türkei« hatte Zar Nikolaus nicht geglaubt. Die Westmächte hielten die Drohung gemeinsamen Auftretens für hinreichend, um Rußland einzudämmen. Die Türken waren nicht sicher, ob man ihnen in Europa ihren Druck auf Griechenland vergessen hatte. Den Zank um die »Heiligen Stätten« in Palästina oder den Schutz der Christen in der Türkei verstand ohnehin niemand; da wurde mit Verträgen aus dem 18. Jahrhundert jongliert, um Machtwünsche des 19. durchzusetzen. Der einfache Mann in England begriff nur dies: Die Russen wollten die Dardanellen, die Russen bedrohten auf dem Balkan die Donaufürstentümer Moldau und Walachei, und das betraf sowohl die Seeherrschaft der Briten wie das Gleichgewicht der Kräfte auf dem Kontinent. Was ein Krieg bedeuten konnte, war seit Waterloo vergessen.

Victoria, 35 Jahre alt, hatte zu diesem Zeitpunkt noch nie den Tod gesehen, ging als Königin nie zu Beisetzungen auf den Friedhof und hatte auch noch nie ein Krankenhaus betreten. Der nächste Verwandte, den sie je zu beklagen gehabt hatte, war Alberts Vater gewesen, aber ihn hatte sie nur durch einige Besuche gekannt, und er starb fern von London. Während des Krieges sah sie nun Scharen von Schwerverwundeten, die nach England heimkehrten. Sie empfing Florence Nightingale, auf deren Leistungen in den Lazaretten sie fast eifersüchtig war: das, spürte sie, wäre vielleicht, unter anderen Umständen, ein Tätigkeitsfeld auch für sie gewesen. »Ich beneide sie«, vertraute sie dem »Tagebuch« mehrfach an. Gemeinsam mit der englischen Öffentlichkeit empfand sie Mitleid, als die Nationalheldin schließlich selbst erkrankte:

»Liebe Miß Nightingale,

wie ich weiß, ist Ihnen meine hohe Wertschätzung Ihrer christlichen Tätigkeit in diesem großen und blutigen Krieg bekannt, und ich brauche nicht zu wiederholen, wie aufrichtig ich Ihre Dienste bewundere, die sich würdig denen meiner lieben und tapferen Soldaten zur Seite stellen, deren Leiden auf so gütige Weise zu lindern Sie die Ehre haben... Wenn Sie in die Heimat zurückkehren, wird es mir eine große Ehre sein, jemanden zu empfangen, der unserem Geschlecht ein so leuchtendes Vorbild gesetzt hat. Ich bete für die Erhaltung Ihrer wertvollen Gesundheit und verbleibe stets die Ihre Victoria R.[400]«

Auf Schloß Balmoral begegneten sich die beiden Frauen im September 1856. Victoria war begeistert, denn die Heroine von Balaklava und Scutari trat offen und gar nicht eingebildet auf, sondern, wie Albert notierte, »sehr bescheiden«. »Sie müßten wir im Kriegsministerium haben«, fand die Königin, und als sie erfuhr, Miß Nightingale wolle den Minister zu einer Untersuchungskommission überreden, um Sanitätsreformen in der Armee einzuführen, machte sie die beiden miteinander bekannt. Prinz Albert war freudig überrascht, in ihr nicht nur eine Frau kennenzulernen, die aus Mitleid half, sondern die »ein System« hatte. Victoria widmete sich der Besucherin, die in dem nahegelegenen Haus des königlichen Leibarztes Sir James Clark wohnte, mit ungewöhnlichen Aufmerksamkeiten.

»Wieder und wieder wurde sie nach Balmoral eingeladen. Sie unterhielt sich mit dem Prinzen über Metaphysik und Religion und ging mit der königlichen Familie zur Kirche. Mehrfach wurde sie zu informellen Essen gebeten. Vor allem aber besuchte die Königin sie privat. An einem Tage erschien sie plötzlich ganz allein in ihrem kleinen Ponywagen und entführte Miß Nightingale zu einem langen Spaziergang. Ein andermal kam sie allein und unangemeldet, verbrachte den Nachmittag mit ihr, blieb zum Tee, und es gab angeregte Unterhaltungen[401].«

Miß Nightingale und die Königin waren fast gleichaltrig. Victoria bot der Kriegsheldin einige Jahre später durch Prinz Albert Wohnräume in Kensington Palace an. Die wurden ausgeschlagen wie alle übrigen Ehrungen, die eine begeisterte Nation sich ausdachte. Miß Nightingale mochte bescheiden sein, aber sie hatte ihren Stolz, und den trug sie mit einem gewissen Pathos. Sie war nach ihrem Geburtsort Florenz getauft worden; ihre Schwester, in Neapel zur Welt gekommen, trug dessen alten Namen Parthenope. Florence ging weder auf die Siegesfeier des Herzogs von Devonshire, noch ließ sie sich zu irgendeiner Schilderung ihrer Erlebnisse in Wort oder Schrift bewegen. Einzig die von Albert für sie entworfene Brosche, das Geschenk der Königin, nahm sie an, ein Georgskreuz mit Diamanten, der Aufschrift »Krim« und dem Wortkranz »Selig sind die Mildtätigen« neben einer Widmung auf der Rückseite

»Für Miß Florence Nightingale, zum Zeichen der Wertschätzung und Dankbarkeit für ihre hingebende Pflege der tapferen Soldaten der Königin
Victoria R.[402]«

Sie hatten viel gemeinsam, das scharfe Auge für Menschen zuvörderst. Miß Nightingales Pariser Freundin, eine exzentrische Schottin, die ständig unbekleidet umherlief, was selbst der an die nackte Physis gewöhnten Krankenschwester zuviel war, hat aus Gesprächen überliefert, was die Besucherin von Balmoral über die Schloßherrin und ihre Umgebung dachte.

»Sie war überrascht vom Unterschied zwischen der Königin und Prinz Albert einerseits und den feinen Leuten in ihrem Gefolge andererseits, die wenig Verständnis für die beiden aufbrachten. Die Herzogin von Wellington zum Beispiel und Lady Soundso jammerten ständig, wie langweilig und ermüdend das Hofleben sei. Sie interessierten sich für lauter Trivialitäten. Die Königin und Prinz Albert dachten nur an Europa, an den Krimkrieg, wichtige Dinge also. Die Königin, sagt sie, sei eine bemerkenswert gewissenhafte Frau, aber so selbstkritisch, so ängstlich bedacht, ihr Bestes zu geben, daß ihre Stimmung sehr gedrückt sei[403].«

Eine gute Charakteristik, aber wohl im Lichte eigener Parallelen gesehen. Die beiden Frauen trafen sich später gelegentlich, aber nur noch offiziell. Als Victoria ihr Goldenes Thronjubiläum feierte, 1887, beging auch Miß Nightingale den 50. Jahrestag ihrer geheimnisumwitterten »Berufung«. Darüber hätte sich die Königin sicher gern mit ihr unterhalten: Spiritistisches faszinierte sie, und auch sie hatte ja in ihren frühen Jahren als Königin sich als Auserwählte, als eine englische Jeanne d'Arc gefühlt. Miß Nightingale hatte die »Stimme« viermal gehört, zuletzt beim Tode des Mannes, dem sie alles zu verdanken glaubte, des Kriegsministers Sidney Herbert. Er war ihr »Dauphin«, für ihn zog sie auf die Krim, mit ihm suchte sie später das mühsame Werk der Armeereform durchzubringen. Er starb 1861 – wie Albert, und über Datenkabbala hätten sich die Königin und Miß Nightingale ganze Nachmittage unterhalten können, denn im Leben der letzteren geschah »alles« im August, wie sie rückblickend feststellte.
Sidney Herbert mußte den Verdacht zurückweisen, er habe Politik im Sinne der Russen getrieben – und das war der gleiche Vorwurf, der vor Ausbruch des Krimkrieges den Prinzen in voller und unerwarteter Wucht traf. Wieder steckte indirekt Palmerston dahinter – so jedenfalls sah es die Königin. Der Rücktritt des mächtigen Innenministers, der die heraufziehenden Kriegswolken im Osten zum Vorwand nahm, gegen die Wahlrechtsreform seines Parteifeindes Russell zu protestieren, kam am 16. Dezember 1853 als Schock für das ganze Land. Palmerstons Pressefreunde sorgten dafür, daß der Schritt richtig ausgelegt wurde: Aberdeen war als Premierminister zu schwach gegenüber den Russen. Sollte ein Mann gesucht werden, beherzt genug, dem Lande Demütigungen zu ersparen, so liege ja auf der Hand, an wen es sich zu wenden gelte.
Die Kriegspartei stülpte zudem mit Geschick allerlei interne Unzufriedenheit nach draußen. Die wirtschaftliche Aufschwungperiode, die seit einigen Jahren eingesetzt hatte, brachte steigende Preise mit sich. Nicht umsonst wollte Russell Wahlkonzessionen machen. Die Gegner des Freihandels, die sich noch nicht geschlagen gaben, schürten die Furcht vor der Konkurrenz. Sollten die Dardanellen einem unberechenbaren, sicher meist feindselig gesinnten Rußland zufallen? Auch Victoria, der Lehren Melbournes eingedenk, wonach jeder Süddrang der »Moskowiter« gebremst werden mußte, schwankte zwischen der Einsicht in das »Unvermeidliche« des Krieges und ihrem (und Alberts) tiefsitzendem Abscheu gegen Gewalt. Aberdeen, das

schien das Dilemma, war zu schwach, Palmerston dagegen zu stark. Dieser entzog dem Kabinett seine Unterstützung nur für neun Tage, dann kehrte er zurück. Die Zeitspanne reichte aber, um die wildesten Gerüchte in Umlauf zu setzen. »Kräfte« seien am Werk, das Land seines starken Mannes zu berauben. »Kräfte« sind in solchen Fällen meist und in England stets Ausländer.
Von da bis zum Fingerzeig auf den Prinzen konnte es nicht weit sein, denn daß er und die Königin bei Palmerstons Entlassung als Außenminister Ende 1851 ihre Hand im Spiel gehabt hatten, war längst publik. Albert der Vielwisser, Albert der Alleskönner – warum sollte er nicht auch in Europa auf beiden Schultern tragen und mit dem Feind im Bunde sein? Der Verräter im eigenen Lager ist der Alptraum aller Burgbewohner und Inselvölker: nur so, glauben sie, kann das andernfalls Unmögliche, die Eroberung, die Invasion je zustande kommen. Zeitungsartikel und Pamphlete erschienen, manche bösartig, manche gutmütig:

»Und Montagnacht, nicht sanft noch sacht,
fiel Albert aus dem Bette.
Der deutsche Tropf, ganz wirr im Kopf,
brummt wie ein Bär mit Kette.
Zu Vic er spricht: ›Ich bleibe nicht,
zum Zar zieh ich noch heute!‹
Worauf die Vic, voll Wut im Blick,
ihn mit der Nachtmütz' bläute[404].«

Das ging über die Flut billiger Karikaturen nicht hinaus. Schlimmer, so fand Kabinettssekretär Greville, waren die Angriffe in denjenigen Zeitungen, die entweder den Tories nahestanden oder mit den Radikalen sympathisierten. Viele der Artikel seien vage gehalten. Die Vorwürfe liefen im allgemeinen darauf hinaus,
»er habe sich dauernd ungebührlicherweise in die Politik eingemischt, habe seinen Einfluß benutzt, eigene Ziele und die Interessen seiner Familie auf Kosten derer des Landes zu verfolgen; er sei Deutscher und nicht Engländer; er stehe ohne Wissen der Regierung mit ausländischen Fürsten und britischen Botschaftern in Schriftwechsel, und er hintertreibe die Außenpolitik des Kabinetts, wenn sie nicht mit seinen eigenen Vorstellungen und Zielen übereinstimme[405].«
In einer schottischen Zeitung erschien das Gerücht, der Prinz sei we-

gen Hochverrates in den Tower von London gebracht worden, worauf sich dort Neugierige sammelten. War er nicht soeben erst, nach der Weltausstellung, ungewöhnlich populär gewesen? Nun mußte man für ihn wie die Königin fürchten, die Ende Januar zur feierlichen Parlamentseröffnung durch die Straßen ziehen sollte. An Stockmar schrieb Albert:
»Die Angriffe auf mich gehen mit ununterbrochener Heftigkeit fort... Es gibt keine Art des Landesverrates, die ich nicht begangen haben soll. Das muß alles ruhig getragen werden bis zum Zusammentreten des Parlaments, das am 31. stattfinden soll, wenn Aberdeen und John Russell bereit sind, die Verteidigung zu übernehmen[406].«
Mit ihr zeigte sich Greville höchst zufrieden:
»Wahrscheinlich werden wir jetzt davon nicht mehr viel hören[407].«
Victoria, die den Prinzen unter der Ungerechtigkeit leiden sah, ging im Trotz zu Aberdeen und verlangte, Albert müsse nun zum Prince Consort gemacht werden, zum offiziellen Prinzgemahl. Aberdeen war bereit dazu – nur jetzt nicht. Die Königin war mit ihrer Geste zufrieden.
Der Krieg, einen Monat später erklärt, hielt für die Briten eine alarmierende Wahrheit bereit. Sie waren als Landstreitmacht für eine ernsthafte Auseinandersetzung ungerüstet. 30000 Mann wurden eingeschifft, fünf Infanteriedivisionen und eine Kavalleriedivision. Kaum einer der Mannschaften und nur ganz wenige der Offiziere hatten noch Erfahrung aus den Napoleonischen Kriegen. Ein Zusammenspiel zwischen Marine und Heer existierte nicht, beide verhielten sich »wie Verbündete ohne gemeinsamen Oberbefehl[408]«.
»Es gab nicht einmal eine einheitliche britische Armee. Der sogenannte Oberkommandierende hatte keinerlei Autorität über die Truppen außerhalb des Landes, und selbst innerhalb von England war die Verantwortung für die verschiedenen militärischen Bereiche geteilt. Verpflegung und Transport gehörten in die Zuständigkeit des Kommissariats, das der Armee überhaupt nicht angehörte, sondern dem Finanzministerium unterstand. Das Sanitäterwesen war halb selbständig und nicht dem Oberkommandierenden, sondern dem Kriegsminister unterstellt, der auch für die Finanzen der Armee zuständig war, ausgenommen die der Artillerie und der Pioniere, die regelte der Generalfeldzeugmeister[409].«
Wer aber hatte im November 1852 an Lord Hardinge, den Generalfeldzeugmeister, lakonisch geschrieben:

»Wir sind völlig unvorbereitet[410]!«,
und wer drang auf einen »systematischen Plan«, die Verteidigung des Landes von alten Ungereimtheiten zu befreien? Verräter Albert. Daß man im Buckingham-Palast fror, weil eine Instanz für das Legen des Feuers, eine andere fürs Anzünden zuständig war, konnte dem Prinzen sowenig entgehen wie die hanebüchene Kompetenzverteilung bei den Streitkräften. Reform tat not, wenn ein Expeditionskorps, das vier Jahrzehnte nach Waterloo die militärische Macht Englands beweisen sollte, mit einem Wagentroß von ganzen 21 Fahrzeugen für 30000 Soldaten an Land ging. Die Reform mußte an der Spitze beginnen: Für die Finanzierung des Feldzuges war weder der Oberkommandierende noch das Kriegsministerium, noch das Finanzministerium zuständig, sondern das Kolonialamt, ganz einfach deshalb, weil jenseits des Kanals das Empire begann.
Victoria, die nun wieder eine Gelegenheit sah, den unsichtbaren Panzer der Jungfrau von Orleans tragen zu können – glücklicherweise an der Seite Frankreichs –, entdeckte eine neue Königinnenpflicht: ungeachtet aller konfusen Kompetenzen war sie die eigentliche Oberbefehlshaberin. Der Krieg wurde in ihrem Namen geführt, und als der Kriegsminister, der Herzog von Newcastle, an den Kommandierenden General auf der Krim, Lord Raglan, ein Schreiben patriotischen Inhaltes sandte, das ihr wie üblich zu Angesicht kam, monierte sie, darin sei nur vom britischen Volk und nicht von der Königin die Rede, die es doch
»als eine ihrer höchsten Vorrechte und teuersten Pflichten betrachtet, für das Wohlergehen und die Erfolge ihrer Armee Sorge zu tragen[411]«.
Der Krimkrieg bildete den Anfang der langen und etwas buntscheckigen Liebesaffäre der Königin mit der militärischen Macht des Landes. Da gab es viel Auf und Ab. Die Armee[412], so fand Victoria, solle dem Einfluß der Politiker soweit wie möglich entzogen sein, und so dachte sie noch 1890, als das Wahlsystem des Landes fast schon eine parlamentarische Demokratie modernen Stils produzierte:
»Die Armee muß, wie bisher, in direkter Verbindung mit dem Souverän durch den Oberbefehlshaber bleiben, der unpolitisch ist und der mit Zustimmung des Kriegsministers die Verteilung der Offiziersposten vornehmen muß. Selbstverständlich hat das mit der größten Unparteilichkeit zu geschehen; sie bietet die beste Gewähr dagegen, daß die Armee politisiert und parlamentarisiert wird[413].«

Als man ihr 1848 nahelegte, das Unterschreiben der vielen Ernennungsurkunden an das Kriegsministerium zu delegieren, ließ sie höflich, aber bestimmt wissen, es sei doch wohl nicht das gleiche, ob unter einem Offizierspatent das Signum des Souveräns oder der Namenszug eines Beamten stehe. Benjamin Disraeli wußte, was er tat, als er das Memorandum des Prinzen an den Generalfeldzeugmeister (»Wir sind völlig unvorbereitet!«) vom November 1852 mit der Versicherung beantwortete, er als Finanzminister werde alles nur Erdenkliche tun, um den Zustand der Armee zu verbessern[414]. Disraeli, den die Königin anfangs für einen schriftstellernden Luftikus gehalten hatte, war bald würdig, als »safe« betrachtet zu werden.
Wann immer später eine der zahlreichen »Krieg-in-Sicht«-Krisen drohte, war auf Victorias Kampfmoral Verlaß. Die Politiker mußten sie allerdings von der Rechtmäßigkeit der britischen Sache überzeugen, doch der Mittel dazu waren viele. Im Januar 1856, als der Krimfriede noch in der Schwebe hing, schrieb sie an König Leopold: »Englands Politik ist während dieser ganzen Zeit die gleiche geblieben, völlig selbstlos, nur bewogen vom Wunsch, Europa vor den arroganten und gefährlichen Absichten der barbarischen Macht Rußland bewahrt zu sehen – und für die Zukunft solche Sicherungen einzubauen, die uns vor einer Wiederholung ähnlicher unwillkommener Vorfälle bewahren[415].«
Glaubte sie das wirklich? Oder gab sie an einen auswärtigen Monarchen – wie immer verwandt er sein mochte – eine Version der offiziellen Lesart, während sie die eigentliche sehr wohl kannte? Nicht nur die Freiheit der Moldaubewohner, sondern vor allem die der Zugangswege nach Indien stand auf dem Spiel. Der Ehre des Landes mochte es gut anstehen, daß die 600 Reiter der leichten Kavallerie, wie Hofdichter Tennyson es formulierte, ins »Tal des Todes« ritten, ohne Widerrede, ohne zu fragen, ob wohl jemand einen schrecklichen Fehler gemacht hatte, »someone had blundered«, eine Formulierung, die der Poet fast wörtlich einem Leitartikel der »Times« entnahm. Aber daß sie »in die falsche Richtung angriffen«[416], wie man heute weiß, und dezimiert wurden, geschah ja auch, damit nicht der Handel der Ost-Indien-Gesellschaft versiege, die Einfuhren sich verteuerten und der Mob in London und Birmingham, neuerdings gelegentlich von unpatriotischen Arbeitgebern unterstützt, an den Lebensbedingungen rüttele.
Theodor Fontane, bezahlter Spitzel des preußischen Abwehrdienstes

in London und darunter herzlich leidend, schilderte die Heimkehr der Truppen von der Krim.

»Noch einmal faßte ich Posto, als die Coldstream-Guards in langer Reihe an mir vorbeikamen. Ich sah sie jetzt deutlich; meist junger Nachwuchs, wenig alte Soldatengesichter, wenige jener prächtigen Gestalten, wie ich sie früher kannte und wie sie vor zwei Jahren auszogen, um sich zu messen mit jenem neuen Gegner, der noch kein Blatt hatte in der englischen Geschichte. Die meisten von ihnen sind hin; sie ruhn in Frieden und in Ehren bei Varna und auf den Feldern der Krim[417].«

Victoria hatte die Schlachten des Krieges mit Besorgnis verfolgt: Balaklava, ein Desaster; Inkerman, ein Sieg, der um Haaresbreite keiner gewesen wäre. Sie wußte, daß Franzosen und Türken mehr Truppen im Felde hatten als die Briten, daß Krankheiten wie die Cholera schlimmer wüteten als die Russenbajonette und daß die eigenen Divisionen unvorbereitet in den Winter, den Dreck und den Tod geschickt worden waren. Ihr eigener Hurra-Patriotismus war zu guten Teilen Übertäubung nagender Zweifel. Ihr Vetter George Cambridge[418], später lange Zeit Oberkommandierender der britischen Streitkräfte, war 1854 hinausgezogen, »glücklich, eine Division führen zu dürfen«. Nach Inkerman ließ er sich krank und angewidert nach Malta transportieren und sah die Krim nie wieder. Victoria schrieb ihm empörte Briefe, aber sie spürte, daß ein Mann, der einmal als ihr möglicher Lebenspartner im Gespräch gewesen war, nicht aus Laune oder Feigheit vor dem Krieg kapitulierte. George Cambridge war übrigens der Meinung, Prinz Albert hielte es auf einem blutigen Feld wie dem von Inkerman keine 24 Stunden aus.

Im Februar 1855 sah Victoria die erste Schar der Blessierten,

»32 Verwundete der Grenadier-Garde, die von der Krim heimgekehrt waren. Ein bewegender Anblick; keine prächtigere Gruppe von Männern war denkbar, groß, gut aussehend, und es brach einem das Herz, sie so verstümmelt zu sehen. Die meisten sahen jedoch im Gesicht ganz gut aus. Der Sergeant, Dawson, groß, gut gewachsen, hatte schon ganz früh, in der Schlacht von Alma, seinen linken Arm verloren, bis ganz hoch hinauf. Zwei andere hatten Arme verloren, mehrere waren in die Hand geschossen worden, andere in Arm, Schulter, Beine, Hüften, Waden, einer in den Fuß, ein anderer – wunderbarerweise davongekommen – hatte einen durch Kanonenkugel zerquetschten Brustkasten, einer das Bein verloren, ein anderer in Arm und Hand verwundet, einer im Rücken, was seinen Arm paralysierte, und der Ärmste sagte, er leide große Schmerzen. Ein Soldat namens Challis war als tot aufgegeben worden, hatte sich aber wieder erholt, wenn er auch einen Arm verloren hat... Alle lagen sie in ihren grauen Mänteln, in denen sie gekämpft hatten... Die Hälfte von ihnen war an der Alma verwundet worden, die anderen bei Inkerman und ein paar in den Schützengräben... Ich hatte eigentlich eine Ansprache halten wollen, war aber so aufgeregt, daß mir alles im Halse steckenblieb und ich nur zu Oberst Ward sagen konnte, ich hoffte sehr, alle würden bald ihre Medaillen erhalten, die sie so sehr verdienten. Anschließend bekamen sie alle ein Essen in der Dienerhalle[419].«

Zwei Tage darauf besichtigte sie die nächste Gruppe, 26 Männer, denen es noch viel schlechter ging. Wieder notierte sie peinlich genau jedes Detail. An der Königin, die knapp 30 Jahre später im Ägyptenfeldzug am liebsten alle Kriegskorrespondenten der Londoner Zeitungen verbannt und durch einen »ausgewählten Offizier«[420] ersetzt gesehen hätte, war ein Berichterstatter mit einem fotografischen Auge verlorengegangen. Der Krimkrieg erschütterte sie sehr. Zwar unternahm sie, als Lord Aberdeen in der öffentlichen Kritik zusammenbrach und im Januar 1855, vom Unterhaus geschlagen, ihr die Berufung Palmerstons als Premier nahelegte, einen schwachen Versuch, Lord Derby mit der Neubildung des Kabinetts zu beauftragen. Insgeheim jedoch wußte sie, daß niemand anders in der Lage war, diesen Krieg rasch und siegreich zu beenden, als jener Minister, den sie nun seit fast zehn Jahren erbittert bekämpfte. Am 6. Februar wurde Palmerston Premierminister, so alt, so krank, daß man ihm höchstens eine Reihe von Monaten gab. Er blieb im Amt, mit kurzer Unterbrechung, für ein weiteres Jahrzehnt.

12
Tod des Prinzgemahls

Prinzessin Beatrice, das neunte und letzte Kind, wurde im April 1857 geboren. Sie starb, als die Alliierten Truppen im Zweiten Weltkrieg Aachen eroberten und die spätere Elizabeth II. so alt war wie Victoria bei ihrer Thronbesteigung. Leben und Tod lagen nun für die Königin nahe beieinander: vier Jahre später war sie Witwe.

Auch die Szene änderte sich nun rasch. Stockmar hatte das Land auf immer verlassen. Zwar war vom »Quintett« der einstigen Engel und Quälgeister der Prinzessin Victoria erst einer gestorben: Sir John Conroy im März 1854. Aber nahebei lebte nur noch, wenn auch in bestimmter Distanz gehalten und auf das Dasein einer Art von »Königinwitwe« beschränkt, die Herzogin von Kent, beschäftigt mit dem desolaten Zustand ihrer Finanzen, jedoch ohne unmittelbare Not. Ihr Bruder Leopold alterte nach dem Tode seiner Frau zusehends. Die Baronin Lehzen aß ihr Gnadenbrot in Bückeburg. Es hieß, sie habe einmal am Zuge gestanden, als gemeldet worden war, die Königin und Prinz Albert führen über Hannover nach Berlin. Der Zug hielt nicht an. Auch die brieflichen Kontakte wurden schwächer. König Leopold erhielt zwar regelmäßig das Wichtigste mitgeteilt, und von Stockmar trafen Betrachtungen ein über das Zerstören der britischen Verfassung durch alle Premierminister der letzten 30 Jahre, Peel ausgenommen[421]. Doch fand Victoria, kaum daß ihre älteste Tochter heiratete und nach Berlin zog, in ihr einen menschlich wie politisch interessanteren Briefpartner. In der Hofwelt des 18. Jahrhunderts hatten Frauen mit Männern über alles reden können, nahezu über alles. Das war nun vorbei und galt als »shocking«, ein Wort, das Victoria inzwischen englisch zu schreiben gelernt hatte. Vicky besaß zudem den Vorzug, daß alles, worüber man sich mit ihr unterhielt, in der Familie blieb – zuverlässige Boten vorausgesetzt.

Dem Lebensstil der arrivierten Bürgerschicht entsprechend fielen Victoria und Albert nun mehr und mehr auf die eigene Familie zurück.

Die Vergnügungen der »Gründerjahre« des Unternehmens zählten nicht länger. Es gab zwar weiterhin repräsentative Empfänge und wichtigen Besuch, aber keine geselligen Abende mehr in Windsor oder Buckingham Palace, den beiden Schlössern, in denen das Paar nur noch lebte, wenn es die politischen Geschäfte unbedingt erforderlich machten; sonst zog man nach Osborne und Balmoral. Kein Premierminister stand mehr hinter der Königin und soufflierte Züge beim Schachspiel gegen die belgische Tante. Lord Palmerston spielte lieber mit seinen eigenen Freunden Billard, und zudem bis in unbürgerliche Morgenstunden. Er galt als das aufrechteste Wrack der Londoner Gesellschaft, und Emily Lamb, Lady Palmerston, als die blühendste Greisin der Salons, eine Frau von unzerstörbarer Energie.
Bare sechzehn Monate lang mußte »Pilgerstein« in die Opposition, als er im Februar 1858 über eine außenpolitische Hürde stolperte, die er zu diplomatisch nahm, eine der wenigen Fehlkalkulationen seiner Karriere. Nicht einmal die Königin konnte des Ereignisses recht froh sein, denn in der Sache gab sie ihm völlig recht. Nach dem Attentat auf Napoleon III., mit welchem Titel sich Louis Napoleon inzwischen geschmückt hatte, gab es Streit um die politischen Flüchtlinge, die von Paris nach London gegangen waren. Der Kaiser[422], der die französische Stimmung gegen England nicht verkannte, betrieb ein Doppelspiel. Er entschuldigte sich beim britischen Botschafter in Paris wegen allzu harter Angriffe der Presse, ließ aber den französischen Botschafter in London protestieren, daß der Attentäter, ein Italiener namens Orsini, Kontakte zu Landsleuten besaß, die nach England ausgewichen waren. Palmerston, der solche Flüchtlinge deckte, aber nicht liebte, brachte im Unterhaus ein Gesetz ein, das aus dem Mord an Ausländern künftig ein Verbrechen statt eines bloßen Vergehens machen sollte.
Die Vorlage schien wenig problematisch. Erst zehn Monate zuvor hatte die Regierung die Unterhauswahlen glatt gewonnen. In der ersten Lesung des Gesetzes brachte sie eine Mehrheit von 200 Stimmen auf. Die Tories – Konservative nannten sie sich jetzt lieber, seit Disraeli ihr eigentlicher Motor hinter dem nominellen Führer Derby geworden war – unterstützten natürlich alles, was Ordnung schuf und dazu fremdenfeindlich aussah. Beim Indiengesetz ging das in abschließender Lesung mit einer Mehrheit von 145 durch, obwohl dabei wirtschaftliche Interessen quer durch die Parteien auf dem Spiel standen: Ablösung der administrativen Gewalt der Ost-Indien-Gesell-

schaft durch den Staat. 24 Stunden später war Palmerston gestürzt: über einen Abänderungsantrag der Radikalen, der die französischen Unterstellungen scharf zurückzuweisen verlangte.
Zehn Jahre zuvor hätte der Außenminister Palmerston in seinen Presseorganen den Antrag willkommen geheißen. Jetzt, als Premierminister, wies er ihn staatsmännisch ab, wurde überstimmt und mußte zurücktreten. Wieder war es zu einer der berüchtigten Afterkoalitionen der britischen Parlamentsgeschichte gekommen: Die Progressiven sahen nicht, wie reaktionär ihr nationalistisches Getön wirkte, und Disraeli warf alle Law-and-Order-Prinzipien leichten Herzens über Bord und führte die gesamte konservative Fraktion bei der Abstimmung durch die Ja-Tür, Seite an Seite mit den Radikalen. Für ihn galt es die glänzende Gelegenheit zu nutzen, »Pumicestone«, den erratischen Bimsstein, an dem er, Disraeli, sich schon so oft gerieben hatte, aus dem Weg zu schaffen.
Wie schon einmal, 1852, erhielt Victoria nun ihre täglichen Parlamentsberichte von dem poetisch gestimmten, cleveren Juden geschickt, der als Finanzminister dafür zuständig war, denn der Premierminister, Lord Derby, saß im Oberhaus. Die Königin hatte nichts gegen Juden, registrierte aber deren »Andersartigkeit«; aus solcher Einstellung zur Minderheit kann – von der vollen Integration aus humanitären Antrieben bis zum Pogrom aus Konkurrenzneid – bekanntlich alles werden. Wenn es überhaupt eine Gruppe gab, gegen die sich ein unreflektiertes Mißtrauen der Königin und des Prinzen richtete, dann waren es die Jesuiten; dabei spielten englische Traditionen und protestantische Urängste wohl ebenso eine Rolle wie individuelle Abneigungen.
Disraeli also berichtete, was sich im Unterhaus ereignet hatte.
»Eure Majestät geruhten einmal zu sagen, daß Eure Majestät in diesen Berichten mehr die Stimmung des Parlaments zu finden wünschten, das also, was Eure Majestät nicht selbst, nämlich in den Zeitungen, lesen können[423].«
Also kommentierte der Finanzminister, statt zu referieren, und seine Einschätzung dessen, was Victoria gefiel, wies ihn als glänzenden Menschenkenner aus:
»Lord John sagte etwas. Mr. Gladstone sagte auch etwas. Ermutigend war beides nicht[424].«
»Dann antwortete Lord Palmerston auf die Angriffe von Mr. Horsman, mild und gnädig, aber mit einem Anflug von Sarkasmus[425].«

»Sir J. Elphinstone... war sehr wirkungsvoll. Seine Verteidigung der Sträflingsbevölkerung von Singapore als des moralischen Rückgrats der dortigen Gesellschaft hätte äußerst komisch wirken können, wäre sie nicht so unmißverständlich ernst gewesen. Großen Eindruck machte seine Erwähnung der Frau des Gouverneurs, die nur Sträflinge als Diener anstelle und auf die Frage, ob sie denn als Kindermädchen nun Diebinnen oder Mörderinnen vorziehe, geantwortet habe: ›Ausschließlich Mörderinnen!‹[426]«

Victoria bekam einen Vorgeschmack davon, wie amüsant Politik sein konnte, wenn nur ein Mann wie dieser romaneschreibende Minister sie mundgerecht machte. Sollte es möglich sein, daß es einen zweiten Lord Melbourne gab?

Leider war das Vergnügen – diesmal – von kurzer Dauer. Lord Derby, entsetzt darüber, daß er schon wieder regieren mußte, statt die antiken Klassiker tiefer studieren zu können, hatte dem königlichen Paar gleich nach Palmerstons Niederlage gesagt, er halte dessen Rücktritt für einen Trick,

»um nach einer Krise mit neuer Stärke zurückzukehren, denn es gebe verschiedene Formen von Rücktritt, manche zu dem genannten Zweck, andere, die zum wirklichen Ausscheiden führten[427].«

Albert hielt das in einem Memorandum fest, und im Juni 1859 war »Pilgerstein« wieder da – für weitere sechs Jahre. Denn da waren die Kämpfe in Italien ausgebrochen, und wie man seit dem Krimkrieg wußte, traute die Nation in gefährlichen Tagen niemandem so sehr wie diesem gichtgeplagten Zyniker mit den vielen Leben; 75 war er nun. Tiefsitzender englischer Argwohn gegen Frankreich bestätigte sich jetzt. Anderthalb Generationen hatten die Nachbarn Ruhe gegeben, jetzt verlangte ihr Sinn für Gloire wieder nach wehenden Fahnen über singenden Kolonnen auf dem Weg zur Schlacht. Napoleon war eben kein Name, den man nur im Empfangssaal oder in der Opernloge trug. Der »Kaiser des Kapitals«, wie Prinz Albert ihn treffend nannte, wollte Arrondierung des Besitzstandes; dabei hatte er vor allem Nizza und Savoyen im Auge. Reihum machte er Beuteteilungs-Offerten: an Russen, Preußen und Sardinier. Die Königin war empört und befriedigt zugleich, denn wer hatte dem Manne nie getraut? Albert.

Man kannte den Kaiser noch aus seinem englischen Exil: da war er freilich nie hoffähig geworden. Die Prominenz unter den nach England gekommenen politischen Flüchtlingen wurde von der Königin stets mit größter Sorgsamkeit behandelt und nie ohne genaue Absprache mit ihrer Regierung empfangen. Das galt für alle Schattierungen von Franzosen, die sich nach und nach auf der Insel einfanden. Napoleon III. suchte die »Entente cordiale«-Politik seines Vorgängers auf Herzensbrecherweise fortzusetzen und streckte Fühler nach der Prinzessin Adelaide von Hohenlohe-Langenburg aus, eine scheinbar bescheidene Wahl für einen so ehrgeizigen Mann. Aber die Königin setzte alle Hebel in Bewegung, um das zu hintertreiben: Adelaide war die Tochter ihrer Halbschwester Feodora und 27 Jahre jünger als der Kaiser. Das war ein Altersunterschied wie zwischen ihr, Victoria, und Lord John Russell, und der hatte ihr immer als alter Mann gegolten. Schwerer wog Napoleons Vorleben, und nachdem das Ansinnen auf die Nichte Adelaide abgeschlagen war – sie nahm später Friedrich von Schleswig-Holstein, das hatte Hand und Fuß –, sah man ja auch, worauf es ihm eigentlich ankam. Eugénie, die kalte Schönheit auf dem Kaiserthron, hatte eine schottisch-wallonische Mutter. Wer aber war der Vater? Die Gerüchte liefen so zahlreich um wie die Bewunderer dieser Frau. Ob es wohl Victoria und Albert schwerfiel, die leicht abwegige Behauptung zu mißachten, sie sei »Cupido« Palmerstons Tochter? Seit dem Krimkrieg förderte der britische Premierminister eine taktische Annäherung Frankreichs und Englands. Das ostentativ abwartende und sein Pulver häufende Preußen war für ihn kein zuverlässiger Verbündeter. Österreich und Rußland schieden aus wegen der illiberalen Politik in ihren Imperien.

Die Aversionen der Königin gegen Napoleon, und ein wenig auch die des Prinzen, schwanden vorübergehend, als im April und im August 1855 die Häupter der Krimkriegs-Alliierten sich besuchten, zuerst in Windsor, dann in Paris. Napoleon hatte seinen Ruf als erster Charmeur der Nation nicht unverdient erworben. Seine Blicke, seine Komplimente, das mühelose Wechseln zwischen vertraulicher Politik und schamlosem Flirt, Verbündetenpathos und gewagtem Bonmot legten rasch die Schwächen in Victorias Verteidigungssystem offen: so war sie noch nie belagert worden. In ihren Palästen redete niemand auf derart ungezwungene Weise mit ihr. Melbourne hatte gelegentlich wohlabgewogene Deutlichkeiten eingeflochten. Dieser Kaiser dagegen war die ungenierte Schmeichelei in Person.

Hinzu kam, daß Versailles nicht Windsor war oder vielmehr, will man die Steigerung richtig sehen, Windsor nicht Versailles. Immer hätte Victoria eine derart demonstrative Pracht vielleicht nicht um sich sehen mögen, aber für ein paar Gasttage tat ihr das gut. Der Umgang mit dem französischen Hof holte etwas von dem nach, was Palmerston seinerzeit an fehlender Weltkenntnis der jungen Thronfolgerin beklagt hatte. In Paris traf sie zum Beispiel den preußischen Grafen Bismarck[428]. Er entsprach Victorias Bild von einem Junker »ziemlich genau«. 15 Jahre später war er wieder in Paris, aber nicht als ein Gast auf dem Parkett, sondern als der Herr in Waffen, vor dem sich Napoleon dorthin zurückziehen mußte, von wo aus er sein Abenteuer als Kaiser begonnen hatte: England. Was die Königin an dem Franzosenherrscher faszinierte, waren nicht nur die mühelos und beständig fließenden Komplimente, mit denen er sie bedachte, sondern auch die melancholischen Zweifel an seinem eigenen Glück. Das gab reichen Gesprächsstoff: Auch der Franzosenherrscher glaubte an Zufälle, an die Bedeutung bestimmter Daten. Ja, er ging weiter und vermengte Courteoisie und Kabbalistik auf die geistreichste Weise, indem er aufmalte, daß die Vornamens-Initialen der beiden Paare, Napoleon und Eugénie, Victoria und Albert, den Namen des Flusses Neva ergäben, an der doch die Hauptstadt des gemeinsamen Feindes liege, Petersburg. Das war politischer Bluff, auf albernem Zufall beruhend, und hatte nichts von der Schlüssigkeit des Vorbilds. Napoleons andere Feinde nämlich, die italienischen Patrioten, liefen seit Jahren in die Opern von Verdi, denn dessen Name stand ihnen für die Anfangsbuchstaben Vittorio Emmanuele Re D'Italia. Napoleon ging zwar ebenfalls in die Oper – beim Attentat Orsinis gegen den Tyrannen, wie die Italiener ihn nannten, war passenderweise »Wilhelm Tell« von Rossini gegeben worden –, aber er machte sich nichts aus Musik. Victoria bedauerte es – kein Mann war vollkommen.

Derweil mußte Albert feststellen, daß auch mit ihm noch niemals eine Frau sich auf eine so vertraute Art unterhalten hatte, wie das Eugénie für gewöhnlich tat. Die strahlende Kälte erwärmte die reservierte Kühle, Minus mal Minus gab Plus, und eine jener britischen Aristokratinnen, für die das eigene königliche Paar aus zwei simplen Wesen bestand, schrieb, man habe ihr berichtet, Albert sei ganz entzückt gewesen, neben der wunderschönen Kaiserin zu sitzen statt neben »his own dumpy, idiotic looking frau[429]«.

Das Zitat, das Victorias Aussehen, Gaben und Herkommen in vier grausamen Worten abtut, ist ein sprechender Beleg dafür, daß es keineswegs nur Albert war, den das englische Adels-Establishment als fremd und deshalb verachtenswürdig ablehnte. Der Provinzialismus des Hofes, der von diesen Kreisen getadelt wurde, verstärkte sich durch eben diese Abweisung.

Das Paar zog sich nach solchen Ausflügen ins Herrlich-Unbekannte ohne Murren in die Bürgerkönigswelt zurück. Noch einmal sahen sie Napoleon und Eugénie, in Cherbourg, 1858. Da zeigte der Kaiser ihnen seine neue Kriegsflotte, und Panik verbreitete sich in England. Wollte er, seinem Onkel gleich, über den Kanal ziehen? Sehr viel unsicherer als vier Jahre zuvor, verriet Napoleon seiner britischen »Schwester« und deren wachsam beobachtendem Gemahl nichts von dem, was er plante. Im November lud er Palmerston, den gerade nicht Amtierenden, und Lord Clarendon nach Compiègne zur Jagd ein. »Old Pam« überlegte, ob es ratsam sei, hinzufahren, nahm aber doch an und spielte den Kerngesunden, den Sportsmann in jedem Wetter. Die Aufmerksamkeiten der Kusine des Kaisers freilich vernachlässigte er zugunsten des üppig Aufgetischten. Da ging es ihm besser als Albert zuvor: der mußte vor seelischen Erschütterungen durch französische Damenblicke ebenso auf der Hut sein wie vor gastrischen Störungen durch die Pariser Küche, die ihm gar nicht bekam.
Wenn man der Londoner Presse glauben durfte, so war die Jagd in Compiègne auch deshalb ein Eklat, weil Napoleon sofort die Schwester Lord Clarendons zu erobern begann, zum Ärger nicht nur der Kaiserin – die Palmerston schön wie immer fand –, sondern auch zum Verdruß der Gräfin Walewska, die inzwischen als Mätresse Napoleons anerkannt war. Palmerston wurde in der Londoner Presse getadelt wegen seiner »Aufwertung« des Kriegsschürers von Paris, und wieder einmal glaubte jeder, seine Karriere sei zu Ende. Aber Napoleon, statt sie zu ruinieren, beförderte sie, als er im Mai 1859 gegen Österreich zu Felde zog. Der britische Staatsmann, der kurz zuvor den gefährlichen Aufstand gegen die englische Herrschaft in Indien eingedämmt hatte, war nun der einzige, der in einem möglichen europäischen Krieg an der Spitze der Londoner Politik stehen konnte.
Nicht daß Victoria und Albert nun entsetzt gewesen wären. Pilgerstein, der schreckliche Außenminister, der den Hof von allen Kenntnissen fernzuhalten suchte; der Schmierenschauspieler, der mit Krokodilstränen das weiche Herz der Prinzen wegschwemmte und tausendmal Besserung versprach, sobald er direkten Auges gerügt wurde; der Zyniker, für den es nur eine einzige Maxime in den auswärtigen Angelegenheiten zu geben schien, nämlich das eigene Gutdünken – das war ein anderer gewesen als Palmerston, der Premierminister, der keine Aufmerksamkeit gegenüber der Krone ausließ, der ja auch für die Depeschen des Foreign Office nicht mehr zuständig war und mit

dem es überraschend wenig politische Diskrepanzen gab, schon gar nicht, was Demokraten und Revolutionäre, Wahlreform und Eigentumsbedrohung anging. Im August 1856 kam es im »Tagebuch« der Königin zu folgender Eintragung, die noch fünf Jahre zuvor ganz undenkbar gewesen wäre:

»Albert und ich waren uns einig, daß von allen bisherigen Premierministern Lord Palmerston derjenige ist, mit dem es am wenigsten Ärger gibt, der am meisten der Vernunft zugänglich ist und auf Vorschläge eingeht. Gefährlich war er nur in der Außenpolitik, aber... seit er für das Ganze zuständig ist, hat sich alles geändert[430].«

Victoria hatte ihre Grundsätze, aber sie ließ sich überzeugen. Wer sie in einigen wenigen Unabdingbarkeiten respektierte, wer ihr nicht als dreimal Geschiedener seine neue Mätresse beim Hofempfang vorstellen wollte, wer ihr nicht zu beweisen suchte, Staatsräson erfordere Grausamkeit und krasse Ungerechtigkeit, wer ihr nicht mit Gleichheits- und Umverteilungstheorien kam, die sie, bei allem Sinn für Fairneß, in ihrer Lage im bürgerlichen Zeitalter nicht verstand – der konnte vom Nichtswürdigen zum Bewunderten avancieren. Peel, Palmerston und auch Napoleon III. waren die gleichermaßen frappierenden Beispiele.

Und war es nicht Palmerston, der ein Hindernis ausräumte, an das sich keiner seiner Vorgänger gewagt hatte? Victoria litt immer noch unter dem Mangel an öffentlicher Anerkennung für Alberts Verdienste. Wie alle liebende Naivität glaubte sie, äußere Erhöhung könne dazu beitragen, die inneren Widerstände des reichen Pöbels und der von ihm beeinflußten Blätter gegen den ausländischen Prinzen zu verdrängen. Prinzgemahl also sollte er sein, offiziell neben sie gesetzt, vorrangig bei allfälligen Fürstenbesuchen vor den Brüdern, Söhnen und sonstigen Hochmögenden des Hofes. Könnte es andernfalls, den englischen Nationalismus einkalkuliert, nicht eines Tages dahin kommen, daß ihr und des Prinzen ältester Sohn als Prinz von Wales und Thronfolger – denn das war eine etablierte Position im Verfassungsrecht – vor dem eigenen Vater einherzog und – man denke – die Kaiserin der Franzosen oder die Kronprinzessin von Preußen zur Tafel führte, gleich hinter der Mutter und dem sie geleitenden männlichen Ehrengast? So sehr hatte sich das Verhältnis zwischen dem Paar und Palmerston gebessert, daß man ihm dieses Dilemma vortragen konnte.

Gichtgebeugt prüfte er die Gesetzesbücher und fand einen klassischen

Kompromiß zwischen seiner Furcht vor einer Parlamentsabfuhr und der Einsicht in die Notwendigkeit. Die Königin, entdeckte (oder befand) er, brauche zu einem solchen Schritt keine Zustimmung des Unterhauses, ja dieses sei dazu gar nicht bevollmächtigt. Es genüge eine Bestallungsurkunde der Monarchin selbst. Schon Lord Melbourne hatte seinerzeit den Anspruch eines Oberhöflings, mit der Königin müsse er und nicht der Prinz in der Kutsche zur Heiratszeremonie fahren, abgewiesen mit den Worten, die Königin könne Lord Albemarle – dies der Vermessene – hinten auf die Karosse beordern, auf deren Dach, an die Seite oder unter sie, ganz wie es ihr beliebe. Victoria, von der Simplizität des nun plötzlich sich auftuenden Verfahrens gleichermaßen entsetzt wie begeistert, beendete am 25. Juni 1857 ein leidig langes Kapitel ihrer Sorge für Albert und machte ihn, per Federstrich, zum »Prince Consort«. Im Bewußtsein des Volkes war er das schon lange, und obwohl er es dann nur noch vier von 21 Ehejahren sein durfte, ist er unter eben diesem Namen in die Geschichtsbücher eingegangen.
Kabinettssekretär Greville – ihn gab es noch immer, er überdauerte wie Wellington und Palmerston, seine Hauptinformanten, viele Herren in Downing Street – schrieb vier Monate nach dieser »Beförderung« des Prinzen:
»Palmerstons Verhältnis zum Hof ist gut, er benimmt sich tadellos gegenüber der Königin, sogar mit außergewöhnlicher Ehrerbietung, und auch sie kann ihn jetzt sehr gut leiden. Die Königin ist nicht intelligent, der Prinz macht alles und ist nun in jeder Hinsicht König. Sie handelt nach seinen Einfällen und schreibt nie einen Brief, von dem er nicht jedes Wort diktiert. Seine Kenntnisse und Informationen sind erstaunlich, und es gibt kein Kabinettsressort, in dessen Einzelfragen und deren Behandlung er sich nicht besser auskennt und befähigter ist als der Minister an der Spitze. In der Außenpolitik habe er vielen Ärger vermeiden helfen und die Regierung aus zahllosen Schwierigkeiten befreit[431].«
Der Konjunktiv im letzten Satz dieser vielerwähnten Stelle deutet darauf hin, daß hier einer der gut unterrichteten Freunde des Tagebuchschreibers zitiert wird. Aber ob das nun Grevilles oder Granvilles Ansicht war – Albert hatte in der Praxis, wenn auch nicht in der Theorie, einige der Funktionen eines Königs von England übernommen. Weitergehende Rechte, als er sie für die Krone beanspruchte, hätte kein Monarch von Alberts konstitutionellen Prinzipien – die Einschrän-

kung ist natürlich wichtig – je angestrebt. Ohne ihn wäre die Königin wahrscheinlich aus ihrem temperamentsbedingten Dilemma, der steten Bereitschaft, begeisterte Parteigängerin ohne politische Klugheit zu sein, nie herausgekommen. Was Lordpräsident Granville dem Kabinettssekretär im Oktober 1857 anvertraute, bestätigte Außenminister Clarendon wenige Tage später. Er lobte das Paar wegen seines Interesses für die Details der Außenpolitik, der Armee und der Marine; um so etwas hätten sich Victorias Vorgänger nie gekümmert. Albert, rühmte Clarendon, habe einige der besten Memoranden verfaßte, die er je gesehen habe[432].

Um diese Zeit hatte sich der Prinz eine neue Bürde zugelegt. Die älteste Tochter, nach der Mutter benannt, schlug auch nach ihr. Sie war klein, zäh, quick, leicht ungebärdig und von einer allzu offenkundigen Lebenslust. Der Unterschied lag auf der Hand: Sie würde nie Königin von England werden, dazwischen standen nunmehr ihre Brüder Bertie, Alfred, Arthur und Leopold. Da sie hübsch war, einigten sich die Eltern ohne große Diskussion darauf, sie bald zu verheiraten. Das Kapriziöse jener frühverstorbenen Kusine Charlotte, die man durch Einsperren vor Amouren mit feschen Leutnants hatte bewahren müssen, sollte im ordentlichen Haushalt des Bürgerkönigspaares keinen Spaltbreit an Entfaltung finden. Victoria und Albert waren fest entschlossen, die Monarchie, die sie aus den Niederungen der Onkelschar zu neuer Würde – ja, wie es ihr Stolz nicht leugnete, zu vorbildlichem Stande – geführt hatten, nicht in der nächsten Generation durch neue Skandale zum alten Mißrespekt degenerieren zu lassen. Überfliegt man die Schicksale ihrer neun Kinder, so ist es ihnen bei fast allen gelungen, wenngleich nicht bei demjenigen der Söhne, auf dessen vorbildlichen Lebenslauf sie den größten Wert legten: beim ältesten, dem Thronfolger.

Vicky freilich hatte noch eine andere Eigenschaft, die sie von ihrer Mutter unterschied: Sie war, um Grevilles ungalantes Verdikt zu zitieren, intelligent. Genauer gesagt: Bei aller Willkürlichkeit lernte sie gern, war also ein Mädchen, wie es Victoria ohne die Herzogin von Kent, ohne Conroy, ohne die Lehzen vielleicht auch geworden wäre. Die Mutter rührte das tief: Alberts Teil und ihrer waren eine Synthese eingegangen. Das hinderte nicht an Reibungen, denn die 14-, 15jährige setzte ihren Willen durch und konnte argumentieren. Leider lachte sie auch ganz unladylike, schlang das Essen hinunter und »watschelte wie eine Ente« (sagte ihre Mutter). Sie war dem Sohn des preu-

ßischen Kronprinzen versprochen, Friedrich Wilhelm, dem zehn Jahre älteren »Fritz«, der 1851 zur Weltausstellung und zur Brautbesichtigung gekommen war. Seiner Mutter, der Prinzessin Augusta, zu der Victoria ein herzliches Verhältnis gefunden hatte, wurden die physischen Fortschritte der prospektiven Schwiegertochter regelmäßig gemeldet. Die »preußische Heirat« gewann in Alberts Weltbild zentrale Bedeutung. Was Wellington und Blücher mehr zufällig begonnen hatten, sollten Vicky und Fritz in ein dauerhaft sichtbares Bündnis umwandeln – rührende Überschätzung dynastischer Möglichkeiten im aufziehenden Zeitalter der Massendemokratie und damit auch der kollektiven Hysterien.
Vier Jahre nach der Ausstellung kam Friedrich Wilhelm nach Balmoral und erklärte sich, zuerst der nervös betulichen Mutter und dem gespannt gefaßten Vater, dann bei einem Ausflug, auf dem die jungen Leute geflissentlich zurückfallen durften, auch der Prinzessin. Victoria und Albert glaubten die Glückskunde geheimhalten zu können, doch hatte die Presse wie immer sofort Wind davon. Aber erst nach Vickys Konfirmation 1856 wurde die Verbindung offiziell publik gemacht. Dies war ein weiteres jener kirchlichen Ereignisse, bei denen die Königin gleichsam ihr Oberhaupt schüttelte. Sumner, der neue, wenn auch schon ziemlich gealterte Erzbischof von Canterbury, war nämlich nicht besser für aufregende Rituale geeignet als Howley, der Vickys Mutter gekrönt hatte. Dieser vergaß, wie wir uns erinnern, alles mögliche, sein Nachfolger jedoch das wichtigste, nämlich – in der Predigt – die Erwähnung, worum es eigentlich ging: die Konfirmierung der Tochter der Queen. Für solche Sermone hielt Victoria das Allzweck-Scheltwort »humbug« bereit – auch nicht sehr ladylike.
Prinz Albert nahm nun die politische Erziehung der Tochter in die Hand. Jeden Abend zwängte er zwischen sein Tagespensum und den Familientisch eine Stunde »Aufklärung«. Die Tochter wurde mehr als eine gelehrige Schülerin; sie war bald sein intellektueller Kompagnon. Beide trennten sich schwer voneinander. Vicky schrieb aus Berlin kurz nach dem Einleben:
»Es gibt tausend Dinge, zu denen ich Papas Meinung wissen möchte. Was ich auch höre und sehe, immer denke ich, was würde Papa sagen, was würde er denken. Der liebe Papa ist immer mein Orakel gewesen[433].«
Die Mutter las es mit viel Stolz, doch auch mit ein wenig Neid. Ihrer Ansicht nach hatten Männer, die ihre Frauen mit Kindern belasteten,

eigentlich nicht auch das Recht, dann noch deren dankbare Aufmerksamkeit für sich allein zu reklamieren. Insonderheit Mädchen waren Müttersache. Auf der anderen Seite sollten natürlich alle Kinder wie Albert sein: gut und gescheit.
Was die Verwirrung der Gefühle steigerte, war das Überschneiden der Lebens-Wenden von Mutter und Tochter. Wenige Monate nach der Geburt des neunten Babys, Beatrice, wurde Vickys Heirat auf den kommenden April festgesetzt. Während das letzte Kind kam, ging das erste aus dem Haus. Da Victoria alle Ehen an der eigenen maß, sah sie in der Braut Vicky sogleich auch schon die junge – zu junge – Mutter. Daß sie mit 39 Jahren, selbst noch gebärend, schon Großmutter werden solle, bestärkte ihre latenten Aversionen gegen das Los der Frauen. Auf keinen Fall, schärfte sie der Tochter ein, dürfe sie sofort Kinder bekommen. Zunächst jedoch mußten mehr politische Fragen geklärt werden. Wo sollte die Trauung stattfinden? Wie hoch würde die Mitgift des Parlaments sein? Beides erforderte Umsicht und Diplomatie.
Die Preußen, die Emporkömmlinge des Jahrhunderts, glaubten offenbar, der Neffe des Königs müsse in Berlin verheiratet werden. Außenminister Clarendon erhielt einen Brief, dessen für Victoria typischer Stil die Annahme Grevilles widerlegte, alles was den Schreibtisch der Königin verlasse, werde inzwischen von Albert verfaßt: »Es wäre sehr gut, wenn Lord Clarendon Lord Bloomfield« – dem britischen Botschafter in Berlin – »klarmachte, so etwas wie die Heirat der Princess Royal in Berlin komme überhaupt nicht in Frage. Dem würde die Königin niemals zustimmen, aus politischen wie aus privaten Gründen, und die Annahme, es sei zuviel verlangt von einem königlichen Prinzen von Preußen, herüberzukommen und die Princess Royal von Großbritannien in England zu heiraten, ist ja wohl absurd, um es milde auszudrücken. Die Königin muß hinzufügen, daß von seiten des Prinzen Friedrich Wilhelm nie der leiseste Zweifel daran bestanden hat, wo die Hochzeit stattfinden solle, und sie hegt den Verdacht, dahinter stecke nur Berliner Gerüchtemacherei. Aber was auch immer der Usus für preußische Prinzen sein mag: es kommt ja schließlich nicht jeden Tag vor, daß jemand die älteste Tochter der Königin von England heiratet. Die Frage kann damit wohl als erledigt und abgetan gelten[434].«
Geblähte Nüstern, zwanzig Worte unterstrichen, eines gesperrt. Vor lauter Empörung übersah sie ein noch viel zugkräftigeres Argument:

Es hatte nämlich überhaupt noch nie jemand die älteste Tochter einer – selbst herrschenden – Königin von England geheiratet. Vicky sollte auch keinen deutschen Hofstaat diktiert erhalten. Das freilich suchte die Mutter ohne Ansehen der Präzedenz durchzudrücken und mußte damit scheitern. Sie selbst hatte doch dem einheiratenden Albert erklärt, ohne landeseigene Entourage gehe es nicht. Nur, wenn sie sich dazu aufgerafft hätte, den Berliner Hof als eine Monarchie zweiter Klasse zu bezeichnen, wäre sie mit derlei mütterlichem Aberwitz erfolgreich gewesen. Unter gleichrangigen Höfen aber bestimmte derjenige Teil des Brautpaares die Bedingungen, der Träger der Krone war oder werden würde: also Victoria 1839, Friedrich Wilhelm 1858. Damit mußte sich die Königin abfinden.
Sie revanchierte sich für die Niederlage in einer für sie typischen Weise. Sie beorderte den Berliner Leibarzt Dr. Wegner nach London, damit er sich unter den Sitten des Heimatlandes der Prinzessin umtue, der er künftig zu dienen habe. Vor allem das englische Gebärwesen solle er studieren, und zwar nicht irgendwo im Lande, sondern am Hofe selbst. Die königliche Niederkunft vom April 1857, die Geburt von Vickys jüngster Schwester Beatrice, diente solcher Instruktion am besten. Bewährte Riten wurden von der Mutter ans Leben der Tochter weitergegeben, eine erstaunliche Geste dieser im Animalischen sonst so peniblen Frau, motiviert wohl nicht zuletzt auch durch Nationalstolz: man würde es den ostelbischen Halbbarbaren schon zeigen, wie in einem Land von langerprobter Zivilisation Frauenspersonen höchsten Standes entbunden zu werden wünschten.
Leider brachte eine Kindsverheiratung auch wieder Stoff für Konflikt mit dem Parlament. Die Apanage für Vicky mußte festgesetzt werden, insonderheit hinsichtlich des Witwenfalls. Victoria, das Einzigartige dieser Hochzeit fest im Blick, verlangte 10000 Pfund im Jahr und das Achtfache für den Todesfall des Mannes. Nicht nur Geburt, auch Ableben galt es zu bedenken, und wie recht sie damit hatte, mußte sie später, beim Krebstod des Schwiegersohns, schmerzvoll erleben. Dreizehn kummervolle Jahre hatte die Tochter-Witwe danach noch durchzustehen. Das Parlament aber dachte anders und bewilligte 8000 Pfund pro Jahr und das Fünffache für den Fall der Fälle. Englisches Selbstbewußtsein nahm schon damals keinen Anstoß an der Vorstellung überlegener deutscher Finanzkraft. Wenn alles stimmte, was man vom industriellen Aufschwung der Preußen hörte, so sollte ihnen ihre künftige Königin wohl eigene Opfer wert sein.

Das Unterhaus sabotierte bei dieser Gelegenheit auch den Versuch Victorias, die künftigen Geldregelungen aller übrigen Kinder durchzusetzen, wofür der Hof die einleuchtende Formel »Alles auf einmal, und ein für allemal« gefunden hatte. Dem Kollektivgedächtnis der Parlamentsmitglieder fielen sofort die 15 Kinder Georges III. ein, der »verdammteste Mühlstein am Halse der Nation«, wie Wellington sie genannt hatte. Und wer mochte wissen, bis zu welcher Nachwuchsschar es das Hohe Paar noch bringen werde. Victoria war schließlich noch keine 40; es mochten dieser Prinz und jene Prinzessin nachfolgen. Daß die Königin niemals als Großmutter noch einmal Mutter geworden wäre, weil das mit ihren Vorstellungen von Schicklichkeit dann doch unvereinbar war, schien keiner ihrer Zeitgenossen zu begreifen.

Hochzeit also in Preußen, aber auch in England. Dem London-Beobachter Theodor Fontane erzählte Botschafter Bernstorff

»von der kleinlichen Ängstlichkeit Lord Clarendons bei der Abfassung und Gutheißung der Ehepakten zwischen unserem Prinzen und der Princess Royal. Sie sind alle im Choc vor der Königin; in politischen Dingen, wo das Parlament die Minister deckt, ist die Königin wenig mehr als eine Puppe, in häuslichen Angelegenheiten aber und überall, soweit ihre unbestrittene Machtvollkommenheit reicht, weiß sie sich den Ministern gegenüber durchaus in Respekt zu setzen[435].«

Wie immer galt es nicht nur den Tag selbst, sondern den letzten Nichttag davor zu begehen. Auch gab es genug über die lärmende deutsche Verwandtschaft zu staunen, die sporenklirrend den Buckingham-Palast bevölkerte. Der Hochzeitstag verlief strikt nach dem Ritual des Besitzbürgertums der Zeit. Man heuerte Musiker an, die den einschlägigen Marsch aus Mendelssohns »Sommernachtstraum« intonierten; die treulich geführten Weisen aus »Lohengrin« waren in England damals erst noch eine Angelegenheit für Kenner und Liebhaber. Beide Mütter nahmen den Tag zum Anlaß, sich fortan zu duzen. Die Eltern der Braut ließen sich mit ihr knipsen, Mutter verwackelte das Bild. Dreizehn Monate später teilte Victoria der fernen Tochter mit, wie ihr zumute gewesen sei. Es wurde einer jener Ausbrüche – gegen das Heiraten überhaupt, gegen die gefühllosen Männer insonderheit –, wie sie ihr schon lange ein Bedürfnis gewesen waren. Nur hatte bisher der geeignete Adressat gefehlt:

»Ja, Liebstes, es ist ein schrecklicher Augenblick, wenn man sein unschuldiges Kind einem Manne geben muß, selbst einem noch so netten und guten, und sich vorzustellen hat, was es alles durchmachen wird! Ich kann gar nicht beschreiben, was ich alles auszustehen hatte, was ich empfand, welche Kämpfe ich durchleiden mußte – ich habe das immer noch nicht ganz überwunden, und dann jene letzte Nacht, als wir Dich zu Bett brachten und Du so sehr weintest, sagte ich zu Papa, als wir allein waren, ›eigentlich ist es, als schleppe man ein Opferlamm zum Altar‹. Du weißt inzwischen, was ich meine, Liebes. Ich weiß, daß Gott das alles so will und daß dies die Heimsuchungen sind, die wir armen Frauen durchmachen müssen; kein Vater, kein Mann kann das nachempfinden. Papa würde sich da nie hineinversetzen können! Wie er überhaupt meine sehr heftigen Gefühle selten begreift. Ich muß richtig schaudern, wenn ich Deine lieben, glücklichen, ahnungslosen Schwestern sehe – und daran denke, daß ich sie aufgeben muß, eine nach der anderen!! Unsere liebe Alice hat mehr gesehen und gehört als Du (natürlich nichts von dem, was man erst durch Heiraten und Kinderkriegen erfährt), auch durch Deine Heirat – jedenfalls genug, um ihr einen Horror vor der Ehe zu geben[436].«

Sie hätte jeden modernen Psychiater durch ihre Offenheit entzückt und entwaffnet zugleich. Die Kupplerin als Glucke und umgekehrt – sie schwankte hoffnungslos zwischen den Extremen. Denn kaum war Vicky in Berlin etabliert, machten sich Mutter und Tochter gemeinsam und emsig auf die Suche nach passenden Heiratskandidaten für die noch unvermählten Geschwister der Princess Royal, während gleichzeitig die Königin sich einredete, sie könne zumindest dies oder jenes Kind vor dem Opfergang bewahren, sprich: zu ihrer Bequemlichkeit im Hause halten. In zwei Fällen schaffte sie es dann auch.

Prinz Albert brachte das preußisch-englische Paar am 2. Februar 1858 in einem wüsten Schneesturm von Windsor nach Gravesend ans Schiff. Kaum waren sie abgereist, fiel der Königin ein, daß sich die beiden nicht in das Gedenkbuch eingetragen hatten, das aus ihrer Mädchenbeschäftigung des Autographensammelns inzwischen zum Repräsentationsalbum fürs Einfangen großer Augenblicke geworden war, die Luxusausgabe einer Puppenstubensitte. Ein Blatt des Buches wurde herausgelöst und nach Berlin gesandt, um das Versäumte einklebenderweise nachzuholen:

»Du mußt hineinschreiben: Victoria, Princess Royal, Prinzessin Friedrich Wilhelm von Preußen[437].«

Nun begannen die beiden Frauen sich Briefe zu schreiben, nach und nach wurden es 4000. Albert sagte der irritierbaren Königin nach, sie sei froh, die Tochter aus dem Hause zu haben – womit er auch meinte, daß er selbst eine Gesprächspartnerin verloren hatte. Eine solche gewann nun die Königin. Des ewigen Monologs mit dem »Tagebuch« nun doch etwas überdrüssig geworden, verlangte es die temperamentvolle Frau nach Austausch. Mindestens zweimal in der Woche schrieb sie; die Kuriere müssen beschäftigt gewesen sein. Die Prinzessin,

»die bemerkenswerteste englische Königstochter der modernen Geschichte, mindestens seit Ankunft der Hannoveraner in England[438]«,

war nach britischer Auffassung an einen langweiligen Hof verschlagen worden. Berlin hatte immer abseits der Reiserouten der englischen Aristokratie gelegen. Man wußte von dort nur, was Diplomaten zu berichten hatten. Die klassische Kavalierstour schloß in Deutschland nur die Rheinstrecke ein. Allenfalls über das Hannoversche wußte man noch Bescheid, solange die dynastische Einheit mit England bestand. Die Preußen aber galten auf dem internationalen Parkett als das, was daheim neureiche Adlige der ersten Generation waren: an den aufwendig gewählten Stulpenstiefeln klebte noch deutlich sichtbar der bäuerische Dreck. Sie hatten vielleicht Geld, aber keine Manieren, und selbst wo sie sie hatten, machten sie ihnen Mühe.

Vicky fand den Hof zunächst

»ganz bestimmt großartig und brillant und, wenn ich so sagen soll, würdevoll[439]«.

Allerdings bestätigte sie nach und nach alle Vorurteile ihrer mitleidenden Mutter. Nachdem diese sich erkundigt hatte, ob ihr Hochzeits-Eisenbahnzug auch jenes angenehm-modische Hygiene-Kämmerlein gehabt habe und ob die Berliner Zimmer des Paares so angeordnet seien wie die einschlägigen im Buckingham-Palast und in Windsor, galt die nächste Frage der Überheizung der Räume. Vicky wußte Schlimmeres mitzuteilen:

»Jeder der Prinzen hat in seinem Haushalt jemanden, der spioniert und dann in der ganzen Stadt ausposaunt, was der Prinz oder die Prinzessin sagt oder tut[440].«

Victorias Haare sträubten sich. Dabei hätte sie nur daran zu denken brauchen, wie viele »Geheimnisse« sie selbst schon zu bewahren gesucht hatte, ohne sie vor der Presse verbergen zu können; Vickys Heiratsplan diente dazu als jüngstes Beispiel.

Später wurde die Berliner Tochter mehr und mehr in das Koordinatensystem verwickelt, das zwischen den Fürstenhöfen Europas bestand, mit oder ohne Wissen der Ministerien. Sie nahm diese Rolle gern an. Für Politik interessierte sie sich mehr als ihre Mutter, und man hat ihr das Kompliment gewährt, sie sei die einzige Person des englischen Königshauses gewesen,

»die während der Lebenszeit von Karl Marx ein Interesse an ihm zeigte[441]«.

Jetzt aber wollte die Mutter anderes von ihr erfahren:

»Give me your feelings[442]!«

verlangte sie kategorisch. Eindrücke wollte sie, denn Fakten las sie schließlich in den diplomatischen Depeschen. Wie ihr das deutsche Essen bekomme, was sie anziehe, wie sie mit den Räumlichkeiten zufrieden sei, ob sie das geschenkte Thermometer benutze.

»Du mußt versuchen, meine Fragen zu beantworten und auf die Dinge einzugehen, die ich erwähne, sonst kommt keine Konversation zustande[443].«

Ordnung halten, nicht wild durcheinander reden, planvoll vorgehen – nach fast zwanzig Ehejahren mußte es ja so kommen, daß Albert allmählich abfärbte. Wenn er ihr Selbstkontrolle predigte, so mochte ihr Temperament zwar dagegen rebellieren, aber das war nicht gut, das hatte sie lange genug an der Tochter beobachtet, also mußte auch sie sich mäßigen,

»so mühsam das auch sein mag[444]«.

Keine Vertraulichkeiten in Berlin also, nicht einmal mit den Schwiegereltern. Vor allem nicht frühzeitig anderen Frauen gegenüber in jenen Ton der Kumpanei verfallen, der die Matrone von der jungen Frau unterscheide. Und die Tasse Tee vor dem Schlafengehen nicht vergessen. Rührende Befürchtungen der Tochter, ob man sich das sehr deutsche Skandalstück namens »Faust« ansehen dürfe, konnte die Königin jedoch guten Gewissens zerstreuen:

»Davor brauchst Du keine Angst zu haben. Ich bin in diesen Dingen empfindlich wie nur einer, als die Matrone, die ich bin, aber es ist so großartig, daß man sich nicht abgestoßen fühlt. Du kannst ruhig hingehen, Liebes[445].«

Es folgte der schon erwähnte Briefwechsel über das Kind als angeblich unsterbliches Wesen, dem man das Leben gibt, und Victorias Exkurs über die Frau als Kuh und Hündin, was sie für den passenderen Vergleich hielt. Aber allen Abschreckungs-Illusionen zum Trotz verlobte sich auch Victorias zweite Tochter Alice bereits mit 17 Jahren. Sie wurde ebenfalls am Tage der Erklärung von den aufgeregten Eltern

mit dem Zukünftigen allein gelassen, diesmal am abendlichen Kamin. Prinz Louis von Hessen-Darmstadt war der erste Schwiegersohn, den die Königin wie ein eigenes Kind hielt. Er sagte »Mama« zu ihr, von Fritz in Berlin nachdrücklich um dieses Privileg beneidet. Aber Louis habe doch, ließ Victoria die Tochter wissen, schon zuvor »Tante« gesagt, da habe sich das eben nicht anders ergeben. Die beiden wurden die Urgroßeltern des heutigen Herzogs von Edinburgh. Anreden schienen triviale Sorgen. Lastete nicht mehr auf den Eltern? Ein Foto[446], das Victoria und Albert im Jahre 1860 machen ließen, zeigt beide stark gealtert. Ihre Mundwinkel haben anscheinend die Kraft verloren, je noch einmal heiter nach oben zu zeigen, der Prinz insonderheit ist ganz arbeitsüberladener Unternehmer.
Das Bild täuscht jedoch. Allen Spannungen zum Trotz war ihr Zusammenhalt unlösbar. »Unerschöpflich und unbegrenzt« hatte Albert in einem seiner Krisenprotokolle und Einlenk-Offerten seine Liebe zu ihr bezeichnet; das las sie nicht, ohne daß es seine Wirkung tat. Ganze Monate voll vorbildlicher Selbstdisziplin gab es danach jeweils zu berichten.
Im September 1860 unternahm das Paar eine Tour inkognito durch die schottischen Highlands. Als »Lord und Lady Churchill« trugen sie sich in den Hotels ein. Sie hatten ein Faible für großbürgerliche Unterkünfte und deren erstklassige Prominentenabschirmung entwikkelt. Ganz so sparsam wie in den ersten Jahren wollten sie nun nicht mehr sein. Ihr Reichtum war offenkundig, aber er sollte sich dennoch nicht zeigen, daher die falschen Namen. Während sie jedoch den Portier – sagen wir – des Hotels »Kaiserlicher Hof« zu Köln mit solcher Maske niemals getäuscht hätten, gab es im eigenen Lande noch Winkel, in die bisher kein Bild der Monarchin gedrungen war. Victorias anspruchsloses Büchlein unter dem Titel »Blätter aus unserem Leben im Hochland«, das sie 1868 publizierte, schildert die simplen Vergnügungen dessen, was sie »Die großen Expeditionen« nannte, Ausflüge von nicht mehr als 30 bis 40 Kilometern. Die Versteckklust aller Gekrönten war in ihr beflügelt worden, seit sie von Florence Nightingale gehört hatte, daß es neuerdings tatsächlich Frauen gab, die unter angenommenem Namen reisten. Und was tat es schon, wenn der wakkere Jagdgehilfe des Prinzen, John Brown, beim Aufpacken vorm Gasthof plötzlich laut rief: »Jawohl, Eure Majestät!«
Preußens Neutralität im Krimkrieg, Enttäuschung darüber, daß Prinz Wilhelm als Regent wenig liberale Änderungen im Sinn zu haben

schien, Unbehagen über das Aufkommen einer weiteren Großmacht auf dem Kontinent, symbolisiert durch die ominösen militärischen Gußstücke auf der Weltausstellung – viel kam zusammen, um Alberts Traum von der künftigen britisch-deutschen Allianz zu verwirren. Im Juli 1861 mußte er seinem Onkel in Brüssel bekennen, er mache sich Sorgen wegen der »Junker- und Bürokratenpartei« in Preußen. Sie sei stark in der Armee vertreten, vor allem in der Garde. Um eine konstitutionelle Regierung zu verhindern, schrecke sie vor nichts zurück, nicht einmal vor der Ausschlachtung der britischen Innenpolitik zu ihren Zwecken. Schon unter Friedrich Wilhelm IV., dem guten Freund Victorias und Alberts, hatte es recht skrupellose Versuche gegeben, mit Gerüchten über neue Attentate auf das Londoner Herrscherpaar die preußische Opposition mundtot zu machen. Beim Kölner Kommunistenprozeß von 1851 sollte eine internationale Verschwörung aufgedeckt werden, und der König gab seinem Ministerpräsidenten Manteuffel Order, sich provokatorischer Agenten zu bedienen, um

»dem preußischen Publikum das lange und gerecht ersehnte Schauspiel eines aufgedeckten und (vor allem) bestraften Komplotts zu geben[447]«,

ein Gedanke, den der König »nicht gerade unter die lauteren klassifizieren« wollte. Manteuffel gab solche erfundenen Informationen an das britische Auswärtige Amt weiter, und einer derjenigen, die man deshalb beinahe ausgewiesen hätte, war Karl Marx.

Es gibt keinen Hinweis darauf, inwieweit Albert oder Victoria von solchen Machenschaften unterrichtet waren. Aber daß sie 1860 nicht mehr daran glaubten, Preußen werde die deutsche Einheit durch seine moralische Führungsrolle eher als durch Gewalt zustande bringen, dafür sind Belege genug vorhanden. Auch wenn die Londoner Zeitungsberichte über die Begleitumstände der Berufung Wilhelms I. auf das Gottesgnadentum feindselig eingefärbt waren, so mußte der bloße Gedanke an eine solche romantisch-mittelalterliche Absegnungsideologie für Albert und Victoria fremd sein. Das sei doch, schrieb der Prinz an Stockmar, in den beiden letzten Jahrhunderten ad absurdum geführt worden. Er übersah die Jugendlichkeit des preußischen Aufstiegs – dort wollte man eben in bester Nachwuchsmanier alle Fehler der Alten lieber erst noch einmal selber begehen. Daß im Telegramm Wilhelms über seine erfolgte Krönung ein wahrscheinlich braver Berliner Postbeamter aus dem »Gott helfe mir!« ein »Gott helfe mich!«

machte, löste bei Victoria und Albert schallendes Gelächter aus, und wann konnte man schon einmal über Preußen lachen. Der Prinz vergaß auch nicht, daß eine seiner ersten Federübungen auf dem für ihn neuen Feld der britischen Außenpolitik ein Memorandenaustausch im November 1840 gewesen war, als Palmerston der Königin die künftigen Möglichkeiten eines deutsch-französischen Krieges dargestellt hatte. Der war nun eher nah als fern gerückt.
Weihnachten 1860 auf Schloß Windsor wurde als unbeschwertes Fest gefeiert – zum letztenmal. Dann kam das Katastrophenjahr. Im Januar starb Friedrich Wilhelm IV. Im Februar hatte Albert viel Last mit Zahnschmerzen, ließ aber die Arbeit nicht ruhen, fand auch Zeit für Korrespondenz mit anderen Leidenden, zum Beispiel der Herzogin von Kent und ihrer schlimmen Wundrose:
»Ich darf den 10. nicht vorübergehen lassen, ohne Dir zu schreiben... Einundzwanzig Jahre machen eine gute lange Zeit, und unsere Ehe comes of age according to law. Wir haben unseren Eid for better and for worse treulich gehalten... Du hast hoffentlich immer gute und liebende Kinder an uns gefunden, und wir haben nur Liebe und Güte von Dir erlebt[448].«
Am 16. März starb die Herzogin, sie war 75. Victoria saß an ihrem Bett und hielt ihre Hand. Zum erstenmal sah sie den Tod, nachdem der Krimkrieg ihr gezeigt hatte, wie Schmerz und Qual sein können. Von dem Augenblick an, da die Mutter gestorben war, entschloß sich Victoria, nichts mehr von einstigen Drangsalen wissen zu wollen. Nur Wärme und Zuneigung war es fortan, was sie von der Herzogin empfangen haben wollte. In dieser pietätvollen Kehrtwendung, die dem gutbürgerlichen Wunsch nach heilem Familienbild entsprach, wurde sie freilich bestärkt durch die hinterlassenen Papiere ihrer Mutter, in denen sie viel Liebe für sich und den unbekannten Vater fand.
Der Prinz aber, als Testamentsvollstrecker eingesetzt, bekam eine neue Last aufgebürdet. Spät erst hatte die Herzogin, nachdem sie Conroys liederliches, ja in Unterschlagung mündendes Führen ihrer Bücher einsehen mußte, sich bereit gefunden, einem Treuhänder Zugang zu allen Unterlagen zu gewähren. Der war kurz zuvor gestorben. Schulden gab es rundum, und Victoria hatte nun auch für Conroys Familie zu sorgen, weil das Testament der Mutter ihr dies ans Herz legte. Das Unheilsjahr nahm seinen Fortgang. Im April attackierte die »Times« den Prinzen aufs neue. Das Leben sei traurig, schrieb er im Mai an die Tochter in Berlin. Victoria klagte wieder über den

»schrecklichen Geburtstag« am 24. Albert habe sich eine weitere Arbeit aufgeladen, die Gartenbaugesellschaft; ihretwegen müsse man vorzeitig aus Osborne abreisen und dort den kleinen kranken Leopold zurücklassen, der war jetzt acht.

»Ich bin sehr verärgert und betrübt, daß ausgerechnet derjenige mich zwingt, ihn zurückzulassen, der eigentlich wünschen sollte, daß ich bleibe. Aber Männer kennen nicht die Gefühle und Ängste der Frauen. O nein[449]!«

Nicht die Gartenkunst allein – jene verräterische Beschäftigung, die Wachstum ohne Widerrede will –, sondern tausend andere Dinge verlangten von Albert ein Pensum, das er an vielen Tagen nicht mehr zu geben in der Lage war. Gesetzentwürfe brauchten seine Verbesserungsvorschläge; also galt es sich in die Geschichte der Ost-Indien-Gesellschaft einzulesen. Kriselnde City-Finanzen waren nicht damit abzutun, daß Albert fand,

»langer Wohlstand hat alle Bankiers, Spekulanten und Kapitalisten sorglos gemacht[450]«,

sondern es mußte auch begriffen werden, warum das so war. Die Gelder des Ausstellungsfonds von 1851 waren immer noch nicht richtig angelegt, und eine neue Ausstellung, für 1861 geplant, sollte nun 1862 stattfinden. Konnte es sein, daß der Herzog von Argyll, der dem Vogelflug bestimmte Erkenntnisse abzugewinnen suchte, einer Sache vom Rang alter Menschheitsträume auf der Spur war? Darum mußte man sich kümmern. Waren die Politiker nicht zu sorglos, was das recht elende Dasein der Massen in den Vorstadtquartieren der neuen Metropolen anging? Da halfen Memoranden nicht, da mußte organisiert, mit gutem Beispiel vorangegangen werden.

Nun kamen die grauen Haare. Bei einem Großvater hätten sie, schrieb er an Vicky, ja doch wenigstens einen gewissen Sinn. Er fror mehr und mehr, ließ in der Frühe, wo immer er war, Osborne oder Windsor, Balmoral oder London, ein Feuer im Frühstücksraum anzünden, obwohl er wußte, daß Victoria das beklemmend fand. Er trug eine Perücke, denn der kahler werdende Kopf mußte geschützt sein. Im Sommer 1861 kamen Vicky, Fritz und die Kinder, denn Prinz »William« hatte schon eine Schwester namens Charlotte. Sie besichtigten das Mausoleum von Frogmore im Park von Windsor, wo die Großmutter lag, die erste in dieser Grabesstätte, die Albert entworfen hatte. Im Herbst reiste das Paar nach Irland. Die Insel war relativ ruhig. Die Aderlässe der späten vierziger Jahre, Tod und Auswanderung, hatten

Mattigkeit und Ruhebedürfnis zur Folge. Victoria beschrieb die Reise mit den Adjektiven, die jeder begeisterte Tourist für Wolken, Wind und Wasser Irlands bereithält. Einen Felsvorsprung in einem See taufte sie auf ihren Namen mit einer fröhlich zerschellenden Flasche guten Weines. Im übrigen erinnerte viel an Schottland, nur nicht die eigentümlich »schrillen« Rufe der Bewohner. Irgendwie waren auch die Mücken von Balmoral nicht so lästig wie die in Killarney.
Das geliebte Haus in den Highlands wurde anschließend aufgesucht. Als man es am 22. Oktober 1861 verließ, tat John Brown wieder einen seiner Wahrsprüche.
»Er hoffe, wir würden alle gut durch den Winter kommen und heil zurückkehren ›und vor allem keinen Tod in der Familie haben‹ ... Er erzählte, er habe (vor 12 Jahren) drei Brüder an Typhus verloren[451].«
Als sie das an Vicky schrieb, am 13. November, waren die beiden ersten in der Familie schon daran gestorben: der König von Portugal, Pedro, und sein Bruder Ferdinand, Nachkommen eines Bruders der Herzogin von Kent, Vetternkinder also. Würde es einen dritten Toten geben?
Am 19. November schrieb der Prinz an seine Tochter,
»Ohne die Basis der Gesundheit ist es unmöglich, etwas Stabiles zu bauen. Der schreckliche Fall von Portugal steht in starken Zügen vor uns. Schone Dich darum ...[452]«
Drei Tage später schrieb er, der solche Ratschläge selbst nicht beherzigte, den letzten Brief an Wilhelm I.:
»Von hier kann ich wenig erzählen. Wir leben privatim wie politisch in vollständiger Ruhe. In Irland fehlt es an Kartoffeln, hier wird es im Winter an Arbeit für die Baumwollindustrie fehlen, doch hofft man, daß die Not nicht allzu groß sein wird. Bertie will den Winter das ›gelobte Land‹ bereisen und wird wahrscheinlich über Wien, Triest, Korfu usw. usw. gehen. Der kleine Leopold ist glücklich in Cannes angekommen; Alfred ist von Halifax nach Bermuda gesegelt, um sich dort mit der für die (unnötige) mexikanische Expedition bestimmten Flotte zu vereinigen.
Mit Victorias herzlichsten Grüßen und den meinigen für die liebe Kusine verbleibe ich wie immer

Dein treuer Freund und Vetter Albert[453].«

In diesem Brief stimmte ein Wort nicht: »privatim« konnte von Ruhe keine Rede sein. Ganz im Gegenteil hatte die Familie soeben eine ihrer

schwersten Krisen notdürftig überwunden. Alberts munterer Ton von Haus zu Haus entsprang der Sorge, es möge sich auch andernorts herumsprechen, was sich getan hatte. Bertie, nun 20, war nach einer unlustigen Zeit in Oxford durch eine noch weniger befriedigende in Cambridge gegangen. Im Sommer aber zeigte es sich, daß eine Reise, die ihn weit weg und durch Nordamerika führte, ein voller Erfolg wurde. Ohne väterliche Pläne und mütterliche Mahnungen lebte der Thronfolger auf, fühlte sich als freier Mann, war umgänglich und machte sich beliebt bei jedermann. Schon sein Großvater hatte herausgefunden, daß Überseebriten in Quebec und Exkolonialisten in Boston ein Faible für britische Prinzen entwickelten, und Berties Tutor Bruce schickte einen sehr vorteilhaften Rapport.
Im April hatte der Prinz an Stockmar geschrieben, wenn diese Reise des Sohnes anschlage, solle er im Frühherbst das Militärlager von Curragh bei Dublin beziehen. Dorthin ging er nun, und die stolzen Eltern besichtigten ihn während ihrer Reise durch Irland.
»Kurz vor drei gingen wir zu Berties Quartier, eigentlich das von Sir George Brown. Es ist ganz wohnlich – nettes kleines Schlafzimmer, Wohnzimmer, Salon, geräumiges Eßzimmer, wo wir alle zusammen aßen...[454]«
Albert schrieb an König Wilhelm in Berlin:
»Bertie hat seine Sache im Lager der Curragh of Kildare recht gut gemacht, hält sich etwas besser und hat alles von unten auf methodisch durchgelernt bis zur Kompanieführung, indem er dreimal des Tages exerzierte, und es scheint ihm viel Freude gemacht zu haben[455].«
Geplant war, daß der Prinz von Wales aus dem irischen Lager sogleich zu preußischen Manövern nach Koblenz reisen werde. Wilhelm I. wollte ihn schon Anfang September dort unter seine Fittiche nehmen, Albert aber schrieb, vor dem 15. könne Bertie nicht kommen, der Grund liege
»in einer seit längerer Zeit festgesetzten Festlichkeit, welche die Stadt Dublin Bertie zu seinem Abschiede von Irland zu geben gedenkt und welche sich nicht gut verrücken läßt[456]«.
Dieses Fest war es wohl, in dessen Anschluß der Prinz, zum »ganz wohnlichen« Quartier zurückkehrend, im »netten kleinen Schlafzimmer« die Schauspielerin Nellie Clifden vorfand, von wohlmeinenden oder auch nicht ganz so naiven Offizierskollegen dorthin verbracht. Der künftige König war nicht der Mann, solche Gelegenheiten mit der Empörung falscher Prüderie auszuschlagen. Nichts spricht je-

doch für die Vermutung, dies sei etwa das erste sexuelle Abenteuer des Prinzen gewesen. Es war nur eines von denen, die ruchbar wurden, denn Miß Clifden, die Bertie übrigens auch noch traf, als er wieder in Windsor war, wußte dafür zu sorgen. Nach einigen Quellen war ein Mitglied des Hofstaats, Lord Torrington, der Überbringer der Schreckenspost an Prinz Albert, nach anderen warnte Stockmar, es gehe schon in Deutschland ein Gerücht dieses Inhalts um. Am 13. November jedenfalls brachte Albert es der Mutter bei.

Der Tag wurde sofort in Victorias Datenkartei eingereiht und später unter Lamentieren begangen. Das Elternpaar reagierte mit der klassischen Bürgerfrage, was nur die Leute denken sollten. Alberts Phantasie wurde dadurch beflügelt, daß er den Schauplatz des Horroraktes – und nur in den stärksten moralischen Verdammungsurteilen konnte er darüber sprechen – erst kürzlich mit der Königin besichtigt hatte. In einem Brief an Bertie vom 16. November schmückte er die möglichen Folgen einer Erpressung des Thronfolgers durch das – sicher geschwängerte – Tanzhallen-Flittchen bis ins Absurde aus:

»Wenn Du versuchen solltest, es abzustreiten, kann sie Dich vor Gericht schleppen und Dich zwingen, es zuzugeben, und da stehst Du, der Prinz von Wales, im Zeugenstand, und sie kann vor einer lüsternen Menge abscheuliche Einzelheiten Deiner Verworfenheit angeben, um die Geschworenen zu überzeugen, und Du wirst von einem höhnischen und gemeinen Anwalt ins Kreuzverhör genommen und verhöhnt und angeschrieen durch einen zügellosen Mob!! O schreckliche Vorstellung, und diese Person hat es in der Hand, daraus jeden Tag Wirklichkeit zu machen! und das Herz Deiner armen Eltern zu brechen[457].«

Es wäre leicht, im Licht der Psychoanalyse den Schreiber dieser Zeilen einem sehr ungünstigen Urteil zu unterwerfen. Aber selbst wenn Prinz Albert Geschlechtsverhältnisse mit nachfreudschen Augen gesehen hätte, konnte ihm der Vorfall nicht ganz gleichgültig sein. Der Brief handelte von Politik, nicht von Moral. Die Monarchie – auf die kam es für Albert an – war nun gerade erst gute zwanzig Jahre wieder in ordentlichen Händen. Einen Rückfall in den Lebensstil des Prinzregenten konnte sie nicht überleben. Etwas kam hinzu. Albert und Victoria mußten sich bei aller Abneigung gegen George IV. gestehen, daß er ein genialer Wüstling gewesen war. Bei Bertie dagegen – so sahen sie es – stand nicht einmal die Brillanz zu erwarten. Und war die Sorge um den Ruf des Thronfolgers so unberechtigt? Genau 30 Jahre später wurde der Prinz von Wales tatsächlich in den Zeugenstand gerufen, in einer Falschspieler-Affäre, die einen Offizier seines Umgangs belastete, weshalb Bertie für viele so gut wie auf der Anklagebank saß[458]. Zehn Jahre zuvor, als zwei seiner Freunde in einem Scheidungsprozeß zitiert wurden, herrschte die Meinung, man habe den Prinzen – von dem die Dame ebenfalls Briefe besaß – zu leicht davonkommen lassen[459]. Alberts selbstquälerische Gerichtsvision nahm nur weitsichtig vorweg, was dann auf die alleinstehende Mutter reichlich zukam.

Bertie, im Grunde gutmütig, war über den Brief des Vaters erschrokken genug, und am 25. November kam es zu einer Aussprache in Cambridge, die zu einiger Zufriedenheit des Vaters verlief. Der Sohn weigerte sich, die Namen der Offiziere zu nennen, die ihm den Schabernack gespielt hatten (wenn es einer war). Das sah Prinz Albert als einen guten Zug. Vor allem erhielt er die bindende Zusage Berties, daß die Affäre mit Nellie Clifden beendet sei. Der inzwischen eingefädelten Eheverbindung mit der dänischen Prinzessin Alexandra schien also keine fortdauernde Liaison im Wege zu stehen. Bertie hatte sich nach einer Besichtigung der Prinzessin – unauffällig arrangiert aus Anlaß der erwähnten preußischen Herbstmanöver, also nach der Curragh-Affäre – Bedenkzeit ausgebeten. Dies nun wieder bedrückte Albert: Sprach daraus der Wunsch, sich vor der Heirat erst noch auszutoben? Der Vater schätzte den Sohn richtig und falsch zugleich ein, denn dessen große Leidenschaften kamen erst, als er bereits verheiratet und Vater, ja Großvater war. Auch Victoria hatte in diesem Punkt wenig Illusionen, was Berties Zukunft anging. Statt sich für Alexandra zu interessieren, die doch so schön und strahlend sei, kümmere er sich, wie sie im Oktober an Vicky schrieb, nur um seine bevorstehende Reise nach Palästina und um allerlei Privataffären der Gesellschaft. Am 20. November teilte sie der Tochter mit, es gehe ihr gut und Papa auch. Sieben Tage später aber war er krank,

»but thank God! unberufen not one of his bad old attacks – but a cold with neuralgia – a great depression which has been worse these last three days[460].«

Für eine moderne Diagnose von Krankheiten aus früherer Zeit fehlen oft die Voraussetzungen. Um so wichtiger ist es, die überlieferten Zeugnisse genau zu studieren. Mit den alten »Attacken« waren vor allem Magengeschichten gemeint, die zu Unwohlsein und Unlust führten. Er vertrug nicht alle Speisen, aß aber keine Diät. Auch zu Erkältungen neigte der Prinz, leichtes Fieber war dabei oft im Spiel gewesen. Seit der Mitte seiner dreißiger Jahre kam häufig die Schlaflosigkeit hinzu. Für alles das gab es nach seiner Ansicht äußere Erklärungen: die schlecht isolierten Räume der Paläste und die Überlast der Arbeit. Auch das Reisen blieb beschwerlich, denn abseits der neuen Schienenwege ließen sich ganze Landstriche nur in kühler Kutsche unterm Plaid bewältigen. Nach Sandhurst zum Beispiel, zur Militärakademie, führte noch keine durchgehende Bahnlinie, und die dort neu errichteten Gebäude hatte Albert am 22. November in kaltem Regenwetter besichtigt. Durchnäßt und über Rheuma klagend kam er nach Windsor zurück.

Mit dem Typhus, so möchte man alles Weitere einleiten, ist es folgendermaßen bestellt. Befällt er einen Menschen, der sich erbittert wehrt, der keinen Grund zur Lebensflucht hat, einen Mann wie Lord Palmerston etwa, dann läßt er sich überwinden. Handelt es sich aber um einen nur schwachen Lebenswillen, der in einer königlichen Hoheit steckt, die statt in einer Märchenmonarchie in der harten und rauhen Welt leben muß, in einem Mann, der zwar bereits 42 Jahre alt ist, aber noch so viel vom siebenjährigen, zarten und musischen Hanno Buddenbrook hat, dann gewinnt der Typhus leicht die Oberhand. War es aber diese Krankheit? »Typhoid fever« nannte man die Gesamtheit der Symptome damals. Dr. Jenner, der Hauptarzt am Bett des Kranken, teilte diese Diagnose einem Kollegen mit, Dr. Edmund Parkes, der sich auf Städtesanierung spezialisierte und also verstand, wie sie gemeint war. Was Parkes im Krimkrieg gelernt hatte, wandte er später – zu spät für den Prinzen, mit dem er gleichaltrig war – im militärischen und zivilen Bereich innerhalb und außerhalb Englands an. Die Entdeckung des Typhuserregers (1880) hat auch er nicht mehr erlebt. Jenner wußte von Anfang an, um was es sich handelte. Den meist wochenlang fiebrigen Verlauf der Infektionskrankheit sagte er bereits am 2. Dezember voraus. Die Königin beruhigte er – Albert dagegen war schon zu diesem Zeitpunkt sicher, daß es ernst um ihn stand. Nach schlafloser Nacht mit Schüttelfrost

»sagte er, es sei gut, daß er kein Fieber habe, denn davon würde er sich nicht erholen! – worauf wir alle sagten, das sei Unsinn, und er solle von so etwas nicht wieder reden. – Er nahm etwas Suppe mit Graubrot zu sich, vertrug es aber leider nicht[461].«

Dr. Jenner und Sir James Clark alarmierten sofort den Premierminister. Palmerston riet der Königin das Hinzuziehen eines weiteren Spe-

zialisten an. Victoria dankte für die Teilnahme, lehnte aber den Vorschlag glatt ab:
»Ihre Majestät hat Seine Königliche Hoheit schon früher in ähnlichem Zustand erlebt und hofft, daß in ein paar Tagen alles vorüber ist. Außer Sir James Clark hat die Königin glücklicherweise den ständigen Rat von Dr. Jenner zur Verfügung, eines äußerst tüchtigen Arztes, und Ihre Majestät ist keinesfalls gewillt, unnötiges Aufsehen zu erregen, wozu kein Anlaß besteht, indem sie einen Mediziner hinzuzieht, der normalerweise nicht im Palast tätig ist[462].«
Palmerston hatte den Prinzen gesehen, denn als dieser die ersten Anzeichen der Krankheit erkennen ließ, befand sich der Premierminister gerade in Windsor. Sein Verhältnis zum Hof war längst normalisiert, und es handelte sich bei Victorias eher kühler Ablehnung des gutgemeinten Rates nicht um persönliche Indignation, auch wenn das im »Tagebuch« so scheinen mag. Vielmehr wollte die Königin ihre eigene Besorgnis nicht zugeben. Der rastlos durch die Zimmer eilende, von Sofa zu Sofa vergeblich die rechte Ruhelage suchende Prinz war ein Bild des Jammers. Zudem wandte er die Reste seiner Widerstandskraft nicht darauf an, gesund zu werden, sondern beschleunigte durch Sorge um liegengebliebene Arbeit die Schwächung seines Körpers.
Als er am 29. November den Entwurf eines Protestschreibens von Außenminister Russell an die Regierung der amerikanischen Nordstaaten sah, verfaßte er in großer Erregung einen Abänderungsvorschlag, den er auch durchsetzte. Das Aufbringen des britischen Postbootes »Trent« auf dem Wege von den karibischen Inseln nach Southampton durch das nordamerikanische Kriegsschiff »San Jacinto« schien ihm kein Kriegsrisiko wert. Nord- und Südstaaten hatten ihren Bürgerkrieg bereits begonnen, und die öffentliche Sympathie in England lag nicht beim späteren Sieger. Auf der »Trent« fuhren zwei Diplomaten der Südstaaten, die deren Sache in London und Paris vertreten sollten. Sie wurden mitsamt ihren Sekretären von Bord geholt und nach New York gebracht. Russell verlangte Wiedergutmachung binnen sieben Tagen, ohne zu sagen, worin sie bestehen sollte (Entschuldigung? Freilassung der Festgenommenen?); andernfalls drohte er mit dem Abzug der britischen Vertretung in Washington, was einer Parteinahme im Bürgerkrieg sehr nahekam.
Albert schrieb – durch die Königin – an das Kabinett. Er berief sich auf die Aussagen der Diplomatenfrauen, die unbehelligt in England angekommen waren, wonach der amerikanische Kapitän auf eigene Ver-

antwortung, nicht in direktem Regierungsauftrag gehandelt habe. Er schlug vor, Washington eine goldene Brücke zu bauen: vermutlich habe der Kapitän seine Instruktionen überschritten oder falsch ausgelegt; unmöglich könne der US-Regierung daran liegen, Großbritannien zu beleidigen. Bei rechter Würdigung dieses Mißverständnisses werde es Washington sicher leichtfallen, spontan den Vorfall auf die einzig mögliche Weise aus der Welt zu schaffen, indem die Passagiere auf freien Fuß gesetzt würden. Russell und Palmerston akzeptierten diese Version. Das 24stündige Verzögern beim Absenden der Note hatte wohl auch sie ernüchtert, denn natürlich wollte niemand in Whitehall einen Krieg mit den USA. Aber der Geist der »Cives-Romanus«-Rede Palmerstons, einmal beschworen, war schwer zu verbannen. Selbst wenn man sich von der schönen Legende, noch im Sterben habe der Prinz sein Land vor einem Kriege bewahrt, nicht zu sehr beeindrucken lassen darf, bleibt doch die »Trent«-Affäre ein letztes Zeugnis seines gesunden Menschenverstandes und seines Vermögens, zwischen dem Bewahren nationaler Würde und forschem Prestigedenken klug zu unterscheiden.

Als die Diplomaten freigelassen wurden und die Nachricht am 9. Januar 1862, vier Wochen nach Alberts Tod, in London eintraf, schrieb Victoria einen Tag später aus Osborne an den Premierminister:

»Lord Palmerston wird nicht umhin können anzuerkennen, daß dieser friedliche Ausgang des amerikanischen Streites zum großen Teile ihrem geliebten Prinzen zu verdanken ist, welcher die Bemerkungen zu dem Entwurf einer Depesche an Lord Lyons« – den Botschafter in Washington – »geschrieben hatte, mit denen Lord Palmerston so völlig einverstanden war. Es war das Letzte, was er schrieb[463].«

Palmerston wollte auch gar nicht umhin können:

»Unzweifelhaft haben, wie Eure Majestät bemerkt, die in der Depesche an Lord Lyons vorgenommenen Änderungen wesentlich zu der befriedigenden Lösung des Streites beigetragen. Aber diese Änderungen waren nur eines von unzähligen Beispielen des Taktes, des Urteils und der feinen Unterscheidungsgabe, welche beständig Lord Palmerstons unbegrenzte Bewunderung erregten[464].«

Dies war der Nachruf, den die Königin am liebsten las. In die offizielle Biographie des Prinzen, die sie später anfertigen ließ, wurde Palmerstons von Schmeichelei freier Epitaph als einziger aufgenommen. Dort sind dann übrigens auch dessen Ratschläge, weitere ärztliche Kenntnis hinzuzuziehen, wesentlich weniger unwirsch behandelt; in

Victorias hemmungslose Klage schlich sich dann und wann die Reue ein darüber, nicht alles Erdenkliche getan zu haben. Der Premierminister ließ sich durch die Absage Victorias auch gar nicht entmutigen und korrespondierte täglich mit Alberts Privatsekretär Sir Charles Phipps, der jedoch unmißverständlich darauf hinwies, hier gehe es außer um die Gesundheit des Prinzgemahls auch um die Ihrer Majestät selbst:
»Die Königin ist im Augenblick noch vollkommen gefaßt..., aber ich muß Ihnen, höchst vertraulich, sagen, daß es sehr geschickter Behandlung bedarf, sie vor dem völligen Zusammenbruch zu bewahren[465].«
Am 8. Dezember war der Prinz sehr schwach, vertrug nicht einmal einen Kaffee, war aber noch auf und bei vollem Bewußtsein. Die Zunge, ganz trocken, trug einen braunen Belag, der Victoria erschreckte; es war die einzig sichtbare Veränderung, außer Abmagerung und Fieberaugen. Prinzessin Alice spielte, was er sich wünschte, auf einem Klavier: nicht ein Lied ohne Worte von Mendelssohn, nichts von den eigenen Kompositionen, sondern »Ein feste Burg ist unser Gott«. Kein Zweifel: er begann ins Land seiner Väter zurückzukehren. Die Zahl der Ärzte wurde nun doch auf vier erhöht; zweien davon, sagte Lord Clarendon, würde er nicht einmal eine kranke Katze anvertrauen. Aber sie konnten nicht übergangen werden.
Am 9. Dezember stand in den Zeitungen, es handele sich um eine ernsthaftere Krankheit, wiewohl kein Grund zur Besorgnis bestehe. Die zusätzlichen Ärzte regten Albert auf, das warf die Königin in Verzweiflung. Das Fehlen jeder Möglichkeit, einen solchen Patienten in eine Klinik zu bringen – und damit aus einem vor Hysterie knisternden Haushalt zu entfernen –, hat zur Verschlimmerung sicher so sehr beigetragen wie der ungenügende Stand der Medizin und der Mangel an Überlebenswille auf seiten des Prinzen. Am 10. etablierte sich Dr. Watson, neben Jenner die Kapazität, die zur Verfügung stand, auch über Nacht im Schloß. Am 11. erschien ein günstig aussehendes Bulletin. Am 12. beunruhigten Auswurf und rascherer Gang des Atems, am 13. war die Krise da. Dr. Jenner glaubte, der Patient werde jeden Augenblick in seinem Arm versterben. Das kam ganz plötzlich, Victoria machte gerade einen kurzen Gang durch den Park. Sie spürte die Last der letzten Wochen, und daß Albert nachts in einem separaten Raum liegen mußte, raubte auch ihr den Schlaf. Man hatte dem Prinzen von Wales ein Telegramm geschickt, jetzt erst, denn man glaubte, die Mut-

ter könne seinen – des Übeltäters, des »Gefallenen« – Anblick nicht ertragen. Selbst in diesen Tagen auf Leben und Tod zeigte es sich eben, daß der Prinz nicht die Majestät, nicht die zentrale, die wichtige Person auf der Szene war: das blieb die Königin. Ihre Gefühle vor allem mußten geschont werden. Sie bestimmte über das Konsultieren oder Nichtkonsultieren von Ärzten, sie befand, wann es kritisch stand oder nicht. Ihre späteren Versuche, dem ältesten Sohn die Schuld am Tode des Vaters zu geben, dienten gleichzeitig der Übertönung von Selbstvorwürfen, die sie sich in der Tat machen mußte.

Die Nacht zum 14. Dezember brachte das finale Auf und Ab. Der Prinz lag ruhig; von der Rastlosigkeit eines Kampfes war nichts zu bemerken. Er sagte »Gutes Frauchen« zu Victoria und küßte sie, als sie sich über ihn beugte. Das war am späten Abend. Stündlich wurde der Königin berichtet, wie es im Blauen Zimmer stand. Dort hatte sich Albert schließlich betten lassen – es war das Sterbezimmer Williams IV. Am Morgen hieß es, Grund bestehe zu der Hoffnung, die Krise sei vorüber. Das war sie auch: der Prinz starb. Erst zwei Monate später war Victoria in der Lage, die letzte Szene zu beschreiben:

»Er schien halb zu schlafen, ganz ruhig... Ich verließ das Zimmer für einen Augenblick und setzte mich in äußerster Verzweiflung auf den Boden. Man wollte mich trösten, aber das machte alles nur schlimmer. Alice sagte, ich solle hereinkommen[466].«

Die Hand, die sie ergriff, war schon kalt, aber noch atmete der Prinz. Die älteren Kinder knieten am Bett, Bertie war spät in der Nacht gekommen.

»Zwei oder drei lange, ganz ruhige Atemzüge, seine Hand drückte meine und... *alles, alles* war vorbei... Ich stand auf, küßte die liebe, himmlische Stirn und rief in bitterstem Schmerz: ›O mein Liebster!‹, dann fiel ich in stummer Verzweiflung auf die Knie und konnte weder ein Wort herausbringen noch eine Träne weinen[467].«

Es war Viertel vor elf am 14. Dezember 1861. Aber nicht alles war vorbei. Vor der Königin lagen 40 weitere Jahre, fast die Hälfte ihres Lebens.

13
Trauer

Bertie – Die öffentliche Meinung

Der bärtige Gardist vor Schloß Windsor, heißt es, habe Tränen in den Augen gehabt. Im Londoner Zeitungsviertel scharten sich die Menschen. Der Schriftsteller Arthur Munby mußte in der Regent Street entdecken, daß selbst noch der tote Prinz Handel und Wandel beförderte:

»Mengen belagern die Fotoläden und betrachten die wenigen Aufnahmen des Prinzen, die noch nicht verkauft sind. Ich ging zu Meclin's, um eines zu erstehen: Jeder im Laden versuchte das gleiche. Aber es gab keins mehr. Man trug zwar meinen Namen in die Warteliste ein, konnte aber nichts versprechen. Ich bekam dann doch noch eins – das letzte, das der Verkäufer hatte –, mit der Königin und dem Prinzen darauf, und zahlte vier Schilling; vor einer Woche hätte es 18 Pence gekostet[468].«

Munby nahm die Preissteigerung von 166 Prozent als Zeichen der allgemeinen Wertschätzung des Verstorbenen. Ähnlich viel, wenn auch in ideeller Währung, ließ sich die »Times« den Tod Alberts kosten. Das Blatt, das ihn oft genug angegriffen hatte, redete nun vom »größten Verlust, der uns treffen konnte«, und betrauerte »den Mittelpunkt unseres gesellschaftlichen Lebens«, »die Säule des Staates«[469]. Hofdichter Tennyson[470] widmete zwölf Bücher seiner »Idylls of the King«, die sich mit der Arthurlegende beschäftigten, dem toten Förderer der Künste. Daraufhin wurde er – nach zwölfjährigem Warten – im April 1862 zum erstenmal in seiner Funktion als Poet Laureat von Victoria empfangen; nicht einmal die berühmte Krimkrieg-Ballade »The Charge of the Light Brigade« hatte ihm diese Ehre eingetragen. Auch im Lande herrschte überall Anteilnahme. Aus Manchester berichtete die Schriftstellerin Elizabeth Gaskell ihrer Tochter:

»Solche Nationaltrauer habe ich noch nie erlebt. Niemand wünscht ›Fröhliche Weihnachten‹ dieses Jahr[471].«

Die Königin ließ das Totenzimmer fotografieren, damit alles bleiben konnte, wie es stand und lag. Der Leichnam wurde am 17. Dezember in einem schwarz ausgeschlagenen Raum des Schlosses aufgebahrt. Sechs Tage später fand der Trauergottesdienst in der Georgskapelle statt. Mehrfach hatten die Ärzte Victoria dringend davor gewarnt, den Toten noch einmal zu berühren. Auch jetzt, in der Kapelle, blieb sie dem Sarge fern, ja sie war nicht einmal zu sehen:

»Mit Ausnahme von zwei oder drei tief verschleierten Frauen, die in der königlichen Nische verborgen saßen, waren keine weiblichen Personen anwesend[472].«

Als Haupttrauernder fungierte der Prince of Wales. Die Zahl der Augenzeugen waren drastisch reduziert worden, Neugier sollte keinen Platz haben, wo Schmerz zu herrschen hatte. Schon bei der Totenzeremonie für die Herzogin von Kent war der Königin unangenehm aufgefallen, daß vom Lordkämmerer zu viele Gäste geladen worden waren. Diesmal konnte

»kein Kulisseneinfluß und kein offizieller Druck einen Zugang zum Schiff oder zum Chor verschaffen[473]«.

Der Oberbefehlshaber und der Premierminister waren als krank entschuldigt. Schwarzer Samt mit weißer Satineinfassung bedeckte alles, Sarg, Säulen, Gestühl. Die private Atmosphäre schloß einen festlichen Pomp nicht aus, schließlich war kein Irgendwer gestorben. Victoria mußte schon in diesen Tagen entdecken, daß zur Hemmungslosigkeit der Trauer, der sie sich überließ, etwas vonnöten war, was eine Königin nicht leicht findet: Abgeschlossenheit. Im britischen Empire gab es keine königliche Nische wie in der Georgskapelle, und nicht von allem konnte man Volk und Politik, Teilnahme und Pflicht so leicht fernhalten wie von der Öffnung des Grabgewölbes in Windsor, in die der Sarg kurz nach Mittag hineingelassen wurde, bedeckt von einer lateinischen Inschrift mit vielen Superlativen. Der 39. Psalm wurde zum Trauermarsch aus Beethovens »Eroica« gesprochen. Zum Glück dauerte alles nicht so quälend lang wie beim Tode der Mutter; Zeremonien gewinnen durch Übung an Zügigkeit.

Victoria und Albert hatten schon vor längerer Zeit beschlossen, daß sie sich, wie im Leben, so auch im Tode von den voraufgegangenen Monarchen absetzen wollten. Der Plan eines gemeinsamen Mausoleums lag in Umrissen vor. Der Bürgerwunsch nach Abkapselung, nach dem Eigenheim auch über den Tod hinaus traf sich da mit instinktiver Abwehr gegen das Versinken in Erde und Verwesung, Zeichen abnehmenden Glaubens an das Leben im Jenseits. Viele von Victorias späteren, höchst morbiden Totenriten straften die Doktrin Lügen, Albert befinde sich in einer »besseren Welt«. Exzessive Trauer widerspricht der Christenlehre und paßt vorzüglich in die zunehmend materialistische Denkweise der Zeit. Darwins »Ursprung der Arten« war zwei Jahre zuvor erschienen. Als ein hoher Kleriker die Königin zu trösten suchte, fortan sei eben Christus ihr Ehemann, schnaubte sie:

»Das ist das, was ich dummes Gewäsch nenne[474]!«

Gleich am ersten Tag des neuen Jahres 1862 suchte sie im Park von Windsor die Stelle aus, an der sie das Mausoleum wünschte. Binnen zwölf Monaten war es fertig. Am 18. Dezember fand die Überführung des Sarges statt, nachdem die Priesterschaft das dritte, letzte, selbsterbaute Heim des Paares singend und segnend umschritten hatte. Der Anblick der Königin und ihrer Kinderschar, schrieb der Bischof von Oxford, Samuel Wilberforce, habe ihn bewegt wie selten ein anderer Eindruck. Sie selbst fand er »gütig, liebenswert, aufrichtig, wahr – keine Spur von Morbidität[475]«.

Das nämlich war es, was andere ihr bereits nachsagten, sowohl die wenigen, die sie überhaupt zu sehen bekamen, als auch – erst recht – diejenigen, vor denen sie sich verbarg. Aber konnte sie sich mit einer Kinderriege, deren Altersstufen von 4 bis 21 reichten, ohne Mann sehen lassen? Waren nicht Witwen etwas Unnormales, Schutzloses, weshalb sie ja auch leicht zum Gegenstand von Klatsch und – als Typ – auf der Bühne oft zur komischen Person gerieten? Um wieviel mehr galt das für eine Königin. Sie fand ihre Lage unerträglich. Von ihrem Äußeren, unter dem sie seit langem gelitten hatte, war sie halbwegs befreit gewesen, solange ihr großer, schlanker – nun gut, zuletzt eher stattlicher – Engel neben ihr stand. Ihre Unwissenheit auf vielen Feldern zählte nicht, denn Albert wußte die Antwort auf jede – sagen wir: nahezu jede – Frage. Wenn sie über Bertie lamentierte, machte Albert einen Plan. Steuerte das Kabinett leichtsinnig auf einen Krieg zu, hielt Albert die Unbesonnenen zurück. Das war nun »alles vorbei«.

Eine Wiederheirat schied selbstverständlich aus. Den leergewordenen Platz konnte kein zweiter Mann ausfüllen. Wiederholung wäre Frivolität gewesen, Entweihung des Einmaligen. Aber Treue über den Tod hinaus forderte einen hohen Preis: den der Einsamkeit. Sie fühlte sich alt, aber sie hatte ein vierjähriges Kind. Seinet- und seiner Geschwister wegen blieb der Impuls, Albert in den Tod zu folgen, schon im Vorfeld ernsthafter Überlegungen stecken; auch war sie viel zu vital für einen Selbstmord. Nicht einmal ohne Kinder und Krone hätte sie Hand an sich gelegt. Aber einfach weiterleben schien wie Verrat an dem geliebten Toten. Solche Verwirrung der Gefühle führte nun zu den Absonderlichkeiten ihres Kultes vom Blauen Zimmer. Albert mußte ihr nah bleiben – nur so war das Schreckliche leidlich zu bewältigen. Seine persönlichsten Dinge verwandelten sich in Reliquien. Der preußische Schwiegersohn, der zu den Trauerfeierlichkeiten gekommen war, mußte Vicky vom Haar des Prinzen mitbringen. Bilder und Büsten des Toten wurden Wallfahrtsstätten, an denen sich die Familie versammelte und ausgiebig fotografiert wurde.

Ja, es mochte vielleicht auch das eine oder andere, freilich verzweifelt ungenügende Mittel geben, sich die Nähe des Toten selbst dann und dort zu erhalten, wann und wo sie am schmerzlichsten vermißt wurde – und nur der erste, stechende Schmerz konnte Victoria zu dieser intimen Klage an die ferne Tochter bewegen:

»Wieso bin ich noch am Leben nach dem, was ich mit angesehen habe? Ich, der ich täglich betete, wir möchten zusammen sterben, damit ich ihn nicht überleben müsse! Ich, der ich mich in den heiligen Stunden der Nacht, wenn seine lieben Arme mich umfingen und festhielten, so sicher fühlte...[476]«

Schaler Ersatz, statt dessen sein Nachthemd an sich zu pressen, wie sie es anfangs allnächtlich tat. Ihr Verhältnis zum Tode war von unverkennbarer Eigenart. So wollte sie zum Beispiel kein verstaubtes, abgedunkeltes »deutsches Sterbezimmer«: Der »Blue Room« in Windsor blieb immer hell mit offenen Vorhängen. Lange ehe sie erfuhr, daß nicht in allen Breiten ihres Empire Schwarz als Trauerfarbe galt, wünschte sie sich Beerdigungen in Weiß. Während sie selbst in der Öffentlichkeit – angepaßt – nun nur noch in Dunkel ging, trug sie im Hause oder in der Abgeschlossenheit von Balmoral und Osborne doch eine weiße Kappe mit weißem Schleier zum schwarzen Kleid. Im übrigen entsprach der Trauerhabitus, in dem sie so oft dargestellt wurde, den Gepflogenheiten der Gesellschaft.

Noch besser aber, als in korrekter Kleidung gesehen zu werden, war es, unsichtbar zu sein. Zu welchen Erfindungen Victoria in dieser Kunst imstande sein würde, erfuhr der Staatsrat gleich Anfang Januar 1862. Zwar kamen, um die Gefühle der Monarchin zu schonen, nur die unbedingt notwendigen drei Mitglieder nach Windsor, doch auch sie mußten an einer Szene teilnehmen, bei der man die Hauptperson weder sah noch hörte:

»Hielt einen Staatsrat, der sehr geschickt und angenehm arrangiert worden war. Lord Granville und andere befanden sich in Alberts Arbeitszimmer, ich war in meinem, und die Tür stand offen. Alles, was zu behandeln war, hatte man in zwei Absätze zusammengefaßt, und Mr. Helps sagte in meinem Namen: ›Einverstanden.‹ Das war eine völlige Neuerung. Nach dem Tod der lieben Mamma fand der Staatsrat im Roten Zimmer statt, und mein teurer Albert reichte mir die Papiere und war bei mir. Aber jetzt[477]!«

Mr. Helps, Nachfolger des endlich (1859) in den verdienten Ruhestand getretenen Staatssekretärs Greville, machte also seinem Namen Ehre. Oder auch nicht; die Vortäuschung eines nicht nur unsichtbaren, sondern auch unhörbaren Staatsoberhaupts gehört eher in die Welt toter Diktatoren, in deren Namen obskure Diadochen regieren. Dies aber war 1862, nicht 1984. Und selbst das morbide Schauspiel der stummen Trauernden im Nebenraum war den Politikern, die später anreisten, um königliche Zustimmung zu Gesetzen einzuholen, nicht immer garantiert.

Der Finanzverwalter der Queen, Sir Charles Phipps, der zusammen mit General Charles Grey – den Victoria nun von Albert als Sekretär übernahm – zunehmenden Einfluß auf die Abwicklung der Krongeschäfte gewann, traf im Februar 1862 mit dem Lordpräsidenten des Staatsrats, Granville, eine lockere Abmachung darüber, wie sich künftig die Zusammenarbeit der Königin mit ihren Ministern abspielen könne:

»Es ist sehr wichtig, ja äußerst notwendig, daß Sie oder einer der Minister abwechselnd hierher kommen, jede Woche oder alle zehn Tage; entweder von Samstag bis Montag oder am Mittwoch. Selbst wenn die Königin sich nicht wohl genug fühlen sollte, den Minister zu empfangen, so wäre es doch für Ihre Majestät sehr wohltuend, ihn in der Nähe zu wissen, und seine Anwesenheit am Aufenthaltsort der Königin würde wahrscheinlich in der Öffentlichkeit einen guten Eindruck machen[478].«

Das war aus Osborne geschrieben, aber der Empfänger machte sich keine Illusionen, daß es bald auch für das wesentlich weiter entfernte Balmoral gelten würde. Sollte Victoria – was unbedingt zu erwarten stand – die in der letzten Zeit eingespielte Aufteilung ihres Jahreslaufs auf etwa je ein Drittel in Osborne, in Balmoral und in Windsor (und Buckingham-Palast nur, wenn es sein mußte) fortzusetzen wünschen, so kündigte das für einige Kabinettsmitglieder eine rege Reisetätigkeit an. Der Kreis der in Frage kommenden Staatsratsmitglieder war durch die Interessen- und Zuständigkeitsschwerpunkte der Monarchie umschrieben; Außenpolitik, Kolonialfragen und Militärsachen, Ämterpatronage im Klerus und an Hochschulen standen dabei im Vordergrund.

Zunächst mochte es scheinen, dies sei ein Arrangement nur für das von Victoria über sich und die Familie verhängte Trauerjahr. Seinetwegen entfiel die Teilnahme Berties an der Weltausstellung von 1862, und auch an die geplanten Feiern zum Silberjubiläum der Thronbesteigung konnte natürlich nicht gedacht werden. Doch auch auf die Dauer von 12 Monaten wollte Premierminister Palmerston nicht von den Audienzen ausgeschlossen sein, und Lord Granville mußte Sir Charles Phipps auf die etwas unelegante Dauer-Ausladung des Regierungschefs hinweisen. Zurück kam die Entschuldigung, man habe wegen der Gesundheit des Premierministers Rücksicht nehmen wollen. In Wirklichkeit hatte Victoria Angst, dem immer noch Gefürchteten, wenn auch nicht mehr Gehaßten gegenüberzutreten, ohne daß Albert soufflierte. Lord Palmerston aber ließ sich nicht – das wußte sie – wie andere damit abspeisen, daß ihm der Sekretär um die Ecke und durch die Tür mitteilte, was die Königin zu denken geruhte. Ihre Versuche, wie üblich bei jeder Krise die Position der Krone wieder um einen kleinen taktischen Zug zu verbessern, waren bei diesem versierten Politiker diesmal wie stets zum Scheitern verurteilt.

Phipps und Palmerston verstanden einander genau. Es kam jetzt darauf an, daß die Königin ihre Minister eher noch häufiger sah als zuvor. Der inzwischen gewohnte, sachkundige Adressat am Hofe – Albert – war nicht mehr da, es mußte nun wieder alles ihr selbst erklärt werden. Solche Befassungen mit Details konnten jedoch nur ablenkend und daher eine Wohltat sein. Einsamkeit fördert Trauer, Arbeit ist das beste Mittel dagegen, das hatte ihr schon Lord Melbourne gesagt, der es hatte wissen müssen, wenn es damals auch auf Lord John Russell und den Tod seiner ersten Frau bezogen war. Zum Glück sorgten Bertie und die Schleswig-Holstein-Frage, die bereits den kommenden Krieg ahnen ließ, für eine solche Ablenkung der Königin, freilich auch in unwillkommenem Sinn. Außerdem war sie beschäftigt, den Nachruhm des Prinzen vor unerwünschten Enthüllungen zu sichern. Ihr fiel ein, daß Russell einen recht freimütigen Brief Alberts über »Pilgersteins« Unarten immer noch nicht zurückgegeben hatte. Damit sollte es nicht so gehen wie mit Humboldts abfälligen Äußerungen über ihren Engel, die durch Varnhagen von Ense veröffentlicht worden waren. Diplomatisch schrieb sie, die 43jährige, dem nun 70jährigen im Juni 1862 und sprach von ihrem baldigen Tod – den seinen meinend. Da sei es doch besser, alles zu regeln. Ob er Sorge getragen habe, daß seine Papiere »safe« seien?

Politiker, die glaubten, man dürfe den Tod des Prinzen in ihrer Gegenwart oder selbst im Briefwechsel nicht erwähnen, sahen sich bald eines Besseren belehrt. An Lord Derby, der in der Opposition nun endlich wieder Zeit für Homer und Cicero fand, aber auch im Komitee zur Errichtung eines Albert-Denkmals mitarbeitete, richtete sie ihren Dank dafür und fügte hinzu:

»Das äußerste Elend und die Verzweiflung der Königin zu beschreiben ist fast unmöglich«,

worauf sie sofort anhob, es recht ausführlich zu beschreiben, und zwar lyrisch eingefärbt:

»Sie sieht die Bäume grünen, die Tage zunehmen und die Primeln hervorkommen, aber sie selbst befindet sich immer noch im Dezember. Die Königin rackert sich ab von früh bis spät, geht zweimal am Tage spazieren, tut alles, was der Arzt ihr sagt, aber sie verzehrt und härmt sich, und da ist etwas in der innersten Seele, das ihr Dasein untergräbt. Wie könnte es auch anders sein? Das Glück und der Friede von 22 Jahren zerschlagen auf immer, und die Königin, die nichts tat und nichts dachte ohne ihren geliebten und gütigen Ehemann, der ihre Stütze, ihre ständige Begleitung, ihr Führer war, der ihr in allem half, in Großem wie in Kleinem, steht nun allein da in ihrer schwierigen und mißlichen Lage, müht sich ab, ihre Pflicht zu tun, was sie bis ans Ende ihrer Tage tun wird, mit gebrochenem, blutendem Herzen und nur einem Trost – ihn wiederzusehen und dann nie mehr zu verlassen[479].«

Lord Derby war – für sie – ein alter Mann, und sie hielt nicht viel von ihm als Politiker. Aber er war »safe«, ihm konnte man sich anvertrauen. Und sie tat es fortan zunehmend gern: Ihr Los wurde zwar, glaubte sie, nicht leichter, wenn man es schilderte, aber es eignete sich nun einmal gut zur Beschreibung. Seit einem Vierteljahrhundert daran gewöhnt, am Ende eines jeden Tages oder am nächsten Morgen aus ihren Gefühlen über alles Vorgefallene keinen Hehl zu machen, fiel es ihr auch jetzt, nach kurzem Verstummen, nicht schwer, den Schmerz in dessen stilisierte Wiedergabe im »Tagebuch« abzudrängen. Ihr Naturell, im Grunde glücklich komponiert, da es auf Widrigkeiten mit kurzem Unwohlsein vorher und heftigem Temperamentsausbruch

danach reagierte, aber weder Zusammenbrüche in der Krise selbst noch langanhaltende Depressionen kannte, wurde selbst mit dem schweren Verlust fertig, der sie jetzt getroffen hatte.
Denn eigentlich begann nun erst ihr Leben als selbständiges, erwachsenes Wesen. Bis zum 18. Jahr hatte man sie gefangengehalten. Dann erschien, nach drei verworrenen, recht und schlecht unter Melbournes Vormundschaft gemeisterten Jahren, Albert, der sie in eine neue, viel weiter reichende Abhängigkeit führte. Denn ihm konnte man nicht mißtrauen, wie Mamma, Conroy und der Lehzen. Er war der Wärter, dem man aus der Hand frißt; er gängelte mit leichtem Zügel. Nicht einen Hut habe sie sich gekauft, sagte sie später, der ihm nicht gefiel. Der Kauf von Kopfbedeckungen muß damals als Kriterium weiblicher Selbständigkeit gegolten haben, denn man erinnert sich an den Ausspruch Carlyles über die junge Königin aus Anlaß ihrer Krönung, er traue ihr nicht einmal einen Hutkauf zu. Im Juli 1863 gab sie in einem Brief an Vicky ein Geheimnis preis, als sie Albert mit Bertie verglich, der so ganz anders sei als
»der angebetete Papa, dessen gütige, liebende, weise und mütterliche Fürsorge für mich, als er noch nicht 21 war, alles überstieg[480]«.
Nicht nur den nie gekannten Vater, auch die ungeliebte Mutter hatte er ihr ersetzt: Jetzt erst spürte sie die kühle Luft der Selbständigkeit. Auch das gehörte zur anhaltenden Fixierung auf diesen 14. Dezember: Er war Alberts Todes-, aber Victorias eigentlicher, schmerzlicher Geburtstag.
Man wird ihre Datenkabbala verstehen können. Was sich die Verfasser romantischer Schauerdramen als fatalistischen Trick ausgedacht hatten – alles Schlimme passiert immer an einem 24. Februar, oder vielmehr, weil es die Menschen an diesem Tage befürchten, ereignet es sich dann auch –, das tat sich in ihrem Leben fern aller Bühneneffekte. Den 14. Dezember beging sie fortan bei jeder Wiederkehr, aber er erhielt später zusätzliche Bedeutung. Am 14. 12. 1871 überstand ihr Sohn Bertie, an dessen Lebenswillen nun kein Zweifel sein konnte, die Krise eines schweren Typhus. Die Szene war diesmal Sandringham[481], der Landsitz des Prinzen von Wales, gekauft (und für 100000 Pfund ausstaffiert) mit dem Geld, das Prinz Albert für den Sohn aufgehäuft hatte, der gute Albert. Danach wurde der 14. Dezember ein etwas verwirrender Tag: der nie zu ersetzende Mann und der längst in die Muttergunst zurückgekehrte, nun auch dem Leben wiedergeschenkte Sohn waren nun gleichermaßen mit diesem Datum verbunden.

Sieben Jahre später starb Victorias zweitälteste Tochter, 35jährig fern von der Mutter, und wieder war es der 14. Dezember:

»Der schreckliche Tag ist von neuem da! Schlief leidlich, wurde aber oft wach, und ständig sah ich die liebe Alice vor mir. Als ich morgens erwachte, war mir alle unsere Angst für einen Augenblick nicht bewußt. Aber dann brach alles über mich herein. Ich fragte, ob es etwas Neues gebe, aber nichts war berichtet worden. Stand auf und ging, wie immer an diesem Tag, in das Blaue Zimmer und betete dort. Nach dem Anziehen ging ich zum Frühstück und traf Brown mit zwei schlimmen Telegrammen... Gleich danach kam ein weiteres mit der entsetzlichen Nachricht, daß mein Darling Alice langsam verschieden war, um halb acht heute morgen! Es war zu furchtbar! Gegen alle Hoffnung hatte ich doch gehofft. Ging in Berties Wohnzimmer. Seine Verzweiflung war groß. Als ich ihn küßte, sagte er: ›Es sind immer die Guten, die genommen werden[482]!‹«

Die Königin beendete ihre Eintragung an diesem Todestage mit einer überraschend positiven Wende:

»Mir scheint, es liegt etwas sehr Bewegendes in der Vereinigung, die damit entsteht; ihre Namen sind nun auf immer verbunden an diesem Tage ihrer Geburt in eine andere, bessere Welt[483].«

Entschuldigt war sie in ihrem Datenfatalismus auch durch die seltsamen Doppel-Todesjahre, die in der Familie lagen. Ihr Vater und ihr Großvater starben im Jahre 1820, und zwar im Abstand von sechs Tagen. Ihre Mutter und ihr Mann starben beide 1861, sie selbst und ihre älteste Tochter im Jahre 1901. Nirgends ist verzeichnet, ob Victoria von einer weiteren Zufallskette ihrer Familiengeschichte wußte. Die Oranier und Hannoveraner verließen die Welt offenbar vorzugsweise samstags:

William III.	Samstag, 18. März 1702
Anne	Samstag, 1. August 1714
George I.	Samstag, 10. Juni 1727
George II.	Samstag, 25. Oktober 1760
George III.	Samstag, 29. Januar 1820
George IV.	Samstag, 26. Juni 1930.

Die Coburger schienen dazu etwas beitragen zu müssen:

die Herzogin von Kent	Samstag, 16. März 1861
Prinz Albert	Samstag, 14. Dezember 1861
Prinzessin Alice	Samstag, 14. Dezember 1878.

Übrigens fiel auch in Victorias Todesjahr 1901 der 14. Dezember wieder auf einen Samstag, aber die Königin machte, wenn man so will, keinen Gebrauch von diesem Datum. Ihre Todesdatenkabbala war ja Beschwörung, also eher Abwehr als Bejahung; es steckte Glaube ans eigene, lange Überleben in solchen »Begehungen«. Auffällig ist, daß der unheilvolle Samstag sich nach Victoria eher in sein Gegenteil verkehrte: George V., Edward VIII. und George VI. wurden an diesem Wochentage geboren.
Mit einem solchen von magischen Terminen durchsetzten Kalender versehen, wurde die Königin später kaum noch an einem Tage wach, an dem es nicht irgendein Ereignis zu begehen galt. Freund wie Feind wurden gefeiert, vor allem, wenn sie »auf immer verbunden« schienen durch neue, mysteriöse Koinzidenzien:
»Heute jährt sich der Todestag des Kaisers Napoleon. Sang ein wenig mit Miß Ferrari, und während ich sang, kam die Nachricht vom Tod des armen Königs von Italien, eingetreten heute um zwei Uhr – sehr schockiert! und dazu an diesem Jahrestag! Meine beiden treuen Verbündeten im Krimkrieg[484]!«
Wenn ihre Umgebung wichtige Jahrestage vergaß, wurde sie böse: König Leopold gratulierte 1843 nicht zur 3. Wiederkehr ihres Hochzeitstages – dabei hatte er ihn doch befördern helfen –, und Vicky gar machte sich im Dezember 1862 eines ganz schweren Vergehens schuldig:
»Ich habe Dir für zwei Briefe aus Rom vom 30. und vom 1. zu danken und für einen, den ich zuvor aus Florenz bekam. Aber es kam keiner zum heiligen und herzzerreißenden Jahrestag des 14., und ich hörte nur, daß Ihr den Tag auf der Bahn verbrachtet und abends in Wien ankamt – wo Euch der Kaiser empfing!!! Ich kann es immer noch nicht glauben. Ich hätte gedacht, Du wärst lieber im kleinsten Rasthaus am Wege geblieben und hättest dort Gott gebeten, Deine gebrochene Mutter zu unterstützen, als so etwas zu tun[485]!«
Zum andern aber bedurfte es auch gar nicht dieser selbstgestellten Aufgabe, das Erbe des Prinzen zu verteidigen. Unter ein Minimum an Pflichtgefühl ist Victorias sporadischer Überdruß an der Tagesarbeit nie gegangen. Daß sie oftmals ungenügende Kenntnisse über neu aufbrechende Krisenherde der Weltpolitik besaß und auf Situationen eher emotional als überlegt reagierte, daß sie also weder zum Politiker noch zum Diplomaten geschaffen war, schließt weder ein bemühtes Interesse aus noch die nach und nach angehäufte Erfahrung. Über den of-

fenkundigen Trauerexzessen darf nicht unbeachtet bleiben, daß die Königin schon nach wenigen Wochen wieder, wie sie an Derby mit nur leichter Selbstbemitleidung schrieb, von morgens bis abends arbeitete.

Schon am 14. Januar, genau einen Monat nach dem Tode des Prinzen, rügte sie Außenminister Russell, weil wieder einmal eine Instruktion an einen britischen Botschafter, den erwähnten Lord Lyons in Washington, abgeschickt worden war, ohne daß sie vorher Einblick hatte nehmen können:

»Lord Russell sollte darauf achten, daß die Regel nicht durchbrochen wird, wonach keine Entwürfe abgeschickt werden, ohne daß die Königin sie zuvor gesehen hat[486].«

Von Mahnungen dieser Art besaß Palmerston eine ganze Schublade voll, und auch Russell erfuhr nun, daß Victoria die Geschäfte wie gewohnt zu führen gedachte. Die Politiker sollten nicht den Eindruck gewinnen, nach dem Tode des versierten Prinzgemahls könne es absolute Handlungsfreiheit für sie geben ohne Rücksichtnahme auf die Position der Krone. König Leopold, der nach London gereist war, um der Nichte beizustehen, sah ebenfalls den einzig möglichen Weg der Überwindung des Schocks in vermehrtem Eintauchen in die Staatsarbeit. Krank im Buckingham-Palast festgehalten, schrieb er ihr nach Osborne, es gelte jetzt Alberts Pläne und Wünsche zur absoluten Richtschnur zu machen; seiner müsse sie sich würdiger erweisen als je zuvor:

»Wenn Ihr dereinst wieder vereint seid, wird er Dir sagen, wie sehr er von Deinen Bemühungen erfreut war[487].«

Auf diesen Gedanken einer solchen doppelten Rechenschaftslegung im Leben nach dem Tode war Victoria noch nicht gekommen. Der Jüngste Tag stand nicht in ihrem Kalender vermerkt. Der alte Fuchs wußte, wie man das schier Unmögliche schmackhaft machte; dreißig Jahre in Belgien hatten ihn vieles gelehrt.

Wieder fällt die Nähe der Bigotterie zur Blasphemie auf: Der Verteidigerin des Glaubens in ihrem Lande wird zugemutet, Albert in der Rolle des himmlischen Nebenrichters zu sehen. Nun begünstigte freilich der Formalismus einer Staatskirche, für den die Königin schon als 18jährige ein erstaunlich kritisches Auge hatte, solche Deifizierung geliebter Wesen von Fleisch und Blut. Daß es im Endeffekt gleichgültig blieb, vor wem dereinst Bilanz gezogen werden mußte, sofern nur der irdische Teil getan war, gehörte zum Pragmatismus eines Fürsten wie Leopold, der ja vieler Herren Diener gewesen war, ehe er beliebiger Untertanen Herrscher wurde: Offizier beim Zaren wie beim Korsen, Prinzgemahl in England, Kandidat für den griechischen und dann Erwählter auf dem belgischen Thron. Der Coburger Kondottiere, der das Familienhandwerk zu höchster Blüte getrieben hatte, verlor bis zuletzt nicht sein wohlbegründetes Interesse am britischen Unternehmen seiner Nichte, wie er ja auch die Abfindung, die ihm seit 1817 aus England zustand, nie ganz aufgegeben hatte.

Victorias Reaktion auf solche Mahnungen, sich des Toten würdig zu erweisen, bestand in verdoppeltem Eifer. Mit Hilfe ihrer Getreuen, Phipps und Grey, suchte sie die Methode der Memoranden fortzusetzen, deren Lektüre die Politiker seit Peel von der Nützlichkeit monarchischer Ratschläge überzeugt hatte. In Downing Street wußte man natürlich, daß es sich künftig nur um einen schwachen Abglanz handeln konnte: Er reflektierte nicht mehr die Energien der politischen Analyse des Prinzen. Von der Art, wie Gladstone solche Schreiben behandelte, wird zu reden sein. Eindrucksvoll ist auch der Versuch der Königin, die weite Welt der Wissenschaften und der Künste, mit der Albert engen Kontakt gehalten hatte, nun nicht aus eigener Ignoranz dem Hof völlig zu entfremden. Im Mai 1863 erfuhr Vicky, daß ihre Mutter ins Osborne Professor Playfair bei sich hatte, den Chemiker, der dem Prinzen beim Vorbereiten der Weltausstellung behilflich gewesen war,

»und heute erwarten wir Sir Charles Lyell, den Louis so gern sehen möchte, nachdem er sein Buch gelesen hat. Kluge wissenschaftliche Leute sind mir jetzt ein wirkliches Bedürfnis[488].«

Ein Chemiker, ein Geologe, auch wenn der Schwiegersohn ihn besser zu kennen schien – welche Wandlung gegenüber der eifersüchtigen jungen Frau, die ihrem interessierten Mann solchen Umgang geneidet hatte. Albert war ihr nicht nur Vater und »Mutter«, sondern auch Mentor gewesen, und Victoria zeigte sich wißbegierig, solange Zwang ausschied.

Konnte es ausbleiben, daß ihr ältester Sohn, der ihr darin wie in vielem anderen so sehr glich, irgendwann die Rolle des mißratenen, des undankbaren Wertlosen abstreifte und der »liebe, herzensgute Bertie« wurde? Daß er es dem Vater nie gleichtun konnte, hatte damit nichts zu tun und war jedenfalls besser, als mit dem heimlichen Vorwurf leben zu müssen, eigentlich dessen »Mörder« zu sein. Der nichtsnutzige Prinz ist eine stehende Figur im uralten Stück vom Königtum. Je unsi-

cherer die Monarchie, um so mehr mißtraut der Träger der Krone dem Nachfolger. Je gefestigter aber der Thron, um so eher ist ein Prinz jener einzige Mensch, der den Monarchen »bedroht«. Die Situation eines Thronfolgers kombiniert, um Shaws Bonmot über die Ehe zu paraphrasieren, ein Maximum an Versuchung mit einem Maximum an Gelegenheit. Der Verfassungsrechtler Bagehot, der dem Prinzen Albert »die seltenen Gaben eines konstitutionellen Monarchen«[489] zusprach, hatte natürlich, als sein Verfassungswerk erschien, nicht irgend*einen*, sondern *den* Prinzen von Wales im Sinn. Der führende Theoretiker des Landes, von dessen Schriften Victoria keine Kenntnis nahm, sah sich darin mit dem erfahrensten Praktiker eines Sinnes.
Als die Königin am 29. Januar 1862 zum erstenmal seit Alberts Tod wieder mit Premierminister Palmerston zusammentraf (»Ich war sehr nervös, als ich ihn wiedersah«), brachte der Staatsmann in runder Offenheit das Gespräch auf *»die* Schwierigkeit des Augenblicks: Bertie«[490]. Palmerstons Sbirren am Hofe hatten ihn über das gespannte Verhältnis der Eltern zum Thronfolger informiert. In Kreisen der Armee wie an der Stadtklatschbörse von Lady Palmerston sprach man von der Nellie-Clifden-Affäre. Der Regierungschef sah einer Haßbeziehung der Königin zum ältesten Sohn mit Unbehagen entgegen. Auch hier fehlte der Prinz: Er war ja nur ein theoretischer Moralist gewesen. Wenn man ihm reuig, ja weinend kam, verzieh er gerührt, Bertie wußte es, auch »Pilgerstein« selbst hatte es erprobt. Die Mutter aber war aus härterem Holz. Palmerston zeigte sich daher während der Audienz in Osborne von seiner besten Seite und konnte die Königin durch sein Mitgefühl tief beeindrucken. Aber wann immer Palmerston auf Gefühle zurückgriff, setzte er seinen politischen Willen um so fester durch.
»Dann brachte er das Gespräch auf Bertie, daß es wünschenswert sei, wenn er verreise, das müsse ihm guttun. Ich wiederholte, das sei auch seines Vaters Wunsch gewesen. Lord Palmerston sagte, es sei vor allem wichtig, daß er heirate. Ich bemerkte, er sei ein sehr guter und gehorsamer Sohn, und gerade in seinem jetzigen Alter müsse der Verlust des Vaters schrecklich für ihn sein, wofür Lord Palmerston volles Verständnis und tiefes Mitgefühl zeigte. In der Politik sei alles zufriedenstellend, er glaube an keine unruhigen Entwicklungen, aber *›die* Schwierigkeit des Augenblicks‹ sei Bertie. Das war auch meine Ansicht, und ich hätte schwerlich geglaubt, daß Lord Palmerston meine Sorge so sehr teilt. Er spielte auf Prinzessin Alexandra an und meinte,

politische Einwände könne man in diesem Fall mißachten, da sie England nicht beträfen. Ich äußerte mich nicht so, als sei schon etwas vereinbart, lobte aber die junge Dame. Mit Amerika, hoffte er, werde alles gutgehen. Er war äußerst bemüht, mir alles zu erleichtern[491].« Beide wußten, wovon sie redeten, wenn Bertie zur Sprache stand. Der Premierminister hielt die Entwicklung des Thronfolgers ganz offenkundig für wichtiger als eine Parteinahme Englands im Schleswig-Holstein-Konflikt. Froh über die Ruhe im Lande hatte er beschlossen, im deutsch-dänischen Streit, der unausweichlich kommen mußte, England trotz oder gerade wegen der dynastischen Verwicklung abseits zu halten. Vicky mit Berlin und Bertie mit Kopenhagen verheiratet zu sehen ließ nichts als Neutralität zu. Diese bedeutete, daß der Mächtigere der beiden Kontinentalstaaten auch den stärkeren Unwillen gegenüber England äußern würde. Das ließ Palmerston kalt. Ihn interessierte der Prinz von Wales, nicht die »preußische« Prinzessin. Wie sie mit dem Unwillen ihrer Berliner Umgebung fertig wurde, war ihre Sache. Kurzum: Die Königin, an der Tochter viel mehr hängend als am Sohn, hatte jene preiszugeben, damit dieser keine Schwierigkeiten bekam. Die Königin schob die Mutter beiseite und stimmte dem Regierungschef zu.
Palmerston dachte damals jedoch an den Zustand der Mutter mindestens so sehr wie an die Labilitäten des Sohnes. Der Premierminister, der früher als die Königin erfahren hatte, daß Albert gegen einen Typhus kämpfte oder vielmehr nicht kämpfte, verfügte auch über sehr genaue Beurteilungen der Ärzte, was die Geistesverfassung Victorias seit dem Tod des Prinzen anlangte. Seine Kabinettskollegen berichteten gelegentlich seltsame Ausbrüche der Königin aus der mühsam angenommenen Disziplin. So versetzte die vage Möglichkeit eines Regierungswechsels im Juni 1862 nach Angriffen der Opposition auf Palmerston Victoria in Hysterie. »My reason, my reason!« rief sie aus und tippte sich an die Stirn. Sie glaubte den Verstand zu verlieren[492]. Palmerston, inzwischen 78 Jahre alt, war von der Aussicht auf einen 21jährigen König Edward alles andere als entzückt; dem 73jährigen Bismarck erging es ein Vierteljahrhundert später kaum anders mit Wilhelm II., der mit 29 auf den Thron kam. Also galt es die Witwe in Osborne bei guter Gesundheit und politischer Laune zu halten.
Albert Edward[493], der Prinz von Wales, oder Edward VII., um ihn bei seinem späteren Königsnamen zu nennen, ist einer der Verkannten

der englischen Geschichte. Auf einen verantwortungsbewußten Vater und eine tugendsame Mutter folgend, mußten seine Neigungen zu Kartenspiel und Frauengunst als doppelt verwerflich gelten. Doch auch er war ein Symbol seiner Zeit: Zum demonstrativen Weltmacht-Anspruch seines Landes paßte sein freudenvoller Lebensstil sehr viel besser als das schwarzgekleidete Halbnonnentum seiner Mutter. Diese ließ ihr Geld im Bankhaus Coutts wuchern, neidete aber dessen Erbin den gierigen Genuß der Kaufkraft des Kapitals. Berties Konto lag bei Rothschild, und das Liebesleben seiner Bankdirektoren war ihm gleichgültig. Daß der Empire-Euloge Rudyard Kipling[494] den Thronfolger einen »korpulenten Wüstling« nannte, so als sähe er nicht die Korrelationen von politischer Unterdrückung und moralischer Lizenz, schüttelte der Prinz von Wales mühelos ab.

Die Königin hatte schon eine Braut für den Thronfolger vorgesehen. Sie beschloß also, sich die junge Dame genau anzusehen, »bevor Bertie sie wiedersieht, so daß ich mir, ehe es zu spät ist, ein Urteil bilden kann, ob sie zu mir paßt[495]«.

Man glaubt nicht recht zu lesen. Die Heirat, die dem Prinzen von Wales angeblich die Unabhängigkeit eines eigenen Hausstandes geben sollte, wurde von der Königin vielmehr zum Anlaß verdoppelter Beaufsichtigung genommen: zu ihr vor allem, der Mutter, mußte die Braut passen, Berties Einverständnis war wohl weniger wichtig. Victorias Lebensegoismus brach sich nach dem Tode Alberts wieder in vielfacher Weise Bahn. Daß der 21jährige Sohn immer noch einen Erzieher hatte, den General Bruce – der zum Glück bald starb –, brachte Victoria nie auf den Gedanken, was sie selbst wohl in diesem Alter, als sie schon seit vier Jahren Monarchin war, zu einem solchen Bevormundungsansinnen gesagt haben würde. Aus dem Briefwechsel mit der Tochter geht hervor, daß dieser betreßte Chaperone in die Details der angeblich wichtigsten Frage, die den Prinzen betraf, natürlich mit keinem Wort eingeweiht worden war.

Im folgenden Monat kam die preußische Kronprinzessin nach England, und Mutter und Tochter besprachen Berties Schicksal ausführlich. Anfang April wurden weitere Resultate der innerdeutschen Recherchen nach Osborne vermeldet. Danach war Alexandra[496] ein Engel, gebildet, musisch, nicht ohne Temperament, aber nicht mehr so »wild« wie in ihren Kinderjahren. Schlimmer sah es mit einzelnen Angehörigen der Familie aus. Die Großmutter mütterlicherseits sei gar nicht respektabel, habe sogar die Stallburschen-Liaison einer ihrer

Töchter begünstigt usw. Vicky hatte inzwischen auch die Vermögensverhältnisse der Eltern Alexandras näher untersucht:
»Prinz und Prinzessin Christian sind sehr arm, was ich nicht gewußt hatte[497].«
Umgekehrt erkundigte sich die Königin besorgt, ob man am dänischen Hof etwa von Berties »elendem Abenteuer« gehört habe. Das nächste Treffen zwischen dem jungen Paar, das noch keins war, setzte die Königin auf September an, und zwar auf neutralem Boden, in Brüssel, bei König Leopold. Für den Fall, daß Bertie sich weigern sollte, hatte sich Victoria nun einen ganz überraschenden Plan ausgedacht:
»Dann ziehe ich mich vollkommen zurück und will mit ihm nichts mehr zu tun haben, denn ich kann ihn nicht erziehen, soll das Land ihm zeigen, was es von ihm hält. Affie würde sie sofort nehmen, und wenn B. sie wirklich ablehnt, werde ich vorschlagen, daß Affie sich mit ihr verlobt und sie in drei Jahren heiratet. Er ist finanziell sehr gut gestellt – hat gute Zukunftsaussichten und ist furchtbar nett[498].«
Victorias Verhältnis zu ihrem ältesten Sohn nach dem Tode ihres Mannes widerlegt die in England geliebte Legende, es sei Prinz Alberts zuviel verlangendes Erziehungsschema gewesen, was den Thronfolger so desinteressiert und widerspenstig gemacht habe. Nichts, aber rein gar nichts spricht dafür, daß Bertie, wäre sein Vater zehn Jahre früher gestorben, mit der Mutter allein besser gefahren wäre. Es war schon früh offenkundig, daß der Prinz von Wales alle Vorzüge und Schwächen seiner Mutter besaß, und es kann gar keinem Zweifel unterliegen, daß diese Ähnlichkeit vor allem seinem Vater auffiel. Victoria wunderte sich dagegen, daß der Sohn regelmäßig
»einen seiner nervösen und nicht zu bändigenden Temperamentsausbrüche«[499]
bekam. Schon Berties erster Erzieher, Frederick Gibbs, 20 Jahre älter als er, war von Baron Stockmar darauf aufmerksam gemacht worden, der junge Mann sei
»ein übertriebenes Abbild seiner Mutter[500]«,
und Victoria wußte es ebenfalls.
In einem ihrer entwaffnenden Selbstporträts, die über den Briefwechsel mit der erwachsenen Tochter in Berlin reichlich verstreut sind, kennzeichnete die Königin schon im April 1859, lange vor der Clifden-Affäre und den Sorgen um Berties Heirat, die Unterschiede der Eltern und ihrer beiden ältesten Kinder:

»Du bist so gebildet und hast soviel Freude an tiefen, philosophischen Büchern, daß Du mir weit überlegen bist, und von mir hast Du das ganz bestimmt nicht geerbt; um die Wahrheit zu sagen, der Anblick von Professoren oder Gelehrten beunruhigt mich und ist mir gar nicht angenehm. Ich mag sie allerdings jetzt mehr als früher, vor allem ihre Bücher; aber Du begreifst natürlich, warum Bertie sie nicht leiden kann. Er ist ein Zerrbild meiner selbst, das ist das ganze Unglück, und bei einem Mann wiegt das noch viel schwerer. Du aber bist ganz das Kind Deines guten, geliebten Vaters[501].«
»My caricature«, schrieb sie, was auch soviel heißen konnte wie: lächerlich getreues Abbild. Bertie lernte nicht gern, mußte es aber tun. Er konnte in Rage geraten weit schlimmer als seine Mutter, entschuldigte sich aber auch. Wut und Gutmütigkeit lagen eng beieinander; ein scharf nachtragendes Gedächtnis mit oftmals ungerechter Verfolgung der Opfer seines Zorns war gleichwohl vereinbar mit spontanen Kehrtwendungen und der Fähigkeit, sich überzeugen zu lassen. Er war akademisch unqualifiziert, aber ökonomisch hellwach – das alles sind Anlagen der Mutter im Sohn. Wie sie wäre er ein brillanter Geschäftsmann geworden, hätte man ihm das gleiche Startkapital gegeben, aber das Rampenlicht weggenommen, in dem er von Anfang an als nationale Figur auftreten mußte.
Doch ebenso unverkennbar sind die Unterschiede. Victoria wollte insgeheim immer sein, was sie nie werden konnte: Herrin ihres Temperaments, klug wie Albert, versiert wie ihre Premierminister. Bertie war mit seinem Los sehr viel zufriedener, er hatte keinen anderen Ehrgeiz als den, in Ruhe gelassen zu werden und der Prinz von Wales sein zu können. Das schloß Pflichten der Repräsentanz, auch beschwerliche Reisen, Ansprachen und die Lektüre der Staatsgeheimnisse keineswegs aus. Aber er war Erbe, während seine Mutter Pioniergeist besessen hatte. Er sah nicht ein, warum ein künftiger Monarch zunächst wie ein Mönch zu leben habe, und in der Tat war er ja vor allen Examina für Konfirmation, Armee-Eintritt und Hochschulstudium monatelang buchstäblich in Klausur gesperrt worden. Er begriff auch nicht, warum er den Kopf abwenden solle, wenn alle Frauen den ihren, wie seine Schwester scharf beobachtete, nach ihm verdrehten. Der wichtigste Unterschied aber zwischen Mutter und Sohn lag darin, daß Bertie nie mit jemandem wie Prinz Albert verheiratet gewesen war.
Der hielt Staatskonferenzen über die Erziehung des künftigen Königs

ab, ehe er sich entschied, die Universitätsausbildung aus Gründen der strikten Unparteilichkeit weder nach Oxford noch nach Cambridge zu verlegen, sondern an beide Orte. Als es soweit war, dachte Albert sogar einen Augenblick daran, keinem der einzelnen Colleges in Oxford die Sonderehre des prinzlichen Einwohnens zu gewähren, mußte sich aber belehren lassen, daß man nicht in »Oxford« als einem kollektiven Abstraktum studieren konnte. Also wurde Christ Church College gewählt. Ähnlich diffizil sah der Vater die militärische Ausbildung, wiederum die Eifersüchteleien im Grunde richtig einschätzend. Sollte es die Armee oder die Marine sein? Zum Glück neigte Prinz Alfred[502] (wie sein Großonkel William IV.) zur Seelaufbahn, so daß diese wichtige Waffengattung abgefunden werden konnte in ihrem Ehrgeiz, einen der Söhne der Königin an Bord zu sehen. Berties Wunsch, regulären Armeedienst zu tun, wurde jedoch abgebogen; Victoria und Albert entschieden, er gehöre der ganzen Nation. Beide Eltern besaßen nicht genügenden Kontakt zur Offizierskaste, um mit Sicherheit eine Entscheidung treffen zu können, welche Einheit so »safe« war, daß der junge Prinz in ihr möglichst wenig Schaden nehmen würde.

Alle Versuche, den Sohn zum Führen eines persönlichkeitsenthüllenden Tagebuches anzuhalten, scheiterten. Zwar schrieb er gelegentlich auch etwas mehr in seine allabendlich kontrollierten Notizen als nur, wen er getroffen hatte und wann welche Lektion zu Ende gegangen war. Aber er besaß nicht die heilkräftige Besessenheit seiner Mutter, sich ganze Fluten der Emotion von der Seele zu schreiben; vergebens hielt Prinz Albert den Sohn an, doch auch Ansichten und Reflexionen in die dünnen Fakten einzuflechten. Sehr erfolgreich dagegen waren die Bemühungen des Vaters, ihm das Theater, und beider Eltern, ihm die Oper schmackhaft zu machen. Da kam der Hannoveraner zum Vorschein. Als er mit 36 Jahren seine erste Mätresse nahm (Lily Langtry) – geduldet von deren Mann wie von seiner eigenen Frau –, handelte es sich nicht zufällig um eine Schauspielerin, eine richtige diesesmal, um sie von den mehr erdhaften Darbietungskünsten der Nellie Clifden zu unterscheiden. Die Theaterwelt, im Viktorianismus immer ein Grenzdasein führend, war entzückt, wenn der Thronfolger ein formidables Dinner in Marlborough House, seinem Londoner Wohnsitz, für eine Gesellschaft gab, die nur zu einem ungewöhnlich geringen Teil aus Höflingen und Aristokraten bestand, zur Mehrzahl aus Leuten der Bühne.

Victoria und Albert hatten also nicht grundlos schwarz gesehen. Nur ging 1890 viel unangefochtener durch, was 1860 noch als unmöglich galt. Das Elternpaar unterschätzte die stabilisierende Wirkung des eigenen, gutbürgerlichen, ja vorbildlich bourgeoisen Lebens, es überschätzte die Moralängste der nachrevolutionären Epoche der 50er Jahre. Die Monarchie war nun offensichtlich so etabliert, daß sie einen flott lebenden Thronerben verkraften konnte. Andererseits sorgte die zunehmende Demokratisierung dafür, daß nicht jeder falsche Fußtritt am Hofe das Parlament und die Öffentlichkeit vor Erregung zittern machte. In dem Maße, in dem die Monarchie an politischer Bedeutung einbüßte, lösten Hofskandale keine Staatskrisen mehr aus, sondern nur noch Zeitungsklatsch. Zudem verlangte der wachsende materielle Wohlstand der Nation nach einer mehr demonstrativ lebenden Repräsentation an der Spitze des Reiches. Im Gegensatz zu seinen Eltern kannte Edward die Welt, in der England die dominierende Rolle spielte, und die Welt kannte (und schätzte) ihn.

Die Königin und der Prinz ermöglichten also, ohne es zu wollen, ihrem ältesten Sohn eben den Lebensstil, von dem sie ihn so sehnlichst abzuhalten wünschten. Da sie ihm, als er 16 war, lauter künftige Würdenträger als ausgesuchte »Gleichaltrige« mitgaben, wählte er später seinen Umgang um so unkonventioneller. Zur Amerikatour des Jahres 1860 war er aufgebrochen mit einem Kranz alter Herren: Minister, General, Oberst, Major und Professor gingen an Bord der »Hero«, um ihn zu begleiten. Es wurde eine Triumphtour, die den Prinzen von vielen Hemmungen und Komplexen befreite, wozu aber die Herren nicht viel beitrugen. Eine Ausnahme bildete der Minister, der Herzog von Newcastle, der die wütenden Proteste bornierter kanadischer Oranier-Logen gegen den Besuch Berties in einer katholischen Kirche in Neufundland kalt erwiderte, indem er alle Orte vermied, in denen Nachbildungen des Stadttores von Londonderry in Nordirland den Thronfolger auf eine einseitige Politik festlegen sollten. Die Königin applaudierte. Zeitlebens hat sie sich solcher sektiererischen Entgleisungen ihrer protestantischen Glaubensbrüder geschämt.

Montreal, Toronto, Washington, Philadelphia und New York waren Stationen des wachsenden Selbstvertrauens für den Thronfolger[503]. Man riß sich um Karten für die Bälle, die er besuchte. Das hätte ihm noch mehr gefallen, hätte sich die allabendliche Phalanx seiner Pflichtpartnerinnen beim Tanz nicht so sehr aus juwelenbehangenen Kolonialmatronen rekrutiert, sondern mehr aus deren in die Neben-

säle abgedrängten Töchtern. Daß ihm der Sinn jedoch auch nach anderen Abenteuern stand, zeigte sich am Niagara, wo ein berühmter französischer Akrobat jeden Risikowilligen im Karren auf dem Seil über die Fälle zu schieben bereit war und sich natürlich erbot, auch die Königliche Hoheit zu kutschieren, die sofort Feuer und Flamme schien. Doch genau für solche Fälle hatte man ihm Begleitung mitgegeben. Daß er dem Bürgermeister von New York in einer Stegreifrede schmeichelte, die vorgefundene Hotelsuite sei wesentlich komfortabler, als es seine Zimmer in den heimischen Palästen seien, war dagegen nicht zu verhindern und traf ja wohl auch zu.
Im April 1861 hatte der Prinzgemahl seinen Sohn in die Pläne für die Verheiratung eingeweiht. Bertie bestand darauf, nur eine Frau zu nehmen, die er auch liebe. Dem konnten nun gerade Victoria und Albert wenig entgegensetzen. Überfliegt man allerdings die Liste der möglichen Bewerberinnen, die alle vorübergehend erwogen wurden, ohne daß die Eltern auch nur die leiseste Vorstellung von Aussehen, Charakter und Manieren der jungen Weibspersonen hatten, so muß man ihre schließliche Wahl noch als eine der glücklichstmöglichen bezeichnen. Elisabeth von Wied brachte es statt zur englischen zur rumänischen Königin; Stockmar aber nannte sie glattweg »schlampig«, und auch Vicky glaubte, so stelle sie sich Berties Geschmack nicht vor. Eine preußische Prinzessin wurde als »weder klug noch schön« abgetan. Schwedische, dessauische, holländische und altenburgische Kandidatinnen passierten, ohne es zu wissen, Revue; mal scheiterte es an der Gesundheit, mal lag es am fehlenden Dekorum. Eine Prinzessin von Hohenzollern-Sigmaringen besaß zwar offenkundig alles, was gefragt war, doch bei ihr haperte es an der Religion: sie war katholisch. Victoria, die bisher Alexandra nur von einem Foto kannte, das ihr die familieneigene Spionierzentrale in Berlin besorgt hatte, arrangierte nun mit Umsicht das große Treffen von Brüssel für den September des Jahres 1862. Alle Beteiligten reisten sozusagen zufällig durch. Die Dänen waren auf dem Wege zum See-Urlaub in Ostende. Die Königin unternahm eine Pilgerfahrt nach Coburg zu den Jugendstätten des Prinzgemahls. Bertie kam separat, nicht mit der Mutter; das hätte Aufsehen erregt und vorschnelle Schlüsse auf ein Ereignis zugelassen, an dessen Zustandekommen Victoria immer noch zweifelte. Was hatten sich nicht für Hindernisse aufgetan. Vicky berichtete mit Kriminalistenblick von einer verdächtigen Narbe am Hals der Zukünftigen. Sollte sie operiert worden sein? Woran? Später erfand die Prinzessin

von Wales das standesgemäße Mittel, an solchen Stellen Schönheitsfehler zu verbergen: mehrreihige Perlenhalsbänder, die in die Mode Eingang fanden wie die Jackenknopf-Gewohnheiten ihres Mannes (der damit ja auch etwas zu verbergen suchte). Auch war nicht unbekannt geblieben, daß ein Rivale ins Revier einzubrechen drohte. Zar Alexander II. hatte für seinen Sohn ebenfalls Fotos kommen lassen, und wenn man in London aus einer dänischen Heirat keinerlei politische Konsequenzen zu ziehen entschlossen war, so lagen die Motive in Petersburg, der Hauptstadt einer Ostseegroßmacht, ganz bestimmt anders. Dies jedenfalls argwöhnte die Königin. Um so entschlossener war sie, die Partie zwar rasch absegnen zu können, aber doch Alberts lakonische Formel im Sinn zu behalten, man wolle die Prinzessin, aber nicht ihren Anhang. Das deckte sowohl politische wie moralische Skrupel ab.
Zwischen dem von Vicky arrangierten Lokaltermin in der Kathedrale von Speyer und dem Familientreffen in Laeken bei Brüssel lagen lange Monate, und in Kopenhagen schlichen sich Zweifel ein, ob die inzwischen ergangene Absage an den Zarenhof nicht etwas verfrüht erteilt worden war. Die dänische Familie machte ernsthafte Anstrengungen, den Coburgern den Rang im Eingehen bedeutsamer Ehen abzulaufen. Alexandras Schwester Dagmar heiratete dann nach Rußland als Zarin ein, ihr jüngerer Bruder wurde König von Griechenland, und der ältere übernahm die Thronfolge in Kopenhagen. Berties Bruder Alfred, der nach dem Willen der Mutter der Nächstanwärter auf Alexandra sein sollte, heiratete schließlich die Großfürstin Marie von Rußland, Schwester des Mannes der Dagmar. Direkt und indirekt waren die Dänen schließlich so eng mit dem englischen Hof verknüpft wie in der Generation zuvor die Coburger. Kein Wunder, daß Stockmar, alt und vor dem Tode, das alles heftig mißbilligte[504]. Wie immer kombinierte er Menschenverstand und Hausvorteil, denn leicht wurde es für Victoria nicht, als die Düppeler Schanzen erstürmt wurden, daß ihr Schwiegersohn ein Prinz von Preußen und ihre Schwiegertochter eine Prinzessin von Dänemark war.
Sie traf Anstalten, das Dänische in Alexandra ebenso pointiert hintanzustellen wie seinerzeit das Deutsche in Albert. Kaum war beim Treffen von Laeken alles Peinliche bereinigt, das entscheidende Gespräch mit den Eltern der Prinzessin geführt, ging die Königin daran, eine Hochzeit nach ihren Bedingungen zu arrangieren. Hatten die Preußen bei der Eheschließung Vickys klein beigeben müssen, so wurde den

Dänen erst recht kein Mitspracherecht eingeräumt. Die Verdikte aus England waren demütigend. Zunächst hatte sich Alexandra mehrere Wochen in Osborne zur »Eingewöhnung« einzufinden, wobei dem Vater bedeutet wurde, er habe zwei Tage nach dem Abliefern der Tochter die Rückreise anzutreten. Allzu lange Gespräche zwischen Prinz Christian und der englischen Königin hätten wie politisches Pläneschmieden aussehen können. Victoria und Palmerston waren gleicherweise entschlossen, diesen Eindruck zu vermeiden.
Der Termin dieser Intim-Inspektion der Braut durch die Schwiegermutter war so gewählt, daß der Bräutigam sich außer Landes befand. Victoria legte keinen Wert darauf, jeden Tag aus dem Fenster zu sehen, wie Alexandra mit einem verliebten Bertie zum Strand schlenderte, statt sich katechisieren zu lassen. Ferner waren dänische Hofdamen unerwünscht. Die Königin, die nichts dabei fand, mit deutschen Besuchern Deutsch zu sprechen – wie sie es auch mit Albert privat stets getan hatte –, hielt nun nichtenglische Konversation für unschicklich. Natürlich war das kein Chauvinismus von ihrer Seite, sondern hatte einen simplen Grund: sie konnte kein Dänisch.
Alexandra hat dann alle diese demütigenden und etwas furchterregenden Bedingungen spielend unterlaufen. Ihre geistigen Gaben »blieben hinter ihrem physischen Eindruck traurig zurück«[505], aber wie so oft trog die Formel, überwältigende Schönheit müsse ja gerechterweise sehr dumm sein. Wie man, ganz auf sich gestellt, als nicht ganz 18jähriges Mädchen, das schwer zu erobernde Herz der hemmungslos trauernden Königin gewinnen konnte und daß man es mußte, um zu überleben, das hat die Prinzessin rasch begriffen. Victoria, die ja nichts anderes wollte als eine weitere großäugige Zuhörerin bei ihren Rezitationen der Vorzüge des teuren Verblichenen, würdigte das junge Ding eines Abends der Ehre, die schrecklichsten, die letzten Stunden Alberts noch einmal mitzuerleben. Alexandra begann hemmungslos zu weinen und legte den Kopf an die einzige Schulter, die sich bot. Wir werden uns hüten, von cleverer Berechnung, vorausbedachtem Einschmeicheln zu sprechen. Victoria konnte sehr gut erzählen, und wenn irgend etwas aus ihrem Repertoire herausragte, dann das eben Unaussprechliche, die Geschichte jenes 14. Dezember im Blauen Zimmer. Ihrerseits zog die gerührte Königin den Schluß, daß, wer den Vater beklagte, dem Sohn nicht schaden konnte. Zwar hatte Bertie in Laeken der Prinzessin gesagt, er sähe sie gern einmal in England, auch länger, wo nicht für immer, und warum denn nicht als seine

Frau, und das war mit sofortigem Jawort bedacht worden. Aber die Ehe zwischen dem britischen Thronfolger und der Tochter des dänischen Kronprinzen wurde an diesem Abend im November 1862 in Osborne geschmiedet, daran gab es keinen Zweifel.
Die formidable Frau ließ sich ihre neuen Rechte als Schwiegermutter von niemandem schmälern. Ihre Heiratsarrangements wirkten deshalb auch nur auf diejenigen sensationell, die Victoria schlecht kannten. Sie setzte den Termin auf den 10. März 1863 fest. Das lag mitten in der Fastenzeit, und die Kirchenmänner erhoben sogleich ihr pflichtschuldiges Lamento. Erzbischof Longley, frisch ernannt für Canterbury, wählte dafür auch noch eine recht unglückliche Formulierung: »Das Licht, in dem die Fastenzeit von unserer Kirche betrachtet wird, hat die einsichtigen Mitglieder im allgemeinen davon abgehalten, diesen Zeitpunkt für eine Eheschließung zu wählen[506].«
Da mußte man die Königin als Longleys Dienstvorgesetzte hören! Ihr Sohn heiratete nicht im allgemeinen, sondern im besonderen. Den Hinweis auf die Einsichtigen, die »intellectual members«, überhörte sie, Glaube hatte für sie nichts mit künstlicher Trennung von Wissenden und Unwissenden zu tun. Was aber die Fastenzeit anging, so dekretierte sie, der Einwand beruhe
»auf bloßen Einbildungen und Vorurteilen und in diesem Fall auf einer nicht gerade erhebenden Ansicht von einem der heiligsten Gebote Gottes... Die Königin begrüßt die Gelegenheit, eine Sitte zu brechen, die nur in der Oberschicht gebräuchlich ist und die sie leider als sehr katholisch ansehen muß... Die Ehe ist etwas sehr Heiliges und hat *nichts* mit Vergnügungen zu tun[507].«
Letzteres ging gewiß, ja offenkundig an den landweit geläufigen Ansichten des Bräutigams vorbei, aber die Kirche kroch zu Kreuze. Sie tat es doppelt unwillig, denn Victorias Gründe, warum nicht im April oder Mai geheiratet werden durfte, waren nur wenig überzeugend. Der April schied aus, weil da ihre Tochtet Alice[508] ihr erstes Kind erwartete, also war die Mutter beschäftigt. Die Prinzessin, die sich in der Krise nach Alberts Tod bewährt hatte, war in unkomplizierter Weise dem Bruder zuvorgekommen und seit Juli 1862 mit Louis, dem späteren Großherzog von Hessen-Darmstadt, verheiratet. Alice wurde sofort schwanger, Victoria hatte es trotz aller Ermahnungen nicht verhindern können. Was dagegen den Mai anging, so hegte die Königin die schon erwähnte abergläubische Antipathie. Litt sie an einem Anti-Fruchtbarkeits-Syndrom? Hieß es das leidige Gebären zusätzlich

herausfordern, wenn man im Monat der steigenden Säfte heiratete? Jedenfalls schied der Mai aus, und bis zum Sommer sollte »poor, dear Bertie« nicht warten müssen, lies: dann wollte Victoria endlich nach Balmoral.

Immer wieder erstaunt ihr Vermögen, sich mit den fadenscheinigsten Argumenten gegen mächtige Interessen durchzusetzen. Mit der Kirche spaßte in ihrem Land und zu ihrer Zeit niemand, der dem Establishment angehören wollte. Aber die Hochzeit fand am 10. März statt. Ein Typhusanfall des Prinzen Alfred hätte fast alles gestoppt; in diesem Fall waren für die Krankheit weder die Unmoral seiner Bruders noch die Hygiene in Schloß Windsor verantwortlich, sondern mediterrane Wasserzusätze. Der 19jährige Prinz wurde sofort von Neapel nach Malta, also in bessere englische Obhut geschafft und überstand die Krise. Die Königin zweifelte zeitweilig an allem, den Allerhöchsten eingeschlossen:

»Oh, wenn nur nichts Schreckliches passiert, was diese Hochzeit noch trauriger macht. Ich bete und hoffe – aber seit dem 14. Dezember '61 weiß ich, daß Gottes Wege nicht unsere sind und daß es ihm gefallen könnte, den lieben Alfie von uns zu nehmen. Sein Wille geschehe. Aber mein Leidensbecher ist randvoll, ich kann ihn mir nicht voller denken[509]!«

Die Nation dachte anders. Endlich präsentierte die Monarchie sich wieder einmal von der Sonnenseite. Fotos der dänischen Prinzessin überzeugten jedermann, daß, wer das Glück hat, die Braut heimführt. Freilich zeterten die Londoner, daß es keine prunkvolle Heirat in ihren Mauern gab, sondern alles hinter die Wälle von Windsor verbannt worden war, nur um der Königin eine Zeremonie in der Westminster-Abtei zu ersparen. »Punch« entwarf für die Heiratsspalte der »Times« eine karge Eintragung des folgenden Inhalts:

»Am 10. dieses, getraut von Dr. Longley, unter Assistenz von Dr. Thomson: Albert Edward England, mit Alexandra Dänemark. Glückwünsche nicht erbeten[510].«

Solche Spitzen konnten den Thronfolger nur amüsieren. Er war am 9. November 1862 volljährig und mit seiner finanziellen Lage vertraut gemacht worden. Was immer er gegen die Erziehungsmethoden seines Vaters einzuwenden gehabt hatte, dessen finanzielle Vorsorge versetzte ihn in dankbares Erstaunen. Bertie entdeckte, daß er ein reicher Mann war, und zwar nicht etwa von Gnaden des Parlaments. Dieses legte dem Thronfolger 50000 Pfund pro Jahr zu Füßen, wovon ein

Fünftel als Taschengeld der Prinzessin gelten sollte. Ihr dänischer Vater bemerkte dazu, Alexandra bekomme somit das Vierfache seines eigenen Jahreseinkommens. Vickys Einschätzung der dänischen Hoffinanzen erwies sich als sehr zutreffend. Bertie fand auf dem für ihn eingerichteten Konto eine Summe von 600000 Pfund vor. Dazu kamen jährlich 50000 Pfund aus den Einnahmen des politisch fiktiven, ökonomisch aber sehr realen, weil starke landwirtschaftliche Gewinne abwerfenden »Herzogtums Cornwall«, dessen Erträge jedem Prinzen von Wales zustehen. Nach heutigen Vorstellungen war Bertie über Nacht zum Millionär geworden.

»Von diesem Kapital, das sich während seiner Minderjährigkeit angesammelt hatte, waren kurz zuvor 22000 Pfund benutzt worden, um 2000 Hektar Land bei Sandringham von C.S. Cowper zu kaufen, der es vorzog, im Ausland zu leben, nachdem er seine frühere Geliebte, Lady Harriet d'Orsay geheiratet hatte[511].«

Passende Umstände für die fröhliche Hofhaltung, die der Prinz von Wales später in Sandringham in Gang brachte, dem Haus der 365 Zimmer – eins für jeden Tag des Jahres. Der Sohn konnte es sich leisten, zum Mausoleum seines Vaters, dem er die Mehrung seines Reichtums dankte, 10000 Pfund beizutragen. Unter die reichsten Leute des Landes zählte er jedoch keineswegs. Manche Hocharistokraten zogen damals aus ihren Grundstücken leicht in jedem Jahr das Doppelte des Geldes, das der Prinz besaß. Das machte aber nur einen Teil ihrer Einkünfte aus, da sie Papiere besaßen oder Bodenschätze ausbeuteten oder beides. Vom Thronfolger wurde angesichts der Zurückgezogenheit seiner Mutter gleich nach der Eheschließung ein ungewöhnliches Pensum an Repräsentation verlangt. Das hatte er zu bestreiten mit einem runden Viertel der Apanage, die das Parlament der Königin bewilligte. Dieses Mißverhältnis war es wohl, was Lord Palmerston zu der verblüffenden Bemerkung veranlaßte, der Prinz von Wales werde von der Nation schäbig behandelt.

14
Pflicht

John Brown – Moral, Religion, Emanzipation

All denen, die immer lauter danach riefen, die Königin sehen zu wollen, warf sie Gefühllosigkeit vor. Doch am 6. Februar 1866 durfte die Londoner Menge zusammenlaufen, die Garden standen, die Kapellen spielten, die Staatskutsche fuhr die Monarchin zur Parlamentseröffnung.

»Ich hatte große Mühe, meine Tränen zu unterdrücken ... Die Massen waren so begeistert, und die Leute blickten alle mit großer Anteilnahme. Trotz des starken Windes ließen wir beide Fenster herunter. Als ich das Oberhaus betrat, das dicht besetzt war, glaubte ich ohnmächtig zu werden. Jedermann schwieg, alle Augen waren auf mich gerichtet, und da saß ich, allein. Furchtbar erleichtert, als es vorüber war und ich vom Thron herunterstieg ... Dankbar, daß ich in der Lage war, es durchzustehen ... [512].«

Dankbar zeigte sich jetzt auch Premierminister Russell, Palmerstons Nachfolger. Das Whig-Kabinett war nun bald sieben Jahre alt, Abnutzungserscheinungen wurden spürbar, die huldvolle Anwesenheit der Monarchin galt als willkommener Gunstbeweis. Zum erstenmal seit Alberts Tod hatte Victoria – diesmal von zwei Töchtern begleitet – das Parlament betreten. Russell mußte dafür zahlen mit der peinlichen Lektüre eines jener königlichen Klageschreiben, die inzwischen nahezu Verfassungsbestandteile geworden waren, da sie die Obliegenheiten des Staatsoberhauptes dem Witwendasein anzupassen suchten. Diese Briefe mit ihrer unerschöpflichen Erfindungsgabe an Adjektiven des Schmerzes, an Unterstellungen der Roheit der Umwelt, an kräftigen Lobesworten der eigenen ungebrochenen Arbeitskraft bei gleichzeitig düsteren Prophezeiungen eines baldigen physischen Zusammenbruchs müssen für Victoria eine große Erleichterung gewesen sein. Sie erfüllten Ventilfunktionen; an unmittelbare Wirkungen auf die Politiker konnte die Königin nur in Ausnahmen glauben.

»Daß die Öffentlichkeit sie sehen möchte, versteht sie sehr wohl, und

das will sie auch nicht behindern, ganz im Gegenteil. Aber warum dieses Verlangen sich so unvernünftig und gefühllos äußern muß, eine arme, nervöse und schüchterne Witwe sehen zu wollen, die gebrochenen Herzens, in tiefster Trauer, *einsam* zu dieser Staatsshow gezerrt wird..., das kann sie nicht verstehen...
Diesmal will sie es tun, wie versprochen, aber sie empört sich über die Gefühllosigkeit derer, die sie dazu gedrängt haben... Wäre die Königin eine Frau von starken Nerven, dann könnte es ihr gleichgültig sein, das alles durchzumachen... Aber daß ihr solche Qualen nicht erspart werden, obwohl sie den ganzen Tag bis in die tiefe Nacht schuftet, das kommt sie hart an...[513].«
»She slaves away« – so beschrieb sie vorwurfsvoll ihre eigene Tätigkeit, die man sicher nicht unerheblich in Umfang und Anforderung nennen mochte, die sie aber doch der eigenen Bequemlichkeit inzwischen stark angepaßt hatte. Immerhin war sie erst 46 Jahre alt und nach wie vor organisch vollkommen gesund. Doch als Russell dem Besuch im Oberhaus gleich noch einen Empfang im Palast hinzufügen wollte, lehnte sie, hinter ihrem Leibarzt Dr. Jenner verschanzt, glatt ab. Sie glaubte auf lange Zeit erst einmal genug getan zu haben, und in den 39 Jahren, die ihr nach Alberts Tod blieben, ist sie dann auch nur ganze siebenmal zur jährlichen Parlamentseröffnung gekommen. Selbst dann verlas sie die Regierungserklärung nicht selbst, das besorgte der Lordkanzler. In den übrigen 32 Jahren lag auf dem leeren Thron symbolisch die königliche Robe. Königin Victoria hat den – wie sie es nannte – »Humbug« einer von ihr gar nicht verfaßten und fast kaum beeinflußten Thronrede nie leiden mögen, was für die Geradheit ihres Denkens ebenso zeugt wie für ihr Unverständnis der konstitutionellen Monarchie. Zeitweilig war sie der Ansicht, das von ihr erwartete Billigen der jeweiligen Regierungspolitik gehe genügend daraus hervor, daß sie die Minister empfange und die Gesetze unterzeichne, statt abzudanken und so ihr Mißfallen zu demonstrieren.
Doch wenn sie nach der »Staats-Schau« vom Februar geglaubt hatte, Ruhe zu finden, so hatte sie sich das falsche Jahr ausgesucht. 1866 brachte einen Krieg in Europa, einen Regierungswechsel in London, wichtige Veränderungen in Victorias Hofstaat, Heirat, Geburt und Tod in der engsten Familie und obendrein eine Hitzewelle. Trotz alledem oder vielmehr gerade deshalb wurde es auch ein Jahr, in dem sie die ersten deutlichen Zeichen einer Abkehr von den extremen Formen des Nonnendaseins erkennen ließ. Sie brauchte jetzt nur klare, un-

ausweichliche Anrufe von außen, objektive Notwendigkeiten, und sie war wieder bereit, da- und dabeizusein. Parteivorteile allerdings und leere Rituale gehörten nicht zu solchen Motivierungen; »in state as a show« wollte sie nicht erscheinen.

Im Januar, am Geburtstag ihres Berliner Enkels Wilhelm, war sie bereits von Sorge um die Entwicklung in Deutschland erfüllt. Ins »Tagebuch« schrieb sie, Gott möge den Jungen schützen, ihn gut, klug und liberal gesinnt werden lassen, würdig seines Großvaters – Albert –, der so sehr gewünscht habe, Willy solle nicht als »conceited Prussian«[514] aufwachsen. Nun war der Vorwurf, eingebildet zu sein, im preußisch-englischen Verhältnis nicht nur in einer Richtung zu hören. Auch war die Königin die letzte, die etwa Kollektivurteile über Preußen oder andere Staaten gebilligt hätte; allenfalls die Russen waren insgesamt und immer fürchtenswert. Was sie meinte, war, der Prinz solle seinem Vater folgen und nicht etwa Bismarck.

Der Berliner Ministerpräsident – ein derzeit irreführender Titel, denn sein Träger präsidierte nicht einem Kabinett, er ordnete im Lande an – hatte in den letzten Monaten, seit dem österreichisch-preußisch-dänischen Krieg von 1864, im Briefwechsel Victorias mit ihrer Tochter Vicky jene dämonische Dimension erhalten, die er in den Augen aller europäischen Liberalen besaß, wenn auch nicht in Wirklichkeit. Seine Politik laufe auf einen neuen Krieg hinaus, davon war die Königin überzeugt, einen Krieg zwischen Preußen und Österreich. Kein Metternich aber war da, kein Talleyrand und auch kein Palmerston mehr, niemand, der Bismarck gewachsen gewesen wäre. Die Kronprinzessin schrieb am 9. März 1866 an ihre Mutter:

»Offiziell wissen wir gar nichts. Fritz wird von allem ferngehalten. Der König redet nicht mit ihm über das Thema, und die Minister teilen ihm nie etwas mit. Ich kann nicht sagen, was für ein Unglück ein Krieg mit Österreich wäre, in jeder Hinsicht – für uns, für Deutschland und für Europa[515].«

Nun, so völlig im dunkeln kann der Kronprinz in Berlin nicht gewesen sein. Am 28. Februar hatte jener Kronrat getagt, der entschied, daß »Preußen bereit war, um den Besitz Schleswig-Holsteins und die Vorherrschaft in Deutschland Krieg zu führen«[516]. So sieht es heute die Geschichtsschreibung. Sollte der Königssohn es anders aufgefaßt haben? Jedenfalls nahm er, wie üblich, am Kronrat teil. Er ergriff das Wort und warnte vor einem Bruderkampf – das, so wußte er, mußte den König beeindrucken. Anwesend waren aber auch – wie nicht üb-

lich – die Generäle Moltke, Alvensleben und Manteuffel. Der Kronrat wandelte sich allmählich zum Kriegsrat; Manteuffel erklärte: »Wir sind schon im Krieg mit Österreich[517]!«
Freilich: das Ausmaß der Kriegsfolgen für die deutsche Landkarte mag der Kronprinz nicht abgesehen haben. Vielleicht wußte auch Bismarck erst ungenau, wie weit er gehen konnte, das war seinem König und auch dem Kaiser der Franzosen erst noch abzuringen. Aber daß der Krieg beschlossene Sache und nicht nur eine Furchtwolke am Horizont war, das muß Kronprinz Friedrich gewußt haben. Sagte er es seiner Frau nicht in vollem Umfang? Unwahrscheinlich. Dann bleibt nur die Möglichkeit, daß die Kronprinzessin ihrerseits der Mutter keinen reinen Wein einschenkte, sei es, um Fritz als Mittäter Bismarcks und dessen kommender Taten auszuschließen, sei es, um keine Staatsgeheimnisse an eine fremde Macht weiterzugeben. Der Loyalitätskonflikt der Prinzessin erreichte 1866 seinen ersten Höhepunkt. Sie wußte, welche geringen Kenntnisse über Preußen und Deutschland die meisten britischen Politiker besaßen und warum sie selbst stets für intelligente Londoner Botschafter am Berliner Hof eingetreten war. Der gegenwärtige, Lord Augustus Loftus, gehörte ihrer Meinung nach nicht dazu. Er war – im Januar 1866 – geschickt worden, weil er nicht zu den Bewunderern Bismarcks zählte, eine nach Vickys Ansicht schlimme Kombination von Animosität und Ignoranz. Die Prinzessin liebte Preußen, sprach sogar von seinen Bewohnern als von einer »superior race«[518], was Intelligenz und Bildung angehe, womit sie mehr ein »ausgezeichnetes Volk« meinte als eine nordisch-überlegene Rasse. Nach den militärischen Erfolgen ihres Mannes im Juli und August 1866 – er kommandierte eines der drei Armeekorps bei Königgrätz – ließ Vicky ihrem Stolz in den Briefen an die etwas peinlich berührte Mama freien Lauf. Aber stets blieb ein Zwiespalt: »In Deutschland ergreife ich immer Partei für die Engländer, und in England versuche ich, zu den Deutschen zu halten. Freilich ist beides zur Zeit sehr undankbar[519].«
Es kann also sein, daß die Tochter in den Briefen vom Frühjahr 1866 nicht wußte, wie sie die Gewichte legen sollte, selbst wenn es sich um unzensierte Kurierpost handelte. Die Mutter dagegen fühlte sich, nicht zuletzt durch die Kalamität ihrer Lieben in Berlin, zu einer lange nicht mehr gekannten Aktivität aufgerufen. Sie schrieb – mit und ohne Auftrag ihrer Regierung – an Wilhelm I. und beschwor ihn, den Krieg zu vermeiden und nicht auf Bismarck zu hören:

»Ich, Deine treueste Freundin und Schwester, muß hören, wie man Deinen, meines Bruders Namen angreift, verleumdet, und nur, weil andere Dich hintergehen. Ein Mann allein trägt die Schuld an all diesem Unheil. Da Du die heiligen Rechte eines Monarchen schätzest, mußt Du einsehen, daß der Friede der Welt, das Glück Deines eigenen Landes und das von ganz Deutschland nur von Dir abhängen[520].«
Diesen Brief an den König, dessen »Schwester« sie im Selbstverständnis der großen Monarchenfamilie Europas war, schickte sie ab, ohne daß Russell und Außenminister Lord Clarendon ihn vorher gelesen hatten. Im umgekehrten Fall hätte sie sich gewiß beschwert, und gar, wenn dabei einer der führenden Staatsmänner Europas des Übeltätertums bezichtigt worden wäre. Aber sie haßte Bismarck (den sie kaum kannte), denn sie vermochte sich sehr gut vorzustellen, wie ein Mann seines Schlages mit ihr umgehen würde, wäre sie als »schwache Frau« an Wilhelms Stelle Königin von Preußen. Sie brauchte immer jemanden, den sie herzlich verabscheuen konnte, und wählte dazu auf couragierte Weise nicht etwa Untergebene, sondern stets Personen, denen sie sich nicht gewachsen glaubte, Palmerston und Gladstone zum Beispiel. Den Grafen Bismarck haßte sie so sehr, daß sie nach dem Attentat, das im Mai 1866 Unter den Linden auf ihn verübt wurde, an ihre Tochter schrieb (die den politischen Mord mißbilligte):
»Ich kann da nicht ganz zustimmen, daß es besser sein soll, daß B. nicht erschossen wurde. Hier glauben die Leute übrigens, das Ganze sei nur inszeniert worden, und der Mann habe B. gar nicht ernsthaft zu töten versucht – denn warum sei es sonst mißlungen[521]?«
Der Stiefvater des Attentäters lebte übrigens als deutscher Emigrant in London. Das machte den preußischen Regierungschef nicht besser auf England zu sprechen als das fehlgeschlagene Angebot Lord Clarendons, zwischen Berlin und Wien zu vermitteln. Darüber mußte sich Bismarck entrüsten, weil er es durch gezielte Indiskretion in Paris selbst torpediert hatte. In dem greulichen Euro-Deutsch, das ihm aus seinen Gesandtentagen noch anhing, schrieb er dem Schwager des Königs, dem Großherzog von Weimar:
»England hatte uns seine bons offices angeboten; ich nahm sie an, und darauf zog es sein Angebot zurück. Das sind keine encourageanten Erfahrungen[522].«
England konnte die Preußen weder behindern noch beeinflussen, selbst wenn es gewollt hätte. Clarendon machte es der Königin in einem langen Brief Ende März und dann noch einmal in mündlichem

Vortrag in Windsor Castle Anfang Mai deutlich. 1864 hätte man vielleicht eingreifen können, jetzt sei es zu spät. Die Deutschen müßten das unter sich abmachen, weder englische Ehre noch englisches Interesse seien tangiert. Zudem habe man wegen möglicher Entwicklungen in Irland und Nordamerika sich vor Truppenverpflichtungen und hohen Ausgaben zu hüten. Das lief auf eine nicht ganz zutreffende Interpretation britischer Außenpolitik hinaus, denn ein Wahren des Gleichgewichts der Kräfte auf dem Kontinent war stets von hohem Interesse für London gewesen. Nur stellte sich jetzt heraus, daß diese Position der Wachsamkeit unvereinbar geworden war mit den zunehmenden Verpflichtungen in Übersee. Vor der Unmöglichkeit der angestrebten Doppelrolle – Herrscher der Meere, Makler in Europa – haben die britischen Politiker lange die Augen verschlossen. Hundert Jahre später waren sie dann weder das eine noch das andere. Lange überzeugt, London könne das kontinentale Staatensystem durch eine Politik des divide et impera manipulieren, wenn einmal die liberalen Ideale der Nichteinmischung allein nicht mehr zum Wahren des Friedens ausreichen sollten, verschwiegen sich die britischen Staatsmänner nach Waterloo, daß sie diese Wahl längst nicht mehr besaßen. Für Bismarck kam damals erleichternd hinzu, daß auch der andere Gleichgewichtswächter in Europa, der Zar in Petersburg, sich gerade anderweitig beschäftigte.

»Sowohl Rußland wie Großbritannien hatten sich aus dem europäischen Kräftespiel nahezu ausgeschaltet; das unterschied die Jahre von 1864 bis 1866 von der voraufgegangenen Zeit[523].«

Der Krieg begann also, und nach sieben Wochen war er beendet. Victorias familiär-dynastischen wie auch ihre politisch-moralischen Befürchtungen wurden voll erfüllt. Fünffach war sie betroffen. Ihre älteste Tochter lebte als Kronprinzessin in Preußen. Ihre Schwiegertochter Alexandra stammte vom dänischen Hofe. Der Mann ihrer zweitältesten Tochter Alice kämpfte als Großherzog von Hessen-Darmstadt auf seiten der später unterliegenden Österreicher. Ihr Vetter Georg war König von Hannover – auch er nun der Gnade der Sieger ausgeliefert. Zu allem Überfluß hatte ihre drittälteste Tochter Helene ausgerechnet den Bruder jenes Herzogs von Holstein geheiratet, der als Augustenburger von Dänen und von Preußen gleichzeitig abgelehnt worden war.

Schlimmer noch: Die privaten und die militärischen Ereignisse fanden in unheilvoller Nachbarschaft statt. Mitte Juni zogen die Preußen in

Holstein ein, am 16. starb Victorias Enkel Sigismund, das vierte Kind des Berliner Kronprinzenpaares, dem kurz zuvor das fünfte geboren worden war, benannt nach der Großmutter. Am 3. Juli fand die Schlacht bei Königgrätz statt. Am 5. Juli heirateten Helene und Christian Holstein. Am 11. Juli kam in Darmstadt das dritte Kind der Tochter Alice zur Welt, Irene, neun Tage später zogen dort die Preußen ein, recht forsch, wie die Großherzogin ihrer Mutter berichtete. Die wußte nicht mehr, wo ihr der Kopf stand. Zu allem Überfluß gab es am 23. Juli im Londoner Hyde Park schwere Zusammenstöße zwischen der Polizei und zahlreichen Demonstranten, die für ein neues Wahlgesetz auftraten. Eine Woche später wiederholten sie sich. Die Gitter des Parks wurden niedergerissen. Endlich doch nach Balmoral geflüchtet, mußte die Königin wieder – wie 1848 – hauptstädtische Krawalle fürchten. Wie stets kleidete der Innenminister seine Berichte in abwiegelnde Formulierungen[524]. Das aber war nicht mehr Grey, sondern Walpole, denn obendrein war mitten in das europäische Kriegsgeschrei die Regierungskrise geplatzt. Derby wurde wieder Premier, er hatte Russell über eben jenem Wahlreformgesetz – das dann 1867 doch durchging – zu Fall gebracht.
Andere Minister also und geänderte Landkarten, zwei neue Enkel und ein neuer Schwiegersohn. Dieser Holsteiner freilich war dazu angetan, Komik in die triste Chronologie des turbulenten Jahres zu bringen. Einen Mann für Prinzessin Helene zu finden war nicht einfach gewesen. Daran trug nicht nur deren unscheinbares Äußeres die Schuld. Als wichtiger erwies sich der Wunsch ihrer Mutter, nicht alle Töchter von ihrer Seite zu lassen. Jedenfalls durfte die jeweils nächste erst heiraten, wenn eine jüngere in das Alter aufgerückt war, da sie sich für die arme, geschlagene, geplagte und *einsame* Witwe nützlich machen, Levers abhalten, Briefe schreiben, den Chaperone bei Ausfahrten spielen und vor allem: lange Erzählungen über die Vorzüge des unvergleichlichen Papas anhören konnte. Da sich Alice dem schon früh entzogen hatte und Beatrice noch ein Kind von neun Jahren war, mußten Helene und Louise diese Aufgabe auf lange Zeit übernehmen. Louise war zwar clever, aber schnippisch und vor allem indiskret, d. h., sie erzählte anderen Leuten weiter, was sich am Hof der königlichen Witwe zutrug. Damit war nicht gleich der Hofkorrespondent der »Times« gemeint, sondern das eine oder andere der auswärtig lebenden Geschwister. Informationen aus dem Hause aber wollte Victoria ungefähr so behandelt wissen wie Depeschen aus dem Foreign Office: alles war zuerst ihr vorzulegen.

Helene also fand Christian Holstein, der sich, was sehr gelegen kam, ohne Besitztum sah und also die Bedingung akzeptierte, in der englischen Familie zu leben. Die Tochter war damit versorgt und die Mutter auch. Leider bot Christian, anderthalb Jahrzehnte älter als seine Braut, kein Bild von einem Mann. Daß er seiner Schwiegermutter schrecklich alt vorkam, lag natürlich vor allem daran, daß er nur zwölf Jahre jünger war als sie selbst. Derlei verwirrte ihren Sinn für Proportionen der Geschlechterspannen ebenso wie Vickys erstes Baby, das nur 21 Monate nach ihrem eigenen neunten Kind gekommen war. Vicky, die wie üblich den Schwiegersohn vorbesichtigt hatte, empfahl ihrer Mutter, sich seiner Gesundheit zu widmen, um die es nicht zum besten stehe. Wie immer hatte sich das Interesse dieser fortpflanzungsbewußten Menschenzüchter auf Stallkriterien gerichtet: Dem Gaul war ins Maul geschaut worden. Beruhigend schrieb Victoria, mitten in allen Sorgen über Bismarck, nach Berlin:
»Ich werde mich um Christians Erkältungen und um seine Zähne kümmern. Beides ist sehr wichtig[525].«
Nach ein paar Wochen dentaler Behandlung und frischem Inselklima ohne überheizte Räume sah der Bräutigam schon viel besser aus – bis auf den Kahlkopf. Noch Victorias zahlreiche Onkel hätten dagegen ein bewährtes Mittel gewußt, aber Perücken waren aus der Mode gekommen, für hundert Jahre jedenfalls.
Der »ältere Herr« – er war 35 – wurde der Prinzessin zwei Tage nach Königgrätz angetraut. Brautführer war – zu jedermanns Überraschung – nicht der Prinz von Wales, auch nicht Prinz Alfred, sondern die Mutter selbst. In der Familie kursierte daraufhin das Gerücht, die beiden älteren Brüder hätten den mittellosen Holsteiner, der sich da so dicht bei der Queen einzunisten beabsichtige, nicht haben wollen. Ganz sicher eifersüchtig auf Helene zeigte sich Alice in Darmstadt. Freilich machte die Mutter neuerdings, da sie es bequem haben wollte, eine Gewohnheit daraus, Besuchsaufenthalte der auswärtig verheirateten Kinder und ihrer wachsenden Enkelschar abzuwimmeln. Sogar die über alles geliebte Vicky hatte gerade erst zu Weihnachten 1865 eine Abfuhr erhalten, die sie sehr schmerzen mußte.
Victoria aber wartete mit einem ganz anderen Grund auf, warum sie selbst die Brautführerin sein wollte:
»Niemals lasse ich einen meiner Söhne den Platz ihres Vaters einnehmen, solange ich lebe[526]!«
Das schrieb sie der Tochter und dem Schwiegersohn in Berlin, die von

den Gerüchten gehört hatten. Nun war vom Platz des Vaters allerdings nie die Rede gewesen, aus naheliegenden Gründen. Vielmehr war es ihr eigener Platz, den sie eifersüchtig verteidigte. Konnte sie schon nicht Kriege verhindern und Regierungskrisen, so sollte wenigstens ihr familiäres Regiment intakt bleiben. Als es hieß, die Braut könne sich von Vickys Schwiegervater in Berlin etwas zur Hochzeit wünschen,

»schlug Louise[527] vor, Lenchen solle wie Herodias den Kopf von B. verlangen. Das halte ich für einen guten Einfall von ihr. Sie ist so amüsant originell[528].«

So war das Verhältnis zu Bismarck: Umbringen hätte sie ihn können, wenn schon die dilettantischen Berliner Attentäter das nicht fertigbrachten. Freilich kannten weder die Mutter noch die Töchter die Geschichte der Salome genau. Vielleicht mochte Victoria deshalb den ohnehin suspekten Dichter Oscar Wilde[529] später nicht, weil sein skandalöses Stück ihr klarmachte, daß – nach Matthäus 14 – sie ja die Herodias der extravaganten Salome/Helene hätte sein müssen. Vielleicht störte es sie aber auch, daß Wilde als Reporter des »Telegraph« sich in die private Trauerzeremonie für Wilhelm I. drängte, die sie 1888 in Windsor Castle abhielt. Die grausame Rache des Establishment an Wilde ist bekannt. Weniger geläufig scheint dessen Hochachtung für Queen Victoria; halb im Scherz erklärte er einmal, sie hätte er mit Vergnügen geheiratet[530]. Übrigens hat er ihr einmal geschrieben und sie um Gedichte (!) für seine Zeitschrift »The Woman's World«[531] gebeten.

Lenchens Hochzeit verdeutlichte aber auch einen neuen Wesenszug der Königin. Fortan behandelte sie ihre neun Kinder, wie Palmerston es mit dem Gleichgewicht der fünf europäischen Großmächte gehalten hatte. Wechselnde Vorlieben, ständig geänderte Koalitionen sorgten dafür, ein an sich unerträgliches Gleichmaß von Obliegenheiten lebensfähig zu machen. Kein Sohn, keine Tochter war zeitlebens ganz dem mütterlichen Zorn ausgesetzt oder ohne Trübung beliebt. Victoria verschwieg sich, daß sie zu einer wirklich erfolgreichen Erzieherin sowenig in der Lage war wie das britische Kabinett zu Machtbalancen auf dem Kontinent. Beide machten vergebens aus der Unfähigkeit ein System. Durchgängig aber zeichnet sich, nach 1871, dem Jahr seiner schweren Krankheit, eine Aufwertung des Prinzen von Wales ab. Im Grunde war sie froh, daß er ihr zum Beispiel Reisen abnahm, die sie – wäre Albert noch mit ihr gewesen – selbst wahrgenommen hätte.

Stellvertretung ließ sich bei Verpflichtungen im fernen Ausland leichter zugestehen als etwa bei Empfängen in London, die – vom Prinzen gehalten – den Eindruck erwecken konnten, eine Abdankung zu seinen Gunsten stehe bevor. Am 12. November 1866 schrieb Victoria an die Tochter in Berlin, die den Bruder liebte, zu deren Entzücken: »Gerade erhalte ich einen sehr herzlichen Brief vom lieben Bertie aus Petersburg, in dem er auch Euch so reizend erwähnt. Ich muß sagen, ich habe diesmal den 9. ganz anders empfunden als früher, und ich danke Gott dafür. Er sendet Trost, wo man ihn manchmal am wenigsten erwartet[532].«

Der 9. November war Berties 25. Geburtstag gewesen, und fortan gab es zwischen der Königin und dem ältesten Sohn nur noch Meinungsverschiedenheiten minderer Natur. Auch der unterschwellige Versuch Victorias, die Schwiegertochter Alexandra entgelten zu lassen, was dem Sohn nicht länger galt, wurde mit Hilfe der unermüdlich über die Mutter wachenden Berliner Tochter ausgeräumt. Nach der Rückreise des Paares von Petersburg über die preußische Hauptstadt schrieb diese erstaunliche Person, an der dem englischen Hof viel verlorengegangen ist, einen diplomatischen Brief, mit dem sie – angeblich ohne Berties und Alexandras Wissen – eine künftige, vertrauensvollere Basis zwischen Victoria und der Frau des Thronfolgers bereitete. 1866 war auch das Jahr, in dem die Königin zum erstenmal wieder – ohne sich selbst zu beteiligen – ein Tanzvergnügen in Windsor erlaubte, damit der »letzte unverheiratete Geburtstag« ihrer Tochter Helene gefeiert werden konnte[533]. Alle Trauer um Albert hatte nämlich dies Urerlebnis vom Opfergang der weiblichen Lämmer zum Altar der Männervergnügungen nicht ausgelöscht, eher bestärkt. Im September nahm sie auch an den Kraftbekundungen der Schottensportler in Braemar wieder Anteil, wie zuvor fasziniert und entsetzt zugleich, wozu die Maskulinität dieser Breiten, wenn einmal aufgebracht, imstande sein konnte.

Lenchen und Christian begleiteten sie; ihnen das Muskelwettspiel unbedingt vorführen zu müssen galt ihr als Alibi für ein Vergnügen, auf das sie selbst nur ungern verzichtete. Ende November war sie sogar zu einer Reise ins nicht geheure Gebiet von Wolverhampton bereit. Dort mußte sie die Freude über ein neues, prachtvolles Albert-Denkmal mit schockierenden Einblicken in die Armut weiter Teile ihrer Untertanen bezahlen. Mit »sinkendem Herzen und zitternden Knien« verließ sie den Zug, von zwei Töchtern und Christian begleitet. Der Jubel der

Niedersten, die Spruchbänder, die »Albert den Guten« feierten, Wälder von Blumen und Fahnen überwältigten sie.
Wenig hatte sie von den Lebensumständen ihres Volkes gesehen, seit sie zuletzt mit ihrem Mann hier gewesen war. Tief angerührt verließ sie die Stadt; keine Kopfschmerzen wurden anderntags vermerkt. Daß Albert auch im Gedächtnis ihrer Mitbürger lebte und nicht nur in den eigenen, verzweifelten Trauerritualen, hat zur »Wiederbelebung« der Königin sicher soviel beigetragen wie die Anforderungen der Staatsgeschäfte oder die raffinierten Rückführungskünste Disraelis. Ihr Herrscherinstinkt starb nie ganz. Allenfalls hatte sie sich, in der Manier mancher Tiere, totgestellt für eine Weile in der Hoffnung, die Gefahr sei ein Feind, der vorübergehe, wenn er nichts Vernichtenswertes erblicke. Kurz vor sieben Uhr an jenem Novembertag – mit exakter Zeitangabe wie eh und je notiert – langte sie wieder in Windsor an, »weniger müde, als ich es erwartet hatte«. Wir vermuten: überhaupt nicht müde, sondern begeistert, erhoben über die inzwischen nur noch selbstverhängte Misere. Sie war eine Monarchin geblieben – auch ohne Prinz Albert.
1866, dieses annus mirabilis – oder bellicosus –, brachte die gleichsam offizielle Ablösung der ersten, alles verzehrenden Trauerzeit durch eine mehr gefaßte, sich ins Unvermeidliche schickende Resignation mitsamt priesterlichem Segen für eben diesen Übergang. Als Vicky der Mutter schrieb, sie entbehre in Berlin der Tröstungen guter englischer Kirchenmänner im Schmerz über den verlorenen Sigismund, wobei sie eine Reihe der in Frage kommenden Kleriker aufzählte, benutzte die Königin ihre Antwort – am 11. August 1866 aus Osborne – zu einem ebenso unerwarteten wie unverhüllten Bekenntnis. Sie selbst habe dem Dean von Windsor, Gerald Wellesley, anvertraut, daß ihr Schmerz über Alberts Verlust neuerdings nicht mehr so scharf und wild wie ehedem sei. Deswegen solle sie sich, habe der Dean geantwortet, keine Vorwürfe machen, da sei nur die erste, heftige Klage einer mehr gesetzten, dauerhaften Trauer gewichen, die der Beweis einer viel länger anhaltenden Gefühlsbewegung sei. Ja, es sei sogar unmöglich, habe er hinzugefügt, auch diesen Zustand zu ertragen, »wenn man weiterhin seine Aufgabe im Leben erfüllen müsse, würde nicht eines der Mittel Gottes, uns beizustehen, darin liegen, einige Helfer zu senden, die neben seiner eigenen Stütze uns durch ihre geistesverwandte Natur und ihre besonderen Anlagen als glückliche Fügung erscheinen[534]«.

Für die Tochter bedeuteten dies keine sibyllinischen Worte. Dieser Briefstelle vorausgegangen war nämlich ein Lob derjenigen Person, deren Beziehung zur Königin in der Antwort des Priesters unmißverständlich abgesegnet wurde.

»Du sprichst von Mitgefühl und seinen heilenden Wirkungen. Es gibt einen Menschen, dessen Beistand mir mehr als der jeder anderen Person geholfen hat und noch hilft, und das ist der gute und brave Brown. Du kennst ihn nur als meinen emsigen, besorgten, bemühten und nützlichen Diener, aber Du weißt nicht, was für ein Herz und was für einen Verstand er hat, was für ein rechtschaffenes und natürliches Zutrauen und was für ein gesunder Menschenverstand in ihm stecken. Wann immer ich traurig und allein war, hat er, wieder und wieder, mit seinen kraftvollen, aber einfachen und freundlichen Bemerkungen, die so wahr und so weise und so geradeheraus sind, mir unendlich viel geholfen... Ich habe das unserem guten, herzlichen (und unter der rauhen Schale anteilnehmenden) Dean erwähnt, und in einer Antwort auf eine Reihe von anderen Fragen...[535]«

Die Tochter verstand, daß sie einer ungewöhnlichen Herzensöffnung ihrer Mutter gewürdigt worden war. Es dauerte fast hundert Jahre, ehe diese Freimütigkeiten der Königin veröffentlicht wurden. Und selbst heute fällt es nicht leicht, zu ermessen, was Victoria mit diesem Brief eigentlich bezweckte. Sie suchte mit sich selbst ins reine zu kommen, bat aber gleichzeitig um Verständnis für ihre Lage bei dem ihr nächststehenden Menschen, der zum Glück räumlich sehr fern war. Für ihre Rückkehr in die Welt der Verpflichtungen bedurfte sie einer männlichen Stütze, und die hieß John Brown[536]. Ende August sprachen sich die beiden Frauen in völliger Offenheit darüber aus. Die Kronprinzessin, schockiert über den Besuch bei Verwundeten des Krieges, teilte ihrer Mutter mit, wie schrecklich dieser Anblick für sie gewesen sei. Victoria, zu diesem Zeitpunkt verräterisch entschlossen, jeden Anlaß zu einem Bekenntnis zu nutzen, schrieb zurück, Frauen im Zustand des Leidens seien nichts Ungewöhnliches,

»aber ein starker Mann, der da liegt und Schmerzen leidet, das ist zuviel für mich[537]«.

Vicky antwortete:

»Was Du über den Trost sagst, den das Mitgefühl eines starken Mannes geben kann, so verstehe ich das sehr gut, vor allem in Deinem Fall... Eine Witwe in ihrem großen Schmerz trösten kann sowohl ein Mann wie eine Frau, und ich kann mir denken, daß das für Dich eine Notwendigkeit ist[538].«

Binnen weniger Wochen also hatte Victoria die Absolution sowohl ihres Priesters wie ihres Lieblingskindes für den zunehmend engen Umgang mit dem »starken Mann« John Brown erhalten. Doch daß ihr daran – um den Preis möglicher Mißverständnisse – so sehr gelegen war, zeigte ihre Verwundbarkeit. Der schottische Jagdgehilfe des Prinzen Albert rückte im Leben der Witwe zu einer Bedeutung auf, die fehlgedeutet werden mußte. Die Zeitgenossen lasen in dieses Verständnis viel zuviel hinein, von einer morganatischen Ehe bis zu dubios-spiritistischer Kumpanei. Die skeptischen Nachfahren suchten umgekehrt alles zu bagatellisieren und verkannten dadurch, was jene verketzert hatten.

Dabei war die angebliche Liaison zwischen der Königin und ihrem schottischen Allerweltsknecht keine Erfindung hämischer Klatschkreise. Im Mai 1867, nur wenige Monate nach dem kirchlichen Segen für die Schutzfunktion John Browns im Leben des Souveräns, wurde diese – natürlich mit Wissen der Monarchin – dem Londoner Publikum gleichsam greifbar bestätigt. Die Besucher der alljährlichen Kunstausstellung der Royal Academy strömten vor einem neuen Bild von Sir Edwin Landseer zusammen. Der Hof- und Tiermaler hatte diese seine beiden Stärken in einem Gemälde des Titels »Ihre Majestät in Osborne, 1866« vereinigt, Format 2×1,40 Meter. Osborne lag am äußersten Süden des Königreichs, aber neben der briefelesenden Queen hoch zu Roß sah man auf der Leinwand den »gillie« aus dem schottischen Norden, John Brown. Er hielt zwar nur die Zügel, verkörperte aber in seiner hochgereckten Hab-acht-Position ein zweifellos wichtiges, wo nicht gar gleichstark hervorgehobenes Sujet im Mittelpunkt des Blickfelds. Was die Gerüchte seit einigen Jahren angedeutet hatten, sahen die Besucher der Ausstellung hier in fast lebensgroßer Realität. Landseer malte nicht länger Victoria und Albert, er malte Victoria und John Brown.

In einigen Gesellschaftskreisen wurden Nasen gerümpft. Das Kabinett steckte die Köpfe zusammen. Galt es die Königin vor einem Skandal zu bewahren? Weder Victoria noch ihr Maler konnten ahnen, daß die Erstbesichtigung dieses Bildes in die zeitliche Nachbarschaft eines neuen Volksunmutes geraten werde. Für den 6. Mai 1867, also auf den Tag zusammenfallend mit der Eröffnung der Ausstellung in der Akademie, war schon wieder eine Demonstration im Londoner Hyde Park angesagt worden. Die »Reform-Liga« wollte jene Wahlrechtsänderung durchsetzen, über die das Kabinett Russell gestürzt

war und die man der Regierung von Lord Derby nicht recht zutraute. (Ausdehnung des Stimmrechts auf fast alle Haushaltsvorstände; Begünstigung der städtischen Arbeiterschaft.) Nun war der Hyde Park seit dem Einreißen der Gitter im Vorjahr den Behörden kein genehmer Versammlungsplatz, wie ja auch die Kämpfe um die neue Reform Erinnerungen an die Jahre vor 1832 – und damit im Grunde an die Französische Revolution von 1789 – weckten.
Derby, kein überragender, aber ein furchtloser Premierminister von der materiellen Unabhängigkeit des Tory-Grundbesitzers, unternahm es, der Königin anzudeuten, was Innenminister und Hofpersonal nicht zu äußern wagten: daß ein Teil ihrer zunehmenden Unpopularität in der Person des bärtigen Schotten liege. Ihn gedachte sie bei der für Juli angesetzten Militärparade im Hyde Park auf ihrem Gefährt mitzuführen. Derby hatte zwar nie sehr viel mehr als seine Übersetzungen der griechischen Klassiker im Sinn, wollte jedoch gleichwohl nicht über einer solchen privaten Grille der Herrscherin den Abschied nehmen müssen. Als Aristokrat, der in unbegrenztem Wohlstand groß geworden war und deshalb die aus Unsicherheiten der Herkunft und der Position resultierenden Komplexe der Königin nicht begreifen konnte, maßte sich Derby an, besser als Victoria zu beurteilen, was für sie zuträglich sei und was nicht. Im Juni erhielt er daher einen patzigen Brief, in dem die Königin mitteilte, sie »lasse sich nichts vorschreiben«[539].
Das deutete auf einen Machtkampf hin. Doch blieb er ebenso aus wie der mögliche öffentliche Skandal. Die Ermordung des Kaisers Maximilian von Mexiko enthob Königin und Regierung jeder weiteren Sorge. Es fand der Hoftrauer wegen keine Militärparade statt, weder mit noch ohne Brown. Im Februar 1868 war dann Derby bereits tot. Sein Nachfolger, Benjamin Disraeli, verstand sich auf die Psyche der Monarchin wie niemand seit Lord Melbourne. Mit »Dizzy« und John Brown sah sich Victoria plötzlich von doppeltem Schutz umgeben. Was immer die satirischen Wochenzeitschriften über »Mrs. Brown« schreiben mochten, und es entging der Königin nicht, – sie hatte die Kraft, das durchzustehen. Noch 1877 kursierte, erfunden vom sozialistischen Dichter und Maler William Morris, die Bezeichnung »Kaiserin Brown«. So lange hielten die Schmähungen an – danach gerieten sie in Vergessenheit. Das Leben der Königin überdauerte viele Krisen, John Brown sorgte nur für eine von ihnen.
Um zu verstehen, was Herrscherin und Diener verband, muß man

sich simple Daten vergegenwärtigen. Victoria und Albert waren 21 Jahre lang verheiratet. Die Königin hatte mit Lord Palmerston 28, mit Lord John Russell 29 Jahre zu tun. Brown war ungefähr 35 Jahre in ihrer Umgebung, zunächst als Jagdgehilfe des Prinzgemahls und nach dessen Tod – gleichsam als ein Erbteil – als Reitknecht, dann als Kutscher und später als Leibwächter, Mann für alles und schließlich fest besoldet als enger Helfer der Königin. John Brown verkörperte die glücklichen Tage mit Albert in den Highlands. John Brown war offen, ehrlich und somit voller Schwächen, aber die Königin liebte Schwächen, niemand besaß mehr als sie. Solange menschliche Unzulänglichkeit nicht zum Ärgernis ausartete, war sie zu deren Verteidigung bereit. Lange Zeit schloß sie die meisten der eigenen Angehörigen von der Möglichkeit aus, jemals ihr volles Vertrauen zu gewinnen. Nur wenige ihrer Kinder waren »safe«, und auch das nicht zu allen Zeiten. Der Hofstaat, argwöhnisch, neugierig, unterwürfig, zum Teil parteipolitisch abhängig, kam für Vertraulichkeiten absolut nicht in Frage, ausgenommen natürlich die Privatsekretäre – Grey, dann Ponsonby, am Ende Bigge. John Brown hing von niemandem ab, sah gut aus, war völlig ergeben, ein Mittelding zwischen narrenfreiem Hof-Joker und unsichtbar bewaffnetem Gardisten. Seit ihr kein Mann mehr angetraut sein konnte, brauchte Victoria einen zuverlässigen, aber gleichsam neutralen Begleiter. Mindestens ein dutzendmal taucht in den Briefen und »Tagebuch«-Aufzeichnungen der Königin nach Alberts Tod die Nähe des »starken Mannes« als lebensnotwendiges Bedürfnis auf. Dies, nicht weniger und nicht mehr, war der schottische Ergebene in den Jahren nach 1861.

Die Lobsprüche Victorias für Brown kannten keine Hemmnisse. Sie pries ihn über alle adeligen Höflinge, ja über alle eigenen Söhne. Er war nicht korrupt, verstellte sich nicht und besaß eben die Gabe, die sie am meisten schätzte: diskret zu sein. Bertie rächte sich nach dem Tod der Mutter für die Mißachtung seiner Person, die in solcher Anbetung Browns gelegen hatte, indem er einen fast ritualistisch anmutenden Bildersturm veranstaltete. Jede Spur des bereits seit 18 Jahren toten Brown wurde aus den Schlössern der Königin entfernt. Seine Wohnräume in Windsor verwandelte Bertie in einen Billardsaal. Das hielt er wohl für eine besonders exorzistische Handlung, denn sein Vater, dessen Platz der Schotte scheinbar eingenommen hatte, war ja ein leidenschaftlicher Spieler auf dem grünen Filz gewesen. Selbst die Statue, die die dankbare Königin beim Tode des Allerweltsburschen

1883 unweit von Schloß Balmoral errichtet hatte, ließ Edward VII. einige hundert Meter weiter ins höhergelegene Dickicht schaffen, so daß der heutige Besucher der königlichen Liegenschaften einige Mühe hat, die patinaüberzogene Gedenksäule einer allerhöchsten Huld auszumachen.

Natürlich hatte der König keinen Zugang zu den Aufzeichnungen seiner Mutter, sie waren in die Obhut seiner Schwester Beatrice gegeben worden. Diese hat nicht alle Hinweise auf Brown entfernt. Er taucht 1849 zum erstenmal im »Tagebuch« auf. Eine jüngere Biographie des Highland-Favoriten hat jedoch darauf hingewiesen, wie sehr sich zum Beispiel die Briefe der Königin nach Browns Tod von den Eintragungen des überlieferten »Tagebuchs« unterscheiden. Da die Königin den Angehörigen des Verstorbenen bewegte Kondolenzschreiben schickte und darin aus ihrem noch unverfälschten Tagebuch ausdrücklich zitierte – was deren spätere Bearbeiterin Beatrice offenbar nicht wußte –, hat John Brown den Historikern auf diese Weise einen Gefallen getan. Neben den Auszügen, die in Martins Biographie des Prinzgemahls eingingen, sind die Briefe an die Familie Brown ein zweiter Beweis, daß auf die heute in Windsor liegenden Fassungen der Niederschrift kein Verlaß ist, schon gar nicht in der veröffentlichten »Kurzform« von – freilich – neun Bänden.

Wohl gibt es – namentlich in den Briefen an die Tochter in Berlin – genügend Hinweise darauf, wie sehr sich die Königin am Beistand des nordbritischen Gehilfen aufrichtete. 1874 nahm sie zum erstenmal seit Alberts Tod auch wieder selbst an einem Tanzvergnügen teil, dem alljährlichen Ball der Balmoral-Angestellten. Ihr Partner beim »Caledonier« war John Brown, der inzwischen die unbestrittene Rolle des Majordomo angenommen hatte; die übrigen niedrigen Chargen des schottischen Haushalts waren es zufrieden. Nicht so die Angestelltenschaft in Windsor und Osborne. Sie ist wohl verantwortlich für die Flut der Indiskretionen, die in den sechziger und siebziger Jahren Eingang in die Penny-Presse fanden, seit Brown den Titel eines »Königlichen Schottland-Dieners« erhalten hatte. Und es war nicht John allein, den die Königin schätzte – der ganze Brown-Clan genoß die Patronage der Herrscherin. Fünf Brüder fanden nach und nach Arbeit und Brot im Dienste der Krone, und auch Cousins wurden nicht übersehen.

Insofern Monarchie Vetternwirtschaft bedeutet, ohne die Möglichkeit demokratischer Einwände, hat Victoria – da sich den Chancen der ste-

ten Erhebung Browns natürliche Schranken stellten – ihren Alltagsgefährten mit allen nur erlaubten Ehren ausgezeichnet. Sie machte ihn zum »Esquire«. Sie sagte ihm für den Fall einer Heirat ein Haus auf den Liegenschaften von Balmoral zu, das bekam er dann, auch ohne zu heiraten. Als John Brown die Königin beim Attentat vom Februar 1872 – begangen von Arthur O'Connor, der Freiheit für eingesperrte Fenier erzwingen wollte – durch seine Geistesgegenwart vor Schlimmem bewahrte, schuf sie für ihn eine Verdienstmedaille. Längst hatte sie seinen schottischen Stammbaum eruieren lassen, zum Ärger des britischen Erbadels. Je mehr die titulierten Höflinge sich einen Spaß daraus machten, Brown mit pausenlosen Botengängen im königlichen Haushalt zu ennuyieren, desto kälter zeigte sich die Königin entschlossen, solchem subversiven Treiben ein Ende zu setzen. Brown selbst, geradeheraus, wie er war, klagte seiner Herrin das Leid eines gehetzten Mißbrauchten, und Victoria scheuchte die Lords und Ritter unmißverständlich zusammen.
Ob es Anstößiges – nach den ungeschriebenen wie den geschriebenen Gesetzen der Zeit – zwischen Victoria und John Brown gegeben hat, ist in unnötiger Ausführlichkeit diskutiert worden. Als Mann und Frau haben sie natürlich nicht zusammen gelebt, was immer eine ikonoklastische Lebensbeschreibung in die faszinierende Beziehung der beiden hineinzulesen versucht hat. Sie hätte das – andere Umstände gegeben – vielleicht nicht ausgeschlossen, er sicher auch nicht. Aber andere Umstände waren nicht gegeben. Ihre Beziehung war eng, freundschaftlich, liebend in dem Sinne, daß keiner ohne den anderen sein mochte. Doch nur ein sexversessenes Jahrhundert wie das unsere konnte sich erst zufriedengeben, nachdem Zuneigung mit dem Teilen der Lagerstatt verwechselt worden war. Alle verfügbaren Quellen bieten dafür im Fall der Königin Victoria nicht den geringsten Anhalt. Die um Albert trauernde Königin brauchte und wollte zwar einen männlichen Beistand, den fand sie in John Brown. Daß sie aber mit ihm nicht geschlafen hat, geht aus einem einzigen der vielen dazu anziehbaren Fakten hervor. Am 10. Februar 1878, dem Jahrestag ihrer Heirat mit Albert, einer Gedenkgelegenheit erster Ordnung, schenkte sie John Brown ein Buch, das für sie das Buch der Bücher war. Wer will sie, die zeitlebens aus der schonungslosen Aufrichtigkeit ihre oberste Lebenstugend machte, der ungeheuren Heuchelei bezichtigen, die darin gelegen hätte, an ihrem Hochzeitstag dem späteren Liebhaber eine Bibel zu widmen?

Nichtsdestoweniger hat sie Brown gemocht, geschätzt, ja verehrt. Er war ein Bild von Mann, acht Jahre jünger als sie, stolz und federnd auftretend, von der gesundesten Gesichtsfarbe und mit jenem markigen Kinn ausgestattet, das ihr – und dem Thronfolger – so evident fehlte. Sie nahm ihn als Leibgardisten auf, obwohl er vor Alberts Tod eher mit dessen Unarten verbunden gewesen war, nämlich dem oftmals ganztägigen Fernbleiben zum Zwecke alberner Pirsch. John Brown widmete sich der Königin mit seltener Ausschließlichkeit. Nie nahm er Urlaub, anfallende Krankheiten unterdrückte er zu seinem Schaden, mit 56 war er tot, Rücksichtslosigkeit gegen sich selbst hatte dazu beigetragen.

Das Jahr, in dem eine neugierige Londoner Gesellschaft zum erstenmal den Leinwandbeweis der engen Beziehungen Browns zur Königin vor Augen sah, brachte auch Walter Bagehots Grundsatzwerk über die englische Verfassung. Danach komme in einer Monarchie einem einzelnen eine »interessante Aufgabe« zu, während in der Republik eine Gruppe von Personen lauter uninteressante Tätigkeiten ausübe. Bagehot hatte natürlich die seit 30 Jahren herrschende Königin vor Augen. Sie wird in seinem Werk mehrfach erwähnt. Die Krone, schrieb er, appelliere an das Gefühl, wohingegen die Republik sich an den Verstand wende[540]. Nun waren die Jahre der Beschäftigung der Volksphantasie mit John Brown auch die eines gewissen – wenngleich vorübergehenden – Republikanismus. War es nun Verstand oder Gefühl, was den Briten sagte, eine unsichtbare Königin könne nicht gut interessant sein? Jedenfalls trug, was sie auch in Abwesenheit interessant machte, nicht sehr zu ihrem Ansehen bei. Verfassungsformeln sind in einer so pragmatischen politischen Landschaft wie der britischen kurzlebiger als anderswo. Um so erstaunlicher, wie lange Bagehots Sentenzen über die Monarchie kritiklos Allgemeingut blieben. 1867, als sie erschienen und das Brown-Bild in der Akademie ausgestellt wurde, ging auch die zweite Wahlrechtsreform endlich durch beide Häuser des Parlaments[541]. Fortan durfte wählen, wer mindestens seit einem Jahr ein Haus besaß und Grundstücksteuer zahlte oder wer seit ebenso langer Zeit als Mieter in Räumen lebte, die mit 10 Pfund Miete veranschlagt waren, oder wer Boden besaß, der 5 Pfund im Jahr abwarf. Das war immer noch ein Eigentumswahlrecht, erhöhte aber die Zahl der Stimmberechtigten von 1,3 auf 2,4 Millionen in einer Bevölkerung (Vereinigtes Königreich) von etwa 30 Millionen. Doch genügte die bloße Verdoppelung der Wähler, um der aufleben-

den republikanischen Bewegung erst einmal Zulauf zu verschaffen. Um 1870 hätten vielleicht nicht viele Anhänger der Monarchie ihr noch mehr als ein Jahrhundert gegeben.
Abgeordnete taten sich hervor, die ihre Kritik an der Nonnen-Queen geschickt zu artikulieren verstanden. Zwar konnten sie nicht länger leugnen, daß Victoria neuerdings wieder da und dort in repräsentativen Aufgaben zu sehen war, daß sie gelegentlich das Parlament eröffnete, daß sie Städte besuchte und Empfänge nicht mehr nur den heranwachsenden Töchtern überließ. Das aber, sagten die Schmäher, geschehe einzig aus eigennützigen Motiven. Sie komme nur dann aus dem inneren Exil hervor, wenn eine neue Forderung auf Lebensrente oder Heiratszuschuß für eines ihrer heranwachsenden Kinder anstehe. Statt die Regierung des Tages zu stützen, lege sie diese auf zusätzliche Aufgaben fest, während sie zugleich ihre eigenen Einkünfte horte. »Was macht sie damit?« fragte 1871 ein Pamphlet nach dem Verbleib der staatlichen Apanage einer Königin, die doch so offenkundig gar kein Geld mehr ausgab. Solche Schriften gingen reißend weg; noch interessanter – im Sinne Bagehots – als die Tätigkeiten oder Nichttätigkeiten der Queen waren ihre Finanzen.
Die Hoflieferanten – und nicht sie allein – lasen solche Kritik sehr beifällig. Eine Monarchie, an der es nichts zu verdienen gab, die nicht durch eine volle Party-Saison das Geschäft der Bekleidungsindustrie, der Blumenhändler, des Lebensmittel- und Spirituosengewerbes sowie der Kutschenbesitzer in der Hauptstadt und möglichst vielen Provinzstädten belebte, war so gut wie nicht mehr vorhanden. Einigen Ersatz lieferte der Thronfolger, der keinen Spartrieb ererbt, aber doch auch nicht die Vollmachten erhalten hatte, für die Knausereien der Herrscherin zu kompensieren. Umsatzbelebung war von dieser Monarchie nicht zu erwarten, und es fehlte ihr im Bürgertum jene Unterstützung, die sie in den Jahren eines aufflackernden Republikanismus bitter benötigt hatte. Sir Henry Ponsonby, seit 1870 Privatsekretär der Königin, beschrieb seiner Frau das Dilemma in einem Satz:
»Die Armen, die verhungern, weil ihnen ein Shilling fehlt, werden wütend reagieren, wenn sie jetzt hören, daß die Königin jedes Jahr 3000 Pfund für fremde Köche ausgibt, während das Bürgertum ... verärgert darüber sein wird, daß diese Köche nicht genügend beschäftigt werden[542].«
In dieser Situation kam Victoria die Krankheit des Thronfolgers im November und Dezember 1871 ungewollt zustatten. Gegen alles Er-

warten wehrte sich Bertie gegen den Typhus – denn der war es wieder einmal – mit jener Heftigkeit, die seinem Vater gefehlt hatte. Der Patient, noch mehr aber seine Mutter war alarmiert dadurch, daß der 14. Dezember herannahte, das Datum, an dem Prinz Albert gestorben war. Als die Krisis genau in der Nacht zum fatalen Gedächtnistag vorüberging, diesem dadurch gleichsam seinen Nimbus nehmend, löste sich für die Königin ein böser Zauber. Für die nächsten sieben Jahre war der 14. Dezember der Todestag ihres Mannes *und* der Tag der Wiedergeburt ihres Sohnes. Dann freilich, 1878, wurde er auch noch zum Sterbedatum ihrer Tochter Alice, und die Verwirrung war komplett. Der Premierminister aber nahm nun erst einmal die wunderbare Rettung des Thronfolgers zum Anlaß eines Staatsspektakels und schlug einen Dankgottesdienst in der St.-Pauls-Kathedrale vor, wohl wissend, daß die Königin nicht fernbleiben werde. Große Teile der Nation zeigten sich dankbar für die Errettung des Prinzen. Er wurde populärer als je zuvor, aber es fiel auch neuer Glanz auf seine Mutter. Die zwar meist unsichtbare, aber offenkundig unverwüstliche Queen, so sagten viele, garantiere den Fortbestand der Krone mindestens so sehr wie ihr leichtsinniger, gefährdeter Sohn.
Der Premierminister hieß, seit Dezember 1868, William Gladstone, von ihm wird noch ausführlich die Rede sein. Er begleitete Victorias Lebensweg ein Vierteljahrhundert und nicht zu ihrem Entzücken. Diese hier gemeinte Amtszeit, die bis 1874 reichte, war seine erste, dreimal noch kam er wieder, viermal wurde er gewählt, ein Rekord, den nur Harold Wilson im späten 20. Jahrhundert einzustellen in der Lage war. Im Dank für die Errettung des Prinzen von Wales aber fühlten sich Gladstone und die Königin einig, auch wenn jener dieser dabei ein paar Zugeständnisse abzuringen suchte, die so aussahen, als kehre Victoria noch mehr in ihre angestammte Pflichtausübung zurück. Was Gladstone bei dieser Gelegenheit zu inszenieren suchte, gab einen Vorgeschmack auf die beiden großen »Dienst«-Jubiläen der Königin, 1887 und 1897, das goldene und das diamantene, beide dann freilich begangen mit ihrer vollen Zustimmung und zu ihrem unverhüllten Herrschervergnügen, zu dem die jeweilige Abwesenheit Gladstones von Downing Street erheblich beitragen mochte. 1887 war er in der Opposition, zehn Jahre später rüstete er sich zum Sterben.
Von der Neueroberung der Volkspopularität durch diese Feste war die Königin Ende der 60er Jahre weit entfernt. Sie, die doch angeblich den Moral-Standard der Zeit setzte, vorbildlich lebte, neun Kindern

eine liebende Mutter schien, sich in ihrer Pflicht verzehrte und sogar – offenkundig – ihre Trauer um den Gatten der Staatsräson wegen zu unterdrücken wußte, sah sich mißverstanden, kritisiert, angegriffen, ja geschmäht. Das hat sie lange nicht verschmerzt. Dem Begriff der Länge kommt freilich in einem solchen Leben viel Relativität zu. Die Spanne zwischen Gladstones erstem Regierungsantritt und seinem Tod ist nur eine der vielen großen Episoden im Jahrhundert der Königin. Kein Premierminister, weder Melbourne noch Palmerston und auch Disraeli nicht, dessen Stern nun mit dem Gladstones zugleich aufging, konnte sich rühmen, ihr allein dominierender Zeitgenosse gewesen zu sein.

Wichtiger will scheinen, daß auch kein Moralkodex den Anspruch erheben durfte, »viktorianisch« genannt zu werden in einem so legitimen Sinn, daß sich seine Grundsätze nicht nur mit der Königin deckten, die dem Zeitalter den Namen gab, sondern auch mit dem Konsensus der meisten ihrer Zeitgenossen. Das Zusammenleben mit John Brown deutete bereits an, wie schwer es fällt, Normen präparieren zu wollen aus einem komplexen und sehr lebendigen Gewirk von Konvention und Ungewöhnlichkeit. Wer war denn nun »viktorianisch« – die Königin oder ihr flott lebender ältester Sohn – oder waren es gar beide? Breite Schichten des wohlhabenden Bürgertums wußten sich in bestimmten Verhaltensweisen einig: fremdgehende Männer galten als zeitweilig gestrauchelt, ehebrechende Frauen dagegen waren auf ewig gestürzt. Eine drucktechnisch immer mehr expandierende Literatur verbreitete in Zeitung und Buch das Ideal der züchtigen Hausfrau und des – pseudo-mittelalterlich-ritterlichen – Ehemanns, Romantik im Stubenformat. So wie neuerdings die Bahnhöfe und Rathäuser gebaut wurden, dachte man sich auch die zwischenmenschlichen Beziehungen: neo-gotisch[543]. Insofern dabei die Berufung auf die Vorbildlichkeit des königlichen Haushalts eine Rolle spielte, konnte es keine größere Täuschung geben. Denn Victoria war weder genügend sentimental noch ausreichend prüde für die Vorbildfigur, die dazu nötig gewesen wäre. Ihr Name wurde verwertbar als Markierung eines Zeitablaufs, aber man sollte ihn nicht benutzen zur Charakterisierung einer besonderen Verhaltensweise. Selbst der flüchtigste Blick auf Moral und Religion der langen Jahrzehnte ihrer Herrschaft muß darlegen, daß keinerlei Einheitlichkeit der Auffassung existierte.

Auf nichts trifft das deutlicher zu als auf die Ehe. Sie ist schon sehr früh als der Kern der viktorianischen Lebensweise gefeiert worden;

nicht erst wehmütiger Rückblick aus einer Zeit gelockerter Konventionen hat dieses Bild vom »Home, sweet home« geprägt. In den Huldigungsadressen, die die Königin zu ihrem 50- und 60jährigen Jubiläum zu hören und zu lesen bekam, wurde sie als vorbildliche Frau, als Mutter der Nation gefeiert. Von mustergültiger *Ehe* mochte man aus Rücksicht auf das leidende Witwentum der Queen nicht gern sprechen. Auch die ersten Biographien, die zu dieser Zeit erschienen, stimmten das matrimoniale Loblied in rhapsodischer Weise an. Das vernahm sie mit Befriedigung, da wurde ihr bestätigt, erreicht zu haben, was immer ihr Ziel gewesen war. Nicht nur die allerhöchste Familie präsentierte sich intakt – oder so sah es jedenfalls aus –, auch der breiten Schicht des Bürgertums teilte sich das mit. Die Ehe galt wieder als heilig. Kinder waren Gegenstand der Elternliebe, und ein neuer, nie gekannter und breiter denn je gestreuter Wohlstand erlaubte bessere Erziehung und hoffnungsvollere Zukunftsaussichten.
So jedenfalls wollte es die Theorie[544]. In Wirklichkeit ist die viktorianische Familie eine Legende, Bestandteil der großen Mythologie vom relativ friedfertigen 19. Jahrhundert, den hundert segensreichen Jahren zwischen Waterloo und Ypern, in denen England keinen Krieg führen mußte und in denen es für die Insel immerzu, wenn auch nicht gleich stark, in allem aufwärtsging, was ebenfalls Wunschdenken blieb. Natürlich machte Victorias Reich in den mittleren Dekaden des Jahrhunderts auf Besucher wie auf eigene Betrachter den Eindruck großer Stabilität. Aber das war schon im Ökonomischen vielfach ein Trugschluß. Wechselte man gar ins Moralische hinüber, so erwies es sich erst recht als unzulässige Verallgemeinerung. Mitten in dieser Zeit – das konnte kein Zufall sein – wurde im englischen Parlament das Gesetz eingebracht und auch durchgezogen, das eine Ehescheidung vor Gericht ermöglichte. Bis dahin war ein Willensakt des Oberhauses erforderlich gewesen. Diesen Gang hatten nur begüterte Leute gewagt, mit Erfolg meist nur sehr begüterte. Auch das neue Scheidungsgericht – eingesetzt 1857 – kam nicht billig, doch es eröffnete nun auch dem Bürgertum, was zuvor praktisch nur dem Besitz-Adel freigestanden hatte. Die Kirche, die noch bis 1836 die rein standesamtliche Heirat hatte verhindern können, war nun auch gegen die Konsequenz der Scheidung, die Wiederheirat, machtlos.
Für die Königin ergaben sich heikle Probleme. Wie peinlich war es, bei einer Gartenparty im Buckingham-Palast die ehemaligen neben den neuen Ehepartnern zu erblicken. Das mußte verhindert werden.

Die Königin verfügte, daß derart geschiedene Personen ihr nicht unter die Augen kommen durften. Damit mißachtete sie wieder einmal ein Gesetz, das sie selbst unterzeichnet hatte, sobald in ihren eigenen »höchst privaten« Bereich Unangenehmes eindrang. Natürlich war das nicht durchzuhalten in denjenigen Fällen, in denen es sich um hohe Staatspersonen handelte, die mit der Königin dienstlich zu tun hatten. Die Premierminister achteten bei der Zusammenstellung ihrer Kabinette darauf, solche Unerquicklichkeiten auf ein Minimum zu reduzieren. Keinesfalls aber wollte Victoria geschiedene Personen in dem gesellschaftlichen Rahmen sehen, den auszufüllen ihr vorbehalten war.
Das hielt sie etwa dreißig Jahre leidlich durch. Scheidung hieß also: verbannt sein aus dem Umkreis der Frau, die der Staatskirche vorstand. Der ostrazierende Einfluß, der von solchem Verhalten der Königin ausging, mußte in einer karrieresüchtigen und aufstiegsbegünstigenden Zeit wie der ihren ganz erheblich sein. Nicht am Hofe empfangen zu werden war ein sichtbares Schandmal, wenn auch nur für diejenigen, denen soziales Prestige wichtig schien. Es gab im London von 1870 oder 1880 viele Leute, die davon unabhängig waren, mehr als etwa in Berlin oder Petersburg. Auch konnte man ja immer noch auf einen der vielen zivilisierten Außenposten des Empire gehen, was in Preußen oder Rußland ebenfalls wegfiel.
1886 kam es zu einer Korrespondenz zwischen Victoria und Premierminister Salisbury über die Zulassung wenigstens der unschuldig geschiedenen Partner einer Ehe bei Empfängen. Victoria tat dabei wie stets seit 1861 so, als führe sie ein reges gesellschaftliches Leben und stünde in täglicher Gefahr, mit derartigen Ehebrechern konfrontiert zu werden. Der Lordkämmerer lieferte ein rechtliches Gutachten, das die simple moralische Frage in lauter bürokratische Fragezeichen auflöste. Da geschiedene Frauen wieder ihren früheren Namen trugen, mußten sie dann auch extra bei Hofe neu vorgestellt werden, so wie bei einer Heirat und der damit verbundenen Namensänderung? Waren sie nun »Mrs.« oder »Miß«? Sollten bei der zu erwartenden Lockerung der königlichen Empfangshuld nur künftige Fälle oder billigerweise auch früher bereits abschlägig beschiedene Personen berücksichtigt werden, und wie sei das am besten einzufädeln? Lord Salisbury, konservativ, scheu und in seiner Arbeitsunlust ein Beispiel dafür, daß der häufige Verschleiß von Parteispitzen gelegentlich auch dem Unbedeutenden eine Chance gibt, schrieb an die Queen:

»Was Männer angeht, die wegen Ehebruchs schuldig geschieden sind, so wäre Lord Salisbury sehr glücklich, wenn Eure Majestät entscheiden sollten, ihnen keine gesellschaftliche Anerkennung irgendeiner Art zuteil werden zu lassen. Das hätte sicher einen guten Einfluß auf die öffentliche Moral.«
Victoria schrieb zurück:
»Die Königin stimmt in bezug auf die Männer vollkommen zu... Die Gesellschaft befindet sich in einem so schlechten Zustand, irgendwo muß da einmal Halt geboten werden[545].«
Natürlich war das Scheidungsgesetz unvollkommen, solange das Recht, über alle Güter der Ehe zu verfügen, dem Mann blieb, selbst dem schuldig geschiedenen. Das wurde erst 1882 geändert, unter Gladstone, der inzwischen weitaus liberaler dachte als 25 Jahre zuvor. Denn die Möglichkeit der Auflösung einer Ehe hatte er damals, 1857, in der zweiten Lesung des Gesetzentwurfs mit einer zweieinhalbstündigen Rede zu verhindern gesucht, die Lord Palmerston als »brillant, voller theologischer Kenntnisse, aber irrig in der Beweisführung« bezeichnete. Nun konnte »Pilgerstein«, der immerhin selbst eine Ehebrecherin geheiratet hatte, die seine Geliebte gewesen war, nicht der rechte Mann sein, es in den Augen der Queen mit Gladstones religiösen Einwänden aufzunehmen. Aber ein Premierminister war schließlich Politiker und nicht Seelsorger. Der Klerus, der von der Pflicht entbunden blieb, geschiedene Personen bei der Wiederheirat kirchlich zu trauen, verhinderte 1879 und 1883 ein weiteres Gesetz, das es einem Mann erlauben sollte, eine Schwester seiner verstorbenen Frau zu heiraten. Das wurde mit Berufung auf die Bibel als inzestuös bezeichnet.
Victoria war diesmal außer sich vor Zorn über die Bigotterie ihrer Bischöfe, die sich dabei auf jüdische Sitten beriefen, nachdem sie – eine Generation zuvor – den Juden nicht einmal Parlamentsmandate oder Universitätsausbildung hatten zubilligen wollen. Doch auch der gar nicht einmal gelinde Druck der Monarchin auf den Erzbischof von Canterbury half wenig: in dritter Lesung des Oberhauses scheiterte das »Schwägerinnen-Gesetz«, das im Unterhaus bereits eine große Mehrheit gefunden hatte, mit 145 gegen 140 Stimmen, wobei die geistlichen Lords den Ausschlag gaben. Victoria hatte bis zuletzt gehofft, es werde auch der Passus aufgenommen, Frauen dürften einen Bruder ihres verstorbenen Mannes ehelichen. Das war selbstlose Vorsorge für ihre Mitschwestern, denn auch wenn sie nicht Königin gewesen wäre,

hätte sie niemals nach Alberts Tod neu geheiratet, schon gar nicht etwa dessen Bruder Ernst, der die Spätfolgen einer Syphilis, die er sich im sündhaften Berlin geholt hatte, einmal sogar als Gast im Buckingham-Palast kurieren mußte. Als Ernst 1893 starb, verglich sie ihn in einer für ihre eigene komplexe Moralauffassung bezeichnenden Weise mit Gladstone, der sich »auch immer eingeredet habe, es sei recht, was in Wirklichkeit unrecht war[546].«

Victoria hat ihre Heirat stets als einen Glücksfall angesehen. Der »liebe, gute Albert« wußte für das Animalische der Ehe, für Empfängnis und Austragung der Kinder zu kompensieren. Er fügte in verständnisvoller Geduld dem Unaussprechlichen das Menschlich-Bejahenswerte hinzu. Dennoch oder gerade deswegen machte sich Victoria über die Ehen vieler ihrer Zeitgenossen keine Illusionen. Sie jedenfalls wunderte sich nicht, daß der »Daily Telegraph« 1888 auf eine Artikelserie mit dem Titel »Ist die Ehe überholt?« mehr als 20000 Zuschriften in wenigen Tagen erhielt.

Und durfte denn sie, die Mutter des Prinzen von Wales, sich etwa wundern? Hatte nicht der Thronerbe, der mühsam in ihre Gunst zurückgekehrte »Vatermörder«, neuerlich erst vor Gericht gestanden, skandalöserweise zitiert als das, was man einen »Ko-Respondenten« nannte in der gern verklausulierenden Sprache des Eherechts? Respondent, also angeklagt, war natürlich eine Frau, Lady Mordaunt[547], die von ihrem Manne, Sir Charles Mordaunt, im Februar 1870 der ehelichen Untreue beschuldigt worden war. Die 21jährige hatte kurz nach der Geburt ihres ersten Babys dem vermeintlichen Vater gestanden, der wirkliche sei ein anderer, nämlich Lord Cole, und sie, die Verworfene, sei es ja wohl schuld, daß das Kind blind sei. Das gab den Stoff zu Moritaten, aber auch zu Moralprozessen. Nun hatten sich im Besitz von Lady Mordaunt auch Briefe anderer Herren gefunden, fesche, halbfreche, lustige Billetts, aus denen richterlicher Argwohn auf Intimitäten auch dieser Absender mit Lady Mordaunt hätte schließen können. Einer der Verfasser war der Prinz von Wales. Hinter der Affäre, die der Königin schwer zusetzte, tauchte für sie das Gespenst Georges IV. auf, des Prinzregenten, ihres Onkels, der die Monarchie auf einen Tiefpunkt ihres Ansehens gebracht hatte.

Doch waren die Tage leichter Abenteuer mit Nellie Clifden längst vergangen. Bertie beichtete, was er für einen leichtfertigen Flirt ohne den legal relevanten Ernstfall des vollzogenen Umgangs ausgab, zuerst seiner Frau und dann der Mutter. Die war um so mehr bereit, ihm

Glauben zu schenken, als sie in der Mordaunt-Affäre mindestens drei Schuldige sah: die Lady, Lord Cole und auch Lord Mordaunt selbst, der für sie zu jenem frivolen »Steam-Set« gehörte, wenn man die Vorläufer des Jet-Set späterer Tage so nennen will. Victoria benutzte interessanterweise ebenfalls einen Begriff aus der Welt der Geschwindigkeit zur Qualifizierung dieser Menschen. Sie schalt sie als »fast« – ein Wort, das zum Entzücken jedes Sprachforschers sowohl standfest und treu wie auch locker, leicht- und schnellebig bedeuten konnte; letzteres meinte die Queen. In ihrem Urteil über Mordaunt wurde sie bestätigt durch den Trick, mit dem er sowohl sich, Lord Cole und auch den Prinzen aus der Sache herausziehen ließ: Die Lady – so plädierte ein Staranwalt – sei unzurechnungsfähig. Der Lordkanzler konnte nichts Angenehmeres vernehmen. Männer, die auf die Königin schossen, und Frauen, die Liebesbriefe ihres Sohnes annahmen, mußten ja schwachsinnig sein.

In rührender Naivität glaubte Victoria, nichts an der Affäre werde vertuscht. Ein Schreiben an die Tochter in Berlin wimmelt von Unterstellungen und Entschuldigungen. Bertie habe die »unglückliche, verrückte Lady« keineswegs mehr bewundert als andere Frauen auch. Mordaunt sei ein Narr, der von einem üblen Bruder und einer ebenso schlimmen Mutter angetrieben werde, denen es nur um das Vermögen der Lady gehe usw. Diese Mutter hatte den Bischof von Rochester zum Vater – wahrscheinlich wäre Victoria gar nicht verwundert gewesen, hätte ihr jemand gesagt, episkopale Bigotterie und Heuchelei seien erblich. Die Königin nutzte das gleich im nächsten Brief an Vicky zu einer neuen Tirade über den Unsegen zu vieler Kinder, die »schreckliche Ängste bereiten, und der Kummer, den sie bedeuten, überwiegt die Freude, die sie geben. Ich kann deshalb nicht verstehen, daß Du immer noch mehr Kinder willst[548].«

Der Prinz erschien vor Gericht und kam glimpflich davon. Aber die Affäre schadete ihm mehr als später der Reigen seiner ungewöhnlich schönen Mätressen, da deren Männer – soweit es sie gab – vorher auf den Gang zum Richter von selbst verzichteten. Vor allem die preußische Königsfamilie zeigte sich tief betroffen: der Bruder der künftigen Herrscherin betrog seine Frau, die Wilhelm I. in Berlin freundlich empfangen hatte, obwohl ihm das wegen ihrer dänischen Überzeugungen sehr schwer gefallen war. Bis in die Ecken und Enden des britischen Weltreichs hallte der Skandal wider. Die Redaktion der »Madras Mail« erfand einen recht stilechten Brief Berties an seinen Bruder, den Prinzen Alfred, der damals gerade als erstes Familienmitglied Indien besuchte. Darin klagte der Thronfolger, immer noch halte ihm die Mutter das Vorbild des Vaters entgegen. Sie habe Mordaunt gebeten, ihn – Bertie – aus der Sache herauszuhalten. Im übrigen sei Thyra, die Schwester Alexandras, eine ganz bezaubernde Frau. Der Brief löste große Heiterkeit aus. Vicky, die davon hörte, war bezeichnenderweise nicht sicher, ob es sich um eine Fälschung handelte. Dabei konnte sich zu diesem Zeitpunkt jeder informierte Journalist im Empire die prinzliche Korrespondenz längst ausmalen.

Die angebliche Geldgier der Mordaunt-Verwandten weist auf ein Dilemma der viktorianischen Ehe hin. Wie, wenn einer der Partner zwar von Zuneigung redete, aber Mitgift meinte? Ob die Königin je Balzac gelesen hat, entzieht sich der Kenntnis. Aber sie las Tennyson, ihren Hofpoeten. In einem seiner Vers-Melodramen namens »Die Flucht« sucht eine Braut ihre Schwester zu überreden, mit ihr das Haus zu verlassen, weil der Vater nur mit einer einträglichen Verheiratung seine Schulden bezahlen will.

Seit die romantische Bewegung darauf verfallen war, auch in den besseren Kreisen gehöre Liebe zum Schritt vor den Altar, gab es da einen Widerspruch zwischen Realität und Ideologie. Die Byron, Melbourne, Holland und Palmerston hatten sich denn auch an die Theorien der Zeit so schlecht gehalten, wie sie nur konnten. Byrons Ehe zerbrach über den brautnächtlichen Ansinnen des Mannes an seine Frau, Lord Holland griff zur Entführung, Melbourne sehnte sich nach der Peitsche, und Palmerston hielt alles für erlaubt, was er sich selbst erlaubte. Solche Gepflogenheiten sexueller Emanzipation vom christlich-gesellschaftlichen Kodex gab es bis weit in die viktorianische Zeit hinein; Byrons Tochter zum Beispiel übertraf ihren Vater, wie man hört, bei weitem. Das Bestreben unserer Tage, den Viktorianismus als einen einzigen großen Versuch zu »entlarven«, über lauter schlimme Geheimnisse eine Decke zu breiten, sagt mehr über das 20. als über das 19. Jahrhundert aus. Dessen Moral besaß nicht weniger Facetten als jedes voraufgegangene auch. Es bedarf nicht der wiederholten Aufzählung aller gängigen Laster, der vielen Titel illegal erscheinender Pornographie, der Zitate aus den Sozialgeschichten jener Jahre oder der Auszüge aus den Polizeiakten. Genügen mögen einige Hinweise auf Ereignisse in jener Schicht zwischen Aristokratie und Proletariat, die ihrer bürgerlichen Prinzipienfestigkeit wegen viel gerühmt wurde und als am wenigsten korrumpiert galt, weil sie weder zuviel noch zuwenig Geld besaß.

Als das Scheidungsgesetz verabschiedet wurde, klagte die »Times« über »Tausende, die in Sünde leben«. Wie immer auch die Zahl recherchiert worden sein mag, Ehebruch war verbreitet selbst im Hochviktorianismus. Virginia Crawford, die der Abgeordnete und Minister Christopher Dilke[549] zur Mätresse nahm, war die junge, hübsche und scheinbar gutbürgerliche Frau eines gutbürgerlichen Mannes, doch nachmittags entwich sie auf eine Schäferstunde in eine Pension im Londoner Westend. Der Prozeß im Jahre 1886 brachte schockierende Details ans Licht.

»Wenn er jetzt hier einträte«, so wandelte Mrs. Crawford ihrem Mann gegenüber das Geständnis der Schuld in ein Bekenntnis der Leidenschaft um, »so würde ich sicher alles tun, was er von mir verlangte[550]«. Schauplatz dieser Aussage war das Heiligtum der viktorianischen Ehe, das Schlafzimmer des Paares. Der Prozeß brachte weitere Ungeheuerlichkeiten ans Licht. Da war auch noch Dilkes Bedienstete, Fanny, im Spiel.

Richter: »Einen Augenblick. Wollen Sie sagen, daß Sie sich alle drei zusammen im Bett befanden?«

Mrs. Crawford: »Ja[551].«

Wohlweislich hatte William Gladstone, zehn Tage ehe das Verfahren begann, seinem Parteifreund Dilke keinen neuen Posten im frisch gebildeten liberalen Kabinett angeboten, natürlich mit der Versicherung, ein solches »äußeres Hindernis« habe nichts mit seinem, Gladstones, »innerem Vertrauen« in Dilkes Fähigkeiten zu tun. Die Affäre kostete den führenden Republikaner seiner Zeit, der von Victoria schon lange als nicht »safe« bezeichnet worden war, die künftige Karriere. Selten kam der Königin der moralische Fehltritt eines Zeitgenossen so gelegen. Dilke hat dann durch Sozialarbeit »gebüßt«, ein Beispiel, das sich fast acht Jahrzehnte später der Minister Jack Profumo nahm. Nicht immer verliefen freilich Ehebrüche derart skandalös. Ein Captain Mosley richtete für eine Mrs. Selinah Cavendish eine Wohnung in London ein, was deren Ehemann, der auf dem Lande lebte, bekannt war und nicht etwa ihm allein. Die Liste solcher schon damals publik gewordener Fälle ließe sich fortführen.

Zu bezweifeln ist jedoch, ob Moral überhaupt ein derart überragendes Thema der viktorianischen Zeit war, wie es spätere Generationen hingestellt haben. Es fällt auf, daß die meisten Beweise, die dafür sprechen sollen, den überaus reichlichen literarischen und theologischen Zeugnissen entnommen sind, die sich im 19. Jahrhundert damit befaßt haben. Diese entstammen wiederum überwiegend dem Bürgertum und reflektieren damit weniger den aktuellen Bewußtseinsstand aller Kreise des Volkes als vielmehr die Identitätsschwierigkeiten einer Schicht, die sich in ihrer neugewonnenen Rolle erst noch zu begreifen hatte. Nicht das Mätressenwesen oder die Prostitution, die sozial hohen und niederen Abweichungen vom guten Pfade waren das Problem, sondern die guten Pfade selbst, die heilen Ehen, die sich zum Vorbild erhoben und somit ein Element des Zwanges einführten in eine Institution, von deren Freiwilligkeit als einer Liebesentscheidung doch gleichzeitig soviel Aufhebens gemacht wurde. Einerseits galten alle von Eltern ausgemachten Heiraten als unmoralisch und widernatürlich, auch wenn Victoria selbst ein wenig schwankte, was ihren eigenen Fall anging. Andererseits aber war ein von bürgerlicher Zugewinngesellschaft bestimmter Ehekodex nicht weniger künstlich aufgesetzt als die alte Absprache zweier Hirtenväter oder Hochadelsfamilien über das Schicksal ihrer Kinder. Mit Dickens, George Eliot oder Thackeray allein läßt sich also kein Nachweis führen, es habe einen bestimmten Moralkodex zu Zeiten von Victorias Herrschaft gegeben. Die Polizei- und Gerichtsakten müssen zur Korrektur der Romanwelt hinzugezogen werden.

Ob also Florence Nightingale, die von der Königin bewunderte Frau der Tat, mit dem »allnächtlichen Feind«[552], dem sie ihrem Tagebuch zufolge so oft erlag, aktive Masturbation oder eine rein mentale Anfechtung meinte, ist unerheblich, weil privat. Erheblich dagegen ist, daß sich die Königin neun Kinder leisten konnte, gleichzeitig aber einer Bürgermoral applaudierte, die eine Industriearbeiterin daran zu hindern suchte, nach der zweiten oder dritten Geburt kinderfrei zu bleiben. Erheblich ist auch, daß in einer Zeit zunehmender Kirchenbauten und abnehmenden Kirchenbesuches (die Umfrage von 1851 wirkte wie eine Sensation) der Sonntag, damals noch weitgehend der einzige arbeitsfreie Tag, gesetzlich von einer »Heiligung« umgeben wurde, die nur diejenigen traf, die in ihren Vergnügungen auf diesen Tag angewiesen waren. Die Äußerungsweisen der sogenannten viktorianischen Moral deuten darauf hin, daß sie eben *nicht* Allgemeingut war, sondern als solches erst durchgesetzt werden sollte.

Auch über den Platz der Frau in der Gesellschaft hatte Victoria eigentlich keine einhellige Meinung. Einerseits litt sie mit den englischen Frauen, die beim indischen Aufstand von 1857 geschändet worden waren. Sie wütete aber auch gegen Palmerston, der aus Rache dafür die

Rebellen vor Kanonenrohre spannen und zerfetzen ließ. Noch 1891 nahm sie Anteil an der tapferen Ethel Grimmond, die nach der Ermordung der Offiziere im ostindischen Manipur den Rest der Garnison Hunderte von Kilometern durch den Dschungel in Sicherheit führte; »mehr als jede Frau, vor allem als jede Lady je geleistet hat«[553], notiert die Königin in aufschlußreicher Unterscheidung der arbeitenden und der müßiggehenden Klassen. Mrs. Grimmond bekam Orden und lebenslange Pension. Doch schmerzlich war sich Victoria beim Anhören gerade dieser Heldengeschichte bewußt, daß sie selbst dergleichen viel lieber getan hätte, als die Tage mit der Lektüre von Staatspapieren zuzubringen, deren Tragweite sie oft nicht begriff, ja deren Satzbau sie gelegentlich nicht überschaute. War zum Beispiel William Gladstone der Verfasser, so konnte er zwischen Punkt und Punkt mühelos 100 oder 150 Worte unterbringen; das hatte schon seine Frau am entscheidenden Werbebrief vor der Verlobung beanstandet.

Victoria zog freilich eine Grenze. Frauen der Tat, wie Florence Nightingale, ja, aber Frauen im Staat, in der Politik – nein. Königinnen waren natürlich ausgenommen, aber denen fiel ihr Los als erbliche Pflicht zu; ausgenommen aber auch nur dann, wenn sie nicht Scheusale waren wie Elizabeth I. Deren Bildnis in einem kostbaren Medaillon erhielt sie von Außenminister Rosebery, dem Rothschild-Schwiegersohn und einem der reichsten Männer im Lande, aus Anlaß des Goldenen Jubiläums von 1887. Sie schrieb zurück, sie sei dankbar,

»auch wenn ich fürchte, keine Sympathie für meine berühmte Vorgängerin zu hegen, da ich schließlich von ihrer königlichen Rivalin abstamme, die sie so grausam umgebracht hat[554]«.

Wie konnte man auch eine schottische Monarchin hinrichten, selbst eine katholische. Die alternde Victoria ließ sich vom Jingoismus vieler ihrer Zeitgenossen nicht derart anstecken, daß ihr Britanniens Größe vor jede Überlegung ging. Sonst hätte sie mehr Verständnis für die Mitwirkung Elizabeths am Tode Maria Stuarts haben müssen. Auch wurde solch noble Objektivität der Queen nicht auf eine Probe gestellt, so wie noch George II. von alten Umsturzversuchen der Schotten bedrängt worden war.

Frauen sollten, das hatte Victoria schon im Gespräch mit Melbourne erörtert, nicht an der Arbeit ihrer Politiker-Männer teilhaben und auch besser gar nichts erzählt bekommen. Andererseits spürte Victoria das geschlechtsgebundene Unrecht, das etwa darin lag, daß Frauen in Gefängnissen viel schlimmer behandelt wurden als Männer, weil die Gesetze einer maskulinen Vorstellungswelt entsprangen. Von da freilich bis zu emanzipatorischen Gedanken war ihr der Schritt zu weit. Die aufkommende Suffragettenbewegung hat sie abgelehnt. Im Mai 1870 fand sie in ihrem Premierminister Gladstone einen Verbündeten gegen das Studium von Mädchen und die

»verrückte und völlig demoralisierende Bestrebung, die derzeit versucht, Frauen in den akademischen Berufen den Männern gleichzustellen, vor allem auf medizinischem Gebiet. Die Königin ist selbst eine Frau und weiß, wie unnormal ihre Lage ist, aber das läßt sich mit Vernunft und Schicklichkeit vereinbaren, obwohl es schlimm und mühsam genug ist. Aber alle Schranken, die eine Frau umgeben, einreißen und vorschlagen, daß sie mit *Männern* zusammen studieren – und zwar Dinge, die man vor ihnen nicht erwähnen kann, schon gar nicht vor gemischter Zuhörerschaft –, das hieße völlig mißachten, was nun einmal als Regel und Grundsatz der Moral gilt... Die Frau soll sein, als was Gott sie gemacht hat: die Gefährtin des Mannes – aber mit völlig anderen Pflichten und Aufgaben[555].«

»Helpmate« war ihr Wort für die »Gefährtin«. Das bedeutet sicher etwas anderes als eine häusliche Sklavin ohne eigenen Willen (den hatte sie ja Albert dann und wann bewiesen). Aber es meinte auch nicht gleiches Recht, allenfalls gleiches Gewicht, wenn auch nicht mit gleichen Pflichten. Die Königin konnte dann nicht verhindern, daß schon einige ihrer eigenen Töchter anders dachten. Vicky hätte sicher gern – natürlich mit Fritz zusammen – preußische oder noch lieber englisch-preußisch-europäische Politik getrieben, viel aktiver, als ihr das am Hofe Bismarcks möglich war, dessen Ansichten über Frauen denen über die Rechte des einzelnen durchaus entsprachen. Prinzessin Alice zum Beispiel entwickelte sich zur »Modernen« in der Familie; sie tat den Mund auf und erlaubte sich Kritik auch an der eigenen Mutter. Die sei gar nicht am Fortbestand der Dynastie interessiert, schrieb sie im Oktober 1871 an Victorias Sekretär Ponsonby. Zuvor schon hatte sie mit Premierminister Gladstone über dessen Pläne für eine sinnvollere Beschäftigung des Prinzen von Wales konspiriert. Acht Jahre später war Alice tot, nachdem sie einer ihrer Töchter jene Bluterkrankheit vererbt hatte, die später ihren Enkel, den Zarewitsch, unter Rasputins Macht brachte.

Der Wunderheiler führt noch einmal zurück zu John Brown, denn mit dessen Einfluß hat man den des Schotten verglichen. Doch Ungehöriges, ob es nun ins Feld der Dämonie, des Okkulten oder der Sexualität hineinspielte, hat es zwischen Victoria und ihrem Leibmann nicht gegeben. Allenfalls eine läßliche Schwäche zählte zu ihren beiderseitigen und auch gemeinsamen Vergnügen, wenn auch die offiziöse Zeitmoral – eine offizielle gab es ja nicht – aus dergleichen eine Sünde zu machen suchte. Sie nahmen gern zusammen ein Schlückchen Whisky, zuweilen auch einen Schluck. Brown hatte die Königin schon früh mit dieser nordbritischen Möglichkeit bekannt gemacht, den Teegeschmack zu verbessern. »Usquebaugh«, wie die Schotten sagten, war dem Wasser überlegen, war Lebenswasser. »Her Madjesty don't much like tae«, sagte Brown in seiner entwaffnenden Offenheit, als eine Hofdame ihn fragte, was es mit einem seltsamen Behältnis im Picknickgepäck der Königin auf sich habe. »We take out biscuits and sperrits[556].«

Victoria selbst hat in ihrem ersten Schottlandbuch beschrieben, wie sehr sie zustimmte, als ihr die Einheimischen auf einem Ausflug erklärten, »klares Wasser sei zu kalt[557]«. Daß sie auch andere Spirituosen schätzte, ist bekannt. Gladstone schrieb während eines Dienstaufenthalts in Balmoral überrascht an seine Frau, er habe beobachtet, wie die Königin

»ihren Rotwein durch Whisky verstärkt – ich würde ja sagen: verdirbt[558]«.

Die Zarin von Rußland kolportierte genußvoll, was ihre Tochter Marie nach der Heirat mit Victorias zweitältestem Sohn, Prinz Alfred, entdeckt zu haben glaubte, daß nämlich die Königin sehr gern Whisky trinke, »manchmal mit Wasser, meistens ohne«[559].

Mag das auch eine verfängliche Zeugin sein, so wußte Vicky in Berlin, was sie tat, wenn sie ihrer Mutter schon im August 1866, inmitten aller Kriegswirren, aus Erdmannsdorf nahe der böhmischen Grenze ein Präsent schickte, gleichsam Kriegsbeute:

»Du liebst ja den Tokaier. Ich habe hier zufällig welchen gefunden, der sehr gut ist, und halte sechs Flaschen für Dich zurück. Wenn Du sie möchtest, telegraphiere bitte, damit ich sie schicken kann, ohne viel Zoll zu zahlen[560].«

Als eine überängstliche Lektorin 1883 aus dem zweiten Bändchen der Berichte über das Leben im schottischen Hochland eine Stelle wegredigieren wollte, die den Alkoholgenuß in Form von Toasts erwähnte, reagierte die Königin verärgert. Sie begreife nicht Miß McGregors Ansicht,

»daß alle Willkommens-Trünke in der königlichen Familie unerwähnt bleiben sollen, nur um den totalen Abstinenzlern entgegenzukommen. Es gibt doch keine Heirat, keine Taufe, keine Konfirmation irgendwo im Vereinigten Königreich, bei der nicht aufs Wohl angestoßen und natürlich auch getrunken wird[561].«

Miß McGregor hatte natürlich nur das Ratsame im Auge gehabt. Die Königin mochte es vergessen, die Redakteurin aber wußte, daß Victoria seit 1837 prominentes Mitglied der BFTS war, der »British and Foreign Temperance Society«, die sich der Eindämmung des Alkoholgenusses widmete. Außerdem war sie Schutzpatronin der CETS, der »Church of England Temperance Society«[562], und was über die Zwangsregelung des Benehmens am Sonntag gesagt wurde, gilt hier sinngemäß. Allerdings zerfiel die Bewegung wie jede ihrer Art in Gemäßigte und Radikale. Letztere, die »Teetotaller«, lehnte Victoria wie jeden Extremismus ab, sie hätte es auch ohne John Browns Teezusätze getan. Die Matrone von 1883 dachte über eine kleine Lebens(wasser)hilfe anders als die Idealistin von 1837. Als neun Jahre vor ihrem Tode eine Audienz für den prominenten Abstinenzlerprediger Wilberforce anstand, den Sohn des Bischofs und Enkel des Philanthropisten, ließ sie wissen, gern empfange sie den Kanonikus, nur *das* Thema gedenke sie nicht zuzulassen[563].

Daß die Königin gern ein Glas trank, nahm im Volksklatsch natürlich größere Dimensionen an. Eine nach unendlich langen Herrschaftsjahren fast ins Mythologische entschwebte Person ließ sich dadurch wieder im Dunstkreis der Vertraulichkeit ansiedeln. Das verband sich bei James Joyce mit antienglischen Invektiven in »Ulysses«, der, 1904 spielend, folgende Passage enthält:

»Und was die Preußen und die Hannoveraner betrifft, sagt Joe, haben wir nicht genug von diesen wurstfressenden Bastarden auf dem Thron gehabt, von George dem Kurfürsten bis runter zu dem Germanenlakkel und der blähsüchtigen alten Vettel, die jetzt abgeschrammt ist? Jesus, hab' ich da lachen müssen, wie er das 'rausbrachte, über die Alte mit dem Schnurrbart auf der Lippe, stockbesoffen in ihrem königlichen Palast jede Nacht, die Gott werden ließ, die olle Vic, von ihrem Pöttchen Schottenwhisky, und ihr Kutscher mußte sie jedesmal aufsammeln, Knochen und Knorpel, die ganze Chose, und sie ins Bett karren und dabei zog sie ihn dann am Bart und grölte ihm alle möglichen Schmonzes vor, so wie ›Ach, wie ist's am Rhein so schön‹ und ›Komm mit, wo das Saufen viel billiger ist‹[564].«

1941 ließ es sich die NS-Propaganda 5,4 Millionen Mark kosten, in der teuersten Filmproduktion des Dritten Reiches, »Ohm Krüger«, Königin Victoria, whiskytrinkend, als das »Bild einer abscheueinflößenden Megäre« vorzuführen. Dr. Goebbels hätte es sich nicht träumen lassen, daß im Jahre 1968 in einem Londoner Theater, das sich »Royal Court« nennt, ein Stück des englischen Dramatikers Edward Bond aufgeführt werden würde, in dem Victoria, nach lesbischer Vergewaltigung der Florence Nightingale, aus deren Schuh scharfe Sachen trinkt, während Disraeli und Prinz Albert die Ermordung der Monarchin planen – das letzte, groteske Überschnappen einer jahrzehntelangen Rache englischer Intellektueller an einer vergangenen Moral, die jedoch so, wie sie sie sahen, gar nicht existiert hatte[565].

15
Denkmäler

Gladstone – Die Premierminister

Bevor sich Victoria vom alles beherrschenden Einfluß des toten Prinzgemahls befreite, setzte sie ihm drei große und schätzungsweise ein paar tausend kleinere Denkmäler. Von den großen waren zwei aus Stein: die gotisch nachempfundene Huldigungskuppel in Kensington Gardens und der an ein wiederhergestelltes Kolosseum gemahnende Rundbau der Albert Hall. Was das dritte, papierne Mahnmal anging, so stand die Königin im August 1889 in Bryntysilio in Wales voller Bewunderung vor dem Schreibtisch, an dem Theodore Martin, von ihr inzwischen zum Sir Theodore geschlagen, die fünfbändige Biographie des Verewigten geschrieben hatte, 4372 Seiten, eine hemmungslose Eloge[566]. Ihr Besuch an dieser Weihestätte wurde durch Darbietungen eines Chores aus Llangollen umrankt. Das immer noch feine musikalische Ohr der Königin lobte die walisische Sangeskunst, sie war ausnahmsweise etwas, womit es die Schotten nicht aufnehmen konnten[567]. Im übrigen verfestigte sich der Albert-Kult zu dieser Zeit längst zum Ritual.

Angefangen hatte es mit dem zauberstabartigen Anhalten der Zeit in allen Räumen von Osborne, Windsor und Balmoral, die ihrem Gemahl zum Aufenthalt gedient hatten. Schon zwei Wochen nach seinem Tod besichtigte sie Skizzen für eine Statue des Prinzen im Schottenrock. Seither überzogen sich Land und Empire mit plastischen Erinnerungen an den Verlust, den die Königin beklagte. Von Inverness bis Portsmouth, von Guernsey bis Bombay schossen die Albert-Monumente aus dem Boden, und wenn nicht gerade eine Überseereise damit verbunden war, eilte Victoria von Enthüllung zu Enthüllung. Bald war es jedem Stadtrat klar, was getan werden mußte, sollte die eigentlich unsichtbare Königin aus ihrem Nonnentum hervorgeholt werden. Man brauchte nur einen Brief an den Lord Chamberlain zu schreiben und anzudeuten, die große Dankbarkeit Wolverhamptons (Manchesters, Liverpools, etc.) für das Interesse des hochverehrten

Verblichenen habe zur einmütig beschlossenen Stiftung eines Albert-Denkmals geführt – schon kam sie.
Es war noch nicht vier Monate nach Alberts Beisetzung, da murrte Lord Torrington, wenn das so weitergehe, werde bald jede Stadt auf den Britischen Inseln ein solches »elendes Kunstwerk«[568] in ihren Mauern beherbergen. Es ging weiter, und gelegentlich kostete es den kommunalen Fiskus nicht einmal Geld. Ein unbekannter Gentleman schenkte der Stadt London 1874 eine Reiterstatue, den Prinzen darstellend, sie steht noch heute in Holborn. Das Lob- und Preisstück in Bombay, sechs Meter hoch, finanzierte die reiche Sassoon-Familie, jüdische Huldigung an einen toleranten Staatsmann; allein die Transportkosten für den unbehauenen Stein von Carrara ums Kap nach Asien waren um ein Vielfaches höher als das kräftige Honorar des Bildhauers. Die Palmen, die Victoria im Mausoleum von Frogmore neben dem Sarkophag aufstellen ließ, kamen eigens aus Florenz. Die schätzungsweise mehrtausendfachen Straßenschilder, die noch heute überall an Albert erinnern, kosteten nur den guten Willen der Gemeindeverordneten.
Das »Memorial« in Kensington Gardens, im Schnittpunkt mehrerer Wegschneisen errichtet, kam etwas teurer. Gladstone knauserte, aber Disraeli zog die Vorlage durch. Die Königin störte es nicht länger, daß Albert von Disraeli stets den Eindruck der Unredlichkeit und Durchstecherei gehabt, Gladstone dagegen für absolut zuverlässig gehalten hatte. Wer die Witwe tröstet, hilft den Lebenden, den Toten muß anderswo Beistand geleistet werden. Was den Stil des aufwendigen Monuments angeht, so hat Nikolaus Pevsner es als

»die Verkörperung des hochviktorianischen Ideals in vielfacher Hinsicht[569]«

bezeichnet, prachtvoll, solide, etwas bombastisch, leicht vulgär, aber »voller Zuversicht und Selbstvertrauen«. Die Royal Albert Hall dagegen wurde das populärste Überbleibsel dieses Totenkults der Königin. Die Vorgeschichte des Bauwerks steckt voller Komik und verrät eine Tendenz der daran Beteiligten, auf Kosten der Allerhöchsten Trauer keinen Aufwand zu scheuen, sondern das nie Dagewesene zu wagen. Das Haus, das dann 1871 eröffnet wurde – unter anderen erschien Anton Bruckner und schlug die Orgel – nahm sich von draußen besser aus, als es sich von innen anhörte. Ausgerechnet einem musikalischen Menschen wie dem Prinzen Albert wurde der posthume Tort angetan, seinen Namen mit einem Konzertsaal von denkbar schlechter Akustik zu verbinden. Erst hundert Jahre später, als die Albert Hall wegen der Promenadenkonzerte auf die Bedürfnisse moderner Funkübertragungen umgerüstet werden mußte, gelang das Abstellen des eingebauten Echos.

Gelegentlich geschah es auch, daß sich eine Gemeinde dazu entschloß, das Paar, die Witwe und den Toten, in einem Denkmal zu vereinigen. Als Victoria nach 35jähriger Abwesenheit wieder einmal Liverpool besuchte (1886), regnete es am zweiten Tag

»schlimmer als je zuvor, was aber die Zahl der Menschen nicht verringerte und auch ihre Begeisterung kaum störte. Nie habe ich dergleichen gesehen. Wir fuhren über den Platz, wo man, seit wir 1851 hier waren, nun eine Reiterstatue des geliebten Albert und auch eine von mir (von Thorneycroft) aufgestellt hat[570].«

Die vielen Büsten, Gedenksäulen, Straßenbenennungen, Gemälde, Medaillons und Souvenirs, die da angefertigt wurden, gaben der Königin nach und nach und sicher unbewußt eine Möglichkeit, den Schmerz zu formalisieren. Zu bestimmten Tagen wurde der Kult zelebriert. Ihr Geburts- und Alberts Todestag gehörten dazu, und die familiären Gaben zu ihren Jubiläen als Monarchin baute man ihr in Alberts Räumen auf. Die Repräsentationsgaben dagegen benötigten ganze Säle zur Aufstellung. Solch termingerechtes Festhalten an der Trauer machte eine Bahn frei, die zu allmählichen Abweichungen von Alberts Politik, Alberts Prinzipien und Alberts scheinbar geheiligtem Vermächtnis führte.

Das begann mit Äußerlichkeiten. Den vielen Stunden der Weihe in seinen früheren Räumen folgte bald ein Gegeninstinkt, der sie von dort wegtrieb. Manchmal erschien ihr das Sterbezimmer nebenan dann doch schrecklich, und schon 1868 baute sich Victoria in Schottland abseits von Balmoral ein neues, ihr erstes eigenes Haus, Glassalt Shield. Es fiel kleiner aus als ein Schloß, hatte fünfzehn Räume alles in allem, ein Einzelbett im Schlafzimmer und ein »kleines gemütliches Wohnzimmer«. Mit ihm verglichen kam ihr das von Balmoral – das ja für eine Familie gebaut worden war – nun recht groß vor. Der Rückzug aus der Albert-Welt führte immer tiefer in die Puppenstube hinein. Je enger der Lebenskreis, um so überschaubarer und desto sicherer fühlte sie sich. An ihren vielen Unpäßlichkeiten und den von Dr. Jenner pflichtgemäß attestierten Krankheiten blieb das meiste vorgetäuscht, von Mißhelligkeiten abgesehen, die zu berichten sein werden, Stürzen, rheumatischen Beschwerden, steifen Knien und einer zu-

nehmenden Altersblindheit. Richtig ist aber, daß das regelmäßige Ausweichen in die kleine, heile Welt von Osborne oder Balmoral ihr guttat. Es verstärkte auch ihre Bereitschaft, sich wieder dann und wann unangenehmen Pflichten zuzuwenden. Ihre Umgebung, besonders die Privatsekretäre Grey und (nach ihm) Ponsonby, wußten sie ausgezeichnet zu behandeln, durchschauten den komplexen Mechanismus ihrer Denkweise und gaben den darin weniger erfahrenen, weil häufig wechselnden Politikern wertvolle Ratschläge[571].
Nachgerade wurden ihre Projekte für Denkmäler des Prinzen den Zeitgenossen dann auch zuviel. So scheiterte ihr Plan, auch die »Royal Academy«, die damals noch am Trafalgar Square sich mit der Nationalgalerie deren heutiges Gebäude teilte, nach Kensington zu ziehen, wo Alberts Ausstellungsfond jenes große Grundstück erworben hatte, auf dem der nach ihm benannte Konzertsaal steht. »Das wäre ein großer Triumph, eine große Genugtuung«, schrieb sie an Vicky[572]. Das Parlament entschied anders. Und auch die Albert Hall selbst wurde ihr vergällt durch Presseurteile wie die des »Telegraph«, der schrieb, sie habe das allgemeine Aussehen eines Stilton-Käses, auf den ein Teller als Deckel gestülpt worden sei, oder eines Lokomotivschuppens oder einer Klavierfabrik in Camden. Noch ärger trieb es »Punch«, der für London-Besucher das Denkmal und die Halle so beschrieb:
»Links steht das Mahnmal des berühmten Sängers Albert Hall, rechts sieht man die Kensington-Gaswerke[573].«
Aber das war erst nach Victorias Tod, 1920, ein Jahr vor dem Erscheinen von Lytton Stracheys Meisterwerk der Demontage dessen, was man bis dahin für Viktorianismus gehalten hatte.
Ungehemmt erfreute sich die Königin allerdings des dritten, des geschriebenen Gedenkwerks für Albert, der Biographie von Theodore Martin. Darin erscheint er jedoch ebenfalls, zum Teil durch den ehrfürchtigen Stil des Beauftragten, auf einen Sockel gehoben, auch wohl, wie Papier es so an sich hat, bald mumifiziert. Der Sinn der Bände lag für die Königin vor allem darin, eine offizielle Darstellung des Vielgeschmähten zu geben. Mit der Furcht der Nichtintellektuellen vor der Rücksichtslosigkeit von Journalisten und Buchautoren sah sie kommen, daß sich an Albert wiederholen mochte, was zum Beispiel der Kabinettssekretär Greville ihr und ihren Eltern »angetan« hatte. Dessen Tagebücher begannen 1874 zu erscheinen, und die Königin war zutiefst erschrocken:

»Dieses Buch von C. Greville, das Du wohl lesen solltest, schockiert hier jedermann, sogar mehr als mich selbst, denn ich habe ja nicht die Namen meines Vaters und meiner Mutter hervorgezerrt, damit sie vor aller Welt mißbraucht werden. Er rührt nur alte Gerüchte auf, die keinen Menschen interessieren, und beweist, was für ein teuflischer Mensch er war, was alle entsetzt. Aber Mr. Reeve, der das alles veröffentlicht hat, ohne, wie üblich, die Namen wegzulassen, ist viel schlimmer. Kurz – ein kompletter Skandal[574[.«

Victorias Lage stellte sich 1870 zunächst viel weniger kompliziert dar als während der deutsch-deutschen Auseinandersetzung vier Jahre zuvor. Die einzig relevante verwandtschaftliche Bindung an Frankreich, die Heirat ihres Onkels Leopold mit Louis Philippes Tochter, gehörte der Vergangenheit an. Auf Berlin aber hatte Albert stets gebaut, vor allem, wenn es um eine Bedrohung deutschen Gebiets von außen ging. Und in Berlin würde Vicky ja nun bald die Frau des Herrschers werden. Daß der inzwischen 73jährige Preußenkönig noch weitere 18 Jahre leben werde, war nicht vorauszusehen.

Die Tochter hatte schon 1867 geschrieben, ein bewaffneter Kampf gegen Frankreich müsse sofort die deutsche Einheit bringen:

»Weder der König noch Bismarck, noch der Kaiser Napoleon wollen Krieg, glaube ich. Aber die Gefahr ist nicht vorüber[575].«

Für Victoria brachte das Jahr 1870 von neuem jene unheilvolle Verquickung von Familienkummer, Haushaltsänderungen und weltpolitischer Sorge wie während des Preußisch-Österreichischen Krieges. Als sich die Lage zwischen Paris und Berlin zuspitzte, erreichte gerade die Mordaunt-Scheidungsaffäre ihren Höhepunkt. Dann starb General Grey, ihr Privatsekretär. Am 20. Juli 1870 schrieb sie an Vicky, alle Geschichten über den Prinzen von Wales seien unwahr, im übrigen müsse England neutral bleiben. Es drohte wieder einmal zuviel für sie zu werden.

»Mein ganzes Herz und meine inständigsten Gebete sind mit dem geliebten Deutschland! Sag das Fritz – aber er soll es nicht weitererzählen –, und daß ich tief mit Euch allen leiden werde. Ich denke auch an den lieben Papa, der mit in den Kampf gezogen wäre, hätte er gekonnt. Vor allem aber schreib mir, was Ihr für Verteidigungs- und Angriffspläne habt, denn wir wissen gar nichts darüber[576].«

Letzteres war, selbst wenn es mehr die diplomatischen als die militärischen Absichten der Preußen meinte, eine sehr naive Frage. Sie erhellt die völlige Parteinahme der Königin an der Seite Berlins, allen Bedenken gegen das Regime Bismarcks zum Trotz. Zweifellos hielt Victoria die Franzosen für einen sehr viel gefährlicheren Gegner, als es die Österreicher und deren intern schwacher Vielvölkerstaat gewesen waren. Auch wirkte nun jene leicht protzende Vorführung der militärischen Rüstungen nach, die Napoleon III. Victoria und Albert hatte angedeihen lassen, als das Paar Cherbourg besucht hatte. Anders als ihr Sohn, der Prinz von Wales, hatte sie niemals die Preußen im Manöver erlebt. Aber Bertie war ja mit sich selbst beschäftigt und wurde übrigens durch den preußischen Botschafter in London, Bernstorff, in dessen Berichten nach Berlin gern als korrupt dargestellt. Die Königin, die das wußte, drängte hinter den Kulissen auf die Abberufung des Diplomaten.

Im Verlauf des Deutsch-Französischen Krieges zeigte sich Victoria von ihrer zutiefst englischen Seite. Eigentlich galt ihr der Zusammenbruch Frankreichs als ein »Gottesgericht« für Hochmut und ewige Impertinenz. Außerdem jedoch wirkte das Schauspiel des Sturzes »beklemmend« und »traurig«, und sie konnte Mitgefühl nicht unterdrücken. Beides stand im selben Brief vom 22. August 1870. Vier Wochen später bat sie bereits in einem Telegramm von Souverän zu Souverän den preußischen Sieger um Nachsicht für den Unterlegenen. Aus ihrer Puppenvilla Glassalt Shield bat sie Wilhelm I.

»im Namen unserer Freundschaft und im Interesse der Menschlichkeit[577]«

um Bedingungen, die der geschlagene Feind annehmen könne.

Damit das zirkuliere, bekam Vicky eine Abschrift geschickt. Zwar kümmerte sich Victoria um die Verlobung ihrer Tochter Louise mit Lord Lorne; das wurde die erste innerenglische Heirat in ihrer Familie und signalisierte demokratische Zukunft ebenso wie steigendes englisches Selbstbewußtsein. Dennoch versäumte die Königin nicht, dem Berliner Kinderpaar Warnungen über einen Stimmungswechsel in England zukommen zu lassen. Der ging weniger auf antienglische Äußerungen der Berliner Presse zurück, die den Beistand Londons gegen Paris vermißte, auch nicht auf Bernstorffs Machinationen, wie die Queen glaubte, die nun einmal gern Politik personalisierte. Was die britischen Minister und die ihnen beipflichtenden Zeitungen vielmehr fürchteten, war die drohende Störung des europäischen Gleichgewichts ohne die Möglichkeit eines eigenen Eingreifens. Londoner Machtworte hätten ja auch nach dem langen Abseitsstehen wenig gefruchtet auf dem Kontinent. Bismarck durchschaute, wie sehr auf die

Kolonien fixiert die Briten waren[578]. Er wußte ferner, daß der Krim-Schock in London noch nicht überwunden war. Überall, wo es um Landtruppen ging und nicht um Seebelange, war man vor der Inselmacht derzeit sicher.

Sosehr also die öffentliche Meinung auf der Insel den Franzosen und dem Parvenü-Kaiser einen Denkzettel gönnte, so rasch flackerte Mißtrauen auf, als die preußischen Friedensbedingungen das Abtreten von Elsaß-Lothringen einschlossen. Es war etwas anderes, ob man einen nichtswürdigen Gegner besiegte oder ob man den Geschlagenen zu territorialen Veränderungen größeren Ausmaßes zwang. Der Königin ging es dabei weniger um die Gleichgewichtsverschiebung als vielmehr um die Saat künftiger, neuer Kriege:

»Die Franzosen werden dauernd versuchen, das zurückzugewinnen, und sie werden nicht ruhen, bis es ihnen gelingt. Jeder hoffte, als der Krieg begann, und auch Du hast mir das geschrieben, dies sei der letzte Kampf und man werde den Franzosen ein für allemal bedeuten, sie könnten nie wieder eine aggressive Macht werden und den Frieden in Europa bedrohen. Unseligerweise müssen nun nach dem langen und blutigen Krieg die Bitterkeiten und der Haß der beiden Nationen alles schlimmer machen, als es vorher war[579].«

Das wurde geschrieben vor Weihnachten 1870, und man mag nach dem Lesen dieser Zeilen die Königin ungern so tief unter dem politischen Niveau ihrer staatsmännischen Zeitgenossen ansiedeln, wie es zumindest geschieht. Daß es Elsaß-Lothringens wegen einen neuen deutsch-französischen Krieg geben werde, sah sie offenbar deutlicher als etwa Bismarck, der ja sehr viel sah und der damals den Parisern die Demütigung eines pomphaften deutschen Einmarsches ersparte, auf den Hitler später nicht verzichten konnte. Die Annexion des teilweise von Ludwig XIV. weggenommenen Gebiets enthielt natürlich ihrerseits ein Element von Austilgung und Rache, aber die preußischen Argumente waren leider mehr strategischer als historisch-korrigierender Natur; nicht um altes Unrecht des Feindes ging es, sondern um dessen künftige Niederhaltung. Das spürte man in England genau. Anfang März 1871 mußte Victoria der Tochter berichten:

»Die Leute, die bis vor drei Monaten sehr prodeutsch waren, sind nun sehr profranzösisch[580].«

Sie selbst wurde – nun erst – Gegenstand öffentlichen Argwohns. Der »Daily Telegraph« schrieb, die Königin, der Thronfolger und der Herzog von Cambridge (ihr Vetter, der Oberbefehlshaber der Armee) hätten dem deutschen Kronprinzen zu seinen Siegen im Felde gratuliert. Gladstone wehrte Fragen nach der Echtheit der Meldung mit dem formalen Hinweis ab, die königliche Familie könne in persönlichen Dingen nicht zur Debatte stehen, Englands Neutralität sei jedoch in keinem Fall verletzt worden. Aber eine Verstimmung blieb, sie begann sich erst zu legen, als dann tatsächlich eine »Rachebewegung« in Frankreich ihr Haupt zu heben suchte. In politischer Hybris sah die Königin immer auch ein Vergehen gegen den religiösen Auftrag der Herrschenden.

Victoria praktizierte eine naive Frömmigkeit. Sie fußt auf drei Gewißheiten. Es gab für sie einen Gott, von dem der Mensch geschaffen und dem er kindliche Dankbarkeit schuldig war, auch wenn sich manches, was sein Ratschluß für gut befand, schwer verstehen ließ, ja Gegenstand des Aufbegehrens sein konnte, zum Beispiel Alberts Tod. Gott verehrte man ferner am besten in der Gemeinschaft der Mitgläubigen, und nichts Besseres war dafür bislang gefunden worden als die Anglikanische Kirche, die nur den einen Schönheitsfehler besaß, daß nämlich Christus kein Engländer gewesen war. Schließlich besaß diese gute, wenn auch manchmal mit schlechten Bischöfen und bigotten Pastoren geplagte Kirche in ihr, der Königin, ein weltliches Oberhaupt, das sich entschlossen zeigte, den geringer geborenen Schafen der geistlichen Herde ein unbedingtes Vorbild zu sein, rechtschaffen, tolerant gegen Andersgläubige, unnachgiebig gegen alle, die in Luxus und Fleischeslust schwelgten, voll Hohn, sobald ein Prediger die Bibel zum Humbug verfälschte, und eitel Zorn, wenn menschliche Schwäche – oder Stärke – ein Maß überschritt, das sie für gefährlich hielt. Zaren, Ehebrecher, Päpste und natürlich Bismarck fielen in diese Kategorien.

Zu ihrem unendlichen Leidwesen wurde Victoria von ihrem 49. bis zu ihrem 74. Lebensjahr von einem Geschöpf Gottes heimgesucht, dem sie alles Erdenkliche nachsagen konnte, nur nicht Mangel an Frömmigkeit. Im Gegenteil war ihr William Ewart Gladstone[581] nicht zuletzt deshalb so unheimlich, weil an seiner starken Religiosität so offenkundig kein Zweifel sein konnte. Der »GOM«, der Grand Old Man der Liberalen Partei, der er nach konservativen Anfängen geworden war, hatte in seinen jungen Jahren den Ruf verspürt, aber zurückgewiesen, das Priestertum zu ergreifen, eine Entscheidung, die ihn lebenslang unbefriedigt ließ.

Gladstone, der die Königin für alles hat büßen lassen, was sie sich an matronenhaft-großbürgerlicher Bequemlichkeit herauszunehmen wagte, hätte eigentlich mit ihr gut zurechtkommen müssen. Man ist verblüfft, wenn man sich die vielen Übereinstimmungen dieser beiden heftig verfeindeten Persönlichkeiten klarmacht. Sie waren bewahrende Liberale, von starkem Pflichtgefühl und hohem Sinn für Fairneß. Beide haßten den Zynismus Lord Palmerstons und die »Realpolitik« Bismarcks. Victoria konnte Heuchelei und Intrige nicht leiden, und die waren auch Gladstone völlig fremd. Die demonstrativen Formen von Wohlleben, wie sie der alten Whig-Aristokratie und dem neuen Geldaldel eigen waren, wurden von der Königin wie von ihrem vierfachen Premierminister stets heftig gegeißelt. Als 1848 der Umsturz durch die Chartisten drohte, befand sich Gladstone – wie übrigens auch der spätere Franzosenkaiser Napoleon III. – unter den freiwilligen Konstablern, die in der britischen Hauptstadt die Ruhe bewahren und eine Königin schützen halfen, die längst nach Osborne geflüchtet war.

Vor allem aber bewunderten Victoria und Gladstone in gleich hohem Maße den Prinzen Albert. Der liberale Staatsmann hat noch spät in seinem Leben geschrieben, nach dem Tode des Prinzgemahls sei der Hof »praktisch nicht mehr vorhanden gewesen«[582]. Victoria bewies zunächst ein Faible für den aufsteigenden jungen Mann im Gefolge des vergötterten Robert Peel. Nicht nur durfte Gladstone im »Commerce«-Spiel gegen ihren Gemahl kleine Summen gewinnen, auch die beiderseitigen Kinder wurden einander vorgestellt: vier Prinzen und vier kleine Gladstones. Die beiden ältesten Söhne, Bertie und Herbert, gingen später eine Freundschaft ein, die den Eltern verwehrt blieb. Noch 1855, als der nun zu den Liberalen überschwenkende Gladstone sich mit »Pilgerstein« überwarf und – wie zwei weitere Minister – zurücktrat, schrieb die Königin, nun seien ihre besten Männer gegangen, aus lauteren Motiven, doch zum Schaden des Ganzen[583].

Gladstone sprang in dem von ihm nie ganz verkrafteten Krimkrieg, an dem er sich ein gewisses Maß an Verantwortung zuschrieb, dem vielfach attackierten Prinzen Albert in einem Zeitungsartikel bei, der zwar anonym erschien, dessen Verfasserschaft aber sofort publik wurde. Wie der Prinz, so hatte auch der Politiker an die Ideale der Weltausstellung von 1851 geglaubt, eine künftige, dem friedlichen Fortschritt verschriebene Völkergemeinschaft. Gladstone, dessen Familienvermögen aus den überseeischen Plantagen seines Vaters stammte, hatte sich in mühsamem Prozeß, schwankend zwischen christlicher Ablehnung des Sklavenhaltens und dessen vorteilhafter Nutzung dann doch von ihm abgewandt, was ihm die Freundschaft der Herzogin von Sutherland eintrug, die wiederum das Ohr der Königin besaß. Wie also konnte es geschehen, daß Victoria, die noch 1855 Gladstones Ausscheiden aus dem Kabinett des verhaßten Palmerston bedauerte, schon fünf Jahre später herzlich wünschte, der wieder Eingetretene möge doch besser endgültig gehen? Wie konnten zwei grundehrliche, eigentlich immer das Gute bis zum Idealistischen anstrebende Personen in eine so anhaltende Feindschaft verfallen, daß darüber fast die Monarchie und – mehrfach – die Regierung Schaden zu nehmen drohten?

Über das Verhältnis Victorias zu Gladstone sind Bände geschrieben worden[584], mit Recht, denn dieser Kampf zweier ungleicher Begabungen mit soviel gleichen Interessen war von einer Faszination, die dem Verhältnis der Königin zu Palmerston oder zu Disraeli völlig abging. Der irische Leichtfuß und Chauvinist war zu fremd, der jüdische Karrierist und überlegene Taktiker zu vertraulich; insgeheim bewunderte sie den einen, offen favorisierte sie den anderen, von beiden wurde sie ausgenutzt. Das hat Gladstone nie getan, er hätte es nie gewagt, nur ist es ihm von ihr nicht gedankt worden.

Die Mißverständnisse begannen schon, als äußerlich noch Eintracht herrschte. Im April 1842, als Gladstone nur der stellvertretende Handelsminister im Kabinett Peel war, erging an ihn die erste Einladung zu einem Dinner im Buckingham-Palast. Heimkommend schrieb er, er sei so nervös gewesen wie als Junge in Eton bei der Gelegenheit seiner ersten – und einzigen – Auspeitschung durch den Rektor. (Dieses singuläre Erlebnis hatte ihm offenbar, im Gegensatz zu Lord Melbourne, völlig ausgereicht.) Was Gladstone aber am Hof-Essen störte, war, daß vor dem Genuß der Köstlichkeiten kein Tischgebet gesprochen wurde. Ein Mahl beim Oberhaupt der Staatskirche hatte er sich wohl anders vorgestellt.

Prinz Albert witterte das politische Genie des Gastes früher als seine Frau. Gladstone hatte das gleiche Verhältnis zu Geld und Wohlstand wie der Gemahl der Königin: beides kam von Gott und mußte sorgsam, lies sparsam verwaltet werden. Gladstone war nicht unbegütert, aber auch nie sehr reich, darin ging es ihm wie Albert. Erst dessen Witwe ließ ihre Pfunde wuchern, indem sie die Tätigkeiten, derentwegen sie sie bekam, einfach nicht ausübte. Gladstone, der Finanzminister und Regierungschef, haßte Verschwendung öffentlicher

Gelder, und auf dem Landsitz Hawarden, den ihm seine Frau einbrachte, wurden überflüssige Kerzen sowenig angezündet wie in Windsor unter Alberts Regime. Keinerlei Zweifel kann bestehen, daß das Verhältnis der Krone zu diesem Politiker völlig anders verlaufen wäre, hätte der Prinzgemahl etwa das Alter Victorias erreicht.

Aber als Gladstone im Dezember 1868 zum erstenmal Premierminister wurde, war Victoria seit neun Jahren allein. Sie fürchtete sich vor dem neuen Mann – auf diese Formel muß man bringen, was sich nun zwischen den beiden abspielte. Erstens beargwöhnte sie jeden neuen Kabinettschef. Das gehörte vielleicht zum Unterbewußtsein einer Königin im heraufziehenden Zeitalter der Demokratie: Wechsel, sofern ihn nicht der Tod erzwang, widersprach der Kontinuität als dem Wesenselement der Monarchie. Die Spielregeln des Alternierens von Regierung und Opposition hat Victoria nie begreifen wollen. Zweitens entwickelte sie nach Alberts Tod einen immer heftigeren Widerwillen gegen jede Änderung ihrer Selbstschutz-Routine. So konnte es nicht ausbleiben, daß ihr Gladstone, leidenschaftlich änderungsfreudig, ein ewiges Ärgernis wurde. Der Kampf, der sich da anbahnte, währte ein Vierteljahrhundert. Während seines Verlaufs stand Gladstone zwölf Jahre und vier Monate lang den Amtsgeschäften in London vor.

Viel ist darüber spekuliert worden, ob die Bedenken der Königin gegen ihn rein moralischer Natur waren. Der verhinderte Seelsorger Gladstone wollte sich nicht damit zufriedengeben, Politik nach christlichen Prinzipien zu treiben. Es drängte ihn früh und stets danach, auch im direkten Umgang mit Menschen Zeugnis abzulegen für seine Überzeugungen. Als Student in Oxford hatte er einige Kommilitonen dafür zu gewinnen gesucht, eine Art von Laienbruderschaft zu gründen, die sich in der Nachfolge Christi um die Armen, Schwachen und Gestrauchelten kümmern sollte. Das 19. war das letzte religiöse Jahrhundert; vielleicht spielten auch nirgendwo die Skrupel, man könnte den rechten Heilsweg verfehlen, eine so große Rolle wie in England, wo es doch so viele bigotte Selbstgerechte gab, die selbst noch ihren wachsenden überseeischen Wohlstand calvinistisch als Gotteshuld zu interpretieren verstanden. Das wurde schon aus Anlaß der Krönung Victorias erwähnt.

Von seinen Mitstudenten bis auf Geldzuwendungen im Stich gelassen, entschloß sich Gladstone zum Alleingang auf dem damals heiklen Felde dessen, was man heute als Sozialarbeit bezeichnen würde. Er

wählte sich – Selbstkasteier, der er immer war – eine der verrufensten Londoner Gegenden aus, das Gebiet zwischen Piccadilly, Covent Garden, der Themse und dem Ostrand des Club-Viertels um die St. James' Street. Dort suchte er nachts, wenn die Unterhaussitzungen beendet waren, die »gefallene« Weiblichkeit zu retten[585]. Das war purster Victorianismus: eine der Oberfläche nach maskuline, geldraffende, welterobernde Gesellschaft konnte es nicht ertragen, daß Frauen gleichzeitig Gegenstand schwärmerischer Verehrung und schamloser Ausbeutung waren. Schlechtverdaute Residuen der Romantik und unausgegorene Vorstellungen von Gleichberechtigung standen da nebeneinander. Gladstone erahnte ein erst später voll realisiertes Problem und behalf sich mangels humanitär-sozialer Lösungen mit der Haltung des Christus gegenüber der Magdalena. So erlebten denn die Zeitgenossen dieses aufsteigenden Politikers das faszinierende Spektakel seiner nahezu allnächtlichen Seelenrettungen.
Nicht daß er die Huren des Londoner Westend mit salbungsvollen Bibelsprüchen zu bekehren gesucht hätte. Er sprach sie an, er lud sie in sein Haus (und das seiner ihm beipflichtenden Frau Catherine)[586], er zahlte Kuren, Ärzte und den Umzug in neue, »ehrbare« Umgebungen. Im Rahmen des darin arg beschränkten Jahrhunderts war Gladstone eine Ein-Mann-Sozialbehörde, und er blieb es auch dann, als er Minister und Regierungschef wurde. Die Tragweite seiner Tätigkeit läßt sich nicht einmal in aufgeklärteren Zeiten voll ermessen: der Führer der Liberalen Partei, der Erste Minister der Krone, der mächtigste Mann eines weltweiten Reiches verbrachte seine Nächte mit beschwörendem Einreden auf Straßenmädchen. Man mußte von seiner Naivität, von seinem Christenglauben sein, um das durchzustehen. Im viktorianischen Jahrhundert war das möglich, heute wäre es undenkbar. Die Exkursionen eines solchen Mannes konnten nicht verborgen bleiben. Der starke Wanderstock, den er mitführte, um sich in einer nicht ungefährlichen Umgebung vor Fehlinterpretationen seiner Motive zu schützen, reichte nicht immer aus, zumal er es nicht verschmähte, die jungen Dinger, deren Heil er anstrebte, bis in die obskursten Behausungen zu begleiten. Der britische Finanzminister morgens um drei auf den Stufen eines Bordells – das war ein Anblick, den die geldkräftigen Kunden dieser Etablissements – wer könnte es ihnen verdenken – nur falsch auszulegen vermochten. Im Sommer 1853 folgte ihm, als er wieder einmal eine Dirne von ihrem Erwerbspfad abzubringen suchte, ein junger Mann, der ihn erkannt hatte. Durch Erpressungen bedroht,

suchte sich Gladstone mit Hilfe seines Knüttels zu wehren und mußte schließlich in Sackville Street die Dienste eines patroullierenden Bobbys bemühen, der den Zudringling festnahm. Das bedeutete ein Erscheinen des Ministers am nächsten Morgen vor dem Gericht in Marlborough Street, wo noch heute, ein Steinwurf vom Touristendorado der Regent Street entfernt, ähnliche Zivildelikte abgehandelt werden. Mit dem Finanzminister erschien natürlich die gesamte Presse.
Selbst wenn die Version falsch ist, daß Benjamin Disraeli, der fassungslos-entzückte Beobachter dieser selbstmörderischen Betätigungen seines Rivalen, diesen bei der Königin maliziös denunziert habe[587], so konnten ihr die Gerichtsberichte kaum entgehen. Sie war schockiert, doch schon darin tat sie Gladstone unrecht. Ihr eigener Gemahl, hätte ihn das Schicksal auf einen anderen Platz gestellt, wäre genau der Mann gewesen, Arm in Arm mit Gladstone die finsteren Straßen einer verdorbenen Metropole zu durchwandern, um Gottes auserwähltes Land in einen lebenswerteren Flecken zu verwandeln.
»Als Mensch und als Christ«, so hat ein Biograph es formuliert, »befand sich Gladstone in einer besonderen Klasse[588]«.
Für die Königin aber war er, von seiner Nachtarbeit einmal ganz abgesehen, auch politisch nicht »safe«. Während sie selbst sich allmählich von der liberalen Schülerin Melbournes, die durch Albert in progressivem Denken bestärkt worden war, zur konservativen Landesmutter entwickelte, rückte Gladstone, von Gott und Gewissen getrieben, in seinem ebenso langen Leben mehr und mehr auf die politische Linke hinüber. Das bedeutete im viktorianischen England nicht Sozialismus oder gar Marxismus, sondern erst einmal mehr Gleichheit vor der Wahlurne, Abbau aristokratischer Vorrechte, Arbeitszeitverkürzung, Fabrikgesetze, Bildungsreform. Für Gladstone schloß es auch die Selbstverwaltung in Irland ein. An deren Beginn stand für ihn das Ende der ungerechten Vormachtstellung des protestantischen Klerus auf der überwiegend katholischen Nachbarinsel. Daß die Kirchensteuern der meisten Iren einem anderskonfessionellen Establishment zugute kamen, empörte Gladstones Gerechtigkeitssinn, und von seinen vielen stark entwickelten Sinnen war keiner so unzähmbar wie dieser.
Das hätte ihn der Königin eigentlich empfehlen müssen und hat es wohl insgeheim in vielem auch getan. Im Falle Irlands aber kam ihr der Krönungseid in die Quere. Was George III. und noch William IV. von

einer Toleranz gegen die Nichtprotestanten – Juden, Dissidenten und Katholiken – abgehalten hatte, das schlug selbst noch bei dieser dem Instinkt nach gar nicht eng-bigott denkenden Monarchin durch. Da die Wahlrechtsreformen ihren politischen Einfluß weiter einschränkten, klammerte sie sich um so stärker an die wenigen Bereiche – Kirche, Armee, Hof und Moral –, in denen sie noch unangefochten herrschen oder mitbestimmen zu können glaubte. Irland also mußte protestantisch bleiben, obwohl es so offenkundig katholisch war, sonst zerbrach wieder eine Stütze der Monarchie und damit der englischen Gesellschaftsordnung. Wie immer bei Victoria, so vermengten sich auch hier politische mit privaten Motiven. Im August 1861, beim Irland-Besuch mit Albert, hatte es Demonstrationen gegen den Prinzen gegeben. Wenig später war nahe Dublin jener folgenschwerere »Sündenfall« des Prinzen von Wales geschehen. Konnte ein solches Volk darauf hoffen, Sondergnade vor dem Antlitz der britischen Majestät zu finden?

Als Gladstone 1868 Premierminister wurde, setzte er sich die Bewältigung der Irland-Frage zum nahezu einzigen Ziel seines politischen Ehrgeizes[589]. Er glaubte durch die Loslösung der Insel von anglikanischer Konfessionsherrschaft und durch eine Befreiung der irischen Bauern vom Druck englischer Landbesitzer in ein paar Jahren Frieden schaffen zu können. Danach wollte er sich zur Ruhe setzen, worunter dieser energieüberflutete Mann freilich keineswegs die Untätigkeit des nur noch bäumefällenden Landeigentümers verstand, sondern die Konzentration aller seiner Kräfte auf die Beförderung der Gläubigkeit seiner Zeitgenossen. Denn auch dies verband ihn mit seiner Königin: Stadt- und Weltflucht, Ekel angesichts des egoistischen Treibens einer zunehmend raffgierigen Gesellschaft. Victoria und Gladstone hätten, wären sie nur von einem verständigen Geist – Stockmar, Leopold oder Albert – zusammengeführt worden, lange Abende in Balmoral in defensiver Eintracht und erfüllt von grundliberalen Ansichten verbringen können. Man darf auch nicht vergessen: Gladstone war Sproß einer schottischen Familie, und nichts Schottisches konnte Victoria eigentlich fremd sein.

Unter Alberts Einfluß hätte die Königin wohl auch nichts gegen einige der Gesetze einzuwenden gehabt, die Gladstone als glänzender Finanzminster in einer bewundernswerten Haushaltsrede nach der anderen einführte. Der von den Londoner Zeitungen vielfach gebeutelte Prinzgemahl hielt seine königliche Ehefrau allerdings nicht davon ab, im Streit um die Papiersteuer, die Gladstone streichen wollte, weil er darin eine Informationsbeschränkung sah, die Partei der Holzimporteure und der Pressefeinde zu ergreifen. Albert war nicht vollkommen, auch wenn Victoria und Gladstone vom Gegenteil überzeugt schienen.

Gladstones erste Amtszeit brachte bereits alle Meinungsverschiedenheiten mit der Königin zutage. Unheilvoll für ihn mischten sich persönliche Überzeugungen mit objektiven Notwendigkeiten. Ende der 60er Jahre geriet die Monarchin auf einen Nullpunkt ihrer Popularität, und Gladstone mit seinem festverwurzelten Glauben an die Pflichten des Christenmenschen war nicht der geeignete Partner in einem Dialog, der Victoria von ihrem bequemen Irrweg hätte zurückführen können. Gladstone wollte, wie gesagt, eigentlich nur Regierungschef sein, um die Irland-Frage zu lösen. Als Premierminister entdeckte er dann, daß es auch ein Thronproblem gab. Das Volk wußte nicht mehr, wie die Herrscherin aussah[590]. Die erst 49jährige verbarg sich, ohne jedoch den inzwischen 28jährigen Kronerben auch nur in untergeordnete Rollen des Repräsentationsgeschäfts einzuweihen. Gladstone ersann eine Lösung, irische Misere und englische Herrscherkalamität mit einem Schlag zu beenden. Da er die Nachbarinsel gleichzeitig in mehr Eigenverantwortung entlassen und enger an eine als tolerant bekannte englische Monarchie binden wollte, schlug er vor, der Prinz von Wales solle alljährlich mehrmonatige Residenz in Dublin beziehen. Solche Beschäftigung werde ihn von der deprimierenden und offenkundig demoralisierenden Untätigkeit befreien, die ihn und die Krone nachgerade in üblen Ruf zu bringen drohte. Keine katholischen Steuergroschen für die protestantische Kirche, Pächterrechte der Iren gegenüber englischen Landbesitzern, demonstrative Anwesenheit eines jungen, lebenslustigen englischen Thronerben in Dublin – das war 1870 eine durchaus plausible Formel für die schwierige Symbiose zweier Inseln, von denen die eine die Macht besaß und die andere das Recht.

Aber Victoria lehnte diesen Plan kompromißlos ab[591]. Weder wollte sie ihre irische Oberhoheit geschmälert wissen (worin sie die Vorrechte der englischen Landlords einbezog), noch war sie willens, zugunsten ihres Sohnes, so verständnisvoll er neuerdings auch sein mochte, einen Deut ihrer Prärogative abzugeben. Nicht bereit, die vollen Pflichten einer Monarchin auszuüben, war sie andererseits fest entschlossen, alle Fäden fest in der Hand zu halten. Zwar vertrug sich

ihre Klage, sie werde überfordert, wenig mit der Weigerung, Aufgaben zu delegieren. Dennoch verteidigte sie hartnäckig ihre matrimoniale Gewalt gegen alle Erwartungen der – freilich ungeschriebenen – Verfassung, wonach das Volk unter einem Monarchen dessen Sichtbarkeit und Greifbarkeit verstehen durfte, das, was der bürgerliche Zeitgeist »value for money« nannte, also Gegenwert.
Gladstone focht mit ihr während des Sommers und des Herbstes 1869 um seinen Plan, Irland zu beruhigen und zugleich die drohende Unpopularität der britischen Krone abzuwenden. Victoria sagte nein und nein. Es war der Höhepunkt ihres Kampfes um ein falsch ausgelegtes Vorrecht der Krone. Nach dem geläufigen Verständnis der Position der Monarchin war sie durchaus befugt, alle Fragen zu entscheiden, die den Prinzen von Wales angingen. Sie war jedoch absolut außerstande, dem Premierminister vorzuschreiben, wie die britische Irlandpolitik auszusehen habe. Nur durch die Verquickung beider Probleme gab sich Gladstone in die Hand der Königin, und die verstand es, das auszunutzen. Nach einem monatelangen Briefwechsel, der überliefert ist und beiden Kontrahenten Hartnäckigkeit sowohl als auch unbritischen Mangel an Konzessionsfähigkeit bescheinigt, ließ Gladstone den Plan fallen[592]. Man darf wohl, ohne den Tadel eines unhistorischen Konjunktivismus zu riskieren, der Königin den Tadel machen, daß sie durch ihr Unverständnis für Gladstones Weitsicht das Leben einer großen Zahl von Iren und Engländern auf ihr Gewissen nahm. Die Weigerung der Krone, durchgreifende Änderungen in den Verhältnissen der britischen Herrschaft in Irland zuzulassen, hat auf die Politik Gladstones wie die seiner Gegner in den 80er und 90er Jahren einen nicht unbeträchtlichen Einfluß ausgeübt.
Die Grundbesitzerin Victoria begriff nicht, wie der Grundbesitzer Gladstone die Eigentumsrechte zuerst der Kirche, dann der Landlords in Irland in Frage stellen konnte. Sie, die sich als Christin wähnte, konnte nicht verstehen, daß der Radikalchrist Gladstone dort ein Unrecht erblickte, wo Hunderttausende von Engländern nichts als verbriefte Rechte sahen. Und so entwickelte sich aus dem Streit der königlichen Mutter um die Rolle des Sohnes, aus der Meinungsverschiedenheit der Monarchin mit dem Premierminister um die Position ihrer irischen Untertanen ein Zwist, der von 1868 bis 1894 anhielt, denn eher gab der »große alte Mann« der Liberalen nicht nach. Victoria herrschte dann noch sieben Jahre länger, aber sie mußte Gladstone insgesamt viermal zum rituellen Handkuß des Neugewählten empfangen.

Das war eine der wenigen Repräsentationspflichten, denen sie sich nicht entziehen konnte. Ansonsten knauserte sie mit Gunst, wenn es um Gladstone ging. Das Parlament eröffnete sie viel lieber, wenn der Premier Disraeli hieß. Ihm nahm sie ab, was sie Gladstone verweigerte. Dessen Streikrechtsgesetz von 1871 kam der besitzenden Schicht skandalös vor, vergaß aber – typisch für die idealistische Weltfremdheit dieses Premiers –, das Recht der Streikposten einzuführen, worauf die Arbeiterschaft und ihre von Gladstone erstmals sanktionierten Gewerkschaftsvertreter dem Regierungschef nur mit Undank begegneten. Der weitaus cleverere Disraeli, 1874 zur Macht zurückkehrend, holte das nach, wie er auch schon 1867 die zweite Wahlrechtsreform durchgebracht hatte, über die sich die liberalen Minister von Lord Russell und Palmerston bis Gladstone nicht einig geworden waren. Das war und blieb ein Grundgesetz englischer Politik: der Boden wird von Liberalen bereitet, das Ernten der Frucht aber fällt den Konservativen zu.

Nicht erst die personalisierenden Geschichtsbetrachtungen moderner Medien haben große Teile von Victorias Tun und Treiben auf das Verhältnis zu ihrem jeweiligen Premierminister reduziert. Auch die Zeitgenossen, ja die direkt Beteiligten waren davon fasziniert. Die Monarchie hatte nach der Wahlrechtsreform von 1832 eine Periode des Wandels durchlaufen, ihr künftiger Einfluß schien unklar. Gleiches galt für das Amt des Ersten Ministers der Krone. Victoria hätte sicher geschaudert, wären ihr die Beschreibungen der Machtfülle eines heutigen britischen Premierministers zu Augen gekommen. Trost hätte sie allenfalls daraus gezogen, daß das verfassungsrechtliche Durchwursteln selbst ausgangs des 20. Jahrhunderts in England noch kein Ende genommen hat und die Stellung des Mannes, der zwischen Kabinetts-Vorsitzendem und »gewähltem Monarch«, zwischen Primus inter pares und plebiszitärem Diktator schwankt, nach wie vor ungeklärt ist. Zu Victorias eigener Zeit trug der Premierminister noch nicht einmal offiziell diesen Titel. In die Hierarchie des Staates wurde er erst nach ihrem Tode aufgenommen. Ihr Sohn dekretierte als Edward VII. im Dezember 1905, daß

»von nun an zu allen Zeiten Unser, Unserer Erben und Nachfolger Premierminister seine Stellung und seinen Vorrang nach dem Erzbischof von York einnehmen soll[593]«.

Das war ein hoher, aber nicht der höchste Rang, denn vor York kam – und kommt noch immer – Canterbury, und davor ziehen in jeder

Haupt- und Staatsaktion Monarch, Ehegespons und Prinzen einher. Vom jeweiligen Umfang der königlichen Familie abhängend, rangiert der Premierminister also nach allerlei Jungvolk und Enkeln und nach dem Lordkanzler und den irrelevanten Erzbischöfen irgendwo an 8., 12. oder 14. Stelle, eine amüsante Fiktion, Überhang aus dem Jahrhundert der Unentschiedenheit, wie man das 19. wohl bezeichnen muß, entgegen allen Versuchen, es heimlich zu bewundern. Die Definitionen, die damals unternommen wurden, um den sichtlich an Einfluß gewinnenden Ersten Minister zu beschreiben, sind eher poetischer als politischer Natur. Der liberale Abgeordnete John Morley, Minister unter Gladstone, dessen klassische Biographie er schrieb, nannte den Mann an der Spitze einen »Schlußstein im Gewölbebogen des Kabinetts«[594], was einen der führenden Verfassungs-Autoren unserer Zeit zu der Korrektur veranlaßte, man solle ihn besser den »Schlußstein der Verfassung«[595] nennen. Das ist angesichts der Vagheit einer nicht geschriebenen Konstition nicht viel exakter; Victoria hätte namens »Unserer Erben und Nachfolger« eingewandt, dieser Platz gehöre doch wohl der Krone, also ihr.

Das Dilemma der genauen Beschreibung des wichtigsten Staatsamtes haben schon Victorias Zeitgenossen verspürt. So resignierend-pragmatisch wie Asquith eingangs unseres Jahrhunderts – »das Amt des Premierministers ist, was sein Inhaber daraus zu machen beliebt« – wollten sich nicht alle Vorgänger äußern. Aber neun von zehn der heutigen wie der damaligen Veröffentlichungen über die britischen Regierungschefs weigern sich, die Institution zu definieren. Statt dessen geben sie Beschreibungen der Träger des Amtes, was den Polithistorikern so sehr ein Dorn im Auge ist, wie es den Lesern, insonderheit den englischen, unverhülltes Vergnügen bereitet. Nahezu jeden Victoria-Biographen packt irgendwann im Verlauf der langen Wegstrecke durch 82 Jahre die Lust, alles hinzuwerfen und statt dessen Peel, Palmerston, Disraeli oder Gladstone zu porträtieren. Die Rückkehr zu seinem Gegenstand wird ihm dann erleichtert durch die Überzeugung, daß die Königin genausoviel vom Charakter, von den Kollektivwünschen, den liebenswerten Standfestigkeiten wie den eklatanten Versäumnissen ihres Volkes verkörperte wie dieses heterogene Quartett ihrer herausragenden Premierminister.

Alles war also im Fluß: dieMacht wie die Repräsentation. Von der alten Kronregierung des 18. Jahrhunders zu den Parteienkabinetten des 20. erwies sich der Übergang als lang und reich an Umwegen[596]. Bis zu George IV. handelte der Premierminister als Diener seines Monarchen. Edward VIII. aber wurde von einem Premierminister abgesetzt; darauf lief die Abdankung von 1936 praktisch hinaus. William IV. war der letzte britische König, der seinerseits einen Regierungschef entließ. Seither wandelte sich der Premierminister vom obersten Diener der Krone zum Führer der Mehrheit des parlamentarisch zusammengefaßten Wählerwillens. Nach 1870 hatten sich die Parteien und die Fraktionen bereits so ausgebildet, daß der Regierungschef endgültig auf das Vertrauen des Monarchen verzichten konnte, sofern er nur das des Unterhauses besaß.

Das waren entscheidende Änderungen. Von 1715 bis 1835 hatte keine Regierung je eine Wahl verloren: Kabinettswechsel waren die Folge umschlagender Königshuld. Nach 1835 – besser sollte man sagen: nach der Wahlrechtsreform von 1832 – kam alles nur noch auf die Wahlen an. Peel wurde 1841 zum ersten Premierminister, den das Volk regelrecht gewählt hatte. Die meisten der neuen Tory-Mandatsträger waren mit der Berufung auf Sir Robert als ihren »Führer« in den Wahlkampf gezogen. Die Nation begann mit dem mühsamen Handwerk, sich jeweils für ihre neue Regierung entscheiden zu müssen. Begriff die Königin, daß ihr damit wichtiger Boden unter den Füßen weggezogen wurde? Prinz Albert schien es zu verstehen, darauf deutete seine Definition des Premierministers als des »Beichtvaters der Krone«. Niemand ernennt den eigenen Beichtvater – katholische Potentaten alter Tage ausgenommen, und die meinte Albert natürlich nicht.

Beichtvater war sehr viel mehr als politischer Ratgeber – insofern suchte auch Albert, Kind der deutschen Romantik, noch etwas von der mystischen Beziehung zwischen Krone und realer Macht zu erhalten. Auch hob er mit dieser Kennzeichnung gut auf das Besondere der Beziehungen dieser beiden Personen ab: Die Königin konnte schließlich nicht gut dem Leiter der Admiralität oder dem Finanzminister »beichten«, was sie bewegte. Bagehot, der Verfassungsrechtler, der viel von den Vorzügen ungenauer Definitionen hielt, hat einmal das Kabinett als den Bindestrich zwischen Parlament und Verwaltung bezeichnet. Albert dagegen hielt den Premier für den Bindestrich zwischen der Krone und der Gesamtheit aus Parlament, Kabinett und Verwaltung. Das war das Resultat seiner Bemühungen, es zu keiner Wiederholung der Hofdamen-Krise von 1839 kommen zu lassen.

Eine bunte Reihe höchst unterschiedlicher Regierungschefs also, mit

denen Victoria es zu tun hatte. Darin lag für sie Fluch und Chance der Zusammenarbeit. Lord Melbournes Sekretär hatte das Zögern seines Chefs, in die höchste Amtspflicht einzutreten, mit dem Satz quittiert: »Bei Gott, solch eine Machtstellung hat kein Grieche und kein Römer je innegehabt, und es ist selbst für bloß zwei Monate wert, Premierminister von England zu sein[597].«
Melbourne war da nicht so sicher. Seine Königin dagegen kannte einige Inhaber dieser Bürdenwürde, die sie nach acht Wochen herzlich gern wieder verabschiedet hätte.
19 Kabinette gab es unter ihrer Herrschaft. Das bedeutete 18 schmerzliche Wechsel. Warum konnte ein Premierminister ihres Alters nicht so lange regieren, wie sie die Krone trug? Eine naive, aber Victoria kennzeichnende Frage. Warum mußte sie sich alle paar Jahre – namentlich in der Zeit nach dem Fortfall von Alberts klugem Beistand – auf neue Männer, unbekannte Gesetzesabsichten, riskante Veränderungen einstellen? So huldvoll sie sein konnte, wenn erst ihr Vertrauen durch Erklärung gewonnen worden war, so mißtrauisch glaubte sie sein zu müssen, ehe das geschah. Da gab es Premierminister, die versicherten sich des unfairen Hilfsmittels enger Beziehungen zur Presse. Lord Aberdeen war zwar »safe«, aber die »Times« – die nicht alles am Hofe billigte – ging mit ihm durch dick und dünn, offenbar als Gegenleistung für ständige Direktinformationen aus Downing Street. Lord Palmerston hatte das Ohr des »Morning Chronicle«, und der »Globe« war sein erklärtes Organ. Lord Beaconsfield, zu welchem Adelsposten Disraeli durch Victorias Huld 1876 ernannt wurde, hatte 1853 eine eigene Tory-Zeitung gegründet, »The Press«[598]. Dies war sicher eine der Aktivitäten Disraelis, über die Victoria den Mantel der christlichen Nächstenliebe breiten mußte, als sie den Premier unter ihre Flügel nahm. Schwer genug fiel es ihr schon, die jeweiligen Politiker zu »managen«; Zeitungen blieben ihr lebenslang suspekt. Aus Pflicht oder aus Neigung hat sie alle ihre Regierungschefs und die meisten Minister auch privat empfangen, einzelne gar besucht – eine Fleet-Street-Redaktion ist von ihr dagegen nie betreten worden.
Vielleicht lassen sich Victorias Premierminister einteilen in solche, die sie ausnutzten, und andere, die sie ernst nahmen. Melbourne und Disraeli gehörten zur ersten, Peel und Gladstone zur zweiten Kategorie. Das war keine Frage der Parteipolitik, was für die Königin spricht, deren liberale Neigungen zu Peel und deren eher konservative Einstellung zu des späten Gladstone Zeiten wohl bekannt waren. Was daran

paradox ist, läßt sich nur so erklären, daß ihre Herrschaftszeit eben keineswegs jene »viktorianische Periode« darstellte, die dem Rückblick als homogene Ära erscheinen will. Wie in der Moral, so war auch in der Politik das englische 19. Jahrhundert kein solides Hochplateau, sondern ein zerklüftetes Mittelgebirge mit zahlreichen sanften, aber auch dürren Tälern und voll von Schründen und Abgründen. Die Frage, welche Herrscherpersönlichkeit mit solcher Vielfalt des Lebens-Terrains besser fertig geworden wäre als diese Frau, ist keineswegs unbeantwortbar. Den unleugbaren Fehlern Victorias zum Trotz ist der Schluß erlaubt, daß sie aus dem Schlechtesten das Beste zu machen verstanden hat.

Das zeigte sich am deutlichsten an der Art und Weise, wie sie die gefährliche Phase ihrer Unpopularität um die Jahre 1870/71 durchzustehen imstande war. Natürlich wäre bei totaler Ablehnung der Monarchie auch ein »Glücksfall« wie die emotional wirkende, fast tödliche Krankheit des Thronfolgers im Dezember 1871 kein Heilmittel gewesen. Der von Gladstone im unverhofften Einvernehmen mit der Königin inszenierte Mammut-Dankgottesdienst in der Paulus-Kathedrale wurde zwar ein Wendepunkt; von da an hatte es die republikanische Kritik schwerer als je zuvor. Aber der Prinz bildete ja das schwächste Glied in der Kette, die die Krone ans Volk schmiedete. Was in Wahrheit die Monarchie rettete, war das neue, und 1870 erst nur anschwellende, zehn Jahre später aber schon überwältigende Gefühl einer neuen britischen Weltgeltung. Die konnte sich selbst der nur wenige Shilling pro Woche verdienende Hinterhofarbeiter der Londoner oder Liverpooler Slums nicht ohne eine Integrationsfigur, eine erlauchte Spitze vorstellen. Das nahezu geschlechtslose, privat unkontroverse, offenbar nicht korrupte, alles in allem harmlose Mutterwesen war dafür die nicht nur geeignete, es war die einzig mögliche Verkörperung. Aus den Niederungen der Angriffe in Presse und Parlament hat sich Victoria sicher auch durch den Beistand einiger Politiker, insonderheit Disraelis, heraufgearbeitet. Das Hauptverdienst aber kommt ihrer eigenen Einfachheit zu, die hier ihren Vorzug vor jeder Intellektualität und allem originären Herrschertum bewies.

Denn die Attacken waren nicht ohne Format. Hauptkampffront mußte natürlich in einer bürgerlichen, auf Eigentumsgewinn programmierten Gesellschaft die Geldbörse der Königin sein. 1871 erschien jene Broschüre unter dem Titel »Was macht sie damit?« Gemeint war die Staatsapanage. Der Abgeordnete George Otto Trevelyan, der sich hinter dem Pseudonym »Solomon Temple Baumeister« in quasi alttestamentarischem Zorn verbarg, machte der Königin ungeniert den Vorwurf, in jedem Jahr, das der Herr ihr gönnte, einen nach modernen Vorstellungen ungeheuren Sparbetrag zu horten, nämlich rund 130000 Pfund. Das hätte, wenn zutreffend, von 1837 bis 1901 die immense Summe von 10 Millionen Pfund ausgemacht. »Temple« fand, nicht ausgegebene Jahreseinkünfte müßten auf die des jeweils folgenden Jahres angerechnet werden. Haushaltsrechtlich war das zweifellos unanfechtbar. Premierminister Gladstone aber, der jeden Ausstattungswunsch der Königin für volljährige oder heiratende Prinzen und Prinzessinnen unbeirrt durchs Parlament zog, ohne deshalb bei Victoria dafür Dank zu ernten, sah während der Bahnreise nach Balmoral ein Werbeplakat für die Broschüre und schrieb an Lord Granville: »Die Lage wird schlimmer und schlimmer[599].«

16
Kaiserin von Indien

Disraeli – Das Empire

Anfang 1847 kam Disraelis »Tancred« heraus. Dessen Titelfigur erhält von einem orientalischen Potentaten den Rat, er solle die Königin von England überreden, ihre Schätze an Bord einer Flotte zu nehmen und fortan ihr Reich von Delhi aus zu regieren statt von London.

Dreißig Jahre später machte der Autor jenes »Tancred« die Königin von England zur Kaiserin von Indien. Im hartgesottenen England des 19. Jahrhunderts gab es nicht viele Fabeln, die sich in Realität verwandelten. Die Geschichte Benjamin Disraelis aber war ein Märchen, blieb eines und ist in vielem noch heute unerklärt. Kein Wunder, daß Victoria seinem Zauber verfiel:

»Mr. Disraeli ist Premierminister! Eine stolze Errungenschaft für einen Mann, ›aus dem Volk emporgestiegen zu sein‹ und das erreicht zu haben [600]!«

Diese Bemerkung in einem Brief an die Tochter in Berlin setzte die Anführungszeichen an den rechten Platz. Disraeli [601] stammte zwar nicht aus verarmten Kreisen. Aber er war der erste Regierungschef des Landes, der weder begüterte Eltern gehabt noch eines der exklusiven Schulinternate besucht hatte; auch in Oxford oder Cambridge war er nicht gewesen. Lloyd George wurde 1916 der zweite, James Callaghan 1976 erst der dritte, auf den diese Kriterien zutreffen. Als Disraeli 1837 bei der Parlamentswahl, die durch den Beginn der Herrschaft Victorias ausgelöst worden war, endlich nach vier Fehlschlägen ein Unterhausmandat erlangte, war er fast 33 Jahre alt und hatte drei Karrieren hinter sich, von denen jede genügt hätte, ihn am Vordringen in die höheren Staatsämter zu hindern.

»Schon durch den Schnitt seines Gesichtes«, schreibt sein elegantester Biograph André Maurois, habe er gewirkt »wie ein Ibis oder Flamingo, der sich in einen englischen Geflügelhof verirrt hat [602]«.

Der Name Israeli war ursprünglich arabisch und diente in Spanien wie in der Levante zu Unterscheidungen sozialer Natur zwischen den ver-

schiedenen semitischen Auszweigungen. Disraeli kannte diese Herkunft. Seine köstliche Definition, Araber seien »Juden zu Pferd«, geht sicher darauf zurück. Doch von der Notwendigkeit zur Mimikri überzeugt, hat er später die alten Fährten zu verschleiern gesucht. Nicht schlicht aus Ferrara war demnach sein Großvater Mitte des 18. Jahrhunderts nach London gekommen, sondern aus Venedig, wohin die Familie von Spanien zugewandert sei, das hörte sich aristokratischer an. Disraelis herausragender moderner Biograph Robert Blake hat überzeugend gezeigt, daß das italienische Element in Disraeli viel stärker nachwirkte als das jüdische [603]. Die meisten seiner Glaubensgenossen waren ernste Männer von tadelloser Aufführung. Ihr Prototyp, Baron Rothschild, litt unter dem Bann, der Juden aus dem Parlament ausschloß. Gleichwohl bewarb er sich bei jeder Wahl, gewann auch immer, weigerte sich aber, den Christeneid aller Abgeordneten zu leisten, und wurde wieder ausgeschlossen. Schließlich durfte er 1858 aufgrund eines Toleranzgesetzes in Westminster einziehen – und tat dann fünfzehn Jahre lang im Plenum den Mund nicht auf, eine Rache, die schweigend genossen wurde.
Das konnte man Disraeli nicht nachsagen. Er fiel nicht unter den Bann, denn sein Vater, ein vielgelesener Autor von bürgerlichen Verhältnissen, war 1817 mit der Familie aus der jüdischen Gemeinde ausgetreten. Um den Kindern eine Zukunft zu eröffnen, ließ er zunächst die beiden jüngeren Söhne, dann auch den ältesten Jungen – Benjamin – und die Tochter Sarah christlich taufen. Damals und bis 1829 war es Nichtmitgliedern der Anglikanischen Kirche unmöglich, irgendein bedeutendes Amt im Staat zu erlangen. Danach sah man von der rassischen Herkunft ab, wenn der Bewerber einen Eid auf die Bibel leistete. Emanzipation war nur um den Preis der Demütigung zu haben. Disraeli litt an ihm bis in sein Alter. Als die Königin 1877 ihrem Premierminister einen Besuch auf seinem Landsitz Hughenden abstattete, schrieben giftige Gegner, da speise sie mit »Disraeli in seinem Getto«.
1290 hatte Edward I. die Juden aus England vertrieben. Im 17. Jahrhundert durften sie zurückkehren. Spuren von Antisemitismus lassen sich allenthalben bis ins 20. Jahrhundert finden. Die Königin selbst hat sich, wie ihre später enthusiastische Unterstützung für Disraeli beweist, von jedem antijüdischen Gefühl freigehalten. Angriffe auf den Politiker seiner Herkunft wegen wurden von ihr stets als besonders perfide bezeichnet. Dabei hat der junge Disraeli alles nur Erdenk-

liche getan, um das Klischee der Feinde und Neider des Judentums zu bestätigen. Nach seiner unordentlichen, stückwerkhaften Erziehung, die bis heute rätselhaft bleibt, weil der Vater die jüngeren Söhne aufs renommierte Internat von Winchester schickte, begann Benjamin schon 20jährig mit Aktien zu spekulieren und geriet in den katastrophalen Zusammenbruch einer südamerikanischen Bergwerksgesellschaft; die Schulden liefen ihm jahrzehntelang nach. Zweite Fehlkarriere war eine Zeitungsgründung. Der »Volksvertreter« sollte ein Tory-Blatt sein, das der überwiegend liberalen Presse Paroli zu bieten suchte. Es erschien vom Januar bis Juli 1826 und häufte neue Schulden auf alle Beteiligten.

Dann erschien der erste Roman des vielseitig Begabten, romantisch Beseelten, sozial Frustrierten. »Vivian Grey« (5 Bände, 1826) war ein Werk, das zwar kein Geld, aber derart vernichtende Kritiken brachte, daß jeder Verleger interessiert aufhorchte. Das Buch, für höhere Töchter äußerst ungeeignet, gehörte zu jener Art von Lektüre, die man der Prinzessin Victoria auch noch zehn Jahre später vorenthielt. Gelesen hat sie es bestimmt, denn 1868 sandte ihr der frischgebackene Regierungschef – auf ihren Wunsch – seine gesammelten Werke. Darin war der Erstlingsroman allerdings in der Fassung von 1853 enthalten, und in der gab es starke Beschneidungen der schlimmen Stellen. »Contarini Fleming«, ein weiterer Roman, als »psychologische Autobiographie« bezeichnet, enthielt homoerotische Passagen und war wiederum keine Mädchenlektüre. Disraeli schrieb schnell; er warf diese Bücher in wenigen Monaten hin ohne Rücksicht auf Oberflächlichkeiten. »Wenn ich einen Roman lesen möchte«, sagte er hochmütig, »dann schreibe ich einen[604]«. Sein Ruhm als Autor ruht auf den Bänden »Coningsby« und »Sybil«, die er 1844 und 1846 herausbrachte, nicht im populären Stil des Fortsetzungsromans à la Dickens, sondern als komplette Bücher.

In diesen Romanen ging es um die politische Gegenwart. »Die neue Generation« war der Untertitel von »Coningsby«, »Die beiden Nationen« der von »Sybil«. Es waren die Jahre seiner Auseinandersetzung mit Sir Robert Peel und dessen Konservativismus, und in »Sybil« wird der jungen Königin schwärmerisch Erwähnung getan. Ausgehend von einem eher noch verschwommenen Bündnis zwischen Adel und Arbeiterschaft, die er als »Zwillingsbrüder« sah, griff er Peels Koalition mit dem Bürgertum an – Attacke auch auf die eigene Herkunft, die ihm wenig bedeutete. Der Leichtfuß, als den man Disraeli seiner Wendigkeit, ja Wetterwendigkeit wegen oft bezeichnet hat, besaß in all seinem Pragmatismus dennoch so etwas wie eine Vision. Die Romane sind zu Recht als politische Diskussion in Erzählform bezeichnet worden [605].

Natürlich war er »in Fabeln verliebt und vernachlässigte Fakten [606]«. Gewiß suchte er zeitlebens eine Mutter, wie Victoria einer Vaterfigur nachjagte. Aber so wie er dreißig Jahre nach »Tancred« Victoria zur Kaiserin von Indien machte, so hat er zwanzig Jahre nach »Sybil« mit der zweiten Wahlrechtsreform die Grundlagen jener »Tory-Demokratie« gelegt, die den Liberalen und insonderheit den »radicals« große Teile der Arbeiterschaft entführte und sie an die Oberschicht band (insofern die Disraelischen Konservativen noch als deren Partei gelten konnten). Monarchie und Masse – das war eine Formel, die auch für Victoria nicht der Faszination entbehrte. Bei Disraeli wirkten da die aufgeklärten Vorstellungen seines Vater nach. Der hatte nichts Herrlicheres gekannt, als lange Tage unter den Schätzen des Britischen Museums zu verbringen. Disraelis Zeitgenosse, der deutsche Jude Karl Marx, tat es ihm darin gleich. Aber wenn dessen Lehren dort, wo sie entstanden, damals und später keine Wurzeln schlagen konnten, so hängt das zu einem starken Teil mit dem Erfolg der »romantischen« Visionen des »italienischen« Juden Disraeli zusammen.

Ein harter Weg führte ihn vom bankrotten Romanschreiber und Byronschwärmer zum Abgeordneten und Minister. Die Tories adoptierten den vielversprechenden, wenn auch etwas seltsamen jungen Mann mit allen Mitteln, die damals der politischen Entschlossenheit zur Verfügung standen. Lord George Bentinck sorgte dafür, daß der städtisch-leichtfertig Lebende in die mehr zuverlässige Gesellschaft der Landbesitzer aufgenommen wurde. Mit einem Kredit von 25000 Pfund wurde es dem mittellosen Disraeli ermöglicht, das Gut Hughenden Manor bei High Wycombe zu erwerben, noch heute Pilgerstätte der Konservativen. Fortan kandidierte Disraeli für einen Wahlkreis seines neuen Lebensbezirkes. Er war einer der letzten »Gekauften« unter den britischen Abgeordneten, denn der »Besitz« von Mandaten durch die Landeigentümer kam wenig später außer Gebrauch und wurde durch das Übergewicht der städtischen Wahlberechtigten paralysiert.

Victoria kannte wenig von Disraelis Sorgen, als sie ihm zum erstenmal begegnete. Das war beim Herzog von Buckingham in Stowe, 1845. Im

selben Jahr wurden die Gladstones zum erstenmal nach Windsor eingeladen. Beide Männer gingen damals nicht ins »Tagebuch« der Königin ein, wohl aber beide Ehefrauen. Wußte Victoria, was der Ehe Disraelis mit der um zwölf Jahre älteren Mary Anne Wyndham Lewis, der Witwe eines Parteifreundes, voraufgegangen war? »Dizzys« offenkundige Fixierung auf ältere Frauen ist viel beredet worden, doch hat er es im eigenen Alter nicht verschmäht, Jüngere zu hofieren. Sein mehr in die Zeit Georges IV. gehörendes, offen zur Schau getragenes Trio-Verhältnis mit Lady Sykes, der Frau des damit einverstandenen Sir Francis Sykes, war jahrelang Londoner Stadtgespräch gewesen. Das Liebespaar ging zu Empfängen und derart oft ins Theater und die Oper, daß Victoria mehrfach mit beiden im gleichen Auditorium gesessen haben muß. Der Skandal wurde nicht geringer dadurch, daß sich Sir Francis zu trösten verstand, und zwar in den Armen von Clara Bolton, einer Arztgattin, die zuvor Disraelis Geliebte gewesen war. Der Flamingo wußte die Hähne auszustechen. Henrietta Sykes unterzeichnete ihre Briefe an Disraeli, den Jüngeren, manchmal – nach »tausend Küssen« und dem Wunsch, das teure Haupt möge auf ewig an ihrem Busen ruhen – mit den Worten »Deine Mutter«.
Wichtiger war, daß Königin Victoria auch keine Ahnung davon hatte, daß sich zur Zeit der »Hofdamenkrise« hinter einem Angriff, der in der »Times« unter dem Pseudonym »Laelius« erschienen war, niemand anderes als Disraeli verborgen gehalten hatte. Ihr genügte es zur anfänglichen Verachtung Disraelis, daß er seinen literarischen Ausfällen gegen Peel schließlich auch die politische Wirklichkeit zugesellte. Der von Victoria inzwischen geschätzte konservative Regierungschef sah unter den Gegnern seiner Freihandelspolitik, die auf eine Abschaffung der Kornzölle hinzielte, auch den Abgeordneten Disraeli, obwohl er diesem bei dessen Jungfernrede, aller Fraktionskritik zum Trotz, beifällig zugestimmt hatte. Der Premier, von seinem jungen Anhänger bereits als Mann ohne Grundsätze angeprangert, stürzte am Ende über eine parteiinterne Fronde, an der sich Disraeli dann führend beteiligte. Anderthalb Jahrzehnte später erklärte »Dizzys« Parteifreund Lord Derby, damals Premierminister,
»er glaube nicht, daß Mr. Disraeli jemals festgeformte Ansichten für oder gegen Schutzzölle oder Freihandel gehabt habe [607]«.
Der Sturz Peels wurde jedoch zum Ausgangspunkt für Disraelis Karriere. Aber, wie Maurois schreibt,
»im Grunde waren die Konservativen entsetzt, daß sie Peel gestürzt

hatten... Wie konnte ein schwarzgelockter, hebräischer Taschenspieler es fertigbringen, diese große und schöne Gestalt verschwinden zu lassen [608]?«

Weniger blumenreich hat die Historiographie es formuliert: »Eine Partei, die Bentinck vertrieben hatte, weil er die Ansprüche der Juden unterstützte, konnte kaum mit Begeisterung auf Disraeli als ihren neuen Führer blicken [609].«

Zwischen der rücksichtslosen Demontage des Parteichefs Peel und dem eigenen Aufstieg lag für Disraeli eine schwere Niederlage, die er dem, der sie ihm bereitete, nie verziehen hat. In Lord Derbys Regierung zum Finanzminister aufgestiegen, legte er 1852 einen Staatshaushalt vor, den William Gladstone in einer der brillantesten Reden zerstörte, die das britische Unterhaus je gehört hat. Am 16. Dezember 1852, wie üblich spät abends, faßte der Tory-Finanzminister seine Argumente in einer Rede zusammen, in der es von Invektiven und Beleidigungen nur so strotzte. Kurz nach ein Uhr morgens stand dann Gladstone auf, und als er sich kurz vor vier Uhr setzte, war Disraeli erledigt. Schon seit Tagen, schrieb Gladstone seiner Frau, sei er sich vorgekommen wie ein Laib Brot im Ofen: es habe in ihm gegärt. Das Rededuell ist als der Beginn eines großen parlamentarischen Zweikampfs bezeichnet worden, der nahezu drei Jahrzehnte lang, von Victoria ängstlich verfolgt, zwischen diesen beiden Männern ausgefochten wurde. Gladstone überlebte ihn, aber sein unfehlbarer Gerechtigkeitssinn würde niemals zugelassen haben, daß er sich als Sieger in diesem Kampf bezeichnete. Es war auch der Beginn der für die britische Demokratie letztlich nicht sehr zulänglichen Personifizierung der Parlamentsschlachten.

Königin Victoria wurde mehr, als es ihr lieb war, in den Streit dieser beiden Matadore verwickelt. Für Disraeli bedeutete es die Krönung seiner Laufbahn, daß er nicht nur die Londoner Gesellschaft, die politische Szene in Westminster und die Konservative Partei zu erobern in der Lage war, sondern daß auch alle seine einstigen, verworrenen Träume von der »neuen Monarchie« sich erfüllten. Er gewann Victorias Interesse als Finanzminister, der, weil Lord Derby im Oberhaus saß, zuständig war für die täglichen Berichte, die der Monarchin zugingen über alles, was sich im Unterhaus zugetragen hatte, in das die Krone von alters her keinen Zutritt besaß. Diese Berichte unterschieden sich, kaum daß der Autor von »Vivian Grey« und »Coningsby« sie verfaßte, ganz erheblich von allem, was der Königin bis dahin zu-

gestellt worden war von Männern wie Baring, Goulburn oder Wood. Pflichtprotokolle von Nachtsitzungen gerieten unter der Zauberfeder dieses Mannes zu spannenden Feuilletons. Disraeli witterte in Victoria die verhinderte Schriftstellerin, die sie ja, mangels geeigneter Ausbildung, vielleicht auch war. Wenn er, in richtiger Einschätzung ihrer unvollständigen Personenkenntnis, einen Abgeordneten schilderte, der etwas Wichtiges oder Dummes zur Debatte beigetragen hatte, so lachte sie laut. Als er 1868 vom Finanz- zum Premierminister avancierte, beschrieb er der Monarchin seinen Nachfolger in Worten, wie nie zuvor und sicher nie seither ein Regierungschef den Nachbar-Herrn in Downing Street 11 geschildert hat:
»...über 1,90 Meter, wirkt aber nicht so groß wegen seiner entsprechenden Breite. Wie bei der Peterskirche in Rom sieht man zunächst nicht recht die wahren Dimensionen. Hat aber die Klugheit eines Elefanten sowohl als auch seine Ausmaße [610].«
Das war es, was Victoria ihrer Tochter in Berlin als das »ganz ungewöhnliche« an Mr. Disraeli mitteilte. Die unauslöschliche Dankbarkeit der Königin hatte Disraeli – der »Juden-Premier«, wie die »Church Times«, sich selbst entlarvend, ihn nannte [611] – jedoch durch sein Kondolenzschreiben beim Tode des Prinzgemahls erworben. Disraeli bewunderte Albert, da witterte ein Emporkömmling den anderen. Es fiel ihm also nicht schwer, im Parlament den Verstorbenen hoch zu loben und später das Gewähren von Geldern für sein Denkmal im Kensington Park durchzusetzen. Vor allem aber besaß er die Fähigkeit, sich in die Lage der Witwe zu versetzen. Nach Lord Melbourne war Disraeli der erste und zugleich letzte Premierminister, der Victoria als Frau sah und damit sich wie ihr einen Gefallen tat. Disraeli erhielt seinen Lohn dafür. Als 1863 die Heirat des Prinzen von Wales gefeiert wurde, konnte der in die Opposition verbannte Politiker voller Stolz vermerken, zahllose Aristokraten hätten keine Einladung erhalten, er aber und Mrs. Disraeli seien dabei. Er wußte nicht, daß Premierminister Palmerston der Königin geschrieben hatte, angesichts der Unterstützung Disraelis für die Parlamentsgelder, die dem Prinzen bewilligt worden seien, mache es sich vielleicht gut, ihn als Führer der Konservativen im Unterhaus zuzuladen.
Disraelis Ehrgeiz hatte etwas von dem der Prinzessin und jungen Königin Victoria. Und noch etwas verband sie: ein romantischer Hang zum Exotischen, vielleicht war es Fernweh oder auch Eskapismus. Disraeli brachte das aus seiner Familie mit, und er entdeckte einen

Respons bei der Monarchin, die er als seine »Mistress« anzureden liebte, ein zwischen »Herrin« und »Geliebter« schillernder Ausdruck. Disraeli nahm den Fährmann Battista Falcieri, in dessen Armen Lord Byron in Griechenland gestorben war, in seine Dienste, und die Königin setzte dessen Witwe eine Pension aus. Disraelis Nahostreise war ein Schlüsselerlebnis für ihn: wie der Held in »Tancred« fand er keinen neuen Glauben, sondern eher Zweifel an allem Überkommenen. Der zynische Multimillionär jenes Romans, Sidonia, sagte:

»Es ist nicht länger schwer, nach Jerusalem zu gelangen. Die eigentliche Schwierigkeit liegt, wie auch schon die Kreuzfahrer entdeckten, in dem, was man tun soll, wenn man dort angekommen ist [612].«

Die Stelle hat Schlüsselwert für den englischen Fortschrittsglauben, der im Errichten des »neuen Jerusalem« seit eh und je sein symbolisches Ziel gesehen hat. Disraeli aber, so wenig er als Premierminister Weltverbesserungspläne zu entwickeln wußte, trug dennoch zur Veränderung der politischen Szene Entscheidendes bei. Von den drei Anstößen, die er gab – der zweiten Wahlrechtsreform von 1867, dem Kauf der Suez-Aktien und der Erhebung Victorias zur Kaiserin –, war das erste das bedeutsamste, das zweite das spektakulärste und das dritte dasjenige Ereignis, das ihn am tiefsten befriedigte. Disraeli blieb selbst in den pragmatischen Jahren seiner Führung des höchsten Staatsamtes auf eine naive Weise romantisch, wozu auch gehörte, daß er sich in Briefen und Aufzeichnungen gern sehr zynisch gab.

Im Grunde war das Verhalten Disraelis zur Königin eine Verlegenheitslösung. Den nachempfundenen Ton mittelalterlicher Ritterlichkeit gegenüber der Hohen Dame anzuschlagen schien die Fortsetzung romantischer Romane in der Wirklichkeit von 1868. Aber da war Disraeli kein jugendlicher Troubadour mehr, sondern 63 Jahre alt und sehr wohl in der Lage, zwischen Traumerfüllung und Machtkalkül die rechte Balance zu halten. Er hat der Königin fortan schamlos geschmeichelt. Im Austausch für seine gesammelten Werke mit Victorias simplen Schottland-Aufzeichnungen beschenkt, flocht er in eines seiner Schreiben an sie die Bemerkung »Wir Schriftsteller« ein, und in Unkenntnis der Abneigung Victorias gegen Elizabeth I., aber in sicherem Erahnen ihrer Herrschergefühle griff er auch zu der Bezeichnung von der »Faery Queen«*, der Feen-Königin, als die Edmund Spenser in seinem gewaltigen Versepos die Tochter Henrys VIII. gefeiert hatte — außer acht lassend, daß in seinen, Disraelis, zeitgenössischen Romanen außer jener kurzen Eloge in »Sybil« nichts zum Ruhme der Königin beigetragen worden war.

* Schreibung so richtig (bei Spenser altertümlich für »fairy«)

Was er mit alledem vermochte – und vielleicht darf man seinen Briefstil literarisch sogar über den des anspruchsvollen Romanautors stellen –, war dies: er weckte in Victoria einen neuen Sinn für die Staatsgeschäfte. Sie glaubte Hüons Horn zu hören, alles schien verwandelt. Er durchbrach die steife Hofetikette der dritten Person in der Briefanrede und schrieb »you«, worauf die ob solch vernünftiger Direktheit entzückte Königin zurückschrieb, das solle er nur fortsetzen, weil es doch im Drang der Geschäfte alles so erleichtere. Er hatte etwas vom erlösenden Märchenprinzen – wohingegen Mr. Gladstone alle Zeichen des strengen Hexenmeisters trug. Dieser hätte sich nicht unterstehen dürfen, einen anderen als den offiziellen Schriftweg über den Privatsekretär der Monarchin einzuschlagen. Disraeli aber korrespondierte, wenn er etwas am liberal gesinnten Ponsonby vorbei direkt auf den Tisch der Feen-Königin schmuggeln wollte, ungeniert mit ihrer Hoffrau, Lady Ely, zu deren und ihrer Herrin unverhohlener Zustimmung. Der »alte Jude«, wie Bismarck ihn nach der Berliner Konferenz von 1878 nannte, nicht ganz ohne Anerkennung, bewahrte sich zeitlebens ein so junges Herz, daß er die komplexe Natur und die komplizierte Lage der Königin mit einer Leichtigkeit handhabte, die Bewunderung verdient. Übrigens beeindruckte Disraeli in Berlin auch Bismarcks Geldleiher Gerson Bleichröder, der dem Premier regelmäßig vom besten Chateau-Lafitte sandte; Kredite brauchte Disraeli nicht länger.

Prinz Albert hatte mit Erfolg versucht, der Königin jedes Parteigängertum auszureden; die Krone sollte weder als Schild der Liberalen noch als Stütze der Konservativen gelten. Victoria verriet diese Prinzipien nun nach Herzenslust und wurde wieder, was sie immer am liebsten gewesen war: Anhängerin einer Sache, die sie für richtig hielt, Mitstreiterin vom Eifer einer neuen Jungfrau – inzwischen eher Matrone – von Orleans. Als Gladstones erste Regierungszeit 1874 an ihr Ende kam und Disraeli den ersten konservativen Wahlsieg seit Peels Sturz erringen konnte – die Mehrheit betrug 52 Mandate –, da feierte die Königin dies ungeniert als ein Zeichen »der Vernunft im Lande«. Sie zitierte inzwischen nicht nur den einstmals so verhaßten Lord Palmerston als Kronzeugen für Gladstones Gefährlichkeit, sie ging sogar so weit, Prinz Alberts Ansichten über Disraeli und Gladstone auf den Kopf zu stellen mit der Behauptung, auch »Papa« habe ganz entschieden gefunden, Mr. Gladstone sei »arrogant, tyrannisch und obstinat«[613]. Was »Papa« dagegen Abfälliges über Disraeli zu sagen gewußt hatte, wurde vergessen, weil Disraeli so beifällig über »Papa« sprach. Diese Mobilisierung des politischen Interesses der Königin, die lebensbejahenden Antriebe, die auf diese Weise neu zur Wirkung kamen, wird man, bei aller Zweifelhaftigkeit der Mittel und in der gebührenden Skepsis gegen einige der Resultate, als äußerst positiv ansehen müssen.

Das Zusammenwirken von John Brown und Benjamin Disraeli erweckte in Victoria ein neues Daseinsgefühl, eine seit Jahren nicht gekannte Zweckbestätigung. Der Schotte im Kilt und der Jude in Samt verstanden sie besser als Hof und Familie zusammen, Vicky immer ausgenommen. Die Tätigkeit der Königin war zwar für den Fortbestand des britischen Reiches strenggenommen nicht länger relevant. Der Träger der Macht, das Ministerkollektiv, hatte im Unterhaus einen neuen Souverän gefunden. Doch für diese Anfänge einer repräsentativen parlamentarischen Demokratie wäre eine Monarchiekrise eine harte, vielleicht eine fatale Belastung gewesen. Disraelis Biograph Robert Blake spricht vom »nuisance value« der Queen, ihrer Möglichkeit (und Lust), Sand im Getriebe zu sein. Leider machte sie davon nach 1870 vorwiegend dann Gebrauch, wenn Gladstone amtierte.

Der Kaisertitel wurde der Königin am 1. Mai 1876 verliehen. Nicht daß es leicht gewesen wäre, das dazu nötige Gesetz durchs Parlament zu bringen. Selbst Disraeli hatte zeitweilig nichts gegen Aufschub einzuwenden. Zwar entsprach die pompöse Bezeichnung dem herrschenden Hang zur Extrovertiertheit unter den Großmächten. Außer dem russischen Zaren und dem Kaiser von Österreich gab es nun auch in Preußen/Deutschland einen Träger dieses Titels, der allerdings die Zahl der Kaiser nicht vermehrt hatte, weil der Aufstieg Wilhelms I. mit dem Sturz Napoleons III. zusammenfiel. Aber der moskowitische Herrscher verfolgte in letzter Zeit eine Politik des Vormarschs in Asien, da machte es sich gut, ihm von seiten Englands dort eine ebenbürtige Krone entgegenzustellen. So jedenfalls lautete die offizielle Londoner Version. In Wahrheit ging es sehr viel mehr um das Selbstbewußtsein der Briten. Disraeli las die Zeichen der Zeit, und die standen auf Stolz, Überheblichkeit nicht ausgeschlossen. Wohlstand ist das Vehikel, dessen der Chauvinismus bedarf; nur Armut lehrt Bescheidenheit.

Victoria selbst hatte schon seit drei Jahren mit dem Gedanken gespielt. Im Januar 1873 fragte sie Ponsonby:

»Ich bin eine Kaiserin und werde in normaler Unterhaltung manchmal

Kaiserin von Indien genannt. Warum habe ich diesen Titel nie offiziell angenommen? Ich finde, ich sollte es tun, und ich wünsche, daß die Frage einmal untersucht wird[614].«

Es störte sie insonderheit, auch wenn sie das Vicky gegenüber nicht offen aussprach, daß eines Tages ihr Schwiegersohn Fritz als deutscher Kaiser vor ihrem eigenen Sohn Bertie als britischem König rangieren könne. Das Trauma vom Verlust der Präzedenz, Schreckgespenst aller Monarchien, ließ sie nicht los: man durfte nicht hinter anderen zurückstehen, sondern mußte – wie Elsa vor Ortrud im »Lohengrin« – beim Durchschreiten des Kirchenportals der erste sein. Als es zu ihrer eigenen Beerdigung kam, ritten der englische König und der deutsche Kaiser, also Enkel und Sohn, quasi nebeneinander, das trug allen Auslegungen der Etikette gebührend Rechnung.

Was die indische Realität anging, so gibt ein Brief an Disraeli, geschrieben von Lord Salisbury, dem Indienminister und späteren konservativen Regierungschef, erwünschten Aufschluß. Edward Bulwer Lytton, Disraelis Schriftsteller-Kollege, damals Vizekönig im asiatischen Subkontinent, hatte als Unterbau zum Kaisertum eine neue indische Aristokratie vorgeschlagen, halbrelevant in England analog der irischen. Salisbury winkte ab, er sah die Situation Indiens sehr unromantisch:

»Von den Massen ist nichts zu halten. Die gebildeten Schichten, die wir voreilig herangezüchtet haben, sind ihrer Natur zufolge rebellisch. Ob die Adelsschicht sehr einflußreich ist, darf man bezweifeln, aber wenn wir ihr Vertrauen und ihre Mitarbeit gewinnen können, so wird das auf jeden Fall unserer eigenen Bevölkerung und vielleicht der zunehmenden Schicht der Gebildeten in Indien verbergen helfen, daß es die nackte Gewalt ist, auf die wir uns in Wirklichkeit verlassen[615].«

Wünschenswerte Deutlichkeit der Kolonialpolitik. Die Königin sah es anders, sie glaubte durch die huldreiche Annahme des Kaiserinnentitels eine Protektionsrolle zu übernehmen, die zum Wohlergehen der indischen Untertanen beitragen konnte. Der Prinz von Wales unternahm im gleichen Jahr eine Reise durch Indien und kehrte mit ungeheuren Schätzen zurück, vom Elfenbein selbst erlegter Elefanten bis zu kostbarem Schmuck, der ihm von den einheimischen Potentaten für die ferne Kaiserin mitgegeben worden war. Das bildete den Anfang der Sammlung, die Victoria später in einem besonderen, dem Durbar-Raum, aufstellen ließ, der als Flügel an Schloß Osborne ange-

fügt wurde und heute mit Miniaturausgaben indischer Pagoden und Paläste angefüllt ist.
Der Kaisertitel befriedigte Wünsche der Königin und ihres Premierministers. Für ihn schien die eigene Jugendreise, die im Nahen Osten so unbefriedigend geendet hatte, nun an ein Ziel geführt zu haben: Sein Jerusalem lag in Delhi. Für Victoria bedeutete das »V.R.I.«, also der Zusatz »Imperatorix« hinter dem gewohnten Victoria Regina, daß sie ihre Königinnen-Vorgänger Mary, Elizabeth, nochmals Mary und Anne auf – wie sie glaubte – bedeutsame Weise übertroffen hatte. Allerdings mag ihr dabei entgangen sein, daß schon der Poet Spenser, der erwähnte Vorläufer Disraelis in der Kunst des Herrscherlobes, Elizabeth I. als »mighty and magnificent Empress« angeredet hatte. Disraeli selbst war nicht sicher, ob die Königin nicht großen Versuchungen ausgesetzt werde. Sein Außenminister Derby, Sohn des Premiers und zeitweilig Indienminister – man hatte ihm 1863 sogar die Krone von Griechenland angeboten –, stellte Disraeli 1874 die Frage, ob es nicht riskant sei, Victoria
»zu große Vorstellungen von ihrer persönlichen Machtfülle nahezulegen und sie zu sehr von dem zu entfernen, was das Volk erwartet? Ich frage das nur; Sie müssen es beurteilen[616].«
Disraeli hat es manchmal für nötig gehalten, die Königin-Kaiserin, wenn sie besonders drastische außenpolitische Aktionen verlangte, daran zu erinnern, er sei nicht ihr Großwesir[617]. Die Formel kehrt interessanterweise wieder in der Definition, die William Gladstone um eben jene Zeit, 1878, von der Funktion eines Premierministers gab:
»Der Leiter der britischen Regierung ist kein Großwesir. Er hat keine Macht im eigentlichen Wortsinne über seine Kollegen[618].«
Disraeli hatte übrigens während der Balkankrise der späten 70er Jahre mehr Rücktrittsdrohungen der Feen-Königin zu bestehen als jeder andere Premierminister. Einmal schrieb er dazu in dreister Nonchalance, natürlich könne die Königin jederzeit ein Kabinett, von dessen Pflichtvergessenheit sie überzeugt sei, summarisch entlassen. Das war »Teil einer Komödie der Übereinkünfte, deren Verfasser, Schauspieler und Zuschauer er war, während die Königin die andere Hauptrolle übernahm... Es bestand keine Gefahr, daß die Agierenden plötzlich ins reale Leben hinüberwechselten. Weder hatte die Königin die Absicht, abzudanken, noch wollte Disraeli entlassen werden[619].«
Die Britenkönigin und Orientkaiserin aber suchte aus der neugewon-

nenen Rolle ein Höchstmaß an persönlicher Befriedigung zu ziehen. Ponsonby klagte schon bald, sie habe es sich in den Kopf gesetzt, einen Trupp Sikh-Kavallerie aus Indien herüberzuholen, als exotische Anreicherung der Leibgarde. Das war im Februar 1876. Noch sechs Jahre später suchte sie vom Innenminister Sir William Harcourt – das war wieder ein Kabinett Gladstone – die Zustimmung zu erlangen, »eine kleine Vertretung der Truppen der Kaiserin von Indien herüberzuholen, um sie der Kaiserin vorzustellen[620]«.
Lord Salisbury riet 1887, als das goldene Amtsjubiläum die Queen zu bisher nicht gekannten Höhen ihrer Popularität emporhob und nun auch einige andere Kolonien eine Titeländerung vorschlugen, dringend davon ab. Er hatte als Indien- und später als Außenminister die »Kaiserinnen«-Woge der 70er Jahre miterlebt und auch nicht vergessen, daß die Änderung der jahrhundertealten Bezeichnung englischer Könige von 134 Abgeordneten als Unsinn abgelehnt worden war. Die Königin fauchte brieflich an die Tochter, das werde sie so leicht nicht vergessen[621]. Der Zuwachs an Überseemacht stieg ganz offenkundig je mehr zu Kopf, je höher sich der Betrachter auf der Sozialskala befand. Besonders wütend war Victoria darüber, daß im Oberhaus die ketzerische, aber durchaus plausible Meinung geäußert wurde, der neue Titel sei nur ein Trick, um die Nachkommen der Queen an den Fürstenhöfen Europas über Wert verheiraten zu können.
Es versteht sich von selbst, daß es Victoria gelang, sich eine indische Eskorte zu beschaffen. Sie bestand aus zwei Teilen, einem Privatsekretär, dem Munshi, dessen Rolle begann, nachdem John Brown gestorben war, und einer regelrechten Leibgarde. Die postierte sie zum Beispiel 1887 vor ihrem Zelt im Garten des Buckingham-Palastes bei einer der Parties zur Feier des Jubiläums. Drinnen empfing sie
»a number of the Fürstlichkeiten[622]«,
worunter sich inzwischen jedesmal zahlreiche orientalische, insonderheit indische Adlige befanden. Am 30. Juni jenes Jahres gab sie sogar einen Spezialempfang für die Inder. Das »Tagebuch« hält jede Person, jedes dargebrachte Präsent, jeden verliehenen Orden fest. Da gab es inzwischen neben dem »Stern von Indien« auch das »Großkreuz des Indischen Empire«, und dieses in drei Stufen, damit man es sowohl reihen- wie wahlweise verleihen konnte. Victoria liebte die Vergabe von Zeichen ihrer Huld; das kam ihrer instinktiven Menschenfreundlichkeit ebenso entgegen wie ihrem Sinn für Hierarchie. Außerdem kosteten Medaillen weit weniger als Posten oder Pensionen.

Auch befriedigten nicht wenige der so dekorierten Inder das ästhetische Gefühl der Königin. Die 68jährige vergaß nicht anzumerken, daß zwei der Prinzen »wie ein Traum« ausschauten.
Freilich, von ihrem stetig wachsenden Empire hatte Victoria nur Kenntnisse zweiter Hand. Wenn man sich vor Augen führt, welche Teile des Weltreiches sie je besucht hat, so ist das rasch abgetan. Man muß schon Irland den Kolonien zuzählen, um wenigstens ein abhängiges Gebiet nennen zu können, in dem sie sich aufgehalten hat. Die Kanalinseln, der einzige andere Flecken außerhalb der britischen Hauptinsel, der die Königin zu Gesicht bekam, will ebenfalls nicht recht mitzählen. Nicht einmal die europäischen Besitzungen wie Gibraltar oder Malta wurden besucht. Ihr Vater, der Herzog von Kent, hatte sehr viel mehr vom britischen Weltreich gesehen. In seltsamer Verachtung ihrer Pflichten als Kaiserin ist Victoria niemals nach Indien gereist. Als Grund gab sie ihre Abneigung gegen die beschwerliche Seereise vor. Dabei hätte sie den größten Teil zu Land zurücklegen können. Das Versäumnis bedrückte sie freilich, und sie verfiel auf eine Ersatzleistung: Sie lernte Hindustanisch. Schon bei den Jubiläumsfeierlichkeiten von 1887 begrüßte sie jene Maharani, die die herrlichen Juwelen »anhatte« und niemals im gleichen Wagen wie ihr Ehegemahl reisen durfte, mit einem Satz in deren Muttersprache. Sie stellte auch ihre Tochter Beatrice auf Hindustanisch vor, war dann aber doch erleichtert, daß der anschließend empfangene Inderfürst ausgezeichnet Englisch sprach. Jahrelang plagte sich die Königin, unterstützt vom Munshi, damit ab, die fremde Zunge zu erlernen. 1891 sagte sie von sich, »Indisch gesprochen« zu haben, als ein Besucher kam, ein beträchtlicher Ehrgeiz für eine 72jährige. Es war eine Abbuße für ihre Vernachlässigung all jener Untertanen, denen sie so ehrlich, wenn auch so entfernt zugetan war.
Das britische Empire[623], das Victoria 1901 hinterließ, unterschied sich in Umfang und Struktur ganz erheblich von dem, das sie 1837 von William IV. übernommen hatte. In den 64 Jahren ihrer Herrschaft kamen völlig unentwickelte Gebiete, namentlich in Afrika und im Pazifik hinzu, während alte Kolonien schon beträchtliche Schritte in Richtung auf eine künftige Selbständigkeit unternahmen. Australien galt in den 30er Jahren des 19. Jahrhunderts als ein bequemer Abladeplatz für den Sozialschutt des Mutterlandes. Aber schon um 1870 hätte jede Londoner Regierung, die eine Schiffsladung englischer Krimineller nach Sydney verfrachten wollte, den wirksamen Zorn der

eigenständigen Antipodensiedler zu spüren bekommen. Ja, die weißen Dominien, die sich nicht genug tun konnten mit dem Benennen von Städten nach Victoria und Plätzen nach Albert, eilten allmählich der fernen Heimat in mancher Hinsicht vorauf. Was das allgemeine, geheime und gleiche Wahlrecht und die Stellung der Frau gegenüber dem Manne anging, so war es bald kein Privileg mehr, in Britannien zu leben: Kanada zog voran, von den USA ganz zu schweigen[624].
Im sogenannten Empire bildete sich ein Sog, der in dem Maße zunahm, wie die Kommunikationsmöglichkeiten alles verbreiteten, was in anderen Teilen des Reiches geschah. Überall klebte man Briefmarken mit dem Kopf der ewig jungen Victoria auf die Postsachen, aber das war eine vorgetäuschte Einheit. Während Lord Salisbury in dem erwähnten Brief an Lord Derby über die aufbegehrenden Intelligenzschichten Indiens klagte und die selbstbewußten Kanadier die Vollmachten des britischen Gouverneurs zu beschneiden verstanden, drangen Eroberer wie Stanley und Menschenfreunde wie Livingstone noch durch unerschlossenen afrikanischen Busch. Das »Britische Empire« hat es nie gegeben – statt dessen waren da alle zehn Jahre neue Konstellationen der heterogensten Erdflecken, deren einzigen Zusammenhalt die jeweiligen kartographischen Nachträge im Londoner Kolonialministerium bildeten – und die Hochrufe auf Ihre Majestät, deren Bild in Amts- und Schulstuben hing.
Dieser stete Wandel in ihrem Reich überforderte das Fassungsvermögen der Königin. Daß sie sich seit ihrer »Ernennung« zur Kaiserin zunehmend auf den indischen Teil des Reiches konzentrierte, hatte gute Gründe: da lag der ökonomisch einträgliche Schwerpunkt des Empire. Bis 1858 hatte eine privatwirtschaftliche Körperschaft, die Ost-Indien-Gesellschaft, dort für Ruhe, Ordnung und Gewinne gesorgt, seither war nominell die Krone zuständig. Die »Verstaatlichung« Indiens war eine Revolution gewesen, ein Schritt, den viele Konservative so bedauert hatten wie die Preisgabe der Schutzzölle. Wenn Lord Rosebery 1896 einer Edinburgher Zuhörerschaft versicherte, das Weltreich habe allein in den letzten zwölf Jahren um 2,6 Millionen Quadratmeilen zugenommen (etwa 6,8 Millionen Quadratkilometer, mehr als die doppelte Fläche des heutigen Indiens), so entsprach solches Brüsten der britischen Stimmung ausgangs des Jahrhunderts. Am Ende ihrer Herrschaft erwähnte die Königin gern »my vast empire« oder noch lieber »my own vast empire«[625], denn daß es außer dem britischen Weltreich auch andere gab, war ihr nicht nur bewußt, sie bestand auch darauf, es dürfe nicht der Eindruck entstehen,

»daß wir alles allein haben wollen[626]«.
Victoria unterschied übrigens zwischen dem »British Empire«, womit sie das Vereinigte Königreich meinte, dem »Colonial Empire« und dem »Indian Empire«. Nur »Empire« war dann alles zusammengenommen[627], ein in der Tat verwirrender Sachverhalt. 1838 jedoch, bei der Krönung, war ihr keine dieser Bezeichnungen in den Sinn gekommen, als sie das zu beschreiben suchte, worüber sie künftig herrschen solle:
»Ich kann nicht sagen, wie stolz ich bin, Königin einer solchen Nation zu sein[628].«
Doch zu ihren Untertanen rechneten schon damals rund 100 Millionen Menschen auf 2 Millionen Quadratmeilen. Bei ihrem Tode wehte der Union Jack über einem Viertel der Erdoberfläche und in den Städten und Dörfern von fast einem Drittel der Weltbevölkerung. Dies zusammenzuhalten hatte sich zu einem zentralen Problem der britischen Politik entwickelt. Nicht erst der Burenkrieg deutete darauf hin, daß es in einem solchen Vielvölkerreich außer Zugewinn auch Niederlage und Verlust geben konnte.
Dabei war nicht etwa die Konkurrenz namentlich der Franzosen und Deutschen die größte Sorge der Londoner Kolonialpolitik. Sie galt vielmehr der Komplexität des Reiches. Da gab es Gebiete, die man am liebsten abgestoßen hätte – in der Karibik zum Beispiel. Andere mußte man zum Schutz britischer Händler nehmen, ohne es recht zu wollen – etwa im Pazifik. Neben dem Siedler-Empire, also Kanada, Australien, Neuseeland und Südafrika, stand Indien, das inzwischen von Malaya bis Afghanistan reichte. Zu ihm fiel den Briten nichts anderes ein als die Fortsetzung einer »aufgeklärten« Gewaltherrschaft, da es für die Selbständigkeitsform eines Dominiums nicht in Frage kam, oder noch nicht, oder nie. Entscheidenden Fragen ging diese Politik aus dem Wege. Der Titel jener republikanischen Schmähschrift gegen die Königin und ihre Finanzen (»What does she do with it?«) paßte ebensogut auf die Britannia und ihr Weltreich.
Nicht daß die Briten selbst im größten Rausch des Imperialismus, also in den 80er Jahren, einfach alles genommen hätten, was sich »bot«. Kolonialminister Derby schrieb im Juni 1883 an den Sekretär der Königin:
»Kürzlich waren australische Abgesandte bei mir mit der Bitte ihrer Regierung, wir möchten folgende Gebiete annektieren oder ins Protektorat nehmen: 1. Neuguinea, 2. die Neuen Hebriden, 3. Samoa, 4.

alle Inseln nördlich und nordöstlich von Neuguinea. Letztere sind zumeist unerforscht, zusammen größer als Frankreich oder Deutschland, und von Kannibalen bewohnt. Ich fragte sie, warum sie nicht gleich einen anderen Planeten ganz für sich suchten, und sie schienen zu meinen, das wäre nicht schlecht, wenn es sich nur ermöglichen ließe. Das Ausmaß ihrer Ambitionen ist in englischen Augen erschreckkend... Natürlich muß es hart für vier Millionen Siedler sein, sich in einem Land bescheiden zu müssen, das nur so groß wie Europa ist[629].«

Für solche Ironie hatten die Australier kein Verständnis, schon gar nicht, als die Deutschen erst in Neuguinea und dann, vor der Jahrhundertwende, mit den Amerikanern zusammen auch auf Samoa Fuß faßten. Die Intentionen der Zentrale und der Dominien stimmten nicht mehr überein – wenn sie das je getan hatten. Die Außenposten irrten jedoch, wenn sie fanden, erst neuerdings scheue die Londoner Politik vor beherztem Zugriff auf weitere Territorien zurück. Bereits in den 70er Jahren schlug das Kabinett Disraeli die Möglichkeit aus, weite Teile des späteren Belgischen Kongo zu annektieren. In den 40er Jahren hatte der konservative Abgeordnete Graham (zuvor Innenminister, später Seelord) im Gespräch mit Greville empfohlen:

»Wir sollten unser Empire begrenzen, statt es auszudehnen... Er verurteilte die Erweiterung der Kapkolonie; dort würde uns eine Art Gibraltar genügen... Er war auch gegen Neuseeland, Labuan und Hongkong... Er ist ganz für ›Verteidigung‹, und der einzige Weg sei der, unsere Truppen zurückzuholen, die über unsere nutzlosen und kostspieligen Kolonien verteilt sind...[630].«

Der Zusammenhang zwischen immer mehr Kolonien und immer höheren Unkosten lag auf der Hand. Für Truppen, Kommunikationsmittel und eventuelle Kriegsanstrengungen zahlten die Bürger des Mutterlandes durch höhere Einkommensteuer, während die unverkennbaren Vorzüge des Kolonialhandels zuvörderst den privaten oder halbstaatlichen Gesellschaften zugute kamen, die in vielen Kolonien die Hoheit ausübten. Das Amateurregime in Whitehall überließ nur zu gern soviel Management wie möglich den Herren der City und ihren entsandten Agenten. Kitchener transportierte die Truppen seiner Sudan-Expedition nicht in armee-eigenen Beförderungsmitteln, sondern mit Hilfe des Reisebüros Thomas Cook – das kannte sich im Nil-Tourismus aus und bediente auch die Königin bei ihren Fahrten an die Riviera zu beiderseitiger Zufriedenheit.

Lange Zeit war Victoria der besten Absicht gewesen, sich von den Auswüchsen der Empire-Begeisterung der 80er und 90er Jahre, dem »Jingoismus«, nicht anstecken zu lassen. Das Schlagwort entstammte einem Lied von G. W. Hunt und richtete sich eigentlich gegen den Drang der Russen in Richtung Konstantinopel, gegen den auch die Königin soviel einzuwenden hatte.

»We don't want to fight, but, by Jingo, if we do,
We've got the ships, we've got the men, we've got the money, too.
We've fought the Bear before,
And while Britons shall be true,
The Russians shall not have Constantinople[631].«

Da ging alter Krim-Kriegs-Haß auf den »Bären« in neue Weltherrschaftsgewißheit über. Nicht so grobschlächtig, aber kaum weniger überheblich äußerte sich Disraeli im September 1880 – da war er bereits Lord Beaconsfield –, als er der Königin nach Schottland schrieb und den Marsch von General Roberts nach Kandahar mit den Taten Alexanders des Großen verglich; die Nachricht, fügte er hinzu, möge
»Balsam wie die Brisen von Balmoral[632]«
sein. Zu dieser Zeit prägte sein Dichterkollege Tennyson die Formel »One flag, one fleet, one throne[633]«.
1896 brachte Alfred Harmsworth, der spätere Lord Northcliffe, als erstes Halbpenny-Massenblatt die »Daily Mail« heraus mit der Devise
»für Stärke, Vormacht und Größe des Britischen Empire[634]«,
eine »unabhängige« Zeitung, sieht man davon ab, daß sie für die Abhängigkeit von ein paar hundert Millionen Menschen eintrat.
Die Königin überzeugte sich ohne Mühe davon, daß eine Ausweitung der kolonialen Besitztümer nicht der Bereicherung diente, sondern Kriege verhindern half (an Disraeli September 1879)[635] und den Eingeborenen die Zivilisation brachte, was Victoria für »die Mission Großbritanniens« hielt (an Derby August 1884)[636]. Seit die Königin sich in den 70er Jahren wieder intensiver mit Politik, insonderheit mit Fragen zu beschäftigen begonnen hatte, die das Militär und die Kolonien angingen, mischte sie sich häufig in das ohnehin schwierige Verhältnis von Kabinett und Generalität, zentraler Anweisung und örtlicher Entscheidung ein. Hierin stellte sie sich keineswegs immer auf die gleiche Seite. Regierte in London Gladstone, dann hatten die Außenposten recht. Zu Salisburys Zeit war eher das Umgekehrte der Fall. Gladstone wurde im August 1882 regelrecht angewiesen, dem General

Wolseley in Ägypten keine Anweisungen aus London zu erteilen, sondern den Feldzug gegen Arabi Pascha ihm zu überlassen. Seit es den Telegraphen gebe, werde den Militärs viel zuviel von den Zivilisten dreingeredet, was nur schaden könne. Dahinter stand ihre Vorstellung, das Empire müsse aus der englischen Parteipolitik herausgehalten werden, was natürlich auch für die Armee gelten müsse. So hatte sie es in den Tagen Williams IV. gelernt; schließlich wurde mit jedem »politikfreien« Raum auch ein Einflußfeld des Monarchen verteidigt. Ihr Argument hätte mehr Gewicht getragen, wäre sie nicht selbst eine so leidenschaftliche Parteigängerin gewesen, erst der Whigs, nun der Konservativen.

Nicht immer jedoch waren die Beamten und Militärs in Indien oder Ägypten geeignet, die Lage am besten beurteilen zu können. Wiederholt kam es vor, daß nach Rebellionen die Schuldigen nicht sofort, sondern erst nach umständlichen Verfahren gehängt oder erschossen wurden. Victoria hatte einen feinen Sinn dafür, daß in einer lange hinausgezögerten Bestrafung keine Überzeugungskraft mehr lag: der Anlaß war halb vergessen, die Vollstreckung barg schon wieder den Keim für neue Unrast. Noch wütender reagierte sie, wenn nach dem Beilegen von Unruhen Vergeltungsmassaker stattfanden wie in Indien 1891. Das waren eigenmächtige Anordnungen der örtlichen Befehlshaber, um so ärgerlicher, als die Verantwortung nicht Gladstone angelastet werden konnte, denn der befand sich in der Opposition.

Wohl hat sie ihn für den Tod des Generals Gordon zur Rechenschaft gezogen, der im Winter 1884/85 in Khartum belagert worden war, während in London Kabinett und Armeeführung berieten, was zu tun sei. Die Entsatzexpedition kam um jene berühmten drei Tage zu spät, die in jedem englischen Geschichtsbuch stehen. Victoria kannte Gordon, litt mit ihm und beschwor die Regierung, ihn herauszuhauen. Aber vernünftige Argumente schienen nicht gefragt, auf keiner Seite. »Drei Propheten waren im Spiel – Gladstone, Gordon und der Mahdi; was konnte man da erwarten? Königin Victoria, in ihrer Rolle als Kassandra, war der vierte[638].«

Der Haudegen Gordon[639], ordenübersät und gern im Aufzug eines chinesischen Mandarins vor der Kamera posierend, wohingegen er in der Schlacht statt einer Waffe eine Reitgerte schwang, war der falsche Mann für die Mission. Doch auch mit Gladstone, der Kriege haßte und dem das Empire nur lästig war, weil es seine Irlandpläne durchkreuzte, saß in Downing Street nicht der Regierungschef, den eine solche Situation erforderte. Er sah sich bitteren Attacken der Königin ausgesetzt. Aus ihren Urlaubsorten auf dem Kontinent, Aix-les-Bains und Darmstadt kabelnd, beschwor sie eine Krise des Weltreichs, die – hätte sie tatsächlich bestanden – der Königin eigentlich den Aufenthalt in Schloß Windsor nahelegen mußte. An General Wolseley, der zu spät in Khartum eintraf, telegrafierte sie, er solle nun den Sudan halten und nicht an Rückzug denken; leider seien Teile der Regierung sehr unpatriotisch. Gladstone aber sowie der Kriegs- und der Außenminister bekamen unverschlüsselte Telegramme, mit denen die Königin jeden neugierigen Postbeamten auf den Zwischenstationen wissen ließ, wen sie für Gordons Tod verantwortlich machte:

»Diese Nachrichten aus Khartum sind entsetzlich. Die Vorstellung, daß dies alles hätte verhindert und daß viele wertvolle Menschenleben hätten gerettet werden können, ist zu fürchterlich[640].«

Wäre ihm nicht Irland so wichtig gewesen, Gladstone hätte nach Erhalt dieses Telegramms vielleicht den Rücktritt seines Kabinetts eingereicht. Das würde aus der unbeherrschten Geste der Queen einen Staatseklat gemacht haben von unabsehbaren Folgen für die Monarchie. Die Gordon-Telegramme hätten zumindest einen Wechsel auf dem Thron auslösen können, wenn ein weniger loyaler Premierminister die Chance ergriffen hätte, vom Khartum-Desaster abzulenken. Aber Gladstone war loyal. In aller Rage wegen der geschmähten britischen Ehre übersah Victoria nie, daß sie immer einen Schritt weiter gehen konnte als ihr Premierminister. Dessen Regierungszeit neigte sich nach fünf Jahren wieder einmal dem Ende zu. Im Juni wurde Lord Salisbury Premier.

Neben Gordon fanden auch Stanley und Rhodes, die Afrika-Eroberer, wiederholt den demonstrativen Beifall der Queen. Den ersteren ließ sie für sich porträtieren. Allerdings war es damals schon keine allzu große Ehre mehr, wenn ein solches Bild seinen Platz dann in Schloß Windsor fand, jenem »Kerker«, den Victoria bekanntlich mied, so gut sie konnte. Rhodes, der schamloseste unter den vielen Kolonialgewinnlern jener Zeit, soll auf eine Frage der Königin, was er seit der letzten Audienz getan habe, die lässige Antwort gegeben haben

»zwei neue Provinzen für Eure Majestät gewonnen[641]«.

Rhodes, dem die britisch beherrschte Landverbindung vertikal durch Afrika vorschwebte, von Kairo zum Kap, mit Auslegern zu den Meeren im Osten und Westen, war sich mit der Königin darüber einig, nur

Briten könnten »ordentlich«, d. h. zivilisiert kolonisieren. Die Deutschen könnten das nicht, ihr Benehmen bei der Eroberung von Sansibar fand Victoria im November 1888 ungefähr so »gräßlich« wie die gleichzeitige Mordserie im Londoner Eastend, für deren Aufklärung sie dem Innenminister eine Reihe handfester Vorschläge machte. Für den Mythos, der später um die viktorianische Zeit gewoben wurde, wäre es das krönende Ereignis gewesen, hätte Jack the Ripper durch Hinweise der Queen ergriffen werden können.

Vor der Krönung zur Kaiserin fanden sich in den Briefen der Königin gelegentlich Stellen, in denen sie weitere Eroberungen oder auch nur Arrondierungen in Indien ablehnte.

»Niemand hat eindeutigere Auffassungen über Indien, und Du weißt, wie sehr ich dagegen bin, diese Gebiete zu annektieren, und ich glaube, damit wird jetzt aufgehört, denn es ist sehr unrecht und bringt uns keine Vorteile. Du weißt auch, wie ich es hasse, den Koh-i-noor zu tragen[642].«

Das war 1873. Sieben Jahre später beschwor sie den Premierminister Disraeli, keine Versprechungen im Unterhaus abzugeben, wenn die Ehre und Sicherheit des Landes und des großen Reiches auf dem Spiel stünden. Als er sie bei einem Empfang nach den orientalischen Geschmeiden fragte, die sie trug, und ob das alle seien, die sie besitze, ging sie und holte die anderen[647]. Lord George Hamilton fand sie bei der Feier, die aus Anlaß der indischen Ausrufung der Kaiserin am 1. Januar 1877 in Windsor gegeben wurde, unvorteilhaft überladen mit exotischen Juwelen[644].

Sie förderte den Absatz indischen Tees (gegenüber dem chinesischen), indem sie die Genehmigung dazu erteilte, eine Sorte »Her Majesty's Blend« zu taufen. Ihre Vorliebe für Schals aus Kaschmir, vom dortigen Maharadscha durch alljährliche Geschenksendungen gefördert, hat ein weiteres Handelsprodukt dieser Kolonie populär gemacht. Es fällt auf, daß ihre sentimental-exotische Bindung an diesen einen – allerdings wichtigen – Teil des Empire keinen rechten Bezug zur aktuellen Kolonialpolitik jener Phase der Expansion hatte. Die fand nämlich vor allem in Schwarz-Afrika statt, für das sich die Königin jedoch nur wenig interessierte, als ein Feld, wo es um britische Ehre ging und allenfalls um Mission. Ihre Phantasie ließ sich durch den schwarzen Kontinent nicht mobilisieren. Zulus, Ashanti und Buren hatten nichts Romantisches, appellierten an kein Fernweh, sondern gaben nur Stoff her für profane und meist unangenehme Zeitungsberichte.

Victoria hat die Fehlentwicklungen der britischen Kolonialpolitik nicht durchschaut. Zwischen 1881 und 1900 stiegen die Einfuhren aller britischen Besitzungen und Dominien um 17 Prozent. Die britischen Ausfuhren in jene Gebiete nahmen zur gleichen Zeit um ein Prozent ab. Das britische Kapital investierte um 1900 längst lieber in den USA als in Australien oder Afrika. Der letzte Minister, den Victoria vor ihrem Tode empfing, war symbolischerweise Joseph Chamberlain, der Mann, der versucht hatte, das Empire durch eine neue Zollpolitik gegen Konkurrenz zu schützen. Das Beste, was England damals in die Kolonien exportierte, waren junge, tüchtige Zivilisten. Sechs Millionen wanderten in den letzten drei Jahrzehnten von Victorias Herrschaft aus. Vorbei waren die Zeiten, da das Empire als Rehabilitationslager benutzt wurde. Schon 1864 hatte »Punch« einen australischen Holzfäller gezeigt, der einen britischen Bobby und ein paar mitgeführte Deportierte sehr unfreundlich anfährt:
»Also, Mr. Bull, laden Sie nicht länger Ihren Abfall hier aus, oder Sie und ich kriegen Streit[645]!«
Daß aber das Empire auch der nichtkriminellen Mehrheit der Briten als ein Ventil in Druckzeiten diente, ist unbestritten.
Disraeli also, als er die Königin zum Imperialismus bekehrte, setzte in ihr neue Kräfte, unerwartete Meinungen frei, nicht immer liebenswerte. Seine Schriftstellerphantasie dachte sich die Königin vielleicht auf Elefanten oder Kamelen reitend; in Wirklichkeit ging sie mit dem britischen Löwen durch, und es dauerte nicht lange, da zitierte sie ihn auch. Nicht nur neue Beute war nun seinen Pranken willkommen – vor allem wollte und sollte er jetzt nichts wieder loslassen, was er je erobert hatte. Transvaal 1881, Helgoland (als Tauschobjekt) 1890, Uganda 1892* waren Beispiele solcher Preisgaben, die sie ihrer Regierung als böse Präzedenzfälle vorhielt.
»Ich billige diese Instruktionen, aber ich muß noch einmal wiederholen, wie tief ich es bedauere, daß ein Gebiet aufgegeben wird, von dem die Regierung zuvor erklärte, sie werde es behalten... Ich kann das nur als höchst schädlich für das Ansehen des Empire bezeichnen[646].«
Sie war fest überzeugt, daß die Minister gleichsam ein Stück ureigenen Besitztums ihrer Monarchin wegtauschten. Mit Befriedigung vernahm sie von Lord Salisbury im Dezember 1890, daß dieser nicht daran denke, die sogenannten »Elgin Marbles« wieder herauszugeben, jene im Britischen Museum beherbergten Teile des Parthenon-

* eigentlich 1890; 1895 »Schutzgebiet« Englands

Frieses, die Robert Bruce, der 7. Earl of Elgin, zwischen 1803 und 1812 nach England abschleppen ließ, während Europa andere Sorgen hatte, als griechische Meisterwerke vor der Piraterie der Nachfahren des Francis Drake zu bewahren.

Was den britischen Imperialismus wie den der Königin in einem milderen Licht erscheinen lassen mag, war das weitgehende, wenn auch nicht völlige Fehlen rassistischer Überheblichkeit. Die soziale Stufung blieb natürlich gegeben und unverkennbar, aber die Hautfarbe begann eigentlich erst wichtig zu werden, als später die koloniale Struktur zusammenbrach und das Mutterland farbige Commonwealthbürger mit britischen Pässen anzuziehen begann. George I. hatte sich einen Mohammed und einen Mustafa aus den Türkenkriegen mitgebracht; deren tagtägliche physische Nähe in leibdienernden Tätigkeiten etwa als unangenehm zu empfinden wäre ihm nicht in den Sinn gekommen. Victorias Unbefangenheit gegenüber Juden oder Farbigen ging so weit, daß manche Zeitgenossen daran Anstoß nahmen; Teile des Hofstaates mokierten sich. Doch ihre Kinder hielten es nicht anders: Bertie fühlte sich in Indien 1876 äußerst wohl, und Alice, die »Emanzipierte« unter den fünf Töchtern, nahm wie ihre Mutter einen farbigen Diener, der namentlich bei Besuchen in Schottland großes Aufsehen erregte.

Die englisch-indische Symbiose ging damals sehr weit. Von 1892 bis 1895 saß im Londoner Unterhaus ein Parse, Dadabhai Naoroji, Ex-Premierminister von Baroda. Er vertrat den Wahlkreis Finsbury, was dort nicht einmal nach vielen Jahren asiatischer Zuwanderung seit dem Zweiten Weltkrieg wiederholbar wäre. Um 1890 bereits studierten in Oxford indische und afrikanische Fürsten- und Bürgersöhne. Victoria glaubte allerdings, es sei ein Fehler, Inder zu europäisieren; die orientalische Natur wisse mit den – viel zu weitgehenden – Freiheiten unserer Breiten nichts anzufangen[647]. Umgekehrt dürfe sich die Kolonialmacht nicht in die indische Religion einmischen. Da sprach aus ihr schon der jahrelange Umgang mit Abdul Karim, dem Munshi, den sie ihrer neuen Rolle als indischer Kaiserin gemäß nach John Browns Tod zu sich genommen hatte. Das war 1887, im Jahr des Goldenen Thronjubiläums. Abdul, ein gutaussehender 24jähriger, der in Agra in der Gefängnisverwaltung beschäftigt gewesen war, hatte das Glück, die Königin für die hindustanische Sprache erwärmen zu können. Das war eine zeitgemäße und auch ihrer Position entsprechende Ergänzung zum Französischen, Deutschen und – nicht perfekten – Italienischen.

Der Munshi brachte alle Freuden und Leiden der Brown-Zeit zurück. Die Hofleute mißgönnten dem Inder die Vertrauensstellung. Der Verdacht wurde ausgestreut, Abdul behalte das Löschpapier, mit dem er die Briefe der Kaiserin trockne, um später vor dem Spiegel die Worte lesen zu können. Unbekümmert um diese Gerüchte protegierte Victoria ihn nach besten Kräften. Den Vizekönig in Indien suchte sie zum Ankauf eines Stücks Land für Abdul zu bewegen, was auf wütenden Widerstand stieß. Um diese Zeit wurde ihrem Landsitz Osborne nach Entwürfen von Mr. Kipling, dem Vater des Dichters, jener indische Empfangsraum hinzugefügt, der noch heute, mit Kunst und Souvenirs aus den asiatischen Besitzungen angefüllt, eine Vorstellung davon gibt, wie sich Victoria inmitten ihres ständig ausgreifenden Weltreichs in die Scheinwelt eines indischen Miniaturpalastes zurückzog. Ehe man sich übrigens Victorias rassische Toleranz als alles umfassend denkt, muß gesagt sein, daß bei einem Empfang, den sie 1886 aus Anlaß der Kolonialausstellung gab, auch Untertanen defilierten, die von ihr mit Gruseln betrachtet wurden, zum Beispiel solche aus Guyana. Ein andermal traten »häßliche Zulus« auf. Es ging nichts über indische Augen, die konnten sogar ein Baby verschönen. War der Vater gar ein zu Unrecht von den Briten abgesetzter Maharadscha, zum Christentum übergetreten und mit Lord Coventrys Tochter verheiratet, dann gab es keinen Zweifel an der – hier stark ästhetisch bedingten – Vorurteilsfreiheit der Königin. Auch Schmeichelei war wichtig: Dhuleep Singhs Sohn hieß Shahgadah Victor Albert[648].
Ihr Vergnügen an militärischer Schaustellung hing sicher eng mit der »Zuständigkeit« des Monarchen für die Armee zusammen, also mit Selbstbehauptung gegenüber den Politikern. Aber der Sinn dieses Augenmenschen fürs Schmucke und Propere, vor allem bei Männern, kam hinzu. Albert, ein Erzzivilist, hatte sich, nicht zuletzt um seiner Frau eine Freude zu machen, oft in Uniform porträtieren lassen. Er selbst zog es vor, in Schriftstücke vertieft konterfeit zu werden. Victoria kümmerte sich zeitlebens um das Aussehen ihrer Truppen. Im Januar 1884 begegnete sie in Osborne zum erstenmal jener Militärkleidung, die später im Empire und darüber hinaus berühmt wurde:
»Sah einen Soldaten in Khaki oder einer noch dunkleren, nach Milchkaffee aussehenden Farbe, sehr häßlich. Das wird jetzt als Dienst- und Kampfanzug vorgeschlagen, sieht aber miserabel aus, und ich will nichts davon hören. Höchstens in Übersee und in heißem Klima. Die ganze Uniform, der Helm eingeschlossen, hat dieselbe Farbe[649].«

Sieben Jahre später sollte die Marine-Uniform geändert werden und gar nach ausländischen Vorbildern. Sie protestierte auf das lebhafteste. Auch Hofdreß war ihr lieb. Wann immer der Staatsrat ihr in toto begegnete, was nach Alberts Tod nur noch »um die Ecke«, mit Aufstellung im Nebenzimmer geschah, beklagte sie, wie wenig die dafür vorgesehenen Uniformen getragen würden (die sie gar nicht hätte sehen können). Auf Lord Melbourne war da mehr Verlaß gewesen, und auch Lord Beaconsfield wußte die Attraktion eines gut geschnittenen Tuches zu schätzen. Um so peinlicher berührt war sie, als sich herausstellte, daß der deutsche Kaiser, ihr Enkel Willy, am liebsten in englischen Uniformen herumlief, die er aus feinstem Stoff in London anfertigen ließ, ein Gelüst, das bei seinen Landsleuten den Sturz der Monarchie lange überlebte. Natürlich mußten es Generals- und Admiralsgewandungen sein, der Titel hatte mit dem Tuch zu gehen, was Probleme schuf.
»This fishing for uniforms is regrettable[650]«
schrieb Victoria 1894.
Fünf Jahre zuvor hatte sie selbst dazu beigetragen, daß sich der »Admiral des Atlantik«, wie Wilhelm sich später einmal, London verärgernd, nannte, auf immer in die Reihen der britischen Seehelden versetzt glaubte. Er schrieb dem britischen Botschafter in Berlin, er sei unendlich dankbar für die Absicht der Queen, ihn zum Admiral in ihrer Flotte zu machen[651]. Das war ein Tauschgeschäft, denn Wilhelm machte sich, wie er hinzufügte, sofort an die Arbeit, ein Regiment auszuwählen, das der großen Würde wert sei, Königin Victoria zur Ehrenobristin zu bekommen. Irritierend mußte auch sein, daß der Kaiser ständig Orden an britische Offiziere verleihen wollte, was die Königin eigens zu genehmigen hatte und schlecht abschlagen konnte. Auch seine zeitweise alljährliche Teilnahme an der Segelregatta von Cowes, gleichsam vor der Tür von Osborne, war sehr lästig. Sollte, mußte man ihn empfangen, jedesmal, unabhängig von der politischen Lage? Zum Glück konnte Victoria sich ja nach Balmoral zurückziehen. Doch aus dem umsorgten Lieblingsenkel mit dem schwachen Ärmchen war nun ein Machtrivale mit geschwellter Brust geworden. Man wird ihm zugute halten, daß seine Titelsucht keine teutonische Eigenart darstellte. 1896, ein Jahr vor dem Diamantenen Jubiläum der Königin, zu dem Wilhelm II. nicht geladen wurde, schrieb in Indien ein 22jähriger junger Engländer, der sich die Zeit damit vertrieb, alle Parlamentsprotokolle seit seiner Geburt zu studieren – so wird man

Premierminister –, als er auf die Kontroverse um Victorias Kaiserinnen-Titel stieß:
»Ich rechne mich zu denen, die hochklingende Titel lieben. Titel, die sich nicht bedeutend anhören, sind nutzlos. Was hätte es für einen Zweck, ›Eure Unbedeutendheit‹ genannt zu werden[652].«
Dem Schreiber standen fünfzig Jahre später, nach zwei Siegen über die Deutschen, alle Adelstitel offen. Churchill begnügte sich jedoch damit, Sir Winston und ein Ritter Seiner und dann Ihrer Majestät zu sein. Victoria ist es erspart geblieben, das Heraufziehen des Krieges zwischen dem Land ihres Vaters und dem ihrer Mutter, zwischen Enkel und Enkel zu erleben. Die 64 Jahre ihrer Herrschaft galten als Friedenszeit. Wie es mit Friedenszeiten so geht, hält der Begriff näherem Hinblicken nicht stand. Irgendwo wurde zu Victorias Zeit immer gekämpft. Eine neuere Studie zu »Queen Victorias kleinen Kriegen« zählt zwischen 1837 und 1901 deren nicht weniger als 229 auf, bewaffnete Rebellionen, Strafexpeditionen, Marinebombardements, Entsatzoperationen und Massaker. Der Opiumkrieg und die indische Nordwestgrenze, Ägypten und der Sudan, Zulus, Ashanti und Buren sorgten für große, verlustreiche Feldzüge, der Krimkrieg wurde mühsam lokalisiert. Die offizielle Londoner Terminologie tat durch eine verschleiernde Vielfalt der Bezeichnungen ihr Bestes, die Heimat nicht allzusehr zu beunruhigen. Da wechselten »campaign«, »expedition«, »operation«, »conquest«, »occupation«, »capture« und »attack« auf britischer Seite ab, während die Handlungen der jeweiligen Einheimischen abgestuft wurden als »disturbance«, »insurrection«, »mutiny«, »rebellion«, »riot« und schließlich auch »war«. Aber zwischen Angriff und Eroberung war nicht jener große Unterschied, den die Worte suggerieren, und aus der Unruhe wurde leicht ein Krieg. Victoria wußte, daß ständig gekämpft wurde. Als sie den Thron bestieg, ging es um Kanada – dafür interessierte sie sich, weil ihr Vater dort Offizier gewesen war. Als sie starb, waren die Zeitungen voll vom neuesten – dem 5. – Ashanti-Krieg (im heutigen Ghana); der erste hatte 1863 begonnen[653]. Auch die Auseinandersetzungen mit den Buren dauerten bereits zwanzig Jahre. Victoria starb nicht in dem Bewußtsein, ein großes, sorgenfreies Weltreich zu hinterlassen. England war zu ihren Lebzeiten ein paarmal besiegt worden, wenn auch in der Ferne. Große nationale Demütigungen, wie sie nahezu alle europäischen Mächte hatten hinnehmen müssen, Franzosen, Österreicher, Italiener und Russen, waren ihrem Land jedoch erspart geblieben.

Nach Alberts Tod nahmen die militanten Äußerungen der Königin zu. Daraus darf nicht geschlossen werden, der Prinzgemahl hätte – wie es die »Trent«-Affäre in seinem Sterbejahr nahelegt – in einem längeren Leben grundsätzlich auf der Seite der jeweiligen Friedenspartei gestanden. Im Deutsch-Französischen Krieg wäre er zwar sicher nicht, wie Victoria mutmaßte, mit seinem preußischen Schwiegersohn ins Feld gezogen, hätte aber auch kaum Neutralität angeregt. Bei den Aufregungen der Balkankrise, den türkischen Morden in Bulgarien zum Beispiel, die England erschütterten, wäre eine von Albert beratene Königin wohl nicht in der Lage gewesen, nach kurzem Schwanken alles den Russen in die Schuhe zu schieben und damit deren wortstarkem Parteigänger Gladstone. Albert hätte wohl auch schärfer zugesehen, wenn Disraeli an der diplomatischen Front Fehler beging, die auch über seiner späteren Friedensstifterrolle beim Berliner Kongreß von 1878 nicht völlig vergessen wurden.

Kriege – wie Arrondierungen des Empire – brachten nicht die besten Seiten der Königin zum Vorschein. Aktionistin, die sie war, hatte sie keinen Sinn für das kühle Abwägen von Chancen, die Wahl des rechten Augenblicks und die Notwendigkeit, Handlungen zu unterlassen, wenn ihr Erfolg ungewiß sein mußte. In ihrer Jugend huldigte sie dem Ideal, man solle niemandem tun, was man selbst nicht erleiden möchte, Fairneß allewege. Vom Imperialismus des letzten Jahrhundertdrittels mitgerissen, verdrängte am Ende Englands Vorteil solche Rücksichtnahmen. Durch Disraeli darin bestärkt, unterstützte Victoria schließlich jene »Civis Romanus«-Politik Palmerstons, deren sie sich dreißig Jahre zuvor im Namen ihres Landes so sehr geschämt hatte. Mit 22 lachte sie bei dem Gedanken, ihr erstes Kind könne, um Englands neueste Eroberung zu feiern, »Prinzessin von Hongkong« genannt werden, so wie Edward I. nach erfolgreichem Feldzug seinen Sohn zum Prinzen von Wales gemacht hatte. Mit 61 verlangte sie von Indienminister Cranbrook, die Regierung dürfe sich auf keine Politik der Nicht-Annektierung in Afghanistan festlegen[654]. Mit 67 kabelte sie aus Balmoral, wenn die Russen Schiffe nach Varna schickten, sollten auch englische dorthin aufbrechen[655]. Mit 74 drängte sie Gladstone auf stärkeres Rüsten[656]. Das alles geschah nicht mehr lachend. Als sie auf den Souvenirbechern zum Diamantenen Jubiläum unter den vielen »großen Taten« ihrer Herrschaftszeit auch die jüngste Eroberung von Benin in Nigeria sah, erfüllte es die 78jährige mit grimmer Genugtuung.

17
Goldenes Jubiläum

Salisbury – Europa

1862 hatte kein Silberjubiläum stattgefunden. Sechs Monate nach Alberts Tod war Victoria nicht bereit gewesen, auf rauschenden Empfängen in die Gesichter des neugierigen Adelsmobs zu schauen oder sich in den Straßen der Hauptstadt von einer Millionenmenge angaffen zu lassen. Das Goldene Jubiläum aber wurde gefeiert, und zwar in einem Umfang, der die Zeitgenossen überraschte. Die Festlichkeiten begannen am 18. Juni 1887 und dauerten zwölf Tage. Einige von ihnen verbrachte die Königin zwar ruhend in Windsor. Aber nie zuvor im letzten Vierteljahrhundert waren derart viele ihrer Untertanen der Monarchin ansichtig geworden, und kaum jemals während der Herrschaftszeit hatten so zahlreiche Verdiente oder Bemühte eine Einladung zum Lever im Palast oder zur Party in dessen Garten erhalten. Das neue, imperiale Britannien verlangte nach einer glanzvollen Selbstdarstellung. Dazu wurde bezeichnenderweise nicht länger das völkerverbrüdernde Medium einer Weltausstellung gewählt, sondern ein rein nationales Ereignis, zu dessen splendider Kulisse zwar die überseeischen Besitzungen beitragen durften, wo nicht mußten, an dem aber Ausländer nur als geladene Gäste teilnahmen. Die Art, wie Victoria und ihr Volk das Goldjubiläum feierten, war der bislang größte Verrat an den zwischenstaatlichen Idealen des Prinzgemahls. Diesem wäre ganz ohne Zweifel neben den berechtigten britischen Jubeltagen auch eine außergewöhnliche Menschheitsgeste eingefallen, ein Weltmusikfest vielleicht, der größte Wissenschaftlerkongreß aller Zeiten oder die Gründung eines Fonds, der die englischen Großstädte in sanitäre Musteranlagen verwandelt hätte. Ohne ihn aber fehlte der Monarchie die Einbildungskraft. Ohne Albert war das Jubiläum nur ein Superlativ der Hofrituale, Extraausgabe des längst Gewohnten, hinauslaufend auf eine stupide Bewunderung der Quantität. Das entsprach freilich dem Raffgeist der Zeit ungleich direkter als jedes hochfliegende Geistesprojekt. Die Briten von 1887 wollten die Welt nicht länger verbessern, es genügte ihnen, daß sie sie beherrschten. Wie der Drache bei Wagner sagten sie zu sich und zu den anderen: »Ich lieg' und besitz', laß mich schlafen.« Verbreitung des Christentums, Schutz vor Kannibalismus und preußischer Eroberung – das reichte als fadenscheiniges Alibi der Erweiterung des Empire. Der ungeheure Enthusiasmus des Jubiläums blieb ungenutzt. Denn außer dem stets planenden Prinzgemahl lebte auch der immer findige Disraeli nicht länger. Konservativer Führer und Premierminister war seit dem Juli 1886 Lord Salisbury, dem Exotik und Poesie des Vorgängers abgingen und der die letzten anderthalb Jahrzehnte von Victorias Herrschaft dominierte, wenn dies das rechte Wort für eine eher ängstlich-immobile Amtsführung ist.

Doch jedenfalls regierte kein Kabinett Gladstone, und das allein trug zur Bereitschaft der Königin bei, alle wirklichen und eingebildeten Schwächen des Körpers und der Seele zu vergessen und sich mit ganzer Kraft in diese beiden Festwochen zu stürzen. Sie ließ nicht den geringsten Zweifel daran aufkommen, daß es sich hier um eine grandiose Danksagung des Weltreichs, um eine Huldigung der Nation an sie handelte – sie *allein*. Das Lebensstichwort, das auf den verschiedenen Altersstufen so andersartige Gefühle ausgedrückt hatte, tauchte während der Aufregungen der Feiertage zweimal auf.

»Der Tag ist gekommen, und ich bin allein, wenn auch von vielen lieben Kindern umgeben[657]«,

hieß es am 20. Juni abends, als sie, im Garten von Buckingham Palace sitzend, Bilanz eines turbulenten Tages zog. Der Bericht vom Dankgottesdienst des 21. Juni enthält dann auch wieder die vertraute Sperrung:

»Ich saß *allein* (ach!, ohne meinen geliebten Mann, für den dies ein so stolzer Tag gewesen wäre), dort, wo ich 49 Jahre zuvor gesessen hatte, und nahm die Huldigungen der Fürsten und Adligen entgegen...[658].«

Da rechnete sie bis 1838, also zum Krönungsjahr zurück, wie überhaupt auffällt, daß die Daten- und Faktenpräzision der alten Dame bis zuletzt ungebrochen blieb. Abgesehen davon, daß es ihr einmal unterlief, zwei Briefe an die Töchter Vicky und Alice, der eine gefüllt mit Unfreundlichkeiten gegen die andere, in die falschen Umschläge zu stecken und abzusenden, war ihr internes Management makellos, ein großes Glück, wenn man bedenkt, wie ungeniert sie mit höchst kontroversen Meinungen – zum Beispiel über einige ihrer Premierminister oder fremde Politiker wie Bismarck – um sich warf.

Etwas vom Stolz darauf, Begründerin eines weitreichenden Stammbaums zu sein, zieht sich durch Victorias Beschreibungen der Jubeltage von 1887. Ihre Aufzeichnungen lesen sich noch heute wesentlich besser als etwa die von Devotion überwältigten Berichte der Zeitgenossen. Premierminister Salisbury warnte sie am 19. Juni davor, daß mindestens eine halbe Million Menschen am 20. nach London hereinströmen und die bereits höchst exaltierten Massen der Hauptstadt verstärken würden. Als ob sie das nicht mit Freuden vernommen hätte. Allenfalls ein Wort der Steigerung jener »Myriaden«, die sie bei der Krönung beobachtet hatte, wollte ihr nicht einfallen. Da fehlte eben Albert; der hätte gewußt, daß Myriaden bei den Griechen nur »Zehntausende« bedeuteten und daß damit in einer britischen Bevölkerung von mehr als 30 Millionen keine Staatskutschenkulisse zu machen gewesen wäre. Victoria wählte also für ihre Londoner Ankunft wie für den Zug zur Westminster-Abtei und zurück die auslegungsfähigsten Vokabeln:
»Enorme Massen und ungeheure Begeisterung[659]!«
Schon am 18. hatte sie eine lange Liste indischer Würdenträger unter Führung des Maharadscha Holkar von Indore in ihre Notizen aufgenommen,
»die Juwelen der Fürsten waren herrlich. Alle indischen Offiziere streckten mir ihre Schwerter entgegen, und ich berührte sie. Kurz bevor ich ging, sprach ich mit Dr. Tyler, der mir zwei indische Diener mitgebracht hat, zwei gutaussehende Männer, sehr smart angezogen in Scharlachrot mit weißen Turbanen[660].«
Einer von ihnen war der Munshi, das beste der vielen Jubiläumsgeschenke.
Natürlich ging sie am 20. Juni morgens, ehe sie von Windsor nach London aufbrach, ins Mausoleum nach Frogmore und suchte Rat und Trost beim Gemahl, der nun seit fast 26 Jahren tot war. Dann fuhr sie mit dem Zug zum Bahnhof Paddington und im offenen Landauer (die Zeit der Attentate war vorbei) durch die Edgware Road in den Hyde Park. Überall waren die Zuschauermengen »enormous«, alle paar Minuten eine neue Myriade. In der Galerie des Buckingham-Palastes wartete Europas versammelte Fürstlichkeit auf das Jubelkind, und das »Tagebuch« zählt sie in einer Mischung von Thronbesteigungspräzedenz und Familienanspruch auf:
»Der König von Sachsen, Rudolf von Österreich, Prinz Ludwig von Bayern, Willy und Dona, Carlos und Amélie von Portugal, Heinrich

von Preußen, Antoine von Orléans, die Infantin Eulalie, der Erbgroßherzog von Weimar, Ludwig von Baden, Louis, Ernie, Irène und Alicky von Hessen, Charlotte und Bernhardt und sein Bruder Ernst, Prinz Hermann von Weimar, Hermann Hohenlohe, Viktoria und Ludwig Battenberg, und Philipp und Louise Coburg – eine enorme Gesellschaft. Anschließend empfing ich die Königin von Hawaii und dann, rasch hintereinander, den japanischen Prinzen Komatzu und den siamesischen Prinzen, schließlich auch den persischen Prinzen, der kein Wort Englisch spricht[661].«

Schreibfehler gehen zu ihren Lasten, die Erklärung der Namensvielfalt muß man dem Gotha entnehmen. »Willy und Dona«, das preußische Enkelpaar, bildete nicht den erlauchtesten deutschen Besuch, denn Fritz und Vicky, in der Galerie nicht dabei, kamen tags darauf. Eine französische Krone gab es nicht mehr zu repräsentieren, und die Russen beschränkten sich, ihre Einschätzung durch Victoria richtig kalkulierend, auf die Botschafterebene. Aus Rom war nichts Gekröntes gekommen, auch Spanien fehlte. Dänemark und Griechenland dagegen erschienen, wurden aber separat gewürdigt, ebenso Belgien. Solche Auslassungen beiseite, war es eine »enorme« Versammlung, und Victoria stimmte zu, auf einem umfangreichen Familienfoto zu posieren, das vier Generationen vereinigte.

Besondere Freude fand sie daran, in den folgenden Tagen mehrfach alle Nachkommen säuberlich unterschieden aufzuzählen.

»Direkt vor meinem Wagen ritten die zwölf indischen Offiziere, und vor ihnen meine drei Söhne, fünf Schwiegersöhne, neun Enkel und Schwiegerenkel. Dann kamen die Wagen mit meinen drei Töchtern, drei Schwiegertöchtern, Enkelinnen, einer Schwiegerenkelin und Teilen von deren Gefolge[662].«

Diese höchst komplexe und in sich unstimmige Zählung – wo waren die fehlenden Schwiegersöhne und -töchter? – wiederholte sie von da an bei jeder Schilderung der Auf- und Abmärsche vor und nach jeder Zeremonie, mehrfach also und stets in korrekter Abfolge, erst die Männer, dann die Frauen. Diese für sie und die Etikette der Zeit »natürliche« Rangordnung unterbrach sie nur einmal:

»Verlieh Jubiläumsbroschen an alle meine Töchter, Schwiegertöchter, Enkelinnen und Schwiegerenkelinnen und Anstecknadeln an alle meine Söhne, Schwiegersöhne, Enkel und Schwiegerenkel sowie an George Cambridge[663].«

Vom letztgenannten Vetter abgesehen, war ihre eigene Generation

nicht mehr vorhanden. Der malade Cousin von Hannover war 1878 gestorben und mit ihm die gesamte übrige Enkelschaft Georges III. Victoria erscheint somit als ein Überlebenswunder, die größte autogene Rettungsaktion der britischen Monarchie. Beim Goldjubiläum war der Stamm der »Braunschweiger« dürr geworden bis auf Victoria und ihre Nachkommen. Wäre ihr Vater, der Herzog von Kent, zwei Jahre früher verstorben oder die Herzogin auf der Straße zwischen Amorbach und Calais in einem Schlagloch verunglückt, wer weiß, ob es 1887 noch eine Königs- oder Kaiserkrone gegeben hätte. Ihrer majestätischen äußeren Erscheinung ungeachtet, war Victoria das schwache Band, an dem die Monarchie, ohne daß es ihr bewußt war, seit einem halben Jahrhundert hing.
Der Sommer dieser Jubelwochen war sehr heiß. Es gab kleinere Pannen. Schwiegersohn Lorne, der Herzog von Argyll, fiel in der Prozession zur Abtei vom Pferd, es wälzte sich über ihn, jedoch kam er mit dem Schrecken davon. Es gab Peinlichkeiten: Gladstone und die Königin mieden einander auf der Gartenparty vom 29. Juni, so schlecht sie nur konnten. Davon abgesehen geriet alles zum erinnernswerten Erfolg. Während eines königlichen Festes erklangen noch einmal Kompositionen von Prinz Albert, magerer Ersatz des möglichen Musikfestes, das er selbst arrangiert hätte.
Wie immer kränklich sich die Queen in den vergangenen Jahren gegeben haben mochte, nun bewahrheitete sich Ponsonbys Urteil, sie sei im Grunde kerngesund. Inmitten der jubelnden Menge entdeckte ihr scharfes Auge einzelne Vertraute,
»den guten alten Lord Sidney und Lady Sidney (die mir eine so schöne Büste von Boehm geschenkt haben)[664]«.
Die Verspätung des Zuges zur Abtei um zwanzig Minuten wurde von Victoria in bewährt peniblem Zeitsinn gerügt, schuld hatten die auswärtigen Potentaten. Was sie selbst trug, gehörte ebenso zu den vermeldenswerten Details wie der Unterschied zwischen dem »hübschen Geschirr«, das alle ihre Kinder ihr schenkten, und dem »herrlichen Pokal«, den die flandrische Verwandtschaft mitbrachte; beides trat hinter den indischen »Kostbarkeiten« zurück.
Sie war ihrer engeren Umgebung entwachsen, der Familie sowohl als dem Lande. Die Königin war eine Kaiserin geworden, ein Entfremdungsprozeß, den sie selbst nicht voll realisierte, der ihr aber als Raison d'être zu dienen und über die Machteinbuße der Monarchie in der zweiten Hälfte der Amtszeit hinwegzuhelfen vermochte. Es beweist

ihre Herrscherqualitäten, daß sie das Dilemma zwischen immer unübersichtlicherem Weltreich und stets abnehmendem politischem Einfluß der Krone nicht damit zu lösen suchte, bloß eine hauptberufliche Großmutter zu sein. Die besondere Nische, die sie sich mit ihrer Indienverehrung innerhalb des Empire ausbedung, war eine königliche Geste; sie zeugte vom Sinn für eine Aufgabe, die nicht in der Eroberung, sondern in der Versöhnung, wo nicht gar in der Integration lag.

Alle schottisch oder indisch geschmückten Roben, die sie zum Jubiläum trug, mußten beschrieben werden. Viscount Bridport wurde für 50 lange Jahre treuer Dienste im königlichen Haushalt geehrt, eine Silberschale von den Rothschilds dankbar quittiert. 30000 Kinder beschenkte sie im Hyde Park mit Bechern, die später ebenso zu Versteigerungsobjekten wurden wie die höheren Werte der Briefmarkenserien ihrer Lebenszeit. Lord Rosebery, ihr nächster Premierminister, bekam wegen seines exquisiten Geschenks – einer juwelenübersäten Miniatur Elizabeths I. – das vertraulichere »you« angeboten. Häuptling Letsie von Basutoland machte ihr das Kompliment des Jahrtausends, indem er sie mit der Königin von Saba verglich, Erstes Buch der Könige, Erstes Kapitel, nur daß diesmal umgekehrt die Salomons der Ferne mit Gold und Gewürzen zur Königin von England kamen. Nachdem das alles bewältigt, genossen und abgetan war, wurde sie – was ja nicht überrascht – keineswegs krank, nahm keine Migräne, bekam keinen Hautausschlag wie ehedem, strafte auch die Regierung des Tages nicht mit Vertrauensentzug oder konspirativen Briefen an den Oppositionsführer. Sie dankte nur Gott, daß sie alles so gut, man darf sagen: so ausgezeichnet durchgestanden hatte.

Natürlich schwindelte sie ein wenig kokett, wenn sie in den Aufzählungen des Victoria-Clans bei den Enkeln haltmachte. Sie war inzwischen Urgroßmutter. Das sorgenfreie Nachwuchszeugen der Fürstenhäuser nahm seinen Fortgang. Willy, der preußische, inzwischen deutsche Enkel, war bereits Vater und führte seinen 5jährigen Sohn Friedrich Wilhelm vor, dem im Jubeljahr schon der dritte Bruder folgte[665]. Vicky, eben erst noch vertrautes Kind, zählte nun schon zu den Großmüttern. Obwohl oder gerade weil sie selbst nichts dazu beigetragen hatte, derart frühreif-leichtsinnige Vermehrungen zu unterbinden, irritierten Victoria solche Lebensfortsetzungen.

Die Königin war zur Mutter und Muhme Europas geworden. Noch saßen nicht, wie im Gedicht, Urahne, Großmutter, Mutter und Kind in dumpfer Vorkriegsstube Europas beisammen. Das Jubiläum von 1887 bildete einen Höhepunkt der Friedensillusionen des Kontinents. Schon 1888 brachte der Doppelwechsel an der Spitze des Deutschen Reiches den Anfang vom Ende der Fünf-Mächte-Konstellation, die seit Waterloo gehalten hatte und erst unter Victorias Enkel George V. an Marne, Isonzo, Bug und San vollends zerbrach. Der deutsche Fritz, wie die Königin ihn nannte, kam zum Jubiläum und sah da noch »stattlich und gesund« aus. Sein Kehlkopfkrebs hat dann die Schwiegermutter fast so erschüttert wie die eigene Familie. Der unwürdige Expertenstreit zwischen Berliner und Londoner Ärzten trieb Victoria an den Rand der Verzweiflung. Die heutige Analyse des damaligen Befundes neigt eher dazu, die frühe Operation – die dann unterblieb – zu rechtfertigen. Dabei werden freilich Vorbehalte gemacht; sie betreffen weniger die Kunst der damaligen Chirurgen als vielmehr deren nachoperative Behandlungsmethoden. Friedrich III. blieb nur für hundert Tage deutscher Kaiser und starb, ehe er Gelegenheit hatte, die in ihn gesetzten Erwartungen zu erfüllen. Ob er einen deutschen Liberalismus gegen Bismarck hätte durchsetzen können, so wie sein Sohn Wilhelm II. den Kanzler zugunsten eines neuen Krupp- und Kamerun-Deutschtums zur Abdankung zwang, muß bezweifelt bleiben. Die Verästelungen des viktorianischen Stammbaums hatten jedoch inzwischen weit über Deutschland hinausgegriffen. Im Jahre des Goldjubiläums war Victoria sogar bereits mit den »schrecklichen« Russen verwandt. Ihr Sohn Alfred (»Affie«) hatte nach unrühmlichen Frauengeschichten, die von Malta nach London gedrungen waren und die Eskapaden seines älteren Bruders, des Prinzen von Wales, zu wiederholen schienen, als 25jähriger Weltenbummler sein Herz an die einzige Tochter des Zaren, Marie, gehängt. Sie heiratete er fünf Jahre später, und zwar zu Bedingungen, die Victoria als demütigend empfand. Diesmal konnte nicht – wie elf Jahre zuvor im Fall der Alexandra von Dänemark – auf einer Vorbesichtigung der neuen Schwiegertochter durch die Queen bestanden werden. Ja die Zarin träufelte Jod in diese Wunde, indem sie vorschlug, die beiden Mütter könnten sich allenfalls auf halber Strecke treffen. Entrüstet schrieb Victoria ihrer Tochter nach Berlin:

»Du hast wahrscheinlich schon gehört, vielleicht aber auch nicht, daß die Kaiserin von Rußland am Mittwoch auf kühlste Weise telegraphierte, sie könne mich morgen in Köln sehen!!! Ich halte das nahezu für eine Unverschämtheit. Sie weiß, daß ich in dieser Hitze nicht reisen kann, und selbst wenn ich könnte: wer bin ich, als Herrscherin und Dame, binnen weniger Tage hinter ihr her zu laufen? Ich muß auch sagen, daß ich verärgert und nicht wenig schockiert bin über Alice, weil sie die Partei der Russen ergreift, seit 1864, seit sie sie kennt, als sei sie eine Russin und keine britische Prinzessin...[666].«

Alice, die Emanzipierte, kränkte die Mutter noch weiter, indem sie darauf hinwies, die Zarin sei viel hitzeempfindlicher als die Königin von England. Sie erhielt zur Antwort:

»Ich glaube nicht, liebes Kind, daß Du mir, die ich zwanzig Jahre länger auf dem Thron sitze als der Kaiser von Rußland und die Doyenne der Herrscher bin und eine selbst herrschende Souveränin, was die Zarin nicht ist, sagen solltest, was ich zu tun habe[667].«

Große Hoffnungen auf den Vorzug breitgestreuter europäischer Verheiratungen hegte Victoria zu diesem Zeitpunkt ohnehin nicht mehr. Darin lag nicht nur eine skeptische Beurteilung der künftigen politischen Rolle der verschwägerten Fürstenhäuser, sondern das ging auch auf die geringe Meinung zurück, die sie von den eigenen Kindern hatte, den ältesten Sohn und die älteste Tochter ausgenommen. Mit den meisten der sieben anderen gab es nur Sorgen. Gladstone, der das nicht so sah, raffte sich auf, krank wie er war, und sprach im Unterhaus zugunsten der Heirats-Apanage des Prinzen Alfred, obwohl dieser sich nach Rußland vermählen wollte.

So banden sie sich also an die Ferne: Vicky an Preußen, Alfred an eine Russin, Helene an einen mittellosen Schleswig-Holsteiner, Arthur[668] heiratete das preußische Luischen, der Bluter Leopold[669] nahm eine Waldeck-Pyrmont, und Beatrice[670], die jüngste, wurde mit Prinz Heinrich von Battenberg vermählt. Nur Louise wählte einen Einheimischen, Lord Lorne. Alle diese Ehen waren zur Zeit des Goldjubiläums bereits geschlossen, die von Alice und Leopold hatte der Tod schon wieder geschieden. Drei Schwiegersöhne und ein weiterer Sohn – Affie – gingen dann noch vor der Mutter ins Grab. Die Melancholie in den Zügen der alternden Victoria hatte politische wie familiäre Gründe. Aber die Queen war nun ungleich populärer als ein paar Jahre zuvor. Nimmt man die Linke aus, so erklang zum Goldjubiläum kein falscher Ton, jedenfalls nicht im Parlament, und nichts störte die Ruhe im Blätterwald. Wollte man der »Times« glauben, so waren die abgelaufenen fünfzig Jahre ein einziger großer Fortschritt gewesen. Vergessen Chartismus und irischer Hunger, Wahlrechtsreformen und Parteiengezänk. Einen ganz »enormen« Unterschied gab es demnach zwischen der Zeit der Thronbesteigung Victorias und dem Jubiläumsjahr, vor allem in der Art,

»in der über die Monarchie und die Mitglieder der Königsfamilie gesprochen wird. Dieser Wandel geht hauptsächlich auf die Lebensführung der *Queen* zurück, öffentlich wie privat[671].«

Vom »viktorianischen Zeitalter« war im selben Artikel die Rede. Den Ausdruck hatte der Leitartikler der »Times« nicht eigens zu diesem Anlaß erfunden. Viele Jahre zuvor, schon 1851, wurde er in einem Zusammenhang verwendet, den man am wenigsten vermuten würde. Einem Edwin Paxton Hood war es vergönnt, in seinem Buch über die Architektur der Zeit als nachweisbar erster Autor diese Kennzeichnung zu benutzen, die seither ganzen Bibliotheken zu Buchtiteln verholfen hat. Schon lange vor dem ausgefallenen Silberjubiläum war die Königin ein säkularer Begriff geworden. Den vorübergehenden Popularitätsverlust der 70er Jahre hatte Victoria nun wettgemacht.

Wie stand es um den Einfluß der britischen Königin auf die Politik all jener Länder, deren Fürsten zum Jubiläum gekommen waren? Entsprach den familiären Banden, die sich da so eindrucksvoll manifestierten, noch das alte Netz dynastischer Querverbindungen, das genutzt werden konnte, wenn Zwistigkeiten, ja bewaffnete Konflikte drohten? Teile der Nützlichkeit dieses Verwandtschaftsgewebes waren durch die plebiszitären Entwicklungen in einigen Staaten zerrissen worden. Frankreich wurde 1871 zur Republik. Das Ottomanische Reich bildete einen Scherbenhaufen; die Zeit, da die Königin von England den Sultan mit dem Hosenbandorden auszeichnete und sein Antialkoholikertum ebenso bedauerte, wie sie ihn vom Mitbringen seines Vielfrauengefolges abzuhalten wußte, waren vorüber. Der Zarenhof konnte nach dem Krimkrieg und der bekannt russenfeindlichen Haltung von Queen und britischer Öffentlichkeit nur außerhalb der Londoner Einflußsphäre stehen. Prinz Alfreds Petersburger Braut änderte daran so wenig wie die Heirat von Prinzessin Alices bildschöner Tochter Alix mit dem Zarewitsch, dem sie 1918 in den Tod folgte. Nur mühsam hatte sich eine Vetternheirat zwischen dieser Alix und Albert, dem ältesten Sohn des Prinzen von Wales, verhindern lassen. Die Königin, wie ihr Gemahl bedacht auf den Zufluß fremden Blutes – am besten mit »dunklen Augen« – und möglicherweise vom Bluter-Erbübel darin bestärkt, zerbrach sich nicht ohne Grund im Verein mit Vicky den Kopf, wenn weitere Heiraten anstanden.

Von den direkten Verwandten zählten also nur die Preußen oder vielmehr – seit dem Selbsterhebungsakt von Versailles im Januar 1871 – die Deutschen. Europa wurde für die Queen und Lord Salisbury mehr und mehr Berlin. Dort lag die politische und die ökonomische Konkurrenz, sosehr man sich auch in London einredete, eine neureiche, kontinentale Landmacht und eine traditionelle Seenation hätten keine ernsthaften Reibungsflächen, die wenigen deutschen Kolonien eingeschlossen. Bismarck zollte der Rolle Victorias hohe Ehre, als er einmal sogar schrieb, sie beeinflusse – durch Vicky und Fritz – die preußische Generalität in einem Sinne, den er nicht liebe[672]. Victoria ihrerseits schimpfte zwar über das Benehmen der Flotte ihres Enkels vor Sansibar, sah darin aber keine Bedrohung der britischen Position. Der deutsche Imperialismus kam erst richtig in Gang, als die Welt schon verteilt schien, und paradoxerweise verdankten Victorias Politiker das dem Mann, den sie in Berlin am meisten fürchteten. Bismarck hatte sich lange Zeit völlig desinteressiert an überseeischem Landgewinn gezeigt. Erst in der Mitte der 90er Jahre verdichteten sich die lokalen deutschen Eroberungen in Afrika und Ostasien zu einem Wunsch, es dem britischen Empire gleichzutun. Da aber war Bismarck längst verabschiedet. Nicht der politische Feind ihrer Tochter Vicky war es, der die Königin als Kaiserin beunruhigte, sondern deren Sohn Wilhelm[673], der Lieblingsenkel.

Ihn begann Victoria mit Mißtrauen zu verfolgen, als er sofort nach dem Tode seines Vaters die Mutter aus den Staatsgeschäften wie vom Familientisch fernzuhalten suchte. So wie er nicht körperbehindert sein wollte, suchte Wilhelm II. auch den Eindruck zu vermeiden, er sei der englischen Herkunft verpflichtet. Zwar pflegte er die Beziehungen zur Großmutter und zum Onkel, dem späteren König, aber das war – darauf legte er den größten Wert – freier, politisch motivierter Entschluß und nicht familiäre Hörigkeit. Diesen Unterschied, für das neureiche Selbstgefühl des Berliner Staates so wichtig wie für das Durchsetzungsstreben des jungen Kaisers, haben Victoria und Edward nie ganz recht begriffen, sowenig es Wilhelm gegeben war, seine Gefühle taktvoll mitzuteilen. Später, im Anlauf zum Weltkrieg, sah es so aus, als sei das stete Liebeswerben des Neffen in die Rache eines Verschmähten übergegangen. Ob »Willy« Krieg auch gegen seine Großmutter und zu Lebzeiten seiner Mutter geführt hätte, gehört zu jenen Konjunktiven der Geschichte, für die man in England viel, in Deutschland wenig Sinn hat.

Ein europäischer Einfluß also war die Königin in ihren letzten andert-

halb Jahrzehnten sicher nicht mehr, zumindest nicht, was die Krisen jener Jahre anging. Aber es ist natürlich schwer, den Wert des Wortes abzuwägen, das sie bei ihren jeweiligen Regierungen einlegte, wenn es um Krieg oder Frieden ging. In der Faschoda-Krise von 1898 beschwor sie Lord Salisbury, den Franzosen einen ehrenvollen Rückzug zu ermöglichen. Das mag der Premier nicht erwartet haben von einer Monarchin, die im republikanischen Paris seit eh und je eine Gefahr nicht nur für die gekrönten Häupter Europas, sondern auch für die Moral- und Sozialordnung der Völker gesehen hatte. Ein paarmal setzte sie das Auswechseln inkompetenter Botschafter durch, zum Beispiel 1864 und 1870 in Berlin, und das waren keine unwichtigen Daten für die britische Politik auf dem Kontinent. Salisbury wurde auch – wie Gladstone und selbst Disraeli zuvor – immer wieder ermahnt, es zu keiner Abkapselung Englands kommen zu lassen:
»Die Politik unterscheidet sich derzeit so sehr von der früherer Zeiten, daß die Königin den Eindruck gewinnen muß, unsere Isolierung werde gefährlich[674].«
Der Adressat, ihr Weggefährte für drei Amtsperioden von zusammen dreizehn Jahren – nur Gladstone regierte länger –, war ein für Victorias Begriffe junger Mann. Salisbury[675] hatte, von einem kurzen Zwischenspiel in Derbys 1866er Regierung abgesehen, sein erstes Ministerium – das indische – erst 1874 übernommen, da war er 44 und die Königin 55. Mit Salisbury erlebte Victoria den ersten Premier, der später geboren worden war als sie. Salisbury, der das Militär und den Krieg verabscheute, kam fünfzehn Jahre nach der Kapitulation Napoleons zur Welt und starb fünfzehn Jahre vor der Wilhelms II. Er entstammte der Familie Cecil, die schon der Königin Elizabeth gedient hatte, und er mußte, weil zunächst ohne großes Erbe, sein Geld mit politischen Aufsätzen verdienen. Der soziale Aufstieg war mühsam, denn das junge Ehepaar wohnte am Fitzroy Square, der lag außerhalb des Stadtplans der besseren Kreise. Eine diesen zugerechnete Dame soll zur Entschuldigung dafür, warum sie die beiden nicht einlade, gesagt haben, sie komme ganz einfach nicht dazu, nördlich der Oxford Street Besuche zu machen und ihre Karte zu hinterlassen.
Niemand hätte zu dieser Zeit dem Sohn des 2. Marquis von Salisbury eine große Laufbahn geweissagt. Er hatte aus Eton weggenommen werden müssen und schnitt in Oxford miserabel ab. Erst eine anderthalbjährige Weltreise machte aus Robert Cecil einen Mann. Sie legte auch die Grundlagen für seine außenpolitische Sach- und vor allem

Personenkenntnis. Ihr verdankte er dann seinen Aufstieg in der Konservativen Partei. Deren führende Leute kannten zumeist nur eine Welt, die in Biarritz, Rom und Wien aufhörte. Daß dieser junge Mann Neuseeland durchmessen, Buren und Kaffern in deren eigenem Land beobachtet hatte, war ungewöhnlich im Kreis der Politiker, die das Empire regierten. Mit außenpolitischer Expertise verband Cecil, der 1868 beim Tod des Vaters 3. Marquis von Salisbury wurde, innenpolitischen Quietismus. Vom vielen Gesetzemachen hielt er zeitlebens wenig, von mehr Demokratie gar nichts. Die »Times« hatte ihn in den 60erJahren sogar eine »Gefahr für die Verfassung« genannt. Die Wahlrechtsreformen schienen ihm damals die Todsünden des Jahrhunderts. »Die Reichen zahlen die Steuern, und die Armen machen die Gesetze« – so charakterisierte er Gladstones Haushaltsvorschläge. Erst als Premier gewöhnte er sich daran, in Versammlungen auch an die Menge zu appellieren. Er saß als Peer nicht im Unterhaus, was ihn gegenüber Gladstone benachteiligte. Die Queen in Balmoral besuchen zu müssen war ihm eine Qual; einmal reiste er, um Reporter abzuhängen, über Nacht in der 3. Klasse. Wie Lord Derby war auch Salisbury nie sonderlich traurig, wenn seine Amtszeit wieder einmal zu Ende ging. Dann kehrte er zu seinem Experimentierlabor zurück wie jener zu Homer. Am Berliner Kongreß von 1878 beeindruckte ihn mehr als der Verhandlungserfolg eine Unterhaltung mit Helmholtz über die Geheimnisse des Elektromagnetismus.
Der Monarchin empfahl er sich dadurch, daß er weder das dreiste Pokerspiel Bismarcks noch die überreizten Blätter Palmerstons leiden konnte und daraus in Artikeln für die angesehene »Quarterly Review« auch keinen Hehl gemacht hatte. Doch wie Palmerston und Bismarck kam er – anders als die meisten britischen Regierungschefs – über die Außenpolitik ins höchste Amt. Als Premierminister drohte er freilich über sich hinauszugreifen. Er schien das auch zu spüren und behielt das Außenamt bei, selbst dann, als er in Downing Street saß. Die Parteifreunde duldeten von 1887 bis 1892 und dann wieder von 1900 bis 1902 diese Ämterkombination, die zwar jedem Premier als Ideal vorschwebt, aber keinem ernsthaft auszufüllen möglich ist. Nach Salisbury hat es nur Ramsay MacDonald versucht – für bare zehn Monate. Salisbury hat denn auch mit seiner Gesundheit zahlen müssen. Das diplomatische Feld war seine eigentliche Domäne, innenpolitisch verließ er sich auf die Einfuhrvorteile des Empire. Als Mensch war er scheu. Langfristige Absprachen haßte er und hätte am liebsten an

jedem 1. Januar mit allen Mächten völlig neue Abkommen geschlossen.
Nach anfänglichen Zweifeln mochte ihn die Queen: Salisbury war »safe«. Er befreite sie im Juli 1886 von Gladstones vorletztem Kabinett und umgab sie von 1895 bis zu ihrem Tode mit konservativen Ministern. Der »große alte Mann«, englisch GOM abgekürzt, hatte die Führung der Liberalen im März 1894 endlich an Lord Rosebery abgegeben und starb dann vier Jahre später. Nicht einmal dem toten Gladstone hat die Queen Gerechtigkeit widerfahren lassen. »Die Victoria des Volkes konnte dem William des Volkes nie verzeihen.« Aber da die Königin im Grunde eine unpolitische Rolle spielte, ja Parteipolitik haßte, mußte vieles hinzukommen, um bei seinem Tode Urteile der Queen zu rechtfertigen wie
»Ich habe den Mann nie gemocht. Warum soll ich sagen, ich sei traurig, wenn ich es nicht bin[676]?«
Gladstone war für die Königin der »Jakobiner« unter den britischen Premiers, der einzige, denn Lord John Russell hatte nur so getan, als sei er einer. Auf den »GOM« folgten mit Lord Salisbury und dem Earl of Rosebery die beiden letzten adligen Inhaber des höchsten Regierungsamtes. Nach Victorias Tod gab es nur noch bürgerliche Regierungschefs. Die Wahlrechtsreform von 1867 hatte alle Wohnungsinhaber – lies: die Angestellten und kleinen Handwerker – emanzipiert, die von 1884/85 fügte mit allen Mietern auch zahlreiche Arbeiter hinzu, sofern sie eine dauerhafte Bleibe besaßen. Das drang nun in die Parteiorganisationen durch, die immer straffer gebildet wurden, um die neuen Wählerschichten möglichst in jedem Wahlkreis erfassen zu können. Victoria hatte zunächst ein adlig-landadlig dominiertes Parlament gekannt. Dann erlebte sie, von Peel bis Disraeli, den Einstrom des Bürgertums in die Machtpositionen von Westminster und Whitehall, Armee und Kirche. Am Ende wurde sie unwilliger Zeuge des politischen Emporsteigens der industriellen Arbeiterschaft. Ein Leben voll drastischer Umstellungen für einen konstitutionellen Monarchen; die Aufgabe, sich darin zurechtzufinden, wäre drei Generationen von Königen leichter gefallen.
Disraeli war ein Premier gewesen, der an ihre Begeisterungsfähigkeit appelliert hatte, auch an ihre Phantasie. Seit seinem Tode fehlte ihr das. Salisbury war unmusisch, mit Gladstone redete sie nicht. Der britische Königshof, im Jubiläum von 1887 so exzessiv feiernd und gefeiert, trat im Kulturleben der Nation nicht in Erscheinung. Er hat es seither nie mehr getan. So schwer es gefallen war, der Politik des

Prinzregenten und späteren Königs George IV. akzeptable Seiten abzugewinnen, so unverkennbar bleibt, daß mit seinem Tod die Musen Abschied von Schloß Windsor genommen hatten. Prinz Albert versuchte auf seine Weise, das Defizit, das nach 1830 entstanden war, wettzumachen. Kaum nahm man ihn darin ernst, starb er. In nichts wurde seine Witwe so sehr überfordert wie in der Aufgabe, Künste und Wissenschaften an den Hof zu binden, der eine der natürlichen Quellen der Förderung des Geistes sein konnte, wo nicht materiell, so durch Anregung und Patronage.

Denn die 64 Jahre der Herrschaft Victorias waren randvoll mit Erfindungen, Entdeckungen, Erkenntnissen, Philosophien, Glaubenssätzen, Kunsttheorien, Malschulen, Romanen, Gedichten, die alle überdauert haben[677]. Den Prinzgemahl hätte allenfalls das Fehlen einer nennenswerten englischen Musik gestört. Der Jubiläums-Leitartikel der »Times« von 1887 zählte Namen auf, die noch heute klingen: Faraday, Darwin, Huxley, Tennyson, Dickens, Carlyle. Die Liste verkürzt sich schmerzlich, wenn man nur diejenigen aufnimmt, deren Bekanntschaft die Königin gesucht hat. Eine subjektiv ehrliche Scheu hielt sie davon ab, bedeutende Menschen zu empfangen, mit denen umzugehen ihr als Hochstapelei erschienen wäre. Selbst der schmeichelnde „Mit-Autor" Disraeli unterhielt sich mit ihr keineswegs über seine eigenen Romane. So kam es, daß sie Dickens, den sie schon mit 20 gelesen hatte, erst mit 52 empfing, da stand er kurz vor dem Tode. Obwohl in englischer Geschichte ausgebildet, traute sie sich Gespräche mit Carlyle und Macaulay nur in neutraler Umgebung zu. Thakkeray ist nie von ihr empfangen worden. George Eliot, die glänzende Abbildnerin der viktorianischen Szene, vornehmlich der, die außerhalb des Londoner Gesichtskreises der Queen lag, wurde keiner Audienz gewürdigt, weil sie ohne Trauschein mit einem Mann lebte. Swinburne kam als Homosexueller kaum in Frage, Oscar Wilde aus diesem und vielen anderen Gründen nicht.

Aber sie hat auch andere, deren Person nicht derart bedenklich war, nie bei sich gesehen, Thomas Hardy nicht, weder Trollope noch Meredith, von Shaw zu schweigen. Als Tennyson nach vierzigjähriger, oftmals unwürdiger Ausübung des Hofpoetenamtes schließlich – 1892 – starb, mußte laut Vorschrift der Premierminister die Königin mit einem neuen Lobreimer versorgen. Das fiel ausgerechnet Gladstone zu. Es war das Jahr, in dem Kiplings populäre »Kasernenballaden« erschienen. Gladstone, der Kipling nicht mochte, traute sich nicht, Swinburne zu erwähnen, den er für den Besten hielt, und so paßte er schließlich. Einige Jahre vergingen ohne Wahl. Der unpoetische Salisbury ernannte dann den konservativen Journalisten Austin. Arthur Balfour, Salisburys Neffe und später sein Amtsnachfahre, hatte Kipling vorgeschlagen. Aber nur dessen Vater durfte sich um die Queen verdient machen, indem er ihren Durbar-Saal als den indischen Flügel von Schloß Osborne entwarf.

Victoria vergab Kipling weder die kritischen Strophen unter dem Titel »Die Witwe von Windsor« – die als Millionärin an den Soldaten knausert – noch das skeptische Meisterwerk »Recessional« (»Schlußchoral«), das er zu ihrem Diamantenen Jubiläum in der »Times« veröffentlichte und worin allen Empire-Enthusiasten Mäßigung statt Chauvinismus anempfohlen wurde, Ehrfurcht statt Arroganz. Das wollte niemand hören. Der als »Jingoist« verkannte Dichter, dem das Empire so viele Sorgen machte, wie es der Kaiserin hätte machen müssen, ist von ihr nie empfangen worden. Das mag an Vermittlungsschwierigkeiten der engeren Umgebung gelegen haben. Nach Alberts Tod wurde Victoria mehr und mehr abhängig von Hinweisen ihrer Privatsekretäre und leitenden Hofdamen auf das, was »man« tun müsse. Aber Besuche wie der – mit Albert – im neuen Lesesaal des Britischen Museums (1858) fielen später weg, so gern der Biograph ein Datum ausgraben möchte, an dem die Königin und ihr Wahl-Mitbürger, der Deutschlandflüchtling Marx, sich zur selben Zeit unterm selben Dach aufgehalten haben. Und was eine »gewisse« Literatur anging, so schrieb sie an Vicky,

»das würde ich sicher lesen, wenn der geliebte Papa noch da wäre; aber jetzt kann ich diese Bücher mit derart unmoralischen Beschreibungen nicht lesen. Sie bedrücken mich ... Ich habe genug, was mich im wirklichen Leben peinigt, und daher vermeide ich es, so gut ich kann, solche Sachen zu lesen[678].«

Als ob sie mit Albert zusammen unmoralische Romane gelesen hätte. Doch wer weiß.

Einige Künstler aber empfing sie, Maler insonderheit, die Porträt-Aufträge erhielten, seltener auch einen Musiker. In deren Umgang fühlte sie sich sicherer als in Gegenwart von Dichtern, Historikern oder Philosophen. Ihr Sinn für die Welt der Klänge trat nach langer Trauerphase wieder hervor. Sie wagte nicht nur mit Brown im unbeobachteten Balmoral ein schottisches Tanzvergnügen. Mit 71 war sie wieder – oder noch – ganz dabei und bescheinigte sich selbst:

»Wir schoben die Möbel zurück und gönnten uns ein kleines Tänzchen. Die Kapelle von Curtis war so unterhaltsam. Es gab eine Quadrille, die ich mit Eddy tanzte. Ich machte mich ganz gut. Dann kamen ein paar Walzer und Polkas[679].«

Eddy war ihr Enkel, Berties ältester Sohn, der Herzog von Clarence[680], der dann früh starb. Seit längerer Zeit ließ sich seine Großmutter auch wieder Theaterstücke vorführen, wobei sie nicht zu den Mimen ging, sondern diese zu sich bat, nach Windsor, oder nach Sandringham, wenn sie bei Bertie zu Gast war. Im Juli 1890 gab es auch wieder Gelegenheit zu einer königlichen Musikkritik:

»Um halb vier hatten wir einen Genuß besonderer Art. Die beiden Reszkes sangen, und Madame Melba, begleitet von Signor Mancinelli, der in Covent Garden dirigiert. Die Auswahl der Stücke war sehr gut, die beiden Brüder sangen entzückend und ausgezeichnet. Madame Melba ist Australierin. Sie hat in Paris studiert und eine wunderschöne Stimme, besonders in den hohen Lagen, aber nach meiner Meinung fehlt es ihr ein wenig an Ausdruck. Monsieur Lassalle, ein französischer Bariton, sang ebenfalls und hat eine sehr gute Stimme[681].«

Ein Jahr später hörte sie den Pianisten Paderewski und den Geiger Sarasate. Das war auch das Jahr, in dem sie zum erstenmal seit Alberts Tod eine italienische Oper besuchte und ganz wunderbar fand: »Cavalleria rusticana«. Sie liebte auch die englische Abart der Operette, Gilbert & Sullivan[682], sah 1891 die »Gondoliers«, Musik, die »ich schon kannte« und besser fand als den »Mikado« der beiden Herren. Seltsame Vorstellung, daß sich die moralstarke Witwe mit 73 Jahren sogar eine Oper ansah, die in aller Munde war, aber nicht eben als tugendsam galt: »Carmen«. Einer instabilen Zigarettenarbeiterin wegen aus der Armee desertieren und das Ideal der britischen Wirtschaftspolitik, den Freihandel, durch Schmuggel unterlaufen – das war nun sicher kein Sujet für die Britenkönigin. Einer anwesenden Enkelin zufolge hat sie die Handlung auch nicht begriffen oder begreifen wollen[683]. Doch die Musik fand sie herrlich. Überhaupt konnte ihre älteste Tochter zu dieser Zeit wieder von ihr sagen, sie habe »gelacht, bis sie rot im Gesicht wurde[684]«.

Als aber Sir James Linton, Präsident der Königlichen Mal-Akademie, sie im Januar 1887 darauf hinwies,

»daß dies das einzige Land ist, in dem Männer, die sich der Beförderung der Kultur und der Künste widmen, keine besondere Aus-

zeichnung kennen, die ihnen den Beifall ihres Souveräns andeuten[685]«,
winkte die Königin im Einvernehmen mit dem ebenso desinteressierten Premierminister Salisbury ab. Das konservative Kabinett hielt die Idee im März 1887 – drei Monate vor dem Goldenen Jubiläum der Queen – für unangebracht, weil möglicherweise ungünstiger Kritik ausgesetzt oder mit Ausgaben verbunden. Widerstand erwarteten die Minister zwar eigentlich nicht, aber es gebe Wichtigeres.
Nicht empfangen wurden einige der Musiker, die zur Eröffnung der Albert Hall im Jahre 1871 gekommen waren. Herr Anton Bruckner aus St. Florian half die ungeheuer registerreiche neue Orgel einweihen, seine Improvisationen über »God save the Queen« sind leider nicht überliefert. Verdi dirigierte in der Halle sein »Requiem« in Abwesenheit der Queen. Wagner aber, der ebensogut der Komponist des britischen Imperiums hätte sein können wie der des deutschen Aufstiegs, erhielt eine Audienz, als er 1877 zum zweitenmal die britische Hauptstadt besuchte. Nicht daß Liebe geherrscht hätte zwischen den beiden:
»Nach dem Essen kam der große Komponist Wagner, auf den die Leute in Deutschland ziemlich verrückt sind... Ich hatte ihn zuletzt mit dem lieben Albert 1855 gesehen, als er ein Philharmonisches Konzert dirigierte. Er ist alt und beleibt geworden und hat ein kluges, aber kein angenehmes Gesicht. Er floß von Dankesbezeugungen über, und ich sagte, es tue mir leid, bei keinem seiner Konzerte dabeigewesen zu sein[686].«
Der Meister nahm später seine Rache, indem er zu Cosima sagte – die es aufschrieb –, es sei unbegreiflich, daß die »dumme Büchse« nicht abdanke und den Thron für ihren Sohn freigebe[687].
Victorias Stimme ist der Nachwelt durch eine Panne nicht überliefert worden. Im höchsten Alter wurde der Queen das Wunder der phonographischen Rolle vorgeführt, auf der man sich verewigen konnte, und sie bestand darauf, daß auch mit ihr ein Experiment gemacht werde. Der Zylinder ist jedoch unauffindbar[688]. Nicht einmal, was sie auf die jungfräuliche Materie gesprochen – oder gesungen? – hat, ist uns überliefert. Zahlreich sind die Beweise dafür, daß sie auch andere Errungenschaften mit großer Begeisterung nutzte. Das Chiffrieren von Telegrammen wurde ihr, der so häufig Abwesenden, ein wichtiges Mittel der Lebensführung. Unmöglich hätte sie in jeder heiklen Situation ein Kabinettsmitglied nach Balmoral beordern können, um

ihm ihre Meinung zu einem politischen Tatbestand anzuvertrauen. Wie es ihr die Eisenbahn erlaubte, sich von London zu entfernen in einem Ausmaß, das sich George III. oder George IV. kaum hätten vorstellen können, so ermöglichte es ihr der geheimschriftliche Austausch, auch von Balmoral oder Osborne, Nizza oder Darmstadt mit den Ministerien in London vertraulich zu korrespondieren.
Nicht, daß das immer geklappt hätte. Im Februar 1886, als nach wenigen Monaten in der Opposition Gladstone von neuem die Regierung übernahm, gab es in der Übermittlung der Ministerliste einen Chiffrierfehler zwischen London und Osborne (wo sich Victoria, statt beim politischen Machtwechsel in London zu sein, wieder einmal aufhielt)[689]. 1894 ging eine verschlüsselte Botschaft an Lord Harris ab, der sie nicht entziffern konnte[690]. Dabei handelte es sich damals um vergleichsweise simple Schlüssel, die jeder Kryptologe unserer Tage in ein paar Minuten in Klartext verwandeln würde. Die Zeit der komplexen Chiffriermaschinen war noch nicht gekommen; man schlug die Auflösung in Code-Manualen nach. Die Königin aber war entzückt von der Prozedur, die für sie ein Indiz der Wichtigkeit des Schriftwechsels zwischen Hof und Kabinett sein mußte.
Denn noch standen der moderne Telegraph und die umständliche Schiffspost dicht nebeneinander. 1886 brauchte ein Brief von London nach Kalkutta 22 Tage. Schon dreißig Jahre zuvor aber konnte Victoria, wenn sie der Tochter in Berlin telegraphierte, sicher sein, daß diese die Botschaft in weniger als vier Stunden in Händen hielt. Das Atlantikkabel, 1866 endlich in Betrieb genommen, war den Geschäftsleuten der Londoner City wichtiger als der Ausgang des Preußisch-Österreichischen Krieges. Einige der Türme von Schloß Windsor wurden zum Goldjubiläum mit elektrischem Licht illuminiert, kaum daß man sich daran gewöhnt hatte, Teile der Großstädte durch Gaslampen erhellt zu sehen. Prinz Albert hatte geglaubt, mehr sanitäre Anlagen könnten der englischen Weltgeltung so sehr aufhelfen wie zusätzliche Divisionen und Flottillen, und seine Witwe war überzeugt, besser erleuchtete Seitenstraßen seien ein wirksameres Mittel gegen Kriminalität als Strafrechtsreformen, ob diese nun verschärfen oder liberalisieren sollten. Ein Monster wie Jack the Ripper zum Beispiel, da war die Königin sicher, konnte sein blutiges Handwerk nur im Dunkeln ausüben.
Die Geschichte des Ripper[691], der den Londoner Osten der Jahre 1888/89 in Angst und Schrecken versetzte, während er dem übrigen Land eher zu wohligem Gruseln verhalf, kann hier nur in zweifacher

Hinsicht interessieren. Die Untaten, die 1974 eine makabre Parallele in den »Themse-Morden« fanden, waren eines jener Phänomene, das dem zur Betulichkeit neigenden Viktorianismus drastisch vor Augen führte, welche Kehrseiten des Lebens es gab. Khartum besorgte das auf militärischem, die Demonstrationswelle von 1886 auf sozialem, die Prozesse gegen Dilke, Parnell, Wilde und den Prinzen von Wales zeigten es auf moralischem Felde. Viel stand über die Kriminalität jener Jahre in kleinen und großen Zeitungsberichten; das reichte zum morgendlichen Kopfschütteln. Der Ripper fügte dem das blanke Entsetzen hinzu. Zwischen dem April 1888 und dem Juli 1889 wurden in einem verhältnismäßig kleinen Gebiet östlich der City etwa ein Dutzend Prostituierte ermordet, einige davon fand man viehisch aufgeschnitten. Die »Ripperologie« – so muß man die spätere Besessenheit der Erforschung dieser Taten wohl nennen – läßt zumeist nur fünf der Morde, zwischen August und November 1888, als auf das eigentliche Konto dieses Mannes gehend zu.
Er hat die Phantasie der Nation sofort ergriffen und bis heute nicht wieder freigegeben. Der junge Shaw schrieb, noch während die gräßliche Serie anhielt, im »Star« über die sozialen Ursachen. »Punch«, kein Blatt der Linken, zeichnete im September 1888 den Mörder als die umgehende »Nemesis der Vernachlässigung«, nämlich der Menschen in jenen Londoner Vierteln. Da nie geklärt wurde, wer dieser »Hans der Aufschneider« war, geisterte er jahrzehntelang als Mythos durch Bücher, Stücke, Filme und Opern. Den Viktorianern dagegen erschien er wie ein Geist, den man so lange beschworen hatte, bis er sich materialisierte. Denn das Jahr des Ripper war auch das Jahr des Sherlock Holmes: Der Meisterdetektiv erschien zum erstenmal in Conan Doyles »A Study in Scarlet«, publiziert einige Monate vor den Ost-End-Morden. War die britische Liebe zur Kriminalstory eine Sublimierung des Verdachts, daß nicht alles stimmte im Staate, so mußte dieser abseits der Polizei arbeitende Kriminalist – der dann viele seinesgleichen fand – doppelt beschwichtigend wirken: es gehörte eben nur gesunder (englischer) Menschenverstand dazu, alles aufzuklären. Wieder einmal wußte ein Amateur es besser als jeder Fachmann. Die Realität schien das zu bestätigen, denn der Londoner Polizeipräsident Sir Charles Warren mußte nach den Morden seinen Abschied nehmen.
Die Theorien über den Ripper sind Legion. Zaristische Agenten hielten zur Erklärung ebenso her wie die Freimaurer, Reflexe der Balkan-

probleme und der jüdischen Einwanderung im Londoner Osten. Nur ein Chirurg, hieß es, beherrsche solche Schnitte. Auch ein Metzger, wandten andere ein, besitze genug anatomisches Rüstzeug für das Ausnehmen innerer Organe. Ganze Bibliotheken sind mit den Kontroversen gefüllt worden. Angeblich bringt das Jahr 1992 – nach hundertjährigem Verschluß der Scotland Yard-Akten – die Aufklärung. Hier ist wichtig nur eine These: daß der Ripper niemand anders gewesen sei als der Herzog von Clarence, der älteste Sohn des Prinzen von Wales, Victorias Enkel Eddy, mit dem es sich in Balmoral so gut tanzen ließ. Ein Gehirnchirurg namens Stowell veröffentlichte 1970 in der Zeitschrift »The Criminologist« einen Aufsatz, der die These zu erhärten suchte. Selbst die Verteidiger des Prinzen konnten nicht umhin, fatale Parallelen der Ereignisse zuzugestehen. So mußte es einen Grund dafür geben, warum der Täter die Serie so plötzlich abschloß. Da man Triebhandlungen unterstellte, gab es nur drei mögliche Erklärungen: Er war gefaßt worden, er hatte das Land verlassen, oder er war gestorben.

Albert Victor, in dem man damals den künftigen König von England sah – sein Bruder kam dann als George V. 1910 auf den Thron –, erfüllte zwei Voraussetzungen für den schrecklichen Verdacht. Sein Lebenswandel potenzierte die jugendlichen Eskapaden seines Vaters, und er starb im Januar 1892. Daß der hochgeschossene Junge mit dem ovalen Gesicht seiner Mutter und dem müden Charme seines Vaters, von dem er auch Desinteresse an Intellektualität, aber Freude an geistreicher Gesellschaft geerbt hatte, sich während einer Weltreise auf den Karibischen Inseln Syphilis zugezogen haben soll, ist unbewiesen, wenngleich sich in den Papieren eines Militärarztes Hinweise auf Gonorrhoe finden. Aktenkundig dagegen sind die Befürchtungen der Londoner Staatsanwaltschaft, der Prozeß gegen Besitzer und Kundschaft des verrufenen Hauses Cleveland Street 19[692] könne auch »eine sehr bedeutende Persönlichkeit (PAV) in Mitleidenschaft ziehen«. Die Abkürzung stand für Prinz Albert Victor, und das Haus war ein Homosexuellen-Bordell, wo Adel und Offiziere allerlei Milchgesichter aus den umliegenden Kanzleien antrafen. Ein Telegrafenbote konnte sich vom Verdacht des Gelddiebstahls nur befreien, indem er die wahre Herkunft des Betrages preisgab, den man bei ihm fand, und die Polizei griff ein. Der Bordellbesitzer Hammond wurde angeklagt, sechs Knaben zur Unzucht angehalten zu haben »zwischen dem 20. Dezember 1888 und dem 25. März 1889«. Das waren die Monate unmittelbar nach den Rippermorden.

Königin Victoria mit ihrem Enkel Wilhelm von Preußen, dem späteren Kaiser Wilhelm II.

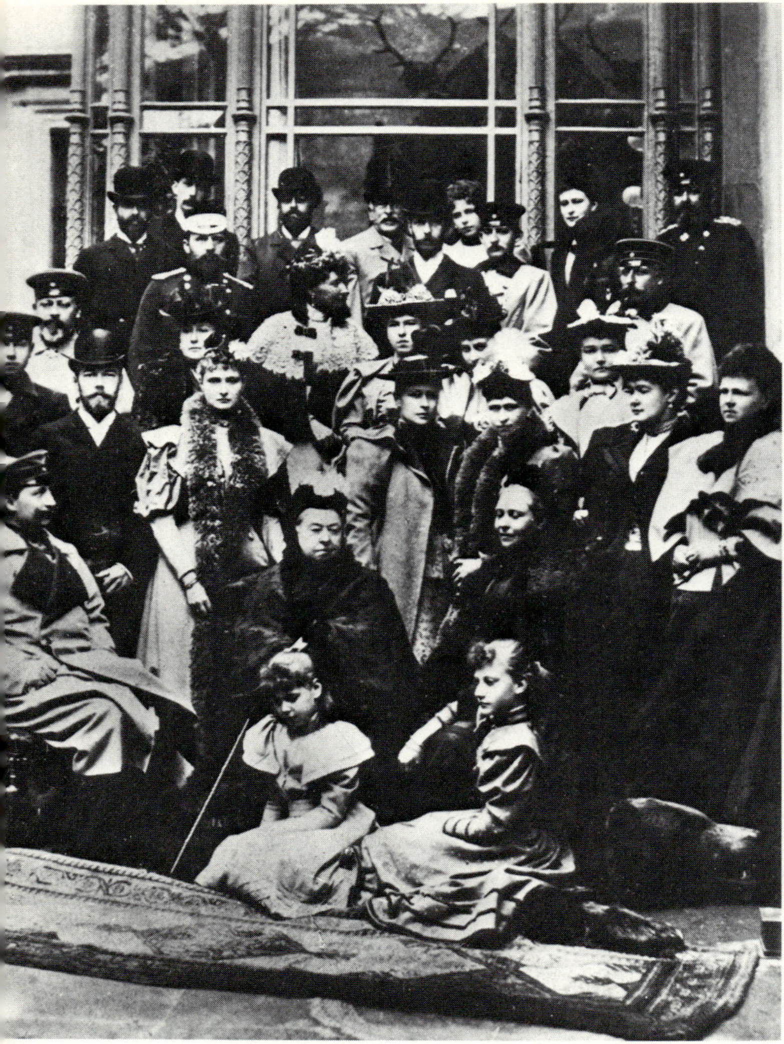

Königin Victoria von England im Kreise ihrer Familie und der Abgesandten der europäischen Fürstenhäuser an ihrem 75. Geburtstag im Jahre 1894. Links neben Königin Victoria Kaiser Wilhelm II.

Altersbild der Königin Victoria.

Edward VII.

Zwei prominente Kunden des Etablissements wurden von der Zeitung »Star« genannt: Lord Arthur Somerset und Lord Euston. Der Name des Prinzen drang nie in die Öffentlichkeit. Aber Somerset war mit dem Prinzen befreundet und Stallmeister bei dessen Vater, dem Thronfolger. Er hatte an der Entsatzkampagne für Gordon teilgenommen, war verwundet und ausgezeichnet worden. Sein Vater, der Herzog von Beaufort, stand zeitweise in Diensten bei Hofe und war einer der größten Landbesitzer der Insel. Das reichte zu einem Skandal. Innenminister Matthews, der als Ankläger im Dilke-Prozeß mitgewirkt hatte, und Premierminister Salisbury schwankten zwischen schonungslosem Aufdecken und geschicktem Vertuschen der möglichen Weiterungen. Fest stand, daß Eddy mindestens einmal das Haus besucht hatte, wohl in der irrigen Annahme, dort Frauen vorzufinden. Hammond annoncierte seine Darbietungen auf gedruckten Karten, die in der Offiziersmesse der Kensington-Kaserne kursierten, als »Poses Plastiques«, worunter der Eingeweihte jene Entkleidungsakte verstand, die der Gesetze wegen in »Still-Leben« mit Zwischenvorhängen bestehen mußten, was sie vom modernen Striptease unterschied wie das Foto vom Film.
Hammond und Lord Arthur Somerset entzogen sich dem Richter durch die Flucht ins Ausland, ein Weg, den Oscar Wilde sechs Jahre später zu seinem Schaden verschmähte. Der Bordellier hielt die weiteste Entfernung von London für die sicherste und ließ sich in Seattle nieder. Somerset irrte eine Weile durch kontinentale Hotels und entschied sich schließlich ausgerechnet und in gewissem Sinne sehr passend für Hyère – den mehrfachen Urlaubsort der Königin. Ihr hat man die möglichen Weiterungen des Cleveland-Street-Skandals für den Sohn des Thronfolgers so gut wie vorenthalten. Aber es ist verständlich, daß Eddy solchen Umgangs und der behaupteten Krankheit wegen auch in den Verdacht geriet, der Ripper zu sein. Dagegen spricht auch nicht, daß die Königin sowohl dem Polizeipräsidenten wie der »Times« schrieb und alles getan wissen wollte, um den Mörder zu finden. Ihre Erregung konnte nur auf Ahnungslosigkeit deuten. Belastend kommt hinzu, daß einer der Ärzte der Königin, Sir William Gull, offenbar nicht nur mit den Fällen befaßt und mehrmals kurz nach den Morden am Tatort gesehen worden war, sondern später auch selbst in den Verdacht geriet, der Täter zu sein[693].
Die Kontroverse, die Stowells Buch auslöste, hat dann zu einem Gegenbeweis geführt, der den Prinzen zu entlasten suchte. Danach sei

nicht er, sondern sein Tutor in Cambridge, James Kenneth Stephen, der Ripper gewesen[694]. Stephen entstammte einer begabten, aber labilen Familie. Sein Vater, ein geachteter Richter, endete umnachtet. Die Tochter eines Vetters von Stephen war die Dichterin Virginia Woolf, die Selbstmord beging. Stephens Onkel hatte als Professor in Cambridge gewirkt, als Eddies Vater, der Prinz von Wales, dort studierte. Die Gedichte, die Stephen schrieb, und sein Tod an den Folgen einer Syphilis – seit 1891 lag er in einem Asyl – sind starke Indizien. Victoria hatte einen Roué zum Sohn, aber nicht auch den Ripper zum Enkel. Eddy starb kurz vor der Hochzeit mit Mary Teck, die dann seinen Bruder nahm und als Queen Mary bis zum März 1953 lebte[695].

Die Zeit unmittelbar vor dem Goldenen Jubiläum vom Juni 1887 brachte der Königin einige Bedrängnis. Ihre Popularität stand nicht zum besten. Der zweite Band ihrer schottischen Tagebuch-Blätter (»More Leaves«) war 1884 erschienen und vermochte nicht an den Erfolg des ersten Büchleins heranzureichen. Victoria beschrieb darin nicht länger eine junge Familie, die eine unbekannte Hochlandwelt erwandert, sondern die Einsamkeit einer hadernden Witwe, die sich, in Schwarz gehüllt, hinter den Bergen versteckt. Sie veröffentlichte das aus zwei Gründen. Einer einfachen Leserschaft suchte sie zu erklären, warum die Königin diese alljährlichen langen Wochen der Erholung benötige. Gleichzeitig drängte es sie, etwas gegen die immer zahlreicheren Darstellungen zu unternehmen, die nun über das Leben der Queen erschienen, gut und weniger gut gemeinte. Sie sah sich selbst zwar nicht als eine zu vergötternde Figur, aber man sollte sich doch auch von ihr kein »falsches Bild« machen. Da verwob sich bourgeoises »Was-sollen-die-Leute-denken!« mit den Ansprüchen eines fünfzigjährigen Königtums. Es verlieh ihr, so fand sie, das Recht auf einen nun doch schon besonderen, weil erworbenen und nicht nur ererbten Respekt.

»More Leaves« mußte sogar gegen Kritik verteidigt werden. War die Königin dazu da, hoch zu Pony Berge zu erklimmen und das dann ausführlich zu beschreiben? Manche Stadtväter hätten wichtigere Reiseziele für die Monarchin zu nennen gewußt. Victoria hatte allerdings auch die Schilderung einiger Repräsentationspflichten mit aufgenommen, aber da ging es meist um Denkmalstermine, Grundsteinlegungen oder Enthüllungen, alles dem Abgott Albert zu Ehren. Besonders verkannt fühlte sie sich von ihrem ältesten Sohn, der sich beschwerte, weil er in dem Buch nicht erwähnt sei. Tief verletzt ging sie die 400 Seiten durch und ließ ihn wissen, nicht weniger als fünfmal sei von ihm die Rede[696]. Kränkend an Berties Vorwurf war vor allem, daß er das Buch gar nicht selbst aufgeschlagen haben konnte. Sonst wäre ihm nicht entgangen, daß er bereits in der dritten Zeile der ersten Seite genannt wurde. Im übrigen mußte er sich jede Vernachlässigung selbst zuschreiben. Der Thronfolger blieb den Rousseauschen Vergnügungen seiner Mutter im unwirtlichen Schottland fern, so gut er konnte. Hätte er Tagebuchblätter aus *seinem* Lebensumkreis publiziert, da wäre umgekehrt von der Königin nicht viel zu berichten gewesen. In manchen Jahren sahen sie sich in Südfrankreich eher als in England.

Bertie nahm aber auch Anstoß an der Auswahl der Personen, die in dem neuen Buch der Queen abgebildet waren. Deren Verzeichnis ist höchst charakteristisch. Außer Victoria selbst wurden aufgenommen in dieser Reihenfolge: John Grant (der Oberjagdgehilfe), Prinzessin Helene, John Brown, Prinzessin Louise, Privatsekretär Grey, Hofdame Jane Churchill, Hund »Sharp«, Prinzessin Beatrice, Hund »Noble«, Prinzessin Alice, dazu zwei Landschaftsskizzen. Mit entwaffnender Rücksichtslosigkeit ließ die Königin nur zu, wen oder was sie mochte. Prominente Besucher hatten keine Chance, auch nur erwähnt zu werden. Die »More Leaves« gaben weitere Hinweise darauf, welches Leben die Monarchin eigentlich führen wollte. Der Einblick, den sie damit gewährte, wurde ihr diesmal wenig gedankt, wenngleich das Klassenlose ihres Haushalts gut in eine Zeit paßte, da wieder einmal die Wählerschaft des Landes vermehrt wurde. Nach dem Gesetz von 1885 konnten nun fast fünf Millionen Briten abstimmen. Politik war längst nicht mehr Sache des Adels allein, und nun mußte auch das Bürgertum die Hauptrolle teilen. Die Diener konnten – zumindest theoretisch – die Herren überstimmen.

Der demokratische Schub, der in diesem neuen Wahlrecht steckte, belebte auch die Republikaner. Sie waren nach ihren momentanen Aufmerksamkeitserfolgen zu Beginn der 70er Jahre lange nicht sehr artikuliert hervorgetreten. Nun mehrten sich die Zeichen dafür, daß sie nicht aufgegeben hatten. Bei einem Bankett der Liberalen Partei im Jahre 1886 blieben, wie die Zeitungen konsterniert vermeldeten, mehr als hundert Personen sitzen, als der Saal wie gewohnt aufstand, um die Königin hochleben zu lassen. Diese selbst mußte im Mai 1887, einen Monat vor den Jubelfestlichkeiten, auf einer Fahrt in den Londoner

Osten einige Mißfallenskundgebungen hinnehmen. Sie wollte dort eine Festhalle, »The People's Palace« eröffnen, und sie bemerkte zum erstenmal in ihrem Leben, wie weit es von Paddington Station bis ins Gebiet der Docks war:

»Ich kann nicht genau sagen, wo der ›Volkspalast‹ liegt, denn überall sind neue Straßen und Durchbrüche angelegt worden, aber die Gegend nennt sich Mile End[697].«

Mile End nun kannte jeder Londoner, aber sie war ja keine Londonerin. Zwar gab es zunächst die bekannten enthusiastischen »Myriaden«,

»doch was für mich die Wirkung des allgemein sehr begeisterten Empfangs ziemlich störte, war das Buhen und Zischen. Vielleicht waren es nur zwei oder drei, hier oder da, aber die ganze Strecke entlang, und häufig dieselben Leute, wahrscheinlich Sozialisten und die schlimmste Sorte von Iren. Jedermann versichert mir, man habe mich begeistert und herzlich begrüßt, wenn man an die Massen von Sozialisten aus allen Ländern und die niederträchtigen Iren denkt, von denen London nur so wimmelt[698].«

Wie sehr sie der Hauptstadt inzwischen entfremdet war, zeigte eine »Tagebuch«-Eintragung vom selben Tag.

»Wir hielten am Mansion House, wo ich seltsamerweise noch niemals gewesen bin... Der Lord Mayor begleitete mich zu einem privaten Empfangsraum, wo seine Frau, seine Töchter und sein Sohn warteten. Es scheinen sehr nette Leute zu sein. Der Name des Lord Mayors ist Hanson, er ist Anwalt[699].«

Diese Beschreibung des Oberbürgermeisters der Londoner City als eines ihr völlig fremden Menschen – so als handele es sich um den Stadtvater von Sydney – zeigt, wie weit sie ihre Staatsgeschäfte vernachlässigte. Zwar wird der Lord Mayor der Hauptstadt in jedem Jahr neu gewählt, aber spätere Monarchen haben es sich gerade wegen des eifersüchtig gewahrten Selbstverwaltungsrechts der City angelegen sein lassen, die jeweilige Stadt-Vorsteherschaft zu kennen. Prinz Albert war natürlich mehrfach im Mansion House, der Residenz des Lord Mayors, gewesen und hatte dort 1850 seine vielbeachtete Rede über die große Ausstellung des folgenden Jahres gehalten.

Die schwankende Popularität der Queen wurde und wird zumeist dem wechselnden Grad ihrer Präsenz in der Öffentlichkeit zugeschrieben. Blieb sie lange Zeit von London fern, so gab es Klagen. Kam sie in kürzeren Abständen, so ertönte Beifall. Diese Formel gibt nur den Vordergrund wieder. Es fällt auf, daß die beiden Höhepunkte einer republikanischen Regung – mehr war es dann freilich nicht – mit Zeiten wirtschaftlicher Depression zusammenfielen. Die frühen 70er Jahre brachten das Ende der vergleichsweise langanhaltenden Prosperität der hochviktorianischen Zeit. Als 1871 nach der Verwendung der Staats-Apanage der Queen gefragt wurde (»Was macht sie damit?«), nahm die Arbeitslosigkeit zum erstenmal wieder stark zu. Im Jahrzehnt nach 1870 produzierte England nicht länger, wie bisher, mehr als die Hälfte des gesamten Kohlebedarfs der Welt. Die Volkszählung von 1871 ergab, daß die Insel, die noch in den Tagen von Waterloo so viele Menschen gezählt hatte, wie im Gebiet des späteren Deutschen Reiches lebten, hinter dieses nun dramatisch zurückgefallen war. Jetzt standen den 31,8 Millionen des Vereinigten Königreichs (wovon 5,4 Millionen Iren als dubiose Untertanen eigentlich abzuziehen waren) 41 Millionen Deutsche gegenüber[700].

Deren Bildungssystem mochte mehr auf den pflichtbewußten Staatsbürger als auf den freien Menschen abzielen. Es war aber dem britischen insofern überlegen, als es in Realschulen, vor allem in den Technischen Hochschulen bereits den Erfordernissen der industriellen Zeit nachging, lange bevor in London das Parlament sich zur allgemeinen Schulpflicht durchringen konnte (1870, unter Gladstone), wobei dann noch zehn Jahre vergingen, ehe das entsprechende Gesetz überall angewandt wurde. Die Briten spürten nun die Vernachlässigung der Intelligenz des Landes. Das Telefon, das die Königin bedienen lernte, war zwar von Alexander Bell, einem Schotten (auf der Basis der Erfindung von Johann Philipp Reis) entwickelt worden, aber Bell lebte in Boston, ausgerechnet dort also, wo ein Jahrhundert zuvor Victorias Großvater die eigentliche Perle des Weltreichs, Nordamerika, verspielt hatte.

Jetzt, vor dem Jubiläum, lag die Wirtschaft wiederum im argen. Im Februar 1886 gab es auf dem Trafalgar Square und im Hyde Park Massendemonstrationen. Die Polizei, die wohl offenbar den Buckingham-Palast schützen wollte – obwohl dessen Besitzerin fern in Osborne weilte –, kam zu spät, als die Menge Scheiben in den Herrschaftshäusern und Clubgebäuden von Pall Mall einzuwerfen begannen. Vier Führer des neugegründeten »Sozialdemokratischen Bundes« wurden verhaftet, angeklagt, aber freigesprochen. Die Arbeitslosigkeit lag im Landesdurchschnitt bei mehr als sieben Prozent. Die britischen Exporte verringerten sich in der zweiten Hälfte der 80er

Jahre gegenüber der ersten um mehr als die Hälfte. Nun betrug der Bevölkerungsabstand zwischen Briten und Deutschen nicht nur zehn, sondern schon sechzehn Millionen Menschen. 1881 fuhr in Berlin-Lichterfelde die erste elektrische Straßenbahn. In London trotteten bis 1905 Pferde vor der Tram. Daimler ließ 1885 die für das kommende Jahrhundert ökonomisch wie sozial weitestreichende Erfindung patentieren, den Verbrennungsmotor. Von der Entwicklung des Autos hatte sich England ausgeschlossen, nicht zuletzt deshalb, weil es ein Gesetz gab, das alle kraftgetriebenen Fahrzeuge in den Städten auf vier Meilen Geschwindigkeit (6,4 Kilometer pro Stunde) beschränkte und vorschrieb, ein Mann mit roter Fahne habe ihnen voranzuschreiten. Das Gesetz wurde erst 1896 aufgehoben. Das Ursprungsland der ersten industriellen Revolution nahm an mehreren grundlegenden Entwicklungen der zweiten nicht teil, die »Werkstatt der Welt« blieb Werkstatt, während anderswo in Europa und den USA moderne Betriebe entstanden.

Die Königin, die mit den demokratischen Prioritäten ihrer Minister nie viel im Sinn gehabt hatte, witterte die Gefahr, die darin lag, daß fremde Regierungen ihre Untertanen zu Technikern ausbildeten, ehe sie sie zu freien Bürgern machten. Die erste deutsche TH entstand 1832 in Karlsruhe, also im Jahr der ersten großen britischen Wahlrechtsreform – das umschreibt die spätere Divergenz beider Länder. Die zweite Wahlrechtsreform von 1867 fiel mit den preußischen Gebietsarrondierungen zusammen. Vier Jahre später wurde das Deutsche Reich gegründet. Die dritte Wahlrechtsreform von 1885 lag drei Jahre vor dem Machtantritt des deutschen Enkels der Königin, der dann am Ende, auf eine hochentwickelte Stahlindustrie und eine bis hin zur SPD folgsame Menschenmacht gestützt, gegen ihren englischen Enkel Krieg führte, jenen Krieg, den der Sieger damit bezahlte, daß er fortan auch in Europa zugunsten der einstmals verlorenen amerikanischen Kolonie abdanken mußte.

Verzettelung der Kräfte in Übersee und Selbstschwächung des Systems im Innern – so sah die Königin die Andeutungen der künftigen Gefahr. Um die eigene Stellung hat sie während alledem wenig gefürchtet. Anders ist es nicht zu erklären, daß sie selbst mehrfach mit Rücktritt drohte, so als sei sie sicher, daß man vor Schreck alles tun werde, sie davon abzubringen. Das Buhen und Zischen, glaubte sie, sei einer organisierten Minderheit zuzuschreiben, die so gering an Zahl sein mußte, daß ihre Agitatoren atemlos an der Route der könig-

lichen Fahrt zum »Volkspalast« entlang jagten, um an mehreren Stellen stören zu können.
Las sie die Zeichen der Zeit nicht länger? Hatte sie von jenem anderen »Mann mit der roten Flagge« gehört, John Burns? Er begeisterte im Februar 1886 die Massen auf dem Trafalgar Square, indem er das Unterhaus als Kapitalistenclub denunzierte, das auf Kosten der Arbeiter lebe, die besser kämpfend sterben als verhungern sollten. Im überlieferten »Tagebuch« tauchen die Namen Broadhurst und Burns nicht auf, sowenig wie der des 1883 verstorbenen Karl Marx, dessen »Kapital« in einer französischen Fassung – eine englische gab es erst 1887 – den ehemaligen konservativen Börsenmakler Hyndman zur Gründung des »Sozialdemokratischen Bundes« veranlaßte. So wie die Ladies der britischen Bourgoisie jahrzehntelang die fehlende staatliche Sozialpolitik durch Wohltätigkeit ersetzt hatten, so waren es jetzt die Gentlemen des dritten Standes, die sich der Nöte des vierten annahmen. Es gab nun regelmäßig Abgeordnete im Parlament, deren »Radikalismus« nicht dem idealen Mitmenschentum gutsituierter Christenbürger entsprang, sondern ihrer Herkunft aus der Arbeiterklasse.
Am 6. Februar 1886 hatte Gladstone, nun zum drittenmal Premier, mit Henry Broadhurst den ersten Gewerkschafter in ein Regierungsamt berufen. Der war als Unterstaatssekretär im Innenministerium für die Bekämpfung seiner Gesinnungsfreunde zuständig. Die Königin erhob gegen seine Ernennung nicht den üblichen Einspruch – sie kannte weder den Namen noch die Bedeutung des Vorgangs.
Akute Unpopularität in den Augen der ökonomisch motivierten Republikaner vereinigte sich Mitte der 80er Jahre mit Erinnerungen an die Chartisten-Bewegung. Der »Newcastle Daily Chronicle« erinnerte im Jahr des Goldenen Jubiläums daran, daß das Land ja auch die 50. Wiederkehr jener »Volks-Charta« feiere, die zur Zeit der Thronbesteigung der Queen demokratische Rechte für jeden Staatsbürger verlangt hatte. Einige Forderungen der Chartisten waren selbst nach zwei weiteren Wahlrechtsreformen immer noch nicht erfüllt. Die Bezahlung der Abgeordneten fehlte, das begünstigte die begüterten Volksvertreter vor den mittellosen. Das Wahlrecht für alle Männer kam erst im folgenden Jahrhundert, von dem der Frauen ganz zu schweigen.
»Dieses Jahr feiern wir nicht nur das Jubiläum einer armen Frau, sondern auch den Jahrestag einer großen Idee. Es ist 50 Jahre her, daß die

Londoner Arbeiter und einige liberale Abgeordnete sich trafen, um einen Gesetzentwurf niederzulegen, der fortschrittliche Rechte verlangte. Das war die Volks-Charta... Wir können nicht zulassen, daß die Namen der Chartisten vergessen werden. An sie und ihre Taten wird man sich begeistert erinnern, wenn Königin Victoria sowenig zählen wird wie Königin Anne[701].«

In Hull protestierten die Linken dagegen, daß der Stadtrat 30 Pfund Sterling für ein Schmuckkästchen ausgebe, in dem eine pergamentene Huldigungsadresse an die Goldjubilarin geschickt werde, die in Anbetracht zahlloser Geschenke dieser Art sicher kaum einen Blick darauf werfe,

»während es in Hull Tausende gibt, die kaum genug verdienen, sich das Nötige zu kaufen, um Leib und Seele zusammenzuhalten[702]«.

Das Jubiläum fand in der zweiten der beiden großen Rezessionen des letzten Drittels der Herrschaft der Queen statt. Man muß die Frage stellen, ob nicht beide Male die jeweiligen Regierungen froh waren, durch spektakuläres Einspannen der Monarchin zur Überwindung der Krise beitragen zu können. Im Anschluß an die Rezession der frühen 70er Jahre hatte Disraeli die Königin zur Kaiserin erhoben. 1887 half Salisbury nach Kräften mit, aus den Feiern zum 50. Jahrestag der Thronbesteigung ein nationales Freudenfest zu machen. Die Kaiserin und die Jubilarin wurde – wenn auch mit Beifall der Geehrten – zu höherem Zweck manipuliert. Die beiden konservativen Regierungschefs beantworteten die Depression der Preise der Wirtschaft mit einer Inflation des Wertes der Krone. Funktion der Monarchie war es nun geworden, auf ein Stichwort der obersten Volksvertreter vor den Vorhang zu treten und die Unruhe im Saal zu beschwichtigen. »Staats-Show« hatte Victoria mit sicherem Gespür diese Auftritte schon 1866 genannt. Aber die Kaiserin eines stolzen Weltreichs war eben die Königin einer schwächer werdenden einheimischen Ökonomie. 1871 förderte jeder Bergmann Ihrer Majestät 373 Tonnen Kohle im Jahr. 1881 waren es 403 Tonnen, 1891 jedoch nur noch 358 Tonnen. Ein Nachlassen in der Leistungsfähigkeit trat ein. Wieder kam der volkswirtschaftlichen Effizienz die demokratische Fortschrittlichkeit in die Quere: Die Gewerkschaften, die Arbeitsplätze auf lange Sicht sichern wollten, stellten den Raubbau der Kohle zu Exportzwecken in Frage.

Wie stark die Rezession wirklich war, von der Victorias Untertanen zweimal gegen Ende des Jahrhunderts heimgesucht wurden, läßt sich

nicht exakt verifizieren[703]. Das Fehlen einer staatlichen Arbeitslosenunterstützung verweist jeden, der die genaue Zahl der Unbeschäftigten ermitteln will, auf die Angaben der Gewerkschaften, die aus politischen Gründen natürlich eher über- als untertrieben. Fest steht aber, daß im »Oxford English Dictionary« das Wort »Arbeitslose« zum erstenmal für das Jahr 1882, das Wort »Arbeitslosigkeit« für 1888 berichtet wird. Sicher ist ferner, daß die britischen Banken, Säulen jenes finanziellen Empire, das neben dem geographischen bestand, von außen andrängende Krisen nicht immer abzuwehren in der Lage waren. Die Konkurswelle der 70er Jahre nahm zwar in Wien ihren Anfang, aber Londoner Häuser brachen ebenfalls zusammen. Die Krise der 80er Jahre begann in Paris, mit gleichem Resultat. Das gegen militärische Invasionen immune Inselreich erwies sich als nicht gefeit, wenn die noch wenig erforschten kapitalistischen Viren um sich griffen. Daß sie in England gleichzeitig mit schweren Attacken von Viehseuchen aller Art anlangten, zeigte doppelt, wie illusionär der Seeschutz war, auf den das Land so sehr vertraute.
Nun kam auch die endgültige Ablösung der Landbesitzerherrschaft durch den neuen Geldadel. Zwischen 1870 und 1900 nahm die Weizenanbaufläche Großbritanniens um mehr als 50 Prozent ab. Billiges nordamerikanisches Getreide überschwemmte die Insel. Die Eisenbahn, deren Netz sich rapide durch die USA ausbreitete, bessere Landwirtschaftsmaschinen und schnellere Atlantikschiffe vereinigten sich zum ersten der vielen noch folgenden Angriffe dieser Exkolonie auf die Mutterinsel. Der Weizenpreis sank in England in den letzten dreißig Jahren des 19. Jahrhunderts um mehr als die Hälfte, während die Löhne der Landarbeiter um 20 Prozent in die Höhe gingen. Als Victoria den Thron bestieg, führte England nur zwei Prozent seines Getreideverbrauchs ein. Als sie starb, waren es fast 50 Prozent. Die riesige Erweiterung des Empire in diesen 64 Jahren hat die wachsende Abhängigkeit des Heimatlandes nicht nur nicht verhindert, sondern beschleunigt. Unterm Strich war Victorias glorreiche Herrschaftszeit ein kapitales Verlustgeschäft[704]. 1895 überflügelte die deutsche Stahlindustrie die britische. Im Jahre 1900 lebten in den USA bereits doppelt so viele Menschen wie in Großbritannien. Als Wellington Napoleon besiegte, hatten sich die beiden Bevölkerungen noch genau umgekehrt verhalten. Während aber die Briten gegenüber dem aufstrebenden Deutschen Reich immer noch den Vorzug reklamieren konnten, das Klassenwahlrecht weitgehend abgeschafft, die Mei-

nungsfreiheit zugelassen und ein intaktes Staatsbürgerbewußtsein ermöglicht zu haben, fielen diese Vorteile gegenüber Nordamerika weg. Dort war der begierige Lehrling dem ehemaligen Meister längst nicht nur technisch, sondern auch demokratisch über den Kopf gewachsen.

18
Diamantenes Jubiläum

Rosebery – Die Arbeiterklasse

»Die höheren Schichten, vor allem die Adeligen, sind (natürlich mit ehrenwerten Ausnahmen) so frivol, vergnügungssüchtig, herzlos, egoistisch, unmoralisch und aufs Glücksspiel versessen, daß man an die Tage vor der Französischen Revolution erinnert wird ... Die unteren Klassen sind intelligent und zunehmend gut informiert, sie erwerben ihr Brot und ihren Besitz so verdientermaßen, daß sie nicht unterdrückt werden können und dürfen, bloß um von jämmerlichen, ungebildeten Hochgeborenen ausgenutzt zu werden, die nur leben, um die Zeit totzuschlagen[705].«

Nicht von einem der »radikalen« Mitglieder des Unterhauses stammen diese Sätze, sondern von der Königin. Sie wurden der Tochter in Berlin geschrieben, die zustimmte. Victoria benutzte den Ausdruck »classes«, meinte das jedoch nicht in dem Sinne, den Marx verwendete. Aber die Bürger-Monarchin und der politische Philosoph teilten zumindest einige Ansichten: die von der Ungerechtigkeit ererbter Privilegien zum Beispiel. Als Menschen waren Prinzen und Proletarier gleich. Aus der Schweiz – einem geeigneten Platz, um skeptisch auf Adelsvorrechte zu blicken – schrieb Victoria, als sie von den ersten Anzeichen des Stolzes vernahm, den der junge Prinz Wilhelm, der künftige deutsche Kaiser, zu entwickeln begann:

»Heutzutage, da ein Fürst seine Stellung nur durch seinen Charakter wahren kann, ist Überheblichkeit höchst gefährlich. Außerdem bin ich ganz fest davon überzeugt, daß wir vor Gott alle gleich sind und daß im Handumdrehen die Höchsten sich zu Füßen der Ärmsten und Niedrigsten wiederfinden können. Ich habe die edelsten, gebildetsten und wohlerzogensten Züge bei den einfachsten und unwissendsten Menschen beobachtet, das sollten Prinzen bedenken[706].«

Kurz nach der zweiten großen Wahlrechtsänderung von 1867 kam solchen Äußerungen der Königin besonderes Gewicht zu. Ihr ist nachgesagt worden, vom Leben der »Ärmsten und Niedrigsten« habe sie keine Ahnung gehabt. Das trifft nicht zu. Zwar fehlte ihr Kenntnis. Aber sie hatte ein waches Auge für jedes noch so bescheidene Mitglied ihres Haushalts. Nicht in London oder Windsor, doch in Balmoral und Osborne kam sie in Kontakt mit Gärtnern, Bauern, Lieferanten, Kutschern, Landpolizisten und Handwerkern sowie deren Frauen und Kindern. Je mehr man sich mit dem einfachen Volk befasse, fand sie, desto besser, weil lehrreicher, sei es für einen Fürsten[707]. Es war der Umgang mit ihren geliebten Schotten, der die Königin zur wahrhaft konstitutionellen Monarchin machte. Eine Demokratin hätte man sie deshalb nicht nennen dürfen. Zwischen der gesellschaftlichen Funktion der einzelnen »classes« unterschied sie sehr wohl. Die »soziale Frage« war ihr zwar bewußt, eine Antwort darauf aber konnte ihr nicht einfallen. Durch Herkunft, Ausbildung und Position hing sie eben doch zeitlebens den Idealen eines aufgeklärten, toleranten Absolutismus an: alle Menschen waren gleich, aber die höhere Aufgabe brachte stärkere Schuldigkeit mit sich. Macht bedeutete Verantwortung, Adel verpflichtete.

Je älter die Königin wurde, desto mehr schmerzte es sie, daß sie in den Augen der Reichen des Landes immer ein Emporkömmling geblieben war. Was sie auch sparte, das blieben Brosamen im Vergleich zu den Besitztümern einiger begüterter Untertanen. Zwar hatte sie ihre relativ mittellos startende Familie zur Wohlhabenheit geführt. Aber die Spitze war nicht zu erklimmen. Schlimmer: man ließ es sie da und dort spüren, daß sie ein Außenseiter war und blieb. Ihre Ländereien hielten keinen Vergleich mit denen der Sutherlands aus, ihr Konto bei Coutts war lächerlich gering, gemessen an den Vermögen mancher Kunden der Rothschilds oder deren eigenem Reichtum. Schied sie unter den fünf Heiratskandidaten ihrer zweitjüngsten Tochter Louise den vermögendsten, Lord Rosebery, aus, weil sie nicht ärmer als ihr eigener Schwiegersohn sein wollte? Sie verfehlte damit zugleich die Chance, einen künftigen Premierminister in die Familie aufzunehmen. Rosebery heiratete dann – standesgemäß – Hannah Rothschild.

Unermüdlich tadelte die Queen den Adel und lobte die arbeitenden Schichten. Von jenem verkannt, ohne diese wirklich zu kennen, nahm sie zwischen den Klassen eine Stellung ein, die an die ihres Enkels, des deutschen Kaisers, erinnert. Bei all seiner Hoffart, die Victoria beklagenswert fand, träumte Wilhelm II. von einem Bund, den der Monarch mit den Massen eingehen solle, unter Ausschaltung von Adel und Bürgerwelt. Handelte es sich aber beim deutschen Kaiser um das

Etablieren eines neuen Herrschertums, so ging es der britischen Königin mehr um das Bewahren des bisherigen. Der junge Berliner Monarch blickte in eine nebulöse Zukunft, die alternde Königin klammerte sich an die Gegenwart, ohne zu bemerken, daß das, was sie dafür hielt, von ihr inzwischen überlebt worden war.

Ihr sozialer Sinn wurde auch deshalb geweckt, weil sie ihr eigenes Familienleben inzwischen sozusagen abgeschlossen hatte. Im Juli 1885 war ihr neuntes und letztes Kind, Prinzessin Beatrice, verheiratet worden. Da mußten zuvor schlimme Besorgnisse ausgestanden werden: Sollte sie sich der täglichen Hilfe der jüngsten Tochter berauben? Ging die Kalkulation, es werde ihr, der Witwe, unter den vielen Kindern immer diese oder jene Stütze bleiben, nun doch nicht auf? Mußte sie, die selbst Unglückliche, einer fröhlichen Heirat nach der anderen zuschauen? Ihr matriarchalisches Gefühl sträubte sich gegen die Serie der kleinen mütterlichen Verzichte, die in eine große Einsamkeit zu münden schienen. Helene und Christian waren zwar bereit gewesen, ihr zu dienen, aber auch da gab es längst eine eigene Familie, separate Probleme. Die opferbereite Tochter und der zum Altern neigende Schwiegersohn hatten ihr nun vier Enkel beschert. Enkel bedeuteten Lärm. Wenn die Königin in Windsor zum Fenster hinausschaute und die Kaninchen umherhoppeln sah, wurde sie auf wenig schmeichelhafte Weise an ihre sich stetig ausdehnende Nachkommenschaft erinnert[708]. Diesen Vergleich hatte sie schon beim 14. Enkelkind benutzt; am Ende waren es 39. Emsige Fortpflanzung als monarchisches Alibi wollte sie nie so recht anerkennen, da sie ja manchmal vieles andere lieber gewesen wäre als Königin.

Was ihr in den achtziger Jahren das Gefühl gab, dem steten Ausbreiten des Familienzirkels nachgerade zu entwachsen, waren eher die Wegsterbenden als die Neuankömmlinge. Alice, die kluge, die rebellische, die rücksichtslose Tochter, war 1878 gestorben, fern der Mutter, am fatalen 14. Dezember. Ihr folgte sechs Jahre später Leopold, der Bluter, der zwar noch eine Frau gefunden und zwei Kinder gezeugt hatte, vitale Regungen des schwächsten, lebhaft umsorgten und deshalb wohl oft aufbegehrenden Sohnes. 1882 war die Königin zum erstenmal Urgroßmutter geworden durch die Geburt eines Sohnes von Willy und Dona in Berlin. Bertie, von der Thronfolge noch weit entfernt, wurde 1891 bereits Großvater. Doch es waren die Todesfälle, die der Königin ihr Alter anzeigten, weniger die Geburten. Viel zu früh war zum Beispiel Disraeli gestorben. Als im April 1880 Gladstone Regierungschef wurde und Victoria ihn widerstrebend akzeptieren mußte, gab ein unermüdlich fortgesetzter Briefwechsel mit dem Ausgeschiedenen ihr die Illusion, dieser ihr Lieblingspremier werde bald wiederkehren. Aber der Empfänger königlicher Blumensträuße, der Absender poetischer Valentinsgrüße, der Schreiber köstlicher Frechheiten über Freund und Feind, siechte plötzlich auf seinem Landsitz Hughenden Manor dahin. Am 14. April 1881 verlor die Königin ihren romantischen Partner in Westminster. Sein letzter Liebesdienst bestand darin, daß es nicht ein 14. Dezember war. Über Lord Beaconsfields Kirchenstuhl ließ sie eine Tafel anbringen »von seiner dankbaren Monarchin und Freundin Victoria R.I.[709]«. Auch die letzten noch Ahnungslosen im Lande horchten auf.

Gladstone, der Grand Old Man, sank derweil in Victorias Ansehen tiefer und tiefer, während er sich in wenige Aufgaben härter und härter verbiß. Unglücklicherweise zählte die Lage der englischen Arbeits- und Wohnungslosen nicht dazu. Die unterdrückten irischen Bauern schienen ihm mehr Anspruch auf Beistand zu haben als die Slumbewohner in Liverpool, Glasgow oder London. Jenen zu helfen fühlte sich Gladstone, der Strenggläubige, aufgerufen, weil er in der bisherigen britischen Irlandpolitik unter anderem auch ein Versagen des Christentums aus Besitzgier sah. Was dagegen die soziale Not in den englischen Vorstädten anging, so fürchtete sich Gladstone, der heimliche Konservative, vor politischen Kräften, die er nicht zu meistern vermochte.

Victorias immer wiederkehrende Sorge um das Wohlergehen der arbeitenden Schichten fand bei Gladstone wenig Respons. Wie leicht hätten sich Monarch und Premier in gemeinsamer moralischer Verurteilung der verschwenderischen Klassen finden können. Wie schwer war es für die Königin, sich vorzustellen, warum Gladstone die starken Energien seines Mitgefühls nur für die nächtlich im Londoner Westend sich prostituierenden Frauen mobilisierte, nicht aber für deren proletarisierte Familien. Was der Premier der Königin an irischem Weitblick voraus hatte, fehlte ihm an Einsicht in die nächstliegenden Erfordernisse.

Hat er geahnt, daß die irische Bürde seinem Land auch noch bleiben werde, wenn die Last der Kolonien längst abgeschüttelt sein würde? Denn dafür hielt er die vielen Besitzungen in Übersee, auch darin stimmten seine Zeitgenossen mit ihm nicht überein. In seiner Vernachlässigung der Sozialpolitik wurde Gladstone einer der Geburtshelfer der Labour Party, die das Erbe der Liberalen antrat, sobald die Wahlrechtsreformen dafür die Voraussetzungen geschaffen hatten. Eine in adlige Whigs und »radikale« Reformer gespaltene Partei war außerstande, Brücken in die Zukunft zu bauen. Der Herzog von Argyll, Schwiegervater von Victorias Tochter Louise, verließ 1881 das Kabinett Gladstone, als ein ziemlich geringes Maß an Unabhängigkeit der irischen Bauern und Pächter von ihren englischen Landlords beschlossen werden sollte, ohne daß gleichzeitig die Zwangsmaßnahmen gegen die Rebellen der Nachbarinsel neuerlich verschärft wurden. Zuckerbrot ohne Peitsche war für die Rechtsliberalen keine erfolgversprechende Irlandpolitik.

An der Zerstörung der liberalen Partei[710] – weitgehend eine Selbstzerstörung – hat Victoria dann nach Kräften mitgewirkt. Es war die letzte der dubiosen unter ihren politischen Aktionen. Sie glaubte ihrem Lande einen Dienst zu erweisen, es vor Gefahr zu bewahren. Aber die Verwechslung einer eher doch persönlichen Vendetta mit dem Wohl der Nation war mindestens ebenso gefährlich. Der ständige Briefwechsel mit Gladstones Gegnern stellte einen klaren Verstoß gegen die Verfassung dar. Die Königin hatte, solange ein Premierminister über eine Parlamentsmehrheit verfügte, ihn zu stützen. Statt dessen arbeitete Victoria sowohl in Gladstones zweiter wie in seiner kurzen dritten Amtsperiode auf einen Bruch der Liberalen Partei und damit auf den Sturz der Regierung hin. Sie beschwor liberale Minister, das Kabinett »im Interesse des Staatsganzen« zu verlassen[711]. Sie trieb einen regelrechten konspirativen Briefwechsel mit der Opposition, zunächst mit Disraeli, dann mit Salisbury.

Inwieweit die konservativen Führer dadurch beeinflußt wurden, ist schwer zu sagen. So wie Melbourne die Queen beschworen hatte, sich mit Peel zu arrangieren, so schrieb ihr Disraeli, er beklage den schlechten Rapport zwischen ihr und Mr. Gladstone. Aber sowohl Disraeli wie auch Lord Salisbury sahen den Wert der Parteigängerschaft ihrer Monarchin. In Fällen eines knappen Wahlausgangs konnte es von Wichtigkeit werden, wem sie ihr Vertrauen schenkte. Auch in der Beeinflussung ehrgeiziger Politiker des zweiten und dritten Gliedes mochte die Queen von Nutzen sein. Orden und Titel galten noch viel bei den Aufsteigern, namentlich denen der Liberalen Partei. Also unterließen die Tory-Führer alles, was die Queen in ihrer kämpferischen Haltung gegen den »GOM« hätte irritieren können. Sie waren begreiflicherweise angetan von der Konsequenz, mit der Victoria das

Verhältnis von Monarchin und Erstem Minister zu einem steten Duell mit einem nichtswürdigen Gegner stilisierte. Ohne eigentlichen Freund, brauchte sie wenigstens einen Feind. Der stellte sich ihr.

»Die Königin allein kann einen umbringen[712]«,

seufzte Gladstone. Victorias klug beobachtender Privatsekretär Ponsonby verglich seine Herrin und den liberalen Parteiführer mit zwei Schlachtschiffen, die absichtlich Kollisionskurs nahmen. Victoria hat Gladstone mehrmals als verrückt bezeichnet. 1880 schwor sie, eher abzudanken, als diesen Mann trotz seines Wahlsieges (der auf Disraelis taktische Fehlentscheidungen zurückging) zum Regierungschef zu machen, eine Drohung, die wenige Tage später vor der Notwendigkeit der Fakten in nichts zerfiel. Einen »Diktator« nannte sie ihn, der alles ruinieren werde. Diese seine Rolle als Prügelknabe, als Katalysator der königlichen Seelenchemie hat Gladstone stoisch durchgehalten. Daß er 1886 und 1892 ein drittes und viertes Mal an die Macht gelangte, war für die Unfairneß der sonst so gerecht urteilenden Königin Strafe genug.

Die sozialen Erfordernisse des aufkommenden Massenzeitalters zu begreifen, schienen beide außerstande. Gladstone hätte sehen müssen, daß Disraelis Sturz im April 1880 nicht nur der vehementen Wahlkampagne der Opposition und nicht nur den Fehlern der Regierung zu danken war, sondern auch auf eine Serie von Mißernten und eine allgemeine wirtschaftliche Depression seit etwa der Mitte der siebziger Jahre zurückging. Das in aller Welt dominierende Großbritannien war außerstande, interne Rezessionen zu meistern, ja man ist versucht, eben jenes nach außen gerichtete Augenmerk mitsamt Kapital- und Intelligenz-Export[713] für die heimischen Miseren mitverantwortlich zu machen. Es sprach für den desolaten Zustand der Mutterinsel, daß zwei Jahre nach der »Krönung« Victorias zur Kaiserin die Heilsarmee sich ihren Namen gab. Schriften erschienen, die unmißverständlich nachholten, was am Hof und in Downing Street nur vage begriffen wurde. Seit Mayhews vierbändiger Dokumentation über die Londoner Armen[714], veröffentlicht bereits in Alberts Todesjahr 1861, erregte keine Publikation so viel Aufsehen wie die Broschüre, die einige nonkonformistische Kirchenmänner 1885 unter dem Titel »The Bitter Cry of Outcast London« veröffentlichten. Victoria las das mit Eifer – wie denn die Behauptung, sie habe nach dem Tod des Prinzgemahls nur noch Unterhaltungsromane gelesen, eklatant falsch ist. An den Premierminister schrieb sie, was für bessere Wohnverhältnisse der niederen Klassen getan werde[715].

Aber in den achtziger Jahren wurde die Aufmerksamkeit der britischen Kabinette mehr und mehr von Sorgen um die überseeischen Besitzungen erfüllt, wie ungern sich auch Gladstone von Irland ablenken ließ. Der Mahdi drohte den Nahen Osten, die Zwischenwegstrecke nach Indien, zu revolutionieren. Die Entsatzkampagne nach Khartum, wo der Kolonialbramarbas Gordon ein leichtes Hurra-Abenteuer gegen die Sudanesen zu fechten geglaubt, sich darin aber tödlich verkalkuliert hatte, schwemmte alle anderen Tagesthemen hinweg und vertiefte die Kluft zwischen der patriotisch aufwallenden Königin und ihrem pazifistisch-sparsamen Premierminister. Am 28. Februar 1885 traf die Befreiungsstreitmacht in Khartum ein, zwei Tage zuvor hatten die Einheiten des arabischen Propheten ihr Gemetzel unter den besiegten Briten abgehalten. Gordons letzte Aufzeichnungen wurden von seiner Schwester an den Hof gesandt und zur Reliquie der Königin. Diese befand sich jedoch während der angeblich nationalen Katastrophe nicht etwa auf ihrem Posten – Buckingham Palace oder Windsor Castle –, sondern machte Halb-Urlaub in Osborne. Schon während der Regierungskrise im Sommer 1880 hatte sie die Dringlichkeit ihrer pausenlosen Telegramme – die Gladstones Amtsübernahme verhindern sollten – dadurch entwertet, daß sie sie aus Baden-Baden sandte. Dorthin war sie teils aus familiären Gründen gereist – in Darmstadt lebte die Familie der gestorbenen Tochte Alice –, teils aus dem Wunsch nach Erholung. Der Kontinent mußte es sein, des Klimas wegen, möglichst Südfrankreich, Nordspanien oder Italien, das hatten die Ärzte verordnet. Warum rieten sie der gegen Hitze empfindlichen Frau nicht zu Norwegen oder Schweden? Mehrfach geriet Victoria am Mittelmeer selbst in den Frühlingsmonaten in sommerliche Temperaturen und litt gewaltig unter ihren Stoffbergen. Während die Luxushotels der Zeit bereits über regulierbare Heizsysteme verfügten, war ihnen das künstliche Kühlen der Räume natürlich noch nicht möglich. Allenfalls auf der Dinner-Tafel ließ sich – gebührend drapiert – ein Eisbrocken plazieren, der ein paar Wärmegrade wegnahm. Die Praxis wurde auch in Osborne und Balmoral bald üblich.
Vor die Ankunft in Grasse, Hyère oder Nizza aber hatten die Götter die See gesetzt, und nichts haßte die Königin der meerbeherrschenden Weltmacht so sehr wie Wellen unter ihren Füßen. Nur eines war noch schlimmer als der Kanal: falsche Informationen über den Zustand, in dem er sich befand, wenn sie ihn überqueren mußte.
»Cherbourg, 11. März 1898. Kam hier an nach einer unangenehmen,

stürmischen Überfahrt, die mich sehr mitnahm, auch wenn ich nicht seekrank wurde. Man hatte uns gesagt, der Kanal sei völlig ruhig. Aber sobald ich unter Deck ging, begann es zu schaukeln, und auf halber Strecke gab es plötzlich einen Ruck, als ob das Schiff von einer Salve getroffen worden sei. Die Luke sprang auf, Wasser drang ein, und die Stühle flogen durch die Kabine[716].«

Man eilte zu ihrer Errettung, und die Meteorologen mußten böse Worte hören. Allerdings übertraf die Unbequemlichkeit die Gefahr bei weitem: die königliche Jacht wurde stets von einem Schwarm von Kriegsschiffen begleitet, mehr Wichtigtuerei der Admiräle als erforderlicher Schutz.

Von Cherbourg ging es dann auf der Schiene in den Süden. Für die kontinentale Beförderung der britischen Majestät[717] war in Belgien ein Sondergespann von zwei Waggons gebaut worden, das ständig am Gare du Nord in Brüssel bereitstand und zumeist in Cherbourg an die vier oder fünf ferner benötigten französischen Luxuswagen angekoppelt wurde. Innen seiden und blau ausgeschlagen, verfügten sie im Unterbau über ausgezeichnete Federungen. Der eine Wagen diente dem Aufenthalt, der andere dem Schlafen. Das größere der beiden Betten blieb der Mutter und das kleinere der Tochter, der immer mitreisenden Beatrice vorbehalten, obwohl diese längst erwachsen und eher größer als Victoria war. Wenn die Königin morgens aufstand, wurde der Zug durch Klingelzeichen angehalten, damit sie nicht in ihre vielen Dessous steigen mußte, während er in einer Kurve schlenkerte. Siebenmal hat Victoria in ihren letzten zehn Lebensjahren so die Wochen zwischen Anfang März und Ende April fern vom Windsor-Nebel verbringen können. Das Grand Hotel de Cimiez in Nizza nahm dafür 40000 Francs, mit Ermäßigungen für das ohne Seeblick untergebrachte Personal. Als die Königin während eines solchen Aufenthaltes eine nahe gelegene Parfum-Herstellerei besuchte, erfuhr sie den Wochenlohn der dort arbeitenden Frauen: 7 Francs 50 Centimes. Im Grand Hotel de Cimiez oder im Costabelle von Hyère kannte man sie inzwischen. Aber bei Ausfahrten in die Umgebung ließ sich das Inkognito wahren. Von englischen Mittelmeerbummlern abgesehen, kannte sie kaum jemand abseits der Hotelwelt. Schließlich bestand zwischen ihrem unverändert jungfräulichen Porträt auf den englischen Briefmarken und ihrer eingemummten Greisinnenwirklichkeit keine erkennbare Beziehung mehr. Die französischen Autoritäten begrüßten sie zumeist in Gestalt des Präsidenten bei der Fahrt durch Paris. Dem hatte sie zugestimmt unter dem Einverständnis, dafür an ihrem Erholungsort von Deputationen verschont zu werden. Der gallische Zentralismus sorgte für das Einhalten dieser Absprache in höchst wünschenswerter Weise. Das außenpolitisch isolierte Frankreich legte größten Wert auf die cordialsten Beziehungen zum Partner der späteren Entente.

Die Luxus-Touristin Victoria begann zuerst die Franzosen, dann das ganze Land zu mögen. Welche Freundlichkeit, welche Blumenzier, was für ein Essen. In ihr Speisezimmer im Cimiez-Grand hatte eine aufmerksame Hotelleitung geglückte Kopien berühmter Gemälde ihrer erlauchten hannoverschen Vorfahren hängen lassen. Auch bemerkte man gar nichts von Katholizität. Als es zwischen Großbritannien und Frankreich in der Faschoda-Affäre von 1898 zu Spannungen kam, fragte die Königin Lord Salisbury, ob er ihr vom gewohnten Riviera-Urlaub abrate. Ganz im Gegenteil, sagte der Premierminister, nichts könne gerade jetzt von größerem Wert sein. Glücklich reiste die Achtzigjährige ab. Was konnte schöner sein als durch einen wohlverdienten Urlaub dem eigenen Lande auch noch nützliche Dienste leisten? Anzumerken ist aber, daß in jener Zeit der allgemeinen Aufmerksamkeit für monarchisches Tun und Lassen selbst eine scheinbar private Reise ein Politikum war. Das Beibehalten der Ferienroutine der Königin verwies also die politische Krise zwischen Paris und London auf einen niederen Rang. Das Absagen des Urlaubs hätte dagegen die Verstimmung sicher erhöht. Die englische Monarchie löste zwar Zwistigkeiten nicht mehr aus, legte sie auch nicht länger bei, konnte sie aber verschlimmern oder entschärfen.

Zweimal im Jahre aber ging Victoria nach Schottland, ohne die eigene Regierung zu fragen. Das Leben in den langen Monaten auf Schloß Balmoral hat Lady Lytton[718] geschildert, die Witwe eines britischen Vizekönigs von Indien und späteren Botschafters in Paris. Mutter von sieben Kindern, von denen zwei gestorben waren, und früh – mit 50 – ihres Mannes beraubt, war sie für Victoria eine ideale Gesprächspartnerin, eine nach Gottes unerforschlichem Ratschluß verwandte Seele. Ihr Schwiegervater war der Schriftsteller Bulwer-Lytton gewesen, der Freund Disraelis, was nicht nur den Posten beschaffen, sondern auch das Vertrauen der Queen gewinnen half. »Darf ich Sie beim Vornamen nennen, Edith?« fragte Victoria gleich am ersten Abend, doppelt rhetorisch übrigens, denn sie nannte keine ihrer Hofdamen beim Nachnamen, und wer hätte auch wohl gewagt, nein zu

sagen? Natürlich war die Gegenanrede »Madam« und »Your Majesty« und nicht etwa »Victoria«. Darin unterschieden sich die Vertrautesten der späten Jahre nicht von jener unglücklichen kleinen Tochter Conroys, die schon 70 Jahre zuvor die Hierarchie der Anreden zu spüren bekommen hatte.
Lady Lytton führte von 1895 bis 1899 ein Tagebuch, das erst sechs Jahrzehnte später veröffentlicht wurde. Als Beobachterin darf sie zuverlässig genannt werden, denn sie schätzte zwar die Ehre, fand auch die Gesellschaft in Balmoral und Osborne faszinierend, hat aber gleichwohl die Unterkühltheit und Langeweile der königlichen Gegenwart nicht beschönigt. Kühle war für sie, die lange auf dem Kontinent und in Südasien gelebt hatte, wörtlich zu verstehen und meinte zuvörderst ungeheizte Räume. Das besessene Verlangen der Königin nach frischer Luft hat zeitlebens nicht nachgelassen. Kaminfeuer gab es nicht vor November, alle Türen standen stets weit offen, und ausgefahren wurde bei jedem Wetter. Selbst wenn man bedenkt, daß ja nur wenige Quadratzentimeter der königlichen Haut unbedeckt waren, so muß doch auch durch die Häubchen, Handschuhe, Schals, Mantillen und vielfachen Lagen von Ober- und Unterkleidern jener Zug gedrungen sein, über den das gesamte Hofpersonal klagte. Blutdruckmessungen liegen für die Königin nicht vor, aber da sie organisch gesund war, muß sich ihr schon früh bemerkbarer Überdruck im Alter eher noch verstärkt haben. Unfähig, sich ihre Mitmenschen anders als sich selbst denken zu können – abgesehen von den Bereichen freier Willensentscheidung und moralischer Kraft oder Schwäche –, hatte sie keinen Blick für die Qualen, in die ihr Bedürfnis nach Kühle den Hofstaat versetzte. Der Kanzler des Herzogtums Lancaster, einer jener unwichtigen Minister, die von den beschäftigteren Kollegen gern zum Einsitzdienst nach Balmoral abkommandiert wurden, nannte Victorias schottisches Schloß einmal »kalt wie der Tod«[719]. Nur unter Bergen von Wolldecken ertrugen die Hofdamen die täglichen Ausflüge in offener Kutsche. Geschlossene Räume bedrückten die Königin: ihrem ständigen Verkriechen in immer kleinere Bauten zum Trotz war sie klaustrophobisch, ein weiterer unter den vielen Widersprüchen ihres Charakters.
Noch enger als die Monarchin selbst mußte sich freilich ihre Umgebung einrichten. Lady Lytton erhielt in Balmoral ein Zimmer zugewiesen, in dem sie sich, nachdem der Diener ihr mitgebrachtes Gepäck hereingetragen hatte, kaum mehr bewegen konnte. Ein Tisch hatte

keinen Platz mehr gefunden. Auf die Frage einer sie besuchenden Verwandten, wo sie denn ihre Briefe schreibe, sagte sie: »Auf dem Bett sitzend[720].« Unter gräßlicher Kälte litten im Oktober 1895 der neue spanische Botschafter und seine Frau, die nicht wochenlang in London auf die Akkreditierung warten wollten und deshalb die Reise nach Balmoral unternommen hatten. Sie glaubten gleich nachmittags nach der Ankunft empfangen zu werden und wollten abends in Aberdeen den Zug zurück nach London erreichen. Solche landfremde, unviktorianische Hast wurde nicht nur abgewiesen, sondern von der Königin zum Gegenstand allgemeiner Heiterkeit gemacht beim Dinner, zu dem die Spanier nicht geladen waren. Der Conde de Casa Valencia und die Condesa blieben also eine Nacht Zwangsgast in der »Casa Balmoralia« und müssen entsetzlich gefroren haben, ehe – in gemessener Gemächlichkeit – am folgenden Nachmittag der Königin das Begleitschreiben überreicht werden durfte[721].
Nicht immer sorgte jemand derart für unverhoffte Heiterkeit. Manche Abende in Balmoral waren sterbenslangweilig. Die Königin saß zumeist schweigend beim Essen, war aber fair genug, eine Unterhaltung zuzulassen. Später spielten dann die Frauen Patience, die Herren standen eine gute Stunde plaudernd umher, und die Königin lauschte dem interessantesten Teilnehmer der Runde, meist einem angereisten Gast. Um elf langte sie nach ihrem Stock. Die Tür öffnete sich, der Diener Mustafa, makellos indisch angetan, kam herein und geleitete sie hinaus. Danach spielten die Herren Billard, und die Damen fuhren fort, sich zu langweilen. Doch hat Lady Lytton das Rezept berichtet, dessen es bedurfte, damit Victoria auflebte. Ein Besucher aus London mußte nur die Langeweile des Small-Talk und des Gesellschaftsklatsches durchbrechen, interessante Einzelheiten einer Reise, Fakten aus dem Empire, Entwicklungen in der Armee, Neues über Kaiser Wilhelm oder Präsident Cleveland berichten, und schon hörte sie zu. Was sie erfahren wollte, nannte Lady Lytton zutreffend »Details«. Die selbstgewählte Klausur 800 Kilometer von der Hauptstadt entfernt war der Königin zwar persönlich höchst angenehm, aber politisch doch auch unbequem. Im Puppenheim fand keine Weltpolitik statt – wie gern hätte sie beides kombiniert.
Selbst in der hermetischen Abgeschlossenheit von Balmoral gab es Veränderungen. Eines Tages kam Victoria dahinter, warum einige Mitglieder des Hofstaates sich ständig fürs Dinner entschuldigen ließen. Es stellte sich heraus, daß sie mit Dr. James Reid speisten, dem

neuen Leib- und Lieblingsarzt der Queen. Er nahm nicht an der königlichen Abendtafel teil, weil Mediziner den sozialen Aufstieg über den Aderlasser und Egelsetzer hinaus noch nicht geschafft hatten. Sie aßen zwar nicht mit dem Gesinde, aber auch nicht mit der Herrschaft. Da aber selbst Henry Ponsonby manchmal die Gegenwart des geistreichen Arztes vorzog, die Königin wiederum den Sekretär ungern mißte, nahm sie die Entdeckung der »Rivalentafel« unter ihrem Dach zum Anlaß, alte Vorurteile über Bord zu werfen. Fortan wurde Dr. Reid eingeladen. Schließlich war er Schotte und obendrein in Deutschland ausgebildet worden.

Die Königin wurde nun, trotz ungebrochener Physis, in vielem eine Last für ihre Umgebung. Sie nickte ein, nicht nur abends, auch nachmittags. Das lag daran, daß die fast 80jährige sich weigerte, regelmäßig nach dem Lunch zu schlafen. Die Hofdamen entwickelten daher ein System, die Unterhaltung mezzoforte weiterzuführen, so daß die alte Dame wieder zu sich kam, ohne den Eindruck zu gewinnen, man habe sie geweckt. Monarchen lieben die Überbringer schlechter Botschaften nicht, und ein rührendes Maß an weiblicher Eitelkeit hat die Königin allem Witwentum zum Trotz nie aufgegeben. Auch die trauernde Witwe trug jene »Balmoral-Stiefeletten«, durch die sie größer erschien. Körperliche Hygiene wurde selbst bei zunehmender Steifheit groß geschrieben. Die Beine ließ sie sich – wie Lady Holland es getan hatte – von einem kräftigen jungen Mann massieren, der vor ihrem Sessel kniete. Lahme Glieder waren keine Entschuldigung für Haushocken oder gar Bettlägerigkeit. Vielmehr bastelte man ihr eine grün beschlagene Planke, auf der sie – vom kräftigen Mustafa gestützt – von der Schwelle des Hauses unter Vermeidung der Treppen und Wagenstufen stracks in den Landauer gehen und dann ausfahren konnte. Stock, Brille und Diener-Arm waren nun nötig, aber ja auch vorhanden. Das Leben in Pflichterfüllung mußte weitergehen. Mehrmals im Jahr zog der inzwischen eingespielte königliche Wanderzirkus zwischen Windsor, Osborne und Balmoral hin und her. Nur die von Albert übernommene Sparsamkeit sorgte dafür, daß nicht auch bei den regelmäßigen Frühjahrsreisen ins Ausland der große Troß mitgeführt wurde. Die »Countess of Kent«, wie sie sich bei Urlaubsfahrten nannte, wurde selten von mehr als sieben oder acht Personen begleitet. Das war im späten 19. Jahrhundert unter Wohlhabenden keine Dienstenschar, die auf eine gekrönte Herrschaft schließen ließ.

Als sich das Jahr 1897 näherte, wußte zunächst niemand so recht, wie

man das zweite, noch unerhörtere Jubiläum nennen sollte. Gab es eine Steigerung von »golden«? War dem edelsten der Metalle, der königlichsten der Bezeichnungen irgend etwas überlegen? Der Innenminister, ein »junger« Mensch von 55 Jahren namens White Ridley, schlug Benennungen vor wie »Jubilissime«, »Der Königin Gedenken« oder »Das Jahr der Königin«. Aber das edelsteinversessene Zeitalter hatte sich längst einen populäreren Namen geschmiedet für die anstehenden Feierlichkeiten: »The Diamond Jubilee«. Mit sicherem Instinkt witterte Victoria, was das Volk wünschte. Diamanten waren eben noch wertvoller als Gold. Man fragt sich, ob wohl die Feiern der 88jährigen Victoria im Jahre 1907 – wieder dem Ehe-Vorbild folgend – das Eiserne Jubiläum genannt worden wären, oder hätten Brillanten und Smaragde herhalten müssen?
Victoria hatte mit dem 60. Jahrestag Sorgen genug. Die bloße Vorstellung, die Stufen zur Paulskathedrale erklimmen zu müssen, brachte sie auf den Gedanken einer schrecklichen Vereinfachung. Ließ sich der unvermeidliche Gottesdienst nicht zuunterst an der ehrwürdigen Treppe, also unter freiem Himmel abhalten, und zwar kurz? Einwände wurden erhoben. Die Londoner, hieß es, seien sicher nicht bereit, die phantastische Summe von 250000 Pfund für Tribünen, Spruchbänder, Fahnen, Kapellen und Absperrungen auszugeben, um nach einem kurzen Defilee der Staatskarosse eine Mini-Messe, womöglich im Regen, erleben zu müssen. Diese Argumente scheiterten an der Bequemlichkeit der Jubilarin. Das Tedeum wurde draußen gesungen, die Majestät blieb im Wagen, der Tag war trocken. Er hatte für Victoria mit einem an Wunder grenzenden Beispiel des Fortschritts begonnen. Die Königin drückte am frühen Morgen auf einen Knopf, und überall im britischen Empire tickerten zur selben Zeit die Telegraphen eine huldvolle Botschaft an die Untertanen:
»Aus tiefem Herzen danke ich allen Völkern. Möge Gott Euch schützen[722].«
Gott in seinen britisch-weltweiten Metamorphosen als Christus und Allah, Buddha und Schiwa, von unzähligen afrikanischen Schamanen und karibischen Voodoo-Wesen abgesehen, zeigte sich huldvoll. Waren bei der jüngsten Zarenkrönung dreitausend Russen zu Tode getrampelt worden, so kamen von den »Myriaden« der in London Jubilierenden nur ein paar Ohnmächtige zu vorübergehendem Schaden. Die Landesglocken läuteten, das hatten sie auch schon zwei Tage zuvor, am Sonntag, getan, und Gottesdienste gab es selbst in den Syna-

gogen des Landes. Dessen hatte sich George III. bei seinem Goldjubiläum im Jahre 1810 nicht rühmen können. Damals waren Juden noch Briten zweiter Klasse gewesen. Das hatte sich unter Victoria geändert. Ihr Hof gab sich vielrassisch und liberal, und so blieb er unter ihrem weltoffenen Sohn (wenn auch nicht immer danach). Der Thronfolger hatte 1859 während seiner Italienreise Papst Pius IX. besucht. Als neunzig Jahre später seine Urenkelin, Prinzessin Margaret, von Pius XII. empfangen wurde, echauffierte sich ein um seine Vorrangstellung besorgter anglikanischer Klerus auf eine Weise, die ihm von seiten Victorias bitterböse Worte eingetragen hätte.

Das Diamantene Jubiläum veranlaßte die Königin, nach neuen, nie dagewesenen Superlativen zu suchen, mit denen sich der Volksauflauf beschreiben ließ. Als Kaiserin lag es nahe, an antike Triumphe zu denken. So hatte man denn auch Bögen über den Straßen errichtet, durch die sie von Paddington zum Palast fuhr. »Dein Thron sind unsere Herzen« stand da zu lesen, und alle Bedeutungen des Namens Victoria waren genutzt worden als Motto zu Huldigungen. Der erste Tag in London diente den Empfängen. Vielfach bot sich die Bezeichnung des Jubiläums als Hinweis auf geeignete Geschenke an: Jedermann überbrachte Diamanten. Bertie und Alexandra überreichten eine Brosche, pure Steine. Vicky hatte einen Briefbeschwerer aus Chrysopras mit dem Monogramm in Diamanten gewählt. Die jüngeren Kinder legten für ein Diamanthalsband zusammen. Die Battenbergs kamen mit einem Diamantanhänger, durch Saphire verziert. Nur die armen Tecks schenkten eine Buchhülle ohne alles Glitzern.

Gekrönte Häupter fehlten diesmal, im Gegensatz zum vorigen Jubiläum. Premierminister Salisbury hatte schon im Dezember 1896 die britischen Botschaften angewiesen, die Souveräne Europas taktvoll auszuladen, ehe diese sich womöglich ihrerseits einluden. Dem deutschen und dem österreichischen Botschafter in London teilte er das vorsorglich selbst mit. Ob nun Wilhelm II. den Wink nicht erhielt oder ob er seinen Beziehungen zu Grandma zutraute, Salisbury zu überstimmen, jedenfalls fragte er am 2. Januar an:

»Hast Du irgendwelche Pläne oder Wünsche, ob wir zu Deinem Jubiläum kommen und ob wir einige unserer Kinder mitbringen sollen oder nicht[723]?«

Vicky, die ahnte, daß ihr Sohn unwillkommen sein werde, schrieb ihrem Bruder Bertie, der Kaiser sei fest entschlossen zu kommen. Aus dem Briefwechsel, den der Sekretär des Prinzen mit dem der Queen

führte, geht hervor, daß es hauptsächlich der Berliner Monarch war, dessentwegen man alle herrschenden Besucher fernhalten wollte:
»Er käme sicher mit riesigem Gefolge, würde alles selbst arrangieren und endlosen Ärger machen. Seine Königliche Hoheit ist sicher, daß die Königin es bereuen würde, gäbe sie jetzt nach[724].«
Sie gab nicht nach. Statt dessen schlug sie vor, Wilhelm solle seinen Kronprinzen schicken. Der Kaiser blieb zu Hause. Das ersparte Auftritte und Präzedenz-Querelen zwischen ihm und seiner Mutter. Die nämlich kam, obwohl auch ihr die Etikette einen Streich spielte. Bei der großen Stadtfahrt am 22. Juni konnte sie nicht mit der Königin die Kutsche teilen. Möglichen künftigen Kritikern erklärte Victoria das in ihrem »Tagebuch« wie folgt:
»Vicky fuhr im nächsten Wagen, denn in meinem konnte sie nicht mitkommen. Ihr Rang als Kaiserin verbietet es, mit dem Rücken zu den Pferden zu sitzen, und ich konnte niemand neben mir haben[725].«
War es die Würde der Jubilarin oder die Bürde ihres Umfangs, was den ganzen Rücksitz beanspruchte? Beides, das Offizielle wie das Persönliche, kam wohl wie immer glücklich zusammen. Allerdings fuhr sie auch achtspännig, wieder mit den prachtvollen cremefarbenen Importpferden, weil alles andere, wie Lord Melbourne es sechzig Jahre zuvor genannt hatte, »wie Ratten und Mäuse« aussah. Vicky dagegen wurde von nur vier, aber schwarzen und knallrot behangenen Tieren gezogen. Man verstand für Rangunterschiede zu kompensieren.
Das rechtzeitige Ausladen Wilhelms II. erwies sich als glückliche Fügung, denn in den Frühjahrsmonaten des Jahres 1897 hatte er sich wegen seiner Politik im griechisch-türkischen Konflikt, ausgebrochen über Kreta, nicht beliebt gemacht. Die Königin, die unermüdlich wie eh ihre Vermittlungstelegramme nach Berlin und Petersburg schickte, von Salisbury darin bestärkt, war erbost über die Kaltherzigkeit, mit der Willy den Griechenkönig behandelte. Der war ein Bruder Alexandras, also Berties Schwager, auch der des gerade verstorbenen Zaren Alexander III., dessen nun regierender Sohn Nikolaus Victorias Darmstädter Enkelin Alix geheiratet hatte. Noch einmal kulminierte das dynastische System Europas. Auch war der griechische Thronfolger, der Herzog von Sparta, später König Konstantin, mit Wilhelms Schwester Sophia verheiratet. Victoria erwartete also nicht ohne guten Grund mehr deutsche Loyalität für die Sache der Griechen. Darin enttäuscht – »bekam wieder ein großsprecherisches Telegramm von Wil-

helm[726]«, notierte sie im Mai –, war sie froh, daß dieser nicht im Juni in wer weiß welcher Phantasieuniform neben ihr durch die Straßen der Hauptstadt ritt.

Am Vorabend des großen Tages lärmte die Menge in der Gegend um den Buckingham-Palast. Viele Angereiste hatten wieder in den Parks übernachtet, wie bei der Krönung von 1838.

»Die Nacht war sehr heiß und ich ziemlich unruhig. Die Geräusche schienen kein Ende zu nehmen, aber das hinderte mich nicht daran, Schlaf zu finden [727].«

Wie sollte es auch, stand doch Erfreuliches bevor, und Nervosität befiel die alte wie die junge Queen nur vor Ereignissen, die sie zu vermeiden wünschte. Allerdings hatte sie sich in gründlicher Vorauserholung für die Tage der Feierlichkeiten gerüstet. Sechs Wochen verbrachte sie im südfranzösischen Cimiez von Mitte März bis Ende April, ungeachtet der Kriegsgefahr im Südosten Europas. Den hereinschauenden Kaiser von Österreich überraschte sie freudig, indem sie ihm das schwesterliche Du anbot. Tourist Gladstone bekam seinen Handschlag, denn er war »sehr gealtert«. Für Unterhaltung sorgte Sarah Bernhardt, die auf eigenen Wunsch der Königin ein exaltiertes Stück vorspielte. Zeit blieb zum Gedenken der Toten:

»Sechzehn Jahre ist es her, daß mein gütiger Freund Lord Beaconsfield starb[728]!«,

und in Muße konnte die Kabbala der Lebensdaten fortgesponnen werden:

»Hörte von Georgie, daß May ein kleines Mädchen zur Welt gebracht hat. Seltsam, daß dieses Kind am Geburtstag der lieben Alice geboren wurde, während das vorige Kind genau an ihrem Todestag kam[729].«

Und dem von Prinz Albert, vergaß sie hinzuzufügen. Was Gedenktage anging, so zeigt eine Eintragung im »Tagebuch« vom 20. Januar, wie sehr sie den Tod Henry Battenbergs betrauerte, des Gemahls ihrer Tochter Beatrice, der ein Jahr zuvor gestorben war. Wäre das zwölf oder fünfzehn Monate später geschehen, also kurz vor dem Jubiläum, die Königin hätte eine schwere Wahl treffen müssen: familiäre Trauer oder nationales Freudenfest?

Nach Südfrankreich wurden noch vier Wochen Balmoral eingelegt. Von der Hektik der Londoner Vorbereitungen blieb sie glücklich verschont. Der Prinz von Wales hatte das Organisationskomitee an sich gezogen, sein Bruder Arthur drängte sich ins Ehrenamt des Oberbefehlshabers aller beteiligten Spaliersoldaten, und Lord Roberts sicherte sich den Separatbereich des Kommandos über die aus dem Empire anreisenden Truppenkontingente. Denn wenn auch in Indien Hunger und Seuchen herrschten, was die Königin zur Spende von 500 Pfund für einen Hilfsfond anspornte, so war doch für das britisch-selbstbewußte, von Ausländern tunlich freigehaltene Jubiläum eine großartige Empire-Demonstration unerläßlich. Alle Regierungschefs der Dominien kamen zur ersten imperialen Konferenz am Rande der Festivitäten und begründeten somit eine Tradition, die bis in die Commonwealth-Konferenzen unserer Tage fortwirkt. Dem Volk aber wurden, damit das Weltreich nicht als Unterdrückungsmaschinerie mißverstanden werde, ausgesuchte einheimische Elitekämpfer aus mehreren Erdteilen vorgeführt.

Gut ausgeruht konnte Victoria den »unvergeßlichen Tag« beginnen. Die Spitze der endlosen Prozession hatte den Buckingham-Palast bereits passiert, als sie überhaupt erst zum Frühstück erschien. Dadurch bekam sie zu ihrem Kummer die eigens und kostspielig herangeschafften Kolonialtruppen an diesem Tage gar nicht mehr zu Gesicht. Um 11.15 Uhr endlich bestieg sie den offenen Landauer – Attentatsfurcht herrschte nicht mehr.

»Ich glaube, niemand hat jemals solche Ovationen erlebt, wie sie mir gebracht wurden, während ich sechs Meilen lang durch die Straßen fuhr... Die Massen waren unbeschreiblich, ihre Begeisterung wahrhaft einzigartig und tief bewegend. Die Hochrufe erschallten ohrenbetäubend, jedes Gesicht schien mit echter Freude erfüllt. Ich war erschüttert und dankbar[730].« Bertie und Vetter Cambridge ritten neben dem Landauer, Arthur direkt dahinter. Vor der Nationalgalerie am Trafalgar Square, der in diesem Jahr keine Arbeitslosendemonstrationen sah, denn der Wirtschaft ging es gut, bemerkte sie die Tribüne, auf der das Oberhaus sich versammelt hatte. Die Aufstellung des Unterhauses später am Zugrand hielt sie keiner Erwähnung für würdig. Wohl aber fand sie es interessant, daß sich in der Nähe von St. Paul alle noch überlebenden Teilnehmer der selbstmörderischen Reiterattacke der Light Brigade aus dem Krimkrieg, von Tennyson verherrlicht, ein Haus gemietet hatten, aus dessen Fenstern sie herabjubelten.

Vor der Kathedrale kam es zum vereinbarten Kurzgottesdienst. Ob sie je erfahren hat, daß im Verlauf der Planungen sogar einmal daran gedacht gewesen war, sie mit allen acht Pferden auf einer Prachtrampe hinauf und hinein ins Kirchenschiff zu ziehen? Der Privatsekretär des Premierministers korrespondierte darüber mit dem der Queen, doch einigten sich die Herren, das heiße die Rücksichtnahme auf die Immobilität der Monarchin doch wohl zu weit treiben. Victoria hörte also, im Landauer verbleibend, ein Tedeum an, kurze Gebete und einen von der Menge mitgesungenen Psalm, dann fuhr sie weiter. Starke Hitze machte ihr zu schaffen. Russell Thorndike, ein Chorknabe aus Windsor, der mitsingen mußte, hat sein jugendliches Tagebuch später unredigiert veröffentlicht:

»Das Tedeum war furchtbar aufregend und machte einen riesigen Lärm mit all den Kapellen und dem großen Chor. Sir George Martin dirigierte, und alle Leute sangen den 100. Psalm und ›God Save The Queen‹. Nach der Nationalhymne rief der Erzbischof von Canterbury ein dreifaches Hoch auf die Queen aus... Danach zog die Prozession weiter, und wir konnten endlich in Ruhe unser Mittagessen auf dem Rasen vor St. Paul verzehren. Es war ja etwas komisch, auf einem Friedhof zu speisen, aber wir waren schrecklich hungrig, und die Gräber verdarben unseren Appetit kein bißchen[731].«

Die »Prozession«, vom Chorknaben als solche gut charakterisiert, nahm nun einen ungewöhnlichen Weg. Am Mansion House und den City-Vätern vorbei bog sie nach Süden ab, über die London Bridge. Deren im Volkslied beschworener Zusammenbruch wurde vermieden, weil auf ihr kein Publikum zugelassen war, nur Militärspalier. Die Queen fuhr aufs Südufer der Themse – ein unerhörtes Ereignis. Die Klassenscheide zu überwinden, die der Fluß damals wie heute bildete, ging auf eine Idee des Prinzen von Wales zurück. Dessen Sekretär teilte im Februar 1897 dem Kollegen im Haushalt der Queen mit, man werde deren Einverständnis samt der Route sofort publik machen. Es gab dann allerdings Besorgnis. Die auf den Dächern stehende Menge, hieß es, könne angesichts der instabilen Bauweise Londoner Proletarierhäuser zu Schaden kommen, und nichts ruiniere das Jubiläum so sicher wie ein bedauerlicher Zwischenfall. Aber die Monarchin fuhr südlich der Themse bis zur Höhe des Parlaments zurück, »die Borough Road entlang, wo die Bevölkerung sehr arm ist, aber nicht weniger begeistert und von ordentlichem Benehmen wie anderswo auch«[732].

Bei den Festlichkeiten vom Juni 1897 dankten ihr vor allem die einfachen Leute am Rande des Zuges. Die Queen mochte nicht viel für sie tun oder tun können. In Verkennung der Relationen merkte sie zu Berties Spital-Fonds an, hoffentlich würden die ihm zufließenden Spenden nicht ihren eigenen Indien-Aufruf beeinträchtigen. Das alles

schadete nicht ihrem nun endgültig etablierten Ruf als Volkskönigin. Und manchmal war es wirklich das Volk, um das sie sich sorgte. Im Juni 1880 schrieb sie an Gladstone:
»Die Königin bedauert die Erhöhung der Einkommensteuer, da das diejenigen belastet, die geringe Einkünfte beziehen... Sie findet auch die Biersteuer nicht gut, denn die Armen trinken nie Wein, und die Verteuerung des Biers wird von ihnen als Belastung verspürt. Die reicheren Schichten dagegen, die Wein trinken und in keiner Weise darin eingeschränkt werden, könnten es sich sehr wohl leisten, mehr für den Weingenuß zu zahlen. Die Armen dagegen können kaum eine zusätzliche Steuer für ihr einziges Getränk zahlen[733].«
Sympathische Ermahnungen einer leidgeprüften Person, die den Tee gern mit einem Schuß Usquebaugh nahm. Der totale Abstinenzler Gladstone kam der Königin hierin jedoch keinen Milliliter entgegen. Er interessierte sich auch nicht für die steten Anfragen der Monarchin, wie es mit den Slum-Behausungen der untersten Gesellschaftsschicht bestellt sei. Im Oktober 1883 erhielt der Premier einen Brief der Königin, der durch einige skandalöse Veröffentlichungen ausgelöst worden war. Victoria schrieb, sie sei »tief betrübt« über diese Berichte, »Bitter Cry of Outcast London« war einer von ihnen.
Gladstone tat nichts, er leitete das königliche Monitum nur an den Kommunalminister Dilke weiter, der damals noch nicht des Verstoßes gegen die Zeitmoral bezichtigt worden war und sogar als potentieller Nachfolger des »Grand Old Man« der Liberalen Partei galt.
Victoria hielt nichts von Personen, die sich über die einfachen Mitglieder der Gesellschaft erhaben glaubten. Vicky in Berlin bekam eine Warnung vor einem Prediger namens Teignmouth geschickt, der sich rühmte, nie mit den Armen verkehrt zu haben. Aber eine 1500 Seiten starke Biographie, die zu ihren Ehren 1887/88 erschien, konstatierte, unter ihrer Herrschaft sei es zwar den Minderbemittelten nach und nach besser ergangen, aber die Reichen seien noch viel reicher als zuvor. Der Verfasser, Robert Wilson, in modernen Bibliographien nicht mehr erwähnt, war sicher kein Marxist, zeigte sich aber, ohne es zu wissen, bewandert in der Theorie der relativen Verelendung. Victoria schuf sich im Verlauf der vierzig Jahre ihrer »Allein-Herrschaft nach dem Tod des Prinzgemahls« das Bild einer Hierarchie, die gekennzeichnet war vom Widerspruch zwischen humanitärer Gleichberechtigung und klassengebundenem Abstandsstreben. Solange sie als Königin gebührend respektiert blieb und insofern Verbesserung der Lage

der Untertanen nicht Umwälzung der überlieferten Strukturen bedeutete, bejahte sie Veränderungen. Die mußten jedoch Sache der Behörden bleiben und durften nicht von Individuen oder Organisationen außerhalb des staatlichen Apparates vorangetrieben werden.
Als Königin hielt sie die Minister an, sich um soziale Fragen, um das Leben der Armen zu kümmern, aber auch, darin nicht zu weit zu gehen. Dabei nun kam es sehr darauf an, wer mit den »Armen« gemeint war. Etwa nur die Fürsorgeempfänger oder auch, in Krisenjahren, die Arbeitslosen? Die Viktorianer entdeckten in den härter werdenden Zeiten des letzten Jahrhundert-Quartals, daß unterhalb der nun besser situierten »working class«, die sich mit Stimmrecht und Gewerkschaften zu wehren wußte, eine neue Armut zum Vorschein kam[734]. Ein Untersuchungsausschuß des Oberhauses, das sicher keines sozialistischen Eiferertums verdächtigt werden konnte, wies 1890 auf die Lage der »sweated workers« hin, der ausgebeuteten »Schweiß-Arbeiter«. Damit war die von keinem Gesetz geschützte, in Schuppen oder Hinterhöfen verrichtete Tätigkeit ungelernter Männer und Frauen gemeint, miserabel bezahltes Schuften bei exzessiven Arbeitsstunden, meist Zulieferei für größere Betriebe, woran schmierige Mittelsmänner verdienten. Billige Kleidung und Möbel waren die dabei hergestellten Produkte. »Sweater« bezeichnete fortan außer der Pulloverart auch eine Form schamlosen Menschenmißbrauchs. Die Lords konnten sicher sein, keinen der Ihren unter den Schuldigen zu finden: da bekriegte ein Teil der unteren Klasse den anderen.
Ein weiteres Übel, der Menschenhandel mit jungen Frauenzimmern, war 1885 unter Strafe gestellt worden. Die Königin applaudierte warm, als sie erfuhr, was man sich unter dem etwas nichtssagenden Titel »Criminal Law Amendment Act« vorzustellen hatte[735]. Nicht nur die unter 16 Jahre alten Mädchen sollten künftig geschützt sein, dieses Alter wurde auf 18 heraufgesetzt. In Paris und Brüssel, wohin sich die britischen Leichtfüße zu Vergnügungszwecken zu begeben pflegten, stockte der Nachschub einer begehrten Ware. Um so überraschter war man in London, als Robert Sherard 1897 mit seinem Buch »Englands weiße Sklaven« das anhaltende Blühen dieses Handels anprangerte. Drei Jahre zuvor hatte George Bernard Shaw in »Frau Warrens Gewerbe« die Gründe der Prostitution beim Namen genannt. Sie komme nicht durch moralische Defekte, mentale Instabilität oder Frühverführung zustande, sondern durch Armut. Frau Warren wollte nicht, wie ihre Schwester zuvor, der Bleivergiftung am Ar-

beitsplatz zum Opfer fallen. Die Heldin eines 1884 erschienenen Romans »The Unclassed« wurde Prostituierte, weil sie das ihrem bisherigen Dasein als »sweated worker« vorzog.
Die Zahl der käuflichen Frauen im damaligen London war nicht genau feststellbar. Einige Sozialkritiker sprachen von 50000–60000, vorsichtigere Schätzungen nahmen etwa ein Drittel dieser Zahl an[736]. In jedem Fall machte es keinen großen Unterschied, wenn Kommunalminister Ritchie der Königin anläßlich eines Berichts über die Lage der untersten Schichten in der Hauptstadt versicherte, gegenüber dem Vorjahr sei die Zahl der Ärmsten um 300 zurückgegangen. In Groß-London lebten nach der Volkszählung desselben Jahres etwa 5,6 Millionen Menschen. Unterstellt man, daß zu den Armen zählt, wer bei seinem Tode nichts hinterläßt, so traf das laut Steuerstatistik von 1886 auf 61 von 1000 aller Briten zu. Der Prozentsatz muß in London noch sehr viel höher gewesen sein. Nimmt man also 10 statt 6 Prozent an, so hätten 560000 Personen im Zustand der Armut gelebt. Auf 300 mehr oder weniger kam es da nicht an.
Nun waren die achtziger und neunziger Jahre Zeiten, in denen die Sorge der Behörden nicht nur den Niedersten auf der Sozialskala galt. Die Arbeitslosigkeit nahm zeitweise beängstigende Formen an. Schon 1869 hörte Victoria, es gebe allein im Hafen von Portsmouth 6000 Unbeschäftigte. Da sie auf der Reise nach Osborne und zurück diesen Hafen regelmäßig passierte, kann ihr dies auch kaum entgangen sein. Der Leibdiener Ihrer Majestät veranstaltete – sicher nicht ohne ihre Billigung, ja gewiß mit ihrem Beifall – eine Sammlung unter den Angestellten des Hofes und brachte 22 Pfund 16 Shilling 6 Pence zusammen. Die »Times« meldete daher am 22. Februar 1869, daß Mr. John Brown dem Hilfskomitee der Hafenarbeiter von Portsmouth diese Summe überwiesen habe. Außerhalb solcher Krisen ging es der organisierten Arbeiterschaft allerdings besser als in den Tagen der Chartisten. Die bis 1874 bei 60 Stunden fixierte Arbeitszeit ging langsam zurück, fünf mal zehn Stunden von Montag bis Freitag und fünf Stunden am Samstag waren bis zur Jahrhundertwende die Regel. Die Propaganda für den Acht-Stunden-Tag gelangte freilich zu Victorias Zeit nicht an ihr Ziel. Als Wilhelm II. 1890 in seinem amtsfrischen Sozialenthusiasmus eine Internationale Arbeitskonferenz einberief und dazu auch eine Einladung nach London schickte, schrieb Lord Salisbury an die Königin:
»Das Kabinett ist der Ansicht, die Einladung solle bereitwillig ange-

nommen werden. Da jedoch der Brief einen Vorschlag andeutet, durch Gesetz die Zahl der Stunden zu begrenzen, die erwachsene Männer arbeiten dürften, so findet das Kabinett, dem Kaiser müsse offen gesagt werden, daß dieses Land unmöglich Vorschriften akzeptieren kann, die die Arbeitszeit von Erwachsenen einschränken. Es liefe allen unseren Grundsätzen zuwider, einen Mann, der neun Stunden arbeiten möchte, daran zu hindern, mehr als acht Stunden zu arbeiten[737].«

Der Premierminister kann nicht so naiv gewesen sein anzunehmen, die Gewerkschaften verlangten eine Arbeitszeitverkürzung, die zu Lohneinbußen führen werde. Wohl kam es 1893 zu einem fünfzehnwöchigen Streik im Bergbau, als die Zechenleitungen wegen des schlechten Geschäftsgangs die Löhne um 25 (dann 15) Prozent herabsetzen wollten. Gladstones viertes und letztes Kabinett amtierte, die Selbstverwaltung für Irland erregte wieder die beiden Nationen. Innenminister Asquith schrieb der Königin, die natürlich wie immer, wenn eine Krise aufzog, im fernen Balmoral saß, er bedauere zutiefst, »Eure Majestät davon unterrichten zu müssen, daß Donnerstag abend bei Featherstone in der Nähe von Pontefract eine Kompanie Soldaten, die das Zechengelände gegen wütende Angriffe verteidigte, gezwungen war, nach dem Verlesen der Notstandsgesetze in die Menge zu schießen. Fünf Personen wurden schwer verletzt, davon sind drei – nach anderen Berichten vier – inzwischen verstorben[738].«

Die Königin hatte längst gelernt, mit lückenhaft informierten Politikern wie auch mit ärgerlichen Streiks zu leben. Schon die Bauarbeiter, die den Neubau von Schloß Balmoral errichtet hatten, waren einem Brief Alberts an Stockmar vom September 1853 zufolge mehrfach in den Ausstand getreten, »wie es hierzulande jetzt die große Mode ist«[739]. Als die Wohnbaracken der Arbeiter abbrannten, zahlte die Queen 400 Pfund für den Verlust der Habseligkeiten. In den letzten Jahrzehnten ihrer Herrschaft gab es »distress« ohne Ende. In Sheffield und Glasgow gehe es besonders schlimm zu, schrieb Disraeli ihr nach Osborne Anfang 1879, doch sei es falsch, die Streikenden in der schottischen Stadt auch noch durch Geldzuwendungen von außen zu ermutigen. Mangels wirksamerer Maßnahmen teilte Lord Salisbury ihr im November 1887 nach Balmoral mit[740], der Londoner Trafalgar Square sei für Kundgebungen gesperrt worden. Kavallerie und 400 Gardisten, so notierte Victoria einige Tage später befriedigt in ihrem »Tagebuch«, hätten den bedrängten Platz gegen den Mob zu halten verstanden[741].

Ihre besondere Aufmerksamkeit galt den Arbeiterwohnungen. Fahnenwald und Girlandenschmuck hatten den bedauerlichen Zustand der Wohnviertel, durch die sie gelegentlich fuhr, nicht verdecken können. Nach den verschiedenen Ermahnungen, die sie direkt oder durch ihren Privatsekretär an die jeweiligen Ministerien gerichtet hatte, war es im Februar 1884 zur Bildung einer königlichen Kommission gekommen, die sich mit der Bereinigung der Slums befassen sollte. Victoria gab die Zustimmung zur Teilnahme des Thronfolgers an der Arbeit dieser Kommission. Anders als bei der Ausbeutung von Arbeitskraft durch finstere Mittelsmänner sah sich hier der eine Teil des Parlaments, das Oberhaus, direkt betroffen. Einige der Lords besaßen in den Städten ganze Straßenzüge. Mulhalls »Statistisches Wörterbuch«, das zwei Jahre später zum erstenmal erschien, legte dar, daß bei einer Bevölkerung des Vereinigten Königreichs von rund 35 Millionen mehr als neun Zehntel der Bodenfläche einem Kreis von nur 176520 Personen gehörten. 0,5 Prozent besaßen also 91 Prozent, und man mag das nur ungern als typisch viktorianische Ungerechtigkeit bezeichnen. Noch heute gehören zwei Drittel des schottischen Bodens einem Kreis von 1739 Personen, das sind 0,03 Prozent der schottischen Bevölkerung.

Mit Genugtuung vernahm die Königin, daß es wenigstens zwischen den Parteien keinen Streit über die Verbesserung der Lage in den Städten geben werde. Gladstone versicherte ihr das im November 1884. Die gleichzeitig auftauchenden neuen Pläne für den Ausbau der Kriegsmarine waren jedoch nicht nur kostspielig, sondern auch kontrovers. Wenige Regierungen haben je das Rezept gekannt, zur gleichen Zeit militärisch und sozial zu rüsten, und Victorias Kabinette zählten nicht dazu. Die wohlmeinenden Anläufe linderten denn auch nur die Not, sie behoben sie nicht. In Victorias Todesjahr gab es in London noch 126 den Behörden bekannte Wohnungen, die aus einem Raum bestanden, aber neun und mehr Personen beherbergten. Tausende von Einzimmerquartieren waren das Heim von fünf bis acht Menschen. Von 1891 bis 1901 hatte die Bevölkerung der Hauptstadt um ein Prozent mehr zugenommen als die Zahl der Wohnungen, und ein Prozent bedeutete bei nunmehr 6,6 Millionen Menschen 60000 Personen als zusätzliche Mitbewohner in den vorhandenen Räumen. Dabei handelte es sich vorwiegend um Erwachsenen-Zuzug, nicht um Geburtenüberschuß. Es scheint, als hätten mehrere britische Regierungen nicht geschafft, was der amerikanische Philanthrop George

Peabody[742] mit großen Dollarstiftungen leistete, für die er Wohnungen in London bauen ließ. Peabody erhielt ein Miniaturgemälde der Queen, das der Bond-Street-Juwelier Dickinson in zwölfmonatiger Arbeit hergestellt hatte. Er errichtete dafür in seinem heimatlichen Wohnsitz eine eigene Ehrenhalle. Victoria bot ihm brieflich einen hohen Orden an, den er jedoch ablehnte. Er schrieb ihr, nichts schätze er höher als den Beifall der Königin von England,

»deren ganzes Leben zeigt, daß ihre hohe Position in keiner Weise ihr Mitgefühl für die einfachsten ihrer Untertanen verringert hat[743]«.

Doch selbst einige der religiös motivierten Wohltäter wie der Reverend William Booth gingen von der missionarischen zur sozialen Arbeit über. Die 1878 gegründete Heilsarmee wußte oft keinen besseren Rat zu geben als den der Auswanderung. Victoria mochte die schmukken Jungen aus Dr. Barnardos Heimen gern sehen, wenn sie an ihrem Wege standen,

»alle in Matrosenuniform, jeder mit einem kleinen Union Jack winkend, was einen sehr hübschen Eindruck machte[744]«.

Aber das war der Zuckerguß einer bitteren Pille. Die Königin mochte huldvoll ihren Namen hergeben zur Benennung eines neuen Wohnblocks beim Battersea Park und dafür ein köstliches Billett von Lord Beaconsfield empfangen, der die Einweihung selbst vornahm, und dabei, zum makellos ausgebürsteten Samtpelz,

»einige der Lilien trug, mit denen Eure Majestät ihn in so gnädiger und reizender Weise in Windsor beschenkt hatte[745]«.

Aber das war Herablassung, ästhetisches Auskosten der eigenen Möglichkeiten. Keinen schlagenderen Gegensatz kann man sich denken als den zwischen jenem Disraelischen Romanhelden namens Lord Sydney, der seine ganze Arbeit dem »einen großen und edlen Zweck« widmete, die Lebensbedingungen der Mehrheit des Volkes zu verbessern, und dem realen Lord Sydney, dem Lord-Stewart des Hofes. In den 80er Jahren, als die Königin während einer Teuerungswelle den Genuß von Hammelfleisch einstellte, war er heilfroh, als diese Sympathiegeste nach wenigen Wochen wieder eingestellt wurde. Die soziale Frage schien dem Oberhofmeister einen Verzicht auf sein Lieblingsgericht, Lammkoteletts mit Spargelspitzen, nicht wert zu sein[746].

So griff dann die Selbsthilfe um sich. Die Gewerkschaften[747] zählten 1872, als der hochviktorianische Boom in die erste Krise geriet, knapp 200000 Mitglieder. Als die Königin starb, waren es zwei Millionen, und sie verließen sich nicht länger auf die Förderung ihrer

Wünsche durch die Liberale Partei, sondern hatten sich einen eigenen Arm im Parlament geschaffen, das »Labour Representation Committee«[748]. Ab 1906 nannte es sich Labour Party. Der Umsturz stand dabei nicht auf dem Programm, denn ein Programm gab es nicht. Die Anpassung an den traditionellen Pragmatismus der britischen Politik hatte die neue politische Kraft schon als Gründungsakt vollzogen. »Unmöglich zu sagen, was die Absichten der neuen Partei sein werden«, schrieb der »Clarion«, eines der einflußreichsten unter den vielen Linksblättern der Zeit[749]. Es war zuerst 1891 erschienen und hatte sich drei Jahre später die Gründung von »Clarion«-Radfahr-Clubs ausgedacht. Sie verbanden unverdächtiges Austragen von Propagandamaterial mit ebenso erwünschter Freizeitgeselligkeit. Wenn die britischen Sozialisten je die Revolution gewollt haben, dann sollte sie möglichst an einem schönen Maimorgen irgendwo im Grünen und natürlich unblutig erfolgen, eben eine sehr menschliche Revolution sein. Die Verachtung der orthodoxen Marxisten war ihnen stets und ehrenderweise sicher.

Marx und Engels, die in den 40er und 50er Jahren auf die britischen Arbeiter als die Hefe der kommenden Gärungsprozesse fest zählten, rächten sich mit Beschimpfungen, als ihre Rezepte ausgerechnet dort, wo sie entstanden waren, nicht anschlugen[750]. Zwei zugereiste Intellektuelle waren eben außerstande, den dazu nötigen Teig anzurühren. Innenminister Bruce schrieb dem Privatsekretär der Königin, Ponsonby, im Mai 1872, die Machenschaften der französischen Exilkommunisten in London stünden unter ständiger Überwachung:

»Die Internationale Gesellschaft befindet sich derzeit in einem internen Krieg, der die Auflösung bringen kann, und ihre Mitglieder sind mehr damit beschäftigt, ihren Präsidenten Karl Marx und den Vorstand abzusetzen, als Aktionen nach außen zu planen. Ferner liegen Bradlaugh und seine unmittelbaren Freunde von den revolutionären Englischen Demokraten in offenem Kampf mit der Internationalen Gesellschaft, und infolgedessen besteht wenig Freundschaft zwischen den französischen Kommunisten und den englischen Demokraten. Ich kann daher die Anfrage der Königin, ›ob es Verbindungen zu den hiesigen Parteien gibt, die für ihre extremen Ansichten bekannt sind‹, negativ beantworten[751].«

Kannte Victoria nun, 24 Jahre nach dem Kommunistischen Manifest, doch die führenden Anhänger der marxistischen Lehre? Nichts

spricht dafür. Es war das Herüberschwappen der französischen Anarchie, was ihr beunruhigend erschien. Im Grunde fürchtete ihr simples Weltbild den Republikanismus mehr als den Sozialismus. Gegen den gab es Polizisten und Soldaten, die Abschaffung der Monarchie dagegen war schließlich auch einem englischen Parlament zuzutrauen, Cromwell hatte den Präzedenzfall geschaffen. Immer wieder erreichten die Minister solche besorgten Briefe der Königin. Wenn sie im Mai 1872 nach den Umstürzlern fragte, so war es gerade drei Monate her, daß das vorletzte Attentat auf sie stattgefunden hatte. 1886 zeigte sie sich mit einer ähnlich beschwichtigenden Auskunft des liberalen Innenministers Childers über die zahlreichen sozialistischen Exilisten in London nicht zufrieden. Childers sah keine Veranlassung, mit den Polizeibehörden anderer Länder eine gemeinsame Aktion zu planen. Die Königin teilte ihre bittere Enttäuschung darüber dem im selben Hause – Schloß Osborne – amtierenden Privatsekretär Henry Ponsonby schriftlich mit:
»Das ist ja erbärmlich! Wahrhaftig, die Königin glaubt, sie muß an Mr. Gladstone schreiben. Er« – Mr. Childers – »läßt einfach alles laufen und bestraft nie irgend jemand! Er hat vor seinem eigenen Schatten Angst. Kann Sir Henry nicht schreiben und auf diese beklagenswerte Untätigkeit hinweisen...? Kann Sir Henry nicht an Sir Charles Warren schreiben und ihm sagen, die Königin hoffe, er werde gute Ausschau halten[752]?«
Der geplagte Sir Henry schrieb an Sir Charles, und Sir Charles, der Londoner Polizeipräsident, schrieb an Sir Henry. Er wiederholte alles, was sein Dienstvorgesetzter, der Innenminister, schon gesagt hatte:
»Ein paar belgische Agitatoren sind herübergekommen. Man weiß von dreien, und zwei sind wieder umgekehrt. Ferner gab es einen belgischen Matrosen, der in Unruhen verwickelt war, aber unsere englischen Sozialisten... unterstützen die Belgier kaum. Die Ziele und Zwecke sind nicht die gleichen. Unsere Sozialisten wollen praktische Dinge durchsetzen, zum Beispiel kürzere Arbeitszeit und mehr Lohn, und sie haben wenig Sympathien für die umstürzlerischen Ansichten, die auf dem Kontinent verfolgt werden. Der Unterschied der Sprache und die Abneigung gegen Ausländer sind weitere Hemmnisse... Allgemein herrscht Ruhe im Augenblick[753].«
Beruhigt durch die Versicherungen des Fachmanns, der zwar das gleiche geschrieben hatte wie sein Minister zuvor, aber im Gegensatz zu

diesem nicht dem Verdacht parteipolitischer Faktenvernebelung ausgesetzt war, schrieb Victoria an den Rand des Briefes: »zufriedenstellend. V.R.I.[754]«.

Ein Jahr später buhten dann die britischen Sozialisten oder die »schlimmen« Iren am Wege nach Mile End. Zu dieser Zeit hatte Friedrich Engels – Marx war 1883 gestorben – eingesehen, daß das Bürgertum die meisten Forderungen der Chartisten von 1840 längst zu erfüllen begonnen und damit der Revolution die Grundlage genommen hatte. Die Einsicht kam sehr spät und blieb auch unvollkommen. Im Februar 1874 kommentierte er die Wahlniederlage Gladstones – den er mit Ausdrücken bedachte, die Victoria lebhaft begrüßt hätte – und schob dabei alle Schuld auf das Fehlen einer eigenständischen politischen Arbeiterpartei in Großbritannien[755]. Den vielfachen Fehleinschätzungen englischer Mentalität durch die beiden Begründer des Marxismus fügte das eine weitere hinzu. Diese Partei fehlte nicht, weil sie unterdrückt wurde, sondern weil niemand sie wollte, in der Mitte des Jahrhunderts überhaupt nicht und später nicht in der Organisationsform, die den Marxisten vorschwebte, wenn sie von politischer Arbeiterpartei sprachen.
Als sich in der Mitte der 80er Jahre eine revolutionäre Situation entwickelte – Depression der Wirtschaft, Massenarbeitslosigkeit, drei Regierungswechsel in dreizehn Monaten, Unruhen in Irland, wachsende Auslandskonkurrenz –, da war Engels nicht etwa damit beschäftigt, seinen englischen Freunden praktischen Unterricht im Umsturz zu erteilen. Er veröffentlichte gerade seine Schrift über »Ludwig Feuerbach und den Ausgang der klassischen deutschen Philosophie«, womit man in Clerkenwell und East Ham den Barrikadenbau nicht erlernen konnte. 1888 unternahm er auf ärztlichen Rat eine Reise mit Freunden in die Neue Welt. Dort und nicht in London hatte er ein Jahr zuvor die englischsprachige Ausgabe der »Lage der arbeitenden Klasse in England« erscheinen lassen, eines Werkes, dessen nunmehr vollzogene Erhebung zur klassischen Studie einherging mit dem berechtigten Verdacht des Autors, daß es wegen veränderter Fakten nicht länger zur Grundlage des Handelns dienen konnte. Als Praxis nötig war, hatte er nur Theorie zu bieten. Den Engländern hat man nachgesagt, ihr Imperialismus rede von der Bibel und meine Kattun. Engels sagte Kattun, aber er meinte Bibel, seine Bibel. August Bebel bekam 1886 einen Brief von ihm, worin die herannahende Revolution

sogar ganz aus Europa hinaus nach Amerika, Australien, Indien oder China verlegt wurde[756]. 1889 begeisterte sich der 69jährige Engels noch einmal am Ostlondoner Hafenarbeiterstreik[757]. Aber es waren nicht die gewerkschaftlich Organisierten, denen er applaudierte, sondern die ungelernten, blind um sich schlagenden Gelegenheitsarbeiter, die Outlaws.

Die Biographien der Königin sind den sozialen Fragen, mit denen sie sich umgeben sah, meist aus dem Weg gegangen. Das schmälert ihre echte, wenn auch von mitgebrachten Ansichten nicht freie Anteilnahme. Ihr Mittelkurs – gegen die Frivolität der Reichen, aber nicht für deren Enteignung oder ein Umstülpen der Gesellschaft – war das Maximum dessen, was man von einer Schülerin der Whigs, einem Kind der Vor-1832er-Zeit erwarten konnte, von einer hannoverschen Erbin obendrein. Aber sie verleugnete nie, daß sie geboren worden war im Jahre des Gemetzels vor Peterloo, gekrönt wurde zur Zeit der Forderungen der Chartisten und daß in ihr letztes Lebensjahr die Gründung der Labour Party fiel. Sie suchte allen Klassen gerecht zu werden. Im Jahre des Goldenen Jubiläums empfing und beschenkte sie zunächst 30000 Londoner Kinder einfachster Familien im Hyde Park, dann ging sie zu den Elite-Boys des Internats von Eton. Es war sicher eine illusionäre Formel, aber es war eine Formel; sie mochte keine Zukunft haben, aber sie hatte Stil. Eine Demokratin wollte Victoria nicht sein, lieber hätte sie abgedankt, als ihr Herrscheramt einem Plebiszit oder Parlamentsabstimmungen verdanken zu müssen. Ihr idealer Staat war vertikal gegliedert, mit einer verantwortungsbewußten Krone an der Spitze und nicht an der Elle einer von irgendwem bestimmten Gleichheit ausgerichtet. An deren Vorzüge hätte ihr Sinn für Fairneß gern geglaubt, doch dagegen stand ihre Überzeugung, allein das praktische Machbare sei vernünftig.

Ende 1894 erfuhr die Königin, daß sie nun auch in der englischen Linie des Hauses Urgroßmutter geworden war. May Teck, zunächst Berties ältestem Sohn Albert Victor versprochen, nach dessen Tod dann mit seinem Bruder George verbunden, war ihr wegen des »frischen Blutes« lieb, das in die Familie kam. Der neugeborene Sohn, der die britische Monarchie in die überübernächste Generation sicherte, wurde zum Gegenstand einer Glückwunschadresse des Unterhauses.

Einzig Keir Hardie, der kommende Sozialistenführer, stand im Parlament auf und protestierte, weil die Abgeordneten zwar des neuen Prinzen gedachten, aber kein Wort für die 251 Bergleute erübrigten, die soeben in Wales ihr Leben verloren hatten. Die Volksvertreter gingen über das Ansinnen Hardies hinweg. Dem königlichen Baby hat das kein Glück gebracht. Als Edward VIII. scheiterte dieser Urenkel 42 Jahre später an einem moralischen Vorurteil der Politiker, das sich seit den Tagen seiner Geburt kaum verändert hatte.

19
Dublin

Parnell – Irland

80 Jahre alt wurde sie am 24. Mai 1899. Einen Dank an Gott vermerkte das »Tagebuch«. Er habe sie nun so lange der Familie, den Freunden und der Nation erhalten[758]. Morgens und noch im Bett empfing sie die ersten Blumensträuße: vom jüngsten der neun Kinder, die nur noch sieben waren, und einer Enkelin – auch diese Generation nahm nun schon eher ab als zu. Ihre Familie dehnte sich weit in die Zukunft aus; der Vater der heutigen Königin war bereits vier Jahre alt. George Cambridge aber, das Schlachtroß der Vergangenheit, Ex-Oberbefehlshaber und auch durch den Verlust dieses Postens immer noch nicht zu Boden gedrückt, kam mit einem Präsent, das zwei Jahrhunderte zusammenfaßte. Er schenkte der königlichen Cousine »eine herrliche Miniatur Georges III., diamantenbesetzt[759]«.
Victoria, dem großen Vorgänger schon durch die Ausdauer auf dem Thron verbunden, freute sich über die Aufmerksamkeit des (genau gleichaltrigen) Vetters. Allein diese beiden lebten noch von den Enkeln des unglücklichen Königs, der ein Jahr nach ihrer Geburt gestorben war.

Widmungen las Victoria inzwischen ungeniert mit der Brille. Dieses Hilfsmittel hatte sie schon Ende der siebziger Jahre eingeführt, aber niemals in Gegenwart von Personen außerhalb des engeren Hofes aufgesetzt. Mit achtzig glaubte sie nun das entschuldbare Aufhelfen der Natur offen zugeben zu können. Ihre Umgebung hatte längst ein ausgeklügeltes System mildtätiger Rücksichtnahmen auf die Schwäche der Queen entwickelt. Mangelnde Fernsicht im Garten von Osborne wurde »diesigem Wetter« zugeschrieben. Von Victorias Wünschen unterstützt, benutzten ihre Mitarbeiter breite Federn und kontrastschwarze Tinten, damit Entwürfe und Dokumente besser lesbar wurden. Doch selbst das Sehdilemma, das ihr kaum verborgen blieb, brachte sie von ihren rührend-naiven Ungerechtigkeiten nicht ab. So klagte sie, niemand habe mehr eine klare Handschrift. Dabei war

schon damals und ist auch heute weniges aus jener Zeit schwerer lesbar als ein Brief der Königin mit den nach rechts umfallenden Zügen, drei, vier schwungvolle Worte pro Zeile, Ausdruck großer Ungeduld und starker Mißachtung der Umwelt. Das Was, nicht das Wie war ihr wichtig.
Umgeben war sie nun von älteren Herren. Der Thronfolger näherte sich dem 60. Jahr. Sein Bart wetteiferte in schimmerndem Grau mit dem des Premierministers. Lord Salisbury, »safe«, aber langweilig, eigentlich auch bequem, regierte seit 1895 und ging dann auch hinter dem Sarge der Königin. Er war elf Jahre jünger als sie und sah immer wie ihr Vater aus. Der Ehre, das Parlament persönlich zu eröffnen, würdigte sie ihn nur ein einziges Mal. Salisbury trieb zwar Außen- und Empirepolitik nach ihrem Herzen, verwechselte aber Sparsamkeit mit Geiz. Für die Königin, die das Parlament oftmals um Apanagen für Kindesheiraten und Enkelversorgungen bitten mußte, kam dieser Zug ungelegen. Auch Gladstone, der schlimme »GOM«, hatte geknausert, doch an der Marine, nicht an der Monarchie. Zum Glück war schon einige Jahre zuvor festgesetzt worden, daß nur die Kinder des Thronfolgers, nicht auch die der anderen Söhne und Töchter vom Staat Zuschüsse erhalten würden. Im Jahre 1900 kam daher die weitverzweigte Familie von Queen Victoria die Briten billiger als sechzig Jahre zuvor, bei etwa gleich großer Zahl von Zuwendungsempfängern:

1840: 13 Familienmitglieder – 341788 Pfund
1900: 16 Familienmitglieder – 168000 Pfund[760]

Das Parlament war knausriger, die Krone reicher geworden. Sooft auch die Republikaner durch die kleine alte Dame in Schwarz Abfuhren erlitten hatten: untergründig war doch eine andere Beziehung zwischen Kosten und Leistung der Monarchie hergestellt worden. Hätte Victoria auf der Versorgung ihrer sämtlichen 39 Enkel bestanden, so wären vor den dann unvermeidlichen Konfrontationen wahrscheinlich alle Premierminister zurückgewichen, kaum aber alle Parlamente. Die Königin verzichtete darauf, wenn auch erst nach Gewissens- und Kontoerforschung. Ihr Privatsekretär – seit Ponsonbys Tod im November 1895 war das Arthur Bigge – kannte natürlich den Zuwachs, der aus den Gütern des fiktiven Herzogtums Cornwall floß (1837: 20000 Pfund im Jahr, 1900: 67000 Pfund). Und wie sehr Victoria auch politisch von Alberts Maximen nach und nach abrückte: seine Investitionen waren, um die Krönungspredigt von 1838 zu zitieren, überschüttet mit gutem Segen. Die – unveröffentlichten – Königstestamente seit Victoria dürfen wohl als Bilanz einer kontinuierlichen Besitzsteigerung gelten, auf die selbst große Familienkonzerne stolz sein könnten.

Das Haus war also bestellt. Von Afrika und den leidigen Buren[761] abgesehen, herrschte in den Teilen der Welt, für die sich Victoria zuständig glaubte, Frieden, als sie den Kalender umblätterte und das 20. Jahrhundert anbrach. Sie bat wieder um Stärke für Nachkommen und Vaterland, auch um Augenlicht und vor allem um Schutz für die älteste Tochter, die krank in Kronberg in Hessen lag, eine deutsche Kaiserin, vom deutschen Kaiser, ihrem Sohn, ins innere Exil getrieben. Mit ihr korrespondierte sie über den »schrecklichen« Krieg in Südafrika, schrecklich zu Recht, denn dort bahnte sich eine jener vielen Endkämpfe an, die dem britischen Empire noch bevorstanden, der Beginn eines Prozesses, den manche noch erlebten, die Victorias Zeitgenossen gewesen waren. Einer der Träger, die nach der verlustreichen Begegnung von Spion Kop im Januar 1900 englische Verwundete aus dem Kugelhagel der Buren wegschafften, hieß Mohandas Gandhi. Den Titel Mahatma führte er damals noch nicht.

Es scheint wie ein Vermächtnis, daß sich die alte Dame dann in ihrem letzten Lebensjahr, beinlahm und sehbehindert, unförmig und lärmempfindlich, noch einmal zu einer wichtigen Reise aufraffte. Sie sorgte sich um die schwächste Stelle des Empire, die große und wichtige, aber »interne« Kolonie[762], den Hinterhof britischen Reichtums: Irland. Sie haßte Schiffsreisen, aber nach Dublin mußte die See bezwungen werden. Seit 39 Jahren hatte sie die Nachbarinsel nicht betreten, das Attentat aufs Albertdenkmal wurde den Iren lange vorgehalten. Nur drei oder vier Besuchstage, das wußte sie, würden freilich beleidigend wirken, sinnlos sein, also waren schon einige Wochen vonnöten. In Frage kam – denn auch der Iren wegen mochte sie nicht ihre Jahresroutine ändern – nur die Frühjahrszeit. Was trieb sie statt nach Südfrankreich oder Florenz im April 1900 nach Dublin? Vieles. Irische Soldaten, so vernahm sie, schlugen sich besonders tapfer im Süden Afrikas. Dann störte sie immer noch der protestantische Hochmut gegen die katholischen irischen Untertanen; deren Ketzertum verdiente Mitleid, nicht Hoffart. Auch Erzfeind Gladstone, der vor zwei Jahren Verstorbene, kam hier ins Spiel. Seinen politischen Selbstmord, seine

Zerstörung der Liberalen Partei der irischen Selbstverwaltung wegen, hatte Victoria nie begriffen, aber wohl eben deswegen insgeheim bestaunt. Was an Irland mochte es sein, weswegen dieser störrische, gefährliche, aber doch auch tief religiöse Mann alles immer wieder aufs Spiel gesetzt, zwei Kabinette ruiniert und den Zorn der Monarchin ungescheut riskiert hatte?

Einen lang nachwirkenden Anstoß mag schon 1885 Lord Carnarvon gegeben haben. Als die Kämpfe um die Home-Rule-Gesetze noch in vollem Gang waren, unterbreitete er als Irlandgouverneur der Königin eines Tages ungeniert, was auf der Nachbarinsel vor sich gehe. Er schilderte ihr das nicht zu bändigende Verlangen der Iren, die Geschicke des Landes selbst in die Hand zu nehmen. Darauf war die Königin zwar, solange Gladstone lebte und amtierte, nicht einzugehen bereit. Zu seiner Zeit hätte sie keinen Fuß auf irischen Boden gesetzt. Nun aber, fast 81jährig, verblüffte Victoria Hof und Regierung mit ihrem Reiseentschluß. Zwar durchliefen die Fenier samt ihren sympathisierenden Organisationen eine eher inaktive Phase; die Gefahr eines Attentats schien gering. Aber was hatte sich seit 1861, seit dem Pflichtbesuch Victorias und Alberts in Dublin, alles ereignet. Der Doppelmord im Phönix-Park war unvergessen, lange Zeit galt kein Mitglied des britischen Establishments als sicher in den Vierteln der »Papisten«, und nun fuhr gar die Königin und Kaiserin hinüber.

Doch gab es Politiker, die von der heroischen Geste der Greisin begeistert waren. Lord Rosebery, ihr romantisch-melancholischer Expremier mit den langen schlaflosen Nächten voll des Nachdenkens über Gut und Böse, sandte sofort seine Glückwünsche. Auch Wilhelm II., dieser Kenner des Zusammenhangs von Macht und Geste, gratulierte telegrafisch. Bestärkt auch von Dankdepeschen der irischen Truppen im Burenkrieg, denen sie sich durch das Schaffen einer neuen irischen Garde-Einheit erkenntlich gezeigt hatte, brach die Königin mit ihren Töchtern Helene und Beatrice am 4. April 1900 auf, einen Tag nach der Geburt ihres Großenkels Henry, später Herzog von Gloucester und Onkel von Elizabeth II. In bald 63jähriger Herrschaft hatte Victoria enthusiastische Volksmengen erlebt und gelegentliche Proteste gehört. Hier, im Irland der Jahrhundertwende, gab es viel von jenem und natürlich auch einiges von diesem. Victoria sah und nahm auf, was ihr gefiel – das andere ging unter.

Victoria betrat die Sorgeninsel mit demonstrativen An- und Abzeichen des Wohlwollens für die Landeskinder. Deren am Kap fechtende

Einheiten hatte sie erst vier Wochen zuvor mit der »Ehre« bedacht, am St. Patricks-Tag, also zum Fest des Nationalheiligen, Kleeblätter an der Kopfbedeckung tragen zu dürfen. Das schien ein karges Lob zu sein, doch muß man bedenken, daß für die meisten englischen Zeitgenossen der Königin dieser katholische Heilige eher als Verwandter des Höllenfürsten galt, wie ja alle Verehrung außer für Gott den Vater, Christus den Sohn und Georg den Drachentöter zutiefst beargwöhnt wurde. Victoria, festen, wenn auch rebellischen Boden unter den Füßen, vertraute auf die Friedenssymbole:
»Wir trugen Bündel echter Kleeblätter, und meine Haube und mein Schirm waren mit silbernen Kleeblättern verziert... Die Fahrt von Kingstown nach Dublin war bekränzt von großen Volksmengen, die laut jubelten, und die Dekorationen waren wunderbar[763].«
Ihr fiel auf, daß streckenweise ein Polizeikordon nicht nötig schien. Viele Texte gereimter und ungereimter Spruchbänder behielt die Königin (oder notierte sie sogleich). An der Leeson-Brücke über den Liffey, den von Joyce in die Unsterblichkeit erhobenen Dubliner Fluß, spielte sich die gleiche Zeremonie ab, die auch in London den Eintritt des Souveräns in die Hauptstadt begleitete, Begrüßung und Distanzierung zugleich. Daß ihr das Stadtschwert von Dublin angeboten wurde, fand sie ausnehmend kurios. Wen sollte sie damit erschlagen? Die politischen Nachfahren Parnells? Das Gespenst der Home Rule Gladstones? Sie hätte es nicht sagen können.
Am 7. April trieb sie jedenfalls, von Lenchen und Beatrice, wenn auch nicht von Arthur begleitet, eine Art von Exorzismus, indem sie sich in den Phönix-Park begab, wo 18 Jahre zuvor ihr Statthalter samt seinem Adjutanten erdolcht worden war, von »wilden Bestien«, wie sie damals gesagt hatte. Fotografien wurden angefertigt, als die kleeblattgeschmückte englische Urgroßmutter inmitten Tausender jubelnder irischer Kinder langsam ihren Weg zu machen suchte. Befanden sich wohl unter den zuschauenden Erwachsenen auch die nie gefaßten Mörder von Lord Cavendish und Mr. Burke? Wie immer legte die königliche Chronistin Wert auf exakte Beobachtungen:
»52000 Schulkinder aus allen Teilen Irlands waren mit ihren Lehrern und Lehrerinnen gekommen. Ein herrlicher Anblick, und der Lärm der jauchzenden Kinder überwältigte mich. Ich fuhr ganz langsam, damit sie mich alle sehen konnten...[764].«
Der April des Jahres 1900 war heiß in Irland, aber sie beklagte sich nicht. Sie empfing britische Würdenträger und einheimische Sticke-

rinnen. Die enthusiastischste Menge, der sie begegnete, stand außerhalb eines Krankenhauses, das sie besuchte. Sie verteilte ihre Huld sorgsam abwechselnd auf anglikanische und römische Kleriker. Iren waren für sie Iren. Hätte Gladstone das mit angesehen, er wäre vor Bewunderung sprachlos gewesen, und in diesem Zustand hat den großen Orator des britischen Unterhauses selten jemand erlebt. Die würdevolle, schwarzgekleidete Person, die nach einigen Tagen fast ohne jeden Schutz durch die Straßen fuhr, in einem Wagen, von zwei Ponys gezogen, traf auf lachende Gesichter, wo immer sie sich zeigte, beim Dubliner Zoo oder vor dem Kloster von Loretto – die Protestantenfürstin huldreich inmitten katholischer Nonnen.

Die Reise geriet zu einem großen, nachhaltigen Erfolg. Er konnte nicht die politisch nötige Lösung ersetzen, war auch außerstande, die blutigen Tage des späteren Bürgerkriegs zu verhindern. Aber er korrigierte in unauffälliger, erst den Nachgeborenen bewußter Art das frühere Versäumnis, daß keiner der Prinzen als ständiger Vertreter einer liberal und fair gesinnten englischen Monarchie auf der irischen Insel gelebt hatte. Victoria wurde Ende April bei der Rückfahrt belohnt durch einen der zahmsten Seegänge ihres Lebens. Sie schlief unter Deck, nachdem sie alle Begleiter mit Orden ausgezeichnet hatte. Die Londoner Presse bereitete ihr ein begeistertes Willkommen. Lord Salisburys konservative Regierung, keineswegs bereit, den Iren Eigenverantwortung zuzugestehen, war entzückt über die beschwichtigenden Auswirkungen des königlichen Besuchs. Wie schon oft zuvor, wurde Victoria auch in diesem Fall das Opfer ihres Vertrauens auf die edlen Motive einer Partei, von der sie sehr viel schamloser eingespannt wurde als von Gladstones Liberalen.

Das Irland, das die Königin besucht hatte, befand sich in einem jener Zwischenzustände relativer Ruhe, die immer wieder mit Perioden akuter Rebellion abwechselten[765]. Das mörderische Gedächtnis der Iren hielt die Jahreszahlen bereit, an denen keinem britischen Monarchen eine Reise nach Dublin anzuraten gewesen wäre. Einzelne Demonstranten hatten die Daten an die Häuserwände gemalt: 1798, 1848, 1867. Sie bezeichneten Aufstand, Hunger und wieder Aufstand. 33 Jahre waren seit den letzten schweren Unruhen vergangen. Falsch freilich wäre es gewesen anzunehmen, die Reise der Königin habe den Sicherheitsorganen keinerlei Besorgnis bereitet. Wenn schon die Fenier und Nationalisten keine akute antibritische Kampagne zusammentrommeln konnten, so bot doch der Burenkrieg einen unverfänglichen Vorwand zur Agitation. Im Oktober 1899 wurde in Dublin der »Irland-Transvaal-Ausschuß« gegründet. Da sollten sich die Unterdrückten aller britischen Länder vereinigen zu weltbrüderlichem Beistand, nichtmarxistischem natürlich. Bei der Belagerung von Ladysmith durch die Buren kämpften bereits zwei Arten von Iren mit: die von Victoria später mit nationalen Emblemen beehrten Inniskillings, Connaught Rangers und Dublin-Füsiliere auf britischer Seite, die »Irische Brigade« ihnen gegenüber. Solche Selbstzerfleischungen der Söhne der Grünen Insel fanden statt, wo immer der Erzfeind auftauchte, und wenn das am anderen Ende der Erde geschah.

Dieser Rebellenbrigade haben vielleicht ein paar hundert irische oder irisch-amerikanische Freiwillige angehört. Eine entschlossene Gruppe von Agitatoren warb dafür, unter ihnen nicht nur katholische Nationalisten, sondern auch einige aus Idealismus zur irischen Sache übergelaufene anglo-irische Protestanten der Mittelklasse. Maud Gonne, jung, hübsch und begütert, hieß Königin Victoria in der republikanischen Zeitung »United Irishman« als »Famine Queen« willkommen, als die Monarchin, die während der Hungersnot der vierziger Jahre geherrscht hatte. Das war freilich länger her, als sich die meisten Iren besinnen konnten, und so gab das Blatt zähneknirschend zu, daß Scharen von Menschen die Besucherin lebhaft begrüßten, wenn auch vorwiegend diejenigen, die von England wirtschaftlich abhängig seien. Dies war nun keine sehr exakte Unterscheidung der irischen Untertanen der Queen. Die am stärksten Jubelnden, die Angehörigen der irisch-protestantischen Mittel- und Oberklasse, hingen am wenigsten von irgend jemandem ab.

Erst im Februar war bei der Unterhausnachwahl in Mayo-Süd einer der extremen, den Feniern nahestehenden Kandidaten vom offiziellen nationalirischen Bewerber geschlagen worden. Der Zwist dieser beiden Lager ging immer noch um die Frage, ob man der britischen Liberalen Partei zutrauen dürfe, die Home Rule zustande zu bringen. Die irischen Radikalen stellten die Frage anders: Wäre diese Halbselbständigkeit nicht schlimmer als die derzeitige Unterwerfung unter den Londoner Befehl, die wenigstens klare Fronten schuf und für jeden Iren den Feind genau markierte? An dieser Frage – und nicht nur an seinem Ehebruch mit der Frau des Mitstreiters Captain O'Shea – war Charles Stewart Parnell[766] gescheitert, der große Irenführer. Gladstone, der sein Home-Rule-Projekt oder sein Christengewissen oder beides zu salvieren suchte, trennte sich von Parnell, als dessen Privat-

skandal vor die Gerichte ging. Victoria, die Irland fair behandelt, aber nicht preisgegeben zu sehen wünschte, erlebte mit Parnell, was ihr wenige Jahre zuvor mit Dilke widerfahren war: daß nämlich ihre politischen Feinde durch moralische Schwäche den eigenen Sturz beförderten. Man kann es positiv formulieren: Wer gegen das politisch-soziale Geflecht der viktorianischen Zeit rebellierte, fühlte sich offenbar auch aufgefordert, die ethischen Werte dieser Gesellschaft anzugreifen.
Victoria begriff nicht, daß Südafrika etwas mit Irland zu tun habe – außer in der Phantasie exaltierter Personen wie Maud Gonne und ihres Liebhabers, John MacBride, des radikalen Kandidaten in Mayo-Süd. Berichte, die beiden seien bei einem Besuch in Cork derart enthusiastisch empfangen worden, daß man die Pferde ausgespannt und den Wagen des Paares mit Menschenkraft zum Hotel gezogen habe, irritierten sie um so mehr, als es sich um das Victoria-Hotel handelte, nach ihr benannt und noch heute stehend. Auch die Irlandreise der Queen konnte nicht verhindern, daß schon im September 1900 aus dem »Irland-Transvaal-Ausschuß« ein neuer Kampfbund hervorging, genannt »Cumann na Gaedheal«. Er wurde der Kern der späteren Sinn-Fein-Bewegung (»Ourselves Alone«), die das irische 20. Jahrhundert mitbestimmen half. Der Bund, der das Heil in eigenen Aktionen sah, schrieb die Home-Rule-Pläne der Gladstone-Liberalen endgültig ab. Der »Grand Old Man« war jedoch nicht unfroh, als die Irische Partei mit ihren 86 Abgeordneten in Westminster an der Frage der Loyalität zu Parnell zerbrach. Die Koalition zwischen den Liberalen und den Iren hatte seinen (Gladstones) Reihen mehr Kummer als Hilfe gebracht. Vielleicht erinnerte er sich an den Ausspruch, den ihm sein großer Kontrahent Benjamin Disraeli 1852 entgegengehalten hatte:
»Die Briten lieben keine Koalitionen[767].«
Gladstone aber war mehrfach auf das Bündnis mit den Iren angewiesen, und dabei ging es sogar um die Koalition mit einer im Grunde fremden, weil illoyalen Schar. Ausländer mochte man sie zwar nicht nennen, einheimisch waren sie aber auch nicht. Das aufs überseeische Empire ausgerichtete England hat die Probleme der internen Kolonie Irland nie bewältigt.
Moralisch war Parnell für Victoria natürlich untragbar. Er war auch einer jener beiden kritikfreudigen Abgeordneten gewesen, die 1889 gegen den Willen der Queen in den Untersuchungsausschuß genom-

men worden waren, der die Ausgaben des Parlaments für die Königsfamilie prüfen sollte. Politisch dagegen lag Parnells Sache etwas anders. Seine Feinde waren zum Teil auch die der Queen. Der katholische Klerus in Irland nahm nun gegen Parnell Stellung. Der langfristigen Macht über die Seelen der Menschen gebührte Vorrang vor deren politischer Unabhängigkeit, und Irland durfte seine Befreiung nicht einem Ehebrecher verdanken. Priesterliche »Beratung« der angeblich analphabetischen Stimmberechtigten in drei irischen Nachwahlen – die Pfarrer leisteten im Wahllokal ungenierte Dienste – führte zu ebenso vielen Niederlagen Parnells, dem bis dahin kein Landsmann aus den Kindern mit Katherine O'Shea einen Vorwurf gemacht hatte. Vom papistischen Klerus verraten und von Gladstone im Stich gelassen, hätte Parnell eigentlich Victorias Mitgefühl besitzen müssen. Und es schwingt auch etwas davon mit in ihrer »Tagebuch«-Eintragung vom 8. Oktober 1891:

»Als ich heimkehrte, war Lord Cross da, und wir sprachen über die sensationelle, aber noch unbestätigte Nachricht, daß Parnell in Brighton gestorben sei[768].«

Das brauchte zwei Tage bis Balmoral, und der Wortlaut verrät, wie genau sie wußte, was damit geschehen war. England hatte einen Feind abgeschüttelt, nicht aber das Problem. Zum Glück für Victoria reichte der Burenkrieg nicht aus, dem zeitweilig richtungslosen irischen Nationalismus das Signal für einen neuen Aufstand zu liefern. Der kam erst ein Vierteljahrhundert später unter ihrem Enkel George V.[769], der jetzt, bei Parnells Tod, 26 Jahre alt war und erst zwölf Monate später, beim Tod seines älteren Bruders Eddy, zur direkten Thronfolge aufrückte. Zur Zeit seiner beginnenden Herrschaft versuchte Gladstones Erbe Asquith[770] von neuem eine Selbstverwaltung für Irland durchzudrücken. Das britische Oberhaus und der preußische Generalstab verhinderten das. Nach dem Osteraufstand von 1916 wurde die Verfügung über die Nachbarinsel den Briten weitgehend aus der Hand genommen. Schwer zu sagen, ob ein frühzeitiges Zweckbündnis der Krone mit dem reformwilligen Gladstone den dann so blutigen Verlauf der Trennung der Inseln verhindert hätte. Unmöglich sogar, die Folgen einer systematischen sozialen Aufforstung Irlands im Anschluß an die Hungerjahre, die das nötige Mitleid in England weckten, im nachhinein einzuschätzen. Als Victoria Dublin besuchte, waren alle Chancen vertan. Trotzdem oder vielleicht deshalb verlief der Aufenthalt der Königin so frei von Zwischenfällen. Selbst die Ermordung

der englischen Queen hätte die irischen Probleme eingangs des 20. Jahrhunderts nicht mehr lösen können.
Der Home Rule[771] für Irland hat die Königin nie eine gute Seite abgewonnen. Man hat vermutet, das wäre vielleicht nicht so gewesen, hätte ihr nur ein anderer Premierminister als Gladstone das Reformwerk vorgetragen. Aber als dieser 1886 mit dem ersten Gesetzentwurf für die – begrenzte – irische Selbstverwaltung hervortrat, waren nicht nur bereits endlose Fehden zwischen ihm und der Monarchin über andere politische Fragen gefochten worden. Gladstone hatte der Königin auch drei frühere Irlandgesetze nicht schmackhaft machen können. Die Enthebung der Church of Ireland als Staatskirche und zwei Maßnahmen zur Verbesserung der Lage der Bauern gegenüber ihren – meist anglo-irischen – Landlords hatte Victoria aus naheliegenden Gründen nicht gutgeheißen. Im einen Fall war da der Kroneid, der den Vorrang der Anglikanischen Kirche zu verteidigen forderte, und zum anderen sahen die Landgesetze ihr zu sehr nach Enteignung aus. Wie das englische Privateigentum in Irland historisch zustande gekommen war, danach fragte sie nicht.
Ferner hatte Gladstone – so fand die Königin – nach der Rebellion von 1867 die inhaftierten Fenier zu früh wieder freigesetzt und des Landes verwiesen. Privatsekretär Ponsonby schrieb an den Premier im November 1870:
»Ihre Majestät hofft, daß Garantien für gutes Benehmen in Übersee zu den Bedingungen der Ausbürgerung gehören werden. Andernfalls müßte die Anwesenheit derart rücksichtsloser Männer in Amerika zum gegenwärtigen Zeitpunkt verheerende Folgen haben[772].«
Ihre Sorge war berechtigt, zehn Jahre später drangen jene Meldungen über den Atlantik, wonach die Fenier den Thronfolger ermorden wollten, wenn auch, wie erwähnt, unbegreiflicherweise nicht die Königin selbst.
Sie fühlte sich von Gladstone auch nicht genügend über die Nachbarinsel informiert und verlangte daher einmal, daß er den Irlandminister mit zur Audienz bringe. Ein andermal berief sie sich auf Polizeiberichte, wonach die Unbotmäßigkeit wieder stark zunehme. Doch fällt auf, daß sie ihre in den sechziger Jahren oft unreflektierte Priorität für Irland – Gewalt vor Reform – nach und nach modifizierte. Gegen die eigentlichen Home-Rule-Vorlagen hat sie dann anders argumentiert: die Pläne besäßen nicht die Unterstützung der Mehrheit der Bevölkerung des Vereinigten Königreichs.

»Wie so viele von Mr. Gladstones besten Freunden und treuen Gefolgsleuten und so viele der klügsten und erfahrensten Staatsmänner kann die Königin nur Gefahren für das Empire erblicken in dem Kurs, den er steuert. Es schmerzt die Königin, dies zu schreiben, denn sie möchte ihrem Premierminister stets volle Unterstützung gewähren. Aber das ist ihr unmöglich, wenn die Einheit des Empire in Gefahr gerät, erschüttert und schwer gestört zu werden[773].«
Das war im Mai 1886, vier Wochen nach der großen Rede, mit der der 77jährige die erste Home Rule Bill einbrachte. Sie hatte ihn bereits den Austritt zweier Kabinettsmitglieder gekostet, der Joseph Chamberlains bildete einen schweren Verlust. Aber es läßt sich nicht sagen, daß Gladstones anschließende Wahlniederlage ein Verdikt gegen seine Irlandpolitik war. Vielmehr zeigte sich die Nation gespalten[774]. In Stimmen drückte sich das klarer aus als in Mandaten, wofür das Mehrheitswahlrecht sorgte. Nicht nur Irland selbst, auch Schottland und Wales verzeichneten klare Siege für Gladstones Politik. Aber das bevölkerungsreiche England gab den Ausschlag. Irland war eine englische Kolonie, und Kolonien – das sagte auch die Königin – gab man nicht mehr her.
Victoria suchte Gladstone und sich selbst davon zu überzeugen, es gehe in Irland nicht um die Interessen von Parteien oder Klassen. Aber sie selbst hatte Gladstone bei der Wiederkehr ins Amt 1880 mit den Worten begrüßt, der Grund für die derzeitige Ruhe in Irland liege in »sechs Jahren starker Regierung«, womit sie die Konservativen und ihren jährlich erneuerten Ausnahmezustand meinte. Noch 1893, als der »Grand Old Man« zum letztenmal Premier war, weigerte sie sich, in die Regierungserklärung einen Passus aufzunehmen, der mit dem neuen Home-Rule-Gesetz eine »bessere Regierung für Irland« versprach. Das Wort »besser«, schrieb sie, müsse gestrichen werden. Gladstone wich aus und griff auf die Formulierung zurück, die schon 1886 benutzt worden war. Damals hatte es neutral geheißen, man wolle »die Bestimmungen über die Regierung Irlands ergänzen[775]«. Was Gladstone unter Home Rule verstand, war für die Königin (und nicht nur sie) schwer zu begreifen. Das vorgeschlagene System hörte sich derart kompliziert an, daß es sich keiner Phantasie bemächtigen konnte. Zwei Häuser eines neu zu schaffenden Dubliner Parlaments, teils ernannt, teils gewählt, sollten zwar zusammen tagen, aber getrennt abstimmen. Jede Kammer, so war vorgesehen, werde in der Lage sein, Vorschläge der anderen zu blockieren, aber das auf höch-

stens drei Jahre. Eine Exekutive, allmählich zu bilden, sollte freie Hand auch über die Polizei haben, doch würde der britische Vizekönig ein Vetorecht des Londoner Thronrats anrufen und auch durchsetzen können. Eine Politik des Sowohl-als-Auch; das konnte Victoria nicht gefallen. Die Vertretung nach außen und die Verteidigung sollten Domänen der Krone, ihres Kabinetts und letztlich des Londoner Parlaments bleiben. Ob und wie zahlreich jedoch in ihm die Iren weiterhin vertreten sein, ob irische Abgeordnete auch künftig britische Gesetze mitbestimmen sollten, daran vor allem schieden sich die Geister. Die Liberale Partei zerbrach an der Irlandpolitik, an der obstinaten Art, in der Gladstone sie durchdrücken wollte, aber auch an den ökonomischen Aspekten einer Reform des Eigentums in Irland. Enteignung war ein Virus, der rasch hundert Meilen über Wasser zurücklegen, von der kleinen auf die größere Insel übergreifen konnte. Da lag im Grunde auch der Haupteinwand der Queen gegen Gladstones Politik. Landbesitzer waren ebenso ihre Untertanen wie Arbeiter und Kaufleute.

Während der zweiten Hälfte des Jahres 1900 nahm ihre Stärke ab. Worauf das zurückging, ist nicht ganz geklärt. Lord James of Hereford, der die Königin im Mai und dann erst wieder im Oktober sah, behauptete geradezu, es sei ein regelrechter Verfall eingetreten:

»Im Mai war sie ganz die alte – gut aufgelegt und vergnügt über jede Anekdote oder muntere Unterhaltung, so wie sie das liebte. Der Krieg nahm ihre ganze Aufmerksamkeit ein. Sie glaubte, in Südafrika seien viele Fehler begangen worden, aber sie mißbilligte Untersuchungen, die unsere Versäumnisse vor aller Welt sichtbar machen würden... Als ich sie im Oktober wiedersah, bemerkte ich eine ziemliche Veränderung. Die Königin hatte stark abgenommen und war so eingefallen, daß sie nur noch wie die Hälfte ihrer früheren Erscheinung wirkte. Auch ihre Lebhaftigkeit war geschwunden... Sie selbst führte ihre Schwäche auf die Reise nach Irland zurück. ›Das war eine harte und mühsame Arbeit‹, sagte sie. ›Ich mußte ein großes Pensum bewältigen und war so sehr bedacht, daß nur ja alles gut ablaufen werde. Ich fürchte, es war zuviel für mich[776].‹«

Dieser Aussage des Kabinettsmitglieds wird man keine allzu große Bedeutung beimessen dürfen. Sie wurde erst nach dem Tod der Königin gemacht. Im Mai 1900 war von Untersuchungen über die Kriegsführung am Kap noch gar keine Rede. Sie können nicht einmal beim Oktober-Aufenthalt des Lords in Balmoral erörtert worden sein, da erst im Januar 1901 der Premierminister sich vertraulich an den Sekretär der Königin wandte, um die im Parlament drohende »Gefahr« einer solchen Enquete zu erörtern[777]. Richtig ist, daß Victoria zu vielen Zeiten von einer Rechenschaftslegung ihrer Generäle nichts gehalten hat. Dabei mußten die beiden ausgewachsenen Kriege, die sie erlebte – Krim und Südafrika –, ihr die Notwendigkeit einer politischen Kontrolle des Militärs eigentlich nahelegen, von den Eskapaden der Gordon und Jameson zu schweigen. Es ist auch unwahrscheinlich, daß Victoria ihre Krankheit in so ausschließlicher Form der Irland-Reise zuschrieb, die doch ohne jede Störung und für sie äußerst befriedigend verlaufen war. Außerdem wußte damals jedermann bei Hof Anlässe zu nennen, die das Wohlbefinden Ihrer Majestät sehr viel nachhaltiger erschüttern konnten.

Im übrigen absolvierte sie auch nach der Rückkehr aus Dublin noch ihr Pensum an Repräsentation. Im Mai wohnte sie eine volle Stunde einem Empfang im ungeliebten Buckingham-Palast bei, obwohl der Thronfolger, Prinz Arthur, Prinzessin Helene und eine Reihe von Enkeln sowie Vetter Cambridge anwesend waren, so daß ein früher Rückzug in ihre Gemächer nicht aufgefallen wäre. Am 11. Juli unternahm sie trotz großer Hitze die Reise von Windsor nach London, um bei einer strapaziösen Gartenparty im Palast dabeizusein. Auch diesmal war die ganze Familie anwesend. Zweimal drehte sie in einer der nach ihr benannten offenen Kutschen die Runde durch die geladene Menge. »Um zwanzig Minuten vor sieben« traf sie wieder in Windsor ein. Es gab kein Zeichen nachlassender Genauigkeit und, trotz schwindender Sehkraft, auch keinen Verzicht auf Inspektion. Eine Woche später ließ sie sich die neuen Felduniformen der schottischen Garde vorführen, »sehr gut und praktisch«[778], wiewohl in Khaki, aber so wollte es nun einmal der Kriegsschauplatz.

Am 22. Juli klagte sie über eine schlecht verbrachte Nacht, die erst gegen Morgen Schlaf gewährte. Grund dafür hätte eine für sie und gar in ihrem Alter »normale« Überanstrengung sein können. Aber drei Tage später vermerkte sie im »Tagebuch« die plötzliche Krankheit ihres Sohnes Alfred, besser gesagt: die Verschlimmerung eines Zustandes, unter dem er lange gelitten hatte. Um was es sich bei diesem Kehlkopfleiden handelte, war der Schwiegermutter des deutschen Kaisers Friedrich III. nur zu klar. Affie starb den Tod, den Fritz gestorben war. So sehr Victoria diesen geliebt hatte, so sorgenvoll war ihr Verhältnis zu jenem gewesen. Der Herzog von Edinburgh (dann von Coburg, als dort die männliche Linie ausstarb) war der unverkennbare zweite Sohn, ohne Aussicht auf die Krone. Da niemand anders bereit war, ihn zu verwöhnen, übernahm er das selbst. Was Bertie im Militärlager bei Dublin »getan« hatte, wiederholte er bei der Marine auf Malta. Das Angebot, König von Griechenland zu werden, mußte er aus politischen Gründen ausschlagen – dazu gehörte die Rücksichtnahme auf seine Mutter. Das konnte seine Dankbarkeit gegen sie auch nicht vergrößern.

Verführt von einer Gesellschaft, die empfängliche junge Herren von königlichem Geblüt nur zu bereitwillig korrumpierte, angeschossen von den irischen Feniern, die zu wissen schienen, daß Mütter ihre Sorgenkinder am schwersten verschmerzen, war Affie durch die Heirat mit der Zarentochter sowohl in seiner Selbsteinschätzung wie im Ansehen der Mitbürger nachgerade einer exotische Figur geworden. Sein Anspruch auf die britische Krone erlosch nach menschlichem Ermessen mit der Geburt des ersten Sohnes seines älteren Bruders. Das war im Januar 1864, in Affies zwanzigstem Lebensjahr. Auch wenn dieses Kind, Albert Victor, der spätere Herzog von Clarence, den Thron verfehlte, da er vor Vater und Großmutter starb, so war doch ein Jahr später mit dem zweiten Sohn, dem nachmaligen König George V., die Monarchie gesichert. Affie – der Name sagte natürlich nur dem Deutsch sprechenden Teil des Hofes etwas über den Charakter der Person – beschäftigte sich fortan auf eigene Faust, ausgestattet vom Parlament mit 15000, später 25000 Pfund, wozu bei der spektakulären Petersburger Hochzeit noch 5883 Pfund hinzukamen, auch das Unterhaus konnte genau sein, nicht nur die Queen. Der Admiralstitel war nicht unverdient, denn der Prinz genoß eine gewisse Popularität bei der Flotte.

Ein Jahr zuvor war sein ältester Sohn an der Schwindsucht gestorben – die Russenbraut hatte auch nicht das beste Blut in die Ehe eingebracht. Alfred also, der zweitälteste Sohn, wurde nach Alice und Leopold das dritte Kind, das Victoria begraben mußte. Man kann sich den Schlag nicht hart genug vorstellen. Sie fühlte sich, wie in den beiden vorangegangenen Malen (von Alberts Sterben zu schweigen), durch Gott im Stich gelassen, wo nicht gar bestraft.

»Das ist hart mit 81[779]«,

schrieb sie ins »Tagebuch«. Denn natürlich war es wie immer sie, gegen die das unerforschliche Schicksal den schwersten Schlag geführt hatte. Sicher mußte es auch für Alfreds Frau Marie und die Kinder sehr

hart sein, aber in erster Linie litt doch das Haupt der Familie mit seinen unübersehbaren Pflichten in einem Kriege und dem schwachen Rüstzeug, das alles zu erdulden.
In dieser schon so oft vernommenen Litanei der Selbstbemitleidung einer kraftvollen Frau, die durch lautes Jammern ernsthaften seelischen Schaden von sich fernhielt, lag diesmal jedoch keine Übertreibung. Alfreds Tod, dem am 29. Juli in Monza die Ermordung des Königs Umberto von Italien durch den Anarchisten Bresci vorausgegangen war, hat Victoria auch physisch angeschlagen. Bis dahin war ihr nur eine kurzfristige Schlaflosigkeit zur Last gefallen. Die vertiefte sich nun. In den Morgenstunden konnte sie das Versäumte zwar nachholen, aber eben dies irritierte sie. Das Frühstück um halb zehn zu nehmen war ihr Privileg gewesen. Erst um zwölf aufzuwachen war jedoch »shocking«. Wieder und wieder verzeichnete das »Tagebuch« in den nächsten Wochen, wie »provoziert« sich Victoria fühlte. Ihre Welt war aus den Fugen. Wenn sie schlafen wollte, blieb sie wach, und sobald es munter zu sein galt, wurde sie müde. Die gleich in der Frühe zu unterzeichnenden Papiere blieben liegen. Spazierfahrten fielen aus. Es schien, als triebe die Natur Schabernack mit ihr. Sie war nicht länger Herrin ihres Tageslaufs. Die letzte, immer noch gewahrte Bastion der konstitutionellen Monarchin – die Herrschaft über den eigenen Lebensbereich – war ihr von einem Stärkeren genommen worden. Nicht nur des Morgens und nach dem Lunch, sondern zu jeder Tageszeit überfiel sie nun der Schlaf – außer eben nachts. Sie nickte ein während der Ausflugsfahrten in der Ponykutsche, an denen sie festhielt, solange es ging, oder bei der Schreibtischarbeit und auch beim Essen, oder vielmehr beim Nichtessen. Victoria hätte vielleicht noch ihr 90. Jahr und mehr erreicht, wäre zur Verwechslung von Tag und Nacht nicht die Unlust an Mahlzeiten gekommen. Im September 1900 vermerkte sie, ihr Nachmittagstee bestehe – leider – nur aus Pfeilwurzelmehl und Milch[780]. Im November war die Appetitlosigkeit schon übergegangen in starke Abneigung gegen den Anblick jeder Nahrung, der geläufige Teufelskreis. Aber inzwischen hatte das Schicksal sie ja auch von neuem geschlagen. Im Oktober fiel einer ihrer Lieblingsenkel, Christian Viktor (»Christle«), ältester Sohn der Prinzessin Helene und ihres »alten« Mannes, in Südafrika der Malaria zum Opfer. Das war nach dem Tod Likos, des Gemahls ihrer Tochter Beatrice, im Ashanti-Krieg vier Jahre zuvor nun schon der zweite Offizier der Familie, den die »Friedensherrscherin« verlor. Seine Schwester Thora, eine

der vielen nach der Königin benannten Victorias, wurde von einem panikbefallenen Hofstaat ausersehen, der Großmutter die Nachricht zu übermitteln.

Anderer Kummer kam hinzu. Im November wurde Vicky 60, ihrerseits nun schon 15fache Großmutter, aber ins innere Exil nach Kronberg in Hessen gegangen, vertrieben durch die Haßliebe zum Kaiser, der dieses Gefühl lange Zeit herzlich erwiderte, auch wenn die Krankheit seiner Mutter nun vieles vergessen ließ. Krebs des Rückenmarks lautete die Diagnose, die man der Patientin verschwieg, nicht aber den Angehörigen. Vicky glaubte nur schwere Anfälle von Hexenschuß zu erleiden. Victoria fürchtete, die geliebte Tochter nie wiederzusehen. Deren Schwester Beatrice berichtete nach einer Deutschlandreise, was sie vorgefunden habe:

»Sie beschrieb die liebe Vicky als nicht sehr verändert im Gesicht und manchmal auch guter Laune, aber schrecklich krank und leidend. Lesen ist ihre einzige Beschäftigung, und man liest ihr vor, weil sie ihre Hände nicht benutzen kann[781].« Im Juli hatte Vicky noch einmal angedeutet, welche Sorgen zu ihrer Krankheit hinzukamen. Der kaiserliche Sohn habe wieder einmal

»eine neue Rede mit viel Gedröhn losgelassen. Ich wünschte, die deutsche Regierung gäbe die Politik der fortwährenden Feuerwerke, aufsehenerregenden Überraschungen usw. auf, da die Eitelkeit und Einbildung des Publikums und dessen übertriebenes Nationalgefühl dadurch bis zu einem vollkommen lächerlichen Grade aufgestachelt werden... Ich bin wieder auf, habe aber große Schmerzen[782].«

Die Königin wußte, worauf sich der Zorn ihres Berliner Enkels bezog: auf die Ermordung des deutschen Gesandten von Ketteler im Boxeraufstand. Victoria hielt schon ein Telegramm Wilhelms II. in Händen, worin er das Entsenden einer Flotte nach China ankündigte und weitere Verstärkung vorsah, die mit

»Deinen Blaujacken Seite an Seite kämpfen werden[783]«.

Diese Truppen waren es, die wenig später in Bremerhaven zu den Worten der berüchtigten Hunnen-Rede auf den Weg geschickt wurden. Deren »Gedröhn«, das voraussagte, noch in tausend Jahren würden die Chinesen die Deutschen so fürchten, wie Europäer vor den Scharen des Königs Etzel in Schrecken gelebt hätten, fand übrigens beim Londoner »Daily Telegraph« sehr viel weniger Mißfallen als bei Wilhelms Mutter. Im Sepoy-Aufstand, schrieb das Blatt, seien die Briten genauso verfahren und hätten keinen Pardon gegeben, keine

Gefangenen gemacht. Die Internationale des Imperialismus war sich im Grunde einig.
Im Oktober konnte Vicky dann, was sie der Mutter schreiben wollte, nur noch der Enkelin Charlotte diktieren. Sie leide sehr, aber da keine Gefahr bestehe,
»so wirst du Dich, wie ich hoffe, keinen Augenblick meinetwegen beunruhigen[784]«.
Die Königin war jedoch durch das gutfunktionierende Nachrichtennetz der europäischen Hofärzteschaft längst nicht mehr im unklaren über die Krankheit ihrer Tochter. Die Bestätigung scheint ihr schon im Dezember 1898 gekommen zu sein[785]. Der Ausgang des Jahres 1900 hielt nun aber weitere Ängste bereit. Nachdem im April ein blutjunger belgischer Student italienischer Herkunft namen Sipido auf dem Brüsseler Bahnhof einen Schuß abgegeben hatte, der den Prinzen von Wales verfehlte, drang im November eine alte Frau gegen die Kutsche des deutschen Kaisers vor und schleuderte eine Axt, die ebenfalls kein Unheil anrichtete, wie der Enkel per Telegramm seiner Großmutter versicherte:
»Zum Glück traf sie die Rückwand des Wagens. Der Angriff kam von links, wo Bernhard saß« – sein Schwager, der Herzog von Sachsen-Meiningen –, »der in viel größerer Gefahr schwebte als ich und leicht in die Schulter hätte getroffen werden können. Gottlob verlief es glimpflich. Alles Liebe, Willy[786].«
Lord Salisbury gratulierte der Königin zum glücklichen Ausgang auch dieses Anschlags, schrieb ihn – wie üblich – einer Verrückten zu und fügte in seiner resignierenden Patriarchenart bei:
»Die Häufung solcher Attentate ist ein ganz furchtbares Kennzeichen der modernen Gesellschaft[787].«
Doch noch zwei weitere schwere Schläge mußte die Königin hinnehmen, eine Demütigung und einen Todesfall. Im September stellte sich heraus, daß die nun endlich freigewordene Position des Oberbefehlshabers aller britischen und imperialen Streitkräfte nicht an den Soldatensohn der Queen, Arthur, den Herzog von Connaught, gehen werde, sondern nach dem Willen der Regierung Salisbury mit Lord Roberts besetzt werden sollte, dem Leiter der Südafrika-Feldzüge. Ihm gebührte nach dem Selbstverständnis der Armee zweifellos der unbestrittene Vorrang. Er war beträchtlich älter und erfahrener als der Prinz und natürlich nicht wie dieser gleichsam ehrenhalber auf der Skala emporgestiegen. Die Königin hatte sogar sein Schlachtroß aus-

gezeichnet, eine in der britischen Armee nicht ungewöhnliche Nachäffung des römischen Kaisers Caligula, dessen Pferd es bis zum Konsul brachte. Der Held von Waterloo hatte mit dem Kult um seinen Gaul Kopenhagen diese Unsitte zu allgemeinen Ehren geführt.

Zu Weihnachten traf die letzte Hiobspost des schlimmen Jahres ein. Ihre enge Vertraute Jane Churchill starb. Beide kannten sich seit einem halben Jahrhundert. Jane war als Hofdame einmal vom ehrlichen John Brown auf einer der fröhlichen Expeditionen durchs schottische Hochland über einen Fluß getragen worden mit der Bemerkung, sie sei aber gar nicht so schwer wie Ihre Majestät. Jetzt, in den Weihnachtstagen 1900, wäre Victoria, die viel Gewicht verloren hatte, dem freimütigen Gillie wohl so leicht erschienen wie die Lady. Deren Ableben verschwieg man ihr zunächst. Einen ganzen Tag lang schoben Hof und Familie die Mitteilung hinaus. Noch aber war sie aufmerksam genug, dieses Manöver im Nachhinein zu bemerken und zu notieren.

Noch besichtigte sie auch Truppen, denn es war ja Krieg, die Königin hatte eine Pflicht zu erfüllen. Am 16. November versammelten sich im Hof von Schloß Windsor hundert verletzte Soldaten aus den Regimentern, die das Kolonialreich nun in zunehmendem Maße nach Südafrika in den Kampf schicken mußte. Zu dieser Zeit standen insgesamt etwa 230000 britisch-imperiale Soldaten gegen die Buren im Krieg. »Ein alter australischer Feldgeistlicher, der sein Bein verloren hatte, weil er von einem wildgewordenen Pferd gebissen worden war, nannte mir die verschiedenen Einheiten, denen die defilierenden Männer angehörten[788].«

Noch Ende November zogen 240 Kanadier an ihrer Queen vorüber. Das war das Jahr 1900, das letzte. Wenig hatte es gebracht, worüber sie sich freuen konnte. Im Schmerz über den Tod Affies tröstete es sie, daß Bertie an ihrem Sofa saß und ihr vorlas. Ihrer Enkelin Victoria, Tochter von Alice, der sie oft schrieb, gratulierte sie zu einem neuen Sohn, der Louis Francis genannt werden sollte. Sie bat den Namen Albert hinzuzufügen. So wurde das Kind dann getauft. Nach dem Tode der Königin kehrten die Eltern zu ihrer ursprünglichen Benennung zurück; die Jugend wollte ihren Willen, sobald es die ferne, gefürchtete Grandmama nicht länger zu respektieren galt. Das Kind hat als Louis Mountbatten ein halbes Jahrhundert später mitgeholfen, Indien, das Juwel in der Krone Victorias, aus dem Weltreich herauszulösen. Schwer zu sagen, was sie mehr geschmerzt hätte.

Anderthalb Jahrzehnte zuvor war eines jener Devotionalienbücher erschienen, die zu den Zeiten der großen Jubiläen der Königin gehörten. Ein Anonymus hatte darin ihre Lebensdaten samt den wichtigsten Begebenheiten zusammengestellt, chronologisch und brav. Im Verlauf der naheliegenden Spekulation, ob es Victoria gelingen werde, den Herrscherrekord auf dem Thron von England aufzustellen, führte der Verfasser die Langlebigkeit der Familie an Beispielen auf und kam zu dem prophetischen Schluß:

»Wenn Königin Victoria so lange lebt wie ihr Großvater, wird ihre Herrschaft nicht vor 1901 beendet sein[789].«

Soweit war es nun. Am 1. Januar, mit der lakonischen Bemerkung »Ein neues Jahr begonnen«, besuchte Victoria noch einmal Verwundete aus dem Burenkrieg, die sich im Soldatenheim von Cowes unweit des Schlosses Osborne erholten. Ihr Appetit hatte sich leicht gebessert, nur das Schlafen in den Tag hinein irritierte sie nach wie vor. Am 10. Januar kam Joseph Chamberlain, der Kolonialminister, und so galt ihr letztes Gespräch mit einem ihrer Politiker dem Empire, dessen Kaiserin sie war. Der 13. Januar, ein Sonntag, wurde etwas früher begonnen, mit Milch zum Frühstück, einigen Staatspapieren vor dem Essen, vorgelesen durch Prinzessin Helene, dann etwas Ruhe im Garten, anschließend eine kurze Ausfahrt.

»Um halb sechs ging ich nach unten ins Wohnzimmer« – Osborne besaß längst einen handgezogenen Fahrstuhl –, »und ein kurzer Gottesdienst wurde von Mr. Clement Smith gehalten, sehr gut, ein großer Trost für mich. Später ruhte ich, unterschrieb einiges und diktierte Lenchen[790].«

Mit diesen Worten endet das »Tagebuch« in seiner überlieferten Form. Die Königin arbeitete bis zuletzt, wie reduziert auch immer. Das Ende ihres Großvaters blieb ihr erspart.

Sieht man vom Burenkrieg ab, der nur die Familien der Soldaten und die Entrichter von Einkommensteuer betraf, so war das Jahr, in dem sich das Jahrhundert wendete, seltsam statisch, wie abwartend. Die Geschäfte gingen, und das Land wünschte offenkundig keine Veränderung. Im September besann sich Lord Salisbury auf die Zweckmäßigkeit von Neuwahlen für das Unterhaus. Fünf Jahre amtierte sein Kabinett nun: doch auch in Whitehall schien alles stillzustehen. Sogar nach Wahlen bestand in diesem auf Abstimmungen versessenen Lande offenbar kein Verlangen.

Als sie im Oktober kamen, brachten sie denn auch so gut wie keinen

Wechsel. Salisburys Konservative gingen von 341 Mandaten auf 334 zurück, das war nach langer Regierungszeit eher ein Sieg als eine Niederlage. Die Liberalen gewannen diese sieben Sitze hinzu und verbesserten sich von 177 auf 184, weit entfernt also von einer Möglichkeit, die Machtverhältnisse zu ändern. Die irischen Nationalisten stagnierten auf den Sitz genau bei 81. Die Liberalen Unionisten sanken, wenn man es so nennen will, von 70 auf 68, und die dadurch entstehende Differenz machten zwei Abgeordnete wett, die sich der neuen »Liberalen Arbeiterpartei« zurechneten. Wie desinteressiert in jenem Herbst des Jahres 1900 die Briten an einem politischen Wechsel waren, zeigt eine andere Zahl. In 263 der insgesamt 643 Wahlkreise wurde nicht einmal ein Gegenkandidat aufgestellt, sondern der bisherige Mandatsinhaber kampflos wiedergewählt. Seit 1859 war das nicht in diesem Umfang geschehen. 1885, als es um die Abwahl Gladstones und das Ja oder Nein zur Home Rule für Irland ging, waren nur 39 Sitze unangefochten geblieben. Als sich der Ausgang dieser lustlosen Willensentscheidung vom Oktober 1900 abzeichnete, fand ihn die Königin »wunderbar gut[791]«.

Der Burenkrieg bestätigte ihre langgehegte Befürchtung, die britische Armee befinde sich in einem ungenügenden Zustand. Es stellte sich heraus, daß nicht einmal der Schock des Krimkriegs jene Verbesserungen ausgelöst hatte, die nach der großen Beruhigungsphase im Anschluß an Waterloo nötig gewesen wären. Vergebens hatte Wellington es als Gefahr bezeichnet, daß die Armee in der britischen Verfassung gar nicht vorgesehen sei und ein abenteuerlich unsicheres Dasein führe. Auch wenn es zumindest in seinem eigenen Falle nicht stimmte, daß sich »Dienst in der Armee nicht auszahle«, so war die Abneigung gegen das Soldatenleben doch, wie der Herzog richtig bemerkte, sehr groß. Streitkräfte waren nach Ansicht der Bürger vor allem zur Bewahrung des Überseereichs nötig. Die fehlgeschlagenen Invasionen der letzten Jahrhunderte, von den Stuarts bis zu Napoleon, hatten das Sicherheitsgefühl der Inselbewohner weiter bestärkt. Der einzige fremde Herrscher, der mit Heeresmacht in England landete, Wilhelm von Oranien, war zum König gemacht worden und galt seither als gerufen, nicht als eingefallen.

Die Engländer glaubten das Geheimnis aller Kriege entdeckt zu haben: Es war besser, sie zu finanzieren, als sie selbst zu führen. Parlament und Regierung, verantwortungsscheu, wie sie waren, schoben die Last blutiger Notwendigkeiten gern auf ferne Gouverneure und

deren lokal angemusterte Streitkräfte ab. Die ideale Lösung waren die örtlichen Söldnerheere der Ost-Indien-Gesellschaft gewesen, Selbstversorgung in makabrem Sinn: Die einen Inder schossen die anderen tot, allfällige Rechnungen beglich die Londoner City.
Auch der Krimkrieg war nicht lebensnervbedrohend nahe ausgefochten worden. Mit den Franzosen gab es einen tüchtigen Verbündeten. Erst gegen die Buren standen die Briten allein. Die Marine half wenig, Mann hatte gegen Mann zu stehen. Jetzt sah die Königin, wie recht sie gehabt hatte, nach besserer Ausrüstung zu rufen. In Indien, in Afghanistan und im Sudan waren vor allem die Führungsschwächen der Armee bloßgelegt worden, nun ging es um schiere Kampfkraft. Das hing eng zusammen. 1903, als sich König Edward VII. nach den Gründen für die britischen Niederlagen in Südafrika erkundigte, wurde ihm berichtet, General Buller sei auf den Kriegsschauplatz entsandt worden, ohne jemals an einer Kabinettssitzung teilgenommen oder spezifische Instruktionen erhalten zu haben. Lord Esher, der dem König referierte, führte den plausiblen Bürgereinwand des 19. Jahrhunderts gegen eine solche Praxis ins Treffen: Keine Firma würde ihren Vertreter so unvorbereitet auf eine schwierige Mission schicken.
Der Burenkrieg ging freilich in seiner unmittelbaren Führung nicht mehr auf das Konto des Vetters Cambridge. Henry Campbell-Bannerman[792], der spätere liberale Premierminister, brachte es im Juni 1895 fertig, den Herzog, den seine königliche Cousine längst nur noch als den »armen George« bezeichnete, zum Rücktritt zu bewegen. Doch hat dieses Relikt aus der vorigen Generation die Reform der britischen Armee wie der Marine lange genug obstinat verhindert. George Cambridge hatte auf der Krim eine Division geführt, war jedoch krankheitshalber früh in die Heimat zurückgekehrt und dann Oberbefehlshaber geworden. Für ihn war die Armee eine Schreibtisch- und Paradesache, sein strategisches Konzept bestand in der Aufrechterhaltung bewährter Routine. Daß man den Tag erleben werde, da Offizierspatente nicht länger von Adelssöhnen käuflich zu erwerben seien, konnte er sich nicht vorstellen. Victoria aber konnte es, und es befiel sie allmählich die Sorge, ob der Vetter sich nicht selbst zum Narren halte. Die letzten zwanzig Jahre seiner Amtsführung hat sie leidend durchlebt, zerrissen zwischen familiärer Loyalität und der Einsicht ins Notwendige, also in Schritte, die mehr Effizienz bewirken würden. Sie spürte die Vorwürfe gegen den »dicken und dum-

men« Verwandten, der sich auf eine Allerhöchste Protektion berief, die im Grunde gar nicht mehr gegeben war.
Der Burenkrieg förderte die jahrzehntelangen Versäumnisse zutage. Victoria hat noch erleben müssen, wie einer ihrer unwürdigsten Untertanen, der Moralverächter und Ehebrecher Sir Charles Dilke, im Januar 1900 großes Aufsehen erregte mit seiner Behauptung, schuld an den Rückschlägen in Südafrika seien die irreführenden Behauptungen von Regierung und Presse über die Stärke der dort kämpfenden britischen Einheiten. Es werde immer von drei Armeekorps gesprochen. In Wirklichkeit fehlten die dazugehörigen Artilleristen und Kavalleristen. Dilke, als einer der drei Londoner Politiker bezeichnet, die sich in der Verteidigung des Empire zurechtfänden – Hicks-Beach und Randolph Churchill seien die anderen, so Lord Charles Beresford –, hat seine Attacke übrigens nicht parteipolitisch motiviert. Das beeindruckte die Queen.
Im gleichen Monat hielt Lord Salisbury im Oberhaus eine Rede, in der er die grundsätzliche Frage nach der Kriegsbereitschaft seiner Landsleute stellte. Die britische Verfassung, als Friedensgrundlage unübertroffen, sei im Kriegsfall höchst ungeeignet. In den vier Fällen des ausgelaufenen Jahrhunderts, da ernsthaft habe gekämpft werden müssen – Walcheren 1809, Waterloo 1815, Krim und Kap –, sei stets die Regierung des Tages kritisiert worden. Auf dem Kontinent habe man aber die Kriegskunst sehr viel ernsthafter studiert. England sehe sich von fünf Militärmächten in Europa umgeben. Aber es selbst verfolge eine ganz andere Rüstungspolitik, womit Salisbury eine unterlegene meinte. Er bezeichnete sie leicht ironisch mit dem zwiespältigen Begriff der »splendid isolation«, die in solchem Zusammenhang gar nicht so fabelhaft sei. Wehrpflicht bleibe ein unvorstellbarer Gedanke, Militärexperten im Parlament seien nicht gefragt, das Anciennitäts-Prinzip werde nirgendwo so unangezweifelt durchgehalten wie in England. Das schlimmste aber sei die Selbstzufriedenheit der Briten mit diesem Zustand[793]. Die Königin konnte ihm nicht entschieden genug zustimmen. Aber Haldanes Armeereformen kamen erst später, nach ihrem Tod, wenn auch nicht zu spät für den Krieg von 1914.

20
Tod der Königin

Edward VII. – Wertung

Anfang Januar 1901 sah man sie ein paarmal in der Pony-Chaise langsam auf den ebenen Wegen des Gartens von Osborne dahinziehen, stark vermummt, kaum eskortiert, sehr einsam. Am Mittwoch, dem 16., fand keine Ausfahrt statt. Den Donnerstag verbrachte sie ebenfalls ruhend, und Dr. Reid ließ seinen Kollegen Powell kommen sowie den königlichen Apotheker. Der reiste jedoch am Freitag wieder ab, und es drang nach draußen, die Königin sei wieder aufgestanden. Am Samstag aber blieb sie liegen, und mittags erschien das erste der Bulletins, die nun drei Tage lang um die Welt gingen.

Zunächst hieß es, die Arbeit der letzten Jahre habe Ihrer Majestät sehr zugesetzt, völlige Ruhe sei daher verordnet worden. Wie üblich waren die Ärzte besorgter, als sie schienen. Die Königin nahm wieder nichts zu sich – das beunruhigte sie am meisten. Telegramme gingen an die über Europa verstreute Verwandtschaft. Ihr Sohn, Prinz Arthur, der Herzog von Connaught, befand sich in Berlin zu den Zweihundertjahrfeiern der Gründung des Königreichs Preußen (18. 1. 1701). Von diesem Ereignis berichteten die britischen Zeitungen allerlei Seltsames. Zahlreiche niedere und höhere Orden seien an nahezu jedermann verliehen worden. Das kaiserliche Festmenü habe nicht nur keinerlei fremdländische Speisen zugelassen, sondern alles Aufgetragene sei auch strikt einheimisch bezeichnet worden.

Wilhelm II. erfuhr von den Besorgnissen der Ärzte in Osborne erst am Samstagmittag. Er ließ sofort sämtliche Festlichkeiten stoppen und machte sich abends mit Arthur, seinem nur neun Jahre älteren Onkel, auf die Reise nach England. Daß der Kaiser so spät unterrichtet wurde, war ein Versehen. Dr. Reid hatte schon am Freitag nach Berlin telegrafiert, und zwar direkt an die Majestät. Das Telegramm war jedoch liegengeblieben unter Tausenden anderen, die man für Glückwünsche zum Jubiläum hielt. Graf Bülow, der Reichskanzler, der durch diplomatische Kanäle von den Besorgnissen der englischen

Ärzte erfuhr, sprach den ahnungslosen Kaiser schließlich darauf an. Da die Jachten der Königsfamilie emsig zwischen Portsmouth und der Isle of Wight pendelten, also für auswärtigen Besuch nicht abkömmlich waren, nahm Wilhelm im holländischen Vlissingen den nächstbesten Dampfer. Die Überfahrt verlangte Stehvermögen, oder so jedenfalls will es die Legende vom tapferen Enkel, der den Elementen zum Trotz ans Lager der Großmutter eilte. Am Sonntag um sechs Uhr abends traf der Kaiser auf dem Bahnhof Charing Cross ein. Das sprach sich in Windeseile herum und machte vielen Londonern zum erstenmal den Ernst des Zustandes der Kranken klar. Es hatte viel Kommen und Gehen der engeren Angehörigen gegeben, aber das war nicht weiter aufgefallen. Wilhelms Ankunft mitten im Winter deutete dagegen auf Schlimmes. Selbst die Eingeweihten, die wußten, daß die vielen Englandreisen des deutschen Herrschers der Queen längst nicht mehr lieb gewesen waren, und die also mutmaßen mochten, da nutze Wilhelms Hang zur Theatralik nur eine Gelegenheit, sagten sich gleichwohl, daß der Kaiser niemals eines Auftritts in Osborne wegen die Berliner Feierlichkeiten verlassen hätte. Die alte Vormacht Preußens innerhalb des neuen Deutschen Reiches demonstrieren mußte Wilhelm II. wichtiger sein als ein Besuch am Krankenbett in Osborne – es sei denn, die Königin schwebte wirklich in Gefahr.
Das eben bezweifelten die Londoner vorübergehend, als sie den »großen Bahnhof« bemerkten, der für den Kaiser bereitgestellt wurde. Umfangreiche Sicherheitsvorkehrungen waren getroffen worden. Keine Person, die nicht als prominent geläufig war oder sich als befugt ausweisen konnte, erhielt Zutritt zum Perron in Charing Cross. Auch vor dem Bahnhof waren die Absperrungen strikt wie bei jedem Staatsbesuch. Nichts deutete auf Dringlichkeit. Die Londoner Behörden wollten nicht außer einer kranken Königin einen toten Kaiser. Der Prinz von Wales erschien eigens zum Empfang seines Neffen. Würde er seine Mutter verlassen, wenn es schlimm um sie stand? Es hätte ihn dort leicht jemand vertreten können. War nicht schon der Umweg, den der deutsche Gast über London nahm, statt sofort nach Portsmouth und weiter nach Osborne zu eilen, ein Grund zur Hoffnung? Leider nein. Der Thronfolger hatte in der Tat niemanden, der den Kaiser hätte begrüßen können. Zwei seiner Brüder, Alfred und Leopold, lebten nicht mehr, der dritte, Arthur, kam ja mit Wilhelm aus Berlin. Und von Port Victoria an der Themsemündung nach Portsmouth gab es keine direkte Verbindung, alle Wege führten über die Hauptstadt.

Da niemand mehr mit der Kutsche reiste, lag die Beförderung in der Monopolobhut der »London, Brighton & South Coast Railway«-Gesellschaft.
Sie stellte in den nächsten Tagen alle verfügbaren Wagen in ihren Londoner Bahnhöfen zu Sonderzügen zusammen, die pausenlos unter Dampf standen und deren Personal sich im Schichtdienst rund um die Uhr bereithielt. Fürsten, Herzöge und Grafen sowie Emissäre republikanischer Länder eilten nun nach Osborne. Die schwarzgekleidete Emsigkeit gab, wie es der »Daily Telegraph« am 21. Januar formulierte, »unmißverständliche Andeutungen des Ernstes der Krankheit Ihrer Majestät.« Das Unterbringen dieses einfallenden Trauerschwarms bereitete auf der Isle of Wight die größten Probleme. Schloß Osborne war nicht der Buckingham-Palast oder Schloß Windsor, ja es war gerade als Gegenminiatur zu deren erdrückender Weite, als Puppenheim im Kontrast zu den Riesenhäusern gebaut worden. Den Kaiser wies man in den Raum ein, den sonst der anreisende Londoner Minister bewohnte. Zahlreiche Potentaten mußten mit kargerem Logis vorliebnehmen. Eine schleswig-holsteinische Prinzessin fand Bett und Frühstück bei Privatsekretär Bigge. Schaukelfeste Herrschaften übernachteten an Bord der »Victoria & Albert« oder der »Osborne« (das war Berties Jacht). Beide hatte man im Hafen von Cowes zu schwimmenden Hotels hergerichtet. Die Nation, zu Normalzeiten weniger Aufschwünge an Effizienz fähig, lief zu großer Form auf. Alles klappte wie am Schnürchen.
Nicht nur England, ganz Europa bangte. An den Börsen herrschte Lustlosigkeit. Der Papst ließ wissen, er bete für die protestantische Majestät. Das »Berliner Tageblatt« schrieb, mit dem Kaiser eile ganz Deutschland ans Krankenbett der Königin. Die einheimische Geschäftswelt schwankte, wie sie die Krise würdiger begehen könne: durch trauerndes Anhalten aller Umsätze oder durch patriotisches Einhalten von Öffnungszeiten und Lieferfristen. Die Londoner Albert Hall sagte die angesetzte Spektakelvorstellung des sentimentalen Indianer-Oratoriums »Hiawatha« ab. Im »Alhambra«-Theater gastierte dagegen der Entfesselungskünstler Houdini wie gewohnt, und auch Madame Tussaud annoncierte weiter ungeniert für die wächserne Schreckenskammer. Auf der ersten Seite des »Daily Telegraph« nistete sich vorsorglich eine Anzeige der Firma William Barker ein, moderne Trauerkleidungen jeden Geschmacks. »Sorgfältig ausgebildete und erfahrene Mitarbeiter besuchen jede Adresse mit einem Angebot

zur Auswahl.« Man könne, hieß es da, auch telefonieren, falls Eile bestehe. Die war nun wirklich gegeben. Die Königin lag im Sterben. Sie verweigerte am Samstag jede Nahrung. Der Krisenstab, wie man heute sagen würde, bestand aus ihrer engsten Lebensgefährtin, Prinzessin Beatrice, Dr. Reid, dem hinzugebetenen Kollegen Powell, Prinzessin Helene, Privatsekretär Bigge und dem ständig konsultierten Thronfolger. Keiner in diesem halben Dutzend der Besorgten machte sich große Hoffnungen. Die Königin, Wochen zuvor noch gegen bloße Schwächen und verzeihliche Unpäßlichkeiten offenkundig gefeit, war zusammengefallen, verlor alles Interesse, kapitulierte vor den doch längst sorgsam reduzierten Pflichten der Unterzeichnung dessen, was die rücksichtslos weiterschreitende Politik ihr vorlegte. Der Rückzug, vor vierzig Jahren beim Tode Alberts begonnen, dann so vielfach und tapfer unterbrochen, war nun nicht mehr aufzuhalten. Ärzte, Ratgeber und Kinder erkannten an diesem plötzlichen Nachlassen des Durchhaltewillens, daß das Ende nahte. Wie der Prinzgemahl zuvor, so gab auch Victoria zu erkennen, daß sie dem Abschied vom Leben länger keinen Widerstand entgegensetzen wolle.
Anders aber als bei Albert wurde es kein rast- und ruheloser Tod. Victoria wollte nicht alle vier Stunden umgebettet werden. Sie blieb in ihrem Zimmer. Es verlangte sie auch nicht, nach Windsor gebracht zu werden, dorthin, wo Albert gestorben war. Ihr Tod war ihr eigener Tod, auch ihm begegnete sie *allein,* ohne gegenwärtige Stütze oder erinnerungsträchtige Hilfe. Als es in der Nacht von Montag auf Dienstag zum letzten Aufbäumen gegen die Trennung vom Diesseits kam, standen zwei Menschen neben ihrem Lager und stützten sie. Hätte man ihr zuvor freigestellt, wen sie für diesen letzten Liebesdienst bei sich haben wolle, sie hätte ohne Zögern die beiden ältesten Kinder herbeigewünscht, Bertie und Vicky. Aber als die Stunde kam, waren es Dr. Reid und Enkel Wilhelm, die ihre Arme unter die schwächer Atmende schoben. Fast zwei Stunden vergingen, doch der Arzt und der Kaiser konnten ihre Position nicht wechseln, denn die deutsche Majestät, wie der schottische Mediziner nur zu gut wußte, war außerstande, mit dem anderen Arm auch nur einen gestreckten Degen zu halten, geschweige denn diese schwer versinkende Frau.
Schlag 6 Uhr 30, um es mit der Präzision zu sagen, die sie selbst ein unermeßliches Leben lang einhielt, starb Königin Victoria, am Dienstag, dem 22. Januar 1901. Gelitten hat sie wenig, von einem Todeskampf wußten die Ärzte, inzwischen um Thomas Barlow verstärkt, in ihrem

Bulletin von 6 Uhr 45 nichts zu sagen. Sie hatten sich auf die humane Formel geeinigt, Ihre Majestät habe »den letzten Atemzug getan«. Die Zeitungsreporter rasten in würdelosem Konkurrenzgefecht zu den wenigen Telefonen der Insel Wight. Schließlich sollte jeder vierte Erdbewohner vom Tod seiner Herrscherin Kenntnis erhalten.
Die legendäre Beisetzung Victorias[794], ein Trauerfest mit Anflügen von Hemmungslosigkeit, wieder an die Tage der römischen Cäsaren erinnernd, wurde zum europäischen Wendepunkt. Wilhelm II. war vor dreizehn Jahren Kaiser geworden, dreizehn Jahre später lag er mit England im Kriege. Bei der Ankunft in London hatte man den Kaiser ausnahmsweise in zivilem Anzug gesehen. Jetzt, hinter dem Sarge und neben seinem Onkel, dem neuen König, ritt er in prachtvoller Uniform auf weißem Pferd. Er hatte sich von den vielen Möglichkeiten, die seine militärische Garderobe bot, für den jüngsten Zugang entschieden und präsentierte sich als englischer Feldmarschall. Der Titel war ihm soeben verliehen worden. Der König hatte sich in einen dunkelblauen Mantel gehüllt, der seine Marschall-Uniform bedeckte. Die Unempfindlichkeit seiner Mutter gegen Kälte war nicht auf ihn vererbt worden. Die aus dem Kondukt herausgehobene Farbe aber war das Weiß des Tuches, mit dem der Sarg auf der Lafette bedeckt war und das der Krone, dem Szepter und dem Reichsapfel zur Unterlage diente. Weiß? Zur Beerdigung einer Frau, die vierzig Jahre lang nur in Schwarz gegangen, von Schwarz umgeben gewesen war?
Die Königin hatte seit einiger Zeit ihren Hof überrascht mit Andeutungen, wie sehr man über die Farbe des Todes und der Trauer verschiedener Meinung sein könne. Nicht zuletzt der Umgang mit ihren indischen Dienern und dem Munshi, dazu auch der Anblick östlicher Beisetzungsriten auf den verläßlichen Zeugnissen der perfekter werdenden Fotografie bestärkten Victoria in einer Ansicht, die dem Usus zuwiderlief. Nicht Schwarz war demnach die natürliche Farbe des Abschieds, sondern Weiß; das wies auf Hoffnung, Weiterleben und Wiedersehen hin. Versuche, das Schwarz der nun einmal vorgeschriebenen Trauerkleidung aufzuhellen, zogen sich durch die letzten Jahre ihres Lebens. Zwar hatte sie sich an das Krepp gehalten, das ihre Generation bei Todesfällen trug, auch wenn die modebewußten Kreise des bourgeoisen Jahrhunderts längst andere, feinere Stoffe bevorzugten, um wenigstens dem Material abzugewinnen, was die Farbe versagte. Aber Porträts und Fotos der alternden Queen lassen erkennen, wie Kopfschleier, Blumen, Handschuhe, Fächer und Schmuck ge-

schickt benutzt wurden, um nach und nach mehr Weiß in das öde Opak ihrer Erscheinung einzufügen.
Die Trauervorschriften des Hofes gehörten zu den Möglichkeiten, die der Monarchie geblieben waren, die eigene Bedeutung hervorhebend zu wahren. Der Tod eines auswärtigen Herrschers oder seiner Ehehälfte löste sechs Wochen tiefe, dann zwei Wochen »normale« und schließlich noch einmal vierzehn Tage »halbe« Trauer aus. Es war genau festgelegt, was man während dieser Zeit tun durfte und tragen mußte. Für Kinder, Enkel, Schwäger, Tanten oder Großeltern galten verkürzte Fristen. Natürlich war es bedeutsam, in welchem Herrscherhaus Trauer eingetreten und ob man mit ihm verwandt, gut bekannt oder verfeindet war. Katholische Verwandte rangierten vor protestantischen Gleichgültigen, Portugiesen vor Holländern, und Heiden waren Heiden. Dieses abgestufte Klagesystem machte aus dem Tod eine Art von Orden. Beim Umfang des Clans der Königin konnte es daher nur wenige Monate, wenn nicht gar nur Wochen geben, in denen sie und ihr Hof nicht durch irgendein einheimisches oder auswärtiges Ableben zum Schwarztragen verurteilt gewesen wären.
Abwechslung verschaffte nur die Juwelentruhe. Die Besitzstruktur ließ nicht zu, daß jedermann, unabhängig vom Status, einfach nur schwarz ging. Perlen zum Beispiel waren in der Halbtrauer zugelassen, Diamanten aber auch, weil zu viele Leute sich Perlen leisten konnten. Victoria ließ übrigens, was es zuvor nicht gab, auch Opal, Rubin und Amethyst in der Halbtrauer zu. Während der Volltrauer jedoch durfte bedenkenlos nur Granat-Schmuck getragen werden, pechschwarzes Jett-Gehänge. Diese veredelte Kohle soll in der Antike als Mittel gedient haben, Epilepsie und Jungfräulichkeit festzustellen. Für die Enkelin Georges III., des Zwangsjackenkönigs, die an der vermeintlichen Schwangerschaft der Hofdame Flora Hastings moralisch gescheitert war, mußte Jett ein passender Schmuck sein.
Niemand wußte in den Tagen nach dem Hinscheiden der Queen so recht, woran sie eigentlich gestorben war. Die medizinisch Kundigen haben auch später anhand der Unterlagen darüber gestritten, ob es sich in ihrem Fall überhaupt um eine Krankheit gehandelt habe, also um eine an geläufigen Symptomen erkennbare Zwischenphase, durch die sich vorherige leidliche Gesundheit von schließlichem Tode abhob. Leben und Sterben scheinen vielmehr ineinander übergegangen zu sein in beneidenswerter Leichtigkeit. Schmerzen hat sie jedenfalls

nach bestem Wissen der Ärzte nicht gelitten. Einzig das beharrliche Verweigern von Nahrung an einigen der letzten Tage – nicht einmal an allen – deutete darauf hin, daß ihr außer Stärke etwas fehlte. Sie erkannte ihre Angehörigen bis in den Nachmittag, der dem Verlöschen voraufging. Da jedoch jedes Lebensende bei einem wissenschaftlichen Namen genannt sein muß, einigte sich die versammelte Kapazität auf den Begriff eines »cerebral failure«, eines Versagens der Gehirntätigkeit. Das war äußerst vage, weil es sofort die Frage aufwirft, worauf denn dieses Aussetzen zurückzuführen gewesen sei.

Hinter den Namen der 159 anderen Toten, die am nächsten Tag an ebenfalls prominenter Stelle der Zeitungen vermeldet wurden, standen jedenfalls sehr viel präzisere Angaben: Schußwunde, Schrapnell, Malaria, Ruhr. Die Verlustlisten aus Südafrika bildeten den tristen Kontrapunkt zum pompösen Tenor der Leitartikel, wonach eine Friedensfürstin dahingegangen sei. 220000 Menschen meldete zur gleichen Zeit der Vizekönig von Indien als »hilfsbedürftig«. Als »Queen of distress« war sie gekrönt worden, als »Empress of distress« schied sie, mitbeteiligt, wenn auch nicht hauptverantwortlich für das, was dazwischenlag: Besserung, Reform, Rückschlag, genutzte und verspielte Chancen. Während sie keinen Appetit hatte, hungerte ihr geliebtes Indien.

Gleichwohl wurde die letzte Fahrt der Queen durch London zum Erlebnis einer ganzen Generation. Noch fünfzig Jahre später wußten die Menschen genau zu sagen, wo sie an diesem Tag gewesen waren oder wo sie gestanden hatten, als die Tote vorüberzog. Auf dem Film, der damals angefertigt wurde, haben Kinder und Enkel ihre Eltern und Großeltern zu erkennen gesucht. Die Route, die der Zug nahm, war bei keiner der früheren Staatsfahrten der Queen eingeschlagen worden. Sie führte vom Bahnhof Victoria zum Bahnhof Paddington. London war nur Zwischenstation auf dem Wege vom Sterbezimmer in Osborne zum Grab im Park von Windsor. Am Freitagnachmittag hatte die Leiche an Bord der »Alberta« die Meerenge zwischen der Isle of Wight und Portsmouth überquert. Der Name des Prinzgemahls vermischte sich mit der Rolle des Fährmanns auf dem Totenfluß. Die langersehnte Wiedervereinigung des Paares war nah.

Die Flotte, um allerlei stählerne Mitbringsel vor allem des deutschen Kaisers vermehrt, stand etwa zehn Meilen stolz. Als die »Alberta« von Cowes ablegte, begann wie vorgesehen, doch Augenzeugen zufolge erst nach einer nervenspannenden Kunstpause, auf dem Schlachtschiff

»Alexandra« das Salutschießen, das sich dann mit minuziös eingehaltenen Intervallen an der ganzen Linie entlang fortsetzte, 81 Salven. Einer Havarie wegen ankerte das Prunkstück der spanischen Flotte, die »Kaiser Karl V.«, nicht am vorgesehenen Platz. Später Triumph über die Jahrhunderte hinweg, die zwischen der mütterlichen und der jungfräulichen Königin lagen: in diesen Gewässern war es für iberische Kriegsschiffe noch nie geheuer gewesen. Von Bord des Kreuzers »Niobe« klangen während des halbstündigen Defilees der »Alberta« abwechselnd die Trauermärsche aus den einschlägigen Sonaten von Beethoven und Chopin. Kein »Saul« von Händel also. Die Königin des 19. Jahrhunderts hatte auf dem Repertoire ihrer Generation bestanden. Auch beim Zug durch die Hauptstadt am nächsten Tage wurde nichts anderes gespielt.
Die tote Queen blieb über Nacht an Bord der Jacht. Am Samstagmorgen um elf Uhr traf der Trauerzug auf dem Bahnhof Victoria ein. Zwei Stunden waren für die Strecke bis Paddington vorgesehen. Der Bukkingham-Palast blieb links liegen. Es ging über die heutige Mall, am St. James-Palast vorbei durch Piccadilly und Hyde Park bis Marble Arch, ein Stück durch die Edgware Road und dann links hinauf zum Abfahrbahnhof nach Windsor. Die Route kann man noch heute nehmen, wie sie damals war.
Im Großen Kondukt zogen hundert Offiziere und 3000 Mann. Den Wegrand säumten über 29000 Soldaten zu Fuß sowie mehr als 3000 Berittene. Dabei war die im Hyde Park kanonierende Artillerie – wieder 81 Schuß – nicht mitgezählt. Was nicht am Kap kämpfte, paradierte für die Königin. Die Zeitungen hatten schon am Mittwoch die Abfolge der Mitziehenden veröffentlicht, ein diplomatisches Kunststück des Earl Marshal und der Präzedenz-Experten, die entscheiden mußten, wer vor, neben oder hinter wem zu schreiten, zu reiten oder zu fahren hatte. Am Donnerstag erschien wegen der neu angereisten Fürstlichkeiten eine revidierte Version, Freitag eine verbesserte revidierte und Samstag schließlich die Fassung letzter Hand.
Besondere Schwierigkeiten bereiteten diejenigen Personen, die eigentlich an bestimmten Stellen des Zuges zu Fuß oder zu Pferd hätten erscheinen müssen, aber aus Gründen der Beschwernis in einer der Kutschen Platz nehmen mußten. Dadurch brachten sie die Rangfolge der Frauenspersonen gefährlich ins Durcheinander. Leopold II., der König der Belgier, nur ein Vetter der Queen, aber doch König, mußte mit den Töchtern Helene, Louise und Beatrice zusammen sitzen.

Dem Vetter Cambridge wurden verdiente Feldmarschälle zugeordnet, was einen Wagen von Veteranen ergab, die viel weiter vorn hätten mitziehen müssen. Die Abwesenheit Vickys löste das vertrackte Problem, wer im vordersten der Fahrzeuge sitzen solle, die neue Königin, die aber nur Victorias Schwiegertochter war, oder die älteste Tochter, bei der es sich außerdem um eine Kaiserin handelte, wenngleich auch wieder nur um eine Kaiserinmutter oder Kaiserinwitwe, wie immer man wollte. Möglich wäre auch gewesen, daß beide eine Kutsche geteilt hätten. Krank lag ferner der nunmehr neue Thronfolger darnieder, George, der Herzog von Cornwall und York, der schon neun Jahre später König wurde, der fünfte George, 90 Jahre später als der vierte auf den Thron gelangend.

Um ein Uhr mittags fuhr der Zug in Paddington ab. Ausgerechnet auf dem kürzesten Stück des Transports der Leiche, zwischen dem Bahnhof Windsor und dem Schloß, gab es die einzige Panne der komplizierten Route. Die Pferde waren nicht zu bewegen, sie mußten ausgespannt und durch Marine-Infanterie ersetzt werden. Diese eindrucksvolle Form funebrer Improvisation gefiel dann derart gut, daß sie auch später benutzt wurde, zum Beispiel bei Winston Churchills Begräbnis. Auch die Unterteilung des Totenzuges in mehrere Etappen, die sich über einige Tage hinzogen, wurde hier in solcher Breite zum erstenmal exerziert: von Schloß Osborne nach Cowes am Freitagmorgen, von Cowes zu Schiff nach Portsmouth Freitagnachmittag, von Portsmouth nach London per Bahn Samstagmorgen, durch London auf der Lafette Samstagmittag, im Zug von London nach Windsor Samstagnachmittag, in Windsor vom Bahnhof ins Schloß und in die St.-Georgs-Kapelle ebenfalls Samstagnachmittag. Schließlich, der letzte Teil des Abschieds, dem Volk nur noch partiell zugänglich, die Überführung ins Mausoleum von Frogmore, an die Seite dessen, der schon vierzig Jahre dort lag, Montagnachmittag.

Ein Dreivierteljahrhundert zuvor, bei der Krönung, war manches danebengeraten. Bei der Totenmesse im Schloß klappte alles. Es erklang Musik, die wiederum die Königin selbst gewünscht hatte, Beethoven, Mendelssohn, Spohr und Tschaikowsky. Charles Gounod hatte eigens etwas für die Feier komponiert. Statt des imperialistisch auslegbaren Psalms 21 war diesmal Psalm 19 gewählt worden. Darin ging es um die Herrlichkeit Gottes in der Natur, nicht um die Geschäfte der Briten auf der Erde. Nicht stundenlang, sondern nur vierzig Minuten standen Edward VII. und Wilhelm II. neben dem Sarg, umgeben von

Familie und Fürsten. Sechsjährig, im Matrosenanzug, sah Prinz Edward zu, der Urenkel der Toten, später als Edward VIII. der erste und einzige König des Landes, der nicht durch Tod oder Gewalt aus dem Amt schied, sondern einer Heirat wegen. Zur selben Stunde, die Zeitverschiebungen des Erdballs berücksichtigt, fanden Gottesdienste von Boston bis Shanghai statt. In Durban versammelten sich 5000 Inder am Denkmal ihrer Kaiserin. Das deutsche Kriegsschiff »Vineta« feuerte im Hafen von New Orleans 81 Schuß.

Am Montag um drei Uhr nachmittags zog die trauernde Schar zum letztenmal mit dem Sarge, nun von Windsor Castle durch den Park zur Grabstätte. Die Route war doch geändert worden und schloß mit dem Long Walk ein Stück des Schloßgartens ein, zu dem die Außenwelt Zugang hatte. Die herbeigeeilten Bürger von Windsor erblickten in der langen Reihe der Fürsten, Würdenträger, Militärs und Hofbeamten auch den Munshi. Er war nur in dieser fünften, letzten Etappe der Todesfahrt seiner Herrin zugelassen worden. Inzwischen trug er den Titel eines Commander des Royal-Victoria-Ordens. Eine halbe Stunde dauerte die Zeremonie in Frogmore. Dann, gegen fünf Uhr nachmittags am 4. Februar 1901, endete die irdische Bahn der Königin, nach 81 Jahren, acht Monaten und elf Tagen.

Wie immer war es übertrieben, wenn gesagt wurde, »die Welt« habe getrauert. In Holland zum Beispiel wurde wenige Tage nach der Beisetzung Victorias glanzvoll die Hochzeit der jungen Königin Wilhelmine gefeiert. Niemand im Haag dachte daran, die landweite Festwoche zu verschieben. Allerdings trug man Schwarz. Die Familien waren nicht verwandt. Die Niederlande hatten sich in diesen Londoner Tagen nicht einmal durch ein Mitglied ihres Königshauses vertreten lassen, sondern durch den Botschafter Baron Hardenbrock de Bergambacht. Großherzog Wladimir von Rußland reiste zwar zur holländischen Hochzeit, nicht aber zur englischen Beerdigung. Man hörte von anderen, krasseren Unfreundlichkeiten. Beim Eintreffen der Nachricht vom Tode Victorias, so berichtete die »Review of Reviews«, sei es unter den Besuchern eines Münchner Konzerts zu spontanen Hochrufen auf die Buren gekommen, und das Orchester habe die Nationalhymne des Transvaal anstimmen müssen. Da wußte der Hamburger Senat besser, was sich schickte: Er sandte sofort ein Kondolenztelegramm nach Kronberg an die kaiserliche Tochter der Queen. Im Parlament wurden Nachrufe gehalten. Lord Salisbury rühmte im Oberhaus »Takt, Klugheit, leidenschaftlichen Patriotismus und unvergleichliche Urteilskraft« der Königin.

»Sie herrschte durch die schiere Stärke ihres Charakters ... Sie hat den großen Abstand überbrückt, der das alte vom neuen England trennte[795].«
Der Erzbischof von Canterbury sagte an der gleichen Stelle:
»Es gibt gar keinen Zweifel daran, daß unser ganzes Volk durch die Herrschaft der Königin gewonnen hat.«
Es fällt auf, daß alle, die mit ihr von Amts wegen näher bekannt waren, übertriebenen Bombast der Worte vermieden. Finanzminister Balfour berichtete dem Unterhaus, wie beeindruckt er gewesen sei, in Schloß Osborne am Tage nach dem Tod die Masse der sich stündlich, als sei nichts geschehen, weiter häufenden Dokumente zu erblicken, die darauf warteten, von der Königin zur Kenntnis genommen oder mit ihrer Unterschrift versehen zu werden,
»und ich bewunderte die unaufdringliche Geduld, die es ihr 63 Jahre lang... ermöglicht hat, ohne Unterbrechung ihren Teil zur Regierung dieses großen Reiches beizutragen[796]«.
Dagegen bemühte sich der Hofpoet Alfred Austin in einem Klagewerk von 123 Zeilen um offizielle Lesarten. Victorias gewaltige Hinterlassenschaft, das grandiose Britische Empire, beschrieb er als

»eine tausendjähr'ge Eiche,
den halben Globus milde überschattend
mit friedlichem Geäst und gastlich freiem Laub[797]«.

Sowohl die ominöse Zeitvoraussage wie auch die Baumsorte gehörten eigentlich mehr in die deutsche Staatsfolklore. Was die friedliche Verzweigung anging, so fanden gerade Eroberungszüge im nördlichen Nigerien statt, in Somaliland wurden Rebellen unterdrückt, und auch gegen die Ashanti kämpfte man, das alles neben dem Burenkrieg, aus dem Kitchener Erfolge und die Zeitungen Verluste meldeten. Dem Berliner Kaiser mag das Gedicht gefallen haben. Er kehrte am 5. Februar nach triumphaler Fahrt durch London an Bord der »Hohenzollern« nach Deutschland zurück.
Sofort wurden auch steinerne Nachrufe auf die Verstorbene erwogen. Schon im November des Jahres 1901 reichte Aston Welb seinen Plan ein, das Terrain vor dem Buckingham-Palast mit einem Kranz von Arkaden zu umgeben. Wäre das vom König und vom Parlament akzeptiert worden, die Touristen stünden heute dort nicht vor Gittern, sondern zwischen Säulen wie auf dem Petersplatz zu Rom, und ent-

lang der Mall wechselten allegorische Statuen mit den Fahnenmasten ab. Statt dessen wurde im Mai 1911 von George V. in Gegenwart des Kaisers das Victoria-Denkmal enthüllt. Eine zweihundert Tonnen schwere Queen krönt das 27 Meter hohe Gebilde. Tausend Tonnen Marmor und 800 Tonnen Granit waren verarbeitet worden zum Preise von 250000 Pfund, die in Spenden zusammengetragen werden mußten. Was Jahrzehnte zuvor mit dem Prinzgemahl geschehen war, wiederholte sich nun mit Victoria, nur in noch größerem Maßstab. Überall in der englischsprachigen Welt schossen die Gedenkstätten aus dem Boden. Auch anderswo hielt man mit: die dankbare Stadt Nizza errichtete ihrer mehrfachen Besucherin 1912 ein Denkmal, das sie inmitten von Kindern, Blumen und Früchten zeigt.

»Wenn sie als Skulptur auf dem Thron saß, in den öffentlichen Gärten von Aden oder Colombo, Kingston oder Melbourne, schien sie weniger ein Mensch zu sein als vielmehr eine stilisierte Gottheit... eine Göttin des Reichtums, der Zeit und der Macht, so alt, daß sich die Welt sich selbst ohne sie gar nicht mehr vorstellen konnte. Sie verkörperte die Pax Britannica, und die Geographie erkannte das an, mit Städten namens Victoria in Westafrika, in Labuan, Guayana, Grenada, Honduras, Neufundland, Nigeria und Vancouver, mit Victoriaville in Quebec, dem Victoria-Nil in Uganda, der Kolonie Victoria in Australien, sechs Victoria-Seen und zwei Victoria-Kaps, mit Victoria-Berg, -Bucht, -Enge, -Tal, -Park, -Stollen, -Strand, -Brücke, -Land, -Bai, -Küste, -Wasserfall, -Fjord, -Schlucht, -Hafen, -Gebirge und -Hügel. Mit all dem wurde der Welt ein Siegel aufgedrückt, kartografisch wie machtpolitisch, wie es kein Monarch je zuvor in der Geschichte der Menschheit vermocht hat[798].«

Weniger euphorisch liest sich, wie zahlreiche Victoria-Denkmäler nach 1945 von neuen politischen Kräften im Ex-Empire eingerissen, Victoria-Straßen, -Bahnhöfe, -Schulen und -Kasernen umbenannt wurden. Die Statue in Aden wurde 1967 gesprengt, der Victoria-See von Uganda umgetauft.

Sie hinterließ mehr als das. Als sie starb, waren zwar die Tage vorüber, da der jeweils gestorbene englische Monarch von seinen Dienern regelrecht ausgeplündert wurde, wie man es von den Plantagenet-Königen weiß. Doch zahlreiche persönliche Gegenstände der Queen tauchten später, verschenkt, vererbt und dann veräußert, in den Auktionshäusern auf, von der Unterwäsche bis zur Ponykutsche. Wie an ihrem Leben, so verdienten auch an ihrem Tode manche Leute viel

Geld, außer den Herstellern von Trauerkleidung namentlich die Verleiher von Fensterplätzen entlang der Route des Zuges. Die Preise fürs Zuschauen stiegen zwischen dem Ableben der Queen und dem Eintreffen des Sarges um 300 Prozent. Und noch hundert Jahre nach ihrer Ernennung zur Kaiserin trägt die Bürgerkönigin zur Belebung der Geschäfte allein durch ihren Namen bei: Alles, was die Bezeichnung »viktorianisch« führt, kann allein dadurch einer Wertsteigerung sicher sein. Der Kunstmarkt, der lange Zeit die Regency-Periode als Endgrenze dessen postulierte, was sich Antiquität nennen dürfe, mußte dem Faible für Relikte aus dem 19. Jahrhundert schließlich nachgeben.

Was sie ihren Erben hinterließ, ist unbekannt. Ein Testament existiert, deren zwei sogar. Ein frühes war schon 1845 niedergeschrieben worden, das definitive dann im Oktober 1897. Es liegt in Windsor, trägt das Archivzeichen F 23/1 und ist in seinem materiellen Gehalt nie veröffentlicht worden. Die Queen unterlag nicht der Erbschaftsteuer, jener Revolution im Gewande des Fiskus, die dann im 20. Jahrhundert den großen Landbesitz der Insel dezimierte. 1889 zunächst harmlos mit einem Prozent auf jedes angetretene Erbe über 10000 Pfund verhängt, wurde daraus 1894 eine Steuer, die nicht mehr nur den einzelnen Erben betraf, sondern die gesamte Erbmasse, und zwar in gleitender Skala, veranlagte. Beide Male wurden nötige Bauprogramme der Kriegsmarine als Grund der Erhebung genannt in der sicheren Annahme, daß die Grundbesitzer dagegen politisch wenig einwenden konnten. Aber da die Steuer auch blieb, als die neuen Schiffe bereits wieder versenkt oder verschrottet waren, ging es weniger um Stärkung der Seemacht durch Schwächung der Landlords als um jene soziale Lastenverteilung, die mit den Wahlrechtsreformen allein nicht vollzogen werden konnte. Die Königin hatte 1894, als Finanzminister Harcourt diese Blankovollmacht zur Beschneidung der großen Vermögen durchsetzte, ganz auf der Seite des Eigentums gestanden. Übrigens zeigte auch Gladstone Bedenken, und Außenminister Rosebery war als Rothschild-Erbe entschieden dagegen. Doch blieb die Krone von der Steuer ausgenommen. Oberhalb der allmählichen Einebnung der krassesten Gegensätze mußte ein neutraler Fixpunkt erhalten bleiben. Das war der materielle Aspekt dessen, was Salisbury die »Brücke« zwischen gestern und morgen nannte.

Da Victorias Erben also keine »Todessteuer« zahlten, wurde der Gesamtwert der königlichen Hinterlassenschaft auch nicht, wie in anderen Fällen üblich, in den Zeitungen veröffentlicht. Das Testament von 1897 enthält freilich auch keinerlei Addition aller Besitztümer. Man darf sich nicht vorstellen, daß Privatsekretär Bigge mit einer Kladde durch alle Räumlichkeiten sämtlicher Schlösser gegangen und mit einer Generalinventur zurückgekommen wäre. Was davon abhielt, die Krone zu besteuern, war das unentwirrbare Gemenge aus Erbe, offiziellen Geschenken an die Monarchin, Zuwendungen an die Privatperson und so fort. Dies säuberlich trennen zu wollen wäre unmöglich gewesen. Man konnte und kann die Monarchie entweder abschaffen oder in Ruhe lassen. Ihre Einkünfte sind zu kürzen, doch nehmen kann man ihr nichts, sofern man sie nicht rundweg enteignet. Neuere Schätzungen des Vermögens, das Victoria hinterließ, stammen stets von Kritikern der Monarchie und neigen daher zur Abrundung nach oben. Daß die Königin jedoch als Pfundmillionärin starb, mag eine simple Rechnung belegen. Wenn sie in den fast vier Jahrzehnten nach Alberts Tod von der unveränderten Apanage in Höhe von 385000 Pfund jährlich nur etwa ein Fünfzehntel, nämlich 25000 Pfund, beiseite legte, so machte allein das im Jahre 1901 eine Million aus, die Zinsen des gut anlegenden Bankhauses Coutts sowie Spenden von Leuten wie jenem Mr. Neild nicht gerechnet. Lytton Strachey vermutete schon 1921 eine Erbschaft von 2 Millionen Pfund[799].

Wichtiger ist, was sie der Nation hinterließ, nämlich einen Thronfolger mit Söhnen und Enkeln. Ihr hauptsächliches Erbe bestand in Bertie. Seiner Herrschaft sah das britische Volk mit gemischten Gefühlen entgegen. 60 Jahre alt, den Embonpoint hinter den besten Jacketts der Schneiderkunst verbergend, gutmütig mit gelegentlichen Ausbrüchen, interessiert vor allem an der Außenpolitik des Landes, war Edward VII. ein leicht zu unterschätzender Nachfolger. Natürlich stand in den Augen vieler »Victorianer« sein bisheriger Lebenswandel gegen ihn, und den änderte er auch als König nicht. Jetzt, 1901, blühte seine Freundschaft zu Mrs. Alice Keppel, einer Admiralstochter, die den Bruder von Lord Albemarle geheiratet hatte. Dessen Vater, mit den Coutts verwandt, war jener 7. Lord Albemarle in Victorias Haushalt gewesen, von dem der Herzog von Wellington gesagt hatte, wenn die Königin befehle, müsse der Lord hinter, über oder unter der Kutsche – statt in ihr – zur Krönung fahren. Wieder fällt auf, wie eng der Personenkreis war, in dem sich Victorias Leben abspielte.

Eine lange Herrschaftszeit wurde natürlich nicht erwartet. Victoria hinterließ ihrem ältesten Sohn ein nie dagewesenes Weltreich und ein

unermeßliches Vermögen, ihm selbst aber nur neun weitere Lebensjahre. Der Abgeordnete Winston Churchill, der sich damals in Winnipeg aufhielt, schrieb an seine Mutter, die Witwe des von Edward lange geächteten Lord Randolph Churchill:
»Ein großer, feierlicher Augenblick. Ich aber wüßte gern, was der König tun wird. Verändert er seinen Lebensstil völlig? Wird er seine Pferde verkaufen und seine Juden verscheuchen? Oder wird Reuben Sassoon« – im Englischen spricht sich der Vorname ungefähr aus wie das Wort für Rubin – »den Kronjuwelen hinzugefügt? Wird er vielleicht todernst? Wird er weiter nett zu Dir sein? Wird die Keppel zur First Lady of the Bedchamber ernannt? Schreib mir das alles[800]!«
Witzig, bösartig und leicht rassistisch. Aber der spätere Premier schrieb da nur, was das Volk dachte. Edward freilich bewahrte seine Freundschaften. Die wertvollen Spielmarken mit seinem Wappen, die ihm Reuben Sassoon für sein über alles geliebtes Baccarat geschenkt hatte, begleiteten den König überallhin. Sie standen für Werte von 5 Shilling bis 10 Pfund. Die Tage, da Gladstone gegen Berties Vater am Ende eines Spielabends in Windsor zwei Shilling und zwei Pence gewonnen hatten, waren längst vergangen.
Edward VII. versprach dem Volk, es werde sein ständiges Bemühen sein, in den Fußstapfen seiner Mutter zu wandeln. Die Wirklichkeit sah anders aus, und selbst vom Bemühen war nicht viel zu spüren. Das Bewußtsein der nur kurzen ihm noch verbleibenden Lebenszeit war stärker als die Pietät des Sohnes. So wie er privat die Räume der Königin in Windsor bis zur Unkenntlichkeit veränderte und den John-Brown-Kult in Balmoral abschaffte, so setzte er auch politisch die Akzente anders, skeptischer gegen Berlin, aufgeschlossener gegen Paris. Aber was man in Parallele zum viktorianischen das edwardianische Zeitalter nennt, bestand nur aus wenigen Jahren, im Grunde aus einem Nachspiel, ehe ein ganz neues Stück begann. »Indian summer« nennen die Briten jene Sonnenzeiten, die dem Kalender – oder den Lebensdaten – zufolge eigentlich nicht mehr vorgesehen sind und die man deshalb um so dankbarer hinnimmt.
Die Jahre vor 1914 waren auch der Spätherbst der persönlichen Diplomatie der europäischen Dynastien. Neuerdings hat man die Rolle, die König Edward dabei spielte, stärker hervorgehoben, den »Onkel Europas« einflußreicher genannt als die »Großmutter Europas«[801]. Insofern damit dem Hof bescheinigt werden soll, er habe geleistet, wozu die Minister beauftragt, aber außerstande gewesen seien, heißt

das dem falschen Stück applaudieren. Die Frage nach der Bedeutung eines Herrschers[802] muß anders gestellt werden. Der konstitutionelle Monarch konnte nur zusammen mit den Politikern, nicht aber an ihrer Stelle agieren. Im Falle Victorias sind die Antworten auf diese Frage nicht allein aus heutiger Sicht möglich. Wo auch sollte der Blickwinkel liegen? Den satirischen Fernsehsendungen, in denen die Queen als komische oder furchteinflößende Figur einer alten Sage gelegentlich schlimm karikiert wird, schauen junge Mädchen zu, die sich wie Victorias Zeitgenossinnen kleiden. Im Abstand von vier Jahren erschienen Elizabeth Longfords Bestsellerbiographie der Königin und Edward Bonds »absurdes« Theaterstück »Early morning«. Buch und Drama wandten sich nicht an das gleiche Publikum, doch an die gleiche Gegenwart. Longfords Queen als »Mensch wie du und ich« und Bonds Königin als »Mensch, nicht wie du und ich« entsprangen dem gleichen Trieb: der Neugier, herauszufinden, was es denn nun mit dieser Frau auf sich hatte. Zu der Gewißheit, daß sie interessanter war, als die meisten Nachfahren geglaubt haben mochten, lieferte die Biographin die Gründe, der Bühnenautor die Abgründe. Was Victoria angeht, scheint die heutige britische Generation so uneinheitlicher Ansicht über sie zu sein wie ihre eigene.

Ihre eigenen, muß man wohl sagen, und hier beginnen die Schwierigkeiten. Sie lebte mehrere Leben. In ihnen hat sie die Aufgabe der Königin nicht nur unterschiedlich verantwortungsvoll ausgelegt, sondern diese Aufgabe wechselte mehrfach und war mit Sicherheit 1901 nicht mehr das, als was sie 1837 gegolten hat. Mangels geschriebener Verfassungen konnte die 18jährige Queen entschuldigt sein, wenn sie Veränderungen, die mit der Wahlrechtsreform von 1832 begannen, zunächst auf sich und die Funktion des Hofes nicht anwenden zu müssen glaubte. Am Ende ihrer Herrschaft wußte sie, was anders geworden war und daß die Monarchin nur noch in den immer selteneren Fällen des Versagens der parlamentarischen Maschinerie eine wirkliche, wenn auch sofort wieder zu räumende Position im Kräftefeld des Staates einnehmen konnte.

Was blieb, waren Repräsentation, Patronage und Symbolwert. Victoria, die Achtzehnjährige, hatte allen Grund zu der Annahme, sie herrsche nicht nur, sondern sie besorge im tagtäglichen Zusammenwirken mit dem ausgezeichneten Lord Melbourne auch die Regierungsgeschäfte. Victoria, die Achtzigjährige, hatte diese Illusion verloren: Sie sah Lord Salisbury, den nicht so ausgezeichneten, manchmal wochen-

lang nicht von Angesicht. Sie beriet nicht mit ihm, sie begehrte allenfalls gegen getroffene Entscheidungen auf. 1837 bestand das Kabinett aus zehn Herren, 1901 aus 23. Was in den vielen Ressorts vorging, hätte vielleicht ein dreißigjähriger Prinz Albert zu verstehen und zu beeinflussen versucht, die achtzigjährige Victoria war dazu nicht in der Lage. Das ursprüngliche Parallelogramm aus Parlament, Kabinett, Krone und Wirtschaftsmacht (darin alle Interessen einmal zusammengefaßt) hatte sich zu einem Dreieck zusammengezogen, der Herrscher war ins Abseits gedrängt worden. Wann aber im Laufe ihres langen Lebens der Punkt kam, an dem es keine Umkehr des Prozesses mehr gab, das wußte sie nicht, das vermochte niemand zu sagen. Die politische Entwicklung Englands gleicht den Häutungen der Schlange: das Neue ist immer wie das Alte, nur eben anders.
Andere Wahlresultate, schwächere Premierminister, ein fortlebender Prinzgemahl, eine aufrüttelnde imperiale Demütigung, ein verlorener Krieg gegen die Preußen, sagen wir 1880 – das hätte den Fortgang sicher verändert, wenn auch nicht die Prinzipien angetastet, jedenfalls nicht, was die Monarchie anging. Noch George III. entließ ein Kabinett, wann es ihm paßte. Edward VIII. aber mußte abdanken, weil das Kabinett es so wollte. Zwischen dem erzwungenen Abschied von Charles James Fox 1783 und der Thronkrise von 1936 lagen anderthalb Jahrhunderte. Ungefähr in deren Mitte fiel 1867 die zweite, die wichtigste der drei Wahlrechtsreformen, die aus dem oligarchisch regierten England des 18. Jahrhunderts die parlamentarische Demokratie des 20. machte. 1867 war aber auch die ungefähre Mitte der Herrschaftszeit Victorias. Sie ist daher wohl zu entschuldigen, wenn sie auf der langen, von Lord Salsibury so treffend beschriebenen Brücke vom Gestern ins Morgen nicht immer wußte, welchem der beiden Außenpfeiler sie näher war. Ein Biograph, der die These aufstellte, die Königin Victoria als eine persönliche und zeitgeschichtliche Einheit habe es gar nicht gegeben, wäre wohl ebenfalls entschuldigt.
Ihr Verantwortungsbewußtsein schwankte. Die ersten Jahre der Herrschaft mögen repräsentativ ein Erfolg gewesen sein, konstitutionell waren sie eine Katastrophe, an der freilich Lord Melbourne seinen Schuldteil trug. Die Zeit mit Albert war zwar verfassungsrechtlich bedenklich, denn eigentlich herrschte nicht sie, sondern er, der Niegekrönte, dem kein Untertan in der Westminster-Abtei den Lehens- und Treueeid geschworen hatte. Aber die politische Bedeutung des Hofes und dessen Respekt stiegen in dieser Zeit zum erstenmal wieder seit

den Tagen, da George III. noch bei vollen Kräften gewesen war. Obendrein ging es jetzt im Gegensatz zu dessen autokratischer Machtausübung um Zusammenarbeit von Hof und Kabinett zum bestverstandenen Wohl des Staates. Die Königin ließ sich aus ihrer anfänglichen Parteigängerschaft herausführen. Nach 1861 fing sie gleichsam wieder von vorn an, mit Disraeli anstelle von Melbourne und als immer unverhülltere Verbündete der Konservativen, statt wie zuvor als Mitstreiterin der Whigs. Später dann, in den 80er und 90er Jahren wäre sie mit etwas Nachhilfe durch skrupellosere Privatsekretäre, als es Ponsonby und Bigge waren, vielleicht sogar zum »Staatsstreich« gegen Gladstone bereit gewesen. Sechs oder acht von dessen Ministern, zum Verrat am Premier entschlossen, hätten leicht ein Papier ihrer Königin erhalten können, worin sie deren Politik mit Namenszug billigte. Mit der Veröffentlichung eines solchen Dokuments hätte England vor einer schweren Verfassungskrise gestanden. Man muß sagen, daß es nicht ihre Umsicht und Klugheit allein waren, was dergleichen verhinderte.

Nach Erziehung, wenn auch nicht unbedingt nach Anlage, kam sie als Dilettantin zur Herrschaft. Bedenkt man, wie amateurhaft damals weitreichende ministerielle Entscheidungen getroffen wurden und wie dünn die Schar der wirklich professionellen Politiker war, so lag in ihrem begrenzten Startkapital kein unaufholbarer Nachteil. Doch in Whitehall und Westminster wirkten die Ereignisse der letzten Jahrzehnte nach: die Willkür, die Verschwendungssucht und die menschliche Unzulänglichkeit der voraufgegangenen Herrscher. Selbst einen Salomon auf dem englischen Thron hätten die Premierminister der Zeit – bedacht auf ihre neue Machtposition – kurzzuhalten gesucht. Victoria salvierte das Ansehen der Monarchie, aber sie zahlte einen Preis dafür. Die Königin der Amateure blieb Amateurkönigin. Da waren schon die eingeborenen Gesetze der künftigen Demokratie am Werk: Für hochfliegende Entschlüsse großer einzelner bestand nicht länger ein Bedürfnis. In der britischen Politik des 19. Jahrhunderts steckte, wenn auch noch verborgen, doch mehr vom Geist der Französischen Revolution, als es sich die insularen Bürger in ihrem Verlangen nach ruhigem Schlaf auf den Schätzen des Weltreichs träumen ließen.

Zum insgeheimen Einverständnis mit ihrer Gegenwart, das Victoria stets instinktsicher angestrebt hat, gehörte dann auch, daß sie ihrerseits das Mittelmaß dem Genie vorzog. Disraeli und Salisbury schätzte

sie höher als Palmerston und Gladstone. Das kann mit weltanschaulichen Überlegungen gar nicht, mit parteipolitischen nur ungenügend erklärt werden. Denn alle diese Staatsmänner waren im Grunde Konservative. Viel hing für die Königin davon ab, in welcher Weise und vor allem in welchem Umfang sie von den einzelnen Premierministern in deren Überlegungen zur Tagespolitik einbezogen wurde. Disraeli bot ihr statt genauer Informationen häufig nur nichtssagende Feuilletons, Gladstone hüllte sich oft in beredtes Schweigen. Jeder vernünftige Mensch hätte die Feuilletons vorgezogen.
Denn vernünftig war sie. Vernunft gibt es auf allen intellektuellen Stufen. Das Maß, in dem sie ihre natürlichen Energien zu zügeln verstand, weist auf hohe Disziplin. Ihr ganzes Leben ließe sich beschreiben als ein einziger Prozeß gebremster Kraft. Dabei mag der Bereich der zwischenmenschlichen Leidenschaften beiseite bleiben. Hier beschränkten sich ihre Erfahrungen auf den seinerseits nicht weit herumgekommenen Jüngling aus Coburg. Um so faszinierter verfolgte sie, was andere ihren Trieben zuliebe taten, Bertie, Palmerston, Dilke, Parnell. Ihr eigenes Schicksal war es, von solchen Wesensäußerungen ausgeschlossen zu sein. Für sie blieben andere Formen der Freisetzung von Energie, doch auch darin hielt sie Maß. Sie reiste gern, aber nicht weit. Von den Hauptstädten des europäischen Mächtekonzerts hat sie Rom, Wien und Petersburg nie gesehen. Sie baute gern, aber klein. Im Vergleich zu Buckingham Palace und Schloß Windsor war Osborne nur ein Haus und Balmoral eine Hütte, in der George IV. allenfalls zum Tee eingekehrt wäre, aber auch das nur bei Regen. Doch selbst Balmoral war ihr zu groß, und so schuf sie sich das Puppenheim von Glassalt Shield. Je größer das Empire wurde und je unübersichtlicher damit ihre Verantwortung, um so stärker zog sie sich zurück. Doch auch das wiederum trieb sie nicht bis zum Extrem, was unvernünftig, unverantwortlich gewesen wäre. Bis ans Lebensende kehrte sie gelegentlich in ihr Londoner Domizil zurück. Königliche Gartenpartys, diese Bezeigungen von Huld für die darauf Versessenen, ließen sich nicht im schottischen Hochland abhalten. Und schließlich: Sie regte sich gern auf, aber sie gab bald nach, sie konnte einlenken. Welcher Herrscher kann das. Ihr Großvater konnte es nicht, und ihre beiden königlichen Onkel hatten sich sehr schwer damit getan.
Im Nachlaß einer so unermüdlichen Schreiberin muß es schwerfallen, eine einzelne Stelle zu finden, die sie am besten charakterisiert. Doch diese bietet sich an:

»A steady course, whatever it may be, is always the best[803].« Eine schulbuchreife Sentenz, dem König Leopold mitgeteilt und einen politisch abschreckenden Fall betreffend, nämlich den zwischen Liberalität und Unterdrückung hin und her schwankenden Preußenkönig Friedrich Wilhelm IV. »Steady«, »whatever« und »always« sind unterstrichen. »Kurs halten, egal wohin die Fahrt geht« wäre eine Übersetzung, die der maritimen Herkunft des Ausspruchs am besten gerecht würde. Die Briefstelle von 1850 verrät deutlich den Einfluß des Prinzgemahls. Victoria hat in vielem Kurs gehalten, wenngleich sie – das gehörte zur Widersprüchlichkeit ihrer Person – anderen eine solche Konsequenz manchmal als unverzeihliche Starrheit ankreidete. Gladstone, der notorisch Unbeirrbare, durfte sich auf eine derartige Maxime nicht berufen. Ein steter Kurs mitten in einen Orkan hinein war natürlich Wahnsinn und nicht Charakterstärke.

Der politische Einfluß der Königin ist äußerst unterschiedlich beschrieben worden[804]. Man darf sich dabei nicht auf die Wiedergabe von Zitaten beschränken, in denen sie eine Entwicklung, ein Gesetzesvorhaben, einen Feldzug positiv oder negativ kommentierte. Selbst die lang anhaltenden Vendetten gegen Palmerston oder Gladstone sagen in sich noch nichts aus darüber, ob das Insistieren der Queen zu Änderungen oder Preisgaben der ursprünglich beabsichtigten Politik geführt hat. Andererseits wird man die Wirksamkeit königlicher Vorschläge, Memoranden und Ermahnungen nicht so eng definieren dürfen, daß sie nur an klaren Kurswechseln ablesbar sei. Bestimmte Schritte, das wußten die Minister, waren allein schon wegen der bloßen Existenz der Monarchie entweder erforderlich oder undenkbar. Lord John Russell, der Freidenker, hätte mit einem Kabinett aus lauter Atheisten und einer radikal-liberalen Parlamentsmehrheit von 300 Mandanten nicht die Oberhoheit der Krone in der Staatskirche abschaffen können. Das bedeutete den fortgesetzten politischen Einfluß eines nicht gewählten Oberhaus-Kontingents von Bischöfen und Erzbischöfen weit über die Wahlrechtsreform hinaus. Ferner: vor die Entscheidung gestellt, Krieg entweder mit Frankreich gegen Preußen machen oder die umgekehrte Allianz einschlagen zu müssen, hätte wohl jede britische Regierung zu Victorias Zeit, wie immer die Zweckmäßigkeiten sonst lagen, die enge dynastische Bindung von Windsor an Potsdam in Rechnung gestellt. Was 1914 zwischen dem englischen und dem deutschen Vetter unvermeidlich wurde, wäre 1864 oder 1884 doch wohl unmöglich gewesen.

Man hat Victorias außenpolitische Sympathien dahingehend vereinfacht, sie sei stets für die Monarchien und gegen die Republik eingetreten. Das ist falsch, wie das Beispiel Rußland zeigt. Natürlich war ihr das herrscherlose Frankreich unheimlich, und für die Vereinigten Staaten brachte sie beklagenswert wenig Verständnis auf. Letzteres lag jedoch nicht nur am fortwirkenden britischen Unmut gegen die abgefallene, wertvolle Kolonie, sondern auch an allgemeiner Unkenntnis dessen, was jenseits des Atlantik vor sich ging. Es frappiert immer wieder, daß die USA, die zur Zeit des Diamantenen Jubiläums der Queen, also 1897, im Bewußtsein der Briten keinerlei nennenswerte Rolle spielten, schon zwanzig Jahre später herbeieilten, um eine militärische Niederlage des Victoria-Enkels George gegen den Victoria-Enkel Wilhelm verhindern zu helfen. Die Königin war in ihrer Ablehnung russischer Illiberalität und amerikanischer Libertinage eine durchschnittliche Europäerin ihrer (und nicht nur ihrer) Zeit.

Mit Frankreich hatte sie es zuletzt schwer. Land und Leute gefielen ihr, aber gegen die Politik blieb der alte Argwohn bestehen. Wo es keinen Monarchen gab, hatte sie keinen Adressaten. Napoleon III. war trotz allem, was gegen ihn eingewendet werden mußte, ihr »Bruder« gewesen und sogar, wenn man seinen Schmeicheleien glauben durfte, ein zum »Inzest« mit der britischen »Schwester« durchaus aufgelegter »Bruder«. An den Präsidenten der Pariser Republik jedoch konnte die Königin nicht schreiben wie an den Kaiser der Franzosen. Nach 1870 kamen soziale Befürchtungen hinzu. Kein Monarch, keine Ordnung – so stellt es sich ihr dar, als sie las, wofür man in Paris auf die Barrikaden stieg. Von den Jakobinern zu den Kommunarden führte für sie eine gerade Linie: Wer Könige abschaffte, der ging irgendwann auch einen Schritt weiter und löste alle Bande des Zusammenlebens der Nation. In geschickter Anspielung auf Gladstones Frömmigkeit hatte sie dem Premierminister einmal geschrieben, er möge doch das Fehlen religiöser Freiheit in Frankreich beachten:

»Sieht die konstitutionelle Monarchie Großbritannien dem zu, und soll sie enge Beziehungen unterhalten mit einer Republik, die sich geradewegs dem Kommunismus nähert? Nirgends sind Unterdrückung und Diktatur so stark wie in einer Republik[805].«

Einfluß der Monarchie auf die Tagespolitik konnte sich also nur dort ergeben, wo das jeweilige Londoner Kabinett dynastische Abhängigkeiten oder Rücksichtnahmen einzukalkulieren hatte. Das galt eigentlich durchgehend nur im Verhältnis zu Deutschland. Mit ihm gab es

jedoch bis 1901, also bis zu Victorias Tod, keine Reibereien. An den beiden größten Kriegen der Briten im 19. Jahrhundert, auf der Krim und am Kap, waren die Deutschen als Einzelstaaten oder als Reich nicht beteiligt. Umgekehrt stand England bei Düppel, Königgrätz und Sedan abseits. Diplomatische Ungeschicklichkeiten wie das Zuspruch-Telegramm Wilhelms II. an Präsident Krüger kann man dabei übersehen, denn der deutsche Kaiser sandte auch seiner britischen Großmutter Glückwünsche, wann immer ein Sieg ihrer Truppen gemeldet wurde. Absehen läßt sich auch von jener Spende, die der Berliner Monarch für notleidende Inder organisierte, eine Neureichengeste, die in London auch als solche – und nicht mehr – empfunden wurde. Schlimmer war, daß man sich in Berlin ausschüttete vor Lachen, als aus einer offiziellen britischen Verlautbarung hervorging, daß die Amateurgentlemen des Foreign Office wieder einmal die transkaukasische mit der transafghanischen Eisenbahn verwechselt hatten.
Zum politischen Einfluß Victorias, der gelegentlich als das bestgehütete Geheimnis des britischen 19. Jahrhunderts bezeichnet worden ist, gehörte auch, daß sie als leidenschaftliche Verbündete so enervierend sein konnte wie als Opponentin. Im Russisch-Türkischen Krieg von 1876/78 engagierte sie sich mit ihrer ganzen, durch den Kaiserinnen-Titel neu angefachten Energie. In ihrem langen Leben nicht, urteilte Lytton Strachey, habe sie sich als eine so passionierte Parteigängerin erwiesen. Da irrte er, wie häufig, meisterhaft, denn den Höhepunkt ihrer Kampfbereitschaft muß man doch wohl den Auseinandersetzungen mit Gladstone vorbehalten. Strachey, dessen demaskierendes Buch 1921 erschien, kannte jedoch noch nicht die späteren Bände der Briefe und »Tagebücher« der Königin. Richtig ist allerdings, daß Victorias antirussische Demarchen ihrer eigenen Regierung manchmal zuviel wurden. Disraeli teilte seiner Vertrauten, Lady Bradford, unter hörbarem Seufzen mit:
»Die Faery schreibt jeden Tag und telegrafiert stündlich. Das muß man fast wörtlich nehmen[806]!«
Die so titulierte Feen-Königin – in Anlehnung an Spensers Versepos auf Elizabeth I. – hätte den Schock ihres Lebens erhalten, wären ihr derart despektierliche Äußerungen des Politikers zu Gesicht gekommen, mit dem zusammen sie ihr Jahrhundert in die Schranken zu fordern bereit war.
Alle ihre verschiedenen Leben, das der Prinzessin, der Königin, der Ehefrau, der Witwe und Mutter, der Kaiserin und Weltherrscherin,

verliefen jedoch nicht nur widersprüchlich, sondern auch in mancher Hinsicht durchgängig uniform. So blieb sie zum Beispiel immer anspruchslos, kleine Eitelkeiten und verzeihliche Juwelengelüste ausgenommen. Das hat den Zeitgenossen imponiert, die eher zur Überheblichkeit neigten. Sie warf kein Geld zum Fenster hinaus und kannte Extravaganzen weder in ihrer Kleidung und im Essen noch in Festlichkeiten und Geschenken. Sie beschäftigte stets dieselbe Schneiderin, ließ allerdings nur erstklassige Stoffe verwenden und bestellte jedes Kleid doppelt, wenngleich immer in schlichtestem Zuschnitt. Für wohltätige Zwecke gab sie viel, aber immer nur mäßige Summen. Die Kinder und Enkel beschenkte sie zu jedem Geburtstag, doch niemals luxuriös. Sie verschwendete nicht, sie geizte nicht.
Medioker mag sie zuweilen gewesen sein, langweilig war sie nie. Aus der gegebenen Situation hat sie das Beste gemacht. Wie bedeutungslos sie weltpolitisch auch bleiben mußte: wer die Dokumente ihres langen Lebens liest, scheidet von ihr nicht ohne Sympathie. Ihn irritieren weder unreflektiertes Lob für die Queen noch giftiger Tadel. Winston Churchill pflegte stets von den großen Tagen Victorias zu sprechen, und groß waren sie nicht alle. Arnold Toynbee dagegen widmete der Königin in seinem vielbändigen Geschichtswerk kein Kapitel, keine Seite, nicht einmal einen Satz. Elizabeth Longford pries Victoria, weil sie sich an ihren Vorsatz aus den jungen Jahren gehalten habe, sie wolle »gut sein«. Die »New York Times« aber schrieb in ihrer Rezension dieser Biographie, Victoria habe durch »gedankenlosen Konservatismus« dazu beigetragen, alles zu verewigen, was in der britischen Gesellschaft überholt gewesen sei:
»Der Hof blieb in Inzucht engstirnig, seine Interessen beschränkten sich auf Familiäres oder Provinzielles, seine Sitten waren äußerst snobistisch und seine Bildung philiströs[807].«
Daran ist, möchte man sagen, jedes Substantiv zutreffend und jedes Adjektiv falsch.
Weitaus simpler ließe sich summieren, daß 1819, bei ihrer Geburt, drei britische Herrscher lebten, deren Tod kaum jemand nachtrauerte, während es 1901, als sie starb, vier künftige Monarchen gab, die ihren Platz im Bewußtsein der Nation einnahmen. Fast acht Jahrzehnte nach jener letzten Reise von Osborne über Portsmouth und London nach Windsor und Frogmore ist Königin Victoria eine Legende, deren realer Platz in der britischen und europäischen Geschichte milde belächelt, herzlich angezweifelt und rundheraus abgestritten worden ist. Nur auslöschen läßt er sich nicht.

Zeittafel

1819 23. März: Der Student Karl Ludwig Sand ermordet in Mannheim August von Kotzebue.
28. März — 18. April: Reise des Herzogs und der Herzogin von Kent von Amorbach/Odenwald über Köln nach Calais.
25. April: Ankunft in England.
24. Mai: Victoria als Tochter Edwards von Kent und seiner Frau Victoria (Marie Louise Victoire) von Sachsen-Coburg-Gotha in Kensington geboren.
24. Juni: Taufe auf den Namen »Alexandrina Victoria«.
1. August: »Teplitzer Punktation«. Begründung des Restaurationssystems in Deutschland. Es folgen die »Karlsbader Beschlüsse«: Zensur, Überwachung der Universitäten, Verbot der Burschenschaften.
16. August: »Peterloo-Massaker«. Protest-Demonstration der Weber auf dem St. Peter's Field in Manchester. Zahlreiche Tote und Verletzte.
26. August: Prinz Albert von Sachsen-Coburg-Gotha geboren.
Herbst: Die »Knebelgesetze« (»Six Gag Acts«) bringen in England Behinderungen für das Pressewesen. Einschränkung der Versammlungsfreiheit und Benachteiligungen für die größeren Städte.
Winter: Der Herzog von Kent mietet mit seiner Familie ein Landhaus in Sidmouth. Herzog Edward zieht sich eine Lungenentzündung zu.
22. November: Mary Ann Evans, die später unter dem Pseudonym George Eliot schreibende Dichterin, geboren.

30. Dezember: Theodor Fontane geboren.
Frankreich schafft den Sklavenhandel ab.
Erste Fahrt eines Raddampfers über den Atlantik.

1820 *23. Januar: Edward Herzog von Kent gestorben.*

29. Januar: Die Witwe und Victoria übersiedeln nach Kensington Palace. — George III. von England gestorben. Sein Sohn George IV. wird englischer König.

15. Mai: »Wiener Schlußakte«. Grundgesetz des Deutschen Bundes.

5. Juni: Königin Karoline, die getrennt von ihrem Mann lebt, kehrt aus Italien nach London zurück. Unmutsäußerungen der Bevölkerung gegen König George IV.

5. Juli — 6. November: Prozeß gegen Karoline wegen Ehebruchs. Die Ehe wird nicht aufgelöst; Karoline verliert jedoch alle äußeren Rechte, die mit ihrer Stellung verbunden waren, und behält nur den Titel »Königin«.

Oktober: Europäischer Kongreß in Troppau.

28. November: Friedrich Engels geboren.

10. Dezember: Elizabeth, Tochter des Herzogs von Clarence, geboren (gestorben am 4. März 1821).

Ausbruch der Revolution in Spanien und Portugal.

Percy Bysshe Shelley: »Prometheus Unbound«.

Walter Scott: »Ivanhoe«.

1821–1829 Griechischer Unabhängigkeitskrieg.

1821 *Luise Lehzen wird Victorias Erzieherin.*

Januar: Europäischer Kongreß in Laibach.

23. Februar: John Keats, englischer Lyriker, gestorben.

7. April: Charles Baudelaire geboren.

5. Mai: Napoleon auf Sankt Helena gestorben.

8. August: Königin Karoline von England gestorben.

12. Dezember: Gustave Flaubert geboren.

Revolution in Piemont-Sardinien.

Metternich wird Kanzler des österreichischen Kaiserreichs.

Georg Wilhelm Friedrich Hegel: »Grundlinien der Philosophie des Rechts«.

1822 6. Januar: Heinrich Schliemann geboren.

8. Juli: Percy Bysshe Shelley, englischer Dichter, bei Viareggio/Italien ertrunken.

12. August: Der englische Außenminister Lord Castlereagh nimmt sich das Leben.
16. September: Nachfolger im Amt wird George Canning.
20. Oktober — 14. Dezember: Europäischer Kongreß in Verona.
Erfindung der Fotografie durch Niepce.

1823 2. Dezember: »Monroe-Doktrin«. Prinzip der Nichteinmischung europäischer Mächte in Angelegenheiten der USA.
Französische Intervention in Spanien. Hinrichtung der spanischen Revolutionsführer.
Daniel O'Connell gründet die »Irish Catholic Association« zur Emanzipation der Katholiken.

1824 19. April: George Gordon Noel, Lord Byron, in Griechenland gestorben.
16. September: Ludwig XVIII. gestorben. Karl X. wird König von Frankreich.

1825 *George Davys wird Lehrer Victorias.*
11. April: Ferdinand Lassalle geboren.
19. Mai: Claude Henri de Saint-Simon gestorben.
1. Dezember: Zar Alexander I. gestorben. Sein Bruder Nikolaus I. wird Nachfolger auf dem russischen Thron.
Wirtschaftskrise in England, Unruhen in der Arbeiterschaft. Die erste Eisenbahn fährt von Stockton nach Darlington.
Der russische Mathematiker Nikolai Lobatschewski begründet die nicht-euklidische Geometrie.

1826 29. März: Wilhelm Liebknecht geboren.
4. April: »Petersburger Protokoll«. Russisch-englisches Abkommen zur griechischen Frage.
Frühjahr: Eingreifen Englands in Portugal und Griechenland.
5. Juni: Carl Maria von Weber in London gestorben.
Robert Owen: »Social System« (1826/27).

1827 17. Februar: Johann Heinrich Pestalozzi gestorben.
26. März: Ludwig van Beethoven in Wien gestorben.
April—September: England-Aufenthalt Heines.
10. April: George Canning wird engl. Premierminister.

6. Juli: »Londoner Vertrag«. England, Frankreich und Rußland befürworten eine Autonomie Griechenlands innerhalb des türkischen Machtbereichs.

8. August: George Canning gestorben.

12. August: William Blake, Maler und Schriftsteller, in London gestorben.

20. Oktober: Englisch-französisch-russischer Seesieg von Navarino über die türkische Flotte.

Frederick Herzog von York gestorben.

1828/29 Russisch-türkischer Krieg.

1828 22. Januar: Wellington wird englischer Premierminister.

9. September: Leo Tolstoi geboren.

1829 13. April: »Catholic Emancipation Act«. Reformgesetz Wellingtons zur Katholiken-Emanzipation in England. Katholische Staatsbürger können Ämter und Parlamentsmandate erhalten.

14. September: Friede von Adrianopel zwischen Rußland und der Türkei.

1830/31 Polnische Revolution.

1830 *Sir John Conroy, Privatsekretär der Herzogin von Kent, versucht zunehmend, Einfluß auf Victoria zu gewinnen.*

3. Februar: Die Unabhängigkeit Griechenlands wird von England, Frankreich und Rußland anerkannt.

Prinz Leopold von Sachsen-Saalfeld-Coburg lehnt die griechische Königskrone ab.

25. Juni: George IV. von England gestorben. Sein Bruder William IV. wird König.

26. Juli: »Juli-Revolution« in Frankreich. König Karl X. dankt ab und flieht nach England.

Louis Philippe, Herzog von Orléans, zum »König der Franzosen« (»Bürgerkönig«) gewählt.

August: Revolution in Brüssel.

18. November: Belgien erklärt seine Unabhängigkeit.

22. Nov.: Sturz Wellingtons, Charles Earl Grey wird Premierminister, Henry John Temple, Viscount Palmerston, übernimmt das Staatssekretariat des Auswärtigen.

29. November: Polnische Erhebung in Warschau. Großfürst Konstantin verläßt die Stadt.

Frankreich erobert Algier.

1831 *4. Juni: Leopold von Sachsen-Saalfeld-Coburg wird zum König von Belgien gewählt.*

8. September: Niederwerfung des polnischen Aufstandes. Warschau kapituliert vor den russischen Truppen.

Oktober: Auf der Londoner Konferenz wird Belgiens Unabhängigkeit und Neutralität bestätigt.

14. November: Georg Wilhelm Friedrich Hegel gestorben.

1832 *Victoria beginnt ihre Tagebuch-Eintragungen.*

Erste politische Reisen in Großbritannien.

27. Januar: Charles Lutwidge Dodgson (späteres Pseudonym: Lewis Carroll) geboren.

22. März: Johann Wolfgang von Goethe gestorben.

9. Mai: Das Kabinett Grey tritt zurück. Wellington wird von William IV. erneut berufen.

15. Mai: Grey wieder als Premierminister eingesetzt.

4. Juni: Das englische Oberhaus billigt die erste Wahlrechtsreform.

21. September: Sir Walter Scott, schottischer Dichter, gestorben.

1833 Februar: Otto von Wittelsbach wird als Otto I. König von Griechenland.

Oktober: Beistandspakt Rußland — Österreich — Preußen.

Durch die »Factory Act« Reform der Fabrikgesetze; Beschränkungen für die Kinderarbeit.

Abschaffung der Sklaverei im Britischen Empire.

Felix Mendelssohn-Bartholdys »Italienische Sinfonie« in London uraufgeführt.

1834–1839 Karlistenkriege in Spanien.

1834 1. Januar: Der Deutsche Zollverein tritt in Kraft.

22. April: Quadrupelallianz zwischen England, Frankreich, Spanien und Portugal.

25. Juli: Samuel Taylor Coleridge, englischer Dichter, in London gestorben.

Regierungskrise in England.

Verkündigung des »Neuen Armenrechts« (»New Poor Amendment Law«) nach Jeremy Benthams Vorstellungen.

Robert Owen gründet die Londoner »Arbeitsbörse«.
Edward George Bulwer: »The Last Days of Pompeji«.

1835 2. März: Kaiser Franz I. von Österreich gestorben. Ferdinand I. wird Nachfolger.
8. April: Wilhelm von Humboldt gestorben.
April: William Lamb, Viscount Melbourne, wird englischer Premierminister.
18. Juni: William Cobbett, Politiker und Schriftsteller, gestorben.
9. September: Kommunalreform (»English Municipal Corporation Act«).
Ende September: Besuch Leopolds von Belgien.
Schwere Erkrankung Victorias.
7. Dezember: Zwischen Nürnberg und Fürth verkehrt die erste deutsche Eisenbahn.

1836 *18. Mai — 10. Juni: Albert von Sachsen-Coburg-Gotha erstmals in England.*
August: Bei einer Geburtstagsfeier äußert sich William IV. beleidigend gegen die Herzogin von Kent.
Erneuter Besuch König Leopolds von Belgien bei Victoria.
Putschversuch Louis Napoleons in Straßburg.
Charles Dickens: »Pickwick Papers« (1836/37).

1837 5. April: Algernon Charles Swinburne in London geboren.
24. Mai: Victoria wird volljährig.
20. Juni: William IV. von England gestorben. Sein Bruder Ernst August (Ernest Augustus, Herzog von Cumberland) wird König von Hannover, Victoria besteigt den englischen Thron.
21. Juni: Öffentliche Proklamation zur Königin.
13. Juli: Umzug vom Kensington Palace nach Buckingham House.
Sir John Conroy entlassen; er bleibt jedoch zunächst Berater der Herzogin von Kent. Flora Hastings, Victorias Hofdame, behält ihre Stellung. Premierminister Lord Melbourne wird Victorias engster Berater.
Daguerre erfindet sein fotografisches Verfahren, Morse den Schreibtelegraphen.

1838 17. Mai: Talleyrand gestorben.

28. Juni: Krönung Victorias.

»The People's Charter«: Forderungen der Arbeiter (»Working Men's Association«) in London. Beginn der Chartistenbewegung.

Albert von Sachsen-Coburg-Gotha geht mit Freiherr von Stockmar und Seymour für zwei Jahre auf Bildungsreise nach Italien.

Der Astronom Friedrich Wilhelm Bessel bestimmt zum erstenmal die Entfernung eines Fixsterns von der Sonne.

Charles Dickens: »Oliver Twist« (1838/39)

1839–1842 Krieg Englands gegen Afghanistan.

1839–1841 Orientalische Krise (Nahost-Krise). Im türkisch-ägyptischen Krieg unterstützt Frankreich Ägypten, England und Rußland stehen auf der Seite des Sultans.

1839 *Februar — Juli: Affäre um Lady Flora Hastings und Sir John Conroy.*

19. April: Garantie der belgischen Neutralität und Festlegung der Grenzen im »Londoner Protokoll«.

7. Mai: Rücktritt des Kabinetts Melbourne.

7. — 13. Mai: Hofstaat-Krise (»Bedchamber-Crisis«). Melbourne wird zurückberufen.

5. Juli: Flora Hastings gestorben.

10. Oktober: Besuch der Vettern Ernst und Albert von Sachsen-Coburg-Gotha bei Victoria.

15. Oktober: Verlobung mit Albert.

1840–1842 Englisch-chinesischer Opiumkrieg (Erster Chin. Krieg).

1840 *10. Februar: Albert von Sachsen-Coburg-Gotha und Königin Victoria heiraten.*

22. Februar: August Bebel geboren.

2. April: Emile Zola geboren.

7. Juni: König Friedrich Wilhelm III. von Preußen gestorben. Sein Sohn Friedrich Wilhelm IV. wird Nachfolger.

10. Juni: Edward Oxford verübt ein Attentat auf Victoria. Die Königin bleibt unverletzt.

15. Juli: 1. Londoner Konvention. Verständigung zwischen England, Rußland, Österreich und Preußen in der Nahost-Frage auf Kosten Frankreichs.

10. Oktober: Die erste Briefmarke der Welt erscheint in England.
21. November: Geburt der ersten Tochter Victorias (»Vikky«).
Erneuter Putschversuch Louis Napoleons in Boulogne.
Gründung der »Anti-Corn-League« zur Abschaffung der Getreidezölle.
Neuseeland wird englische Kronkolonie.

1841 13./15. Juli: 2. Londoner Konvention (»Meerengenvertrag«).
Ende der Orientalischen Krise. Die Türkei soll im Kriegsfall die Dardanellen für ausländische Schiffe sperren.
30. August: Sir Robert Peel wird engl. Premierminister.
9. November: Geburt des Thronfolgers Albert Edward (»Bertie«).
Edgar Allan Poe: »The Murders in the Rue Morgue«.

1842 *Erste Schottlandreise Victorias.*
Zweiter und dritter Attentatsversuch gegen Victoria durch John Francis und John William Bean.
23. März: Stendhal (Henri Beyle) gestorben.
Mai: Zweite Petition der Chartisten.
29. August: Der Vertrag von Nanking beendet den englisch-chinesischen Opiumkrieg. Hongkong wird englische Kronkolonie.
Wiedereinführung der Einkommensteuer in Großbritannien.

1843 *Englisch-französische Allianz. Queen Victoria besucht Frankreich. Treffen mit König Louis Philippe in Eu/Normandie.*
25. April: Tochter Alice geboren.
Edgar Allan Poe: »The Gold Bug«.

1844 *6. August: Geburt des Sohnes Alfred.*
September: Beginn der Zusammenarbeit zwischen Marx und Engels.
15. Oktober: Friedrich Nietzsche geboren.
Kauf von Osborne House.

1845 *Erster Sommeraufenthalt auf dem neuen Landsitz in Osborne.*
August/September: Deutschlandreise.

Begegnung mit Friedrich Wilhelm IV., mit Franz Liszt und der Sängerin Jenny Lind im Schloß Brühl, mit Metternich auf Burg Stolzenfels.
Fahrt über Aschaffenburg, Würzburg und Bamberg nach Coburg. Treffen mit der Familie. Das Königspaar wohnt auf Schloß Rosenau.
26. August: Feier von Alberts Geburtstag.
11. September: Rückkehr nach Osborne.
Victoria lernt Benjamin Disraeli kennen.
Beginn der Hunger-Ernten in Irland.
Thomas Cook gründet in Leicester ein Reisebüro.
Friedrich Engels: »Die Lage der arbeitenden Klassen in England«.

1846 *25. Mai: Geburt der Tochter Helene.*
Mai: Abschaffung der Kornzölle.
Juni: Lord John Russell wird Premierminister.
8. Juli: Christian VIII. von Dänemark erhebt Ansprüche auf Schleswig. Beginn des dänisch-deutschen Konflikts.
Le Verrier entdeckt den Neptun.

1847 15. Mai: Daniel O'Connell in Genua gestorben.
Juni/Dezember: Der »Bund der Kommunisten« tagt in London. Engels' Devise »Proletarier aller Länder vereinigt euch!« wird angenommen.
4. November: Felix Mendelssohn-Bartholdy in Leipzig gestorben.
Einführung des 10-Stunden-Tages in den meisten Industrien Englands.
In Kalifornien wird Gold entdeckt.
Sonderbundskrieg in der Schweiz.
Charlotte Brontë: »Jane Eyre«.
Thackeray: »Vanity Fair« (1847/48).

1848 Januar: Erfolge der liberalen Bewegung in Italien. Intervention Englands.
Februar: »Kommunistisches Manifest« von Karl Marx und Friedrich Engels.
21./22. Februar: Aufstand in Krakau.
22.–24. Februar: Februarrevolution in Frankreich. Der »Bürgerkönig« Louis Philippe dankt ab. Ausrufung der Republik.

27. Februar: »Offenburger Programmpunkte«. Erste Ansätze zu einer Revolution in Deutschland.
März — Mai: Aufstände in Wien, Berlin und München.
18. März: Erhebung in Italien gegen die österreichische Herrschaft. — *Victorias Tochter Louise geboren.*
8. April: Queen Victoria flieht mit den Kindern vor den Chartisten-Unruhen auf die Insel Wight.
18. Mai: Deutsche Nationalversammlung in der Frankfurter Paulskirche eröffnet.
2. – 12. Juni: Slawenkongreß in Prag.
Tschechischer Pfingstaufstand in Prag.
23. – 26. Juni: Pariser Juni-Aufstand der Arbeiter.
August/September: Der 1. Allgemeine Deutsche Arbeiterkongreß tagt in Berlin.
September: Königin Victoria mietet den Landsitz Balmoral in Schottland.
Oktober: Erneuter Aufstand in Wien.
4. November: Die deutsche Nationalversammlung beschließt eine neue Verfassung.
2. Dezember: Kaiser Ferdinand I von Österreich dankt ab. Sein Neffe Franz Joseph I. besteigt den Thron.
5. Dezember: König Friedrich Wilhelm IV. von Preußen löst die preußische Nationalversammlung auf und oktroyiert eine Verfassung.
10. Dezember: Louis Napoleon zum französischen Präsidenten gewählt.
Lord Melbourne gestorben.
Zusammenschluß englischer Künstler zur »Pre-Raphaelite Brotherhood«.

1849 4. März: Kaiser Franz Joseph I. erläßt ein Grundgesetz für Österreich (»März-Verfassung«).
28. März: Deutsche Reichsverfassung angenommen.
19. Mai: Attentat William Hamiltons auf Victoria.
3. Juli: Die dritte Petition der Chartisten wird vom Unterhaus abgelehnt.
August: Karl Marx übersiedelt von Paris nach London. — *Victoria erstmals in Irland.*
7. Oktober: Edgar Allan Poe gestorben.
Charles Dickens: »David Copperfield« (1849/50).

1850 *Bei einem fünften Attentat wird Victoria leicht verletzt.*
23. April: William Wordsworth, Dichter, gestorben.
1. Mai: Sohn Arthur geboren.
2. Juli: Friede von Berlin zwischen Preußen und Dänemark. — Tod des englischen Innenministers Sir Robert Peel nach einem Reitunfall.
18. August: Honoré de Balzac gestorben.
13. November: Robert Louis Stevenson geboren.
30. November: Vertrag von Olmütz zwischen Preußen und Österreich. Wiederherstellung des Deutschen Bundes.
Bau des Kristallpalastes für die Weltausstellung in London.
Cholera-Epidemie in England.

1851 *Ernest Herzog von Cumberland, Robert Jenkinson, Earl of Liverpool, Königinwitwe Adelaide, Königin Louise von Belgien und der einstige französische »Bürgerkönig« Louis Philippe gestorben.*
1. Mai: Eröffnung der ersten Weltausstellung (»Great Exhibition«) in London.
2. Dezember: Staatsstreich Louis Napoleons in Frankreich.
Ende Dezember: Außenminister Palmerston gestürzt.
19. Dezember: William Turner, englischer Maler, gestorben.

1852 8. Mai: »Londoner Protokoll«. Endgültige Lösung der Schleswig-holsteinischen Frage. Regelung der dänischen Erbfolge.
14. September: Arthur Wellesley, Duke of Wellington, gestorben.
2. Dezember: Louis Napoleon wird als Napoleon III. Kaiser von Frankreich (»Zweites Kaiserreich«).
Dezember: George Gordon wird englischer Premier, Palmerston Innenminister, Gladstone Schatzkanzler.

1853–1856 Krimkrieg zwischen Rußland und der Türkei.

1853 *7. April: Sohn Leopold geboren.*
Oktober/November: Ausbruch des Krimkrieges.
In der »New York Herald Tribune« veröffentlicht Karl Marx »Sutherland und Sklaverei«.

1854 März: Sir John Conroy gestorben.
28. März: England und Frankreich treten in den Krieg gegen Rußland ein.
Landung französischer und englischer Truppen auf der Krim.
20. April: Schutz- und Trutzbündnis der deutschen Mächte.
2. Dezember: Österreich schließt sich der anti-russischen Allianz an, Preußen bleibt neutral.
Der deutsche Bundestag verbietet die Arbeitervereine.
Heinrich Goebel erfindet die elektrische Glühbirne.
Cholera-Epidemie in London.

1855 *Victoria trifft in Paris mit Bismarck zusammen.*
6. Februar: Palmerston wird Premierminister.
2. März: Nikolaus I. von Rußland gestorben. Sein Sohn Alexander II. wird Zar.
11. November: Sören Kierkegaard gestorben.
Weltausstellung in Paris.

1856 17. Februar: Heinrich Heine in Paris gestorben.
30. März: Friede von Paris. Ende des Krimkrieges. Rußland verliert die Donaumündung. Neutralisierung des Schwarzen Meeres.
6. Mai: Sigmund Freud geboren.
26. Juli: George Bernard Shaw in Dublin geboren.
September: Begegnung Victorias mit Florence Nightingale auf Schloß Balmoral.
15. Oktober: Oscar Wilde in Dublin geboren.

1857–1860 Krieg Englands und Frankreichs gegen China (»Zweiter Opiumkrieg«, »Lorchakrieg«).

1857 *10. April: Geburt der Tochter Beatrice.*
25. Juni: Albert wird »Prince Consort«.
Die Universitäten Kalkutta, Bombay und Madras werden gegründet.
Sepoy-Aufstand (»Großer Aufstand«) in Indien.
Beginn der ersten Weltwirtschaftskrise.

1858 *In Cherbourg trifft Victoria Napoleon III. und Kaiserin Eugénie.*
Februar: Palmerston gestürzt. Sein Nachfolger als Premierminister ist Edward Stanley, Earl of Derby.

	April: Tochter Victoria (»Vicky«) und Friedrich von Preußen heiraten.
	1. September: Die »East India Company« wird aufgelöst. Indien geht als Vizekönigreich an die britische Krone über.
	17. November: Robert Owen gestorben.
1859	*27. Januar: Victorias erster Enkel, Friedrich Wilhelm Victor Albert, der spätere deutsche Kaiser Wilhelm II., als ältester Sohn des preußischen Kronprinzen Friedrich und seiner Frau Victoria, der Princess Royal von Großbritannien, in Potsdam geboren.*
	6. Mai: Alexander von Humboldt in Berlin gestorben.
	Beginn der italienischen Einigungsbewegung. Unterstützung von seiten Englands.
	4./24. Juni: Österreichische Niederlagen bei Magenta und Solferino.
	11. Juni: Clemens Fürst von Metternich in Wien gestorben.
	Juni: Palmerston wieder englischer Premierminister, Gladstone erneut Schatzkanzler.
	10. November: Friede von Zürich zwischen Österreich, Sardinien und Frankreich.
	Österreich muß die Lombardei an Piemont-Sardinien abtreten.
	28. Dezember: Thomas Macaulay, Politiker und Historiker, gestorben.
	John Stuart Mill: »On Liberty«.
	Charles Darwin: »On the Origin of Species«.
1860/61	Italienische Einigung.
1860	23. Januar: »Cobden-Vertrag«. Freihandelsabkommen zwischen England und Frankreich.
	Mai: Garibaldis »Zug der Tausend« in Süditalien.
	September: Victoria reist inkognito durch das Schottische Hochland.
	21. September: Arthur Schopenhauer gestorben.
	Britisch-französischer Einmarsch in Peking.
	24. Oktober: Der Vertrag von Peking beendet den »Zweiten Opiumkrieg«.
1861–1865	Nordamerikanischer Bürgerkrieg (»Sezessionskrieg«).

1861 2. Januar: Friedrich Wilhelm IV. von Preußen gestorben. Wilhelm I. wird König.

19. Februar: Bauernbefreiung in Rußland. Durch kaiserliches Manifest wird die Leibeigenschaft aufgehoben.

Frühjahr: Tolstoi in London.

14. März: Viktor Emanuel II. wird König von Italien.

16. März: Victorias Mutter gestorben.

Herbst: Fahrt des Königspaares nach Irland.

Thronfolger Albert Edward (»Bertie«) reist nach Amerika.

»Bertie« im Militärlager von Curagh/Dublin; Affäre um Miß Nellie Clifden.

Gespräche über eine Heirat des Thronfolgers mit Alexandra von Dänemark.

Ende November: Prinzgemahl Albert erkrankt.

14. Dezember: Albert von Sachsen-Coburg-Gotha gestorben.

Johann Philipp Reis erfindet das Telefon.

George Eliot: »Silas Marner«.

1862 *Großes Familientreffen in Brüssel.*

Juli: Prinzessin Alice heiratet Ludwig, Großherzog von Hessen-Darmstadt.

23. September: Bismarck wird preußischer Ministerpräsident.

November: Alexandra von Dänemark in Osborne. — Volljährigkeit des Thronfolgers.

2. Weltausstellung in London.

Gründung des rumänischen Staates.

1863 22. Januar: Polnischer Aufstand.

Februar: Alvenslebensche Militärkonvention zwischen Preußen und Rußland zur Niederschlagung des Aufstandes in Polen.

10. April: Albert Edward (»Bertie«) heiratet Alexandra von Dänemark.

24. Dezember: William Makepeace Thackeray in London gestorben.

Ferdinand Lassalle gründet den Allgemeinen Deutschen Arbeiterverein.

1864–1868 Rußland erobert Turkestan, Taschkent und Samarkand.

1864 *Wiederauftreten Victorias in der Öffentlichkeit.*
Dänischer Konflikt. Krieg Österreichs und Preußens gegen den Dänenkönig Christian IX., der Schleswig seinem Reich eingliedern will.
22. August: »Genfer Konvention« auf Anregung Henri Dunants abgeschlossen. Gründung des Roten Kreuzes.
31. August: Ferdinand Lassalle im Duell getötet.
28. September: Gründung der Ersten Sozialistischen Internationale in London.
30. Oktober: Friede von Wien. Dänemark muß Schleswig-Holstein und Lauenburg an Österreich und Preußen abtreten.
Der österreichische Erzherzog Maximilian wird als Kaiser von Mexiko eingesetzt.

1865 19. Januar: Pierre Joseph Proudhon, sozialistischer Schriftsteller, in Passy/Paris gestorben.
13. Juni: William Butler Yeats in Dublin geboren.
14. August: Vertrag von Gastein. Österreich verwaltet Holstein, Preußen Schleswig; Lauenstein kommt gegen Entschädigungszahlung an Preußen. Kiel wird Bundeshafen.
18. Oktober: Henry John Temple, Viscount Palmerston, in London gestorben. Lord Russell als Premierminister berufen.
10. Dezember: König Leopold von Belgien gestorben. Sein Sohn Leopold II. folgt auf den Thron.
30. Dezember: Rudyard Kipling in Bombay geboren.
Lewis Carroll: »Alice's Adventures in Wonderland«.

1866 *Sommer: Bindung Victorias an John Brown.*
Juni: Edward Stanley, Earl of Derby, wird englischer Premier, Disraeli Schatzkanzler.
15. Juni — 26. Juli: Preußisch-österreichischer Krieg um die Vorherrschaft in Deutschland.
Italienisch-österreichischer Krieg.
16. Juni: Victorias Enkel Sigismund gestorben.
3. Juli: Schlacht bei Königgrätz. Sieg Preußens.
5. Juli: Victorias Tochter Helene heiratet Christian von Schleswig-Holstein.
11. Juli: Enkelin Irene von Hessen-Darmstadt geboren.

26. Juli: Vorfriede von Nikolsburg, abgeschlossen von Bismarck gegen den Willen des preußischen Königs.
Ende Juli: Schwere Ausschreitungen bei einer Demonstration für ein neues Wahlgesetz im Londoner Hyde Park.
18. August: Gründung des Norddeutschen Bundes unter Führung Preußens.
23. August: Friede von Prag zwischen Preußen und Österreich. Auflösung des Deutschen Bundes. Neugestaltung Deutschlands. Österreich scheidet aus dem Reichsverband aus.
Attentate auf Bismarck und Zar Alexander II.
Algernon Charles Swinburne: »Poems and Ballads«.

1867 April: »Luxemburg-Krise«. Durch Bismarcks Eingreifen wird Frankreich am Erwerb des Großherzogtums gehindert.
Londoner Vertrag: Luxemburg wird neutraler Staat.
Mai: Zweite Wahlrechtsreform in England.
19. Juni: Kaiser Maximilian von Mexiko in Querétaro erschossen. Mexiko wird wieder Republik.
14. August: John Galsworthy geboren.
25. August: Michael Faraday, englischer Physiker und Chemiker, gestorben.
31. August: Charles Baudelaire gestorben.
Verfassung für Kanada (»British North America Act«).
Die Vereinigten Staaten kaufen Alaska von Rußland.
Weltausstellung in Paris.
Werner von Siemens entdeckt das dynamoelektrische Prinzip, Alfred Nobel erfindet das Dynamit.
Erster Band von Karl Marx' »Kapital« erschienen.

1868 *Erstes Schottland-Tagebuch Victorias (»Blätter aus unserem Leben im Hochland«) veröffentlicht.*
Februar: Benjamin Disraeli wird in Nachfolge des Earl of Derby Premierminister.
Dezember: Gladstone englischer Premier.
Kauf von Schloß Glassalt Shield/Schottland.
Spanischer Staatsstreich. Königin Isabella gestürzt.

1869 *Victoria lernt Thomas Carlyle und Robert Browning kennen.*
Sommer/Herbst: Meinungsverschiedenheiten mit Glad-

stone über die Irlandpolitik und das Aufgabengebiet des Prinzen von Wales.

7. – 9. August: Wilhelm Liebknecht und August Bebel gründen in Eisenach die deutsche Sozialdemokratische Arbeiterpartei.

2. Oktober: Mohandas (»Mahatma«) Gandhi geboren.

17. November: Eröffnung des Suezkanals nach zehnjähriger Bauzeit.

1870/71 Deutsch-französischer Krieg.

1870 *Sir Henry Ponsonby wird Privatsekretär Victorias.*

Februar: Affäre um Lady Mordaunt.

März: Queen Victoria empfängt Charles Dickens.

5. März: Rosa Luxemburg geboren.

22. April: Wladimir Iljitsch Uljanow (Lenin) geboren.

9. Juni: Charles Dickens gestorben.

13. Juli: Bismarcks »Emser Depesche«.

19. Juli: Frankreich erklärt Preußen den Krieg.

1. September: Schlacht bei Sedan. Napoleon III. gerät in deutsche Gefangenschaft.

4. September: Ausrufung der Französischen Republik (»Dritte Republik« bis 1914).

9. Oktober: Der Kirchenstaat kommt an Italien. Rom wird italienische Hauptstadt.

»Education Act«. Gesetz über die Einführung der allgemeinen Schulpflicht in England.

Friedrich Engels geht nach London.

H. Schliemann beginnt mit den Ausgrabungen in Troja.

1871 18. Januar: Gründung des Deutschen Reiches. Wilhelm I. in Versailles zum Kaiser proklamiert. Bismarck wird Reichskanzler.

26. Februar: Vorfriede von Versailles. Lothringen und das Elsaß werden an das Deutsche Reich abgetreten.

18. März — 28. Mai: Aufstand der Pariser Kommune.

10. Mai: Friede von Frankfurt am Main. Frankreich muß Kriegsentschädigung zahlen und den Verzicht auf Elsaß-Lothringen bestätigen.

13. August: Karl Liebknecht geboren.

November/Dezember: Erkrankung Albert Edwards (»Berties«).

	Pontus-Konferenz in London. Neutralität des Schwarzen Meeres aufgehoben.
	Eröffnung der »Royal Albert Hall«.
	Algernon Charles Swinburne: »Songs before Sunrise«.
	Charles Darwin: »The Descendant of Man«.
1872	*28. Februar: Attentatsversuch O'Connors auf Victoria.*
1873/74	Industriekrise (»Gründerkrise«), in England 1875 — 1900 »Große Depression« (Agrar-, Handels-, Industriekrise).
1873	9. Januar: Napoleon III. im englischen Exil gestorben.
	8. Mai: John Stuart Mill, englischer Philosoph und Volkswirtschaftler, in Avignon gestorben.
	22. Oktober: Dreikaiser-Abkommen. Konsultativpakt zwischen Österreich, Rußland und dem Deutschen Reich. Isolierung Frankreichs.
	Weltausstellung in Wien.
1874	Februar: Disraeli löst Gladstone im Amt des Premierministers ab.
	30. November: Winston Churchill geboren.
	Gründung des Weltpostvereins in Bern.
1875–1878	Balkankrise.
1875	April/Mai: »Krieg-in-Sicht-Krise«.
	22. — 27. Mai: Allgemeiner Deutscher Arbeiterverein und Sozialdemokratische Arbeiterpartei schließen sich in Gotha zur Sozialistischen Arbeiterpartei Deutschlands zusammen (ab 1890 Sozialdemokratische Partei Deutschlands).
	6. Juni: Thomas Mann geboren.
	29. Juni: Tod des entmündigten Kaisers Ferdinand I. von Österreich.
	England kauft Aktien des Suezkanals.
1876	*12. März: Kaiserin Elisabeth von Österreich in Windsor empfangen.*
	1. Mai: Victoria wird auf Veranlassung Disraelis zur »Kaiserin von Indien« erhoben.
	Indienreise des Prinzen von Wales.
	Disraeli von Victoria geadelt (Titel: »Lord Beaconsfield«).
	Ein Aufstand in Bulgarien wird von türkischen Truppen niedergeschlagen.
	Nikolaus Ottos Viertakt-Motor patentiert.

1877/78	Russisch-türkischer Krieg.
1877	*1. Januar: Victorias Titel »Kaiserin von Indien« erhält offiziell Gültigkeit.*
	24. April: Rußland erklärt der Türkei den Krieg.
	Richard Wagner von Queen Victoria empfangen.
1878–1881	Krieg Englands in Afghanistan.
1878	9. Januar: Viktor Emanuel II. gestorben. Humbert (Umberto) I. wird König von Italien.
	Januar/Februar: Elisabeth von Österreich und Kronprinz Rudolf in England.
	13. Juni — 13. Juli: Berliner Kongreß. Ausgleich zwischen Österreich-Ungarn, England und Rußland. Umgestaltung der Friedensbedingungen von San Stefano (3. März). Unabhängigkeit Rumäniens, Serbiens, Bulgariens und Montenegros bestätigt. Bosnien und die Herzegowina kommen unter österreichische Verwaltung, Zypern wird englisch.
	21. Oktober: Sozialistengesetze in Deutschland. Verbot sozialistischer Vereinigungen, Versammlungen und publizistischer Aktivitäten.
	14. Dezember: Victorias Tochter Alice gestorben.
	Unruhen in Zululand (bis 1879).
1879	7. Oktober: Zweibund. Geheimes Verteidigungsbündnis zwischen dem Deutschen Reich und Österreich-Ungarn.
	21. Dezember: Jossif Wissarionowitsch Dschugaschwili (Stalin) geboren.
1880/81	Burenaufstand (Erster Südafrikanischer Krieg).
1880	23. April: Nach dem Rücktritt Disraelis wird Gladstone wieder zum Premierminister ernannt.
	Dezember: Beginn des ersten Burenaufstandes in Südafrika gegen die englische Herrschaft.
	22. Dezember: George Eliot (Mary Ann Evans) in London gestorben.
	Regelung der Marokkofrage auf der Internationalen Konferenz in Madrid.
1881/82	Ägyptischer Aufstand. Eingreifen Englands.
1881	5. Februar: Thomas Carlyle in London gestorben.
	9. Februar: Feodor Michailowitsch Dostojewski gestorben.

	13. März: Zar Alexander II. bei einem Bombenattentat getötet. Nachfolger auf dem russischen Thron wird sein Sohn Alexander III.
	14. April: Benjamin Disraeli, Earl of Beaconsfield, in London gestorben.
	18. Juni: Dreikaiser-Vertrag. Geheime Neutralitätsabkommen zwischen dem Deutschen Reich, Rußland und Österreich-Ungarn auf drei Jahre.
	3. August: Konvention von Pretoria. Transvaal wird unabhängig.
	In Berlin-Lichterfelde fährt die erste elektrische Straßenbahn.
seit 1881/82	Erhebung des »Mahdi« (Mohammed Achmed) im Sudan.
1882	2. Februar: James Joyce in Dublin geboren.
	2. März: Siebtes mißlungenes Attentat auf Königin Victoria durch Roderick MacLean.
	19. April: Charles Darwin in Down gestorben.
	6. Mai: Lord Cavendish in Dublin ermordet.
	20. Mai: Dreibund. Geheimes Verteidigungsbündnis zwischen dem Deutschen Reich, Österreich-Ungarn und Italien.
	2. Juni: Guiseppe Garibaldi auf Caprera gestorben.
	Bombardierung von Alexandria. Englische Truppen besetzen Ägypten.
	Robert Koch entdeckt den Tuberkel-Bazillus.
1883	13. Februar: Richard Wagner gestorben.
	14. März: Karl Marx in London gestorben.
	Tod John Browns.
	Das Deutsche Reich tritt dem geheimen Verteidigungsbündnis zwischen Österreich-Ungarn und Rumänien bei.
	Robert Louis Stevenson: »Treasure Island«.
1884	*Victorias Sohn Leopold gestorben.*
	Zweites Schottland-Tagebuch (»More Leaves«) veröffentlicht.
	Dreikaiser-Vertrag um weitere drei Jahre verlängert.
	Rußland besetzt Merv (Märw) an der Grenze zu Afghanistan. In der Folge Spannungen zwischen Rußland und England.
	Dritte Wahlrechtsreform in England (1884/85).

	Dezember 1884 – Februar 1885: Kongo-Konferenz in Berlin.
1885/86	Bulgarische Krise. Rußland begrüßt den Sturz des Fürsten Alexander von Bulgarien. Russische Intervention in Bulgarien.
1885	*Beatrice, Victorias jüngste Tochter, heiratet Heinrich von Battenberg.* Tod Gordons in Khartum. Die Stadt wird von den Soldaten des »Mahdi« erobert. 22. Mai: Victor Hugo gestorben. 23. Juni: Robert Cecil, Marquess of Salisbury, wird englischer Premierminister. Die sozialkritische Schrift »The Bitter Cry of Outcast London« erscheint. Erste Kraftwagen (Benz) und Krafträder (Daimler) werden gebaut.
1886	3. Februar: Gladstone Premierminister. März: Völlige Unterwerfung Burmas durch England. 26. März: Spaltung der Liberalen Partei wegen der Irlandpolitik. 25. Juli: Lord Salisbury wird erneut englischer Premier.
1887	20. Februar: Erneuerung des Dreibundes. April/November: Unruhen in Irland und London. 18. Juni: Rückversicherungsvertrag. Geheimes Neutralitätsabkommen zwischen Rußland und dem Deutschen Reich auf drei Jahre. *18.–30. Juni: Feiern zum goldenen Regierungsjubiläum Victorias.* *Juli: Kaiserin Elisabeth von Österreich besucht Königin Victoria auf der Insel Wight.* 12./16. Dezember: Orient-Dreibund (Mittelmeerabkommen) zwischen England, Italien und Österreich-Ungarn. Rudolf Hertz entdeckt die elektromagnetischen Wellen. Oscar Wilde: »The Canterville Ghost«. Parnell-Affäre (bis 1891).
1888	9. März: Tod des deutschen Kaisers Wilhelm I. *Victoria besucht Berlin.* April 1888 – Juli 1889: Morde Jack the Rippers in Ost-London.

15. Juni: Kaiser Friedrich III. nach 99tägiger Regierungszeit gestorben. Wilhelm II. wird Kaiser des Deutschen Reiches.
26. September: Thomas Stearns Eliot geboren.
Cleveland-Street-Skandal.
William Butler Yeats gründet das »Irish Literature Theatre«.
Conan Doyle: »A Study in Scarlet« (erstes Buch um die Figur des Sherlock Holmes).

1889 20. April: Adolf Hitler geboren.
August/September: Streik der Dockarbeiter in London.
12. Dezember: Tod des Dichters Robert Browning in Venedig.
Flottenbesuch des deutschen Kaisers Wilhelm II. in England.
Gustave Eiffel errichtet den Eiffelturm für die Pariser Weltausstellung.
Kolonialverträge zur Interessenabgrenzung zwischen England, dem Deutschen Reich, Frankreich und den USA (1889/90).

1890 20. März: Wilhelm II. erzwingt den Rücktritt Bismarcks.
Der deutsch-russische Rückversicherungsvertrag wird nicht erneuert.
Aufhebung der Sozialistengesetze in Deutschland.
1. Juli: Das bisher unter deutscher Schutzherrschaft stehende Sultanat Sansibar und Uganda (ab 1. Juli 1895 mit Kenia englisches Schutzgebiet) kommen an England im Tausch gegen Helgoland, das dem Deutschen Reich zugeschlagen wird (»Helgoland-Sansibar-Vertrag«).
26. Dezember: Heinrich Schliemann in Neapel gestorben.
Scheidungsaffäre und Sturz Parnells.

1891 6. Oktober: Charles Parnell gestorben.
Baubeginn für die Transsibirische Eisenbahn.
Oscar Wilde: »The Picture of Dorian Gray«.

1892 *Tod von Victorias Enkel Edward.*
15. August: Gladstone wieder englischer Premierminister (viertes Kabinett Gladstone).
17. August: Militärkonvention (Beistandspakt) zwischen Rußland und Frankreich.

6. Oktober: Alfred Lord Tennyson, englischer Hofdichter der viktorianischen Zeit, gestorben.

1893 Neuer Höhepunkt im Kampf um die irische Selbstverwaltung. Streiks, Unruhen.
Oscar Wilde: »Salome«.
George Bernard Shaw: »Mrs. Warren's Profession«.

1894–1906 Dreyfus-Affäre in Frankreich.

1894/95 Chinesisch-japanischer Krieg.

1894 Abschied Gladstones.
5. März: Archibald Primrose, Earl of Rosebery, wird Premierminister.
1. November: Zar Alexander III. gestorben. Ihm folgt sein Sohn Nikolaus II. auf den Thron.
Jahresende: Viktorias Urenkel Edward, der spätere König Edward VIII., geboren.
3. Dezember: Robert Louis Stevenson auf Samoa gestorben.
Zweibund Frankreich-Rußland.
Aussöhnung zwischen Kaiser Wilhelm II. und Bismarck.
Louis Lumière konstruiert den ersten Kinematographen.
William Butler Yeats: »The Land of Heart's Desire«.
Rudyard Kipling: »Jungle Book« (1894/95).

1895 25. Juni: Salisbury wird englischer Premier, Joseph Chamberlain Kolonialminister.
November: Sir Henry Ponsonby gestorben.
Sir Arthur Bigge wird Victorias Privatsekretär.
Röntgen entdeckt die nach ihm benannte elektromagnetische Strahlung.
George Bernard Shaw: »Candida«.

1896 3. Januar: »Krüger-Depesche« Kaiser Wilhelms II. Spannungen zwischen England und dem Deutschen Reich.
Mai: Zar Nikolaus II. gekrönt. Massenunglück in Moskau.
3. Juni: Russisch-chinesisches Geheimbündnis zur Verteidigung gegen einen Angriff Japans.
9. Juni: Russisch-japanischer Vertrag über die gemeinsame Herrschaft in Korea.
Jameson-Überfall in Südafrika.
Alfred Nobel stiftet den Nobelpreis.

Die Ersten Olympischen Spiele der Neuzeit werden auf Anregung Pierre de Coubertins in Athen abgehalten.

1897 *Diamantenes Regierungsjubiläum Victorias.*

Guglielmo Marconi erfindet die drahtlose Telegraphie.

1898 14. Januar: Lewis Carroll (Charles Lutwidge Dodgson) gestorben.

10. Februar: Bertolt Brecht geboren.

28. März: Erstes deutsches Flottengesetz.

19. Mai: William Gladstone gestorben.

Sommer: Faschoda-Zwischenfall. Auf Druck Englands muß Frankreich das besetzte Faschoda am oberen Nil wieder freigeben.

30. Juli: Fürst Bismarck gestorben.

30. August: Englisch-deutscher Angola-Vertrag.

2. September: Ende des »Mahdi«-Aufstands. Rückeroberung des Sudans.

10. September: Kaiserin Elisabeth von Österreich in Genf von dem Anarchisten Luigi Lucheni ermordet.

20. September: Theodor Fontane gestorben.

Rußland besetzt Port Arthur.

1899–1902 Zweiter Burenkrieg in Südafrika.

1899 21. März: Englisch-französischer Sudan-Vertrag.

24. Mai: Achtzigster Geburtstag Victorias.

Gründung des Haager Internationalen Schiedsgerichtshofes. Landkriegsordnung verabschiedet.

Übergriff Rußlands auf die finnische Autonomie. Internationale Proteste bleiben ohne Erfolg.

Erweiterung der russisch-franz. Militärkonvention.

William Butler Yeats und Lady Gregory gründen das »Abbey Theatre«, das irische Nationaltheater.

George Bernard Shaw: »Caesar und Cleopatra«.

1900 27./28. Februar: Gründung des »Labour Representation Committee« (seit 1906 »Labour Party«).

Frühjahr: Boxeraufstand in China. Ermordung des deutschen Gesandten von Ketteler. Eingreifen Englands, Frankreichs, Rußlands, Deutschlands, Österreich-Ungarns, Italiens, Japans und der USA.

3. April: Victorias Urenkel Henry, der spätere Herzog von Gloucester, geboren.

4. April: Victoria reist in Begleitung ihrer Töchter Helene und Beatrice nach Dublin.
Juni: Zweites deutsches Flottengesetz.
2. Juli: Start des ersten Zeppelins.
29. Juli: Humbert (Umberto) I., König von Italien, in Monza ermordet.
25. August: Friedrich Nietzsche gestorben.
Oktober: Tod des Lieblingsenkels Christian Victor von Schleswig-Holstein.
30. November: Oscar Wilde in Paris gestorben.
Weihnachten: Victorias Vertraute Jane Churchill gestorben.
Schwere Erkrankung der Tochter Victoria (»Vicky«).
Sohn Alfred, Herzog von Edinburgh und Coburg, gestorben.
Weltausstellung und Olympische Spiele in Paris.
Max Planck begründet die Quantentheorie.
Sigmund Freud: »Die Traumdeutung«.
George Bernard Shaw: »Captain Brassbound's Conversion«.

1901 1. Januar: Bildung des »Commonwealth of Australia«.
18. Januar: Zweihundertjahrfeier der Gründung des Königreiches Preußen.
22. Januar: Queen Victoria in Osborne gestorben. Nachfolger auf dem englischen Thron wird ihr Sohn Edward VII.
4. Februar: Victoria in Windsor beigesetzt.
7. September: Boxer-Protokoll. Auflagen für China.
Gründung des Internationalen Gewerkschaftsbundes in Amsterdam.

Tafel 1

George II. *1683 †1760, 1727 Kg. ⚭

Frederick Lewis, Prz. v. Wales *1707 †1751
⚭ Augusta zu Sachsen *1719 †1772

Children:
- **Augusta** Princess Royal *1737 †1813 ⚭ Karl v. Braunschweig-Wolfenbüttel *1735 gef. 1806
- **George III.** *1738 †1820, 1760 Kg. ⚭

Children of Augusta and Karl v. Braunschweig-Wolfenbüttel:
- Karoline Amalia Elisabeth *1768 †1821 ⚭ George IV.

Children of George III.:
- **George IV.** *1762 †1830, 1811 Reg., 1820 Kg.
- **Frederick Augustus** Hzg. v. York *1763 †1840 ⚭ Friederike v. Preußen *1767 †1840
  - nat. S. Lord Conyngham
- **William IV.** Hzg. v. Clarence *1765 †1837 ⚭ Adelaide v. Sachsen-Meiningen *1792 †1849
- **Charlotte** *1766 †1828 ⚭ Friedrich v. Württemberg *1754 †1818
- **Edward Augustus** Hzg. v. Kent *1767 †1820 ⚭ Victoria (Marie Louise Victoire) v. Sachsen-Saalfeld *1786 †1861 (vgl. T. 2)
- **Augusta Sophia** *1768 †1840

Child of George IV. and Karoline Amalia Elisabeth:
- **Charlotte** *1796 †1817 ⚭ Leopold v. Sachsen-Saalfeld-Coburg *1790 †1865, 1831 Kg. d. Belgier (vgl. T. 2)
  - Leopold ⚭ (2.) Louise *1812 †1850 (T. v. Kg. Louis Philippe I. v. Frkr.)
    - → Könige v. Belgien
  - S., * u. †1817

Children of William IV.:
- Charlotte * u. †1819
- Elisabeth *1820 †1821
- nat. S. (M.: Dorothea Jordan) George August FitzClarence Gf. v. Munster *1792 †1842

Child of Edward Augustus:
- **Alexandrina VICTORIA** *1819 †1901, 1837 Kgn., 1877 Ksn. v. Indien ⚭

Children of Victoria:
- **Victoria** Princess Royal *1840 †1901 ⚭ Friedrich III. v. Preußen *1831 †1888 ①
  - **Wilhelm II.** *1859 †1941, 1888-1918 Ks.
    ⚭ (1.) Auguste Victoria v. Holstein-Sonderburg-Augustenburg *1858 †1921
    (2.) Hermine Przn. Reuss ä. L., verw. Schönaich-Carolath *1887 †1947
    - (1.) 7 Kinder ①
  - 7 weitere K.
- **Edward VII.** *1841 †1910, 1901 Kg. ⚭ Alexandra v. Dänemark *1844 †1925
- **Alice** *1843 †1878 ⚭ Ludwig v. Hessen-Darmstadt u. bei Rhein *1837 †1892

Children of Edward VII.:
- Albert Victor Hzg. v. Clarence *1864 †1892
- **George V.** Hzg. v. York *1865 †1936, 1910 Kg. ⚭ Mary v. Teck *1867 †1953 (s. rechts)
- Louise Princess Royal *1867 †1931 ⚭ Alexander Duff Hzg. v. Fife *1849 †1912
  - Alexandra Duff *1891 (s. rechts)
- Victoria *1868 †1935
- Maud *1869 †1938 ⚭ Karl v. Dänemark *1872 †1957, 1905 Kg. Haakon VII. v. Norwegen
  - → Könige v. Norwegen
- Alexander * u. †1871

Children of George V.:
- **Edward VIII.** Hzg. v. Windsor *1894 †1972, 1936 Kg., verz. ⚭ Wallis Warfield Simpson *1896
- **Albert** Hzg. v. York *1895 †1952, 1936 Kg. George VI. ⚭ Elisabeth Bowes-Lyon *1900
- Mary Princess Royal *1897 †1965 ⚭ Henry Earl of Harewood
  - 2 K.
- Henry Hzg. v. Gloucester *1900 †1974 ⚭ Alice Montagu-Douglas-Scott *1901
  - 2 K.
- George Hzg. v. Kent *1902 †1942 ⚭ Marina v. Griechenland *1906 †1968
  - 3 K.
- John *1905 †1919

Children of Albert (George VI.):
- **Elisabeth II.** *1926, 1952 Kgn. ⚭ Philip, Hzg. v. Edinburgh *1921 (s. rechts)
- **Margaret Rose** *1930 ⚭ (⦶) Antony Armstrong-Jones Earl of Snowdon *1930
  - David Viscount Linley *1961
  - Sarah *1964

Children of Elisabeth II.:
- Charles *1948 Prz. v. Wales 1958 ern. 1969 gekr.
- Anne *1950 ⚭ Mark Phillips *1948
  - Peter Mark Andrew Phillips *1977
- Andrew *1960
- Edward *1964

MOUNTBATTEN

- George Marquess of Milford Haven *1892 †1938 ⚭ Nadežda Gfn. v. Torby *1896
  - 2 K.
- Ludwig Earl Mountbatten of Burma *1900 erm. 1979, 1947 Vizekg. v. Indien ⚭ Edwina Ashley *1901 †1960
  - Patricia *1924 ⚭ Baron Brabourne
    - Nicolas *1965 erm. 1979
    - Timothy *1965
  - Pamela *1929 ⚭ David Hicks

Könige von Großbritannien
a. d. Hs. Braunschweig

— Caroline v. Brandenburg
*1683 † 1737

— Charlotte v. Mecklenburg-Strelitz
*1744 † 1818

William Henry
Hzg. v. Gloucester
*1743 † 1805

Maria Waldegrave
*1736 † 1807

6 weitere K.

Elisabeth
*1770
†1840
⚭ Friedrich
v. Hessen-
Homburg
*1769
†1829

Ernest Augustus
Hzg. v. Cumber-
land
*1771 † 1851
1837 Kg. v. Hannover
⚭ Friederike v.
Mecklenburg-
Strelitz

Sophia
*1777
†1848

Augustus
Frederick
Hzg. v. Sussex
*1773 † 1843
⚭ (1.) Augusta
Murray
*1768 † 1830
1806 Gfn.
Ameland
(2.) Cäcilia
Letitia Gore
v. Arran
*1789 † 1873
1831 Lady
Underwood
1840 Hzgn. v.
Inverness

Adolphus
Frederick
Hzg. v.
Cambridge
*1774
†1850
1816-37
Vizekg. v.
Hannover
⚭ Augusta v. Hessen-Kassel
*1797 † 1889

Oktavius
*1779
†1783

Alfred
*1780
†1782

Amelia
*1783
†1810

Mary
*1776
†1857
— ⚭ — William
Frederick
Hzg. v.
Gloucester
*1776
†1834

George William
Hzg. v. Cambridge
*1819 † 1904
⚭ Sarah Louisa
Fairbrother
*1815 † 1890

Augusta
*1822 † 1916
⚭ Friedrich
Wilhelm
v. Mecklen-
burg-Strelitz
*1819 † 1904

Mary
Adelaide
*1833
†1893/7
⚭ Franz v. Teck
*1837 † 1900

Mary
*1867 † 1953
(s. links)

— Albert v. Sachsen-
Coburg-Gotha
*1819 † 1861
(vgl. T. 2)

Alfred, Hzg. v. Edinburgh
*1844 † 1900
1893 Hzg. v. Sachsen-
Coburg-Gotha
⚭ Maria Alexandra
v. Rußland
*1853 † 1920
(T. v. Ks. Alexander II.)

Helene
*1846 † 1923
⚭ Christian v.
Schleswig-
Holstein-
Sonderburg-
Augustenburg
*1831 † 1917

Louise
*1848 † 1871
⚭ John Campbell
Marquess
of Lorne
Hzg. v. Argyll
*1845 † 1914

Arthur
Hzg. v. Connaught
*1850 † 1942
⚭ Luise Margarete
v. Preußen
*1860 † 1917
(1)

Leopold
Hzg. v. Albany
*1853 † 1884
⚭ Helene v.
Waldeck-
Pyrmont
*1861
†1922

Beatrice
*1857 † 1944
⚭ Heinrich v.
Battenberg
*1858
†1896

Christian Victor
*1867 † 1900

3 w. K.

Victoria
Eugénie
*1887 † 1969
⚭ Alfons v.
Spanien
*1886 † 1941

3 S.

Könige v. Spanien

Alice
*1883
⚭ Alexander
v. Teck
*1874 †...
1817 Earl of
Athlene

Charles Edward
Hzg. v. Albany
*1884 †...
1900 Hzg. v. Sachsen-
Coburg-Gotha
⚭ Victoria
Adelheid v. Schleswig-
Holstein-Glücksburg
*1885

Marie ⚭ Ferdinand
*1875 *1856 † 1927
†1938 1889 Kg. v. Rumänien

Alfred
*1874 † 1899

3 T.

Victoria
*1863 † 1950
⚭ Ludwig v. Battenberg
Marquess of Milford Haven
1917 Earl Mountbatten
*1854 † 1921

Irene
*1866

Alix
*1872 erm. 1918
⚭ Nikolaus II.
*1868 erm. 1918
1894 Ks. v. Rußland

Sibylla
*1908
⚭ Gustav Adolf v. Schweden *1906

4 w. K.

Alice
*1885
1967
⚭ Andrew v.
Griechenl.
*1882 † 1944

Louise
*1889
†1965
⚭ Gustav VI.
Adolf
*1882
†1973
1950 Kg.
v. Schweden

Margaret
*1882 † 1920
⚭ Gustav VI. Adolf
*1882 † 1973
1950 Kg. v. Schweden

Victoria Patricia
*1886
⚭ Sir Alexander
Ramsay

Arthur, Prz. Connaught
*1883 † 1938
⚭ Alexandra Duff
Hzgn. v. Fife
*1891
(siehe links)

Olga
*1895
erm. 1918

Tatjana
*1897
erm. 1918

Maria
*1899
erm. 1918

Anastasia
*1901
erm. 1918

Alexej
*1904
erm. 1918

Alastair
Hzg. v. Connaught
*1914 † 1943

Philip
Hzg. v. Edinburgh
*1921
(s. links)

(1) – vgl. Heyne Biogr. Bd. 26, Cowles, Wilhelm II.

Tafel 2

Franz, Hzg. v. Sachsen-Coburg-Saalfeld
*1750 †1806
⚭ (1.) Sofie v. Sachsen-Hildburghausen
*1760 †1776
(2.) Auguste Reuss zu Ebersdorf
*1757 †1831

(2.)
Juliane
*1781 †1860
⚭ (⊕ 1820) Konstantin
Gfst. v. Rußland
*1779 †1831

(2.)
Ernst
*1784 †1844
1806 Hzg.
1826 Hzg. v. Coburg-Gotha
⚭ (1., ⊕ 1826) Luise v.
Sachsen-Altenburg
*1800 †1831
(2.) Marie v. Württemberg
*1799 †1860

(2.)
Ferdinand
*1785 †1851
⚭ Antonie v.
Koháry
*1797 †1862

Ferdinand
*1816 †1885
1837 Kg. v. Portugal
⚭ Maria
*1819 †1853
1837 Kgn. v.
Portugal

Kghs. Sachsen-
Coburg-Bragança

August
*1818 †1881
⚭ Clementine
*1817 †1907
(T. v. Kg. Louis Philippe I.
v. Frkr.)

(1.)
Karl
*1804 †1856
⚭ (⊕ 1848)
Maria v.
Klebelsberg
*1806 †1880

(1.)
Ernst
*1818 †1893
⚭ Alexandrine
v. Baden
*1820 †1904

(1.)
Albert
*1819 †1861
⚭

s. Tafel 1

Auguste Viktoria ⚭ Wilhelm II.
*1858 †1921 *1859 †1941

(1) vgl. T. 1

Philipp
*1844 †1921
⚭ (⊕ 1906) Luise
*1858 †1924
(T. v. Kg. Leopold II. v. Belgien)

(2.)
Victoria (Marie Louise Victoire)
*1786 †1861
⚭(1.) Emich Carl v. Leiningen
*1763 †1814
(2.) Edward v. Kent
*1767 †1820
(vgl. T. 1)

(2.)
Leopold I.
*1790 †1865
1831 Kg. d. Belgier
⚭(1.) Charlotte v. Großbritannien
*1796 †1817
(vgl. T. 1)
(2.) Louise v. Orléans
*1812 †1850
(T. v. Kg. Louis Philippe I. v. Frankreich)

(2.)
4 weitere K.

(1.)
S.
* u.†1817

(2.)
Leopold
*1833
†1834

(2.)
Leopold II.
*1835 †1909
1865 Kg.
⚭ Marie Henriette
v. Österreich

3 w. K.

(2.)
Philipp, Gf. v. Flandern
*1837 †1905
⚭ Maria v. Hohenzollern-Sigmaringen
*1845 †1912

Könige d. Belgier

(2.)
Marie Charlotte
*1840 †1927
⚭Maximilian
v. Österreich
*1832 †1867
1864 Ks. v. Mexiko

(2)

(1.)
Feodora
*1805 †1872
⚭Ernst Christian
Karl v. Hohenlohe-Langenburg
†1860

(2.)
Alexandrina
VICTORIA
*1819 †1901
1837 Kgn. v.
Großbritannien
1877 Ksn.
v. Indien

Stephanie
*1864
†1945
⚭Rudolf v.
Österreich
*1858
†1889

(2)

(2) = vgl. Heyne Biogr.
Bd. 40, Conte Corti,
Elisabeth v. Österreich

Adelheid
*1835 †1900
⚭Friedrich v. Schlesw.-Holst.
*1829 †1880

5 w. K.

August
*1845 †1907
⚭Leopoldine v. Brasilien
*1847 †1871
Herzoge v. Sachsen-Coburg-Gotha

Klotilde
*1846 †1927
⚭Josef, Ehzg. v. Österr.
*1833 †1905

Amalie
*1848 †1894
⚭Maximilian, Hzg.
in Bayern
*1849 †1893 (2)

Ferdinand
*1861 †1948
1908-18 Kg. v. Bulgarien
⚭(1.) Marie Luise v.
Parma
*1870 †1899
(2.) Eleonore Reuss
j. L.
*1860 †1917

Anmerkungen

Die kursiv gedruckten Zahlen verweisen auf die Numerierung der Bibliographie

1 Sämtlich in der British Library, London
2 Neuerdings erschöpfend recherchiert in *205*
3 *191*, S. 170
4 *191*, S. 52ff.
5 Zu Charlotte s. *2*, S. 262
6 »Times« vom 14. 5. 1818
7 Dem Verf. auf Anfrage mitgeteilt
8 s. Stammtafel
9 s. *247*
10 Zur Herzogin von Kent s. *90*
11 Eine neuere Biographie des ersten Königs der Belgier fehlt. Vgl. *153*
12 Zur Porphyrie Georges III. s. *284*
13 Schon 1847 galt sie als »coburgisiert«: *70*, S. 422. Sie selbst fand den Verdacht, sie sei deutschfreundlich, »nur natürlich«: *53*, S. 310
14 *202*, Bd. 1, S. 499
15 196, S. 47ff.
16 Zum Parlament vor 1832 s. *2*, S. 69
17 Zur wirtschaftlichen Lage Großbritanniens um 1820 s. *143–145*
18 s. Kapitel 17
19 »Times« vom 27. 5. 1819
20 s. *180*
21 Zu William Wilberforce s. *2*, S. 27
22 *377*, S. 109
23 s. *129*
24 *93*, S. 73
25 »Times« vom 4. 4. 1819
26 *149*; vgl. *2*, S. 81
27 *303*; vgl. *3*, S. 92
28 s. 206; vgl. auch *191*, S. 252ff.
29 *234*, S. 145ff.
30 *66*, S. 94
31 Robert und Samuel Wilberforce: The Life of William Wilberforce. 5 Bde. 1838. Bd. 5, S. 71f.
32 Im Archiv von Windsor. Zit. *309*, S. 317
33 Von Victoria später amüsiert beschrieben. Vgl. *36*, S. 16
34 s. Anmerkung 32
35 s. *183*; die übrige Literatur in *3*, S. 774f.
36 *14*, S. 5ff.
37 ebd.
38 s. *444*; die übrige Literatur in *2*, S. 19f.
39 *2*, S. 128
40 Zum Herzog von Cumberland s. *2*, S. 260 (Briefe) und *2*, S. 263 (Darstellungen). Vgl. auch *191*, S. 205ff. Zum Oranier-Orden: *3*, S. 1205
41 Die Literatur zu Wellington in *2*, S. 35f. Vgl. *278*
42 The Journal of Sir Walter Scott. Vol. 2: 1829–1832. 1946. S. 112
43 Die Literatur zu George IV. in *2*, S. 34
44 Die Literatur zu William IV. in *2*, S. 38. Vgl. *455*
45 Victoria sah in den Ereignissen von 1848 die Wiederkehr des Jahres 1789. (*37*, S. 195; Brief an Melbourne vom 15. 3. 1848)
46 Wellington war davon überzeugt; vgl. *69*, S. 199, dazu *277*, S. 147
47 Vgl. Harold Nicolsons Essay »If Byron had become King of Greece« in: »If it had happened otherwise«. 1932
48 Zu Stockmar s. *64/65*. Vgl. *2*, S. 41
49 *36*, S. 322f.
50 Später war Victoria böse, weil Lord Melbourne einschlief, wenn Thomas Moore seine Lieder sang; *34*, S. 338
51 *36*, S. 19f.
52 *36*, S. 49. Benedetto Croce war der Ansicht, man könne die ganze eu-

ropäische Geschichte anhand der Ermordung Heinrichs IV. von Frankreich analysieren.

53 *36*, S. 50
54 *34*, S. 75
55 *34*, S. 116
56 Vom 4. 7. 1834, zit. *452*, S. 126ff.
57 Brief vom 30. 7. 1835, zit. *452*, S. 132f.
58 *68*, S. 309f.
59 Zur Parlamentsreform von 1832 s. *2*, S. 69f., sowie *275*
60 Köstliche Schilderung der Suche des Premierministers in *195*, S. 81f.
61 An seine Schwester, 19. 6. 1837, zit. *455*, S. 289
62 *36*, S. 97ff.
63 ebd.
64 ebd.
65 Zur Geschichte von Buckingham Palace s. *2*, S. 368, sowie *229*
66 *357*, S. 505
67 Vgl. Grevilles Beschreibung der Lage von Victorias Mutter 29. 6. 1837 *68*, s. Kap. 6
68 s. z. B. *217*, S. 21f.
69 Thomas Paine: »Common Sense«. 1776. S. 11. Zit. *27*, S. 77
70 Zit. *277*, S. 83
71 *36*, S. 94
72 *36*, S. 147
73 *36*, S. 148
74 *153*, S. 89. Um 1850 aber erörterte sie wieder Politik mit ihm, vgl. *37*, S. 333
75 *51*, S. 50
76 Lord Melbourne war der Ansicht, Engländer verstünden nichts von Mode: *34*, S. 368
77 Vgl. Kapitel 14
78 *42*, S. 325
79 *42*, S. 362
80 Vgl. Anmerkung 284
81 Vgl. den Fotoband *201*
82 *34*, S. 157
83 *34*, S. 160
84 »Times« vom 19. 5. 1832
85 *37*, S. 301. Zu Victorias Opern- und Schauspielbesuchen: George Rowell: »Queen Victoria goes to the Theatre«. 1978
86 *34*, S. 65
87 *34*, S. 94
88 *34*, S. 95
89 s. *219*
90 *37*, S. 7
91 s. *46*
92 s. *57*
93 *39*, S. 586
94 Zit. *277*, S. 104
95 s. *34/35*
96 »The Complete Prefaces«. 1965. S. 316. Vgl. Victorias Ansicht zu »solitary confinement« als Strafe: *35*, S. 258
97 Gute Texte: *24*, S. 51–105; *27*, S. 24–60; vgl. *289* und *403*, S. 112ff.
98 *259*, S. 329
99 *93*, S. 97
100 *93*, S. 83
101 s. *421/422*
102 Robert Blake (*108*, S. 278) spricht der Königin einen »nuisance value«, eine Stör-Funktion, zu
103 *34*, S. 206
104 *36*, S. 111
105 *36*, S. 110
106 *69*, S. 41
107 *34*, S. 229 (passim)
108 Zu Melbourne s. *2*, S. 37 sowie *134* und *455*
109 Zit. *455*, S. 16f.
110 s. *256*
111 *69*, S. 169
112 *69*, S. 93
113 *455*, S. 106f. und 229f.
114 *35*, S. 278
115 *35*, S. 118
116 *35*, S. 263
117 *34*, S. 288
118 *35*, S. 256
119 *35*, S. 144
120 *34*, S. 301f.
121 *34*, S. 327
122 *36*, S. 116
123 *34*, S. 134
124 *34*, S. 118
125 *36*, S. 157
126 Ein Exemplar der Anweisungen für den Krönungstag befindet sich in der British Library (Kat. Nr. 9930 i 23)

127 So fälschlich Woodham-Smith *452*, S. 207
128 *277*, S. 100
129 Zit. *277*, S. 102
130 Ein Exemplar in der British Library
131 *36*, S. 156
132 *36*, S. 155
133 *36*, S. 156
134 ebd.
135 *36*, S. 159
136 *425*, S. 1
137 Die Literatur zu Adel und Oberhaus in *2*, S. 64f. und 267f., und (vollständiger) in *3*, S. 52ff.
138 *277*, S. 219
139 *37*, S. 340
140 *42*, S. 319
141 *79*, S. 29
142 z. B. *35*, S. 122 (Melbourne gegen zu viele neue Schulgesetze)
143 *79*, S. 16ff.
144 *455*, S. 140
145 *41*, S. 387
146 Zit. *79*, S. 164
147 *35*, S. 294
148 s. *374*; vgl. Karl Marx, Das Kapital, Bd. 1, S. 768ff., (Berlin 1955)
149 *374*, S. 17
150 Der Aufsatz von Marx über »Sutherland und Sklaverei« erschien (nach dem Erstdruck in der New Yorker »Herald Tribune«) auch in England: »The People's Paper« vom 12. 3. 1853. Vgl. Isaiah Berlin: Karl Marx, 4. Aufl. 1978, S. 150f.
151 s. *412*
152 *240*, S. 140
153 So 1976 Michael Knieriem, Kurator des Engels-Museums in Wuppertal. Das Public Record Office widerlegte seine These mit dem Hinweis, er habe den Verfasser des »Kapitals« mit einem deutschen Juwelier gleichen Namens verwechselt, der 1877 erfolgreich die Einbürgerung beantragte. »Daily Telegraph« vom 17. 11. 1976
154 Die Wahlresultate der viktorianischen Zeit in *17*, S. 68ff., vgl. *21*
155 *32*, S. 253. Zu Lord Holland vgl. *2*, S. 33, und sein Tagebuch *63*
156 *34*, S. 250f.
157 *37*, S. 241
158 Zit. *452*, S. 198
159 s. *226*; zum Bankwesen *3*, S. 531
160 2. 2. 1839, zit. *277*, S. 120f.
161 ebd.
162 *35*, S. 159
163 *35*, S. 160
164 *36*, S. 196
165 *35*, S. 161f.
166 *36*, S. 197
167 Zit. *452*, S. 220
168 *36*, S. 211, Anm. 1
169 Zit. *278*, S. 403
170 *35*, S. 164ff., und *36*, S. 207ff.
171 *69*, S. 162ff.
172 *69*, S. 200
173 *35*, S. 165
174 *35*, S. 165
175 *69*, S. 200
176 *35*, S. 251
177 *195*, S. 221
178 *195*, S. 222
179 *36*, S. 201f.
180 *36*, S. 204f.
181 *36*, S. 206
182 *35*, S. 173
183 *36*, S. 211
184 *36*, S. 213
185 *36*, S. 214
186 *410*, S. 72
187 *36*, S. 220
188 Zit. *452*, S. 229
189 *35*, S. 205
190 *452*, S. 231f.
191 Zit. ebd.
192 *69*, S. 138
193 Zit. *277*, S. 444
194 *69*, S. 219
195 *35*, S. 207
196 *35*, S. 212
197 *35*, S. 215
198 *35*, S. 221
199 *35*, S. 224f.
200 *35*, S. 262
201 Die Literatur zu Prinz Albert in *2*, S. 41, und *3*, S. 40; vgl. *103*
202 *179*, S. 14
203 s. *60–62*
204 Zit. *103*, S. 18
205 *179*, S. 17

206 *179*, S. 16
207 *372*, S. 423
208 Zit. *305*, S. 33
209 *34*, S. 157
210 *103*, S. 8f. (Anm.)
211 S. *110*, S. 11
212 *59*, S. 16
213 *35*, S. 263
214 *35*, S. 265
215 ebd.
216 ebd.
217 *35*, S. 268f.
218 *35*, S. 269
219 *35*, S. 270
220 s. Stammbaum
221 *36*, S. 248
222 ebd.
223 *59*, S. 36
224 *36*, S. 251
225 *36*, S. 256
226 *45*, S. 74
227 *36*, S. 268f.
228 *35*, S. 299
229 *45*, S. 79f.
230 *35*, S. 318
231 *36*, S. 273f.
232 *45*, S. 82
233 *69*, S. 239
234 *67*, S. 241
235 s. *430–432* und *209*
236 Zit. *452*, S. 271
237 ebd.
238 »Times« vom 11. 6. 1840
239 Bestärkt wurde Prinz Albert darin von Leibarzt Sir James Clark. Dessen Tagebuchaufzeichnung zit. *277*, S. 326
240 Noch im November 1856 hatte Stockmar ähnliche Befürchtungen, Prinz Albert offenbar auch. Sogar Greville wußte davon: *72*, S. 388
241 Zit. *110*, S. 229
242 »Times« vom 11. 7. 1840
243 *126*, S. 315f.
244 »Times« vom 11. 7. 1840
245 *36*, S. 500
246 »Times« vom 18. 6. 1842
247 *24*, S. 497
248 *18*, Jg. 1842, Chronik-Teil, S. 121
249 *36*, S. 508f.
250 Zit. *277*, S. 212
251 *37*, S. 262
252 *40*, S. 198
253 *41*, S. 222
254 *41*, S. 266
255 *19*, 3rd Series, Vol. 267, S. 224f. (6. 3. 1882)
256 s. *204*
257 Vgl. Corfe, Thomas Howell: »The Phoenix Park Murders«. 1968
258 *79*, S. 66
259 *290*, S. 403
260 Zur irischen Hungersnot der 40er Jahre *2*, S. 512f., *3*, S. 1206ff., sowie *451*
261 Noch 1867 gingen Gerüchte um, die Königin solle entführt werden (*39*, S. 478f.). Sie empfahl als Gegenmittel – im Jahr der Parlamentsreform! – ein dreimonatiges Aussetzen der Grundrechte (Habeas Corpus) (*39*, S. 479)
262 *36*, S. 505
263 Zum Chartismus s. *2*, S. 21
264 Zu den Getreidezöllen und zur Anti-Corn-Law-League s. *2*, S. 26
265 s. *172*
266 »Times« vom 10. 7. 1840
267 *191*, S. 205ff. Cumberland bekämpfte den Bau der Eisenbahnlinie von London nach Westen, weil sie die Ruhe der Eton-Boys zu stören drohe. *191*, S. 241
268 *36*, S. 533
269 Die Presse behandelte die Flucht als normale Reise. Die Familie kehrte knapp drei Wochen später nach London zurück. Vgl. *452*, S. 369, zu Prinz Alberts Furcht, die Abreise mache einen schlechten Eindruck.
270 s. *241*
271 *34*, S. 44f.
272 *306*, S. 396f.
273 *306*, S. 398
274 *46*, S. 304
275 s. *279*
276 Der Text in *27*, S. 270
277 *69*, S. 221
278 Zit. *452*, S. 287
279 *37*, S. 198f.
280 *37*, S. 32

281 *333*, S. 274
282 *184*, S. 520
283 Richard Wagner an Minna Wagner, 12. 6. 1855; zit. in Ernest Newman: »Life of R. W.«, Bd. II, S. 475f.
284 Treffender ist Hans Mayers Vergleich: »Victoria trägt den fremden Ausdruck und die Kleidung einer Odaliske von Ingres.« (*315*, S. 97)
285 Zit. *452*, S. 217
286 Die Literatur zu Prinzessin Victoria (»Vicky«) in *3*, S. 42, vgl. auch *97*
287 *36*, S. 318
288 *36*, S. 321
289 *36*, S. 486
290 *53*, S. 200
291 *53*, S. 263
292 *51*, S. 215
293 Zit. *277*, S. 338
294 *51*, S. 205
295 *53*, S. 18
296 *54*, S. 147
297 *52*, S. 301
298 s. *98*
299 *53*, S. 123
300 »Punch« 1847, Bd. XII, S. 210
301 *36*, S. 487
302 *42*, S. 362
303 *37*, S. 286f.
304 *53*, S. 123
305 *36*, S. 623
306 *277*, S. 263
307 *37*, S. 255
308 ebd.
309 s. *128* und *229*
310 So Greville, *70*, S. 257. Der Kabinettssekretär vermerkte 1843, Victoria mache Albert zum König, so gut es gehe (*70*, S. 129), ja der Prinz selbst strebe – lt. Melbourne – den Titel an (*70*, S. 152)
311 Zu den geheimen Gesprächen zwischen Prinz Albert und Peel vor dessen Regierungsantritt s. *195*, S. 258ff.
312 Edith Sitwell nennt Lord Melbourne abschätzig den »Helden von Tolpuddle« (*400*, S. 151) und beschreibt seine grausame Unterdrückung eines Aufstandes im Jahre 1831 (*400*, S. 91ff.)
313 s. *301*
314 *172*, S. 64f.
315 *71*, S. 185f.
316 Palmerstons Übergang zu einer radikaleren Außenpolitik im Verlauf des Jahres 1848 in *377*, S. 466ff. (Italien, Ungarn)
317 Die Literatur zur britisch-irischen Auswanderung in *3*, S. 781ff.
318 Noch in Anthony Trollopes Roman »The Prime Minister« (1876) ist der Regierungschef ein – erfundener – Herzog, der Duke of Omnium.
319 *305*, S. 272
320 *305*, S. 274
321 ebd.
322 *305*, S. 275ff.
323 *168*, S. 79
324 *305*, S. 278
325 Zit. »Kölner Stadt-Anzeiger« vom 17. 4. 1965
326 ebd.
327 *305*, S. 279
328 Alexander von Humboldt an Varnhagen von Ense, zit. *305*, S. 279
329 ebd.
330 *305*, S. 280f.
331 »Illustrated London News« Bd. VII, Nr. 174 vom 30. 8. 1845, S. 133
332 *305*, S. 281
333 *24*, S. 973f.
334 *305*, S. 283f.
335 Zu Queen Victorias Religiosität s. *277*, S. 425ff.
336 *305*, S. 288
337 *305*, S. 294
338 In der British Library
339 *70*, S. 229f.
340 *305*, S. 297
341 *452*, S. 250
342 *305*, S. 303
343 Schon O'Connell hatte 1840 beim Prozeß gegen den Attentäter Oxford sie als »das erste gekrönte Haupt aus dem Hause Braunschweig« bezeichnet, das »je dem irischen Volk unparteiische Ge-

rechtigkeit erwiesen« habe. Vgl. Kapitel 8
344 s. *46* und *47*
345 *59*, S. 201
346 Zit. *365*, S. 207
347 *37*, S. 284 f.
348 »Times« vom 27. 6. 1850
349 *59*, S. 231 ff.
350 *45*, S. 231 f.
351 Zit. *277*, S. 280
352 *168*, S. 137
353 Zur Ausstellung von 1851 s. *3*, S. 473 f.
354 *237*, S. 32
355 s. *141*
356 s. *391*
357 *141*, S. 78
358 s. *405*
359 *35*, S. 291
360 Dem Verfasser kenntlich gemacht durch Heinz Reck, Düsseldorf
361 *272*, S. 38
362 *81*, S. 344
363 ebd.
364 s. *48* und Anmerkung nach *57*
365 Zu Lord John Russell s. *366* und (älter) *435/6*
366 *422*, S. 30
367 Zit. nach Bertrand Russell in: Gerald Brenan: »Personal Records 1920–1972«. London 1974, S. 267
368 Die – spärliche – Literatur zu Lord Derby in *3*, S. 87
369 *327*, S. 567
370 *37*, S. 331
371 An der Bluterkrankheit litten Victorias Sohn Leopold sowie drei Enkel und sechs Urenkel. Überträgerinnen waren ihre Töchter Victoria und Alice. Der »Stammbaum« der Krankheit in der Familie der Königin ist dargestellt u. a. in Fritz Kahn: »Knaurs Buch vom menschlichen Körper«. München 1973, S. 34 f.
372 *277*, S. 293
373 *452*, S. 330
374 Zu Shaftesbury s. *105*
375 *422*, S. 35
376 Die Literatur zu Palmerston in *3*, S. 89. Dort auch ein Hinweis auf das Kuriosum der Palmerston-Biographie von Karl Marx.
377 *36*, S. 79
378 Palmerston an Granville 26. 5. 1837. Granville Nachlaß. Public Record Office.
379 Zit. *48*, S. 13
380 s. *48*
381 Zit. *377*, S. 375
382 Zit. *452*, S. 304
383 Zit. *377*, S. 121
384 *37*, S. 389
385 *37*, S. 393
386 s. *101* und *115*
387 *417*, S. 153, 156
388 *37*, S. 237 f.
389 *37*, S. 426 ff.
390 ebd.
391 *37*, S. 17
392 *37*, S. 14
393 Zit. *79*, S. 223
394 *65*, S. 458
395 *37*, S. 428
396 *377*, S. 485
397 Palmerston an Lansdowne am 8. 12. 1853, zit. *37*, S. 567
398 Die Literatur zum Krimkrieg in *3*, S. 284–288
399 Die Literatur zu Florence Nightingale in *3*, S. 837. Vgl. *409* und *450*
400 *38*, S. 215 f.
401 *450*, S. 207
402 *450*, S. 184 f.
403 *450*, S. 210
404 Zit. in *190*, S. 157. Ein ähnlicher Vorwurf in Form der Satire zit. in *365*, S. 260
405 *72*, S. 4 f.
406 *306*, S. 555
407 *72*, S. 12
408 *180*, S. 70
409 *180*, S. 70 f.
410 *37*, S. 483
411 *180*, S. 69
412 Zur britischen Armee im 19. Jahrhundert s. *3*, S. 316–333
413 *42*, S. 582
414 *37*, S. 484
415 *38*, S. 215
416 *180*, S. 71
417 *184*, S. 572 f.

418 s. *389*
419 Zit. *452*, S. 353f.
420 *41*, S. 313f.
421 *65*, S. 545
422 *377*, S. 645ff. Zum Verhältnis der Königin zu Napoleon III. s. *88*
423 *38*, S. 348
424 ebd.
425 *38*, S. 350
426 *38*, S. 352
427 *38*, S. 339
428 Die hier einschlägige Literatur über Bismarck in *3*, S. 109 und S. 269f. Vgl. *78*, S. 182
429 Zit. *365*, S. 280
430 Zit. *277*, S. 309
431 *72*, S. 304ff.
432 ebd.
433 *51*, S. 46
434 *38*, S. 321
435 *184*, S. 560
436 *51*, S. 182
437 *51*, S. 29
438 *51*, S. 11
439 *51*, S. 43
440 *51*, S. 51
441 *51*, S. 12
442 *51*, S. 32
443 *51*, S. 35
444 *51*, S. 44
445 *51*, S. 183
446 Vgl. *452*, nach S. 416
447 *371*, S. 251
448 *59*, S. 441
449 *51*, S. 336
450 Zit. *365*, S. 308
451 *51*, S. 365
452 *59*, S. 453
453 *59*, S. 456
454 *168*, S. 190
455 *59*, S. 451
456 ebd.
457 Zit. *452*, S. 417
458 s. *225*
459 s. Kapitel 14
460 *51*, S. 369
461 *452*, S. 423
462 ebd.
463 *39*, S. 463
464 *309*, S. 436f.
465 Zit. *452*, S. 424
466 *452*, S. 429
467 ebd.
468 *248*, S. 111
469 »Times« vom 16. 12. 1961
470 Zu Tennyson s. *3*, S. 959f.
471 *200*, S. 496
472 »Daily Telegraph« vom 24. 12. 1861
473 ebd.
474 *190*, S. 275
475 *52*, S. 155
476 *277*, S. 383
477 *39*, S. 6
478 *39*, S. 17f.
479 *39*, S. 20
480 *52*, S. 226
481 s. *133*
482 *49*, S. 654f.
483 ebd.
484 *40*, S. 592f.
485 *52*, S. 153
486 *39*, S. 10
487 *39*, S. 11
488 *52*, S. 208
489 *93*, S. 113
490 *39*, S. 14f.
491 ebd.
492 *277*, S. 391
493 Die Literatur zum Prinzen von Wales (König Edward VII.) in *3*, S. 344
494 Zu Kipling s. *3*, S. 951
495 *52*, S. 44
496 Zu Prinzessin Alexandra (Queen Alexandra) s. *3*, S. 41
497 *39*, S. 51
498 *52*, S. 53
499 *291*, S. 25
500 *291*, S. 28
501 *51*, S. 187
502 Eine Biographie von Prinz Alfred fehlt
503 *291*, S. 52ff.
504 *52*, S. 39f.
505 *100*, S. 9
506 Zit. *100*, S. 42
507 Zit. *100*, S. 43
508 Zu Prinzessin Alice s. *3*, S. 42
509 *52*, S. 179
510 Zit. *100*, S. 45
511 *291*, S. 89

512 *39*, S. 298
513 *39*, S. 296f.
514 ebd.
515 *53*, S. 59f.
516 *81*, S. 517
517 *176*, S. 127
518 *53*, S. 80
519 *53*, S. 107
520 *45*, S. 305
521 *53*, S. 73
522 *176*, S. 143
523 *417*, S. 156
524 *39*, S. 359f.
525 *53*, S. 56
526 *53*, S. 82
527 Zu Prinzessin Louise s. *3*, S. 42
528 *53*, S. 59
529 Zu Oscar Wilde s. *3*, S. 962
530 Vgl. Hesketh Pearson: »Oscar Wilde«. 1946. Zit. Ausgabe 1975, S. 338
531 Vgl. H. Montgomery Hyde: »Oscar Wilde«. 1976. Zit. Ausgabe 1977, S. 140
532 *53*, S. 105
533 *53*, S. 76
534 *53*, S. 90
535 ebd.
536 Zu John Brown s. *3*, S. 39
537 *53*, S. 93
538 ebd.
539 *39*, S. 443
540 *93*, S. 73
541 Zur Reform von 1867 s. *3*, S. 79f., ferner *122*, S. 272ff., und *157*
542 Zit. *161*, S. 23
543 s. *146*
544 *438*, S. 24
545 *43*, S. 288
546 *277*, S. 656
547 *291*, S. 142f.
548 *53*, S. 263
549 Zu Sir Charles Dilke s. *3*, S. 93
550 *257*, S. 231f.
551 ebd.
552 *450*, S. 63ff.
553 *43*, S. 46f.
554 *42*, S. 341
555 *49*, S. 227f.
556 Ponsonby Papers, zit. *161*, S. 25
557 *46*, S. 187
558 Zit. *161*, S. 25
559 ebd.
560 *53*, S. 92
561 *41*, S. 445
562 Zur Temperenzler-Bewegung siehe *220*. Deren Förderung durch Victoria ebd., S. 156f.
563 *43*, S. 359
564 James Joyce: »Ulysses«. Übersetzt von Hans Wollschläger. Frankfurt 1975, S. 459
565 Zu »Ohm Krüger« s. *155*, S. 88. Edward Bonds Stück »Early Morning« (*113*) ist von Hans Mayer als »Exorzismus« gesehen worden, als »Austreibung des Viktorianismus aus dem englischen Leben des späten 20. Jahrhunderts« (*315*, S. 96f.)
566 s. *305–309*
567 *42*, S. 528
568 Zit. *161*, S. 22
569 *358*, S. 254f.
570 *42*, S. 126
571 Vgl. Ponsonbys Stellung zwischen Königin und Premierminister 1886 in der irischen Frage: *73*, S. 207–213
572 *53*, S. 75
573 »Punch« vom 14. 1. 1920
574 *54*, S. 160f.
575 *53*, S. 127
576 *53*, S. 287
577 *53*, S. 300
578 Bismarck erwartete schon 1866 Forderungen der Neutralen (Frankreich, England, Rußland) für deren Stillhalten angesichts der preußischen »Annexionen« (sein Ausdruck), und er erwähnt die Rolle der Verwandtschaft der Höfe in London, Hannover und Darmstadt. Werke in Auswahl, Bd. 4, Teil 2, S. 53f. Stuttgart 1968
579 *53*, S. 311f.
580 *53*, S. 322f.
581 Die Literatur zu William Gladstone in *3*, S. 88f.
582 *290*, S. 216
583 *38*, S. 139
584 Zum Verhältnis Victorias zu Gladstone s. *49/50*

585 *290*, S. 105ff.
586 Zu Catherine Gladstone s. *3*, *88* und neuerdings *299*
587 Zum Verhältnis Disraeli-Gladstone s. *108*, S. 606
588 *290*, S. 109
589 *290*, S. 75, 196, 201ff.
590 Die »Times« nannte sie mehrfach »The Great Absentee«, die Große Abwesende
591 s. *49* und *277*, S. 492
592 ebd. (*49*)
593 »Londoner Gazette« vom 5. 12. 1905, zit. in *27*, S. 69
594 John Morley: Walpole. Zit. Ausgabe 1896. S. 157
595 *259*, S. 173
596 s. *289*
597 Zit. in *109*, S. 13
598 *108*, S. 352f.
599 Gladstone an Granville. Royal Historical Society, Camden Series 3, Bd. 82, S. 261
600 *53*, S. 174
601 Die Literatur zu Disraeli *3*, S. 87f.
602 *313*, S. 134
603 *108*, S. 6ff.
604 Zit. *89*, S. 45
605 David Cecil: »The Victorian Novel«. S. 290
606 *108*, S. 3
607 *37*, S. 492
608 *313*, S. 134
609 *79*, S. 163
610 Zit. in *89*, S. 107
611 *108*, S. 605
612 »Tancred«, Buch 2, Kapitel 1, Zit. *108*, S. 201
613 *54*, S. 130
614 Zit. *277*, S. 507
615 Zit. *108*, S. 563
616 *330*, S. 457
617 *108*, S. 548
618 *27*, S. 64
619 *108*, S. 548f.
620 *41*, S. 340
621 *54*, S. 208
622 *42*, S. 333
623 *239*, S. 27ff.; die Literatur zum Britischen Empire in *3*
624 Einführung des vollen Stimmrechts für Frauen: in Neuseeland 1893, Australien 1902, Kanada 1917, den USA 1920, Irland 1922, Großbritannien 1928
625 *43*, S. 94, S. 340 und S. 370
626 *44*, S. 238
627 *41*, S. 581
628 *36*, S. 154
629 *41*, S. 432f.
630 *71*, S. 13f.
631 Zit. *337*, S. 115f.
632 *41*, S. 136
633 Tennyson: »Opening of the Indian & Colonial Exhibition by the Queen« in: »Poems and Plays« (Oxford Standard Authors) 1967. S. 537
634 s. 208
635 *41*, S. 43f.
636 *41*, S. 525
637 *43*, S. 23, desgl. 1893: *43*, S. 301
638 *277*, S. 586
639 *409*, S. 189–267. Die Literatur zu Gordon in *3*, S. 201
640 *41*, S. 597
641 Wohl zurückgehend auf die »Tagebuch«-Stelle *43*, S. 455, wo Rhodes der Königin am 4. 12. 1894 den Zugewinn von »12000 Meilen« berichtet. Die vorige Audienz hatte am 24. 2. 1891 stattgefunden, *43*, S. 13
642 *54*, S. 111
643 *277*, S. 509
644 Hamilton, Lord George Francis: »Parliamentary Reminescences and Reflections«. 2 Bde. 1916–1922. S. 120f.
645 »Punch« vom 29. 10. 1864
646 *41*, S. 206
647 *43*, S. 68ff.
648 *53*, S. 126
649 *41*, S. 472
650 *43*, S. 35
651 *43*, S. 348
652 *142*, S. 336
653 s. *180*
654 *41*, S. 67
655 *42*, S. 219
656 *43*, S. 328
657 *42*, S. 320

658 *42*, S. 324
659 *42*, S. 320
660 *42*, S. 317
661 *42*, S. 320 f.
662 *42*, S. 323
663 ebd.
664 *42*, S. 325
665 *42*, S. 322
666 *54*, S. 104
667 13. 6. 1878, zit. *277*, S. 495 f.
668 Zu Prinz Arthur s. *3*, S. 42
669 Keine Biographie des Prinzen Leopold vorhanden
670 Zu Prinzessin Beatrice s. *3*, S. 42
671 *296*, S. 286
672 Tischgespräch Bismarck, 28. 11. 1870, Werke in Auswahl, Bd. 4, Teil 2, S. 590, Stuttgart 1968
673 Zur Literatur über Wilhelm II. s. *372*, S. 900. Vom englischen Standpunkt vgl. *156*
674 *44*, S. 22
675 Zu Lord Salisbury s. *3*, S. 735
676 Zit. *277*, S. 692
677 Der Verfasser bedauert, daß der Rahmen dieses Buches kein Einbeziehen der viktorianischen Kultur im nötigen Maße erlaubt. Ersatzweise s. *119*, sowie *3*, S. 879 ff.
678 *53*, S. 20
679 *42*, S. 647
680 Zum Herzog von Clarence s. *222* und *3*, S. 41
681 *42*, S. 618
682 Zu Gilbert und Sullivan s. *3*, S. 1050
683 Memoiren ihrer Enkelin Marie, der späteren Königin von Rumänien: »The Story of my Life«. 2 Bde. 1934. Bd. 1. S. 255
684 »Tatler« vom 12. 4. 1961
685 *42*, S. 261
686 *40*, S. 537
687 *434*, S. 480
688 »Times« vom 5. 1. 1977
689 *42*, S. 32
690 *43*, S. 426
691 Zu »Jack the Ripper« s. *3*, S. 851 sowie neuerdings *266*
692 s. *252*
693 *269*, S. 207. Knights Informant Joseph Sickert widerrief 1978 seine Darstellung. Siehe »Sunday Times« vom 18. 6. 1978
694 *222*, S. 156–191
695 s. *363*
696 *277*, S. 569
697 *42*, S. 308
698 ebd.
699 *42*, S. 309
700 Die Volkszählung von 1871 in *14*
701 »The Democrat« vom Juli 1887, zit. in *240*, S. 24
702 ebd.
703 s. *391*
704 s. *395*
705 *53*, S. 165
706 *53*, S. 206
707 *53*, S. 93
708 *53*, S. 200
709 *108*, S. 753
710 Zur Liberalen Partei s. *3*, S. 61 ff.
711 Sie schickte sogar dem Oppositionsführer Lord Salisbury Kopien der Schreiben, die Premierminister Gladstone an sie richtete, vgl. *42*, S. 119 ff.
712 Gladstone an Rosebery 5. 1. 1883, zit. in *290*, S. 308
713 Zum Kapital-Export s. *154*, *214* und *258;* zur Intelligenzflucht *99*, S. 64
714 s. *316–319*
715 z. B. 30. 10. 1883, s. *50*, S. 250 f.
716 *44*, S. 236
717 s. *168*
718 s. *77*
719 *77*, S. 16
720 *77*, S. 19
721 *77*, S. 22
722 *44*, S. 175
723 *44*, S. 116
724 *44*, S. 126 f.
725 *44*, S. 175
726 *44*, S. 162
727 *44*, S. 174
728 *44*, S. 151
729 *44*, S. 154
730 *44*, S. 174
731 *137*, S. 303
732 *44*, S. 176
733 *50*, S. 103

734 s. *114*
735 *277*, S. 580
736 Die Literatur dazu in *3*, S. 840 ff.; vgl. *353*, S. 313
737 *42*, S. 569 f.
738 *43*, S. 312
739 *306*, S. 506
740 *42*, S. 358
741 *42*, S. 359
742 Zu Peabody s. *3*, S. 794 und 810
743 *39*, S. 309 f.
744 *42*, S. 309
745 *40*, S. 544
746 *277*, S. 581
747 Die Literatur über die Gewerkschaften in *3*, S. 742 ff. Vgl. *354* und *339*
748 *240*, S. 162
749 *240*, S. 143 f.
750 s. *311*
751 *40*, S. 207 f.
752 *42*, S. 110
753 *42*, S. 112 f.
754 ebd.
755 *311*, S. 503 ff.
756 *236*, S. 95 f.
757 *311*, S. 566
758 *44*, S. 371
759 ebd.
760 *17*, S. 107 f.
761 Die Literatur zum Burenkrieg in *3*, S. 240 ff.
762 s. *228*
763 *44*, S. 521
764 *44*, S. 524
765 Zum Verhältnis England–Irland s. *102*, *263–265* und *281*
766 Zu Parnell s. *3*, S. 1190
767 *19*, 3rd Series, Vol. 123, S. 1666
768 *43*, S. 74
769 Zu George V. s. *3*, S. 42
770 Zu Asquith s. *3*, S. 86 f.
771 Die Literatur zur Frage der Home Rule in *3*, S. 1186–1191
772 *40*, S. 83 f.
773 *42*, S. 118 f.
774 *335*, S. 345 f.
775 *50*, S. 462
776 Asquith, George Ranken (Baron): »Lord James of Hereford«. 1930. S. 261 f. zit. *44*, S. 598
777 *44*, S. 639
778 *44*, S. 573
779 *44*, S. 579
780 *44*, S. 590
781 *44*, S. 629
782 *55*, S. 482
783 *44*, S. 569
784 ebd.
785 *277*, S. 693
786 *44*, S. 621
787 ebd.
788 *44*, S. 642
789 »A Diary of Royal Movements and of Personal Events in the Life of Queen Victoria«, o. Verf. 1883. S. 12
790 *44*, S. 603
791 *180*, S. 71
792 Die Literatur zu Campbell-Bannerman s. *3*, S. 87
793 »Times« vom 31. 1. 1900. Zum Burenkrieg *293* (zeitgenössisch) und *380*
794 Hier den Tageszeitungen (»Times«, »Daily Telegraph«) entnommen
795 *19*, 4th Series, Vol. 89, S. 8 f., 16 f.
796 *19*, S. 21
797 »Daily Telegraph« vom 24. 1. 1901
798 *337*, S. 254 f.
799 *410*, S. 204. Strachey war der erste Biograph der Queen, der ausführlich auf ihre Geschäftstüchtigkeit einging.
800 *142*, S. 545
801 s. *125*
802 Vgl. z. B. *356*, S. 39–71
803 *37*, S. 35
804 s. *217* und die dort angegebene Literatur; vgl. *118*, S. 235 f.
805 *50*, S. 120
806 Zit. *89*, S. 162
807 I. H. Plumb in: »New York Times Book Review« 10. 1. 1965

Bibliographie

Zusammengestellt von Inge Niemöller.
Sofern nicht anders angegeben, ist der Erscheinungsort London.

I: Bibliographien, Quellensammlungen, Hilfsmittel

1 Altholz, Josef L.: Victorian England 1837–1901. Cambridge 1970. 100 S. Enthält 2500 Titel. Kurzhandbuch mit hilfreichen Wertungen. Wesentlich umfangreicher sind die beiden Oxford-Bibliographien:

2 Brown, Lucy M. und Ian Ralph Christie (Hrsg.): Bibliography of British History 1789–1851. Oxford 1977. 789 S. und

3 Hanham, Harold John (Hrsg.): Bibliography of British History 1851–1914. Oxford 1976. 1606 S.
Beide Bände enthalten zusammen über 15000 Eintragungen mit etwa 10000 Unterverweisungen auf ergänzende und frühere Literatur. Ein 18jähriger Geschichtsstudent, der sich entschlösse, alle angeführten Titel zu lesen und pro Buch einen Tag ansetzte, würde nach einem Leben ohne Urlaub das letzte Werk im Alter von 88 Jahren beenden.

4 Frewer, Louis Benson (Hrsg.): Bibliography of Historical Writings Published in Great Britain and the Empire 1940–1945. Oxford 1947. 346 S.
fortgesetzt von:

5 Lancaster, Joan Cadogan (Hrsg.): Bibliography of Historical Works Issued in the United Kingdom 1946–1956. 1957. 388 S.
fortgesetzt von
Kellaway, William (Hrsg.): Bibliography of Historical Works Issued in the United Kingdom.

6 1. Bd.: 1957–1960. 1962. 236 S.

7 2. Bd.: 1961–1965. 1967. 298 S.

8 3. Bd.: 1966–1970. 1972. 322 S.

9 Elton, Geoffrey Rudolph: Modern Historians on British History 1485–1945. A Critical Bibliography 1945–1969. 1970. 239 S.
Vgl. die Literaturübersichten der »Historischen Zeitschrift« zu England:

10 Kluke, Paul: Ein Jahrzehnt englischer Geschichtsschreibung. Bericht über die Literatur zur Neueren Geschichte 1939–1949.
in: Historische Zeitschrift, Bd. 173, München 1952. S. 352–396.

11 Howard, Christopher: Literaturbericht über englische Geschichte der Neuzeit. Veröffentlichungen 1950–1959.
in: Historische Zeitschrift, Sonderheft 1, München 1962. S. 88–122.

12 Hildebrand, Klaus: »British Interests« und »Pax Britannica«. Grundfragen englischer Außenpolitik im 19. und 20. Jahrhundert.
in: Historische Zeitschrift. Bd. 221, München 1975. S. 623–639.

13 Victorian Studies. Bloomington, Indiana, USA. 1957ff. Vierteljahresschrift mit vielen wichtigen Detailforschungen und Literatur-Übersichten.

14 Mitchell, Brian Redman, und Phyllis Deane: Abstract of British Historical Statistics. Cambridge 1971. 513 S.
Das Standardwerk für alle soziographischen Fakten.
15 Powicke, Frederick Maurice, und Edmund Boleslaw Fryde (Hrsg.): Handbook of British Chronology. 2. Aufl. 1961. 565 S.
16 Cheney, Christopher Robert (Hrsg.): Handbook of Dates for the Student of English History. 1970. 164 S.
17 Cook, Chris und Brendan Keith: British Historical Facts 1830–1900. 1975 279 S.
Unentbehrliches Handbuch.
18 Annual Register.
Gibt seit 1758 die Ereignisse jedes Jahres in ziemlicher Vollständigkeit wieder.
19 Hansard's Parliamentary Debates.
3. Serie. 1830–1891. 365 Bde.
4. Serie. 1892–1908. 199 Bde.
20 Ford, Percy, und Grace Ford: A Guide to Parliamentary Papers. What they are – how to find them, how to use them. 3. Aufl. Oxford 1972. 87 S.
21 Vincent, John Russell: Pollbooks. How Victorians Voted. Cambridge 1968. 193 S.
Die Wahlergebnisse während der Herrschaftszeit der Königin.
22 Brooke, John: The Prime Ministers' Papers 1801–1902. 1968. 79 S.
Übersicht über die Akten der Regierungschefs.
23 Aspinall, Arthur und Ernest Anthony Smith (Hrsg.): English Historical Documents. Bd. 11: 1783–1832. 1959. 992 S.
und
24 Young, George Malcolm, und William Day Handcock (Hrsg.): English Historical Documents. Bd. 12, Teil 1: 1833–1874. 1970. 1017 S.
und
25 Handcock, William Day (Hrsg.): English Historical Documents. Bd. 12, Teil 2: 1874–1914. 1978. 746 S.
Drei unentbehrliche Dokumentarsammlungen, die alle Bereiche des staatlichen Lebens in wichtigen Texten berücksichtigen.
26 Williams, E. Neville: The Eighteenth-Century Constitution 1688–1815. 1974. 464 S. und
27 Hanham, Harold John (Hrsg.): The Nineteenth-Century Constitution 1815–1914. 1969. 486 S.
Textsammlungen zur Verfassungsgeschichte der Zeit, mit guten Einführungen.
28 Lenz, Wilhelm (Hrsg.): Archivarische Quellen zur deutschen Geschichte seit 1500 in Großbritannien. Boppard 1975. 372 S.
Eine Veröffentlichung des Deutschen Historischen Instituts in London. Fundgrube für die künftige, mehr vorurteilslose Erforschung der Verbindungen beider Länder.
29 Burkett, Jack (Hrsg.): Government and Related Library and Information Services in the United Kingdom. 3. Aufl. 1974. 217 S.
30 Guide to the Contents of the Public Record Office. Revidiert bis 1960.
Bd. 1: Legal Records, ect. 1963. 249 S.
Bd. 2: State Papers and Departmental Records. 1963. 410 S.
Bd. 3: Documents Transferred 1960–1966. 1968. 191 S.
Führer durch die große Aktensammlung von Ministerien, Gerichten und Nachlässen.

31 Dictionary of National Biography, Founded in 1882 by George Smith. The Concise Dictionary. Part 1. From the Beginnings – 1900. 1969. 1503 S.
Nachdruck der Ausgabe von 1903.
32 Steinberg, Sigfried Henry, und I. H. Evans (Hrsg.): Steinberg's Dictionary of British History. 2. Aufl. 1970. 421 S.
33 Huggett, Frank E. (Hrsg.): A Dictionary of British History 1815–1973. Oxford 1975. 297 S.
34/35 Girlhood of Queen Victoria. A Selection from Her Majesty's Diaries Between the Years 1832–1840. 2 Bde. 1912. 398. 382 S.
Das Tagebuch der 14- bis 21jährigen Prinzessin und Königin. Schon bei der Abfassung zensiert. Von ihrer Tochter Beatrice und Lord Esher ausgewählt.
Letters of Queen Victoria. A Selection from Her Majesty's Correspondence. 9 Bde.
1. Folge. Hrsg. von Arthur Christopher Benson und Reginald Baliol Brett Esher. 1907.
36 Bd. 1: 1837–1843. 641 S.
37 Bd. 2: 1844–1853. 575 S.
38 Bd. 3: 1854–1861. 660 S.
2. Folge. A Selection from Her Majesty's Correspondence and Journal. Hrsg. von George Earle Buckle
39 Bd. 1: 1862–1869. 1926. 637 S.
40 Bd. 2: 1870–1878. 1926. 690 S.
41 Bd. 3: 1879–1885. 1928. 738 S.
3. Folge.
42 Bd. 1: 1886–1890. 1930. 688 S.
43 Bd. 2: 1891–1895. 1931. 610 S.
44 Bd. 3: 1896–1901. 1932. 662 S.
Vereinigt Briefe von und an die Königin, zahlreiche Tagebuchstellen, Memoranden etc. Zur Zerstörung und Umschrift des Tagebuchs siehe Magnus (291). Der Auftrag an Prinzessin Beatrice, die 122 Bände des Originaltagebuchs zu verbrennen, liegt nicht schriftlich vor, kann also Interpretation von seiten der Tochter gewesen sein oder Auftrag König Edwards VII., der auch große Teile seiner Korrespondenz zu zerstören befahl. Im Archiv von Windsor liegen heute die beim Abschreiben auch inhaltlich veränderten Kopien des Tagebuchs. Prinzessin Beatrice mußte die Arbeit, die sich bis etwa 1930 hinzog, im Alter wegen Sehbeschwerden an die Tochter ihrer Schwester Helene, Prinzessin Helena Victoria, übergeben, die bereits der Königin gelegentlich bei der Niederschrift des Tagebuchs geholfen hatte. Es existieren zwei Beweise dafür, daß Beatrice den Text änderte. Die in Windsor liegenden Bände stimmen an einigen Stellen nicht mit den Eintragungen überein, die Victoria für die Albert-Biographie von Theodore Martin freigegeben hat. Auch der Familie von John Brown sandte sie die Abschrift ihrer Tagebuchnotiz vom Todestag des Leibdieners. Von dieser Korrespondenz besaß Beatrice wohl keine Kenntnis, und die fünfbändige Biographie ihres Vaters gegenzulesen versäumte sie offenbar.
Victoria überließ ihre Papiere auch deshalb der Tochter, weil es im Jahre 1901 das Königliche Archiv noch nicht gab. Es entstand erst zehn Jahre später, als Lord Esher, Freund und Berater Edwards VII., das Chaos der Hinterlassenschaften mehrerer Monarchen zu ordnen begann. Er und der Privatsekretär des Königs, Lord Knollys, haben dann jahrelang gesichtet, geordnet und zerstört. Außer den Papieren der Königin und ihres Sohnes betraf das vor allem den Nachlaß Ge-

orgs IV., dessen ohnehin ramponiertes Ansehen nicht durch Quellenveröffentlichungen noch weiter geschädigt werden sollte.

George Earle Buckle, der spätere Herausgeber der »Letters« der Königin, erwähnt im Vorwort des ersten Bandes der 2. Folge (1926) die Anweisungen Victorias an ihre Tochter, »diejenigen Teile zu ändern und zu zerstören, die nach Ansicht Ihrer Königlichen Hoheit ungeeignet für eine Aufbewahrung seien«. Umso erstaunlicher ist es, daß Buckle im Vorwort zum letzten Band der 3. Folge (1932) davon spricht, es würden auch darin wieder »Materialien von absoluter Authentizität und Vertrauenswürdigkeit für die Herrschaft und die Person« der Queen veröffentlicht.

Eine deutsche Auswahl aus den 9 Bänden der »Letters« gibt

45 Queen Victoria. Ein Frauenleben unter der Krone. Eigenhändige Briefe und Tagebuchblätter 1834–1901. (Hrsg. von Kurt Jagow). 3. Aufl. Berlin 1936. 538 S.

Zwei Bände, die Victoria selbst aus ihrem Tagebuch veröffentlichte, betreffen nur Aufenthalte in Schottland (nebst einigen anderen Reiseeindrücken) und lassen den politischen Bereich völlig beiseite:

46 Leaves from the Journal of Our Life in the Highlands. From 1848–1861. Hrsg. von Arthur Helps. 1868. 315 S.

und

47 More Leaves from the Journal of a Life in the Highlands. From 1862–1882. 1884. 404 S.

Wichtiger ist:

48 Regina versus Palmerston. The Correspondence Between Queen Victoria and Her Foreign and Prime Minister 1837–1865. Hrsg. von Brian Connell. 1962. 381 S.

Benutzt den ca. 50000 Papiere umfassenden Nachlaß Palmerstons (jetzt in der British Library). Allein in Windsor liegen weitere 4500 Briefe Palmerstons. Ergänzt die älteren Biographien des Premiers (Bulwer/Ashley, 1871–1876, und Bell, 1936).

Die Beziehungen der Königin zu Gladstone gehen hervor aus

49/50 Guedalla, Philip: The Queen and Mr. Gladstone. 2 Bde. 1933. 457, 510 S.

Etwa 1500 der 6000 erhaltenen Briefe und Memoranden.

Auch der Gladstone-Nachlaß liegt in der British Library. Von seinen umfangreichen Tagebüchern, die Termine, Lektüre und Begegnungen mit gelegentlicher Selbstanalyse kombinieren, sind bisher sechs Bände erschienen, die bis 1868 reichen. (Hrsg. von Foot, M.R.D. und H.C.G. Matthew. Oxford 1968 –. Auf 10 Bde. berechnet.)

Von großem Wert sind die Briefe der Königin an ihre älteste Tochter Victoria. Sie werden herausgegeben von Roger Fulford. Bisher erschienen:

51 Dearest Child. 1858–1861. 1964. 401 S.

52 Dearest Mama. 1861–1864. 1968. 372 S.

53 Your Dear Letter. 1865–1871. 1971. 346 S.

54 Darling Child. 1871–1878. 1976. 307 S.

Deutsche Auszüge in:

55 Briefe der Kaiserin Friedrich. Hrsg. von Frederick Ponsonby. Berlin 1929. 516 S.

Zwei weitere Adressaten sind von Interesse:

56 Letters from Queen Victoria to Princess Victoria of Hesse. Hrsg. von Richard Hough. 1975. 156 S. und

57 Dear and Honoured Lady. The Correspondence Between Queen Victoria and Alfred Tennyson. Hrsg. von Dyson Hope und Charles Tennyson. 1969. 152 S.

Nicht separat veröffentlicht wurden die Briefwechsel der Königin mit Lord Melbourne (in Windsor archiviert), Sir Robert Peel (teils in Windsor, teils in der British Library), Lord John Russell (im Public Record Office), Lord Aberdeen (British Library) und Lord Salisbury (im Christ Church College, Oxford). Die privaten Teile des Briefwechsels mit Disraeli wurden auf Anordnung König Edwards VII. verbrannt; die politischen Briefe liegen auf dem Landsitz der Familie in Hughenden Manor, Buckinghamshire.
Ausgaben der Gesammelten Schriften Disraelis und Gladstones verzeichnen die Bibliographien von Altholz (1) und Hanham (3).
Prinz Alberts Nachlaß, weitgehend von ihm selbst geordnet, befindet sich teils in Windsor, teils im Staatsarchiv Coburg. Veröffentlicht sind:
58 Principal Speeches and Addresses of His Royal Highness the Prince Consort. 1862. 268 S. und
59 Prinzgemahl Albert. Ein Leben am Throne. Eigenhändige Briefe und Aufzeichnungen 1831–1861. Berlin 1937. 476 S.
Sein Bruder Ernst veröffentlichte Memoiren:
60–62 Ernst II., Herzog von Sachsen-Coburg-Gotha. Aus meinem Leben und aus meiner Zeit. 3 Bde. Berlin 1888–1889. 616, 543, 726 S.
(Dem Verfasser freundlicherweise zur Verfügung gestellt von Thilo Bode).
Wichtige zeitgenössische Quellen sind:
63 Holland House Diaries 1831–1840. The Diary of Henry Richard Vassall Fox, 3. Lord Holland. 1977. 513 S.
Memoiren des großen Whig-Magnaten aus seiner Zeit als Minister.
64/65 Stockmar, Ernst von: Memoirs of Baron Stockmar. 2 Bde. 1872. 391, 555 S.
Originaltitel: Denkwürdigkeiten aus den Papieren des Freiherrn Christian Friedrich von Stockmar. Braunschweig 1872. 714 S.
Nicht so ergiebig, wie man vom engsten Vertrauten der Königin und des Prinzgemahls erhoffen möchte.
Greville, Charles Cavendish Fulke: The Greville Memoirs. 1814–1860. Hrsg. von Lytton Strachey und Roger Fulford. 7 Bde. und Index-Bd. 1938.
66 Bd. 1: Jan. 1814–Jul. 1830. 516 S.
67 Bd. 2: Jul. 1830–Dec. 1833. 432 S.
68 Bd. 3: Jan. 1834–Dec. 1837. 410 S.
69 Bd. 4: Jan. 1838–Dec. 1841. 439 S.
70 Bd. 5: Jan. 1842–Dec. 1847. 474 S.
71 Bd. 6: Jan. 1848–Dec. 1853. 479 S.
72 Bd. 7: Jan. 1854–Nov. 1860. 483 S.
Das wiederhergestellte Original der Aufzeichnungen des Kabinettssekretärs und Gesellschaftskritikers, die selbst in gereinigter Form den Unmut der Königin erregten, als sie 1874–87 erschienen. Geschrieben vom Standpunkt der Whigs.
Material über die königliche Familie auch in:
73 Ponsonby, Arthur: Henry Ponsonby. Queen Victoria's Private Secretary. 1942. 425 S.
Die Biographie des wichtigsten Privatsekretärs, verfaßt von seinem Sohn.
Auch dessen Bruder nutzte den Nachlaß des Vaters:
74 Ponsonby, Frederick: Sidelights on Queen Victoria. 1930. 304 S.
Aus dem Kreis der Hofdamen erwähnenswert:
75 Lyttelton, Sarah Spencer: Correspondence 1787–1870. 1912. 444 S.
76 Life with Queen Victoria. Marie Mallet's Letters from Court 1887–1901. Hrsg. von Victor Mallet. 1968. 245 S.

77 Lady Lytton's Court Diary 1895-1899. Hrsg. von Mary Lutyens. 1961. 192 S.
Die außenpolitischen und europäischen Quellensammlungen und Aktenpublikationen werden aufgeführt in:
78 Handbuch der Europäischen Geschichte. Hrsg. von Theodor Schieder. Bd. 6. Stuttgart 1968. 655 S.
Von den Gesamtdarstellungen der englischen Geschichte des 19. Jahrhunderts seien jeweils zwei Bände der Oxford- und Cambridge-Reihe erwähnt:
79 Woodward, Llewellyn: The Age of Reform 1815–1870. 2. Aufl. Oxford 1962. 681 S.
80 Ensor, Robert Charles Kirkwood: England 1870–1914. Oxford 1963. 634 S.
81 Bury, John Patrick Tuer (Hrsg.): The Zenith of European Power 1830–70. Cambridge 1971. 765 S. (New Cambridge Modern History. Bd. 10)
82 Hinsley, Francis Harry (Hrsg.): Material Progress and World-Wide Problems 1870–1898. Cambridge 1976. 743 S. (New Cambridge Modern History. Bd. 11)
Als Kartenwerk dient am besten:
83 Darby, Henry Clifford, und Harold Fullard (Hrsg.): Atlas. Cambridge 1970. 319 S. (New Cambridge Modern History. Bd. 14).

II: Darstellungen

84 Abbott, B. H.: Gladstone and Disraeli. 3. Aufl. 1977. 162 S.
85 Adelman, Paul: Gladstone, Disraeli and Later Victorian Politics. 4. Aufl. 1976. 119 S.
86 Altick, Richard Daniel: Victorian People and Ideas. 1974. 338 S.
87 Aronson, Theo: Grandmama of Europe. The Crowned Descendants of Queen Victoria. 1974. 353 S.
88 Aronson, Theo: Queen Victoria and the Bonapartes. 1972. 260 S.
89 Aronson, Theo: Victoria and Disraeli. 1977. 212 S.
90 Ashdown, Dulcie M.: Queen Victoria's Mother. 1974. 173 S.
91 Ashworth, William: An Economic History of England 1870–1939. 1976. 438 S.
92 Ausubel, Herman: The Late Victorians. New York 1955. 188 S. Ausgewählte und kommentierte Dokumente ca. 1880–1896 (Wirtschaft, Politik, Klassen, Irland u. a.)
93 Bagehot, Walter: Die englische Verfassung (The English Constitution). Neuwied 1971. 294 S.
Das vielzitierte Standardwerk, erschienen 1867, mit einflußreicher Rechtfertigung der Rolle der Monarchie. Vgl. die Einführung durch den Labourpolitiker Richard Crossman zur englischen Ausgabe von 1963.
94/95 Bagehot, Walter: The Collected Works. Bd. 3 und Bd. 4. 1968. 574, 523 S.; Tagespolitische Aufsätze des Verfassungsrechtlers, zumeist erschienen in der Zeitschrift »Economist« 1857–1876.
96 Banks, Joseph Ambrose und Olive: Feminism and Family Planning in Victorian England. 2. Aufl. Liverpool 1965. 142 S.
97 Barkeley, Richard: Die Kaiserin Friedrich. Mutter Wilhelms II. Dordrecht 1959. 295 S.
98 Barraclough, Geoffrey u. a.: Das Neunzehnte Jahrhundert. Frankfurt 1976. 799 S. (Propyläen Weltgeschichte. Bd. 8, 2. Halbbd.)

Darin der Abschnitt von Golo Mann über die politische Entwicklung in Europa 1815–1871. Betont die Rolle der Persönlichkeiten angesichts der fließenden Parteiprogramme der mittviktorianischen Zeit.
99 Bartlett, C. J. (Hrsg.): Britain Pre-Eminent. Studies in British World Influence in the 19th Century. 1969. 200 S.
100 Battiscombe, Georgina: Queen Alexandra. 1972. 336 S.
101 Beales, Derek: From Castlereagh to Gladstone. 1971. 317 S.
102 Beckett, James Camlin: The Making of Modern Ireland 1603–1923. 1973. 510 S.
103 Bennett, Daphne: King Without Crown. Albert, Prince Consort of England 1819–1861.1977. 429 S.
Die Verfasserin hat bereits (1971) unter dem Titel »Vicky« eine Biographie der ältesten Tochter der Königin geschrieben. Ausführliche Quellenbenutzung. Korrigiert das Bild vom prüden, fleißigen, langweiligen Prinzgemahl. Gehört zur neuerlichen Abwendung britischer Biographen vom antideutschen Bild der Coburger Familie, das ca. 1920–1970 vorherrschte.
104 Benson, Edward Frederic: Queen Victoria. 1935. 409 S.
Unambitiöse Erzählung der Lebensgeschichte. Erste Biographie nach dem Erscheinen der letzten Bände der Briefe und Tagebücher der Queen.
105 Best, Geoffrey Francis Andrew: Shaftesbury. 1975. 156 S.
Die offizielle Biographie des großen Sozialreformers erschien schon 1886 (in 3 Bdn.) von Edwin Hodder.
106 Best, Geoffrey Francis Andrew, und Richard Lodge: Mid-Victorian Britain 1851–1875. 1973. 348 S.
Lesbare Darstellung mit vielen Fakten. Interessante Ausführungen über den Lebensstandard, die Freizeitvergnügungen und die Zwänge der Sozialskala in den »goldenen Jahren« der viktorianischen Zeit.
107 Black, Eugene Charlton (Hrsg.): Victorian Culture and Society. 1973. 473 S.
Versuch einer ideengeschichtlichen Gesamtdarstellung, von der Eisenbahnbauwut bis zu den gesetzlichen Konsequenzen der Geschlechtsreife. Unterschiedlich gewichtige Kapitel. Interessante Textauszüge.
108 Blake, Robert: Disraeli. 1966. 819 S.
Meisterhafte Biographie eines Historikers, dessen aktive Zugehörigkeit zur Konservativen Partei nicht zum Verzicht auf souveräne Darstellung der Vorzüge und Mängel Disraelis geführt hat.
109 Blake, Robert: The Office of Prime Minister. 1975. 74 S.
110 Bolitho, Hector: Albert. Prince Consort. 1970. 250 S.
Steht am Beginn einer Reihe von Rehabilitierungen.
111 Bolitho, Hector: The Reign of Queen Victoria. 1949. 384 S.
Volkstümliche Biographie ohne viel zeitgeschichtlichen Hintergrund.
112 Bolt, Christine: Victorian Attitudes to Race. 1971. 254 S.
Zeigt das Aufkommen von Antipathien (vornehmlich gegen die afrikanischen Schwarzen) während der imperialistischen Phase der Kolonialpolitik. Rassismus als Reaktion gegen den erzwungenen Verzicht auf Sklavenhaltung.
113 Bond, Edward: Early Morning. 1977. 124 S.
114 Booth, Charles: Booth's London. A Portrait of the Poor at the Turn of the Century. Harmondsworth 1971. 440 S.
Auszug aus der siebenbändigen Studie, einem der bedeutendsten sozialkritischen Werke der Neuzeit. Siehe auch Mayhew.
115 Bourne, Kenneth (Hrsg.): Foreign Policy of Victorian England 1830–1902. Oxford 1970. 531 S.

116 Bowle, John: The Imperial Achievement. 1974. 484 S.

117 Bradlaugh, Charles: The Impeachment of the House of Brunswick. 10. Aufl. 1904. 144 S.
Schlüsselschrift der (schwachen) republikanischen Bewegung. Seinerzeit weit verbreitet.

118 Brasher, N.H.: Arguments in History. Britain in the 19th Century. 1974. 248 S. Sieht Victoria als Verkörperung der guten und schlechten Eigenschaften der Zeit.

119 Briggs, Asa: The Age of Improvement 1783–1867. 11. Aufl. 1974. 547 S.
Von allererstem Rang. Große Fülle des Materials. Ein kritisches wie stilistisches Vergnügen. Wichtig durch den Anschluß an die Französische Revolution.

120 Briggs, Asa (Hrsg.): Chartist Studies. 1974. 423 S.

121 Briggs, Asa: Victorian Cities. Harmondsworth 1968. 411 S.

122 Briggs, Asa: Victorian People. Harmondsworth 1975. 319 S.

123 Briggs, John, und Ian Sellers (Hrsg.): Victorian Nonconformity. 1973. 180 S.

124 Brock, Michael: The Great Reform Act. 1973. 411 S.

125 Brook-Shepherd, Gordon: Der Pate Europas. Edward VII., König von England (Uncle of Europe). 1977. 264 S.
Schlechte Übersetzung eines guten Buches, deren Mängel schon im Titel sichtbar werden.

126 Brooke, John: King George III. 1972. 411 S.
Zuverlässige Biographie eines schwierigen Monarchen. Siehe auch MacCalpine/Hunter.

127 Brown, Ernest Henry Phelps: The Growth of British Industrial Relations. 1965. 414 S.

128 Brown, Ivor: Balmoral. 1966. 255 S.

129 Bryant, Arthur: The Age of Elegance 1812–1822. 1975. 410 S.

130 Burnett, John (Hrsg.): Useful Toil. Autobiographies of Working People from the 1820s to the 1920s. 1974. 364 S.
Sozialgeschichte in eindrucksvollen Dokumenten.

131 Burton, Elizabeth: The Early Victorians at Home. 1974. 333 S.

132 Carrington, Charles: Rudyard Kipling. Harmondsworth 1970. 634 S.

133 Cathcart, Helen: Sandringham. 1964. 224 S.

134 Cecil, David: Melbourne. 1969. 435 S.
Eine der bestgeschriebenen Biographien der englischen Geschichte. Siehe auch Ziegler und E. Jenkins.

135/36 Chadwick, Owen: The Victorian Church. 2 Bde. 1966/70. 606, 510 S.
Standardwerk

137 Charles-Edwards, T., und B. Richardson (Hrsg.): They Saw It Happen. An Anthology of Eyewitness's Accounts of Events in British History 1689–1897. Oxford 1970. 311 S.

138 Checkland, Sydney George und E. O. A. (Hrsg.): The Poor Law Report of 1834. 1834. Zit.: Harmondsworth 1974. 518 S.
Gute Edition des berühmten Werkes, das am Anfang der mühsamen englischen Sozialreformen steht.

139 Checkland, Sydney George, und E. O. A. (Hrsg.): The Rise of Industrial Society in England 1815–1885. 5. Aufl. 1971. 471 S.

140 Chesney, Kellow: The Victorian Underworld. Harmondworth 1974. 463 S.

141 Church, Roy Anthony: The Great Victorian Boom 1850–1873. 1975. 95 S.
Kritische Analyse vordergründiger ökonomischer Phasen-Theorien.

142 Churchill, Randolph: Winston Churchill. Bd 1. 1966. 608 S.
143–145 Clapham, John Harold: An Economic History of Modern Britain. 3 Bde. Cambridge 1967/68. 623, 554, 577 S.
Große Materialsammlung
146 Clark, Kenneth, Gothic Revivial. 1928. Verb. Aufl. 1950. 321 S.
147 Clark, Ronald: Queen Victoria's Bomb. St. Albans 1969. 254 S.
Roman. Gehört zur beliebten »Was-wäre-wenn«-Seitenlinie des englischen Vergnügens an der eigenen Tradition. Entwicklung der Atomwaffe während der Feldzüge der imperialistischen Generäle der Queen.
148 Cocks, Barnett: Mid-Victorian Masterpiece. 1977. 207 S.
Die exzentrische Geschichte des Unterhaus-Neubaus seit dem Brand von 1834.
149 Cole, George Douglas Howard: The Life of Robert Owen. 1930. 349 S.
150 Cole, George Douglas Howards und Raymond Postgate: The Common People 1746–1946. 1966. 742 S.
151 Collins, M. E.: Ireland 1800–1970. 1976. 264 S.
Reich illustriertes Lesebuch mit sehr guten Kurzdarstellungen. Nützliche Stichwort-Erklärung.
152 Conacher, James Blennerhasset (Hrsg.): The Emergence of British Parliamentary Democracy in the 19th Century. New York 1971. 182 S.
153 Corti, Egon Cäsar: Leopold I. von Belgien. Wien 1922. 280 S.
154 Cottrell, P. L.: British Overseas Investments in the 19th Century. 1975. 79 S.
155 Courtade, Francis und Pierre Cádárs: Geschichte des Films im Dritten Reich. (Aus dem Französischen.) München 1977. 336 S.
156 Cowles, Virginia: Wilhelm, der Kaiser. Frankfurt 1965. 411 S.
157 Cowling, Maurice: 1867 – Disraeli, Gladstone and Revolution. Cambridge 1967. 450 S.
Behandelt den Streit um die wichtige Parlamentsreform von 1867, greift aber weiter aus auf die gesamte politische Verfassung Englands nach der Mitte des Jahrhunderts.
158 Cross, Collin: The Fall of the British Empire 1918–1968. 1970. 380 S.
159 Crow, Duncan: The Victorian Woman. 1971. 351 S.
160 Cullen, Tom: The Crimes and Times of Jack the Ripper. 1973. 256 S.
161 Cullen, Tom: The Empress Brown. The Story of a Royal Friendship. 1969. 254 S.
Die gründlichste Darstellung des skandalumwitterten Verhältnisses der Königin zu – nicht mit – ihrem Leibdiener.
162 Deane, Phyllis und William Alan Cole: British Economic Growth1688–1959. 2. Aufl. Cambridge 1969. 350 S.
163 Dicey, Albert Venn: Introduction to the Study of the Law of the Constitution. 1885. Zit.: 10. Aufl. 1973. 535 S.
Grundlegend.
164 Dickens, Charles jr.: A London Dictionary and Guide Book for 1879. 1879. Zit.: 1977. 352 S.
165 Duff, David: Albert & Victoria. 1972. 319 S.
Populär.
166 Duff, David: Edward of Kent. 1973. 324 S.
In Ermangelung einer seriösen Biographie die beste vorhandene Darstellung der Lebensgeschichte des Vaters der Königin.
167 Duff, David: The Shy Princess. The Life of Her Royal Highness Princess Beatrice. 1974. 310 S.

Wäre wichtig für die Behandlung des Nachlasses der Königin, bietet jedoch gerade darin keine Aufschlüsse.

168 Duff, David: Victoria Travels. 1970. 383 S.
Nützliches Orts- und Datenverzeichnis mit den zugehörigen Zitaten aus den Niederschriften der Königin.

169 Edelman, Maurice: Disraeli in Love. 1974. 287 S.
Roman über den konservativen Premier des 19. aus der Feder eines Labour-Abgeordneten des 20. Jahrhunderts.

170 Edwards, Ruth Dudley: An Atlas of Irish History. 1973. 261 S.

171 Eldridge, Colin C.: Victorian Imperialism. 1978. 248 S.
Gut zusammengestellter Band. (Darstellung, Karten, Zeittafeln, Literaturhinweise.)

172 Engels, Friedrich: Die Lage der arbeitenden Klasse in England (The Condition of the Working-Class in England). 1844. Zit.: 2. Aufl. Berlin 1947, 399 S.

173 England Under Victoria. A Complete and Authentic History of Our Times... (um 1893). 648 S.
Zeitgenössisches Huldigungswerk mit vielen Zitaten, Anekdoten usw.

174 Evans, R. J.: The Victorian Age 1815–1914. 1975. 357 S.

175–177 Eyck, Erich: Bismarck. Bd. 1–3. Erlenbach/Zürich: 1941–44. 679, 630, 687 S.

178 Eyck, Erich: Gladstone (Gladstone). Erlenbach 1938. 587 S.
Die immer noch wichtige politische Würdigung aus der Feder des Bismarck-Biographen.

179 Eyck, Frank: Prinz-Gemahl Albert von England. Zürich 1961. 337 S.
Sehr zuverlässige, wenn auch nicht auf Lesbarkeit bedachte Biographie.

180 Farwell, Byron: Queen Victoria's Little Wars. 1973. 394 S.
Wichtige Korrektur des Eindrucks von der friedlichen Herrschaftszeit der Königin.

181 Feuchtwanger, Edgar Joseph: Gladstone. 1975. 315 S.

182 Fischer, Walther: Deutscher Kultureinfluß am viktorianischen Hofe bis zur Gründung des Deutschen Reiches (1870). Gießen: 1951. 74 S. (Gießener Beiträge zur deutschen Philologie. Nr. 97)

183 Flinn, Michael Walter: British Population Growth 1700–1850. 1972. 66 S.

184 Fontane, Theodor: Sämtliche Werke. Bd 17: Aus England und Schottland. München 1963. 694 S.

185 Foster, John: Class Struggle and the Industrial Revolution. 1974. 346 S.

186 Fraser, Derek (Hrsg.): The New Poor Law in the 19th Century. 1976. 218 S.

187 Fraser, Peter: Joseph Chamberlain. 1966. 349 S.
Stellt den wichtigen, aber selbst seinen Freunden oft rätselhaften Politiker, den Vorkämpfer für Sozialfortschritt und Imperialismus, anschaulich dar.

188 Fryer, Peter: Mrs. Grundy. Studies in English Prudery. 1963. 368 S.
Wichtig für den Umgang der viktorianischen Zeit mit den Lastern von Fluchwort, Trinksucht und Unzucht. Ein linguistisches Vergnügen. Siehe auch Brian Harrison.

189 Fulford, Roger: Hanover to Windsor. 11. Aufl. 1975. 191 S.
Guter Abriß der Herrscherzeit der Deutschen in England.

190 Fulford, Roger: The Prince Consort. 1966. 292 S.
Zuverlässig. Leitet über zur heute vollzogenen Aufwertung des Prinzgemahls als Teil englischer Kritik am Amateurwesen der viktorianischen Politik.

191 Fulford, Roger: Royal Dukes. The Father and Uncles of Queen Victoria. 1973. 318 S.

192 Gammage, R. G.: History of the Chartist Movement 1837–1854. 1976. 438 S. Nachdruck der Ausgabe von 1894. Das Datum deutet an, wie wenig jene Bewegung, die den englischen »Ersatz« der Revolution von 1848 darstellt, unter dem Scheinwohlstand des Hochviktorianismus begraben und daher vergessen worden war.
193 Gash, Norman (Hrsg.): The Age of Peel. 1973. 182 S.
194 Gash, Norman (Hrsg.): Mr. Secretary Peel. 1961. 693 S.
und
195 Gash, Norman (Hrsg.): Sir Robert Peel. 1972. 743 S.
bilden zusammen die Standardbiographie des großen konservativen Staatsmanns. Gekürzte Fassung beider Bde.:
196 Gash, Norman (Hrsg.): Peel. 1976. 319 S.
197 Gash, Norman: Reaction and Reconstruction in English Politics 1832–1852. 1971. 227 S.
198 Gauldie, Enid: Cruel Habitations. A History of Working-Class Housing 1780–1918. 1974. 363 S.
199 Gemkow, Heinrich, u. a.: Friedrich Engels. (Ost-) Berlin 1970. 707 S.
Verschweigt alle für die Sozialverhältnisse seines Gastlandes relevanten persönlichen Umstände des Mitbegründers des Marxismus.
200 Gerin, Winifred: Elizabeth Gaskell. Oxford 1976. 318 S.
201 Gernsheim, Helmut und Alison: Queen Victoria. 1959. 307 S.
Wichtiger Bildband.
202 Gibbon, Edward: The History of the Decline and Fall of the Roman Empire. 1776–1788. 6 Bde. 1910.
203 Gibson, Ian: The English Vice. 1978. 376 S.
204 Gillen, Mollie: Assassination of the Prime Minister. The Shocking Death of Spencer Perceval. 1972. 185 S.
205 Gillen, Mollie: The Prince and His Lady. The Love Story of the Duke of Kent and Madame de St. Laurent. 1970. 314 S.
206 Gillen, Mollie: Royal Duke. Augustus Frederick, Duke of Sussex 1773–1843. 1977. 268 S.
207 Gillessen, Günther: Lord Palmerston und die Einigung Deutschlands. 1848–1851. Lübeck, Hamburg: 1961. 160 S.
208 Graham, Gerald Sandford: A Concise History of the British Empire. 1970. 288 S.
209 Green, David: Queen Anne. 1970. 399 S.
210 Guedalla, Philip: The Duke. 1974. 523 S.
Siehe auch E. Longford (278).
211 Habakkuk, Hrothgar John: Population Growth and Economic Development since 1750. 3. Aufl. Leicester 1974. 110 S.
212 Halévy, Elie: England in 1815. (Aus dem Französischen.) 5. Aufl. 1970. 655 S. (History of the English People in the 19th Century.)
Das unvollendete Werk des größten französischen Englandkenners der vorigen Generation.
213 Halévy, Elie: Victorian Years. 1841–1895. (Aus dem Französischen.) 3. Aufl. 1970. 505 S. (A History of the English People in the 19th Century.)
214 Hall, Alan Ross (Hrsg.): The Export of Capital from Britain 1870–1914. 1968. 190 S.
Siehe auch Cottrell und Jenks.
215 Hamilton, William: My Queen and I. 1975. 276 S.
216 Hanaford, Phebe Ann: The Life of George Peabody. Boston 1870. 308 S.

217 Hardie, Frank: The Political Influence of Queen Victoria 1861–1901. 1963. 258 S.
Schätzt den Einfluß der Queen höher ein als die meisten heutigen Darstellungen der viktorianischen Zeit.
218 Hardie, Frank: The Political Influence of the British Monarchy 1868–1952. 1970. 224 S.
219 Hardy, Alan: Queen Victoria Was Amused. 1976. 214 S.
Gut lesbare Korrektur des Vorurteils, die Queen habe nach Alberts Tod Freuden weder gekannt noch gesucht.
220 Harrison, Brian: Drink and the Victorians. 1971. 510 S.
Gut dokumentierte Beschreibung einer Schwäche, die auch im englischen 19. Jahrhundert ihre Zeitlosigkeit bewies. Exzellent zu den zahlreichen Temperenzler-Bestrebungen.
221 Harrison, John Fletcher Clews: The Early Victorians 1832–1851. 1973. 224 S.
222 Harrison, Michael: Clarence. 1972. 253 S.
Biographie des frühverstorbenen Enkels und Thronfolgers.
223 Harrison, Stanley: Poor Men's Guardians. A Record of the Struggles for a Democratic Newspaper Press 1763–1973. 1974. 256 S.
224 Hartwell, Ronald Max: The Causes of the Industrial Revolution in England. 1972. 177 S.
225 Havers, Michael und Edward Grayson und Peter Shankland: The Royal Baccarat Scandal. 1977. 300 S.
226 Healey, Edna: Lady Unknown. The Life of Angela Burdett-Coutts. 1978. 253 S.
Biographie der sehr unkonventionellen Erbin des Bankhauses der Königin.
227 Hearder, Harry: Europe in the Nineteenth Century 1830–1880. 4. Aufl. 1976. 403 S.
228 Hechter, Michael: Internal Colonialism. 1975. 361 S.
Belegt die Unterdrückung von Walisern, Schotten und Iren zugunsten englischer Vormacht in den letzten vier Jahrhunderten. Unentbehrlich für die Einschätzung der imperialistischen Aspekte der viktorianischen Zeit.
229 Hedley, Olwen: Royal Palaces. 1972. 320 S.
230 Henderson, William Otto: Britain and Industrial Europe 1750–1870. 3. Aufl. Leicester 1972. 267 S.
231 Henderson, William Otto: The Rise of German Industrial Power. 1834–1914. 1975. 264 S.
232 Hibbert, Christopher: The Court at Windsor. 1964. 347 S.
Hof-Schilderungen über dem Anekdoten-Niveau.
233 Hibbert, Christopher: Edward VII. 1976. 339 S.
234 Hibbert, Christopher: George IV. 1811–1830. 1974. 430 S.
235 Hinde, Wendy: George Canning. 1973. 519 S.
236 Hirsch, Helmut (Hrsg.): Friedrich Engels in Selbstzeugnissen und Bilddokumenten. Reinbek b. Hamburg. 1968. 149 S.
237 Hobsbawm, Eric John: The Age of Capital 1848–1875. 1975. 354 S.
Vorzügliche Schilderung des mittleren viktorianischen Zeitalters in verschiedenen Ausprägungen, vor allem der bürgerlichen Kultur.
238/39 Hobsbawm, Eric John: Industrie und Empire. Britische Wirtschaftsgeschichte seit 1750 (Industry and Empire). 2 Bde. 1969. 172, 182 S.
Eine gute, konzise Darstellung. Dokumentiert den fatalen Trend weg von der Produktion und hin zu Handel- und Finanzgewinn.
240 Hobsbawm, Eric John (Hrsg.): Labour's Turning Point 1880–1900. 2. Aufl. Brighton 1974. 166 S.

241 Hobsbawm, Eric John, und George Rudé: Captain Swing. Harmondsworth 1973. 379 S.
Die Unruhen von 1830 in der Landwirtschaft, wie so oft von Selbstzerstörung (von Ernten) begleitet.
242 Hollis, Patricia (Hrsg.): Class and Conflict in Nineteenth-Century England 1815–1850. 1973. 372 S.
243 Hollis, Patricia (Hrsg.): Pressure from Without in Early Victorian England. 1974. 334 S.
Essays über Interessengruppen als frühe Begleiter der Demokratisierung.
244 Holme, Thea: Prinny's Daughter. A Life of Princess Charlotte of Wales. 1976. 261 S.
Biographie der früh gestorbenen Prinzessin, die an Victorias Stelle Königin geworden wäre.
245 Housman, Laurence: Victoria Regina. 5. Aufl. 1936. 469 S.
Ernsthaft gemeinte, sentimentale Dramatisierung des Lebens der Königin. Vergleiche eine Generation später das Stück von Edward Bond.
246 Howard, Philip: The British Monarchy in the Twentieth Century. 1977. 208 S.
Beste Darstellung der Funktion des Königtums seit Victoria.
247 Hudson, Derek: Kensington Palace. 1968. 141 S.
248 Hudson, Derek: Munby. The Life and Diaries of Arthur J. Munby 1828–1910. 1974. 461 S.
249/50 Hurst, Michael (Hrsg.): Key Treaties for the Great Powers 1814–1914. 2 Bde. New Abbot 1972. 458, 489 S.
251 Hyam, Ronald und Ged. Martin: Reappraisals in British Imperial History. Cambridge 1975. 234 S.
252 Hyde, Harford Montgomery: The Cleveland Street Scandal. 1976. 265 S.
253 Inglis, Brian: The Opium War. 1976. 223 S.
254 James, Louis: Fiction for the Working Man 1830–1850. 1963. 226 S.
255 James, Robert Rhodes: From Gladstone to Asquith 1880–1914. 1976. 298 S. (The British revolution. British Politics. Bd. 1)
256 Jenkins, Elizabeth: Lady Caroline Lamb. 1974. 159 S.
257 Jenkins, Roy: Sir Charles Dilke. A Victorian Tragedy. 1968. 447 S.
Ein Meisterwerk, das den Untertitel rechtfertigt. Der Sturz eines begabten Politikers über den Moralkodex seiner Zeit, dargestellt aus dem Nachlaß Dilkes. Auffällig die Parallelen zum Schicksal Parnells.
258 Jenks, Leland Hamilton: The Migration of British Capital to 1875. 1971. 442 S.
259 Jennings, Ivor: Cabinet Government. 3. Aufl. Cambridge 1965. 586 S.
260 Johnson, Paul: Elizabeth I. 1974. 511 S.
261 Joll, James (Hrsg.): Britain and Europe. Pitt to Churchill 1793–1940. Oxford 1967. 385 S.
262 Jones, Eric Lionel: The Development of English Agriculture 1815–1873. 1973. 59 S.
263–65 Kee, Robert: The Green Flag. 3 Bde. 1976. 341, 303, 192 S.
Die neueste, sympathisierend-proirische Darstellung (vorwiegend der letzten beiden Jahrhunderte) durch einen britischen Journalisten.
266 Kelly, Alexander: Jack the Ripper. A Bibliography and Review of the Literature. 1973. 55 S.
267 Kitson, Clark George: The Making of Victorian England. 1973. 312 S.
Standardwerk. Oxford-Vorlesungen eines Cambridge-Historikers. Souveränes Aufarbeiten der Forschung.

268 Kluxen, Kurt: Geschichte Englands. Stuttgart 1968. 900 S.
Gutes Handbuch.
269 Knight, Stephen: Jack the Ripper. 1976. 284 S.
270 Kuerenberg, Joachim von: Die Kaiserin von Indien. Hamburg 1947. 419 S.
271 Kutsch, Ruth: Queen Victoria und die deutsche Einigung. Berlin 1938. 134 S.
272 Lacey, Robert: Majestät, Elisabeth II. und das Haus Windsor (Majesty, Elizabeth II. and the House of Windsor). München 1977. 383 S.
273 Leeds, C. A.: European History 1789–1914. 1975. 402 S.
274 Lewis, Roy, und Yvonne Foy: The British in Africa. 1971. 238 S.
275 Llewellyn, Alexander: The Decade of Reform. The 1830s. New Abbot 1972. 221 S.
276 Lockhart, John Gibson: The Life of Sir Walter Scott. 1909. Zit.: 1969. 675 S.
277 Longford, Elizabeth: Victoria. Königin und Kaiserin. Ihr Leben und ihre Epoche (Victoria R. I.) Oldenburg 1966. 567 S.
Die erfolgreichste der neueren englischen Biographien der Königin. Ein Bestseller, auf gründlicher Quellenlektüre basierend. Der ironische, aber nie despektierliche Chronistenton schlägt ins Mokante um, wenn die deutschen Beziehungen des englischen Hofes erwähnt werden.
278 Longford, Elizabeth: Wellington – Pillar of State. 1975. 574 S.
Vorzügliche Biographie eines erstaunlichen, wenngleich überschätzten Mannes. Siehe auch: Guedalla, P.: The Duke.
279 Longmate, Norman: The Workhouse. 1974. 320 S.
280 Lyons, Francis Stewart Leland: Charles Stewart Parnell. 1977. 704 S.
Die neueste, erschöpfende Biographie einer tragischen Figur der irischen Politik.
281 Lyons, Francis Stewart Leland: Ireland Since the Famine. 1973. 880 S.
Politische, soziale und kulturelle Geschichte der englisch-irischen Beziehungen der letzten 130 Jahre. Leidenschaftslose Darstellung eines englischen Historikers.
282 Maas, Jeremy: The Prince of Wales's Wedding. 1977. 100 S.
283 McBriar, A. M.: Fabian Socialism and English Politics 1884–1918. Cambridge 1966. 388 S.
284 MacCalpine, Ida, und Richard Hunter: George III. and the Mad-Business. 1969. 407 S.
285 McClelland, Charles E.: The German Historians and England. Cambridge 1971. 300 S.
Beitrag zur Korrektur der Mißverständnisse nach zwei Kriegen. Vorwiegend mit der Ranke-Zeit beschäftigt. Mit ausgezeichnetem biographischen Essay.
286 McCord, Norman: The Anti-Corn Law League 1838–1846. 2. Aufl. 1975. 224 S.
Die beste verfügbare Darstellung eines Streites, der England ein Jahrzehnt lang zutiefst spaltete, zugleich aber von den Revolutionsbestrebungen auf dem Kontinent ablenkte.
287 McDowell, Robert Brendan: British Conservatism 1832–1914. 1959. 191 S.
288 McEwen, John: Who Owns Scotland? A Study in Land Ownership. Edinburgh 1977. 136 S.
Zeigt die Kontinuität der Eigentums-Gegensätze von der viktorianischen Zeit zur Gegenwart.
289 Mackintosh, John Pitcairn: The British Cabinet. 1965. 546 S.
Standardwerk. Der Verfasser ist Abgeordneter des Unterhauses.
290 Magnus, Philip: Gladstone. 1963. 482 S.
Bis zur Auswertung der noch nicht vollständig erschienenen Tagebücher des Premiers die beste der verfügbaren Biographien.

291 Magnus, Philip: King Edward VII. Harmondsworth 1967. 650 S.
Die offizielle Biographie.
292 Magnus, Philip: Kitchener. Harmondsworth 1968. 485 S.
293 Mahan, Alfred Thayer: The Story of the War in South Africa. 1900. 322 S.
294 Mansergh, Nicholas: Das Britische Commonwealth (The Commonwealth Experience). München 1969. 844 S.
Sehr materialreiche Gesamtdarstellung.
295 Mansergh, Nicholas: The Irish Question 1840–1921. 3. Aufl. 1975. 341 S.
296 Marchant, James (Hrsg.): History through »The Times«. A. Collection of Leading Articles on Important Events 1800–1837. 1937. 619 S.
297 Marcus, Steven: Engels, Manchester and the Working Class. 1974. 271 S.
298 Marcus, Steven: The Other Victorians. A Study of Sexuality and Pornography in Mid-Nineteenth Century England. 1966. 292 S.
299 Marlow, Joyce: Mr. and Mrs. Gladstone. 1977. 324 S.
300 Marlow, Joyce: The Peterloo Massacre. 1971. 255 S.
Wichtig für die soziale Ausgangslage der viktorianischen Zeit.
301 Marlow, Joyce: The Tolpuddle Martyrs. St. Albans 1974. 333 S.
Die 1834 in Dorset rebellierenden Landarbeiter werden noch heute als Propheten der Labour Party gefeiert.
302 Martin, Kingsley: The Crown and the Establishment. 1962. 192 S.
Kritische Darstellung der politischen Rolle der Monarchen des 19. u. 20. Jahrhunderts mit der Absicht der Entzauberung
303/04 Martin, Ralph Guy: Lady Randolph Churchill. 2 Bde. 1974.
Bd. 1: 1854–1895. 368 S.
Bd. 2: 1895–1921. 426 S.
305–09 Martin, Theodore: Das Leben des Prinzen Albert, Prinzgemahl der Königin von England (The Life of His Royal Highness the Prince Consort). 5 Bde. Gotha 1876–1881. 521, 599, 547, 525, 492 S.
Die von Victoria inspirierte und beaufsichtigte offizielle Biographie. Ihres Materialgehalts wegen noch immer unentbehrlich, wenn auch unkritisch.
310 Martindale, Hilda: Some Victorian Portraits and Others. 1948. 106 S.
311 Marx, Karl und Friedrich Engels: On Britain. 2. Aufl. Moskau 1962. 623 S.
Weist die tiefe Verachtung der Begründer des Marxismus für die revolutionsunwillige Arbeiterklasse jenes Landes aus, in dem sie ihre Theorie schufen. (Übersetzte Zusammenfassung aller einschlägigen Briefe, Aufsätze und Äußerungen.)
312 Mathias, Peter: The First Industrial Nation. An Economic History of Britain 1700–1914. 1969. 522 S.
313 Maurois, André: Benjamin Disraeli. (Aus dem Französischen.) Frankfurt 1952. 243 S.
Feuilletonistische Meisterbiographie.
314 Maurois, André: A History of England. 3. Aufl. 1968. 528 S.
Sehr lesbar, sehr verkürzend.
315 Mayer, Hans: Außenseiter. Frankfurt 1975. 512 S.
316–19 Mayhew, Henry: London Labour and the London Poor. 4 Bde. 1861–1862. Zit.: New York 1968. 490, 511, 442, 504 S.
320 Meacham, Standish: Lord Bishop: The Life of Samuel Wilberforce. Cambridge, Mass. 1970. 328 S.
321 Midwinter, Eric: Victorian Social Reform. 1968. 112 S.
322 Milward, Alan S.: The Economic Effects of the Two World Wars on Britain. 1973. 64 S.

323 Mingay, Gordon Edmund: The Gentry. The Rise and Fall of a Ruling Class. 1976. 216 S.
324 Mitchison, Rosalind: A History of Scotland. 1974. 468 S.
325–30 Monypenny, William Flavelle und George Earle Buckle: The Life of Benjamin Disraeli, Earl of Beaconsfield. 6 Bde. 1910–1920. 400, 420, 589, 608, 560, 719 S.
Sehr materialreich, daher durch die Biographie von Blake nicht überholt.
331 Moore, David Cresap: The Politics of Deference. A Study of the Mid-Nineteenth Century English Political System. 1976. 529 S.
Korrigiert die Vorstellung vom selbstbewußten, autoritätsungläubigen britischen Staatsbürger.
332 Morley, John: The Life of Richard Cobden. 1879. Zit.: 13. Aufl. 1906. 985 S.
333–35 Morley, John: The Life of William Gladstone. 3 Bde. 1903. 661, 666, 648 S.
Das Standardwerk eines Zeitgenossen. Morley war liberaler Abgeordneter. Zu ergänzen durch Magnus und Eyck.
336 Morris, James: Heaven's Command. An Imperial Progress. 1973. 554 S.
337 Morris, James: Pax Britannica. The Climax of an Empire. 1968. 544 S.
338 Mosse, Werner Eugen: The European Powers and the German Question. 1848–1871. Cambridge 1958. 409 S.
339 Musson, Albert Edward: British Trade Unions 1800–1875. 1972. 80 S.
340 Neill, Stephen: Anglicanism. Harmondsworth 1965. 468 S.
341 Nicolson, Harold: The Congress of Vienna. A Study in Allied Unity: 1812–1822. 1970. 312 S.
342 Nicolson, Harold: King George V. 1967. 717 S.
Die offizielle Biographie des Enkels der Königin, weit in deren Zeit zurückgreifend.
343 Norman, Edward Robert: Anti-Catholicism in Victorian England. 1968. 240 S.
Wichtiger Aspekt der Geistesgeschichte des Viktorianismus.
344 O'Brien, Conor Cruise: Parnell and His Party. Oxford. 1957. 373 S.
345 O'Farrell, Patrick: England and Ireland Since 1800. 1975. 193 S.
346 Palmer, Alan: Bismarck. Düsseldorf 1976. 456 S.
Eindrucksvoller englischer Versuch einer Darstellung des seit der deutschen Teilung Undarstellbaren. Ohne Zugang zu den DDR-Quellen. Ohne Index.
347 Palmer, Alan: The Life and Times of George IV. 1972. 224 S.
Wichtige Ergänzung zu Hibbert. Schildert den Regency-König mit viel Einfühlung.
348 Pares, Richard: King George III. and the Politicians. 1973. 214 S.
Zeigt die Diskrepanz der Monarchenmacht von 1790 zu der in Victorias Zeit.
349 Parris, Henry: Constitutional Bureaucracy. 1969. 324 S.
350–52 Pauli, Reinhold: Geschichte Englands seit den Friedensschlüssen von 1814 und 1815. 3 Bde. Leipzig 1864–1875. 555, 605, 529 S.
353 Pearsall, Ronald: The Worm in the Bud. The World of Victorian Sexuality. Harmondsworth 1971. 672 S.
354 Pelling, Henry: A History of British Trade Unionism. Harmondsworth 1963. 286 S.
Kurzdarstellung durch den besten Historiker der Bewegung.
355 Perkin, Harold: The Origins of Modern English Society 1780–1880. 1974. 465 S.
Sehr gute Sozialgeschichte. Lesbar.
356 Petrie, Charles: The Victorians. 1976. 270 S.
357/58 Pevsner, Nikolaus: The Buildings of England: London. 2 Bde. Harmondsworth.

Bd 1: 1957. 756 S.
Bd. 2: 1952. 496 S.

359 Pike, Edgar Royston: Human Documents of the Victorian Golden Age. 1850–1875. 2. Aufl. 1974. 378 S.
Frucht der neuen Dokumentar-Schule, die den Kommentar in die Textauswahl verlegt. Exzellente Ausgrabungen der Sozialgeschichte.

360 Platt, Desmond Christopher Martin: Finance, Trade and Politics in British Foreign Policy 1815–1914. Oxford 1968. 454 S.
Standardwerk über die ökonomischen Grundlagen des Empire. Eines der Bücher, die das Zeitalter der Queen illustrieren, ohne Victoria auch nur einmal zu erwähnen.

361 Plumb, John Harold: The First Four Georges. 9. Aufl. 1972. 189 S.

362 Ponsonby, D. A.: A Prisoner in Regent's Park. 1961. 206 S.
Die makabre Geschichte der deutschen Schauspielerin Karoline Bauer, die Victorias Onkel Leopold an seine tote Frau Charlotte erinnerte und von ihm nach London geholt wurde.

363 Pope-Hennessy, James: Queen Mary. 1867–1953. 1959. 685 S.
Offizielle Biographie der Frau König Georgs V., einer Lieblings-»Enkelin« Victorias.

364 Pope-Hennessy, Una: Charles Dickens. Harmondsworth 1970. 651 S.

365 Pound, Reginald: Albert. 1973. 378 S.
Eines der zahlreichen – und fast immer Neues bringenden – Zeugnisse der Albert-Renaissance.

366 Prest, John: Lord John Russell. 1972. 558 S.

367 Price, Richard: An imperial War and the British Working Class. 1972. 279 S.
Bestreitet anhand neuer Quellen zum Burenkrieg die These, der Imperialismus habe die britische Unterschicht in lauter Chauvinisten verwandelt.

368 Quennell, Marjorie und Charles Henry Bourne: A History of Everyday.
369 Things in England. Bd.3: 1733–1851. 1972. 220 S. Bd. 4: 1851–1914. 1968. 225 S.

370 Radcliffe, Philip: Mendelssohn. 1967. 210 S.

371 Raddatz, Fritz J.: Karl Marx. Hamburg 1975. 539 S.

372 Rassow, Peter, u. a. (Hrsg.): Deutsche Geschichte im Überblick. 3. Aufl. 1973. 951 S.

373 Reed, John R.: Victorian Conventions. Athens, Ohio 1975. 561 S.
Einer der zahllosen angelsächsischen Mode-Versuche, durch bloße Auswertung der viktorianischen Belletristik zu Gesamtaussagen über die Zeit zu gelangen. Philologen-Soziologie.

374 Richards, Eric: The Leviathan of Wealth. The Sutherland Fortune in the Industrial Revolution. 1973. 315 S.
Von Victoria bewunderte, von Marx gehaßte schottische Großgrundbesitzerfamilie mit liberalen Ansichten außerhalb der Eigentumssphäre. Vgl. McEwen.

375 Richardson, Patrick: Empire and Slavery. 1968. 158 S.

376 Richter, Werner: Bismarck. Frankfurt a. M. 1977. 660 S.

377 Ridley, Jasper: Lord Palmerston. 1972. 896 S.
Die umfangreichste und lesbarste der vorhandenen Biographien.

378 Ritter, Gerhard A.: Parlament und Demokratie in Großbritannien. Göttingen 1972. 378 S.
Aufsatzsammlung. Wichtig darin die Darstellung der königlichen Rechte vor Victorias Zeit.

379 Roberts, David: Victorian Origins of the British Welfare State. 1969. 369 S.
Faszinierende Rückblende auf die Anfänge der sozialen Demokratie in einer Zeit, die weder sozial dachte noch demokratisch sein wollte.

380 Robinson, Ronald, und John Gallagher: Africa and the Victorians. The Official Mind of Imperialism. 1972. 491 S.

381 Robson, Robert (Hrsg.): Ideas and Institutions of Victorian Britain. 1967. 343 S.
Aufschlußreich darin die Essays über den schottischen Nationalismus und die atheistischen Strömungen in Victorias Zeit.

382 Rolt, Lionel Thomas: Isambard Kingdom Brunel. Harmondsworth 1970. 447 S.
Der legendäre Techniker und Baumeister der Zeit. Neudruck der Biographie aus der Feder des Sohnes Isambard Brunel von 1870.

383 Rose, Michael Edward: The English Poor Law 1780–1930. New Abbot 1971. 335 S.

384 Rose, Michael Edward: The Relief of Poverty 1834–1914. 1972. 64 S.

385 Royle, Edward: Radical Politics 1790–1900. Religion and Unbelief. 1971. 152 S.

386 Russell, Bertrand: The Autobiography of Bertrand Russell 1872–1914. Bd. 1: 1967. 230 S.
Der Philosoph beschreibt seine spätviktorianische Kindheit als Enkel des Premierministers Lord John Russell.

387 Russell, Bertrand: Portraits from Memory and Other Essays. 2. Aufl. 1957. 227 S.

388 Ryder, Judith, und Harold Silver: Modern English Society. History and Structure 1850–1970. 1974. 340 S.

389 St. Aubyn, Giles: »The Royal George«. The Life of H. R. H. Prince George, Duke of Cambridge. 1963. 380 S.

390 Sasse, Heinz Guenther: Hundert Jahre Botschaft in London. Bonn 1963. 95 S.

391 Saul, Samuel Berrick: The Myth of the Great Depression 1873–1896. 1972. 64 S.

392 Seaman, Lewis Charles Bernhard: Victorian England. Aspects of English and Imperial History 1837–1901. 1973. 484 S.
Gute Zusammenfassung.

393 Seaton, Albert: The Crimean War. A Russian Chronicle. 1977. 232 S.

394 Semmel, Bernard: The Rise of Free Trade Imperialism. Classical Political Economy, the Empire of Free Trade and Imperialism 1750–1850. Cambridge 1970. 250 S.
Teil der intellektuellen Rechtfertigung des viktorianischen Weltreichs durch Unterscheidung zwischen »altem« Kolonialismus des 18. und einer nebulösen »Pax Britannica« des 19. Jahrhunderts. Schon vor Erscheinen überholt durch die Arbeit von Platt.

395 Semmel, Bernard: Imperialism and Social Reform 1895–1914. 1960. 283 S.

396 Seton-Watson, Robert William: Britain in Europe 1789–1914. A Survey of Foreign policy. Cambridge 1937. 716 S.

397 Shannon, Richard: The Crisis of Imperialism 1865–1915. St. Albans 1976. 512 S.

398 Shaw, Bernhard: Wegweiser für die intelligente Frau zum Sozialismus und Kapitalismus (The Intelligent Woman's Guide to Socialism and Capitalism). Berlin 1928. 550 S.

399 Simon, Brian und Ian Bradley (Hrsg.): The Victorian Public School. Dublin 1975. 215 S.

400 Sitwell, Edith: Victoria of England. 1972. 390 S.
Intelligente Würdigung der Queen auf halbem Wege zwischen Stracheys Denkmalsturz und Longfords Wiederaufbau.

401 Smith, George Barnett: Life of Queen Victoria 1819–1901. 1901. 549 S.
Interessant durch das Erscheinungsdatum.
402 Smith, Paul: Disraelian Conservatism and Social Reform. 1967. 358 S.
403 Sontheimer, Kurt: Das politische System Großbritanniens. München 1972. 220 S.
Kluge Einführung in die komplexe Verfassung des modernen England.
404 Spear, Percival: A History of India. Bd. 2. Harmondsworth 1975. 292 S.
405 Staff, Frank: The Penny Post 1680–1918. 1964. 219 S.
406 Steegman, John: Victorian Taste. A Study of the Arts and Architecture. Cambridge 1970. 338 S.
407 Steele, E. D.: Irish Land and British Politics. 1974. 367 S.
Wichtig für den Hintergrund der Gladstoneschen Politik und die Verständnislosigkeit seiner Gegner.
408 Stewart, Robert: The Politics of Protection. Lord Derby and the Protectionist Party 1841–1852. Cambridge 1971. 240 S.
409 Strachey, Lytton: Eminent Victorians. 1918. Zit.: Harmondsworth 1971. 267 S.
Kritische Kurzbiographien des Kardinals Manning, der Florence Nightingale, des Schulreformers Arnold und des Kolonial-Abenteurers Gordon. Meisterwerke der Distanzierung von Nationalhelden.
410 Strachey, Lytton: Queen Victoria. 1921. Zit.: 1969. 257 S.
Der berühmte Beginn des Abrückens von der Verherrlichung der viktorianischen Zeit durch den Angriff auf deren zentrale Figur.
411 Sussman, Herbert Lewis: Victorians and the Machine. 1969. 261 S.
412 Tate, William Edward: The English Village Community and the Enclosure Movements. 1967. 231 S.
413 Tawney, Richard Henry: The Radical Tradition. Harmondsworth 1966. 222 S.
414 Taylor, Alan John Percivale: The Course of German History. 1974. 271 S.
415 Taylor, Alan John Percivale: Essays in English History. 1976. 335 S.
Darin fünf vernichtende Seiten über Victorias Verhältnis zur Verfassung (mit Lob für Prinz Albert).
416 Taylor, Alan John Percivale: The Habsburg Monarchy 1809–1918. Harmondsworth 1976. 304 S.
417 Taylor, Alan John Percivale: The Struggle for Mastery in Europe 1848–1918. 1974. 638 S.
Ein Meisterwerk im Bloßlegen der Querverbindungen eines Jahrhunderts, dessen englische Geschichte dem Autor stets etwas widerstrebte.
418 Taylor, Arthur John: Laissez-Faire and State Intervention in Nineteenth-Century Britain. 1972. 79 S.
419 Taylor, Arthur John (Hrsg.): The Standard of Living in Britain in the Industrial Revolution. 1975. 216 S.
420 Taylor, Robert: Lord Salisbury. 1975. 202 S.
Der kurzgefaßte Ersatz für eine nicht geschriebene Biographie des Premiers, der fast so lange wie Gladstone Victorias politischer Berater war.
421/22 Thal, Herbert van (Hrsg.): The Prime Ministers. 2 Bde. 1974/75. 391, 419 S.
423 Thompson, David M. (Hrsg.): Nonconformity in the 19th Century. 1972. 281 S.
424 Thompson, Edward Palmer: The Making of the English Working Class 1963. 848 S.
Sehr materialreich.
425 Thompson, Francis Michael Longstreth: English Landed Society in the 19th Century. 1971. 373 S.
426 Tingsten, Herbert: Königin Viktoria und ihre Zeit. (Aus dem Schwedischen.) München 1975. 407 S.

Aufsatzsammlung, erweitert um einen biographischen Essay über die Königin.
427 Tisdall, Evelyn Ernest Percy: Queen Victoria's Private Life. 1961. 224 S.
428 Tobias, John Jacob: Nineteenth Century Crime. Newton Abbot 1972. 183 S.
429 Trevelyan, George Macaulay: A Shortened History of England. 1962. 603 S.
Lange Zeit die beste Darstellung, inzwischen durch die Oxford- und Cambridge-Reihen überholt.
430–32 Trevelyan, George Macaulay: England under Queen Anne. 3 Bde. 1930–1934. 477, 468, 383 S.
433/34 Wagner, Cosima: Die Tagebücher. 2 Bde. München 1976–1977.
Bd. 1: 1869–1877. 1976. 1279 S.
Bd. 2: 1877–1883. 1977. 1278 S.
435/36 Walpole, Spencer: The Life of Lord John Russell. 2 Bde. 1889. 480, 516 S.
437 Ward, John Trevor (Hrsg.): Popular Movements 1830–1850. 1970. 206 S.
438/39 Ward, Thomas Humphry (Hrsg.): The Reign of Queen Victoria. 2 Bde. 1887. 594, 620 S.
Schönfärbend, aber voller Details, die spätere Darstellungen für unwichtig hielten.
440 Webb, Beatrice: My Apprenticeship. 1926. Zit.: Harmondsworth 1971. 426 S.
441 Welsby, Paul A. (Hrsg.): Sermons and Society. An Anglican Anthology. Harmondsworth 1970. 363 S.
442 Wheeler-Bennett, John W.: King George VI. His Life and Reign. 1965. 891 S.
Offizielle Biographie.
443 Wheldon, Huw und John Harold Plumb: Royal Heritage. The Story of Britain's Royal Builders and Collectors. 1977. 360 S.
444 White, Reginald James: Waterloo to Peterloo. 1957. 202 S.
Schildert die sozialen Unruhen nach den napoleonischen Kriegen.
445/46 Wilson, Robert: The Life and Times of Queen Victoria. 2 Bde. 1887/88. 752, 768 S.
Siehe Ward; wie dieser eine Frucht des Jubiläumsjahres.
447 Wolfe, Martin (Hrsg.): The Economic Causes of Imperialism. 1972. 184 S.
448 Wolfson, John: Final Curtain. The Last Gilbert & Sullivan Operas. 1976. 293 S.
Interessant sind die zeitgenössischen politischen Anspielungen, die den späteren Verehrern dieser englischen Operetten entgehen.
449 Wood, Anthony: Nineteenth Century Britain 1815–1914. 10. Aufl. 1972. 476 S.
450 Woodham-Smith, Cecil: Florence Nightingale 1820–1910. 3. Ausg. 1969. 444 S.
451 Woodham-Smith, Cecil: The Great Hunger. Ireland 1845/49. 1964. 429 S.
Moderne Darstellung der Hungersnot, die John O'Rourke schon 1875 eindringlicher beschrieben hat.
452 Woodham-Smith: Queen Victoria. Her Life and Times. Bd. 1: 1819–1861. 1972. 486 S.
Durch den Tod der Verfasserin erschien nur Bd. 1. Weniger gut lesbar als Longford. Gelegentlich fehlerhaft, antideutsch.
453 Yass, Marion: The English Aristocracy. 1974. 128 S.
454 Young, George Malcolm: Victorian England. Portrait of an Age. 7. Aufl. 1973. 219 S.
Die herausragende Geistesgeschichte, die freilich viel Faktenkenntnis voraussetzt.
455 Ziegler, Philip: King William IV. 1973. 335 S.
456 Ziegler, Philip: Melbourne. A Biography of William Lamb and Viscount Melbourne. 1976. 412 S.

Register

Folgende Abkürzungen wurden benutzt:

BD = Benjamin Disraeli
LM = Lord Melbourne
LP = Lord Palmerston
PA = Prinz Albert
PM = Premierminister
PoW = Prince of Wales (Bertie)
QV = Queen Victoria
SRP = Sir Robert Peel
WG = William Gladstone

Ortsnamen sind nur aufgeführt, wenn ihnen politische Bedeutung zukommt, Künstler nur erwähnt, wenn sie direkten Kontakt mit der Königin hatten. Historische Persönlichkeiten außerhalb der viktorianischen Zeit sind nur in Ausnahmen berücksichtigt. Weggelassen sind ferner Hinweise auf Großbritannien, England und London.